淘宝天猫微店赚钱从入门到精通

开店、装修、推广、管理、安全一本就够

◉ 三虎 编著

人民邮电出版社
北京

图书在版编目（CIP）数据

淘宝 天猫 微店赚钱从入门到精通 ：开店、装修、推广、管理、安全一本就够 / 三虎编著. -- 北京 ：人民邮电出版社，2018.3 (2018.12重印)
ISBN 978-7-115-46965-6

Ⅰ. ①淘… Ⅱ. ①三… Ⅲ. ①网店—运营管理 Ⅳ. ①F713.365.2

中国版本图书馆CIP数据核字(2017)第270081号

内 容 提 要

本书全面、系统地介绍了淘宝店、天猫店和微店的开店、经营、管理的基本方法及技巧，旨在为淘宝店、天猫店和微店卖家，尤其是新手卖家提供实用的开店指导，使得卖家能快速上手，少走弯路。

全书共20章，主要包括淘宝店与微店的开店准备、货源的寻找途径与进货渠道、淘宝店开店申请方法、电脑端淘宝店和手机端淘宝店的设置与装修、商品与交易的管理、微店开店与管理的方法、店铺营销方法、商品照片的拍摄与美化、商品的包装与快递、售前售后的服务技巧、网店财务管理与安全等内容。同时本书还汇集了网店经营过程中的20个成功经验，为新手卖家提供了宝贵的实战经验。

本书特别适合想要全面了解店铺经营各个细节的初学者阅读，也适合于已经在经营网店，还想进一步提升的网店店主阅读，还可作为各类院校或培训机构的与电子商务相关专业的参考书。

◆ 编　　著　三　虎
　责任编辑　马雪伶
　执行编辑　牟桂玲
　责任印制　马振武
◆ 人民邮电出版社出版发行　　北京市丰台区成寿寺路11号
　邮编　100164　　电子邮件　315@ptpress.com.cn
　网址　http://www.ptpress.com.cn
　北京鑫正大印刷有限公司印刷
◆ 开本：787×1092　1/16
　印张：22.25
　字数：602千字　　　　2018年3月第1版
　印数：7 401 – 10 400册　　2018年12月北京第7次印刷

定价：55.00元

读者服务热线：(010)81055410　印装质量热线：(010)81055316
反盗版热线：(010)81055315
广告经营许可证：京东工商广登字20170147号

◎ 为何要写这本书

淘宝开店已经进入了成熟期，微店热潮又汹涌来袭。电商的世界总是充满了吸引力，让无数人前赴后继加入到开店大军中。不少人捞到了第一桶金，骤然富裕；也有不少人虽未一夜暴富，但网店经营得法，收入也直奔小康；还有不少人却亏本失败，只能黯然退出。

同是网上开店，为什么有人亏有人赚？其实原因很简单，无非是“科学经营”4个字。这4个字看似简单，其实包含的内容非常多，如货源、客源、开店、交易、日常管理、客服、物流、营销推广、财务管理、安全防护等。任何一个环节的失误，都可能导致开店失败，这并不是危言耸听。

为了帮助广大准店主、店主们网上开店取得成功，我们策划并编写了本书，帮助读者全面系统地掌握经营淘宝店、天猫店与微店的必备知识、经营技巧及策略，既为新手店主们提供实用、专业的开店指导，让他们能够快速上手，快速赚钱，又能为经营不善的老店主们提供思路，帮助他们分析自身优缺点，转变经营方式，扭亏为盈。

◎ 本书特色

本书作为淘宝、天猫与微店开店的入门用书，有以下特点。

1. 分篇合理，讲解细致

本书对开设网店的全过程，按照开店、管理、运营的步骤进行了合理的内容安排和细致的讲解，手把手教读者从开店准备到运营网店。对令众多网店卖家头疼的推广、售后、物流及货源等问题，都从各个角度加以分析和解决，真正做到一册在手开店不愁。

2. 图解操作，易读易学

本书涉及操作的部分皆以详细、直观的图解方式进行讲解，使读者可按图操作，轻松上手，不用为阅读大篇枯燥文字而头痛。只需根据这些操作步骤，任何人都可以开设并经营好自己的网店。

3. 技巧解答，贴心提点

为了更好地指导读者开店，本书还对重点内容作了进一步的解析，并将解析后的内容标记为“高手支招”及“专家提点”，这样不仅能加深读者对重点内容的理解和把握，还能开阔读者的思路，帮助读者建立多角度思维。

4. 内容实用，贴近一线

本书借鉴了多位淘宝店主和微店店主在开店实践中总结的经验和技巧，内容非常实用且接地气，更符合新手店主的阅读要求。

5. 配套教学资源，互动学习

本书配套提供全套网店开张与经营的多媒体视频教学资源，资源中不仅有与书内容同步的电脑操作视频演示，还有《淘宝美工必备技能》等视频教程，读者可以采用图书和视频结合的方式，在短时间内快速地学会网上开店赚钱的方法与经营技巧。本书配套资源文件均可在线下载，扫描“职场研究社”二维码，关注微信公众号，回复46965即可获得资源下载方式。

◎ 致谢

感谢淘宝平台和微信平台为我们提供的创业平台；感谢多位淘宝店主和微店店主给予宝贵的意见和大力支持。

由于编者水平有限，书中错误之处在所难免，敬请广大读者批评指正。我们的联系邮箱是maxueling@ptpress.com.cn。

编　者

本书配套资源使用说明

下载本书配套资源并解压后，双击其中的“main.exe”文件图标。

在教学资源演示主界面中单击某个按钮，即可进入对应板块，如图1所示。下面分别介绍各个板块的功能。

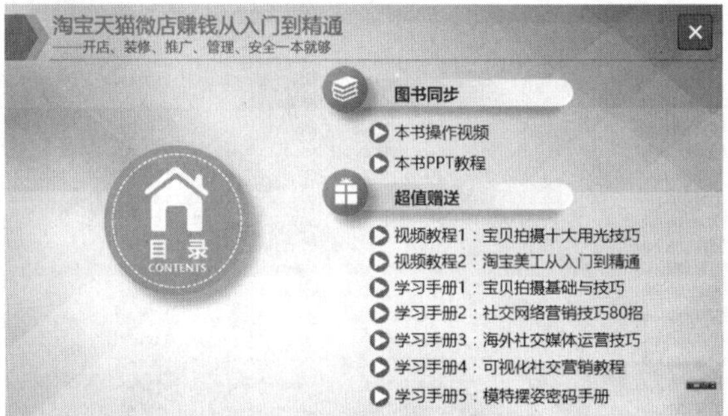

图1　配套资源演示主界面

1. “本书操作视频”板块

本板块从开店、装修、推广、管理和手机淘宝5个方面介绍开设网店必须掌握的基本操作方法和技巧，单击主界面中的对应按钮，即可查看相应的视频内容，如图2所示。

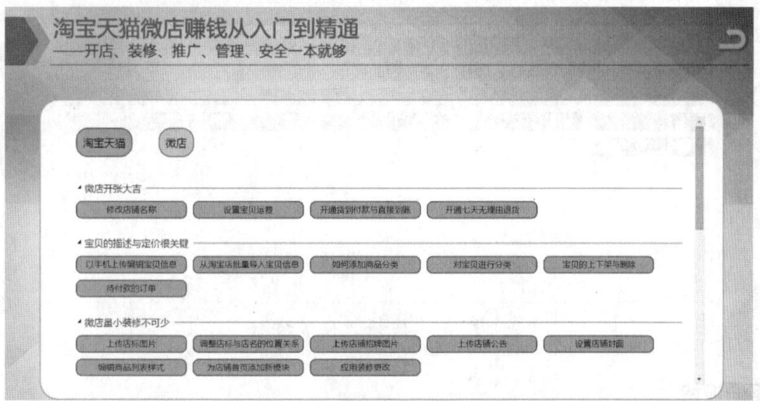

图2　“本书操作视频”板块

2. “本书PPT教程”板块

本板块提供了与书中内容同步的PPT演示文档，单击“本书PPT教程”按钮，在打开的文件夹中双击相应的文件名称，即可查看演示文档内容，如图3所示。

名称	修改日期	类型	大小
第1章.pptx	2017/11/17 11:32	Microsoft Power...	2,206 KB
第2章.pptx	2017/11/17 11:32	Microsoft Power...	484 KB
第3章.pptx	2017/11/17 11:32	Microsoft Power...	1,542 KB
第4章.pptx	2017/11/17 11:32	Microsoft Power...	477 KB
第5章.pptx	2017/11/17 11:32	Microsoft Power...	2,233 KB
第6章.pptx	2017/11/17 11:32	Microsoft Power...	1,400 KB
第7章.pptx	2017/11/17 11:32	Microsoft Power...	839 KB
第8章.pptx	2017/11/17 11:32	Microsoft Power...	915 KB
第9章.pptx	2017/11/17 11:32	Microsoft Power...	1,980 KB
第10章.pptx	2017/11/17 11:32	Microsoft Power...	3,993 KB
第11章.pptx	2017/11/17 11:32	Microsoft Power...	3,337 KB
第12章.pptx	2017/11/17 11:32	Microsoft Power...	2,211 KB
第13章.pptx	2017/11/17 11:32	Microsoft Power...	3,136 KB
第14章.pptx	2017/11/17 11:32	Microsoft Power...	3,460 KB
第15章.pptx	2017/11/17 11:32	Microsoft Power...	5,126 KB
第16章.pptx	2017/11/17 11:32	Microsoft Power...	2,189 KB
第17章.pptx	2017/11/17 11:32	Microsoft Power...	1,591 KB
第18章.pptx	2017/11/17 11:32	Microsoft Power...	535 KB
第19章.pptx	2017/11/17 11:32	Microsoft Power...	998 KB
第20章.pptx	2017/11/17 11:32	Microsoft Power...	432 KB

图 3 “本书 PPT 教程”板块

3. 视频教程板块

本板块提供了宝贝拍摄的十大用光技法和图片后期处理的技巧。单击相应的按钮，即可观看视频内容，如图4所示。

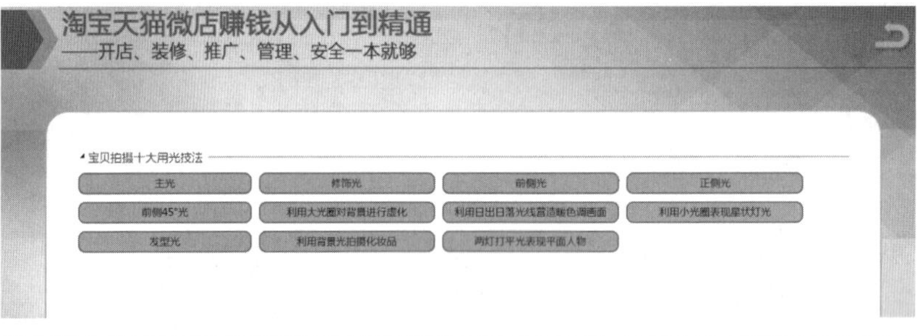

图 4　视频教程板块

4. 学习手册板块

本板块以手册方式介绍了拍摄淘宝商品、社交网络营销、海外社交媒体运营、可视化社交营销、模特摆姿等技巧，单击相应按钮，即可查看相关内容，如图5所示。

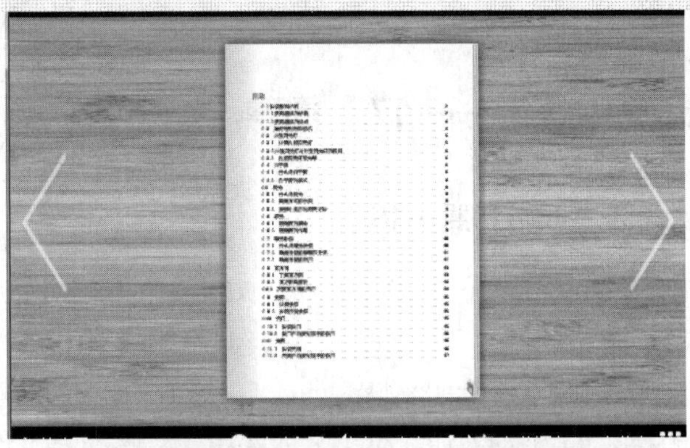

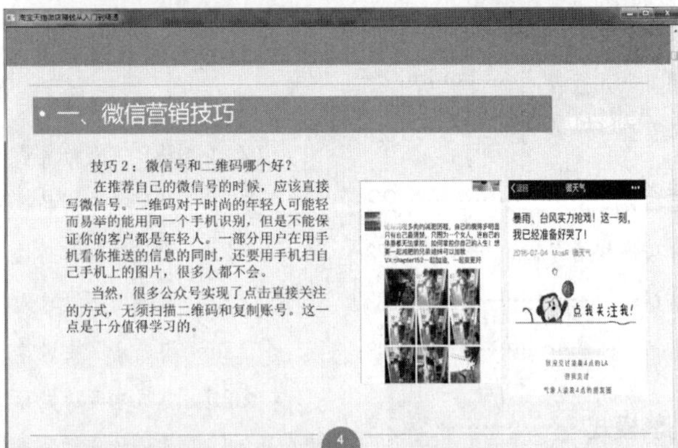

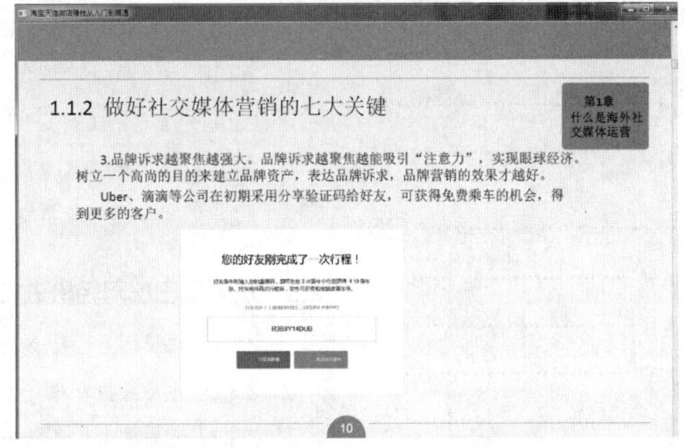

1. 单手衬脸……1
2. 双手衬脸……8
3. 局部疼痛状……14
4. 其他实用姿势……23

站姿的控制……30
1. 把握胯部的动作……30
2. 身体伸展开来的个性站姿……33
3. 转身回眸……34
4. 活泼的腰部前倾站姿……36

坐姿的控制……38
1. 席地而坐……38
2. 臀部半触座位……40
3. 略带羞涩感的淑女坐姿……42
4. 知性坐姿……43
5. 特定道具椅的几种实用坐姿……44

躺姿的控制……49
1. 趴躺……49
2. 平躺……52
3. 侧卧……54
4. 侧躺……56

跪姿的控制……58
1. 站立单腿跪……58

图 5　学习手册板块

目录 CONTENTS

第17章 精心做好售后与客服 ………… 304

第18章 各类型网店如何进行财务管理 … 322

第5部分 店铺与资金的安全防范… 335

第19章 保护电脑与手机的信息安全 …· 336

第1部分

开店准备

古语云：兵马未动粮草先行。这说明了做好准备工作的重要性。对于开网店这样的系统性工程来说，更是要充分做好准备工作，才能有条不紊地进行。新手开店，需要了解常见的各个开店平台、各种店铺的区别，以及货源的选择，并掌握撰写商品描述与定价的方法。做好这些准备工作后，才能开启开店流程。

开店很轻松，
赚钱很简单！

第1章 淘宝店VS微店，二选一还是全都要

本章导言

网上购物发展了十来年，淘宝店已经广为人知，不少人都因在淘宝网开店而挖到了自己人生的第一桶金。随着智能手机的大规模普及，淘宝也推出了手机版网店，以抓住手机用户；随后微店出现了，这种基于手机社交功能的网上商店，让网上销售商品变得更加依赖于人际关系，使店主在淘宝店之外又开辟了一条崭新的挖金渠道。那么，对于一个开店新手来讲，开淘宝店还是微店好像难以抉择。其实并不难，甚至可以二者兼得。

学习要点

- 了解淘宝店与微店
- 选择适合自己的经营方式
- 选择适合自己的销售模式
- 了解开店流程

1.1 走近淘宝店与微店

很多人都有在网上开店赚钱的想法，动机多种多样，有的是想创业，有的是想赚些外快，有的则是为了能在家照顾家庭的同时赚钱……不管怎样，大家都有一个共同的目的，那就是通过网上开店，让自己的生活水平得到提高。

有了赚钱的想法，当然要立即行动。行动不是盲目的马上就去开店，而是要先去了解网上开店相关知识，然后结合自己的具体情况来选择开店方式，如此才不会因为仓促入行而遭受不必要的损失。

1.1.1 网上开店：足不出户卖商品

网上开店是在互联网大规模普及后诞生的销售方式，具体来说就是经营者在互联网上注册一个虚拟网上商店并出售商品，顾客在网上浏览并进行购买。

具体的做法是：经营者将待售商品的信息以图片和文字（有时也有音频与视频）的形式发布到网页上，对商品感兴趣的顾客在网上浏览商品信息后，通过网上支付方式向经营者付款。经营者通过邮寄、快递等方式将商品实物发送给购买者。图1-1所示为某店主在淘宝网开设的网店主页。

在网上开的店铺统称为“网上商店”或“网店”。由于网店进货、发货均可由快递上门服务，而售货、宣传也不需要出门，因此很多人选择在家里经营网店，并戏称自己“足不出户”。虽说很多人进货还是要出门到批发市场去，但从网上进货送到家门口，从而真正足不出户的人也不少。因此，比起传统的实体店铺来，网上商店少了很多麻烦，也少了很多成本，这就是它红火的原因之一。

图1-1

1.1.2　网上开店与开实体店哪个好

网上开店是一种全新的销售方式，它与传统的实体店铺销售方式有很大的不同。网上开店有许多实体店铺无可比拟的优势，如成本更小、宣传更方便等。两种开店方式的异同具体表现在以下几个方面。

1. 开店成本的区别

一项针对中国中小企业的调查显示，个人开设实体店或公司的平均启动费用至少5万元，而网上开店建店的启动费用则很小，只需有电脑、网络与一个固定场所（如家中），再加上进货资金即可开店。

除开启动费用不算，日常运营成本的区别也是很大的。这里提到的成本不仅是指购货、租店、雇人等硬性成本，还包括办理营业执照，与工商、卫生、文化等部门打交道的隐性成本。具体区别可以参考表1-1。

表1-1

成本内容	网上店铺	实体店铺
铺面租金	无	有，且好的铺面位置需要非常高昂的费用
店铺担保金或押金	可无，最高至10万元（根据开店平台的要求而定）	有押金，即“转让费”
招牌广告费	可无	需要
店铺装修费	可无	需要
员工工资	可无	每月要支付给雇员一定的工资
电、税等杂费	很少	或多或少需要缴纳一定数目费用
进货及库存费	无或者少量	视具体库存数目和商品情况，有时需要非常庞大的资金

在新开的网上店铺中，很多费用都比实体店铺少，如店面费用、员工工资或库存费等；而有些费用是可以立即投入，也是可以暂缓投入的，如装修费和广告费。总的来说，网上店铺的初期投入要比实体店铺少很多，对于没有多少经验、资金也不充裕的新人来说，这是一条不错的创业之路，即使亏损，也不会伤筋动骨。

2. 客流量上升空间大小

一个实体店面对的客流量始终是有限的，因为从店门路过的行人数量每天大致是固定的，虽然根据季节不同，有一定上下浮动，但不会相差太大，即使店主花费再多的钱打广告，其客流量也不会增长太多；而网上开店面向的是整个互联网，只要广告打得好，客流量可以飞速上涨，而且再多的顾客也不会让店面感到拥挤，这是实体店做不到的。

一位资深网店老板说：“我的网店，光礼品和珠宝首饰门类每天的总访问量就达50万人次，相当于3个中等繁华路段小商品市场的规模，在参加直通车、淘宝客等活动时，峰值访问量可以上两百万人次。”由此可见，网店的访问量上限是无限的，只要营销做得好，访问量可以达到实体店难以企及的程度。

3. 能否提供个性化需求

随着人们消费水平的提高和网络技术的广泛应用，人们的生活方式发生了深刻的变化，越来越追求需求的个性化。

实体店由于经营成本较高，有些个性化服务是无法向消费者提供的，例如“艺术签名定制”服务，如果专门开设一个实体店来经营，一定是亏本的，而开设一个网店来做，则完全没有亏本之虞。还有很多类似的个性化服务也是这样，只能依赖于网店而生存。

4. 经营方式是否灵活

网上店铺不受店面空间的限制，不受店面地盘的限制，不受地域的限制，经营者可以全职经营，也可以兼职经营，店铺不需要专人时刻看守，营业时间也比较灵活。只要能及时对浏览者的咨询给予回复，就不影响经营。

由于网店的存货一般较少，因此可以随时转换经营其他商品，进退自如，不会因为积压大量货品而无法抽身。

网上店铺与实体店在营业时间、营业地点和店铺面积方面的具体比较可以参考表1-2。

表1-2

比较项目	网店	实体店
营业时间	24小时	正常的开门营业时间，通常为朝十晚十
营业地点	不受限制	店铺位置与客流量、投入资金有非常密切的关系
店铺面积	店铺实际销售额不受店面大小的影响	面积大小影响商品展示，扩大面积需要投入资金

5. 资金流转速度快

由于实体店铺要积存大量的现货，因此资金积压较大，流转速度较慢；而网店则可以现卖现进货，资金积压较小，流转速度较快；甚至可以做“短平快”的代销店，发货、结算都很快，很多是日结日清，店主不仅没有积压资金的忧虑，而且也几乎不用担心卖了商品收不到佣金。

1.1.3 网上开店的两种形式：淘宝店与微店

网上开店有两种典型的方式：一种是在淘宝平台上开店，这是热了十多年的开店模式；另一种是基于近年来普及的智能手机、平板电脑等移动设备的微店模式，这种模式也成了热点。那么，这两种开店模式各自有什么特点呢?

1. 用户基数较大的淘宝店

淘宝网从2000年兴起，一直在台式电脑、笔记本电脑等大屏幕（其屏幕相对手机和平板电脑而言是大屏幕）设备上占据主要领导地位，如图1-2所示。虽然后面又有类似的拍拍网、易趣eBay网、京东网、当当网等平台兴起，但在用户访问量上无法与淘宝比肩。这类平台上的店铺特点如下。

- 由于这类网店主要的浏览设备是台式电脑与笔记本，而这类设备屏幕较大，因此在产品介绍页面中可以放置较多的信息，店主要尽量详细地介绍产品，图片也要采用高精度的，这样即使在大屏幕高分辨的显示器中仍然能比较清晰地展示产品细节。
- 淘宝店的营销推广主要面向陌生人群，店主可在各种网络平台（如论坛、QQ、博客等）上进行营销活动，将用户吸引到自己的店铺或者商品页面，并促进他们购买。

图1-2

在淘宝网这类平台发展之初，智能手机尚不普及，访问工具均为台式电脑，后来智能手机普及后，淘宝也发展出了便于手机浏览的简化页面，也就是手机版淘宝店，如图1-3所示。不过，页面虽然简化了，但营销推广方式并没有发生实质性的变化。

2. 基于人际关系进行营销的微店

在智能手机普及开来后，上网变得更加方便了。以前人们只能在家中、网吧或办公室等固定地点上网，现在只要拿着智能手机，就可以在大街上、公交车里上网。由于手机上网如此方便，反过来影响了网店的发展。

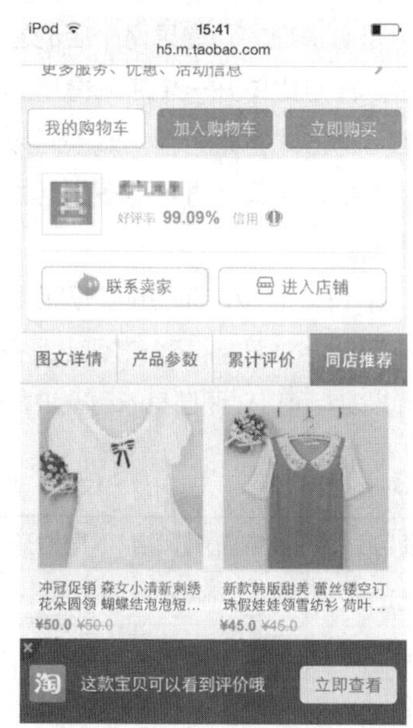

图1–3

很多人意识到，专门为手机用户量身打造一种新的网店，将会获得更多的手机用户。于是陆续出现了在手机上开店的平台，在这些平台上开设的店通常叫作“微店”。微店可以在专门的APP（手机软件）上进行浏览与购买，如微信、口袋购物等，如图1–4所示。微店店主主要利用手机进行推广销售，门槛低，管理更方便。

图1–4

专家提点　什么是APP

APP是英文application的缩写，通常专指手机上的应用软件，或称手机客户端。如手机QQ、微信就是APP。目前主流的手机的操作系统有苹果、安卓和Windows，而它们之间的APP格式是不通用的，如安卓版的微信，就无法装到Windows手机上。因此，即使是同一个APP，也可能会存在数个版本，用于不同的操作系统。

手机上网与台式电脑、笔记本电脑上网有较大的区别，微店自然也与淘宝店有一定区别，主要体现在以下几个方面。

- 手机的屏幕尺寸较小，因此微店的商品页面也必须简化，以适应手机屏幕尺寸。文字不能太小，避免用户看不清；图片尺寸也不宜太大或太小，否则也会让用户无法看清。一个商品的介绍页面不能过多，否则用户容易会因不耐烦而流失。
- 微店充分利用了手机的社交功能与地理位置功能，营销手段倾向于人际关系，比如朋友圈营销、公众号营销、“附近的人”营销等。这是与淘宝网店迥异的营销方式，它进一步开拓了网店的营销渠道，让网店的营销变得更加具有技术性。
- 手机用户的浏览时间与电脑用户不同。人们多是在上下班途中、吃饭时或临睡前浏览手机，因此微店的商品营销推广要抓住这些时段，才能取得较好的效果；而电脑网店则应在上班前、晚餐后等时间进行营销推广。

1.1.4　哪些人适合在淘宝开店

一般来说，只要有时间、有决心，就可以开设自己的网店，做分销、代销甚至连本钱都不需要，由此可见开设网店的门槛是很低的。但很多人决定开网店后，面对淘宝店和微店两种选择，却不知道该选哪一个。淘宝店和微店的确有不少差别，在选择时要注意自身条件与所处环境。那么哪些人适合在淘宝开店呢？

- 每天在电脑前工作的人，可以考虑在淘宝开店，如企业白领、机构研究人员、平面设计师、网络管理员等，因为他们的本职工作就在电脑前，在不影响本职工作的前提下，分心处理一下网店的事务是很方便的。

- 每天有大量闲暇时间的人，也可以在淘宝开店，如失业人员、家庭主妇、在家休养的病人等，因为不太忙，又有固定的上网设备与上网地点，反而可以开设淘宝店，从容经营。

简而言之，只要有足够的时间、有固定上网设备与上网地点的人，都可以考虑开设自己的淘宝店。

1.1.5 哪些人适合在手机上开微店

如果有条件开设淘宝店，就一定够条件开设微店，反之则不然。微店更适合工作地点不固定的人，如司机、快递员、学生、经常出差的人等。他们因为经常在多个地点间移动，不方便使用电脑，因此使用手机开店是最合适的。

可能有人要问，前面提到淘宝店也有手机版，为什么这里推荐大家开微店而不是开设手机版淘宝店？这是因为淘宝店（无论是电脑版淘宝店还是手机版淘宝店）的管理、经营都必须在电脑上操作，虽然也可以使用手机操作，但非常不方便；而微店的管理功能基本都在手机APP上，对于不能经常使用电脑的人来说微店更顺手。

1.1.6 我可以两种店都开吗

很多人可能会想到，自己是否可以同时开设淘宝店与微店，在两个平台出售同样的商品，销量会不会比单开淘宝店或微店要高？

这样想是有道理的，如果两个店的营销推广都做得好，销量肯定比单开一个店来得高。不过淘宝店与微店的营销方式不太一样，如果同时开设两种店的话，就需要在营销上付出更多的努力，才能达到增加销量的愿望。

然而，并不是所有人都适合同时开设两种店，有的人并不具备这样的条件。表1-3列出了各种条件对开店的影响，读者可以对照自身的情况进行选择。

表1-3

比较项目	淘宝店	微店	同时开设两种店
时间不太充足	可	可	困难
工作地点不固定	困难	可	困难
资金不充裕	可	可	可
不擅长人脉推广	可	困难	困难
不擅长互联网推广	困难	困难	困难

从表1-3中可以看到，如果不擅长做互联网推广，无论经营哪种店都会有困难。不过不要紧，本书有大量的篇幅专门讲解网店的营销推广，阅读完本书后，即可成为网店营销熟手。当然，要想成为高手的话，还是要自己多努力探索才行。

1.2 什么样的经营方式适合自己

在现实中，有的店主仅仅开设了网店，而有的店主则同时经营着网店与实体店；有的店主本身有工作，在工作之余打理网店，有的店主则全身心投入网店中。那么本书的读者准备怎样经营自己的网店呢？其实只要根据个人的实际情况，选择一种适合自己的经营方式即可。

1.2.1 网上店铺与实体店铺相结合

随着网购成为人们生活的一部分，不少传统商店也开始在网上开店，抢占市场。就现在的市场环境来看，如果已经在经营实体店，最好也同时开个网店，彼此相辅相成，网上和网下的销售渠道同时打通，这样生意才能更快地做大做强。网店结合实体店的好处如下。

- 网店是实体店的很好补充，让店里的产品没有淡季和夜晚。24小时不间断的在互联网上展示，吸引更多的潜在顾客。
- 网店能帮实体店完善客户群。结合实体店能更好地服务于本地市场的用户。
- 网店可以帮助实体店自动统计热销产品，从而方便店主有针对性的进行产品调整。
- 网店由于有实体店铺的支持，货源比较稳定，使店主能快速了解市场行情。
- 业内人士认为，网络销售最大的缺陷是消费者的认可度比较低。因此，实体店和网店结合经营在本地销售中具有很大的优势。本地顾客在网上了解到产品之后再到实体店看货，购买的可能性就会增大。

对于既没有实体店，也还没有网店的人来说，如果资金充裕且没有固定职业，那么可以考虑同时经营两种店铺，既可以充分利用管理实体店的闲暇来经营网店，又能让商品从网店与实体店两条渠道销售出去，一举两得。

当然，同时经营两种店铺，要仔细考虑商品种类，利润过于微小的、类型比较小众的商品，在实体店中售卖容易亏本，会拉低总体盈利，这种类型的商品就不要考虑了。

1.2.2 全职经营网上店铺

所谓全职经营网上店铺，即经营者将全部精力都投入到网站的经营上，将网上开店作为自己的全部工作，将网店的收入作为个人收入的主要来源。

想做全职无非有两种情形：一种是一开始就打算做全职，或多或少都有一种“不成功便成仁”的雄心壮志；另一种是先兼职，做到一定良好的状况后，再转为全职。无论是哪种情况，都要了解一点：全职经营网店比兼职有更多的收获，但也会感受到更多的辛劳和疲惫。

1.2.3 兼职经营网上店铺

所谓兼职经营，是指经营者将网店作为自己的副业。例如，现在许多在校学生利用课余时间经营网店，也有一些职场人士利用工作的便利开设网店，增加收入来源。

想做兼职无非有两种情形：一种是试探性的兼职，在不放弃本身工作的前提下，增加收入来源，改善生活状况；另一种是只想在空余时间做点有意义的事，让自己变得更加自信和充实，不在乎赚多少钱。

无论是哪种情形，都要明白一点：虽然兼职的经营心态稍微轻松，但在时间上并不一定比全职的投入要少，特别是感觉网店生意越来越好时，不由自主地就往网店中投入更多时间，这样可能会影响原来的主业。所以兼职经营网店时，要对投入时间进行控制。

1.3 根据自身情况选择销售模式

目前网上商店出售的商品从属性上来分可以分为虚拟商品和实物商品两类。但如果从功能上分，则还有一种全新的代理商品。下面就一起来看看这几种不同的销售模式。

1.3.1 销售实物商品

所谓实物商品，就是目前市场上能够看到，并且能够通过交易进行正常接触使用的商品。它的范围更广，基本覆盖了人们生活的方方面面。大到汽车、电器，小到螺丝刀、缝衣针……衣食住行都囊括其中，图1-5所示的鞋子即为实物商品。

图1-5

1.3.2 销售虚拟商品

虚拟商品一般是指没有实物的商品，在淘宝中是指网络游戏点卡（用于计算游戏时间的卡）、网游装备（网络游戏中得到的装备，如宝剑、盔甲等）、QQ号码、Q币（用于购买QQ服务的虚拟货币）、手机话费等。淘宝网对虚拟商品的定义为：无邮费，无实物性质，通过数字或字符发送的商品，如图1-6所示。

图1-6

由于虚拟商品的无实物性质，所以一般在网上销售时默认无法选择物流运输，通常是自动发货。也正因此原因，一般销售虚拟商品的网店店主，通常都能快速累积较高的店铺信誉等级。许多销售实物的商家前期都是先开虚拟店铺来累积信誉的。

虚拟商品主要有如下几类。

- 网络游戏点卡、网游装备、QQ号码、Q币等。
- 移动/联通/电信充值卡等。
- IP卡/网络电话/软件序列号等。
- 网店装修/图片储存空间等。
- 电子书、网络软件等。
- 网络服务，比如网站服务、邮箱服务和加密传输服务等。

1.3.3 分销/代销商品

卖家也可以替供应商销售商品，也就是作为分销/代销商，从销售中赚取差价。这是一种全新的销售模式，目前非常红火，图1-7所示为分销/代销流程图。

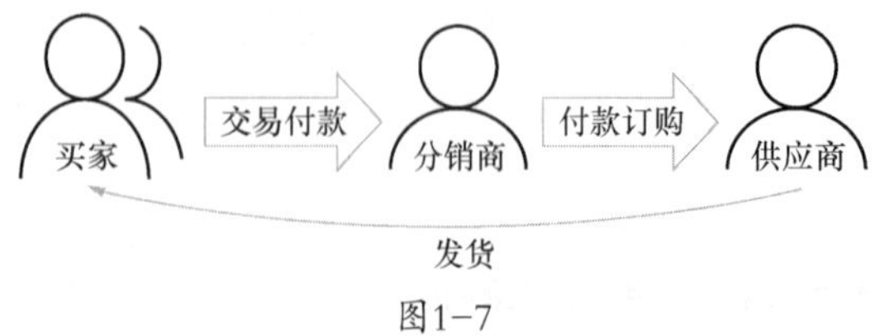

图1-7

代理销售属于零投资、零库存的销售方式，专门的供应商为代销卖家们提供了商品货源、商品发货以及商品售后的服务，代销卖家只要在自己的店铺中发布所代理商品的信息，当有买家下单后，代销卖家同步向供应商下单，供应商就会根据代销卖家提供的地址将商品发送给买家。而这个过程中产生的差价，就是代销卖家所能够赚取的利润。

在众多销售模式中，网店代销更适合以下人群采用。

- 上班人士：有固定的工作场所与工作时间，能够经常上网，但没有足够的时间寻找货源以及发货的上班人士。
- 货运不便的地区：城市郊区、小县城等快递不愿去接件或接件费用较高的地方。
- 不具备商品拍照条件的卖家：网店中商品拍照是非常重要的，如果卖家没有相机，不具备拍照技术以及不会处理图片，那么就无法展示出逼真的商品图片。而代理销售就不用考虑这个问题，卖家只要将代理商提供的图片放到自己网店中进行宣传就可以了。

虽然代理销售使得卖家无须投入任何成本，但代理销售还是存在一定风险的，因为在销售过程中，货物是不经过卖家的，卖家同样只能通过供应商提供的商品图片和描述来了解产品，而无法看到最终发给买家的商品实物，因此代理销售中，卖家自己可能对销售的商品都不是很了解。

另外，一些不稳定的供应商可能会让卖家的网店无法经营下去，如卖家根据供应商提供的商品信息在网店中上架后，有买家对指定商品下单购买，但卖家联系供应商时却被告知缺货，或者商品质量与图片上相差非常大。这些情况对卖家来说都是非常致命的，卖家不但需要向买家解释、协商，而且可能因此获得差评，需要知道的是，在网店中出现差评，将意味着买家的流失，这是网店经营中的大忌。

1.3.4 各类商品特点比较

前面介绍了实物商品、虚拟商品、代销商品这3类商品的基本信息和特点，相信大部分读者对实物商品没有什么疑问，对于虚拟商品和代销商品的运作方式，可能有一些不解之处。为了帮助读者理解，下面给出一个对比表格，从表1-4中，用户可以看到这3类商品的异同之处。

表1-4

比较项目	有无实体	进货渠道	物流方式	质量监管	投入成本	耗费精力
虚拟商品	无	商品官方申请	网络发送	方便	很小	少
实物商品	有	批发市场等	物流发送	方便	大小皆可	多
代销商品	有	网络供应商	供应商直接物流发送（不通过卖家）	几乎不能监管	很小	一般

严格来说，虚拟商品也是代销商品，卖家从官方申请代销资格后（如Q币代销可以在腾讯网上进行申请），再在淘宝上进行销售，这是一种典型的代销行为。不过，为了与实物商品进行区别，还是把虚拟商品单独划分为一类。

读者可以根据表1-4来选择适合自己的销售模式，特别是应参考“投入成本”和“耗费精力”两项。

1.4 开店流程速通

虽然互联网上可供开店的网购平台较多，不过在这些网购平台上开设网店的操作流程是大同小异的，主要包括店铺定位规划、提出开店申请、进货与登录商品、营销推广、交易与售后服务这五大方面。

1.4.1 店铺的定位与规划

店铺的定位与规划是指根据卖家自身的条件，对店铺的经营平台、经营方向、经营产品、店铺装修风格、初期营业规模等进行调研并确定，这样可以让经营不至于显得盲目，也不至于事到临头时手忙脚乱。

1.4.2 店铺的申请和装修

确定开店平台以后，就要了解该平台的开店申请规则，然后申请开通店铺。例如淘宝网就规定，注册账号并通过考试与实名认证，才可免费开店。同时，还应该主动学习如何装修自己的店铺，将自己的店铺打造得更有特色。实在不会的，也可以花钱购买装修服务，或购买成熟的装修模板来装饰自己的店铺。

1.4.3 商品的进货与上架

最好是从熟悉的渠道和平台进货，关键是控制成本和低价进货。有了商品就要准备将商品登录到自己的网店，注意要把每件商品的名称、产地、所在地、性质、外观、数量、交易方式、交易时限等信息填写清楚，最好搭配商品的图片。商品名称也要尽量全面，突出其优点。

1.4.4 店铺的营销和推广

为了提升自己店铺的人气，在开店初期适当的进行营销推广是非常必要的，而且要网上、网下多种渠道一起推广。例如，通过购买“热门商品推荐”的广告位、与其他店铺和网站交换链接等方式，来扩大自己店铺被消费者关注到的可能性。当然，如果有条件的话，最好的推广方式还是使用如淘宝网提供的直通车、阿里妈妈推销等手段。

1.4.5 交易与售后服务

顾客在购买商品时会通过多种方式和店主进行沟通交流，这时就应充分做好交流工作，具体交易方式则可根据双方交流约定办理。而售后服务则是体现自己店铺形象的无形资产，需要店主在建店初期即规划到位，力争为顾客提供最好的售后服务。

1.5 秘技一点通

技巧1 电脑小白如何安全购买电脑及配件不上当

对于要开设网店的人来说，一台质量好、性能稳定的电脑是必不可少的，但可惜的是，大部分人都不懂电脑硬件，不知道如何才能买到货真价实的电脑。

很多人可能都听说过，在电脑城购买电脑容易遇到奸商，以次充好，乱抬价格，使消费者多花很多冤枉钱。要避免这种情况的发生，大家第一时间想到的就是请熟悉电脑硬件行情的高手和自己一起去购买，这固然是个好方法，但也有不足之处，一个是熟悉电脑硬件行情的人不一定能够找到，另一个是要欠下一笔人情债，很不划算。

其实，不懂电脑的人，也可以在不找人帮忙的情况下买到质量过关、价格合适的电脑。方法很简单：不要去电脑城，而是从网上京东商城选择并下单，即可买到。

京东商城中出售的商品种类繁多，其中电脑类商品包括台式电脑主机（仅主机，不含显示器、键盘、鼠标等外设）、台式电脑整机、笔记本电脑、电脑配件以及电脑周边设备。由于京东的电脑大部分是自营，非自营也经过严格审核，因此基本不会出现假冒伪劣商品，在价格上也基本和电脑城齐平，部分特价商品甚至比电脑城更便宜。

其实，不仅电脑，数码相机和打印机等设备也可以在京东上购买，质量和售后都会有较好的保障。

在购买时要注意区分京东自营商品与加盟店商品。尽量购买京东自营店的商品，这样不仅质量上保障较高，而且因为京东有遍及全国的物流渠道，无论是送货，还是出现问题后退换货，都会很方便。

作为在京东购买电脑、相机、打印机和手机等产品的用户，自然希望购买到京东自营的产品，这样在质量和服务上更为保险一些。那么，如何区分京东自营产品与加盟店产品呢?

京东自营产品，在“服务”一栏中都会写上“由京东商城发货并提供售后服务”，如图1–8所示。

京东非自营产品，在“服务”一栏中写上的是商家名称，如图1–9所示。

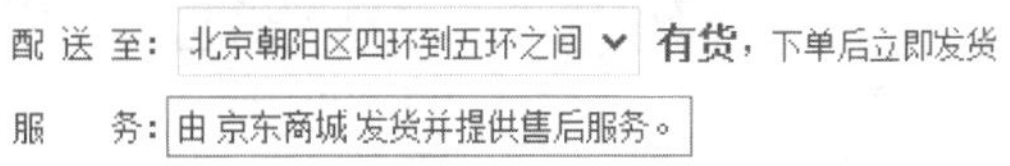

配 送 至：北京朝阳区四环到五环之间 有货，下单后立即发货
服　　务：由 京东商城 发货并提供售后服务。

图1–8

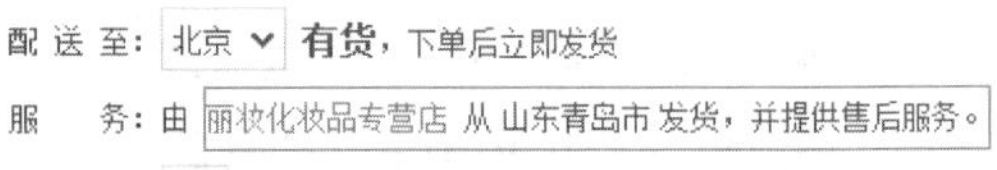

配 送 至：北京 有货，下单后立即发货
服　　务：由 丽妆化妆品专营店 从 山东青岛市 发货，并提供售后服务。

图1–9

专家提点 购买时注意安全

注意，不要在网吧等公共场合的电脑上进行购买操作，这样做不安全，可以借用亲戚或朋友的电脑来购买。购买时可以采用货到付款的方法，这样就不会遗留银行卡信息到公共电脑上了。

技巧2 怎样购买手机开店所需的智能手机与上网手机卡

1. 购买智能手机

要开设微店或手机版淘宝店，必须使用智能手机。现在千元级别的智能手机完全可以胜任这项工作。不过，在购买手机时，最好选择电池容量比较大，续航能力比较强的款型，这样可以使用较长时间，不至于在紧要关头缺电关机，影响生意。

手机屏幕最好略大一点，这样有利于观看对话和数据等。对于男士而言，手机可以考虑在4~6英寸，对于女士而言，则可以考虑3.5~4.5英寸。手机CPU至少要四核或以上，运行内存至少2GB，存储内容8GB或16GB，才能保证运行流畅。

如果预算比较充足，可以考虑购买苹果公司的iPhone 6S、iPhone 6S Plus或iPhone 7手机，无论是质量、手感、续航还是操控，都是上乘之选；如果预算不是很充足也不要紧，现在1000元左右的八核智能机有不少，如华为的荣耀畅玩5X、红米3、酷派cool1 dual或联想乐檬 K5 Note等，都是不错的选择。

2. 购买上网流量卡

智能手机的最大好处就是移动上网，无论是街头巷尾，还是公交车上，都能够随时访问互联网。要实现移动上网，只有手机是不够的，还需要相应的手机卡来配合。那么，选用什么手机卡上网比较好呢?

现在的手机卡分为2G、3G和4G制式。2G上网用最普通的手机卡就可以实现，速度最高只有十几KB；3G上网速度很快，联通3G可达600KB，网速与很多有线宽带相比不相上下；4G上网可达2.5MB以上，是目前手机上网的首选制式。

最新款的iPhone手机都是支持4G上网的，如果店主原来使用的是2G手机卡，应去营业厅换为支持4G的手机卡，一般不用换号。千万不要图省事，使用2G手机卡上网，那样不仅贵，而且速度慢得让人无法忍受，对于微店店主而言，这样的速度根本无法应对生意。

如果是购买安卓手机，则可以考虑双卡双待类型的，GSM插槽可以插店主原来的手机卡，另外一个高速插槽则插专门用于上网的3G/4G手机卡。

店主可以到当地的移动、联通或电信营业厅去询问上网套餐的详情，然后选择一款性价比较高的套餐来试用，如果流量不够用，可以下个月再更换新的流量更大的套餐。另外淘宝上有不少能上网的3G/4G手机卡出售，有些是每月固定资费，流量也是固定的，也有的是用多少算多少，比如1MB一角钱。店主可以根据自己的使用习惯来购买。

高手支招　一般店主的手机月流量是多少

以笔者为例，在不使用手机卡看在线视频、下载音乐和软件，也不允许软件自动更新的情况下，同时开启微店、微信、QQ和淘宝APP，以及不时浏览一下网页，一般一个月使用的流量为500～700MB，因此笔者开通的是1GB/月的联通4G套餐，足够用了。

技巧3　在淘宝平台中，个人店、企业店、天猫店各有什么区别，如何选择

在淘宝，用户可以开设个人店、企业店和天猫店。个人店、企业店和天猫店三者之间有很多区别，如表1-5所示。

表1-5

比较项目	个人店	企业店	天猫店
店铺认证注册条件	公民有效身份证进行注册店铺认证	认证企业营业执照	入驻企业要有100万元以上注册资金、2年以上经营时间、品牌注册商标和纳税身份等限制
适用对象	个人商家	小企业商家	大品牌、大企业商家
开店成本	个人开店是免费的，只需缴纳少量的保证金	企业开店也是免费的，但申请认证时需要缴纳一定的手续费和少量的保证金	天猫商家需要向平台交纳保证金和技术服务费年费等费用，且金额比淘宝店高出很多
店铺评分体系	评分体系为星级、钻级、皇冠级	评分体系与个人店相同	采用动态评分体系
消费者保障服务	商家可自行选择加入	与个人店相同	所有保障天猫卖家都必须强制加入
店铺显示标	个人店没有店铺显示标	企业店拥有“企”字样的显示标	天猫店拥有天猫特有标志
店铺名称	个人店名称不得包含让用户混淆的词汇，如特许经营、特约经销、总经销、总代理、官方、代理、加盟、授权、直营、经销等词汇。另外，“旗舰”与“专卖”是天猫特有词，不得出现在除天猫以外的店铺名中	企业店的名称可以使用公司、企业、集团、官方、经销这5个词，但不得使用天猫特有词“旗舰”与“专卖”	天猫店的名称必须注明店铺类型，包括旗舰店、专卖店、专营店

除此之外，还有一些具体的区别，这里就不一一列举了。总的来说，如果只想开一个轻量级店铺，个人店当然是不二之选；如果已经有了实体企业但不想交太多保证金，那么企业店则是最佳选择；如果不仅有实体企业，还拥有或代理了某些品牌，也能够交得起几十万元的保证金，那么天猫店自然最适合。

开店小故事

快递小哥手机开店，两年攒够首付款

赵平是日照市一家快递公司的快递员，每天骑着电瓶车奔忙于送货、接货的路上。由于接送的快递很多都是由网店商家发出的，时间久了赵平也摸索出一点门道，觉得做网店并不是很困难，而且自己开网店还能利用快递公司的内部价发货，相对其他网店的快递费来说，比较有竞争力。

赵平找到一个在金阳市场做批发生意的老乡，请他喝了顿酒，摸了摸批发市场的底。经过老乡推荐，赵平决定选择本地的农产品如茶叶、银杏果、香菇、小米作为网店货源，并购买了一台真空包装机，将产品真空包装后再发货，让买家感觉干净、卫生，这是他送快递时从其他网店商家处学来的经验。

由于赵平要接送快递，白天都在城市里不停穿梭，没有时间坐在电脑旁管理网店，因此他选择了更适合自己的网店——手机上的微店APP，来作为自己的开店平台，这样就方便他边送快递边打理网店。

开店之初，赵平很是忙了一阵子，主要是为农产品拍照、写描述并上传。很快他的微店就新上了30多种商品，看上去也有模有样了，于是赵平利用业余时间四处推广，把微店的地址散播出去。

由于赵平以前是个资深网虫，所以去论坛、博客、微博、微信等平台进行宣传对他来说是轻车熟路。经过两个多月的推广，网店的成交量达到了40多单，虽然不算很多，但却给了赵平一个很大的鼓励，他觉得，自己完全能够协调好快递员与网店老板这两个工作之间的关系，在保证快递工作顺利完成的情况下，还能利用网店赚更多的钱。

随着推广的后续效应，网店的生意越来越好。2014—2016年，赵平的网店为他带来了6 万多元的盈利，加上快递工作积攒下来的4万多元，他的银行卡里有了11万元的存款。赵平付了10万元的首付，在日照市买了一套70平方米的房子。签下购房合同那天，赵平高兴极了："真没想到，我这么快就圆了买房梦了！"同事、朋友们知道赵平这么快就买了房，也都感到羡慕，不仅夸赞赵平能干，有的还向赵平取经，准备也开个网店赚点外快。

第2章 火眼金睛找货源

本章导言

货源是一个网店开业的根源。好的货源，会让开店变得更加轻松。所谓好的货源，就是价格有优势、质量有保障、进货与发货方便的货源。这样的货源在商品出售时会为店主省去很多营销与售后方面的麻烦。作为一个新店主，如何选择自己要经营的商品种类，又如何找到优质的货源呢？阅读本章讲解的内容后，相信店主们都能够解决好这两个问题，为开店打下良好的基础。

学习要点

- 快速掌握货源相关知识
- 学会选择适合自己的货源
- 选择合适的进货渠道
- 学会从网上进货的方法

2.1 货源入门ABC

一个网店店主对于主营商品，要根据网上销售商品的特点，结合自身的优势来进行选择。因此，店主首先要充分了解适合网上销售的商品，如哪些是热销商品，哪些是禁售商品，然后再根据自己的优势选择网店的主营商品。

2.1.1 哪些商品适合在网上销售

理论上只要不违反国家法律法规的商品以及各种服务，都可以在网店中进行销售，但实际上还是要综合各种因素进行分析，尽量选择适合在网上销售的商品。这是因为网上销售的商品通常涉及快递费用、稀缺性等因素，与实体店销售的商品有一定的区别。那么，在选择网店商品时，需要考虑哪些因素呢？

1. 商品的体积与重量

网上销售的商品多是通过邮寄或快递方式发送到买家手中的，因此卖家在选择销售的商品时，商品的体积是必须要考虑的。网店销售的商品体积不宜太大，而且应易于包装，从而方便快递运输，以及节约运输费用。如果是一些异形商品，还要根据形状和性质来进行特殊包装，需要定制特别的包装袋，这些也是额外的投入，要计算在成本之中，如图2-1所示的高尔夫球杆即为异形商品，需要特殊包装。

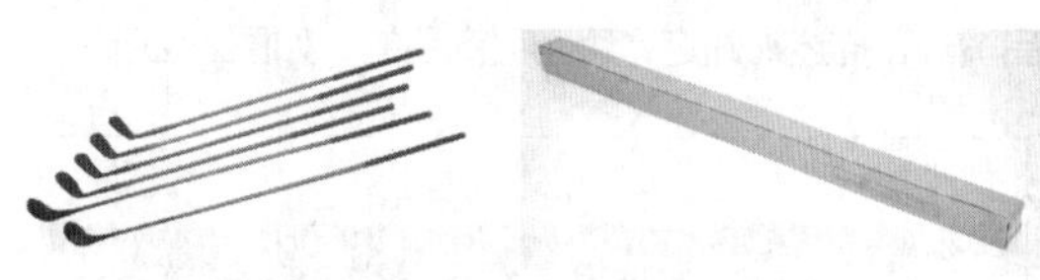

图2-1

同时，一般商品的体积与重量是成正比的，而快递运输计费是将商品重量核算到其中的，网店一般是包邮的，因此商品总价=商品实际售价+运费，如果因商品太重而使运费过高，则加上运费后的商品总价与买家在网下购买差别不大，这样就不能吸引买家了。另外，重的商品一般价值较大，体积也大，存储不方便，对资金与库房来说都有较大的压力，对于只想试水的新手店主来说不合适。

2. 商品价格和附加值

很多人之所以在网上购物，一个是为了方便，另一个就是图便宜。同样的一条裤子，别家卖100～120元，而自己的网店卖140元，顾客怎么选？答案是很明显的。因此，在选货时一定要选择利润率高的商品，这样调控商品的售价也比较方便，同时还能兼顾利润。但也不要走另外一个极端，即为了降低进货价格，而选择低质量的商品，这样对网店的长期发展是很不利的，难以吸引回头客。

3. 商品的独特与时尚性

在网上销量较好的商品，基本都具有各自的独特性与时尚性，所谓独特性，就是商品本身独具特色，有亮点，这样才能吸引买家的注意，如果商品太过普通或大众化，或者现实中随处可见，那么其在网上销售的价值就很低了。

所谓时尚性，就是商品能跟上时代主流、是当前所热门追捧的类型，如服装类的商品是否流行、数码类商品配置是否为当前主流等，很多买家在网上购买商品时，都会对商品的时尚性非常关注，尤其是一些具备很强时尚性的商品，如服装等。

店主们在选择商品时，必须分析所选择商品是否具备一定独特性与时尚性，如果商品太过平庸，则应分析网上买家的需求、该商品在网上是否有销路。

4. 能引起买家购买欲望

网上交易过程中，买家都是通过卖家所提供的商品图片和描述来确定是否购买商品的，如图2-2所示。

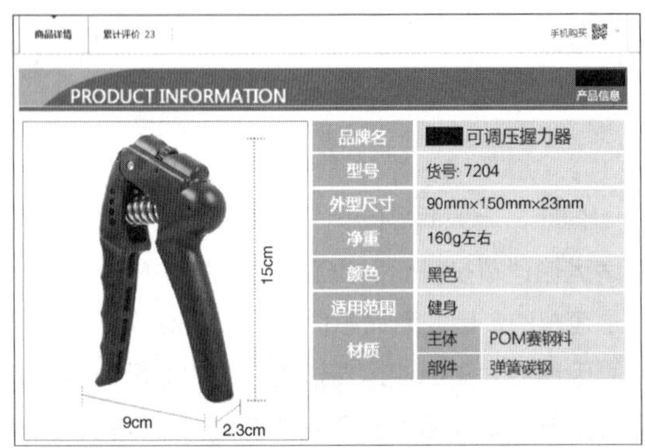

图2-2

这就要求卖家所销售的商品，必须通过图片与描述就能让买家对商品产生一定的了解，并引起买家的购买欲望。如果买家必须要亲自见到实物并进行检测才会购买某种商品，那么这种商品就不太适合在网上销售。

5. 只能在网上买到的商品

如果条件具备的话，尽可能选择网下没有，而只能在网上才能买到的商品，如外贸订单商品，或者从国外带回来的商品等。这类商品的特点是：首先，购买者只有在网上才能买到；其次，竞争度相对较小，更容易销售。

专家提点 什么商品不能在网店出售

一般来说，违反国家法律法规的物品与服务肯定是不能在网店出售的，如枪支弹药、盗版游戏、违禁药物与破解服务之类。其次，有很多商品虽然可以在实体店售卖，但禁止在网店中出售，比如卫星电视接收设备、开锋的刀剑匕首等冷兵器以及食用盐等。还有一些商品虽然能够在网店售卖，但需要申请特别许可，如书籍、药品等。

2.1.2 比较适合在微店中销售的商品

微店是开设在手机上的商店，而手机用户大多是利用碎片时间浏览微店，如上下班途中、临睡前等。经调研，在碎片时间中，手机用户较少进行重大决策，较少在网店中购买昂贵的商品，而倾向于购买低价商品，因为购买低价商品的决策很容易就能做出来，无须花太多时间研究商品的性价比与口碑等，符合碎片时间的使用特征，即短、平、快。

这样一来，微店中适宜销售的产品就很清楚了，如服装、日用品、快消品、低价护肤品（如面膜等）、小电器、饰品（非黄金、白金等贵金属）等。这些商品的售价大都不高于300元，对于一般工薪族来说，购买起来毫无压力，更容易在微店中成交。

2.1.3 热销商品的种类和特点

知道网店里能卖什么，这就确定了一个大致的商品范围。店主可以在此范围内选择售卖商品的类型。一般来说，选择能在网上热卖的商品比较好，因为这类商品的需求巨大，做得好的话，利润相当可观。目前，网上的热卖商品主要有以下几类。

- 服装类。有报告显示服装是网上最畅销的商品。在众多网店中，服装店是最赚钱的店铺之一。五彩缤纷的时装在给人们生活带来美和享受的同时，也给店主带来了不菲的收入。
- 手机及配件。手机不仅是一种通信工具，还是玩游戏、移动上网、即时聊天的智能设备，如今基本上是人手一只。所以，手机及相关配件、充值卡等商品的销售也是很热门的。不过销售手机对店主的资金压力比较大，新手店主要谨慎从事。
- 美容护肤品。不使用化妆品或护肤品的女性如凤毛麟角，而女性的消费力又是很惊人的。不仅女性会大量购买美容护肤品，连部分男性都要为之解囊。所以美容护肤品一直是网络上销售火爆的商品。一般来说，女性一旦觉得某个店里的一款美容护肤品比较好用，会重复在该店购买，还会自动自发地宣传，劝导亲朋好友来购买。这就是美容护肤品网店盈利的秘诀。
- 箱包类商品。箱包类也是网店上非常热销的商品。每个成年女性至少有两个包，如上课、上班用的大包、逛街用的斜挎包、约会用的精致小包等；白领男性也少不了要购买钱包、公文包、挎包等，因此可以说箱包是个“通吃”的商品种类。另外，箱包运输方便，不会过期，优势和服装差不多。
- 数码与小家电产品。在网上购买数码产品与小家电的人也越来越多，一方面反映出消费者网上购物行为逐步成熟，另一方面也反映了主要网上零售厂商产品策略的调整方向。另外，数码家电类生产商对于新零售渠道的重视程度逐步升级，也给市场带来了积极的影响。
- 电脑整机及配件。很多人认为电脑价值不菲，邮寄也不方便，应该不适合网上销售。这样想就错了，事实上，电脑（包括台式机和笔记本）的销量一直都在各C2C平台上排在前列，其相关配件和外设的销量也非常可观。

高手支招 经营电脑类商品需要一些专业知识

电脑产品的进入门槛相对较高，需要具备一定的专业知识，如清楚产品的功能特点、辨别产品的优劣，以及帮助买家排除一些小故障等。

- 流行饰品。流行饰品的市场非常大，因为几乎每个现代女性都要购买饰物。男性也会购买来作为礼物，也有很多男性喜欢佩戴饰品，会为自己购买。打算做饰品网店的卖家，一定要紧跟时尚的步伐，不可脱离最新、最流行的潮流。只要商品款式够新颖、够时尚，销量都不会太差。

其他比如快消品、母婴产品、家居产品等，销售量也非常可观，也是可以考虑的。

2.1.4 选择适合自身优势的商品

知道哪些商品能在网上热销后，还要根据自己拥有的资源来决定究竟销售什么商品。比如当地有特产，价格比较便宜，这就是非常好的货源；或者当地服装厂很多，款式、价格上均有优势，这也是很好的货源。

一般来说，常见的货源优势有以下几种。

- 品牌上的优势。要清楚自己所选择的商品是否是在社会上影响比较大的品牌商品，因为商品的品牌在网上购物中的影响比现实中更为重要。由于无法看到商品实物，很多买家在选购商品时，对品牌的依赖非常大，毕竟一个影响力大的品牌，在一定程度上代表了其产品的优良性。
- 价格上的优势。自己的商品在该类商品的店中有没有价格优势，价格优势有多大对于商品的选择非常重要。绝大多数买家选择网上购物，是因为网上销售的商品价格要明显低于现实中的价格。在选购商品时，也会在该商品的店中进行对比，如果商品其他方面都一致，只是价格存在差异的话，那么价格较低的商品无疑更具有优势。
- 稀缺性上的优势。自己的商品在全国范围内都比较少，而且利润率较高，这就具有了稀缺性。典型的例子是一些特色手工艺品网店，以及服务性的网店，因为特色手工艺品往往是独一无二的，很难复制，而一些种类服务也比较少见，如泰语/中文互译。由于同类商品较少，保证了稀缺性优势，因此可以考虑将该商品作为网店的货源。

- 售后质保上的优势。商品的售后服务也是非常重要的，尤其是对于一些在售后质保上要求较高的数码产品，如手机、电脑等。购买这类商品的顾客，在选购商品的同时，也会将商品的售后服务考虑进来，如果店主能提供更加周到的售后服务，让买家能够更放心，那么在竞争中自然更具有优势。当然，一般情况下，商品的售后服务来自店主进货渠道商所提供的服务，因此在选择货源时，要关注渠道商所能提供的商品售后服务。常见商品的售后服务如服装类的退换，数码电器类产品的包退、包换以及延长质保时间等。

需要补充的是，店主的主营商品并不一定必须在热销商品中选择，如果店主能够找到其他物美价廉，且又便于在网上销售的商品，即使不是那么热门，问题也不大。

2.1.5 根据买家心理选择销售的商品

如果店主经销的商品能满足买家的需求，那么成交的概率就会大增；而要想满足买家的需求，就需要将买家的心理摸透，选择正确的商品，如此才能“对症下药”，提高销售的业绩。从买家购买动机表现来分析，其动机可分为两大类：理智动机和感情动机。

1. 理智动机

理智动机主要来自于下述心理。

（1）实用。

实用即求实心理，是理智动机的基本点，即立足于商品的最基本效用。买家在选购商品时，不过分强调商品的美观、悦目，而以朴实、耐用为主，在适用动机的驱使下，买家偏重产品的技术性能，而对其外观、价格、品牌等的考虑则在其次。

（2）经济。

经济即求廉心理，在其他条件大体相同的情况下，价格往往成为左右买家取舍某种商品的关键因素。折扣券之所以能牵动千万人的心，就是因为“求廉”心理。

（3）可靠。

买家总是希望商品在规定的时间内能正常发挥其使用价值，可靠实质上是“经济”的延伸。名牌商品在激烈的市场竞争中具有优势，就是因为具有上乘的质量。所以，具有远见的店主总是会在保证质量前提下打开产品销路。

（4）安全。

随着科学知识的普及，经济条件的改善，买家对自我保护和环境保护意识增强，对产品安全性的考虑越来越多地成为买家选购某一商品的动机。“绿色产品”之所以具有十分广阔的前景，就是因为它适应这一购买动机来促进销售。

（5）美感。

爱美之心人皆有之，美感性能也是产品的使用价值之一。买家在选购商品时不以使用价值为宗旨，而是注重商品的品格和个性，强调商品的艺术美。

（6）使用方便。

省力省事无疑是人们的一种自然需求。商品尤其是技术复杂的商品，使用快捷方便，将会更多地受到消费者的青睐。带遥控的电视机，只需按一下的“傻瓜”照相机以及许多使用方便的商品走俏市场，正是迎合了消费者的这一购买动机。

（7）售后服务好。

产品质量好，是一个整体形象。有无良好的售后服务往往成为左右买家购买行为的砝码。为此，提供详尽的说明书，进行指导，及时提供免费维修，实行产品质量保险等都成为商家争夺买家的手段。

2. 感情动机

感情动机。感情动机主要是指由社会的和心理的因素产生的购买意愿和冲动。感情动机很难有一个客观的标准，但大体上是来自于下述心理。

（1）好奇心理。

所谓好奇心理，是指对新奇事物和现象产生注意和爱好的心理倾向，或称为好奇心。古今中外的消费者，在好奇心理的驱使下，大多喜欢新的消费品，寻求商品新的质量、新的功能、新的花样、新的款式。

（2）求新心理。

买家在选购商品时，尤其重视商品的款式和眼下的流行样式，追逐新潮。对于商品是否经久耐用，价格是否合理则不大考虑。

（3）炫耀心理。

买家在选购商品时，特别重视商品的威望和象征意义。商品要名贵，牌子要响亮，以此来显示自己地位的特殊，或炫耀自己的能力非凡。这多见于功成名就、收入丰厚的高收入阶层，也见于其他收入阶层中的少数人。他们是消费者中的尖端人群。购买倾向于高档化、名贵化、复古化，几十万乃至上百万美元的轿车、上万美元的手表等的生产正是迎合了这一心理。

（4）攀比心理。

消费者在选购商品时，不是出于急需或必要，而是仅凭感情的冲动，存在着偶然性的因素，总想比别人强，要超过别人，以求得心理上的满足。人家有了大屏幕彩色电视机、摄像机、金首饰，自家没有，就不管是否需要、是否划算，也要购买。

（5）从众心理。

女性在购物时最容易受别人的影响，例如许多人正在抢购某种商品，她们也极可能加入抢购者的行列，或者平常就特别留心观察他人的穿着打扮，别人说好的，她们很可能就会下定决心购买，别人若说不好，则很可能会放弃。

（6）尊重心理。

买家是店主的争夺对象，理应被奉为“上帝”。如果服务质量差，即使产品本身质量好，买家往往也会弃之不顾，因为谁也不愿花钱买气受。因此，店主应该真诚地尊重买家，如此一来，尽管有的商品价格高一点，或者质量偶尔有不尽如人意之处，买家感到盛情难却，也乐于购买，甚至产生再光顾的动机。

仔细分析买家的心理需求，察觉到买家想要什么，然后投其所好地选择商品和设置出售策略，便能大大激发买家的购买欲望。

2.2 精心选择进货渠道

网上开店之所以有利润空间，是因为商品成本较低。那么如何寻找物美价廉的货源呢？一般是从批发市场、生产厂家等处进货，也可以到乡镇收购当地特产，甚至自己制作工艺品来销售等。下面就对常见的进货渠道进行介绍，店主们可以根据自身条件进行选择。

专家提点 进货前做好规划

在去批发市场进货之前，要先做好进货规划，包括进货种类与数量、大致花费、如何运输、来回路线等。进货数量、价格的清单要保留，便于记录进货情况，同时也是退、换货的凭证。

2.2.1 从附近批发市场进货

几乎每个城市都有批发市场，商品种类丰富，价格便宜，市场一般处于交通方便的地方，因此很多人都会去批发市场进货。从批发市场进货的优势有如下几点。

- 能够看到实体商品，可以把握进货商品的质量。
- 商品种类比较多，数量通常也很充足，挑选余地比较大，很适合货比三家，择优而购。
- 进货时间自由，兼职网店店主可以在非工作日去进货。
- 商品价格相对较低，利润要大一些，如果网店店主要降价促销也比较容易。

2.2.2 从厂家直接进货

一件商品从生产厂家到消费者手中，要经过许多环节，其基本流程是：原料供应商→生产厂家→全国批发商→地方批发商→终端批发商→零售商→消费者。

如果是进口商品，还要经过进口商、批发商、零售商等环节，涉及运输、报关、商检、银行和财务结算。经过如此多环节、多层次的流通组织和多次重复运输过程，自然就会产生额外的附加费用。这些费用都被分摊到每一件商品上，所以，对于一件出厂价格为30元的商品，消费者往往需要花两三百元才能买到。

如果能够从厂家直接进货，则可以省去中间环节的费用，从而让自己的商品能够以较低的价格进行销售，取得优势。只不过有些城市周边不一定有厂家，或即使有厂家，其产品也不适合网上销售。这样的话可以在网上搜索一下周边城市是否有厂家，分析其能否作为进货渠道。毕竟现在相邻的两个城市交通都很便利，运费摊到商品上，也不会让售价变得太高。

对网店店主来说，联系厂家直接进货有很多好处。

- 从源头直接进货降低了进货成本，定价也能低下来，从而更具竞争力。
- 减少了周转环节，进价最低，可以薄利多销。
- 正规的厂家货源充足，质量有保证，如果长期合作，可以稳定产销环节，保证商品供应，甚至还可能会争取到滞销换款。

专家提点 了解从厂家进货的缺点

从厂家直接进货也是有一些缺点的，一是多数厂家不屑与小规模的卖家打交道，因为厂家的起批量较高，自然瞧不起小批发客户，即使愿意批发，价格也比大批发客户贵。如果店主有足够的资金储备和存放仓库，并且不会有压货的危险或不怕压货，则可以找厂家进货。

2.2.3 外贸尾单货品也是好货源

外贸尾单货就是正式外贸订单的多余货品。众所周知，外商在国内工厂下订单时，一般工厂会按5%～10%的比例多生产一些，这样做是为了以防万一在实际生产过程中有次品，就可以拿多生产的数量来替补，这些多出来的货品就是常说的外贸尾单货。这些外贸尾单货价格十分低廉，通常为市场价格的两三折，品质、做工较好，是一个不错的货源。

外贸尾单货最明显的优点就是性价比高，出口后都是几十美元或是更高的价格，但在国内却只卖几十或上百元人民币。但要注意的是，外贸尾单货的颜色和尺码有的不成比例，不像内销厂家的货品那样齐码、齐色。

面对鱼龙混杂的外贸尾货市场，网店店主们应该如何判断其真假呢？下面介绍几点经验供大家参考。

- 看质量。真正的外贸尾单货的质量和正品一样，这就需要有相当的经验才能辨别，或者手上有真货可作比较。
- 看包装。真正的外贸尾单货的外包装比较简单，因此那些包装精美、所有配件都齐全的“尾单货”就很可疑了。
- 看商标。一般尾单货的商标都是最后才贴上去的，有的甚至没有或者被剪掉了，这并不代表商品不好，或者质量有问题，而恰恰说明了真货的严谨性。越是替知名品牌加工产品的厂家，它的尾单货就越不可能有商标，因为越是知名的品牌对商品的控制越严格，包括包装袋也是一样。
- 看尺码。一般来说，尾单货特别是服装类的尾单货，有断码现象是非常正常的，尺码几乎不可能齐全，而且尺码通常是欧标、美标，基本偏大。

2.2.4 引进国外打折商品

无论国内、国外在换季或节假日前夕都可能要开展打折销售活动。如果在国外有亲戚朋友，可以让他们趁这些时候买进一些打折商品，由自己放到国内网站上的网店来卖，即便这些商品有着较高的价格，但仍然能够吸引大量国内喜欢国外品牌的买家，毕竟按折扣价拿到的这些商品在国内同类商品中还是会有一定的优势。因而，经营该类商品也会有较大的利润空间。不过，网店开起来之后，要保证能够从国外源源不断地供货，这一点还是有些难度的。

在国外，一些日用品牌都有所谓的“工厂店”，英文叫作“Outlet”，这些店铺是厂方直接开设的，省去了很多中间环节，因此价格上要比商场优惠不少，款式也更加丰富一些。在国外生活过的人，很多都知道工厂店，也很乐意去购买，特别是打折商品，价格上更是非常优惠。如果把这些打折商品批量购买运回国内销售，利润也是非常大的。图2-3所示为某流行服装品牌在加拿大的工厂店。

国外打折商品虽然利润较高，但运输相对复杂，不仅要求国外有人稳定寻货发货，还要从国外运到国内，周期长，并且涉及关税问题，这也是很多店主“望而却步”的原因。不过一旦打通了渠道，就能作为一个优质的货源。

图2-3

2.2.5　可遇而不可求的库存商品

当前传统意义的“旧货”概念正在被打破，很多崭新的商品在市场的更新换代中积压下来，但仍具有完善的使用价值，“旧货”成为多品种、多层次、数量巨大的各类库存商品及闲置物资的代名词，其交易额已占到各旧货市场交易额的60%以上。

有些品牌商品的库存积压很多，一些商家干脆把库存全部卖给专职网络销售卖家。不少品牌虽然在某一地域属于积压品，但在其他地域则可能成为畅销品，这种现象在发达地区与欠发达地区、城市和乡镇之间尤为明显。这就为库存商品提供了销售的可能性。

网店店主在选择库存商品时，要学会运用一些选择的技巧，否则如果判断失误，就会造成产品积压。

- 根据实际销售能力确定进货量。企业库存商品的价格都比较低，网店店主应该尽量根据自己的销售能力和资金状况进货，不要贪图价格便宜而大量进货。
- 款式过时产品可进行换区销售。积压的产品款式很多是过时的，销售时一定要换区，比如在大城市已经过时的产品可以选择面向小城市或者乡镇作为销售重点，东部的过时产品可以尝试到西部进行销售等。如没有把握，也可以选择一些永不过时的产品，比如T恤与牛仔裤之类。
- 简单再加工进行销售。比如库存积压的白T恤，印染上各种有趣或可爱的图像后，就变成了畅销的服装货源。
- 预测市场需求能力。通过预测市场需求能力及市场需求量，可以粗略估算大致的进货量，这样可以保证自己进货数量不会盲目，降低了积压货品的风险。

2.2.6　清仓商品要谨慎入手

厂家、商场都会因为一些原因（如拆迁、翻修等）进行清仓处理，这些清仓商品在品质上没有什么问题，价格却比较便宜，其中甚至不乏牌子货，是不可多得的好货源。

在购买清仓商品时，店主进货时一定要小心里面是否有陷阱。现在很多商家以“拆迁”或“经营不善倒闭”为由清仓，实际上只是一种销售手段而已，这样的假清仓品要么是价格优势不大，要么是质量有问题，最好不要购买。

清仓商品价格虽然便宜，但也不要没有选择地进货，须知清仓商品进货也是有技巧的。

（1）日用品要少进或不进。

日用品随处可见，在超市也很容易买到。若在网上购买加上邮寄费用后和在超市购买的成本差不多，买家肯定是不愿意在网上买的，他们更愿意在超市购买，因为觉得那样更有质量保障。此外，网上经营日用品的店随处可见，而且销量都不是很大。所以遇到这类产品换季、节后、拆迁与转让清仓时，最好少进或不进，以免难以销出去。

（2）高科技产品（如电脑、手机等）要谨慎进货。

这类产品更新换代快，价格变化也快，所以还是小心为上。如有人经不住店家的蛊惑，一下子进了几十部手机，以为自己能大赚一笔，结果赔得一塌糊涂。因为游说他进货的卖家是知道这种产品不久会降价才处理的，一时贪小便宜的店主接了个“烫手山芋”。毫无疑问，烫到的终究是自己。所以，在购进这类产品时，一定要非常谨慎，免得一不小心就被套进去了。

（3）有效期限短的商品要慎进。

有些产品有效期短，若进多了还没有等卖完就过期了，肯定是不适合多进的，如某些食品、化妆品等。而像服装、装饰品等可以考虑在处理时多进一些，因为保质期长，但也要注意款式和成色，明显过时的、陈旧的就应该放弃。

用户在网上也可以找到清仓商品，如阿里巴巴的清仓专场，如图2-4所示。关于在阿里巴巴网批量进货的方法，将在后面详细进行介绍。

图2-4

高手支招 清仓可遇不可求

清仓是偶然事件，无规律可循，网店店主切勿将其视为网店货源的唯一渠道或重要渠道。遇上清仓不妨进一次货，但不用刻意去追求。

2.2.7 零成本开店做分销/代销

网上代销，也叫网上分销，即代销者在自己的店里展示其他商家的产品，但代销者并不进货。当买家下单后，代销者扣下差价部分，剩余货款转给商家，商家即向买家发货。在整个过程中，代销者没有接触到货物实体，货物也不从代销者手里流转，而是直接从商家发送到买家。代销者实际上赚的就是一个广告宣传费用。

代销这种形式有以下特点。

- 几乎没有什么资金投入，适合新卖家和小卖家。
- 由于商品不经过代销者转手，因此代销者无须准备仓库、物流，也无须承担售后的责任，相对来说比较轻松。
- 代销者直接使用商家提供的商品照片和描述，因此省去了自己拍照写描述的麻烦，而且商家提供的照片与描述一般都比较精致，比起新手卖家的作品来，更能够吸引买家的目光。
- 由于代销者不能接触商品实物，对商品的细节和质量不是很了解，因此常常在买家询问细节时，只能含糊其辞，往往不能让买家感到满意。
- 由于代销的投入小，因此利润也很微薄，需要把量做大，才能有较好的收入。

对于缺乏流动资金的卖家，或者纯粹是“玩票”性质的卖家，可以考虑代销的方式，既省力省心，又积累经验，还能赚点小钱。

2.2.8 本地特产和民族特色商品是不错的货源

不少人购买民族工艺品，是由于其民族特色，可以送礼也可以装饰室内。网络店主之所以愿意让这类产品来充实自己的店铺，不仅是因为它们稀有、能吸引人的眼球，而且还因为它们拥有其他产品无法取代的特点。

- 具有很强的个性。
- 具有丰富的文化底蕴。
- 富含淳朴气息。
- 具有奇特的特点。
- 富有民族特色和地域特色。

如图2-5所示的刺绣与套娃，就很有民族特色，不少人喜欢买回家做装饰。这类商品如果能够找到稳定、长期的供货方，就是一个优质的货源。

图2-5

而本地特产如果具有价格便宜、质量好、货源充足的特点，比如茶叶、水晶、山货等都是不错的货源，则可以直接转卖原品赚差价，也可以进行简单再加工后提价出售。

专家提点 谨慎选择特产

需要注意的是，尽量不要选择容易腐败变质的特产，如水果、生鲜肉类等，因为运输是个大问题，除非使用顺丰快递，基本可以实现次日送达，但运费又较贵，摊到商品上，很可能会让商品失去价格优势。

2.2.9　二手市场里寻寻觅觅

虽然二手物品具有不合时宜、无法保证品质、价格低廉、不可退换以及售后不便等缺点，但它还是具有许多适合在网上销售的特点。

- 二手闲置商品不用担心压货。
- 货源广，成本低。
- 会识货、会砍价的话，利润可能非常高。

闲置物品不会一直增加，卖掉一件就少一件。那么，卖光这些闲置二手货后怎样保持现有的经营特色继续经营下去呢？其实，有一个地方能收集到便宜的二手货，那就是跳蚤市场。

“跳蚤市场”是欧美国家对旧货地摊市场的别称，它由一个个地摊摊位组成，市场规模大小不等，所售商品多是旧货，如多余的物品及未曾穿用过但已过时的衣物等。小到衣服上的小件饰物，大到完整的旧的汽车、录像机、电视机、洗衣机，一应俱全，应有尽有，价格低廉，仅为新货价格的10%~30%。

在国内的某些城市里，由于有市容、市貌方面的要求，很多夜市、二手市场已经被撤销了，不过在二手交易网上，如赶集网、58同城网以及闲鱼，倒是可以找到很多物美价廉的二手货，作为自己网店的货源之一。

如果有亲朋好友在国外，也可以委托他们在当地的跳蚤市场里购买一些价格低廉，利润较高的二手商品，打包发送回国进行销售；或者淘一些有意义、有价值的艺术品或收藏品发回国内进行出售，也是一个方法（由于收藏品、艺术品的门道很多，新手容易上当，建议不了解行情的人谨慎入行）。

2.2.10　海外网上商城代购

经常网购的网友，可能都知道亚马逊，很多网友甚至在亚马逊网购过商品。其实亚马逊是美国公司，在美国、日本也有网购网站，简称“美亚”（主页如图2-6所示）、“日亚”（主页如图2-7所示）。在美亚或日亚上，可以买到美国或日本的一些产品，质量很有保障，价格也不贵，即使加上关税，总价也比国内便宜。很多网店店主在上面购买商品，再转卖给国内买家，赚取一些劳务费，这也是一个比较热门的经营方法，大家称之为“海淘”。另外，日本的“乐天”（主页如图2-8所示）网上商城也是海淘一族钟爱的购物网站。

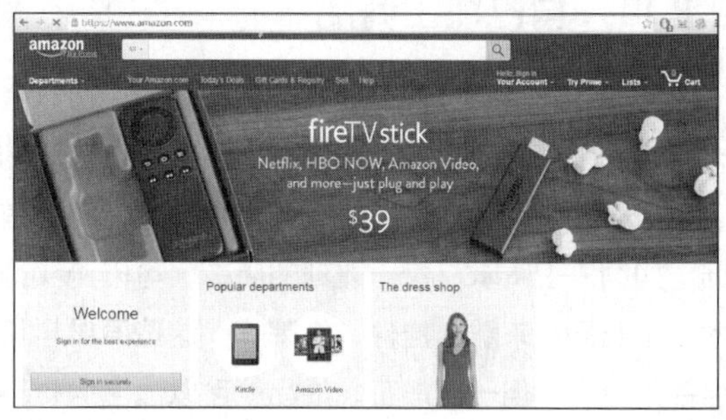

图2-6

图2-7

图2-8

海淘的优点大家都知道，质量好，基本没有假货、山寨货，价格有优势，还能买到很多国内没有的商品。但缺点也很明显：需要对英语、日语比较了解（虽然日亚和乐天都有中文界面，但具体到一些详情页面以及与售后交流时还是要用到日语），售后服务、付款比较麻烦，大部分商品不能直接发回国内，要通过转运公司转运（有部分商品可以直发国内）。

海淘的缺点阻挡了大部分想买国外商品的买家，因此才让海淘代购生意成为可能。网店的店主们如果能理清海淘的程序，不妨自己来做代购。服装、电子产品、家用电器、化妆品等，都是热门的海淘种类。

2.2.11 自己加工商品

不少心灵手巧或具有一技之长的店主，可以考虑自行加工商品来出售。比如善于手工制作首饰的店主，可以购买散珠、丝线等原材料来制作创意首饰，如图2-9所示；善于雕刻的店主，可以购买檀木、玉石原材来雕刻挂件、佛牌等。这些原材料价格并不算贵，但一经加工，成品就可以高出原材料数十元甚至上百元的价格出售。这也是一种不错的货源。

图2-9

即使不会雕刻的店主，也可购买一套数控雕刻机（图2-10），利用机器雕刻产品。数控雕刻机连接电脑后，只需在电脑中输入图样，机器即可将原料雕刻成精美的工艺品（图2-11），店主即使完全不会美工也没关系，网上有海量的图样可供下载使用。通过这种方式，不会雕刻的店主也能为自己提供稳定的货源。

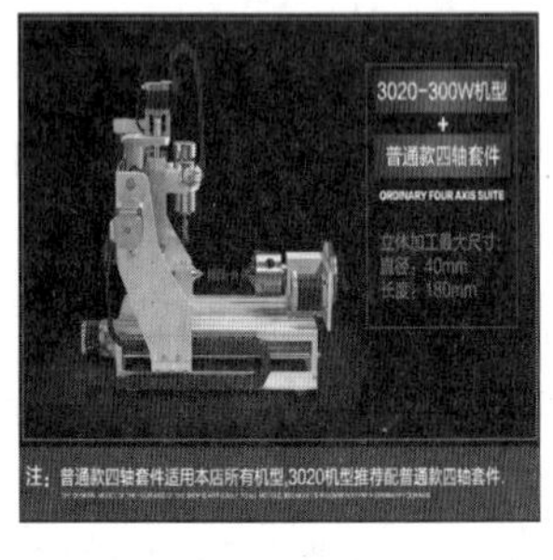

图2-10

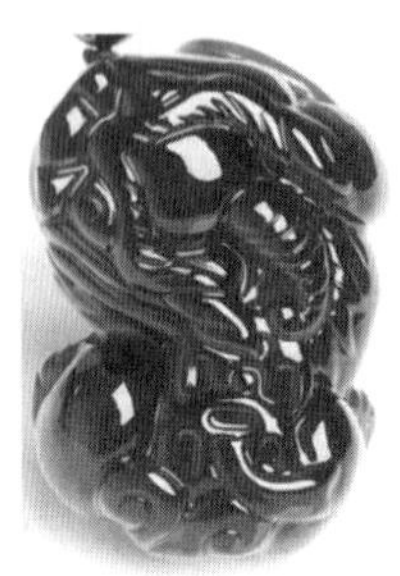

图2-11

2.2.12 本小利薄的虚拟货源

游戏点卡、Q币以及各种充值卡，是虚拟商品的重要组成部分。这些商品都有各自的进货货源。游戏点卡可以找游戏官方联系代销；电话充值卡或在线充值代理可以找当地的移动、联通和电信营业厅协商；Q币、泡币、微币等虚拟货币也可以找各自的官方客服联系代销。

从广义上来讲，没有实物的商品都可以算是虚拟商品，比如网店装修、室内设计、同城电脑维修等。其实，具有各种技能的人也可以开网店提供服务，赚取劳务费。另外，各种电子资料也可以出售，如电子书、学习教程等，当然前提是不能侵犯版权。

2.2.13 从网上批发进货

足不出户就进到货，恐怕是最舒适惬意的进货方式了。所以，阿里巴巴、生意宝等作为网络贸易批发的平台，充分显示了其优越性，为很多卖家提供了很大的便利。它们不仅查找信息方便，也专门为小卖家提供相应的服务，起批量很小，适合少量购买，如图2-12所示的阿里巴巴批发网站。

图2-12

网上批发比传统渠道进货的优势要明显一些，主要有以下几点。

- 成本优势。可以省去来回批发市场的时间成本、交通成本、住宿费、物流费用等。
- 时间优势。选购的紧迫感减少，亲自去批发市场选购时，由于时间所限，不可能长时间慢慢挑选，有些商品也许并未相中，但迫于进货压力不得不赶快选购，网上进货则可以慢慢挑选。
- 批发数量限制优势。网上批发基本上都是10件起批，有的甚至是1件起批，这在一定程度上增大了选择余地。

■ 其他优势。网络进货不但能减少库存压力，还具有批发价格透明、款式更新快等优点。

当然，网上进货也存在看不见商品，不知道质量究竟如何等问题，这就需要花时间慢慢去和批发商接触、“大浪淘沙”了。在B2B电子商务批发网站进货的方法，接下来会详细进行讲解。

2.3 从阿里巴巴网轻松进货

前面已经提到过，在网上进货可以省去很多麻烦，是目前比较适合网店店主的进货方式之一。网上进货，首选网站当然就是阿里巴巴网了。阿里巴巴网是专业的批发网站，进驻批发商多，商品种类齐全，起批量小，对微商来说非常友好。

2.3.1 注册阿里巴巴个人账号

要在阿里巴巴网上进货，首先肯定是要注册一个账号了（如果已经有淘宝网的账号，则可以直接使用该账号登录阿里巴巴网，无须再注册），具体的注册步骤如下。

扫码看视频

第1步 打开浏览器，进入阿里巴巴网站的主页，单击“免费注册”超级链接，如图2-13所示。

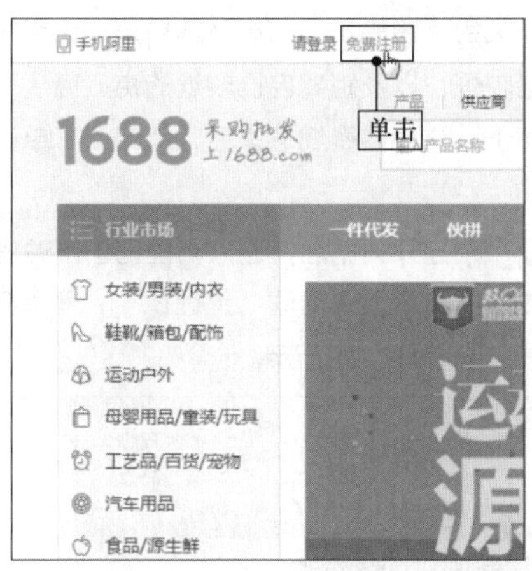

图2-13

第2步 进入新页面，单击“切换成个人账号注册”超级链接，如图2-14所示。

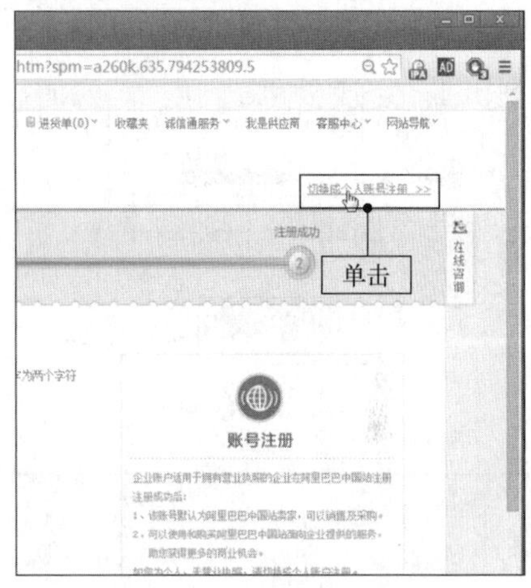

图2-14

专家提点 注册账户类型

因为默认注册类型是企业账户，对于大多数以个人身份开店的网店店主而言，这里需要切换成个人账户来进行注册。

第3步 进入新页面，❶输入会员名和密码等注册信息；❷单击“同意条款并注册”按钮，如图2-15所示。

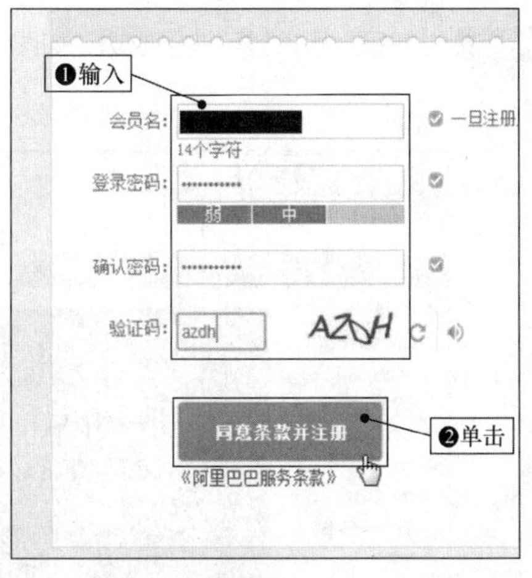

图2-15

第4步 进入新页面，❶选择国家/地区，并输入手机号码；❷单击“提交”按钮，如图2-16所示。提交后阿里巴巴网站会向这个手机号发送一封短信，短信中包含一个验证码，用户请注意查收。

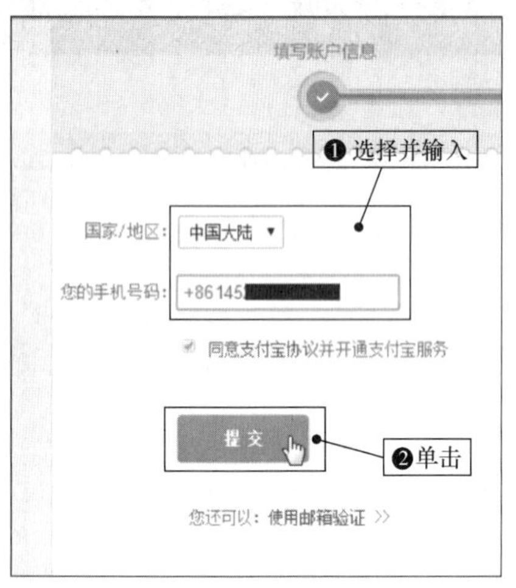

图2-16

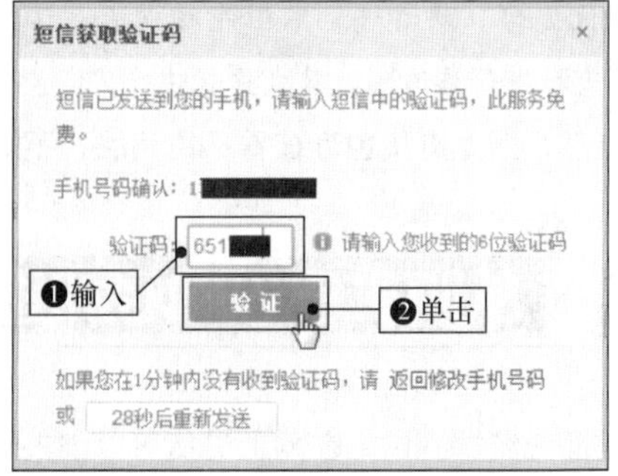

图2-17

图2-18

专家提点 关于“使用邮箱验证”的操作

在第4步操作中，阿里巴巴网站为用户开通了支付宝功能。如果用户暂时不想开通，可以单击“提交”按钮下面的“使用邮箱验证”超级链接，按照提示进行验证，也可以完成注册，但并不开通支付宝功能。建议用户开通支付宝功能，便于安全支付和收取货款。

第5步 弹出一个对话框，❶输入手机短信中的验证码；❷单击“验证”按钮，如图2-17所示。

第6步 进入新页面，显示注册成功，如图2-18所示。

2.3.2 主动寻找货源

扫码看视频

主动寻找货源的操作方法很简单，也就是在阿里巴巴首页的搜索栏里输入货源的名称，比如“望远镜”，就可以找到很多有关望远镜的货源信息，选择一个信用较高、销售量较好，以及距离自己较近的供应商（可以节省运费），与他商谈细节之后，就可以下单进行采购了。

第1步 打开浏览器，进入阿里巴巴网站主页，❶在搜索框内输入关键词“望远镜”；❷单击“搜索”按钮，如图2-19所示。

图2-19

第2步 进入新页面，单击满意的货源，如图2-20所示。

图2-20

第3步 进入新页面，查看货源详细信息后，❶输入购买数量；❷单击“立即订购”按钮，如图2-21所示。

图2-21

专家提点 下订单之前最好先和商家沟通

下订单之前最好先和商家进行必要的沟通，询问一些关于商品的细节，如产地、包装、发货方式等，以做到心中有数。和商家沟通的方法很简单，直接单击页面上的“和我联系”按钮，就会自动弹出阿里巴巴和淘宝通用的聊天软件“阿里旺旺”的登录界面，用户登录之后，向商家申请成为好友，商家同意，双方成为好友后即可开始交谈。

第4步 进入新页面，❶输入地址和联系电话；❷单击“确认收货信息”按钮，如图2-22所示。

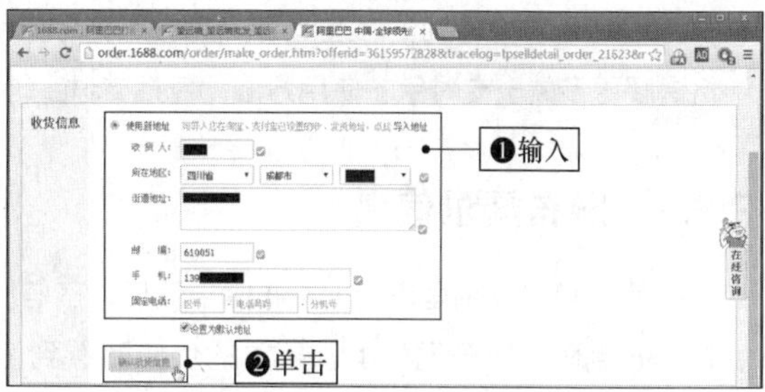

图2-22

第5步 收货地址和联系信息会被保存起来，用户确认之后，单击“提交订单”按钮，如图2-23所示。

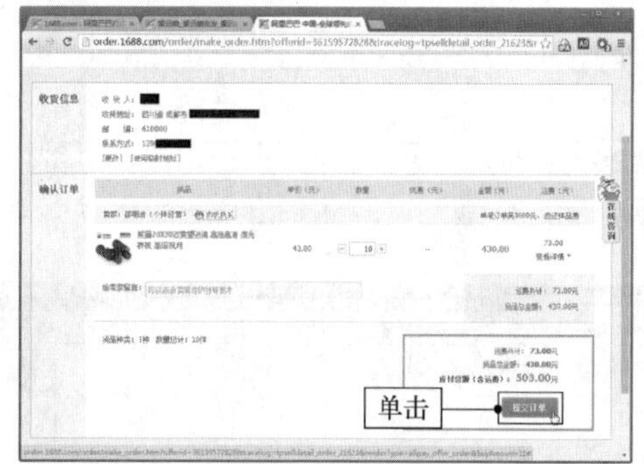

图2-23

第6步 进入新页面，单击“绑定支付宝账户”按钮，如图2-24所示。

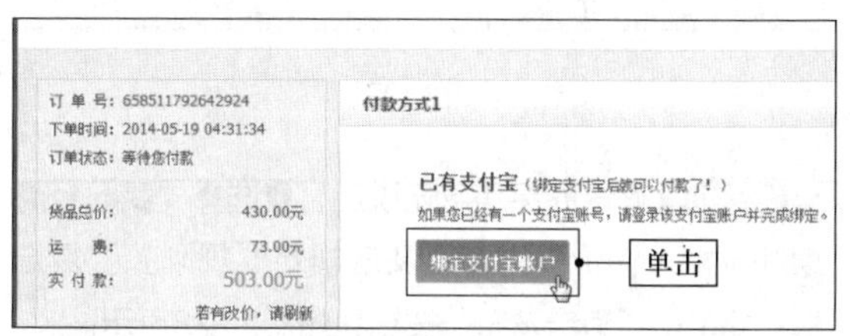

图2-24

第7步 弹出新页面，等待数秒后，单击“确认此协议，开始绑定支付宝”按钮，如图2-25所示。

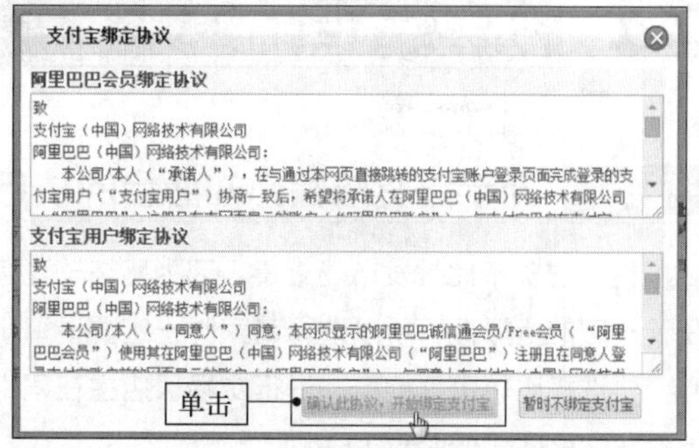

图2-25

系统随后会跳转到支付宝网站，用户登录进去后，按照提示绑定银行卡，即可支付货款了。后面的章节中将讲解更多关于支付宝的使用方法，包括支付宝绑定的内容。

2.3.3 发布需求信息

扫码看视频

买家也可以在阿里巴巴上发布需求信息，在信息中填写好商品名称、截止时间等信息后，发布到阿里巴巴网站上，相关的供应商看到信息后，会向买家进行报价，买家再选择其中价格适合（并非越低越好）、距离较近以及信誉较好的商家联系进货。

第1步 打开浏览器，进入阿里巴巴网站主页后，单击“发布询价单”按钮，如图2-26所示。

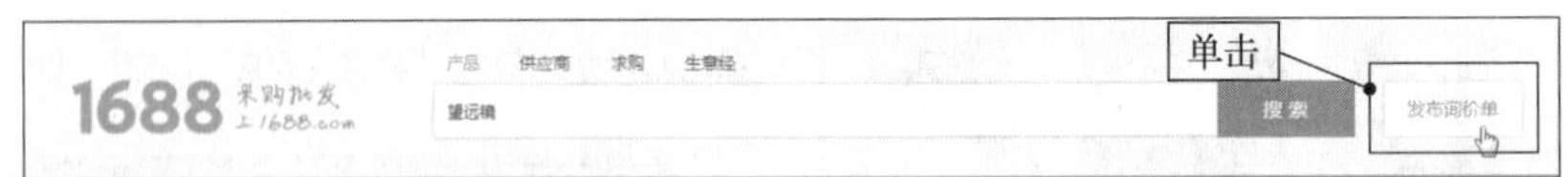

图2-26

第2步 打开新页面，填写商品信息，如图2-27所示。

图2-27

第3步 确认商品信息无误后，❶选择“我已经阅读并同意《询价单发布以及违规处理规则》”复选框；❷单击“确定发布”按钮，如图2-28所示。

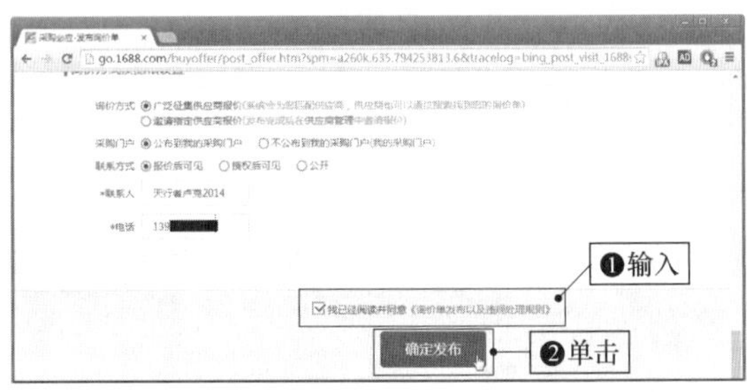

图2-28

发布后，相关商家就可以通过搜索看到自己的询价表，符合条件的商家可以填写价格向买家报价，买家在众多报价商中选择合适的进行沟通，如双方均满意，即可完成交易。

高手支招 询价单中产品名称的长度

有的新用户在填写询价单时，希望把产品名称写得越详细越好，这个想法固然没有错，但要注意，产品名称的长度最大不能超过30个字，否则无法发布。

2.4 秘技一点通

技巧1 新手进货防骗必知必会的技巧

网络进货不比批发市场进货，因为网络毕竟存在着一定的虚拟性，所以选择商家时一定要谨慎小心，要选择比较可靠的商家进行交易。店主在网络上批发进货时，要注意如下事项。

1. 注意批发商提供的地址

一般来说，批发商会有一个固定的地址，如果是个人供应商的话，那进价可能就要贵一些了。所以网上还是以公司为批发商居多。而他们都会有一个固定的地址。用户可以在百度或其他搜索网站搜索一下，这样可以找到更多信息，仔细看看有没有漏洞，如是否和供应商提供的公司名称相符等。

2. 观察网站的营业资格

一般的骗子网站都没有营业执照，可以要求他们出示营业执照等证明。不过需要注意的是，一些比较高明的骗子网站也会用图片处理软件伪造一份营业执照，在观察营业执照时需要仔细辨认，查看是否有涂改痕迹；而正规的注册公司网站则会主动出示他们的营业执照。可以去各地的工商部门官方网页查询。但是，不是所有地区的工商部门官方网站都可以查询，即便这样，也可以打电话去当地的工商部门查询。

3. 注意批发商的电话号码

其实，通过电话号码可以发现很多问题，首先直接打批发商所在城市的114，查一下这个号码的归属；其次，可以去网上搜索这个电话号码，这样也能发现问题，比如这个电话对应的公司名称、公司地址等是否相同。

4. 注意批发商提供的网址

如果供应商有自己的销售网站，那就要仔细看了，首先可以多研究店铺里面的商品，然后对供应商提问题，通过询问，应该也可以了解一二，如果连提出来的问题都没有办法好好回答的话，那么，其真实性就很值得怀疑了，但是也有很多骗子训练有素，能够流利回答各种问题，所以问问题的时候，一定要问得细，是骗子总会有漏洞的。

5. 注意批发商提供的汇款途径

如果从网络进货的话，就一定存在汇款等问题。用什么方式汇款，也是可以查到很多疑点的。一般来说，实体公司进行网络批发的时候，要是很正规的话，提供的是公司账号，而不是个人账号。另外，多和供应商谈，有的供应商也是同意通过支付宝汇款的。还有一种办法，就是选择快递公司的货到付款服务。

6. 网站是否支持上门看货

如果不能支持上门看货，那就要先考虑一下这个商家是不是骗子公司了。当然有些公司由于代理数量比较多，可能会对上门看货提出一定的要求，如有的公司会要求必须一次性批发50件并预交定金之后才支持上门看货。这样做的目的是：一是为了最大限度地优化客服工作程序；二是最大限度地保证对每一位经销商的正常服务。当然，这样的要求也是可以理解的。所以，在是否支持上门看货这一点上，还需要大家更加仔细地辨别、分析，不能一概而论。

7. 要看网站的发货速度

有些网站的发货速度非常慢，可能下了订单之后两三天甚至五六天才发货，严重影响了买家对卖家的信任，造成了客户资源的流失。所以，在选择批发网站时，一定要看网站对发货速度的承诺。发货以后还要看网站是否支持退换货，有些网站以次充好或者在产品发生质量问题时以各种理由搪塞并拒绝退换货，这一点也需要加以注意。

技巧2　第一次去批发市场进货怎样才不露怯

新手去批发市场进货，可能会因为不熟悉市场规则而出现各种问题，比如使劲砍价、进货过多，甚至不小心被偷掉钱包等。其实，最好的方法是先去批发市场逛上两三次，了解其商品分布、交通路线、货运情况以及目标商品的大致价格后，再携带钱款去进货，这样就能做到心中有数，不慌不忙了。

当然，去批发市场还是有很多地方是要特别注意的。

（1）钱货要当面清点，避免遭受损失。这里所说的清点有两层含义：一是钱款方面，要注意别收到假币，数额也别弄错；二是货品方面则要细致检查数量、颜色、尺码和款型，当面检查、当面调换，免去来回换货之苦。但对于质量，则不用逐一检查，进行简单抽查即可，因为一般有质量问题均可调换，而且当场逐一检查质量，既费时间又麻烦（要拆包装、检查后再封包装），还会引起批发商的反感，得不偿失。

（2）砍价不要太猛，否则会适得其反。因为批发市场主要针对的是批发客户，第一次进货量一般都不大，所以砍价力度要适中，不要太狠；否则店家不会太愿意跟这样的买家合作。还有，货比三家并不是以买到低价货为目的，更重要的是要发掘优质供应商，这是以后合作中关键的一环。

（3）不要提过分的要求。进货时，不要对批发商提出退换滞销产品这类过分的要求，对于货物滞销的风险，一般来说，批发商是不会为进货人承担的。假如批发商做下了这样的承诺，倒是要好好考虑一下他是不是在骗人，或者当前这批货有什么问题，以至于批发商乱下承诺，急于出手。

（4）买好的货物，千万要不离左右。批发市场龙蛇混杂，什么样的人都有，隐藏着很多一般人无从察觉的陷阱。在批发市场，有些人专做偷拿别人货品，然后低价转卖的勾当。如果有人进店挑选时间较长而疏于看管货物，货物有可能转身就被偷走。所以，始终要记着货物不离自己左右，随时注意周围情况，最好是两三人一起去，由专人负责看守货物。

（5）不要失去主张，完全被批发商意见左右。有的新手去拿货时，因为一点也不了解市场行情，所以看到别人拿什么自己就拿什么，批发商说什么好就按批发商的意见赶快掏钱，这样完全没有自我主张的进货态度往往造成货品混乱、不易搭配，更无从谈个人风格，所以去之前一定要仔细分析好经营定向，到了批发市场不要轻易改变进货种类。

（6）第一次进货不要进太多，避免压货。对于初次进货，新手往往有些茫然，不知道拿多少、拿些什么合适，好像觉得这也行、那也行；而有的人一旦开拿，又往往收不住手，回家又发现拿货太多，这些都要注意。

（7）对中意的店铺，要留下对方的联络方式。每次去批发市场，遇到比较满意的货物就与供应商交换名片，便于下次再联系，这是因为某些批发市场太大，下次不一定就能很快找到该批发商，有了名片就不存在这个问题；另外，有了对方名片之后，商品有什么问题可随时联系对方；在熟悉后，还可以和批发商协商，请对方托运货物，避免自己来回奔波，当然搬运费、邮费之类的也要事先谈好，以免产生纠纷。

（8）考虑好运输问题。在批发市场里，一般货物都是通过汽车或者铁路运输，而且都是买家自己处理，如果进货少，可以用蛇皮袋直接带走。电瓶车是不错的运输工具，适合补货、进新货时，从批发市场带回小批量的货，经常进货的店主不妨考虑购买一辆。

技巧3 进货利润大的七个诀窍

网店进货是一门学问，如进货的数量、质量、品种如何确定，什么时候补货及如何确定补货的数量，作为店主都应该了解。在进货时需要掌握如下的方法和技巧，才能获取较大的利润。

1. 对店铺的经营了如指掌

店主要想将进货工作切实抓好，就要对店铺的经营洞悉分明。只有这样，才能采购到顾客喜欢的商品。这就需要店主尽量在短时间内积累大量的店铺经营经验，从而增加对所购商品的判断能力。

2. 货比三家

为了使进货价格更合理，可以向多家供货商咨询，并从中挑选出各方面都适合自己的店铺销售的商品来。

3. 勤进快销

勤进快销是加快资金周转、避免商品积压的先决条件，也是促进网店经营发展的必要措施。店铺经营需投入较少的资金，经营种类齐全的商品，从而加速商品周转，将生意做活。当然，也不是进货越勤越好，需要考虑网店的条件及商品的特点、货源状态、进货方式等多种因素。

4. 积累丰富的商品知识

一些店主在进货时通常会一味杀价，而对于其他交易条件从不考虑。这样一来，就十分容易陷入别人的圈套。倘若供货商知道进货者有这种习惯，一定会有所准备地提高价格，来等待进货人员砍价。因此，店主在进货时，应该洞悉市场动向，使自己的商品知识丰富，这样才不至于被欺骗。

5. 按不同商品的供求规律进货

对于供求平衡，货源正常的商品，少销少进，多销多进。对于货源时断时续，供不应求的商品，根据市场需求来开辟货源，随时了解供货情况，随时进货。对于采取了促销措施，仍然销量不大的商品，应当少进，甚至不进。

6. 注意季节性

新手往往不知道服装进货时间一般会比市场提前2～3个月，在炎炎夏季时，批发市场的生产厂家们已经在忙着准备秋衫了。如果不明白这个道理，还在大张旗鼓地进夏季尾货，还在为占了厂家清季而处理的便宜货得意时，乐的可是批发商，而你进的货也可能会因转季打折而卖不了好价钱，或因需求少致使销售不理想；所以，看准季节时机，慎重进货也是一个方面。

7. 掌控好进货的数量

进货数量包括多个方面，如进货总额、商品种类、数量等。确定进货总额有个比较简单的方法，即把整个店铺的单月经营成本加起来，然后除以利润率，得出的数据就是每月要进货的金额。

第一次进货时，商品种类应该尽可能多，因为需要给顾客多种选择的机会。当对顾客有了一定的了解时，就可以锁定一定种类的产品了，因为资金总是有限的，只有把资金集中投入到有限的种类中，才可能使单个产品进货量大，进而要求批发商给予更低的批发价格。

开店小故事

本乡土产网上热卖

高庆良是农村人，16岁时便辍学外出打工。在灯红酒绿的城市中，他做过流水线工人、酒店保安、建筑工人……多年的打工生涯让他意识到，自己并不适合多变的都市生活，于是就在2014年年初，他回到家乡并决定留在父母身边。

村子里每家每年都会种植生姜、大蒜等植物。因为地处偏僻，常有外来商贩上门收购，并且故意压低价格，所以有时村民种多了也不愿意廉价出售。高庆良一看，心里琢磨着能不能自己把村民的生姜、大蒜收集起来到市里去卖。

说干就干，高庆良叫上年迈的父亲，挨家挨户收集生姜、大蒜，然后用自家的板车拉到集市里卖，由于自产的生姜、大蒜质量好，没想到一下子就卖光了，这样一来，高庆良还真小赚了一笔。2015年春节，村民们找到高庆良家希望寄卖，可因为人手不够，并且小集市销量实在有限，所以高庆良父母只能拒绝。在一旁看到他们失望眼神的高庆良，突然想到，是否可以通过网络把家里生产的农产品卖向全国呢?

春节刚过，高庆良便为了店铺的开张而奔波起来：淘换来一台二手电脑，去镇上申报开通网络，随后注册淘宝店铺，上传商品信息，花了好几天时间，终于使店铺开张了。

开店第三天，高庆良迎来了第一个网上买家。一个北方顾客在店里买了50斤生姜，再加上做促销送的1斤香料。用3个小时做好包装后，高庆良就开着摩托车去了距离村子50里远的县城发快递，一路颠簸，几经波折才把产品快递出去。

对于第一笔生意，高庆良非常重视。他几乎是每隔几小时就查看一下快递进度，终于等到对方签收，签收第二天，高庆良的店铺就收获了一个大大的好评，对方称赞高庆良的产品质量很好，包装仔细，感到非常满意。

慢慢地，高庆良的生意好了起来，很多顾客买了一次就成了回头客，还介绍其他人来购买。高庆良如今已经鸟枪换炮，买了一辆小货车，奔波于村子与县城之间。

第3章 商品的描述与定价策略

本章导言

无论是开淘宝店，还是开微店，都要为商品撰写标题与描述，并为之定价。在做好这两项工作后，才能把商品信息上传到网店中供买家浏览。好的商品标题可以吸引买家点击浏览；而好的商品描述则能让买家产生购买欲望。商品的定价也很重要，合适的定价可以让买家欣然接受，不会成为买家下单的障碍。

学习要点

- 掌握为商品撰写优质标题的方法
- 掌握为商品撰写优质描述的方法
- 掌握为商品合理定价的方法

3.1 为商品撰写诱人的标题

大部分网店买家都是使用搜索功能来查找要购买的商品，而搜索功能就是从商品的标题中，对关键词进行筛选，再将结果返回给买家。因此，写好商品的标题，可以提高商品被搜索到的可能性，让商品被更多的买家看到，这就增加了商品被点击查看的可能性。

另外，如果商品标题撰写得好，卖点突出，销售对象清晰，也能吸引买家点击，从而增加商品的浏览量。

3.1.1 商品标题结构深度解析

为了尽可能多地增加被搜索到的概率，每个商品都需要一个好的标题，这个标题不仅能吸引人，也能让买家一目了然地知道商品的特性，还能利于关键字搜索。

一个完整的商品标题应该包括3个部分。

第一部分是“商品名称”，这部分要让客户一眼就能够明白这是什么东西。

第二部分是由一些“感官词”组成的，感官词在很大程度上可以增加买家浏览这个商品的兴趣。

第三部分是由“优化词”组成的，可以使用与产品相关的优化词来增加商品被搜索到的概率。

这里举一个商品标题的例子来说明，比如：“【热销万件】2017春季新款男装正品修身夹克”，其中“夹克”是商品名称，“热销万件”这个词会让客户产生对产品的信赖感，“男装”“正品”“修身”这3个词是优化词，它能够让买家更容易找到商品。

在商品标题中，感官词和优化词是增加搜索量和点击量的重要组成部分，但也不是非要出现的，唯独商品名称必须要正确地出现在标题中。

当然，商品标题也不是随便什么文字都可以填的，必须严格遵守网店的规则，不然很容易遭到处罚。比如，商品标题需要和商品本身一致，不能干扰搜索。商品标题中出现的所有文字描述都要客观真实，不得在商品标题中使用虚假的宣传信息。

高手支招 商品标题的组合方式有哪些

一般商品标题主要有下面几种组合方式。

- 品牌、型号+商品名称：BL5C 诺基亚原装电池
- 促销、特性、形容词+商品名称：双11大减价 纯牛皮 高帮女靴
- 地域特点+品牌+商品名称：新疆高温差培育××牌 甜枣
- 店铺名称+品牌、型号+商品名称：潮东店 高大公子出品 手工松露巧克力
- 品牌、型号+促销、特性、形容词+商品名称：酷派手机 真双摄 八核CPU 运行速度逆天 超长续航 大神Cool1 Dual
- 店铺名称+地域特点+商品名称：老胡小铺 四川特产 特辣朝天椒
- 品牌+促销、特性、形容词+商品名称：云天酒 买二赠一 浓香型 400毫升水晶瓶礼品装
- 信用级别、好评率+店铺名称+促销、特性、形容词+商品名称：双皇冠 好评过万 蓝色数码 光棍节大促 2万毫安超大容量××移动电源

这些组合不管如何变化，商品名称这一项一定是其中的一个组成部分。因为在搜索时，首先会使用到的就是商品名称关键字，在这个基础上，再增加其他关键字，可以使商品在搜索时得到更多的入选机会。至于选择什么来组合最好，要靠自己去分析目标消费群体的搜索习惯来最终确定，以找到最合适的组合方式。

3.1.2 怎样为商品取个好标题

在网店开店，要想让商品被顾客搜索到，应该重点优化商品的标题。商品标题直接影响着其在网店平台的排名，尤其是开通了口袋直通车的店主，靠前的排名意味着较高的搜索量和曝光率。那么，有哪些技巧可供店主学习呢?

（1）关注商品中心词，提升商品的搜索权重。什么是商品中心词? 就是店主发布商品时的类目词，也可以是名称词。例如店主发布的商品是一款鞋子，那么中心词就是鞋子。中心词前最好加一个比较热搜的关键词，如“运动”，因为商品也带有运动的味道，所以无疑与商品最相关的关键词排在最前面，权重大大增加。此外，中心词前面也可以放一些热搜的关键词，比如正品、新款、韩版、时尚等。

某品牌销量超过24万双的商品，我们可以看到这款商品的描述为“正品新百伦N字母潮鞋运动鞋”。通过分析，可以发现该标题的格式为“热搜词（正品）+品牌（新百伦）+产品特色（N字母）+商品中心词（潮鞋、运动鞋）”，店主可以从中学习标题设置的技巧。

（2）关注商品相关的属性词，提升搜索的精准度。大家可以看看这个标题的后半部分：2017韩版时尚背心V领女士牛仔连体女裤，其中“2017、韩版、背心、V领、牛仔”这些就是商品属性，店主千万不可忽视这些属性。

（3）留出必要的空格。标题到底要不要空格呢? 当然要留出空格，例如我们搜索“男装衬衫”和“男装衬衫”，留出空格便将一个关键词变成两个标题关键词，更易于消费者搜索店铺商品。

不过，因为商品标题是有字符限制的，一个标题最多可输入60个字符，太多空格就无法输入比较多的关键词，空格留一两个就可以了，这样标题看起来比较清楚。

3.1.3 如何在商品标题中突出卖点

在网店经营中，如何能够吸引买家点击商品是一个比较重要的问题，这和商品标题的编写密切相关，如果标题比较吸引人，那么被点击的次数就会较多，被浏览的次数也就较多，被购买的可能性也就增大了。

商品标题编写时，最重要的就是要把商品最核心的卖点用精炼的语言表达出来。卖家可以列出四五个卖点，然后选择最重要的3个卖点，融入商品标题中。下面是在商品标题中突出卖点的一些技巧。

- 标题应清晰准确：商品标题不能让人产生误解，应该准确而且清晰，让买家能够在一扫而过的时间内轻松读懂。比如：“外贸 大码 纯棉 男装T恤”就是一个很好的标题，特点和卖点都清晰，而“高级工艺 原浆 超低价 云天酒”就是一个失败的标题，除了“超低价”以外，“高级工艺”和“原浆”都很难给访客留下什么印象，高级工艺高在何处，原浆又是什么，看了也不了解，当然也就谈不上被吸引了。

- 标题字数要充分利用：网店规定商品的标题最长不能超过60个字节，也就是30个汉字，在组合理想的情况下，包含越多的关键字，被搜索到的概率就越大。
- 价格优势信号：价格是每个买家关注的内容之一，也是最能直接刺激买家，形成购买行为的因素。所以，如果店里的商品具备一定的价格优势，或是正在进行优惠促销活动，如“特价”“清仓特卖”“仅售99元”“包邮”“买一赠一”等，完全可以用简短有力的词在标题中注明。
- 特殊进货渠道：如果店铺的商品是厂家直供或从国外直接购进的，可在标题中加以注明，以突出商品的独特性，如“原厂直销”“海外渠道”或“美国直邮”。
- 特色售后服务：因在网上不能面对面交易，不能看到实物，许多买家对于某些商品不愿意选择网上购物，因此，如果能提供有特色的售后服务，例如“七天无条件换货”“全国联保”等，这些都可以在标题中明确地注明。
- 店铺高信誉度记录：如果店铺的信誉度较高，可以在商品标题中注明网店的信誉度，这些都会增强买家与卖家的交易信心，如“皇冠店信誉保证 正品虫草”等。
- 卖品超高的成交记录：如果店中某件商品销量在一段时间内较高，可以在标题中注明“月销上千”“明星推荐”等文字，善于运用这些能够调动人情绪的词语，对店铺的生意是很有帮助的。这样会令买家在有购买意向时，极大降低对此商品的后顾之忧。
- 使用特殊符号：为了让标题与众不同，可以在商品标题中插入特殊符号，以起到强调作用，如“◆限量特价◆”“☆新款☆”等。但是这些符号不能滥用，用太多反而会让人眼花缭乱，无法阅读。
- 适当分割以利于阅读：如果30个字的标题一点都不分割，会使整个标题看上去一塌糊涂，比如“全场包邮2017秋冬新款冬裙羊绒毛呢加厚短裙半身裙包臀裙子”，这么多字没有一个标点符号，完全不分割，虽然有利于增加被搜索到的概率，但是会让买家看得很辛苦，所以，少量而必要的断句是应该的。最好使用空格符号或半角进行分割标题，如“全场包邮！2017秋冬新款冬裙羊绒毛呢 加厚短裙 半身裙 包臀裙子”。

3.2 为商品撰写精彩的描述

通过商品标题，吸引买家浏览商品，这是第一步。第二步，则是要使用准确的、值得信赖的商品描述，来说服买家购买商品，因此做好商品的自我介绍也是很重要的。

3.2.1 商品描述的作用何在

商品描述用于介绍产品的功能以及那些与众不同的地方，进而促进买家购买，因此可以说商品描述的重要性不在于标题之下。商品描述的好处集中表现在以下两个方面。

（1）提高商品转化率。通过一项对2万多家网店的抽样调查，发现中小卖家99%的顾客是从商品描述页进入店铺的，大卖家92%的顾客是从商品描述页进入店铺的，超大卖家88%的顾客是从商品描述页进入店铺的。因此，商品描述页是店铺营销的核心所在、重中之重。

调查进一步显示，买家决定是否购买，最重要的因素包括：商品图片、商品描述（参数、性能、属性等）、服务承诺、质量保障、描述可信度与专业度、使用说明、注意事项、快递事项、真实评价、优惠政策、客服态度、店铺信誉、店铺装修等13项，其中9项属于商品描述的范畴。

（2）关联营销更多商品。使用精心编写的标题将买家引进店铺，但如果买家不是很喜欢该商品，就会马上关掉页面，这样就浪费了一次浏览机会。如果店主在商品详情页的前面放置一些类似商品或者相关商品的推荐，买家就有可能会去点击查看，这样就增加了买家购买其他商品的可能性。

3.2.2 描述开头一定要“抓”人

商品描述开头的作用是吸引买家的注意力，立刻唤起买家的兴趣，让买家不由自主地就想看下去。

不管写什么样的产品描述，必须首先了解客户的需求，了解他们的想法，找到吸引客户的东西，琢磨怎样把自己的商品和客户的兴趣点联系在一起。

比如卖中老年服装，面对的客户绝大部分是青年人和部分中年人（因为老年人很少上网，不会在网上为自己买服装），购买的目的是赠送给父母长辈，因此在商品描述中，可以适当颂扬一下亲子感情，比如：“小时候，爸爸是参天大树，为我遮风挡雨，现在爸爸已经老了，在这个寒冷的冬天，我想亲手为他披上一件厚厚的羽绒服，然后说声谢谢你，爸爸。”

3.2.3 突出卖点，击中买家的痛点

店主可以找到并附加一些产品的卖点，并加以放大。挖掘并突出卖点很重要，因为很多产品细节与卖点是需要挖掘的。每个卖点都是增加买家说服力的砝码。产品描述中，能够吸引买家的卖点越多，卖出产品的可能性就会越大。比如售卖蜂蜜的网店，就可以在描述中列出多个关于蜜源的卖点，如原料好、水质好、气候好、日照长、花种多等，肯定要比单纯写上“自产蜂蜜，营养美味”好得多，如图3-1所示。

- 多花蜜，采集N种野花的蜜
- 深山野生，天然原味
- 蜜源植物有荆花、菜花等
- 清香浓郁，甜而不腻

图3-1

3.2.4 图文表结合最适合阅读

在商品描述时，最好采用“文字+图像+表格”的形式，这样看起来更加直观，能够第一时间抓住买家的心。因为大量的文字说明会让买家看得很累，不愿意阅读，而图片给买家带来的压力就会小很多。因此把图片和文字进行有机结合，让人看起来很轻松，同时也能图文并茂地将商品展示出来。如果能将数据列成表格，则展示效果更好，如图3-2所示。

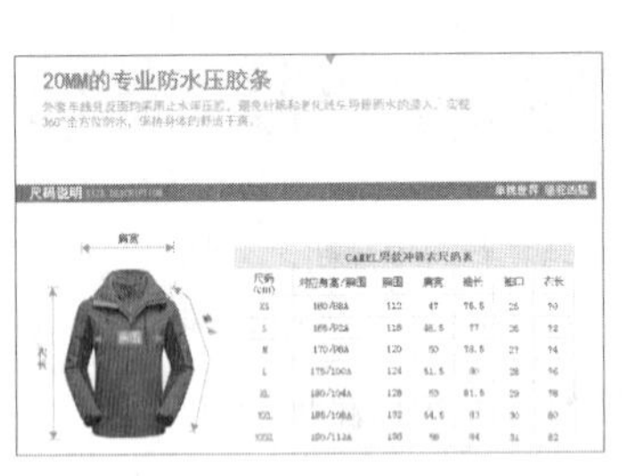

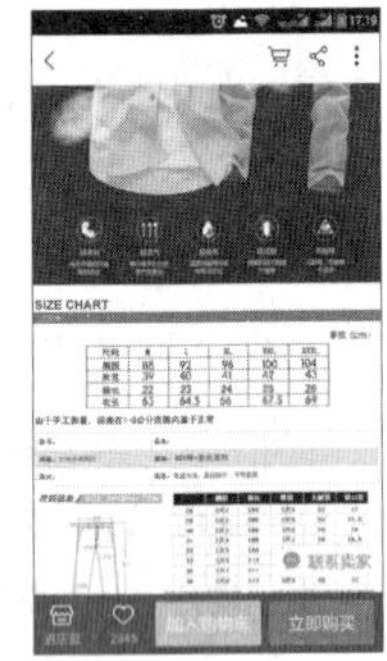

图3-2

当然，没有表格也不强求，但图文并茂肯定是要做到的。

3.2.5 优化商品图片做好视觉营销

商品图片的好与坏直接影响到买家是否会感兴趣并进行点击浏览，甚至影响到买家是否愿意付款购买。商品图片优化是对现有的商品图片进行优化处理，进而优化出好的图片，优化出最能刺激买家产生购买行为的图片。优化图片可以从以下几个方面着手。

1. 首图的优化

在所有的商品展示图片中，首图往往决定了商品是否能吸引买家关注。如图3-3所示，商品图片展示的信息量丰富而且也很美观，绝对能让它在商品中脱颖而出。

图3-3

商品首图优化原则如下。

- 主体突出，商品清晰漂亮，从最佳角度展示商品全貌，不要有过于杂乱的背景。

- 展示促销信息，让买家一看图片就知道这个店铺有优惠活动，从而产生点击的欲望。
- 尽量把主图做成方形，不要做成圆形、椭圆形以及菱形等，因为只有使用方形，才能将视觉空间最大化，其他形状只是浪费空间而已。

2. 图片要处理好

图片首先要修正构图，把拍摄时不注意留下的构图问题，利用黄金分割法调整好，让人看上去舒服，并产生美感。图片不能过亮，当然也不能偏暗，调整适合就可以。同时要加上店铺的防盗水印，彰显店铺的专业性，也防止网络盗图行为，如图3-4所示。

图3-4

如果是微店使用的图片，那么图片的大小首先要调整好，要符合在手机上打开时浏览者的视觉感受，注意太大的图会影响网页打开的速度。另外，关于商品图片的拍摄、美化，将在“店铺经营管理”一篇中专门进行讲解。

3. 应详细地展示商品

即使是同一件商品，随着颜色和尺寸的不同，给人的感觉也会有很大差异。对于买家想要了解的内容，不要一概而过，而是应认真、详细、如实地介绍给买家。只有这样，买家才能毫不犹豫地购买。如图3-5所示的商品展示中，使用多幅图片详细地展示了商品的不同部位，在细节上就做得很好，激发了买家的购买欲望。

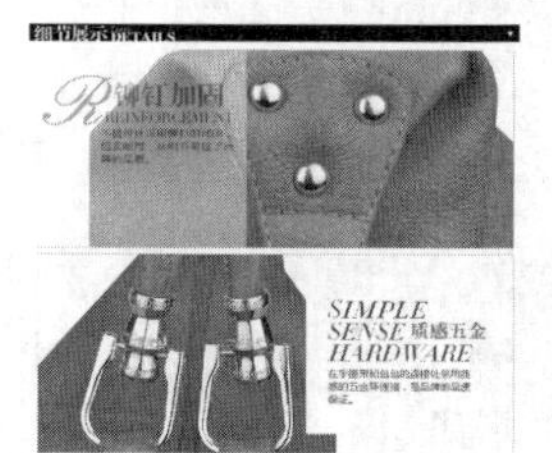

图3-5

很多新手卖家都不注重细节图的拍摄，甚至在页面上就没有细节图，这样是很难让买家感到满意的。所以，为了店铺的生意，细节图的拍摄一定不能少。细节图越多，买家看得越清楚，当然对卖家的商品产生好感及购买欲望也就越大。

4. 采用模特实拍

商品图片不仅要吸引人、清晰漂亮，还要向买家传达丰富的商品信息，如商品的大小、感觉等这些看不准、摸不着的信息。如果是想用心地经营一个属于自己的品牌店的话，采用模特实拍图片是必不可少的。建议经营服装、包包、饰品等商品的卖家用真人做模特拍摄图片，给买家传达更多的信息。

相比平铺的衣服照片，使用真人模特的照片更能体现衣服的试穿效果。而且模特的姿势也要各式各样，这样才能显示出服装的板型和试穿效果，如图3-6所示。

图3-6

使用真人模特拍出来的商品图片，不仅能让买家更多地了解商品，还能美化店铺，吸引买家的眼球，店铺浏览量也会随之提高。

使用真人模特拍摄商品图片，应该注意以下几点。

- 使用真人做模特，最好在商品描述中标明模特的身高或商品的大小，让买家对于商品的了解更加透明。
- 尽量不要在逆光状态下直接面对模特，拍摄者或模特也可以尽量采取斜45°的拍摄角度。
- 使用真人模特拍摄图片，选择合适的背景也很重要。地点最好选择户外，自然光拍摄出来的效果更好。
- 要协调拍摄对象之间的关系，不能喧宾夺主。重点体现商品的特点，但是也要注意商品和模特之间的协调。

■ 模特姿势要多些，同时动作要自然，不要太僵硬。

关于如何使用真人模特来拍摄商品图片，也会在下一章通过实际案例进行讲解。

3.2.6 如何利用关联推荐

店主在商品描述中也可以添加相关推荐商品，如本店热销商品、特价商品等，即使买家对当前所浏览的商品不满意，在看到商家销售的其他商品后，也可能会产生购买的欲望。另外，即使已经决定购买现在所浏览的商品，在浏览其他搭配商品的同时，也会产生再购买另外商品的打算，因此，让买家更多地接触店铺的商品，增加商品的宣传力度，就要添加关联商品，如图3-7所示。

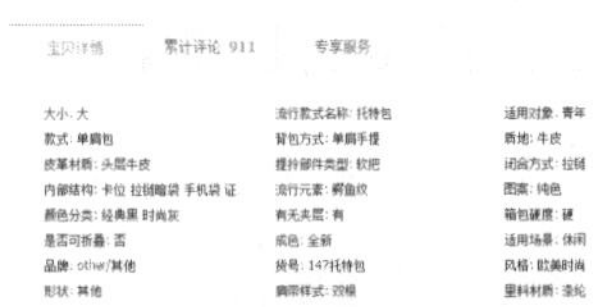

图3-7

高手支招 关联商品要放在商品详情的前面

在商品详情页中，可以将商品详情放在关联商品或推荐商品的后面，因为访客都是自上而下进行浏览，这样可以强迫访客先浏览推荐的商品。

3.2.7 展示商品权威证书，让买家信服

对于一些价值较大的商品，如珠宝玉石、名牌化妆品等奢侈品，店主可以将授权书、技术鉴定、合格证书等权威证明展示出来。这些证明可以打消顾客的顾虑，提升产品销量和信誉度，如图3-8所示。

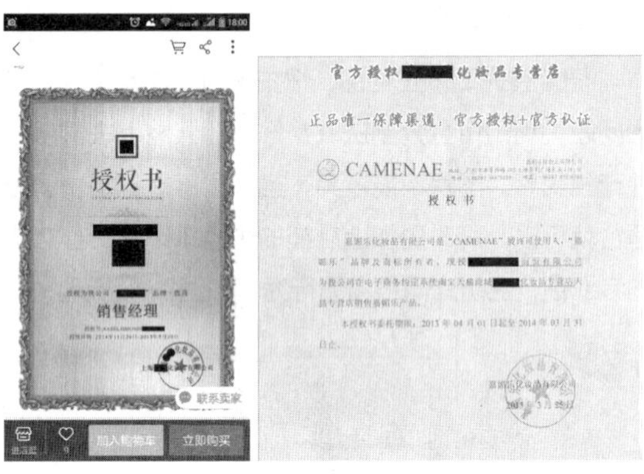

图3-8

专家提点 证书等图片无须遮盖信息

在图4-8所示的授权书中，遮盖了一些关键信息，这是本书为了避免不必要的纠纷而做的技术处理。实际上，在网店中展示授权书等证明时，除了非常重要的隐私信息之外，其余皆可展示出来，无须遮盖。展示的信息越详尽，就越能赢得买家的信任。

3.2.8 说明售后与质量保证条款也很重要

店主在商品描述中需要添加售后、质量保证条款与退换货的注意事项，以此进行售后服务，并且规避无谓的纠纷，如图3-9所示。这样做既打消了买家的疑虑，也让店主在发生纠纷时有理有据。

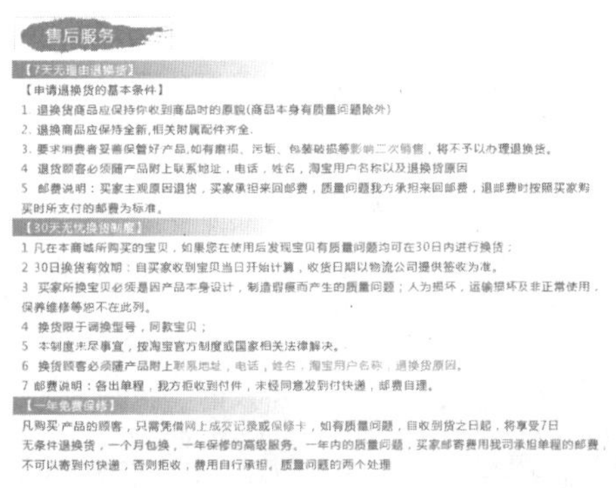

售后服务

【7天无理由退换货】

【申请退换货的基本条件】

1. 退换货商品应保持你收到商品时的原貌(商品本身有质量问题除外)
2. 退换商品应保持全新，相关附属配件齐全.
3. 要求消费者妥善保管好产品，如有磨损、污垢、包装破损等影响二次销售，将不予以办理退换货。
4 退货顾客必须随产品附上联系地址，电话，姓名，淘宝用户名称以及退换货原因
5 邮费说明：买家主观原因退货，买家承担来回邮费，质量问题我方承担来回邮费，退邮费时按照买家购买时所支付的邮费为标准。

【30天无忧换货制度】

1 凡在本商城所购买的宝贝，如果您在使用后发现宝贝有质量问题均可在30日内进行换货；
2 30日换货有效期：自买家收到宝贝当日开始计算，收货日期以物流公司提供签收为准。
3 买家所换宝贝必须是因产品本身设计，制造瑕疵而产生的质量问题；人为损坏，运输损坏及非正常使用，保养维修等都不在此列。
4 换货限于调换型号，同款宝贝；
5 本制度未尽事宜，按淘宝官方制度或国家相关法律解决。
6 换货顾客必须随产品附上联系地址，电话，姓名，淘宝用户名称，退换货原因。
7 邮费说明：各出单程，我方拒收到付件，未经同意发到付快递，邮费自理。

【一年免费保修】

凡购买产品的顾客，只需凭借网上成交记录或保修卡，如有质量问题，自收到货之日起，将享受7日无条件退换货，一个月包换，一年保修的高级服务。一年内的质量问题，买家邮寄费用我司承担单程的邮费，不可以寄到付快递，否则拒收，费用自行承担。质量问题的两个处理

图3-9

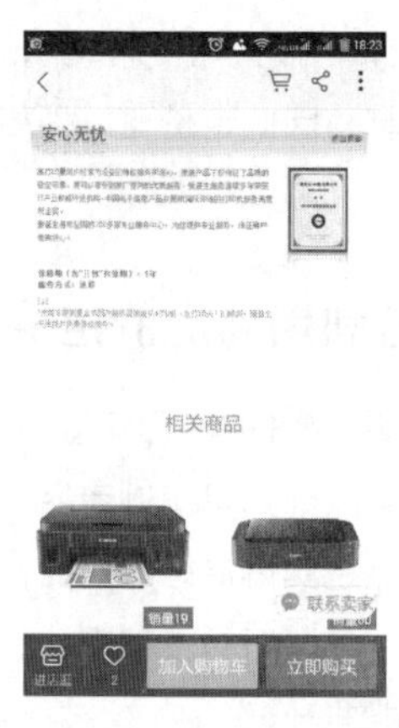

图3-9（续）

3.2.9　展示买家真实评价，增加说服力

店主可以利用好买家的评价，并将评价附加在描述里，如放些客户好评和聊天记录，以增加说服力。因为第三方的评价往往会让买家觉得可信度更高，让买家说好，其他买家才会相信。如图3-10所示，把信用评价添加在商品描述中，效果就比较好。

3.2.10　如何促进买家尽快购买

当买家已经对商品产生兴趣，但还在犹豫不决的时候，还需要给他一个推动力，促进买家下单。比如，可以在商品描述中设置免费的赠品，并且告诉买家，赠送赠品的活动随时都有可能结束，让买家尽快采取行动；或者写明“限时特价”等，也可以促进买家下单，如图3-11所示。

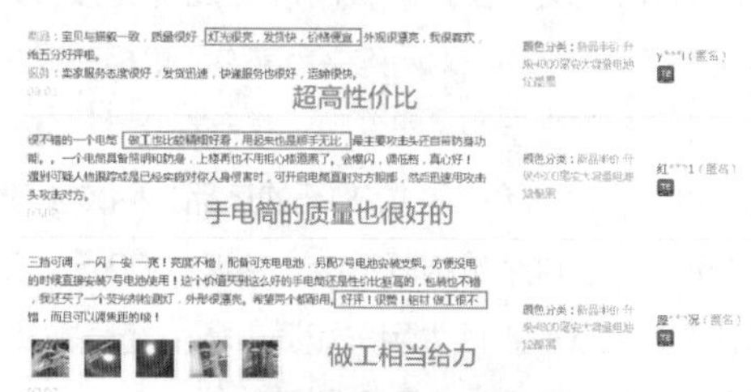

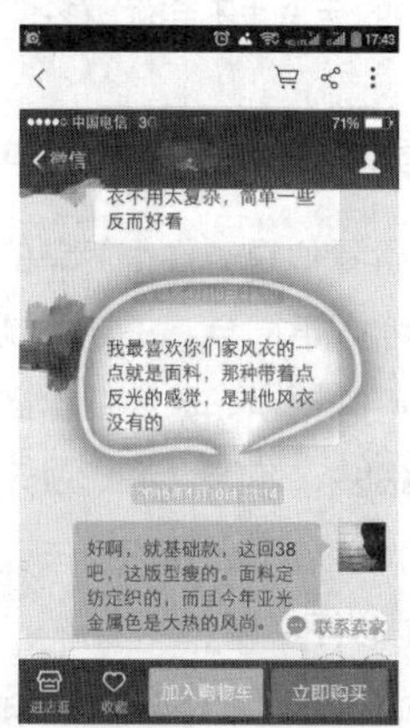

图3-10

图3-11

3.3　为商品定一个合适的价格

定价是一门学问。商品价格定贵了，顾客不买；定便宜了，店主赚不到钱。因此，定价就显得非常重要，然而，为商品定一个合适的价格其实并不难，只要学会定价的方法与技巧，就可以轻松解决这个问题。

3.3.1　网店商品怎么定价

网店平台的销量与商品的定价策略有着十分重要的关系，店主可以参考以下策略，为店铺的商品进行定价。

（1）定价要看目标客户。对网购平台而言，价格的制定也要针对目标客户，根据目标客户的消费水平来制定价格。例如在一些奢侈品网店中，客户更重视品质，对价格并不十分看重，因此定价无须考虑消费水平较低的情况。而在快消品等大众网店中，类似5元包邮、9.9元包邮的商品定价则更适合一些。

（2）商品价格应该注重差异化。网购商品和线下的商品一样，一定要有差异化才能促进消费，单一普遍的商品则缺乏竞争力，缺乏让用户选择的空间，不能满足不同用户人群的需求，因此也就失去了市场竞争力。

（3）定价还应注意价格区间。网购平台和线下实体店的价格也会有差异，线下实体店经常是按整数价格来卖。电商则不同，对网购平台来说，价格都是在网络商城中长时间显示的，网购用户看到的价格都有一个范围。例如，原本价格是1000元的产品，网购上定价是950元，那么这个价格既不会太接近1000元，又不容易让客户去砍价，因为用户知道市场上普遍是1000元，再往下砍价的话，也不会优惠多少。

3.3.2 掌握定价五要素

给商品定价看似是一件很简单的事情，其实不然，如果店主考虑不周全，主观地制定一个价格，无疑是一个严重的错误。因为在给商品定价时，需要考虑的因素很多，不综合考虑就定价，往往不是偏高就是偏低，造成不必要的损失。具体来说，定价时要特别注意以下要素。

（1）产品成本。这个成本由产品生产过程和流通过程所花费的物资消耗，以及支付的劳动报酬所组成，是产品定价的基础因素。简单地说，就是商品值多少钱，在定价时自然会以成本价为底线，合理定价。

（2）市场竞争情况。为商品定价时，应考虑市场上其他类似商品是如何定价的，再仔细权衡，从而为自己的商品定价。商品诱惑力的高低，直接决定着顾客购买的意愿及数量。如果商品具有一定的吸引力，此商品的销售数量会大大增加；如果商品没有吸引人的地方，那么不论如何促销、降价，都不能成功售出。

（3）市场的性质。首先考虑买家的消费习惯，一旦买家习惯了一种品牌，就会形成一种购买习惯，不会轻易改变。其次，要考虑销售市场的规模。销售一种商品，要找准自己的顾客群，要了解由这种顾客群构成的市场走向。

（4）销售策略。制定商品销售策略，要依据商品性质、企业形象以及店铺的特性进行。例如，销售品质优良的名牌产品，需要定高价，人们才会觉得物超所值。对于一些流行性很强的商品，也需要定高价，因为一旦流行期过后，这种商品就会降价。如果销售过时的商品，则需要定低价，才会使商品顺利打开销路。

（5）商品形象。对于一些历史悠久、商品品质优良的品牌店铺，由于其服务周到，已经闯出了名号，奠定了根基，因此定价可以稍高，老客户对此也是认可的。

3.3.3 充分利用商品的定价规则

网店中出售的各种商品可能具有不同的作用和地位，比如某款商品是旗舰商品，质量好、价格高；某几款商品是卖得最好的商品，盈利占店铺利润的一半还多；某些新品上架带动热销；某些旧款产品需要折价处理……

那么，面对这些地位和作用不同的商品，网店店主该如何进行适宜的定价呢?

1. 旗舰商品定价

网店店铺产品可大致分为旗舰款、利润款、活动款3类。旗舰款商品的定价要稍高，因为旗舰款是品牌形象，不能过于廉价，最好也不降价。以坤包为例，一款坤包的成本价是200元，那么如果作为普通包来卖，可能就加上20%～30%的利润来定价。但是，如果要打造成为旗舰款，那么售价可能就要在成本价的基础上加上40%～50%的样子，最后的售价就是280～300元，而且这款旗舰包后期一般也不会参与打折，以维持其地位。

2. 利润商品定价

在网店店铺中，真正有利润的商品，并不是高端商品，也不是低价商品，而是位于中间价位的利润款商品。利润款商品最好是大众型，选择主要考虑市场价格分布。比如某款商品在25～40元、65～75元、90～110元这3个区间比较好卖，就会选择这3个区间的包来做利润款的销售。但是，正因为是利润款，即使卖得少，所赚的钱还是很可观的。一般这类商品在后期会进行打折活动，让后买的消费者觉得自己赚到了。

3. 活动商品定价

每家网店店铺都会有价格便宜的商品，一则为了增加店铺浏览量和销量，二则可以作为活动赠品进行搭配销售。活动款商品的价格要非常具有竞争优势，让买家能以低价体验产品，让品牌和产品都得到更好的宣传，但最好不要以次品、瑕疵品或尾货来做活动，不然口碑就砸了，得不偿失。越是活动款，质量越要经得起考验。店主有时候可能会赔一点，因为定位就是引流，需要用价格来带动访问量与销量。

4. 新品上市定价

新上市的产品，由于刚刚投入市场，许多消费者还不熟悉，因此销量低，也没有竞争者。对新上市商品的定价，店主可以参考以下3点。

（1）确定该新品的目标客户。目标客户是决定产品价格区间的关键因素。想要合理地定位目标客户，就要分析他们的偏好与心理，创造差异化的图片、个性化的服务、有针对性的功能需求，分析目标客户喜欢的价格区间来完成定价。

（2）定价前应考虑产品的各项成本。定价的原则是除去成本后还要有一定的利润，所以前提是先算出各项成本。这些成本包括平台运营成本、推广成本、人员成本、货品及售后成本等。

（3）定价应有利于搜索排名。分析了目标客户喜爱的价格区间，就要确定如何在这个区间内选择一个最合理价格，这个合理价格的含义应是更容易被买家搜索到。一般来说，针对不同的店铺新品，应该给予不同的定价。

- 花色、款式翻新快的时尚新品，可采用高位定价。
- 市场上已经稳定的产品，选择中位定价。
- 还未打开市场但有较大潜力的新品，可以把价格定得稍低些（比如设置“新品尝鲜价”），以达到迅速扩大市场占有率的目的。

5. 旧款商品定价

随着同类新品的上市，部分旧款商品热销程度开始下降，其销售进入衰退期。旧款商品要根据不同情况采用不同定价策略。

- 若新款商品满足不了需求，那么旧款可以维持市场，此时不急于降价。
- 若新款商品供应充足，则旧款很快就会退出市场，这时应果断降价，以保证销量、回收投资。

6. 连带商品定价

某件商品的销售，总会带动其他配件的销量，例如出售电脑，会带动相关配件的销量。对这种连带产品的定价，要有意识地降低连带产品中购买次数少、顾客对降价比较敏感的产品价格；提高连带产品中消耗较大，需要多次重复购买，顾客对它的价格提高反应不太敏感的产品价格。

举例来说，店主的店铺主要出售手机配件，产品包括移动电源以及手机外壳等。移动电源的需求量较低，购买次数明显比较少，因此如果降价，顾客会比较敏感。而手机外壳消耗较大，顾客可能会多次购买，所以即使提高了商品定价，顾客可能也不会太在意，毕竟手机外壳价格不会太高，适当涨一两元也不会让顾客感到不适。

7. 系列/成套商品定价

很多商品都是可以成套售卖的，比如在化妆品行业，大多以套装出售系列产品，如美容产品包括去油、祛斑、保水等一系列产品；在服装行业，也有成套（上装加下装）出售的情况。

对于这类既可以单个购买，又能配套购买的系列产品，可实行成套购买价格优惠的做法。例如某套化妆品有3件，分别单独购买总计要400元，而成套购买只要350元，显然，不少顾客会倾向于成套购买。

成套购买还有个小诀窍，可以将不怎么受欢迎的产品搭配到比较受欢迎的产品中，适当降低价格，吸引顾客购买，这样可以让不受欢迎的产品加快清空速度，回笼资金。

3.3.4 常用定价技巧要用好

定价方法直接影响买家的消费意向，不同的定价方法对买家产生的心理影响也不相同。一般来说，需要掌握以下几种定价方法。

1. 批量购买引导定价法

买家都想在价格最便宜时购买商品，但必须保证能够买到。商品八九折时买家的兴趣不太大，七折时会担心别人将自己心爱的东西买走，五六折时买家会迫切买走商品，否则将会失去廉价的机会。批量购买引导定价法，是根据买家购买量的差异来制定不同的价格，随着买家购买量的增加，单位商品的价格也在不断降低。

2. 成本加成定价法

成本加成定价法又叫毛利率定价法、加额法或标高定价法。这是多数商家通常采用的一种定价方法，其优点是计算方便。而且在正常的情况下，即在市场环境的许多因素趋于稳定的情况下，运用这种方法能够保证商家获取正常利润。同时，同类商品在各商店的成本和加成率都比较接近，定价不会相差太大，相互间的竞争也不会太激烈。此外，这种方法容易给买家带来一种公平合理的感觉，很容易被买家接受。

3. 习惯定价法

这是利用市场上已经形成的习惯来定价的方法。市场上有许多商品，销售时间长，形成了一种定价的习惯。定价偏高，销量不易打开；定价太低，买家会对商品的品质产生怀疑，也不利于销售。这种方法对于稳定市场不无好处。

许多日用品，由于买家时常购买，形成了一种习惯价格，即买家很容易按此价格购买，其价格大家都知道，这类商品销售应遵守习惯定价，不能轻易变动价格，否则买家会产生不满，如果原材料涨价，需要提价时，要特别谨慎，可以通过适当地减少分量等方法来解决。

4. "特价品"定价法

商家将少量的商品价格降低，以此招揽买家，增加对其他商品连带式销售，以达到提高销量的目的。运用这种方法时，要采用一些多数家庭需要的"特价品"，而且市场价格要为广大买家所熟悉。这样才能让买家知道这种商品的价格比一般市场价格低，从而招徕更多的买家。

5. 安全定价法

安全定价是一种很稳妥的定价策略。商品定价适中，会减少市场风险，可在一定时期内将投资收回，并有适当的利润。买家有能力购买，经营者也便于销售。

6. 高价定位法

高价定位法，是针对一些买家攀高心理而实施的。采用高价策略，将商品的价格定得很高，以便在短期内获取尽可能多的利润。同时，高价格又满足了买家求新、求异和求品位的心理。

（1）从买家角度进行的高价定位。

许多买家所追求的是自己独占某些奢侈品，所以有时高价也是需求增加的重要原因之一，而削价则会导致需求下降，因为削价意味着有社会声誉的物品的贬值。当店铺的目标买家是那些社会阶层比较高的人士时，商店必须高价定位商品。

（2）标志商品高品质而进行的高价定位。

在商品价格与需求的关系中，存在一种质价效应，即消费者通常把高价看作优质商品和优质服务的标志，因而在商品价格较高的情况下，也能刺激和提高需求的效应。在许多情况下，许多消费者往往以"一分价钱，一分货""好货不便宜，便宜无好货"的观念去判断商品的质量，因此，高价能给人们产生高级商品、优质商品的印象。

（3）标志服务高水平而进行的高价定位。

如同商品高价位能显示商品高品质一样，高价位同样能显示服务的高水平。对于以高价定位的商店，除了要时刻注意消费者对商品的反应，不断提高商品质量，增加商品功能，创造更新的款式外，还要搞好服务工作，增强消费者对商品使用的安全感和依赖感。高价位所标志的高水平服务，也能满足一些人的需求。

在采取高价策略时应十分慎重，只有具有独特功能、独占市场、仿制困难、需求弹性小的商品，才能在较长的时间内保持高价，否则价格太高会失去买家。

7. 低价定位法

现在许多商家都在采用每日低价的法则，此类法则强调把价格定得低于正常价格，但高于其竞争对手大打折扣后的价格。最成功的零售商沃尔玛使用的就是这一低价策略。

低价法则在通常情况下是具有竞争力的。但是并非"价格低廉"就一定好销售。这是因为过于低廉的价格会造成对商品质量和性能的"不信任感"和"不安全感"。买家会认为，"那么便宜的商品，恐怕很难达到想象的质量水平，性能也未必好"。要卓有成效地运用这一策略，商店必须具备以下条件。

- 进货成本低，业务经营费用低，只有低费用才能支撑低价格。
- 存货周转速度快，所以商品都能被卖掉。经常降价尽管利润受损，但可以尽快把商品销售出去。
- 买家对商品的性能和质量很熟悉，价格便宜会使买家大量购买。例如，日常生活用品、食品等。

■ 能够向买家充分说明价格便宜的理由。
■ 商店必须在买家心目中享有较高的信誉，不会有经营假冒伪劣商品之嫌。

8. 非整数定价法

“差之毫厘，失之千里。”这种把商品零售价格定成带有零头结尾的做法被销售专家们称为“非整数价格法”。很多实践证明，“非整数价格法”确实能够激发出消费者良好的心理呼应，获得明显的经营效果。如一件本来值10元的商品，定价9.8元，肯定更能激发消费者的购买欲望。

把商品零售价格定成带有零头结尾的非整数的做法，是一种极能激发消费者购买欲望的价格定价法。非整数价格虽与整数价格相近，但它给予消费者的心理信息是不一样的。例如，一家网上服装店进了一批货，以每件100元的价格销售，购买者并不踊跃。无奈商店只好决定降价，但考虑到进货成本，只降了2元钱，价格变成98元。想不到就是这2元钱之差，买者络绎不绝，货物很快销售一空。

9. 整数定价法

美国的一位汽车制造商曾公开宣称，要为世界上的富人制造一种大型高级豪华轿车，价格定为100万美元的整数价。为什么？因为高档豪华的购买者，一般都有显示其身份、地位、富有、大度的心理欲求，整数价格正迎合了这种心理。

对于高档商品、耐用商品等宜采用整数定价策略，给买家一种“一分钱一分货”的感觉，以树立品牌形象。

10. 小单位定价法

定价时采用小单位，会让买家感觉商品的价格比较便宜，如茶叶每市斤100元定成5元/两。或用较小单位商品的价格进行比较，如“使用这种电冰箱每天只耗半度电，才0.26元钱”，而不是“使用这种电冰箱每月只耗15度电，才7.8元钱”。

11. 心理定价法

据调查发现，商品定价时所用数字的频率，依次是5、8、0、3、6、9、2、4、7、1。这不是偶然的，究其根源是买家消费心理的作用。带有弧形线条的数字，如5、8等比不带弧线的数字有刺激感，易为买家所接受；而不带有弧形线条的数字，如1、7、4等比较而言就不大受欢迎。

在价格的数字应用上，应结合我国国情。很多中国人喜欢8这个数字，并认为它会给自己带来发财的好运；因中国有“六六大顺”的说法，6也比较受欢迎，4因为与“死”同音，被人忌讳；250则有骂人之嫌疑，最好减一两元以避开。

12. 同价定价法

如果想省掉讨价还价的麻烦，并且销售的商品主要是一些货真价实、需求弹性不大的必需品，店主应该如何定价呢?

英国有一家小店，起初生意萧条很不景气。一天，店主灵机一动，想出一招：只要顾客多出1英镑，便可在店内任选一件商品（店内商品都是同一价格的）。这可谓抓住了人们的好奇心理。尽管一些商品的价格略高于市价，但仍招徕了大批顾客，销售额比附近几家百货公司都高。

在国外，比较流行的同价销售术还有分柜同价销售。比如，有的小商店开设1分钱商品专柜、1元钱商品专柜，一些大商店则开设10元、50元、100元商品专柜等。

在我国，生活中常见的一元店，采用的就是这种同价定价法。因此，把网店里的一些价格类似的产品定为同样的价格销售也是一种办法。

3.4 秘技一点通

技巧1 一字两用增加宝贝标题竞争力

在宝贝的名称中，多个关键词是连在一起的，这就让有些字可以进行“复用”，也就是说，如果“ab”是一个词，“bc”是另外一个词，可以把它们安排在一起变成“abc”，这样就用3个字安排了2个词，而这2个词原本需要4个字，在寸字寸金的宝贝标题中，使用这样的技巧可以多安排2~3个关键词，让宝贝的标题增加了竞争力。

举例来说，“中元 健德正品牌修身女裤加厚夹棉裤 冬季保暖羽绒裤2017女装137”这个标题中，有“中元”“健德”“正品”“品牌”“修身”“女裤”“加厚”“夹棉”“棉裤”“冬季保暖”“羽绒裤”“2017”“女装”“137”（货号）一共14个关键词，其中有商家名关键词一个，品牌关键词一个，属性关键词7个，品名关键词2个，类目关键词2个。细心的卖家可能发现了，30个关键词的位置却放了32个关键字，这就是“正品牌”“夹棉裤”这两个关键词复用的好处了，因为“正品牌”既可以被“正品”关键词搜到，也可以被“品牌”关键词搜到，“夹棉裤”也是如此。

类似的关键词还有很多，例如“男裤子”“加大码”“秋冬季”“新品牌”等，相信本书的读者还可以发明更多适合自己宝贝的复用关键词。

技巧2 正确分割标题很重要

通过前面的学习，大家已经知道，如果宝贝标题不分割的话，会严重影响访客的阅读感，耐心不好的访客可能直接就跳过这种“一气呵成”的宝贝不看，这样就失去了潜在的客户。因此，标题分割是必要的。

由于淘宝规定宝贝标题不能超过60个字节，也就是30个汉字（一个汉字占两个字节，一个英文字符占一个字节），因此，有的卖家喜欢用英文逗号来分割标题（英文逗号也归属于英文字符），这样就比使用中文逗号要节省，因为两个英文逗号占用的字节才等于一个中文逗号占用的字节。

不过，经测试，使用英文逗号的话，搜索引擎会将逗号前后分割开来，视为完全不相连的两个词，这样的情况下，会减少标题被搜索到的可能性。

比如“珠海家园,火星湖电影票5.5折,双钻信誉”这样的标题，如果搜索“家园火星湖”就不能被搜到。

这样的情况下，应该使用其他被搜索引擎忽略的英文符号，比如“/”和“\”，这样既方便分割，又不会影响搜索效果。比如“珠海家园/火星湖电影票5.5折/双钻信誉”，既分割了关键词，便于阅读，又不影响效果。

技巧3 巧用淘宝和百度确定关键词搜索效果

买家搜索宝贝时，会在搜索栏输入宝贝的关键词，每个人使用的关键词可能都不一样。比如同样是为了买电脑，可能有的人喜欢搜索“台式电脑”，有的人喜欢搜索“台式机”。那么，店主究竟使用哪个关键词，才能更好地让买家搜索到自己的宝贝呢？

大家首先想到的可能是去同类商铺查看卖得比较好的商品都用了什么关键词，其实，可以在淘宝电脑版获得正确的关键词。

在淘宝主页面的宝贝搜索栏中，输入“笔记本电脑”，在下拉列表框中可以找到与其相关联的很多关键词。如“笔记本电脑桌”“笔记本电脑包”等，每个关键词的后面都标有搜索到的件数，如图3-12所示。

用户也可以使用一个关键词进行搜索，在搜索页面中，淘宝也会给出其他比较热门的相关搜索词。这里用“男士风衣”进行搜索，可以看到淘宝给出的其他类似关键词，如图3-13所示。

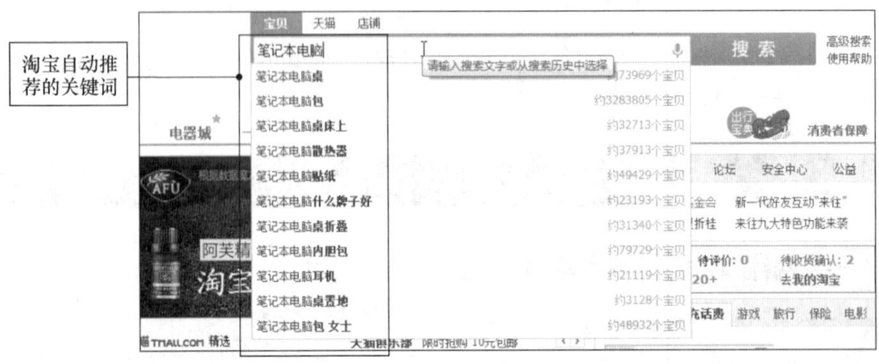

图3-12

图3-13

店主也可以参考其他同行的店铺，看一下他们的宝贝标题是怎么写的。这样有可能会得到更多的关键词作为预选，如图3-14所示。

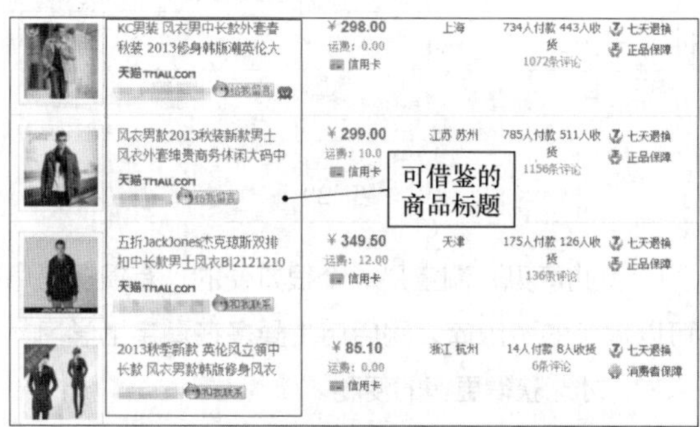

图3-14

在完成了预选的关键词的收集后，要做的就是从中找到最好、最合适的那几个关键词。

那么怎样选择关键词呢？第一步，判断关键词的竞争性。把想要的几个关键词分别输入淘宝首页的宝贝搜索中，看看搜索结果，得到相关宝贝数量，获得结果越多，竞争就越大，那么该关键词的使用价值就越小。第二步，分析关键词的搜索量。没人搜索的关键词是没有任何使用价值的，只有当有人搜索了自己的关键词，自己的商品才有可能被人搜索到。下面以“台式电脑”和“台式机”两个关键词为例来分析，如何选择合适的关键词。

第一步，判断关键词的竞争性。❶进入淘宝主页，输入关键词“台式电脑”；❷在搜索结果页面中，可以看到，此关键词能搜索到的相关宝贝数目为23.75万件，如图3-15所示；❸再输入关键词“台式机”；❹最终的结果是搜到33.03万件相关的宝贝，如图3-16所示。两者相比较，由于“台式电脑”搜索结果较小，因此竞争较小，优于“台式机”。

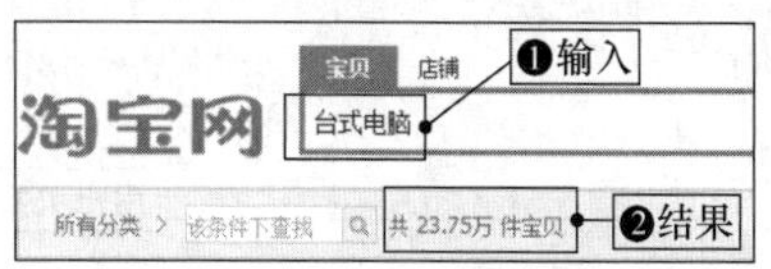

图3-15

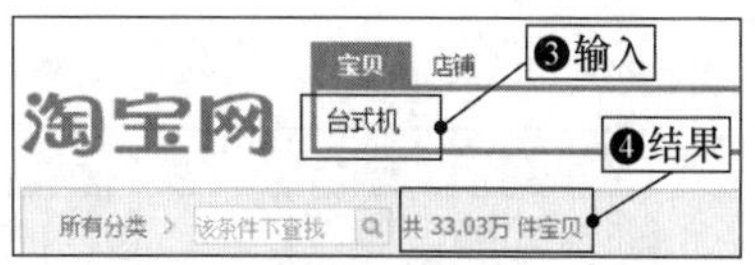

图3-16

第二步，分析关键词的搜索量。通过百度指数来查询下这个词的搜索趋势并看近期内的用户关注度，指数越高，证明这个词在近期用户的关注度越高，这也从另一个方面表明用户使用这个词进行搜索的数量比较大，也可以认为使用搜索的量很大。

专家提点 什么是百度指数

百度指数是以百度网页搜索和百度新闻搜索为基础的免费海量数据分析服务，用以反映不同关键词在过去一段时间里的“用户关注度”和“媒体关注度”。

下面进入百度搜索指数主页网址，如图3-17所示。

图3-17

只要输入关键词，就可以看到各类关于此关键词的分析指数。注意图中的“用户关注度”，这是百度科学分析并计算出各个关键词在百度网页搜索中搜索频次的加权和，并以曲线图的形式展现，如图3-18所示。

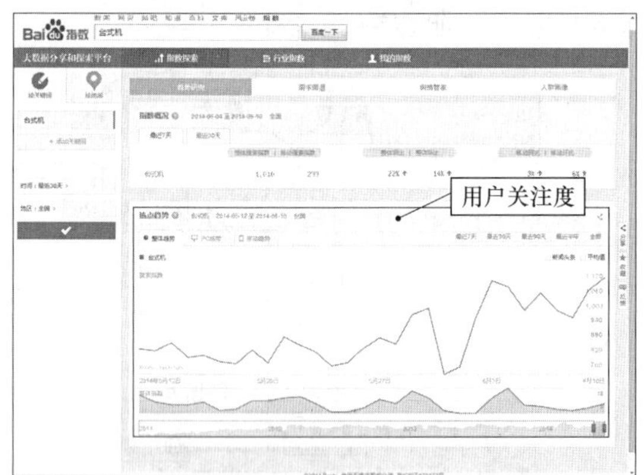

图3-18

如果要比较两个关键词的数据，可以使用逗号隔开这两个关键词来搜索结果。❶输入“台式机，台式电脑”，❷单击“百度一下”按钮，如图3-19所示。

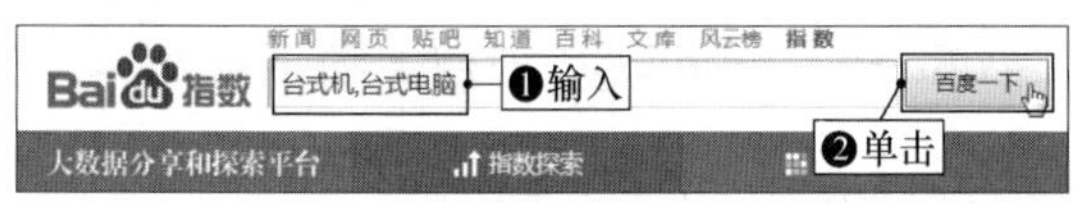

图3-19

用户在下方的关注度的截图见图3-20中，可以看到两个关键词在一段时间内的搜索次数曲线。在同一个季度的时间段里，绿色线的“台式电脑”的搜索次数大约是每天2000次，黄色线的“台式机”搜索次数大约是每天1000次。“台式电脑”搜索量明显高于“台式机”。

通过上述操作，用户会发现选择“台式电脑”这个关键词最好。根据上面介绍的方法依次分析准备进入标题的各个关键词，在总体规划取舍后，再侧重选择合适的关键词，即可达到较好的搜索效果。

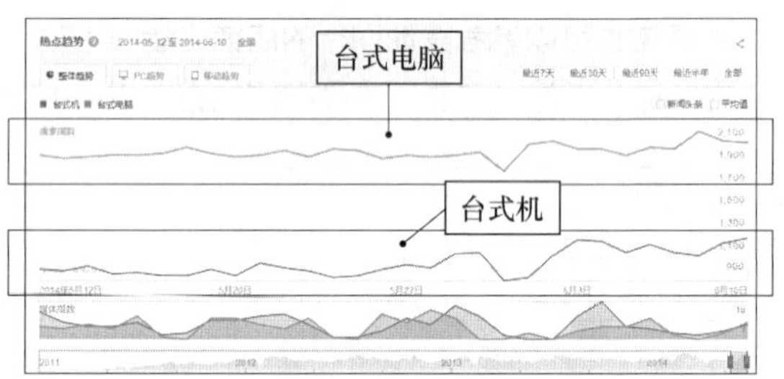

图3-20

由此可见，淘宝是一个很方便的、有很多信息可以借鉴的资源库，网店店主要多在淘宝上学习、思考，才能获得更多的便利。

开店小故事

网络写手转行卖保健品，文采出众受追捧

“贫道清泉子”是杨署聪的网名。三年前他用这个网名在国内某个著名网络小说平台注册了账号，开始撰写网络小说，决心在网络小说界闯出一番名头。

“我看网小（网络小说）的历史有快十年了吧。看多了觉得自己好像也能写，于是就起了一个感觉很酷的网名，注册了账号开始写小说。”

看小说觉得轻松，写小说真的很辛苦。杨署聪每天查资料、构思情节，再写作，要花掉十多个小时的时间，节假日也没法休息，因为节假日也不能停止更新，必须持续创作。

一晃小说就写了三年，杨署聪也在网文界混成了老鸟。但是网文这口饭真的不像看起来那么好吃，杨署聪的小说成绩并不理想，每个月收入始终只有两三千元，付出的却是全年无休，每天工作十多个小时的代价，与收入极其不成正比，健康与人际关系方面也受到了严重的影响。

杨署聪经过慎重考虑，决定转行。但他脱离社会三年，专业已经很生疏了，也没有什么过硬的人脉，找工作比较困难。于是，杨署聪决定开一家保健品网店，因为父亲的关系，他可以以优惠价拿到一些常见的保健品作为货源。

“网店开张了几个月，生意并不是很好。因为我店里的保健品在价格上并没有多大优势，有个朋友给我支招，让我赔钱赚销量，打价格战，但我那点本钱根本支持不了几天，这条路也不可行。”

杨署聪一时无计可施，盯着桌上一盒保健品发呆，出于网文作者的习惯，他把保健品的说明读了几遍，觉得这个文案平庸极了，一点新意也没有。“如果是我来写这个文案，肯定高明多了……”一个念头从他心里浮起：“我应该为自己的保健品做几个好文案啊！”说干就干，杨署聪打起全副精神，为几个主打的保健品精心撰写了几篇充满温情的文案，替换了原来的生硬说明。

“我写了三年的网小，虽然不赚钱，但基本功是练出来了，至少写一点煽情的文字没什么问题，”杨署聪高兴地回忆着，“换上我自己写的文案以后，那几个保健品的销量明显上涨，两个月上升了60%！于是我就慢慢把其他保健品的文案也换了，整个店铺的销量也迈上了新的台阶。不少顾客留言说是被我的商品介绍文字打动，才进行购买的。受到顾客的认同，我很高兴。虽然在网小上没有赚到什么钱，可是写作技能最终却用到了网店上，这就是古人说的‘失之桑榆，收之东隅’吧。”

采访最后，杨署聪说：“网络时代的人见多识广，那种粗糙的鸡汤文已经感动不了他们，因此商品文案一定要不落窠臼，别出心裁，才能打动他们，促进购买。”

第2部分 淘宝双平台开店

淘宝平台的人气相当旺盛，在淘宝上开店是很多人的选择。同一个淘宝店，顾客既可以从电脑上浏览，也可以在手机上浏览。由于电脑与手机这两种终端有很多区别，因此电脑端淘宝店与手机端淘宝店也有各自的特点，比如，电脑端淘宝店显示的内容更多，顾客浏览时间较长；而手机端淘宝店显示的内容少而精，指向性更强，顾客浏览时间呈现“碎片化”。店主们可以根据自己的情况来决定主要经营哪种淘宝店，或者同时兼顾。

当然，电脑端淘宝店和手机端淘宝店也有一些共同的地方，比如店铺申请与开通、商品上下架、交易管理等都是一样的。掌握了这些技能，就能顺利开自己的淘宝店了。

开店很轻松，赚钱很简单！

第 4 章 淘宝双平台：电脑端和手机端

本章导言

淘宝店不仅可以在电脑上浏览，也可以在手机上进行浏览。电脑与手机有诸多不同之处，包括可视尺寸、使用习惯等各有特点，造成了电脑端店铺与手机端店铺在装修、营销等方面的区别。作为一个网店店主，该如何选择自己的主战平台，是电脑端，还是手机端，还是二者兼开？这需要对两个平台的店铺特点有所了解后才能进行正确的选择。

学习要点

- 了解电脑端店铺与手机端店铺各自的特点
- 了解电脑端店铺与手机端店铺单开或多开的利弊
- 了解电脑端店铺与手机端店铺在开店上的实操区别

4.1 解读双平台运营特点

淘宝店既可以在电脑端开设，也可以在手机端开设。那么二者究竟区别在哪里呢？对一个店主而言，究竟选择电脑端还是手机端作为主攻方向？其实，这些问题并不难解决，先了解一下电脑端淘宝店与手机端淘宝店的区别，之后再结合自己的条件进行选择，就不是那么困难了。

4.1.1 大访问量VS碎片化时间

从访问时间来看，电脑端淘宝店与手机端淘宝店有明显的区别，主要体现在买家访问电脑端淘宝店时，一般都会耗费较长时间连续浏览，多集中在工作日的工作时段内；而在访问手机端淘宝店时，一般都体现出访问时间较短的特征，且多集中在周末、上下班途中、晚间临睡前等时段。

这种区别主要是由于访问工具不同造成的。买家使用电脑的时间一般都集中在工作日，工作之余逛逛淘宝是很多人的习惯，而周末可能不少人要睡懒觉、逛街，使用电脑的人很少，这就是电脑端淘宝店的访问量主要来自工作时段的原因；而买家使用手机的时间一般是在通勤途中，或睡前、如厕、周末逛街途中等，访问时间短而频繁，呈现出一种“碎片”化的特点。

仅从访问时间的区别来看，就可得出一个结论：电脑端淘宝店新品上架的时间肯定要与手机端淘宝店新品上架的时间区别开来。

4.1.2 反复询问VS静默下单

电脑端淘宝店的买家主动与网店客服联系的概率很高，会详细询问产品特点，有的还要砍价，索要礼品等；而手机端淘宝店的买家大多数是静默下单，也就是看上什么直接拍下付款，联系客服询问的概率要小很多。

究其原因，大概是因为电脑上打字要比手机方便的缘故，另外在使用手机购物时，时间较短，必须快速决定，因此造成了手机端买家静默下单较多的情况。

4.1.3　平台内营销，覆盖广VS小而精

淘宝平台内有很多营销功能，如直通车、钻石展位、聚划算、秒杀等，这些营销功能在电脑端淘宝店上能够得到较好的展示，实际推广效果也不错；但是在手机端上效果则要打折扣，这主要是因为手机的显示屏幕小，容纳的信息有限，但小也有小的好处。就以直通车而言，电脑端淘宝店的展示位虽然比手机端要多，但流量相对来说就比较分散；而手机端淘宝店的展示位较少，流量集中，所以排名靠前，点击率也会增多。

4.1.4　店铺精装VS店铺简装

电脑端淘宝店的装修自然也与手机端不同。电脑端淘宝店的装修可以做得非常精美，一个页面上能容纳很多产品信息，而手机端淘宝店相对则很简单。造成这种区别的原因同样是因为电脑与手机在显示屏上的区别。

在具体的装修上，电脑端淘宝店所花费的精力肯定更大。电脑端淘宝店装修好以后，会自动形成一个简单的无线端页面，如果对手机端店铺不是很在意，那么就可以不用再装修了。如果想认真装修手机端淘宝店的话，也可以进入淘宝店后台，对手机端店铺的首页、商品详情页和活动页面分别进行装修。另外，如果店主怕麻烦，还可以使用“一键智能装修”功能，即付费购买他人的无线模板进行装修，如图4-1所示。

图4-1

4.2　到底开几个店合适

经常上网商社区的店主，肯定听说过某人开了几个淘宝店，相互引流效果很好之类的传言，也听说过手机端店铺引流，电脑端店铺主打之类的策略，于是不免心里疑惑，自己要不要也开几个店来试试，但又担心开店多忙不过来，或者开店多完全没有效果。如果有这样的疑惑，可以从以下几个方面来进行考虑。

4.2.1　电脑上开一个店好还是多个店好

开多个淘宝店是一件有利有弊的事，下面先说说好处。

- 同时开两个店铺，可以让橱窗推荐位翻一翻，相同的一件宝贝，相同标题，可以出现在两个店铺里面。橱窗推荐位多了，就可以增加宝贝在淘宝搜索页面展示靠前的机会，因为淘宝橱窗推荐位的宝贝会比没有橱窗推荐的宝贝要靠前排列，而每个店铺的橱窗推荐位都是非常少的，新开店铺只有10个橱窗推荐位，而同时新开两个店铺就是20个橱窗推荐位，宝贝靠前展示机会也就增加了一倍。
- 一件宝贝相同的标题、描述，是不可以在同一家店铺里面出现的，而开两个店铺，只需要优化一下宝贝的标题、描述即可，同时，到两个店铺，也不会很麻烦，只是复制过去就可以了，这就相当于提高了工作效率，当然，最主要的是能够带来更多的客户。
- 降低了风险。一旦第一家店出现了什么问题，第二家店马上可以作为备用而接手业务，供客户拍下，从而避免由于第一家店出现问题所造成的客户流失、跑单、信誉下降等现象。

那么，在淘宝网同时开多个店铺的坏处又有哪些呢?

- 每天需要同时登录多个旺旺或千牛，同时管理多个店铺，容易忙中出错。如果开店时间长了，几个店铺的信誉度都上去了，客户也就比较多了，每天的工作量就会很大，比如上架宝贝、查看库存等，都要重复工作。此时就要雇佣客服，要给出人工费用。

- 信誉度达到一钻以后，就无法使用淘宝旺铺扶植版了，需要购买旺铺，加入消保，交1000元保证金，有多少个店铺就要重复出多少倍的钱，这不大不小也是个负担。

店主们可以根据自己的实际需要来选择是否多开店。需要提醒大家的是，淘宝原则上是不允许一个人开设多个店铺的，发现会被封店，虽然淘宝查得不是很严，但万一被发现还是会受到处罚。店主可参考本章末的技巧进行规避。

4.2.2 电脑上多店如何配合经营

一般来说，店主在电脑上多开淘宝店是为了让同一件商品有多次曝光的机会，因为每个店铺的商品都有权重，多个店铺卖一样的商品，每个商品自然能得到多次展现的机会，让商品卖出的可能性增大。

但多开店也有不同的配合方法，比如在分店中将商品设置一个较低的价格，提升它的排名，然后在商品详情页中提示买家到主店中进行购买。有的买家会感觉上当，愤然离去，而有的买家则会觉得无所谓，根据提示转到主店购买。当然，主店中该商品的详情页一定要做得非常吸引人，价格、赠品等也要有一定的优势，不然还是留不住买家。

专家提点 分店中的引流商品价格不能设置太低

如果要使用分店商品进行引流，那么分店的商品肯定要设置一个较低的价格来提升排名。需要注意的是，这个价格不能低得太离谱，不能超出正常范围，不然会被举报，或者被淘宝查处。比如一台新的电脑显示器的价格，如果设置为500元还算不离谱，如果设置为100元，显然已经超出常理，这样的商品存活不了多长时间就会被淘宝处理。

多店之间也可以销售不同的商品，然后每隔一个周期对商品进行首位晋升、末位降级，让更多的人气商品集中到主店中。比如每隔一周，将主店销售量最差的商品移动到分店中，分店中销售最好的商品移动到主店中。这样可以逐渐让热门商品都进入主店进行销售。当然这种配合法还有更加详细的操作细则，比如主店中同时有多个商品一件都没有销售出去，如何处理？是全部降级，还是选择某些商品降级？比如主店流量始终比不上分店，是否要进行主次转换？这些都要店主在实际工作中进行摸索。

4.2.3 电脑、手机同时开店适合我吗

很多店主可能认为淘宝的手机端店铺只是电脑端店铺的一个补充，其实这种看法是有失偏颇的。手机与电脑是两个完全不同的载体，在使用习惯、展示面积、营销方式等方面均有很大的不同，这些前面已经详细讲解过了。

那么，店主有没有必要同时开设电脑端店铺与手机端店铺呢？如果电脑端店铺的生意不够好，自然可以再开设手机端店铺，让店里的商品多一个展示与销售的渠道，而且还不像开分店一样，违反淘宝的规定，何乐而不为呢。

当然，电脑端店铺生意好同样可以再开设手机端店铺，这无疑是锦上添花。但要考虑到手机端的工作量虽然不多，也要耗费一定的精力，所以店主应该衡量自身是否愿意再在手机端进行投入。如果不愿意，单做电脑端店铺也是不错的选择。

4.2.4 双平台店铺如何配合经营

电脑端店铺与手机端店铺应该如何配合经营，这是很多人都在研究的问题。通过实践，大家得出了以下的一些结论。

电脑端热卖的商品，例如爆款，在手机端不一定能热卖，不要盲目移植。电脑端的页面较大，爆款可以提供很多详细的说明来说服买家，但无线端则容纳不下这么多信息，爆款不一定能爆。电脑端的爆款商品，在无线端推广时要进行大幅度的简化，以最简单的方式把卖点传达到买家眼中。

手机是拿来就用，简单浏览就要决定是否购买的，因此商品详情页给出的信息要简单、直接明了，不要让买家有任何需要计算考虑的地方，这样可以提高转化率。

手机端的推广价位非常高，如果店主无法承受，那就不要去做手机端的推广，而是用它来承接熟客，通过电脑端去引流然后转化成手机端用户，而不是让手机端给电脑端引流。这是因为熟客之所以愿意在移动端下单，第一是对店铺产生了信任；

第二是对产品比较了解，不需要看完长长的详情页就愿意在手机端下单。

双平台配合是很灵活的，店主不要习惯性认为手机端就一定是要为电脑端引流，这样的想法会禁锢自己。

以一家日用品网店为例，如果在电脑端主推一款专业磨刀器，可以用大幅页面讲清磨刀器的优点与用法，再配以大量细节图片进行说明。但这样的详情页在无线端就不适用，太烦琐的图文在无线端没有市场，店主没有必要强行在无线端推广这款磨刀器，可以主推不漂白抽纸等商品，这些商品无须详细说明，以简单的图文就可以讲清卖点，价格也不高，适合买家在无线端浏览购买。

4.3 淘宝双平台的实操区别

电脑端店铺与手机端店铺在实际管理、运营等方面都是有着一定区别的，下面介绍几个主要的不同点，便于店主们在开多店时把握工作重心。

4.3.1　营销对象有不同

据调查，手机端淘宝店的用户偏向年轻人，年纪较大的用户多集中在电脑端。营销对象的不同，造成了营销策略的不同。店主要根据自己店铺销售商品来制定在不同平台上的销售策略。

举例来说，经营老年用品的店铺，平时可以把工作重心放到电脑端，但在重阳节、春节等敬老、团聚的节日里，则应该重视手机端推广，说服年轻人为长辈购买老年用品作为礼物；如果店铺中有部分商品适合老年人，有部分商品适合年轻人，则在电脑端店铺与手机端店铺都要设置不同的主推商品。

4.3.2　页面精度把握好

电脑端店铺装修比较复杂、烦琐，但视觉效果较好，传递的信息也较多，手机端店铺的装修则相对简单，力求清晰明了，这个区别已经在前面讲解过了。

具体到装修上，手机端店铺不要直接套用淘宝平台根据电脑端装修自动生成的手机页面，这是因为电脑端的图片精度较高，如果强行在手机端进行浏览，会导致无法看清。因此手机端页面里的图片要重新制作，适合手机屏幕。

淘宝目前规定，手机端图片宽度在480像素到1242像素之间，高度应小于1546像素。根据实际经验，手机端图片宽度在750像素时，图片上传效果会较好。如果图片超出上述范围，淘宝会自动针对手机端进行等比压缩，即在保证图片长宽比不变的前提下，将图片宽度改变到480像素到1242像素之间，高度小于1546像素，如不能同时满足这个宽度和高度范围，则可能导致图片变形。

4.3.3　视频不是都能用

视频无疑是一个营销利器，在电脑端淘宝店的详情页中，可以插入视频，对商品的特性、功能等进行介绍，让买家对商品有更加直观的感受，从而更加容易下单购买。视频比起静态的图片、无声的动图来，更加具有优势。

不过，目前手机端淘宝店并不支持视频，原因可能是考虑到视频体积较大，而用户的手机大多数是使用流量上网，看视频会消耗掉太多流量，因此在手机端淘宝店不显示视频。当然，如果店主一定要在手机端淘宝店显示视频也不是没有办法，可以在商品的手机端详情页做一幅图片，内容为视频开始的播放按钮，图片链接则指向预先上传到淘宝后台的视频地址，这样买家一旦点击该图片，就会以全屏方式播放视频。

这种“曲线救国”的方法自然不如电脑端淘宝店直接嵌入视频方便，而且买家可能会认为视频占用大量流量而不愿去点击，这就没有办法进行展示了。

4.3.4　主推时间有讲究

相对于电脑端店铺来说，手机端店铺的客户在线时长肯定要多得多，但是也相对零碎。有些年轻人还会半夜起床玩手机、刷微博、逛淘宝等。针对这一特点，店主们在上下架商品或投放直通车广告时，要根据平台的不同来进行调整。

比如想要在手机端主推某个商品，则应在手机端使用高峰期进行操作，如上下班途中、临睡前、节假日等；想要在电脑端主推某个商品，可在工作时段内进行操作。

4.4 秘技一点通

技巧1 如何安全开设多个网店而不触犯淘宝规定

淘宝不允许一个人开设多个店铺，一经发现视为重复铺货，会受到封店的惩罚。但有时候，多店面经营又是必要的，那么，如何开设多个店面而又不触犯淘宝规定呢?

① 多个店铺要用不同的人的身份证进行注册，但要注意需用可信的人（如亲属）的身份证，以免以后发生店铺归属权纠纷。另外，淘宝还会抽查店铺注册人，所以这个可信的人应该随时能重新认证。

② 有几个店就申请几根网线，这样可以用不同IP地址来登录旺旺/千牛或淘宝助手，避免被判重复开店。

技巧2 如何将主店的图片顺利“搬家”到分店

淘宝助手可以将网店的商品数据备份到本地电脑，也可以从备份的文件中上传商品数据到淘宝店铺。很多店主在开分店的时候，想将主店的商品备份传到分店中，这样能省去手工在分店输入商品信息的麻烦。如果上传时淘宝助手提示“您不能使用他人图片空间中的图片”，是因为备份文件中含有图片原始网址，也就是主店的网址。淘宝发现原始网址与分店网址不符合，因此不允许上传，这是一种防止网店互相盗图的机制。此时就要用到一些工具软件来进行自动化批量转换，如大淘营图片搬家工具、甩手掌柜工具箱、晨曦淘宝图片搬家工具等。这些工具操作都很简单，只需要选择好网店备份文件就可以一键完成。

技巧3 为什么我的动态图片在手机端不能动起来

为什么别人店里的动态图片可以在手机上正常地动起来，而自己传到店里的动态图片却只显示最初的画面，动不起来呢?

其实这是因为动态图片的尺寸太大，被淘宝后台给压缩了。前面提到过，手机端图片宽度应该在480像素到1242像素之间，高度应小于1546像素，超过这个范围就会被压缩。淘宝压缩过的动态图片会变成静态图片，因此就动不起来了。

解决的方法是在Photoshop软件中将动态图片的尺寸缩小到符合淘宝规定，之后再上传到淘宝图片空间中，这样就能正常显示动态画面了。

开店小故事

双网店引入竞争机制

韩宗是一家网店的老板，主营日用快消品。网店规模说小不小，说大也不大，有专门的办公地点，八九名专职员工，还有一个小仓库。韩宗花了两三年的时间做到这个规模，然后将网店注册为公司，请了专门的财务人员，让一切正规化。

像天下所有进入平稳期的公司一样，韩宗的网店也慢慢出现了人浮于事、拉帮结派等办公室常见的弊端。最开始韩宗没有察觉到，直到有一天两个员工为了一个失误互相指责，并差点动手打架，韩宗才意识到自己的公司也“堕落”了。

知道是知道，该如何解决呢？韩宗曾经也是个白领，明白一些办公室政治，以前碰到这种事就当笑话看了，完全没有从老板角度来考虑过，因此现在也不知道怎么处理。但韩宗的优点就是不懂就问。不知道怎么处理，就问问其他的老板呗。于是韩宗在自己的朋友里找了几个老板、科长之类的进行请教。

有的说要搞两派平衡，有的说要以德治司，众说纷纭。韩宗听了大家的意见，感觉更糊涂了。最后一个朋友一句话让他开了窍：“你们公司那些人纯粹就是闲的，你让他们忙得脚不沾地，看他们还有精神来搞事？”

受到启发的韩宗考虑了几天，便向员工们宣布再开一间淘宝店，将现在的员工分为两组，每组经营一个网店。新店铺是买回来的皇冠店，信誉和老店铺是一样的。两个店每月销量要进行比拼，胜利者有奖金，输了的组负责打扫一个月卫生。

赢了有奖金，输了打扫卫生，这种正负激励一下子让两个组的人充满了干劲。他们再也顾不上吵架斗嘴，天天都沉浸在自己的工作中，还不停地改进工作方式和方法，希望多销产品，压倒对方。

望着热火朝天的办公室，听着噼里啪啦的打字声，韩宗长长地舒了一口气。虽然每个月要多给一些奖金，但公司进入了良性竞争的氛围，带来的收益远远超过发出去的奖金。那种人浮于事、闲话怪话满天飞的情景，再也没有出现在办公室里了。

第5章 淘宝个人店/企业店/天猫店的申请与开通

本章导言

淘宝大平台目前支持个人店、企业店与天猫店。这3种店铺的区别在前面已经讲解过，它们各自适用的对象不一样，因此申请所需的资格、资料与流程也不一样。但不论申请哪种店铺，网上银行、电子邮箱、淘宝账号以及支付宝账号都是必不可少的。另外，还需要安装千牛软件和淘宝助理这两样卖家必备软件以提高管理店铺的效率。

学习要点

- 掌握开通网上银行的流程
- 掌握注册淘宝会员及申请支付宝的流程
- 完成淘宝店申请与开张
- 掌握天猫店/企业店的申请方法
- 熟悉天猫店后台管理方法
- 下载并安装千牛软件和淘宝助理

5.1 开通网上银行

在互联网发达的今天，银行为了方便用户在网上办理收支钱款、查询账户信息等业务，于是开设了网上银行。用户需要先去银行办理“网上银行”功能，之后就可以在网上的虚拟银行中方便地办理各种业务，而无须到银行去现场办理。

作为淘宝卖家，肯定是需要开通网上银行的，如此才能在家中方便地接收货款，或者处理为买家退款、赔款等手续。

5.1.1 银行卡与网上银行是什么关系

网上银行与银行卡在实际操作中，虽然都无须到柜台上办理，但其实使用上的区别还是很大的，具体说来有如下几点。

- 银行卡存取款时，只需要一个简单的银行卡密码，网上银行则需要更复杂的登录密码，并且还需要U盾或电子银行口令卡等支付工具。
- 银行卡存钱和取钱都需要到银行存、取款机前，亲手输入银行卡密码完成。网上银行存钱和取钱则只需在任何一台联网的计算机前，用鼠标和键盘操作完成。
- 银行卡存的是现金、取的也是现金。网上银行存的是现金数字，取的也是现金数字。但这个数字一定要在银行卡中有对应现金。

从网上银行和银行卡的操作特点中，用户可以清楚地看出网上银行的电子钱，就等于银行卡中的实际现金，网上银行的账户就等于银行卡的账户。

5.1.2 开通自己的网上银行

网上银行是支持在网络上进行交易的虚拟银行，使用网上银行可以方便地实现支付宝充值、商品付款、转账等功能。下面就以在工商银行网站开通网上银行业务为例讲述如何开通网上银行。

第1步 登录工商银行网站，单击“个人网上银行”下面的“注册”超级链接，如图5-1所示。

图5-1

专家提点 小心假冒的银行网站

有些网上的骗子使用假冒的银行网站来骗取用户的账户信息，以盗取资金。他们常用的方法就是使用和真银行网站很相似的网址来欺骗用户进入，用户进入后看见熟悉的页面就习惯性地输入账户和密码来办理业务，结果就被骗子窃取了这些信息，马上就将账户里的钱款盗取出来。

预防这样的假冒网站其实不难，只要在银行里拿一份简介，按照上面的介绍进入该银行主页即可。进入后马上将该主页收藏起来，以后只从自己的收藏夹中登录网上银行，就安全了。

第2步 进入新页面，❶完善“身份证”和“手机号码”等信息，便于后面接收短信验证码；❷单击“确定”按钮，如图5-2所示。

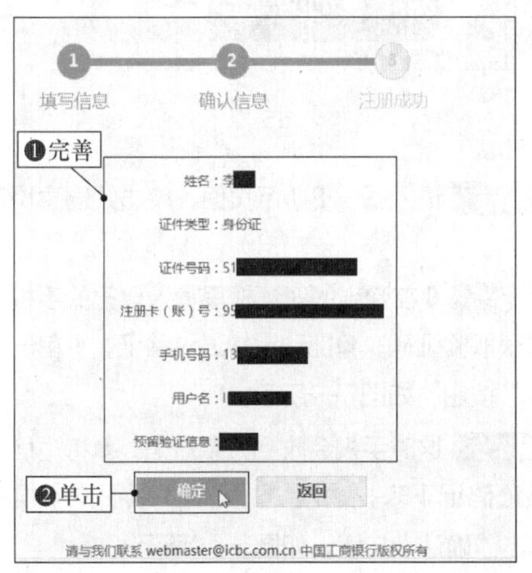

图5-2

第3步 进入新页面，❶完善银行卡信息和登录密码的设置等信息；❷勾选“同意并接受”复选框；❸单击“提交”按钮，如图5-3所示。

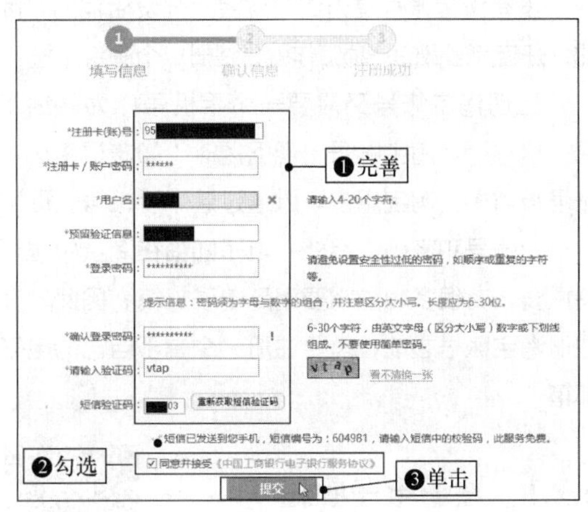

图5-3

第4步 系统跳转新页面，显示网银注册成功，单击“完成”按钮即可，如图5-4所示。

图5-4

高手支招 关于网银的一些小贴士

有的银行需要去柜台上填表才能开通网银，在网上是不能开通的；有的网银开通后，还需要去柜台上领取一个U盘（一般叫作U盾），当登录网银时，必须把这个U盘插在电脑上才能正常操作，不然是没有办法进入网银的，因此，一定要保管好这个U盘，不能交给任何人。

5.2 注册与登录淘宝账号

没有淘宝账号是无法在淘宝上开设店铺的，因此，开店前必做的一项工作就是注册一个淘宝账号。

注册淘宝账号又需要一个手机号作为联络工具，这样，在淘宝账号出现问题时（如忘记密码、账号被盗），淘宝用户可以通过这个手机号，取回自己的账号和密码。另外，电子邮箱在淘宝中也至关重要，有很多功能需要用到电子邮箱，因此，在注册淘宝账号之前，需要注册一个属于自己的电子邮箱。

5.2.1 注册电子邮箱

扫码看视频

邮箱是网络交易中的重要信息工具，建议用户注册像网易邮箱、QQ邮箱或TOM邮箱之类由比较稳定的大服务商提供的免费邮箱，不容易出现服务问题，更有利于在开设网店过程中使用。下面就以申请网易163免费邮箱为例进行讲解，其具体操作步骤如下。

第1步 用IE浏览器访问网易163邮箱主页，单击“去注册”按钮，如图5-5所示。

图5-5

第2步 ❶输入注册信息；❷输入验证码和手机短信验证码；❸勾选“同意‘服务条款’和‘隐私权相关政策’”复选框；❹单击“立即注册”按钮，即可创建163邮箱账号，如图5-6所示。

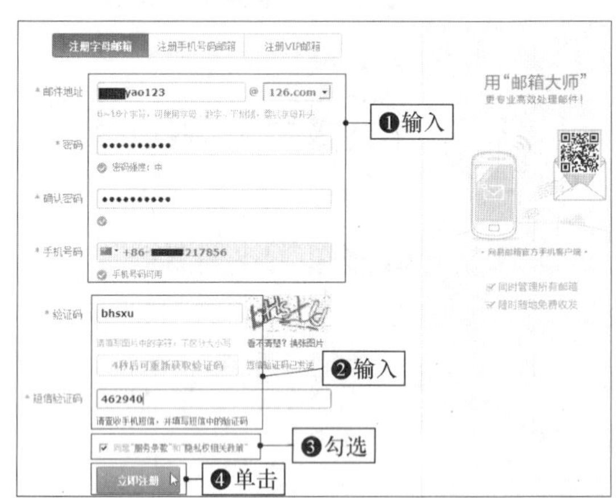

图5-6

5.2.2 申请与激活淘宝账号

扫码看视频

如果没有淘宝账号，可以用手机号注册为淘宝网会员。使用手机号注册淘宝网会员的具体操作步骤如下。

第1步 启动浏览器，打开淘宝网首页，单击“注册”按钮，如图5-7所示。

图5-7

第2步 进入图5-8所示页面，单击“同意协议”按钮。

第3步 ❶在弹出的对话框里输入自己的手机号码以便获取验证码；❷拖动滑块通过验证；❸单击“下一步”按钮，如图5-9所示。

第4步 这时手机会收到一条短信，❶将短信里面的验证码记下来，输入“验证码”后面文本框中；❷单击“确认”按钮，如图5-10所示。

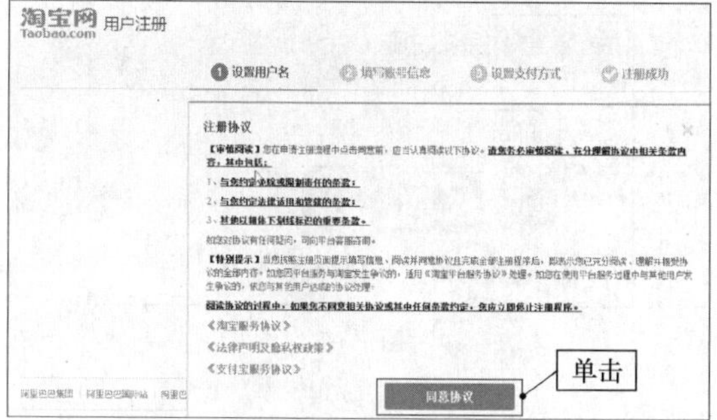

图5-8

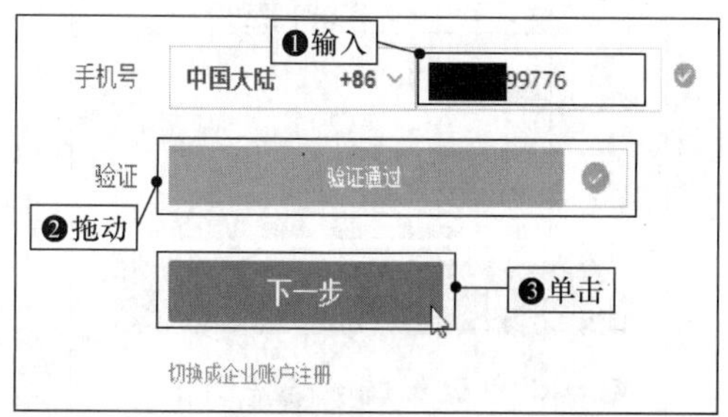

图5-9

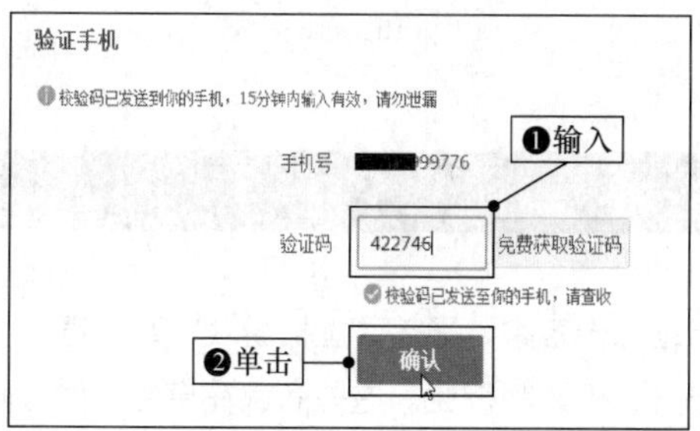

图5-10

第5步 ❶输入“登录密码”和“登录名”；❷单击“提交”按钮，如图5-11所示。

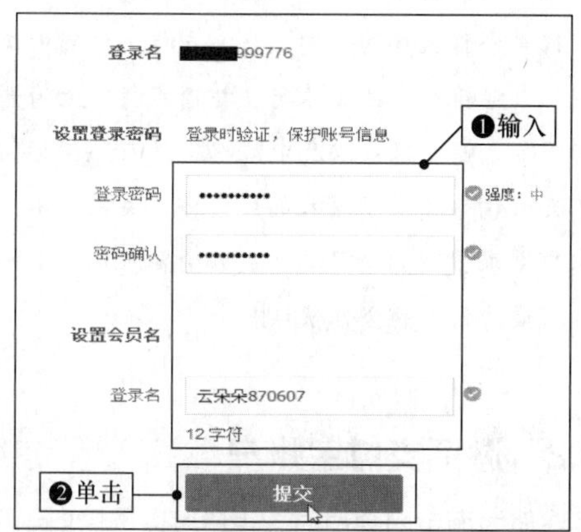

图5-11

第6步 使用手机验证的方式进行安全验证，如图5-12所示，❶输入手机短信里收到的数字验证码；❷单击“确定”按钮。

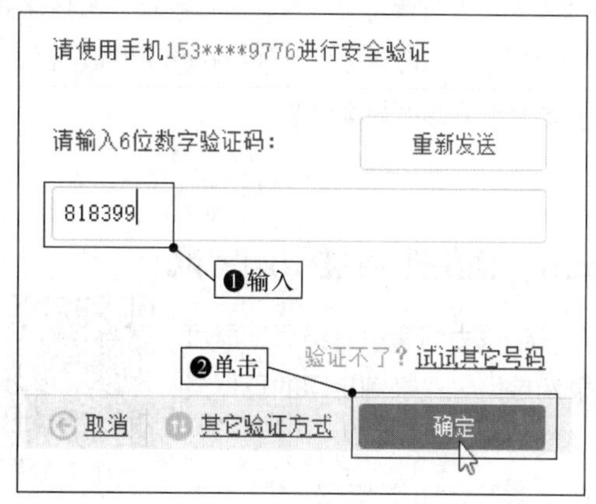

图5-12

第7步 ❶按照提示添加银行卡等信息，以此完成支付方式的设置；❷输入手机号及手机接收到的短信验证码；❸设置支付密码；❹单击“同意协议并确定”按钮，如图5-13所示。

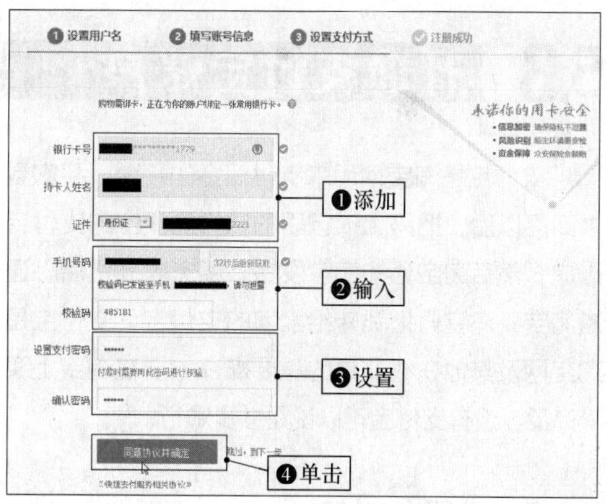

图5-13

第8步 系统跳转到淘宝页面，用户即可看到已经注册成功，如图5-14所示。

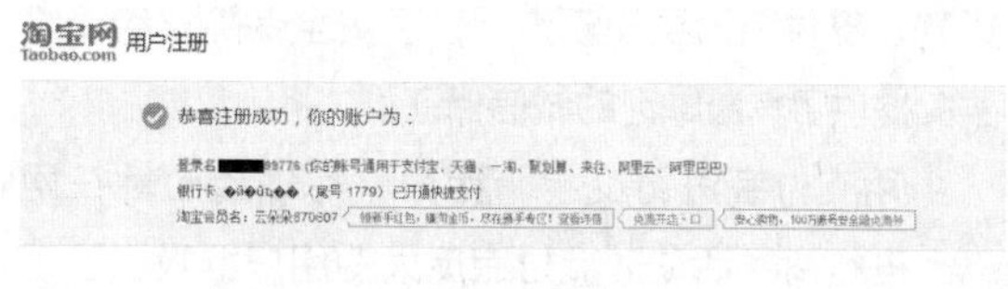

图5-14

专家提点 邮箱注册淘宝账号

用户在淘宝账号注册过程中收到提示“手机号1500821****已被**账户使用，请确认该账户是否为你本人所有”信息时，则说明该手机号已经注册过淘宝账号。此时就可以选择使用QQ邮箱、163邮箱或其他邮箱注册淘宝账号。

图5-15

5.2.3 使用账号登录淘宝网

注册成为淘宝网会员后，即可登录淘宝网，登录淘宝网的具体操作步骤如下。

扫码看视频

第1步 启动浏览器，进入淘宝网首页，单击“亲，请登录”超级链接，如图5-15所示。

第2步 ❶输入用户名和密码；❷单击“登录”按钮，如图5-16所示。

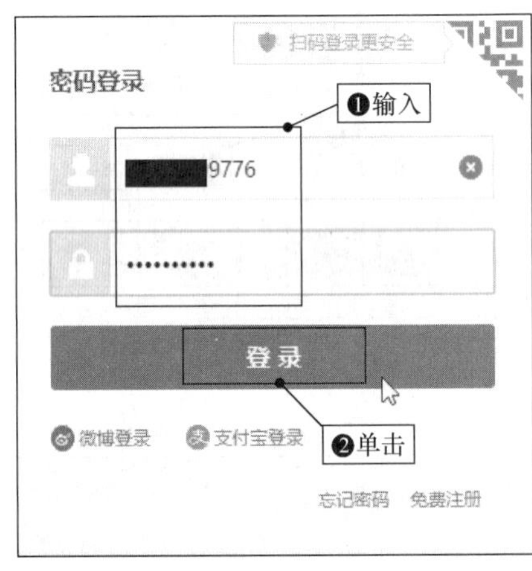

图5-16

5.3 开通支付宝账户

支付宝是淘宝网用来支付现金的平台，买家看中商品以后，把网上银行里的钱打到卖家的支付宝账户，然后淘宝通知卖家发货，买家收到货后，通知淘宝，淘宝再把钱转给卖家的支付宝。支付宝是淘宝网及其他在线交易的重要媒介，要在淘宝上买卖商品，没有支付宝可以说是寸步难行。

5.3.1 了解支付宝

支付宝实际上相当于交易的中介人，买方先通过网银把钱打入支付宝，卖方才会发货；买方收到货品确认没有问题之后，经过确认，卖方才会收到货款。支付宝为买卖双方提供了安全保障，给网络买卖提供了其最缺乏的诚信保证。

用支付宝进行交易，用户就可以放心地在网络上进行商务活动。支付宝庞大的用户群吸引了越来越多的互联网商家主动选择集成支付宝产品和服务，目前除淘宝外，使用支付宝交易服务的商家已经超过几十万家；涵盖了虚拟游戏、数码通信、商业服务、机票等行业。这些商家在享受支付宝服务的同时，更是拥有了一个极具潜力的消费市场。

专家提点 关于支付宝的一些信息

支付宝在电子支付领域因其稳健的作风、先进的技术、敏锐的市场预见能力及极大的社会责任感赢得了银行等合作伙伴的认同。目前支付宝和国内工商银行、农业银行、建设银行、招商银行、上海浦发银行等各大商业银行以及中国邮政、VISA国际组织等各大机构均建立了深入的战略合作关系，不断根据客户需求推出创新产品，成为金融机构在电子支付领域最为信任的合作伙伴。

5.3.2 激活支付宝账户

注册为淘宝网会员时，用户可以选择自动创建支付宝账号。淘宝网将为用户自动创建一个以手机号为账户名的支付宝账号。

支付宝账号分为个人支付宝和企业支付宝，支付宝账户激活之后才可以使用，其具体操作步骤如下。

第1步 登录淘宝网以后，单击“我的淘宝”超级链接，如图5-17所示。

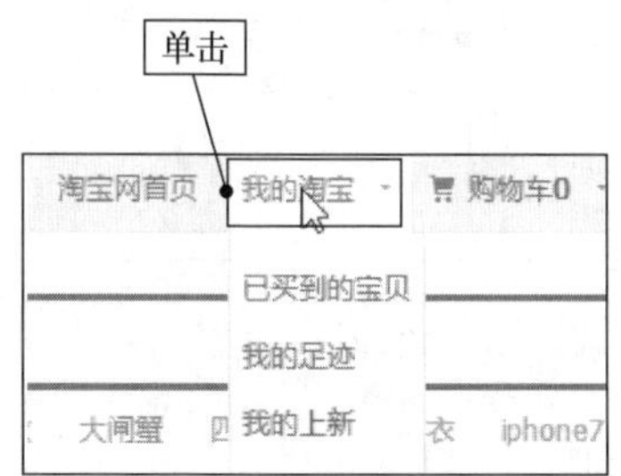

图5-17

第2步 进入“我的淘宝”页面，❶单击“账户设置”选项卡；❷从弹出的文本框里单击“支付宝绑定”超级链接，如图5-18所示。

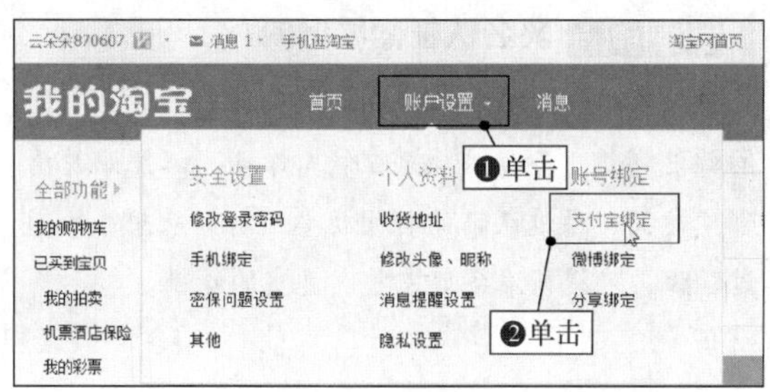

图5-18

第3步 在注册淘宝账号的时候，支付宝已经一并注册个人支付宝，现在只需要单击“进入支付宝”超级链接即可，如图5-19所示。

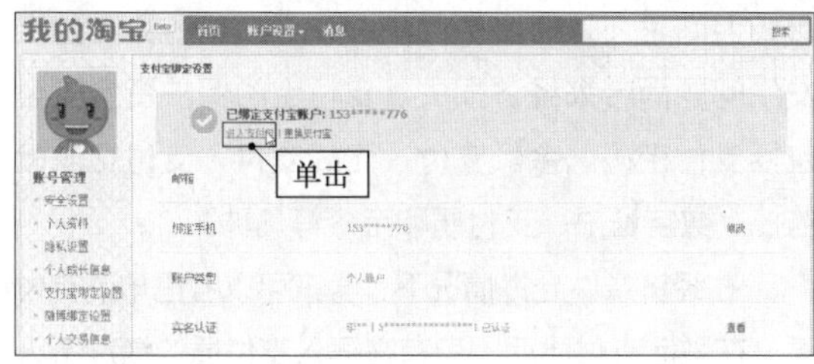

图5-19

专家提点 关于支付宝的密码

支付宝密码有登录密码和付款密码两种，不要因为贪图方便而将这两个密码设置成相同或者相近的，这样即使被人破解出登录密码，对方也不知道付款密码，无法盗取资金。

第4步 完成注册后，提示支付宝账户名是注册淘宝会员时所用手机号码，如图5-20所示。

图5-20

5.3.3　进行实名认证拥有更多功能

支付宝认证后，相当于拥有了一张互联网身份证，店主可以在淘宝网等众多电子商务网站开店、出售商品。新的支付宝认证系统优势有如下几点。

- 支付宝认证为第三方认证，而不是交易网站本身认证，因而更加可靠和客观。
- 由众多知名银行共同参与，更具权威性。
- 除身份信息核实外，增加了银行账户信息核实，极大地提高了其真实性。
- 认证流程简单并容易操作，认证信息及时反馈，用户实时掌握认证进程。

对于普通淘宝买家而言，不进行实名认证也不影响购买商品，但是，一旦需要使用支付宝收取卖家的退款（这是常有的事），就必须经过实名认证；而对于淘宝卖家而言，更是必须经过实名认证，才能申请开店。因此实名认证很重要，这是一定要完成的操作。

下面将介绍申请支付宝实名认证的方法，具体操作步骤如下。

第1步 登录淘宝网以后，进入“我的淘宝”页面，❶选择“账户设置”选项卡；❷在跳出的文本框里单击“支付宝绑定”超级链接，如图5-21所示。

第2步 进入支付宝页面，单击账户名后面的人像按钮，如图5-22所示。

第3步 进入注册淘宝账号的时候已经填写了银行卡信息，这里还需要完善身份信息，如图5-23所示，单击“点此完善”按钮。

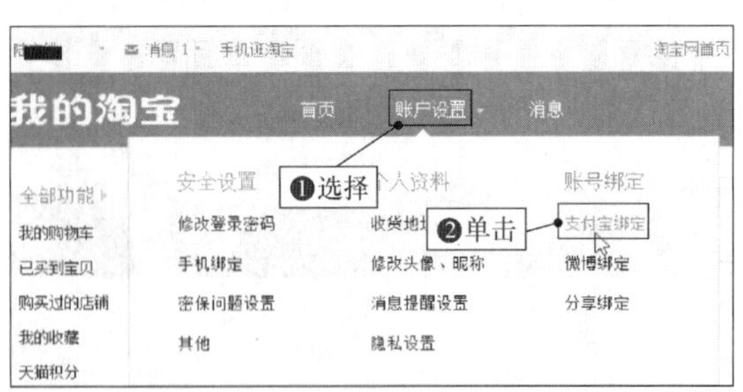

图5-21

图5-22

图5-23

第4步 ❶上传身份证正反面扫描图片；❷单击“确定提交”按钮，如图5-24所示。

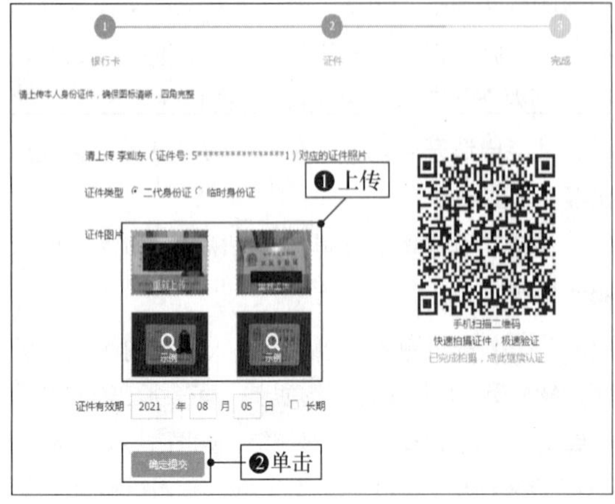

图5-24

第5步 系统跳转到支付宝身份校验的信息，显示“证件审核中”，如图5-25所示。

第6步 用户通过实名认证，如图5-26所示。

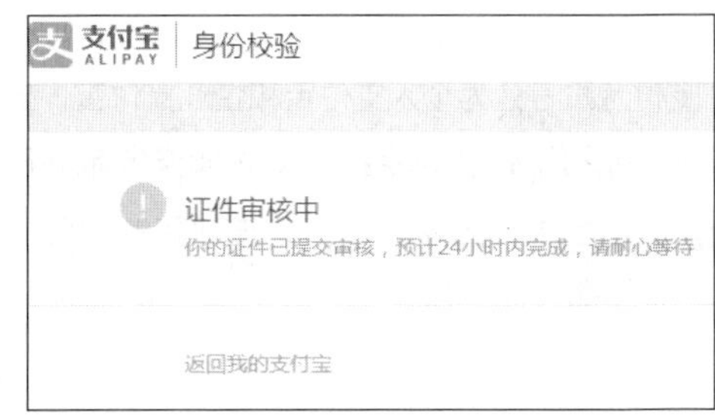

图5-25

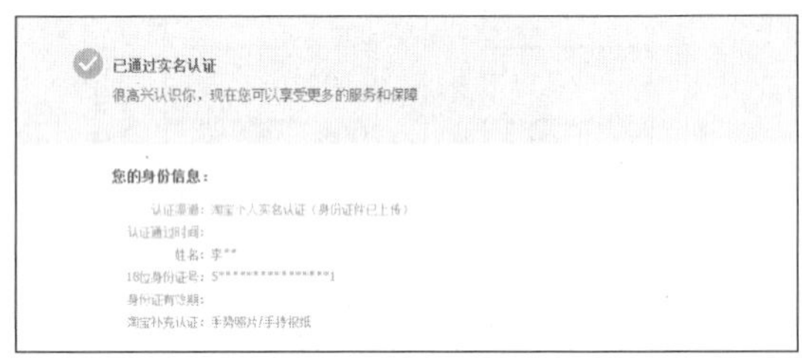

图5-26

专家提点 实名认证需要时间

支付宝实名认证并不是在用户提交资料后的第一时间就能通过，通常需要1~2个工作日。证件照片清晰度越高，通过认证的时间就越短。如果想尽快通过验证，可提前准备好完整、真实的资料。

5.3.4 申请支付宝数字安全证书

无论是天猫卖家还是淘宝卖家，在与买家交易过程中都要通过支付宝。由此可见，支付宝的安全不容忽视，虽然支付宝本身的安全性已经值得信赖，但商家还是应该更加小心、仔细，避免支付宝发生问题而带来经济损失。支付宝的保护资金安全包括支付密码、余额支付、无线支付、支付宝风险监控、数字证书、支付盾和宝令等几种。

在经济条件允许情况下，卖家可以考虑申请支付盾。在激活支付盾后，只有在插入支付盾的情况下，账户才能进行付款、提现等涉及金额支出的操作。

当然，也有免费的插件可以很好地保护支付宝资金的安全。例如数字证书的申请，在数字证书申请后，必须在安装该数字证书的电脑上才能完成支付。所以，即使账号被盗，也无法完成支付。下面详细介绍数字证书的申请。

第1步 打开浏览器，进入支付宝官方网站，

❶输入账号名称和密码；❷单击“登录”按钮，如图5-27所示。

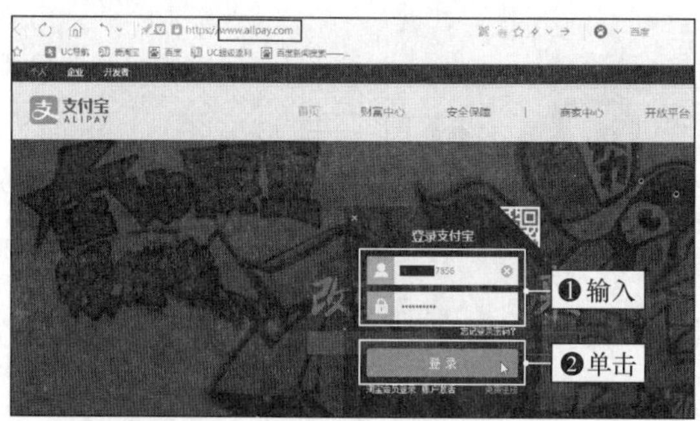

图5-27

第2步 在系统跳转到的新页面中，单击“安全中心”超级链接，如图5-28所示。

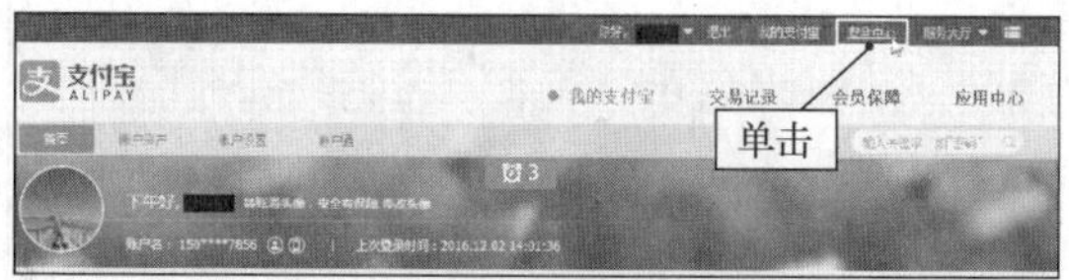

图5-28

第3步 单击新页面中数字证书后面的“申请”超级链接，如图5-29所示。

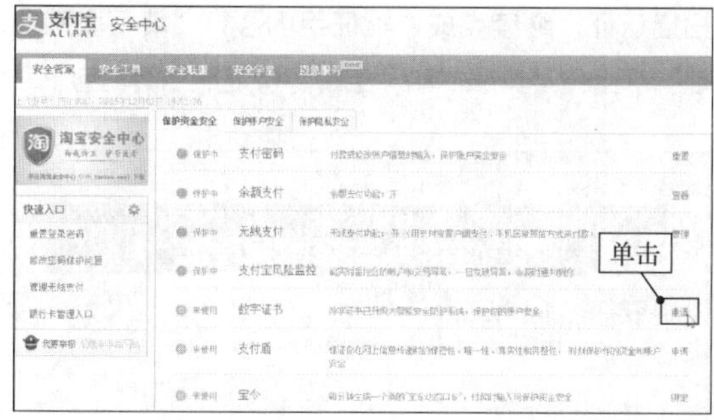

图5-29

第4步 单击“申请数字证书”按钮，如图5-30所示。

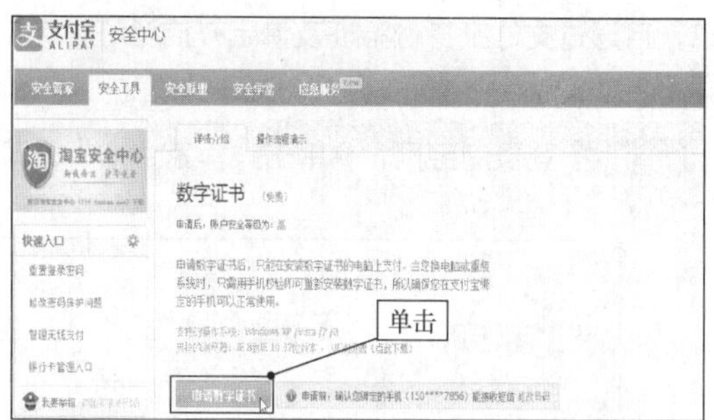

图5-30

第5步 ❶完善真实姓名、身份证和验证码等信息；❷单击“提交”按钮，如图5-31所示。

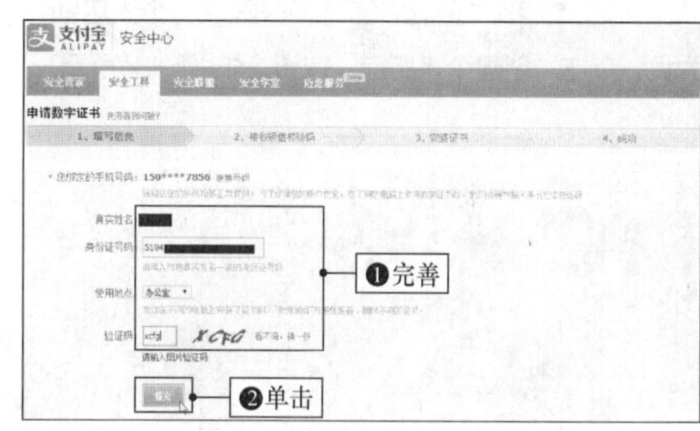

图5-31

第6步 ❶在系统跳转到的新页面中输入绑定手机收到的验证码；❷单击“确定”按钮，如图5-32所示。

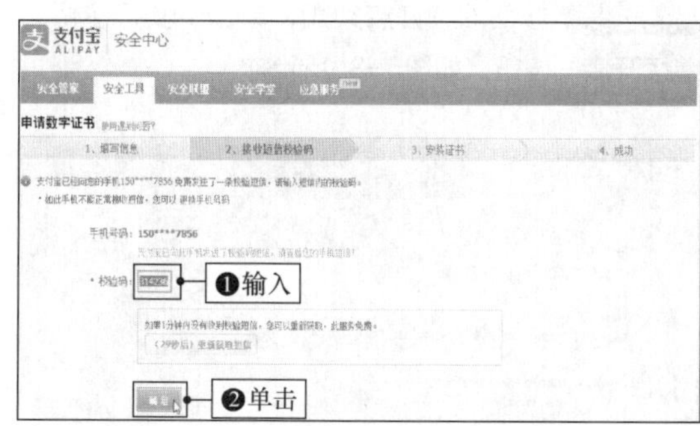

图5-32

在系统跳转到新页面后，即可完成数字证书的申请和安装。

5.4 淘宝个人店申请与开张

在淘宝网上开设自己的个人店是非常容易的，只需要填写相关的个人信息即可。

5.4.1 申请开店

根据淘宝规定，凡申请新开店，必须完善信

息，且通过支付宝身份验证及淘宝开店验证。免费开店的具体操作步骤如下。

第1步 登录淘宝网，❶单击“卖家中心”选项卡；❷在弹出的文本框里单击“免费开店”按钮，如图5-33所示。

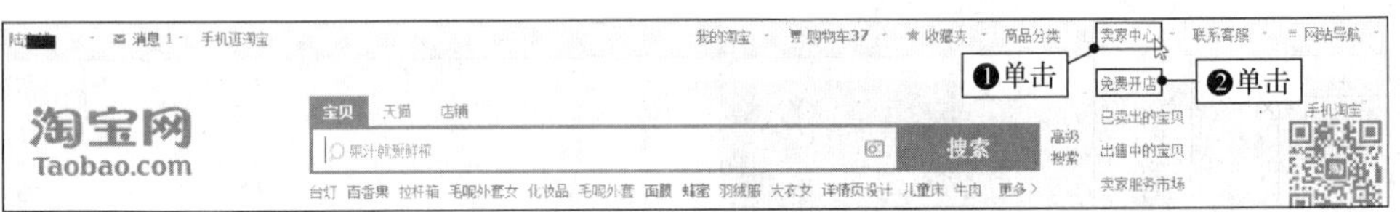

图5-33

第2步 进入“免费开店”页面，淘宝店铺分为“个人店铺”和“企业店铺”，这里以“个人店铺”为例，单击“创建个人店铺”按钮，如图5-34所示。

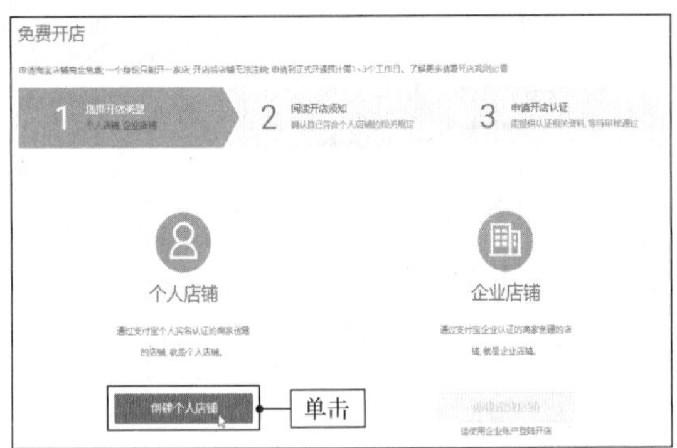

图5-34

第3步 仔细阅读开店须知，单击“我已了解，继续开店”按钮，如图5-35所示。

图5-35

第4步 进入“申请开店认证”页面，因为该账号已进行过支付宝实名认证，现在完成“淘宝开店认证”即可，单击“立即认证”按钮，如图5-36所示。

图5-36

第5步 进入图5-37所示页面，由于当前淘宝开店认证较为严格，需要在手机上安装“钱盾”进行扫描认证，继续完成“验证手机号”“填写联系地址”“上传手势照”和“上传身份证照”等内容。

图5-37

专家提点 反诈神器：钱盾

“钱盾”是阿里巴巴集团开发的“反诈神器”，它覆盖了手机端、PC端、Pad端，是一个解决用户资金安全、防止信息泄露的技术平台。

第6步 打开手机端的“钱盾”APP，单击右上方扫描二维码的符号，如图5-38所示。

第7步 系统跳转到“淘宝账户登录”页面，❶输入账号和密码信息；❷单击“登录”按钮，如图5-39所示。

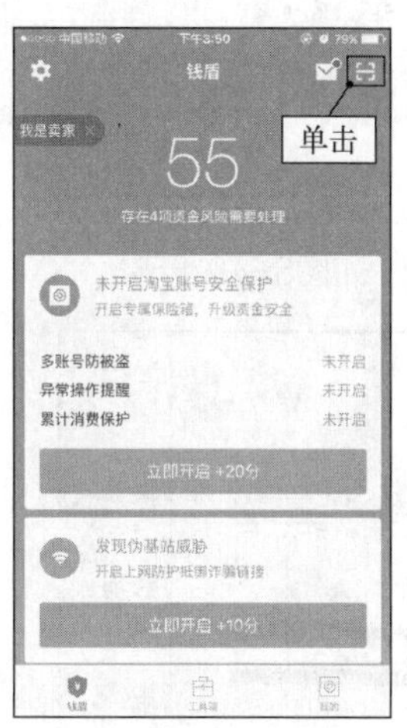

图5-38

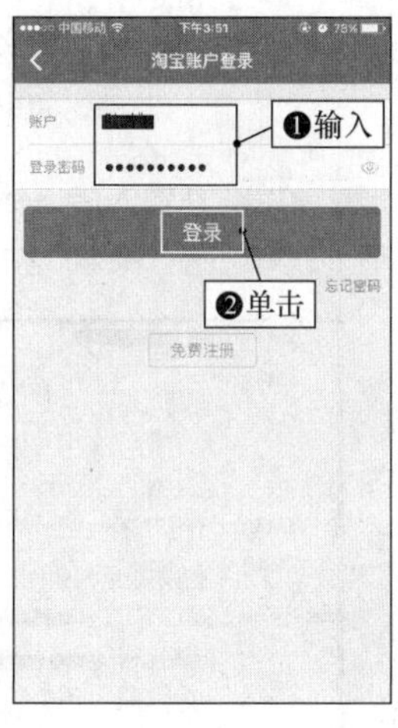

图5-39

第8步 单击“开始验证”按钮，根据提示做动作，完成人脸验证，如图5-40所示。

第9步 单击“立即拍摄”按钮，根据提示完成拍摄，获取身份证人像面的验证，如图5-41所示。

图5-40

图5-41

第10步 系统返回验证页面，提示信息正在验证中，如图5-42所示。

图5-42

第11步 系统提示身份验证成功，如图5-43所示。

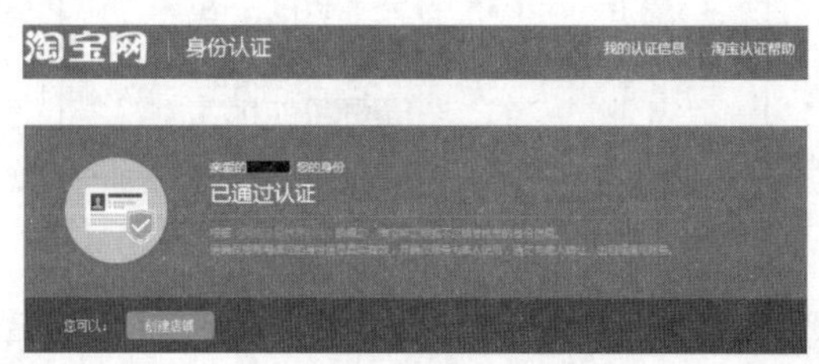

图5-43

专家提点 身份认证需要时间

在免费开店过程中，如果支付宝已通过实名认证，仅仅是身份认证的话，可在提交申请后的2个工作日内审核完毕。只有在完成支付宝实名认证和开店认证后，才能进行下一步。

第12步 系统返回“申请开店认证”页面，完成“支付宝实名认证”及“淘宝开店认证”，单击“下一步”按钮，如图5-44所示。

图5-44

第13步 阅读四大协议条款，并单击“同意”按钮，如图5-45所示。

图5-45

第14步 系统跳转到新页面，提示店铺已经创建成功，如图5-46所示。

图5-46

5.4.2 店铺开张

店铺创建成功，下一步就是完善信息让店铺开张了。

第1步 登录淘宝账号，❶单击"卖家中心"选项卡；❷在弹出的文本框里单击"免费开店"超级链接，如图5-47所示。

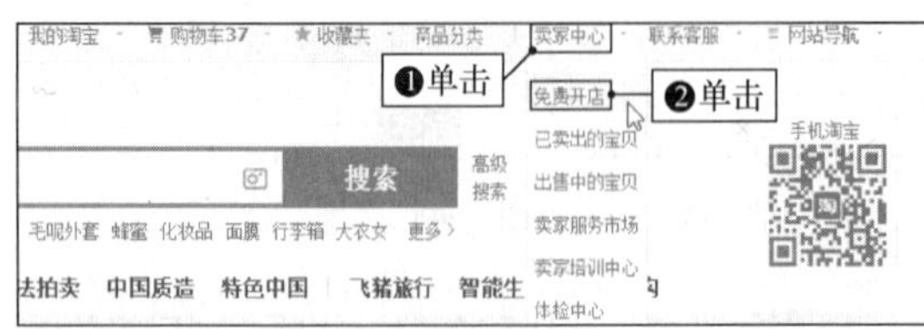

图5-47

第2步 在系统跳转到的页面中，即可看到如图5-48所示的"新手工作台"，包括"店铺名""支付宝"账号、"店铺简介"等信息。单击"店铺名"后面的"修改"按钮，可对店铺名称作修改。

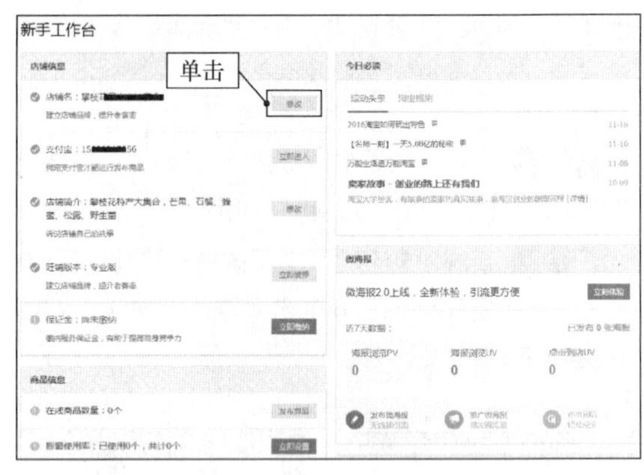

图5-48

第3步 ❶输入店铺信息（带*符号的项目必须填写）；❷单击"保存"按钮，如图5-49所示。

图5-49

第4步 根据自身情况，将需要修改的信息逐一修改后，一个属于自己的淘宝店铺就创建成功了，如图5-50所示。

图5-50

5.5 天猫店/企业店申请速通

“天猫”也叫“天猫商城”，是一个综合性购物网站。天猫是淘宝网全新打造的B2C（商业零售）。特色是提供100%品质保证的商品，7天无理由退货的售后服务，同时还直供海外原装进口商品。根据《2017—2022年中国网络购物市场专项调研及投资方向研究报告》的研究表示，天猫在2016年的双11中打下傲人的成绩，如图5-51所示。

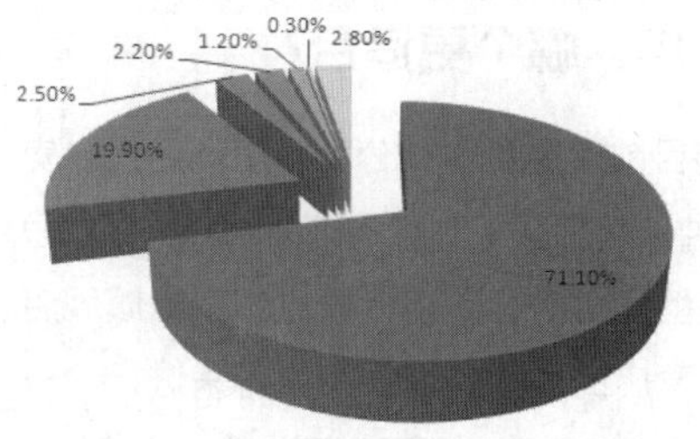

图5-51

在数不胜数的电商平台中，2016年天猫双11的销售额市场占比达到71.1%，位居第一，京东为19.9%，苏宁易购为2.5%，国美在线为2.2%，1号店为1.2%，亚马逊为0.3%等。由此，可想而知天猫的市场份额和用户量多么庞大。

不少卖家看到天猫的销量和市场占比，可能有入驻天猫售卖自己的商品的打算。那么，如何才能入驻天猫商城呢？部分企业达不到天猫店的申请条件，只能开通淘宝个人店铺吗？相对个人淘宝店，企业淘宝店铺是更好的选择。下面详细为大家解答天猫商城的相关内容。

5.5.1 了解天猫店/企业店申请条件

天猫不仅仅是大卖家和大品牌的聚集地，周到的服务也是亮点。因此，天猫的特色概括起来就是商品质量、服务质量和扩展到海外的货源。为了规范商城的交易秩序，加大买家和卖家的有效沟通，天猫店在申请时就较为严格。对于不能达到天猫店铺申请条件的企业，可以选择开通相比个人淘宝店铺更具优势的淘宝企业店铺。下面将经过详细讲解，向大家介绍天猫店和企业店的申请规则。

1. 天猫店铺申请条件

用户想要入驻天猫商城，前提是必须符合天猫的入驻条件。天猫要求入驻的商家必须如实提供以下资料和信息。

- 商家务必确保申请入驻及后续经营阶段提供的相关资质和信息的真实性。
- 商家应如实提供其店铺运营的主体及相关信息，包括但不限于代理运营商、实际店铺经营主体等信息。
- 天猫关于商家信息和资料变更有相关规定的从其规定，但商家如变更第二款所列信息，应提前15天以书面的形式告知天猫。
- 天猫暂不接受个体工商户的入驻申请，亦不接受非中国大陆企业的入驻申请。
- 天猫暂不接受未取得国家商标总局颁发的商标注册证或商标受理通知书的品牌开店申请（部分类目进口商品除外），亦不接受纯图形类商标的入驻申请。

专家提点 资质和信息真实的重要性

如果商家提供的相关资质为第三方提供，包括但不限于商标注册证、授权书等，请务必先行核实文件的真实有效性，一旦发现虚假资质或信息的，该公司将被列入非诚信客户名单，天猫将不再与该商家进行合作。

天猫入驻商家由品牌/厂商和代理商构成，但是二者提交的资质存在区别，从表5-1中可以解读二者提交的企业资质、品牌资质和服务资质的区别。

表5-1

品牌/厂商	代理商
企业资质：申请企业需持有大陆企业营业执照、税务登记证	企业资质：申请企业需持有大陆企业营业执照、税务登记证
品牌资质：申请企业需持有中国商标权证书或者商标受理通知书	品牌资质：正规品牌授权书（如果同时代理多个品牌在一家店铺销售可以提供正规的进货渠道证明）
服务资质：申请企业需遵守“天猫”7天无理由退换货、提供正规销售发票、积分活动等服务标准	服务资质：申请企业需遵守“天猫”7天无理由退换货、提供正规销售发票、积分活动等服务标准

此外，为了规范市场，天猫对商家进行了规定，违规行为包括一般违规和严重违规两种。二者的违规程度不一样，有时也会进行调整，因此具体的违规及处理方式可参考天猫当时的招商细节。

2. 企业店铺申请条件

天猫店铺在申请方面较为严格，很多企业不能满足申请规则。针对这类企业，是否只能开通淘宝个人店铺呢？其实还有个店铺类型可以推荐给这类完全可以体现工厂和品牌影响力的商家——淘宝企业店铺。

淘宝企业店铺相比淘宝个人店铺更具优势，如何才能申请入驻淘宝企业店呢？相比天猫店的申请规则，淘宝企业店简单得多。企业店铺不需要注册资金，无须出示品牌注册商标。严格说来，淘宝企业店铺只需要认证营业执照、企业支付宝和身份证等资料即可开通。

对于已经是个人淘宝店铺的卖家，可通过升级成为企业店铺，在升级前需要检查个人企业账号的以下信息。

- 账号申请人必须是个人。
- 账户需通过淘宝实名认证。
- 账户尚未存在拖欠保证金的行为。
- 账号未拖欠保险费。
- 账号不存在淘宝贷款行为。
- 账号退出淘宝客至少15天，不存在拖欠淘宝客任何费用。
- 处在A/B/C类处罚中的个人账号，不得升级。
- 账号不存在1688.com的经营行为。
- 账号里已完结全部订单，无正在交易中的订单。
- 账号从来没有在速卖通开过店。
- 账号是否退出货到付款服务，已退出该服务的账号才能升级。
- 账号未处于聚划算、淘抢购等活动期。

当然，个人店铺同样也要准备好营业执照、身份证与企业支付宝等，才能升级。

5.5.2 天猫旗舰店、专卖店、专营店，哪个更适合？

天猫目前店铺类型共分为：旗舰店、专卖店和专营店3种。卖家在入驻天猫之前就应该仔细思量什么店铺类型适合自己，下面通过分别对旗舰店、专卖店和专营店的概念、资质等内容来进行分析，让卖家更加清晰地看到自己适合开什么类型店铺。

1. 旗舰店

天猫旗舰店指的是商家以自有品牌（商标为R或TM状态），或由权利人独占性授权，入驻天猫开设的店铺。如图5-52中的“佰草集官方旗舰店”，店铺里售卖的全是“佰草集”这个品牌旗下的商品。

图5-52

2. 专卖店

天猫专卖店指的是商家持他人品牌（商标为R或TM状态）授权文件在天猫开设的店铺。如图5-53中的“佰草集优购专卖店”。

图5-53

3. 专营店

天猫专营店指的是经营天猫同一经营大类下两

个及以上他人或自有品牌（商标为R或TM状态）商品的店铺。如图5-54中的“王乃松化妆品专营店”就是专营店，相比上述两种店铺类型，最大的区别就是这个店铺经营的品牌多了起来，不仅仅是佰草集这个品牌。

图5-54

专家提点　申请天猫开店提交的资质

无论是申请旗舰店、专卖店还是专营店，都需要提交以下资质：①企业营业执照副本复印件（根据2014年10月1日生效的《企业经营异常名录管理暂行办法》，需确保未在企业经营异常名录中且所售商品属于经营范围内）；②企业税务登记证复印件(国税、地税均可)；③组织机构代码证复印件；④银行开户许可证复印件；⑤法定代表人身份证正反面复印件；⑥联系人身份证正反面复印件；⑦商家向支付宝公司出具的授权书。

用户通过店铺的名称可直观地看到旗舰店、专卖店和专营店的区别，三者之间是不是只有这些区别呢？通过表5-2可对旗舰店、专卖店和专营店的入驻资质和情形等内容做详细对比。

表5-2

区别	旗舰店	专卖店	专营店
经营主体	自有品牌企业（品牌须为申请开店的企业所有或企业法定代表人所有）	取得该品牌所有者或公司正式授权的企业法人	在中国大陆注册的企业法人
经营范围	同一品牌、同一个一级类目下的所有产品	授权品牌下同一级类目内的所有产品	没有明确规定
提供品牌资质	① 由国家商标总局颁发的商标注册证或商标注册申请受理通知书复印件 ② 由权利人授权开设旗舰店，需提供独占授权书 ③ 如果经营出售多个自有品牌的旗舰店，需提供品牌属于同一实际控制人的证明材料，此类店铺主动招商 ④ 若申请卖场型旗舰店，需提供服务类商标注册证或商标注册申请受理通知书，此类店铺主动招商	① 由国家商标总局颁发的商标注册证或商标注册申请受理通知书复印件 ② 商标权人出具的授权书	自有品牌：商标注册证或商标注册申请受理通知书复印件 代理品牌：①商标注册证或商标注册申请受理通知书复印件 ②上一级的正规品牌授权文件或正规采购合同及进货发票，若上一级的授权方或供货商为自然人，则需同时提供其亲笔签名的身份证复印件
情形	① 经营一个自有品牌商品的旗舰店 ② 经营多个自有品牌商品且各品牌归同一实际控制人 ③ 卖场型品牌（服务类商标）所有者开设的旗舰店	① 经营一个授权销售品牌商品的专卖店 ② 经营多个授权销售品牌的商品且各品牌归同一实际控制人的专卖店（仅限天猫主动邀请入驻）	一个招商大类下专营店只能申请一家

大家可根据自己的具体情况与条件来选择经营哪种店铺。一般来说，旗舰店受信任度最高，当然其条件也是最难达到的。

5.5.3　申请企业营业执照和支付宝

众所周知，无论是天猫店还是企业店的开通都需要完成企业资质认证和注册企业支付宝。已有营业执照的卖家仅通过企业支付宝的申请开通即可；

对没有任何公司资质的卖家而言，则需要注册公司，以获取营业执照为前提，才能有序的进行后期的入驻工作。

1. 企业营业执照

在入驻天猫和企业店铺之前，需要有一个公司，才能提供相关的资质，完成店铺的申请入驻。公司指的是一般依法设立的，有独立的法人财产，以营利为目的的企业法人。

公司根据《中华人民共和国公司法》的规定，主要分为以下几种。

- 国有独资公司。指的是国家单独出资、由国务院或者地方人民政府授权本级人民政府国有资产监督管理机构履行出资人职责的有限责任公司。
- 有限责任公司。指的是公司全体股东对公司债务仅以各自的出资额为限承担责任的公司，最低注册资本为3万元。
- 一人有限责任公司。又称“一人公司”“独资公司”或“独股公司”，指的是由一名股东（自然人或法人）持有公司的全部出资的有限责任公司，最低注册资本为10万元。
- 股份有限公司。指的是公司资本划分为等额股份，全体股东仅以各自持有的股份额为限对公司债务承担责任的公司，其最低注册资本为500万元。
- 私营合伙企业，指的是在中国境内设立的由各合伙人订立合伙协议，共同出资、合伙经营、共享收益、共担风险，并对合伙企业债务承担无限连带责任的营利性组织，其对注册资金实行申报制，没有最低限额的要求。

在卖家确定好自己需要注册的公司类型后，需要提交以下资料，便于完成公司的注册。

- 身份证、法人户口本复印件或户籍证明、居住地址。
- 注册公司名称。
- 注册资金。
- 经营范围。
- 公司住所。
- 股东名册及股东联系电话、地址。
- 公司的机构及其产生办法、职权和议事规则。
- 公司章程。

完成了公司注册的步骤，接下来还需要完成营业执照的办理。营业执照是工商行政管理机关发给工商企业、个体经营者的准许从事某项生产经营活动的凭证。营业执照需要登记的事项包括：名称、地址、负责人、资金数额、经济成分、经营范围、经营方式、从业人数、经营期限等，如图5-55所示。

企业法人营业执照
（副 本）
注册号
名 称
住 所
法定代表人姓名
注 册 资 本 伍拾万元
实 收 资 本 伍拾万元
公 司 类 型 有限责任公司
经 营 范 围
成 立 日 期 二零零四年九月二十二日
营 业 期 限 2004年09月22日 至

年度检验情况

图5-55

办理营业执照的步骤如图5-56所示。

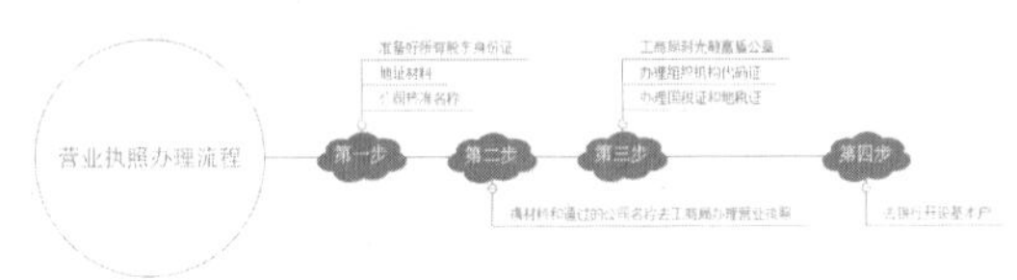

图5-56

2. 申请企业支付宝

想要入驻天猫或淘宝企业店铺，必须开通企业支付宝。相比个人支付宝，企业支付宝有着明显的优势。

- 企业支付宝费率统一为0.55%，支付宝清算秒到账。
- 在企业支付宝中，发生真实交易，支付宝次月将返还商家交易额的0.2%金额。
- 企业支付宝，从余额宝、零钱等提现至银行卡免手续费。
- 企业支付宝可参加支付宝扫码付款，随机立减999元等活动。

申请企业支付宝的重点在于公司资质的提交，在验证邮箱和手机号后，需要通过以下步骤完成企业支付宝账号的申请。

第1步 ❶登录商家支付宝首页：https://b.alipay.com/；❷单击“注册”按钮，如图5-57所示。

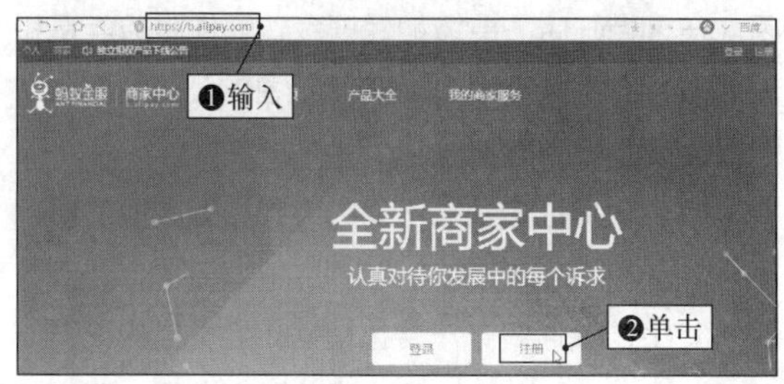

图5-57

第2步 选择开通企业账户的支付宝，添加邮箱用于接收验证信息后，选择单位类型，如图5-58所示。

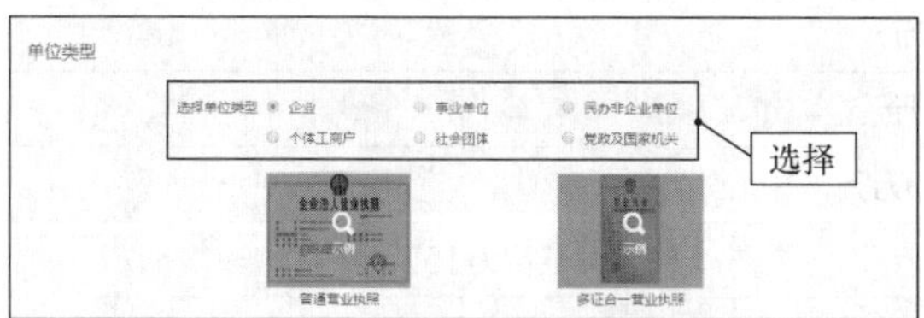

图5-58

第3步 填写“企业信息”和“法定代表人信息”，如图5-59所示。

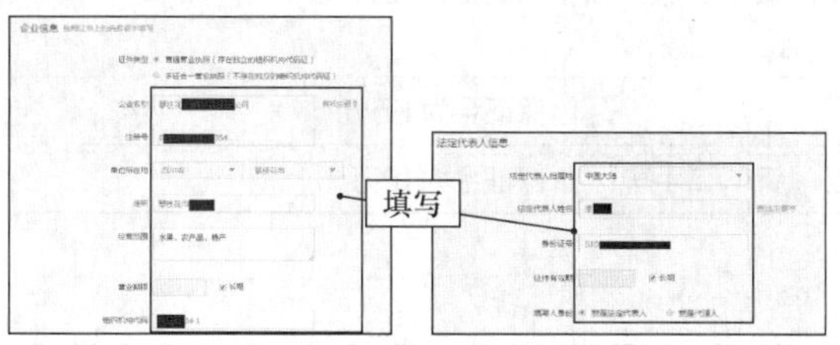

图5-59

第4步 ❶完善实际控制人信息和联系方式填写；❷单击“下一步”按钮即可，如图5-60所示。

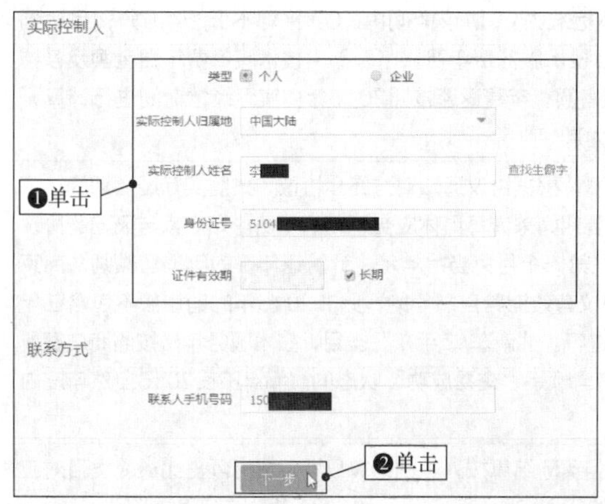

图5-60

第5步 进入图5-61所示页面，❶上传企业法人营业执照及组织机构代码证和法定代表人的证件照片；❷单击“下一步”按钮，完成下一步的银行信息完善，即可成功注册企业支付宝账号。

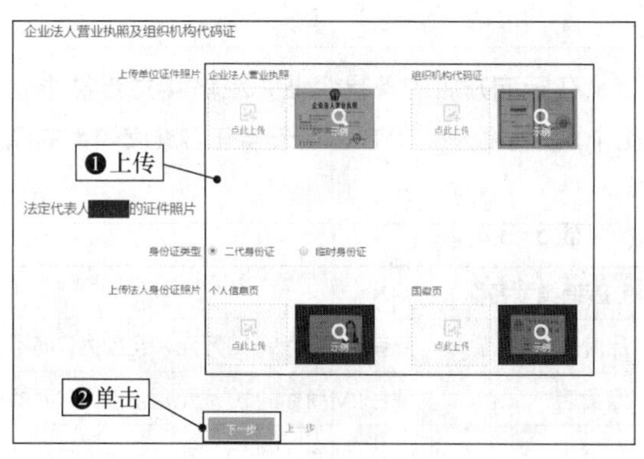

图5-61

高手支招 提前准备好申请资料

用户在申请企业支付宝账号前，可以提前准备好以下材料，以加快申请效率。

- 营业执照影印件。
- 对公银行账户，可以是基本户或一般户。
- 法定代表人的身份证影印件。

如果是代理人申请，还需准备：

- 代理人的身份证影印件；
- 必须盖有公司公章或者财务专用章的企业委托书。

5.5.4 入驻天猫店/企业店

卖家有了相关的资质和企业支付宝后，接下来可有序地展开天猫店和企业店的入驻工作。天猫店的入驻条件中，除了以相应的资质为前提外，还需要一定的资金作为后盾；相比天猫店，淘宝企业店的资金要求就低得多。

1. 入驻天猫店

天猫店的申请并非一两天就能完成的，它需要一个资质审核的过程。此过程包括4个阶段：“提交入驻资料”“商家等待审核”“完善店铺信息”“店铺上线”，如图5-62所示。

图5-62

在天猫开店的都是企业，经济实力当然也就比个人店强很多。这也是在天猫开店难度较大的原因。在天猫开店需要缴纳保证金、软件服务年费和软件服务费3种金额，根据开店经营的类目不同，缴纳的金额也有着差别。

其中，保证金根据不同的店铺类型收取的费用不同，具体店铺类型缴纳费用可参考表5-3。

其中，软件服务年费也根据商品类目的不同而不同，表5-4是服务年费计算详细的说明，可供各大卖家参考。

表5-3

店铺类型名称	所需缴纳保证金金额	
品牌旗舰店	带有TM商标的10万元，全部为R商标的5万元	
专卖店	带有TM商标的10万元，全部为R商标的5万元	
专营店	带有TM商标的15万元，全部为R商标的10万元	
特殊类目	卖场型旗舰店	保证金为15万元
	经营未在中国大陆申请注册商标的特殊商品的专营店	保证金为15万元
	天猫经营大类“图书音像”	旗舰店、专卖店5万元，专营店10万元
	天猫经营大类“服务大类”	保证金为1万元
	天猫经营大类“保健品及医药”下的二级类目“OTC药品”和一级类目“隐形眼镜/护理液”“精致中药材”和“服务大类”下的一级类目“医疗及健康服务”	保证金为30万元
	网游及QQ、话费通信及旅游经营大类	保证金为1万元
	天猫经营大类“汽车及配件”下的一级类目“新车/二手车”	保证金为10万元

表5-4

结算名称	详细说明	
软件服务年费	3万元或6万元	续签商家2016年度年费须在2015年12月26日前一次性缴纳 新签商家在申请入驻获得批准时一次性缴纳2016年度的年费
年费返回	50%或100%	为鼓励商家提高服务质量和壮大经营规模，天猫将对技术服务费年费有条件地向商家返还。具体标准为： 协议期间内DSR平均不低于4.6分；且达到《2016年天猫各类目技术服务费年费一览表》中技术服务费年费金额及各档返还比例对应的年销售额。年费返还按照2016年内实际经营期间进行计算，具体金额以天猫统计为准
年费结算	因违规行为或资质造假被清退的不返还年费。根据协议通知对方终止协议，按照实际经营期间，将全年年费返还均摊至自然月，按照实际经营期间来计算具体应当返还的年费。如商家与天猫的协议有效期起始时间均在2016年内的，则入驻第一个月免当月年费，计算返年费的年销售额则从商家开店第一天开始累计；如商家与天猫的协议有效期跨自然年的，则非2016年的销售额不包含在年销售额内。年费的返还结算在协议终止后进行。“新车/二手车”类目，技术服务年费按照商户签署的《天猫服务协议》执行。非2016年的销售额是“交易成功”状态的时间点不在2016自然年度内的订单金额	
跨类目入驻	就高原则，年费按最高金额的类目缴纳；但实际结算按入驻到结算日期，成交额占比最大类目对应的标准返还。经营过程中增加的类目对应的年费与原有年费不一致，商家须补交差额部分	

如图5-63是部分商品类目技术服务年费截图，卖家可以参阅具体详细的费用查阅自己类目需缴纳的费用。

《天猫2016年度各类目技术服务费年费一览表》

2016年11月1日修订。

《天猫2016年度各类目技术服务费年费一览表》

备注：

1）涉及跨类目问题费用缴纳及返还，全部参照相对高的类目的标准，即入驻时缴纳年费的金额参照商户选择经营的类目中对应年费金额的最高档；结算时参照有效月份内销售额占比最大类目对应的返还标准；年费返还条件：除表格中规定的销售额条件外，商户店铺在协议期间（包括期间内到期终止和未到期终止，实际经营期间未满一年的，以实际经营期间为准）内各项DSR平均不低于4.6分。

2）由于类目划分较细，二级类目、三级类目仅列出与一级类目扣点或固定年费不同的类目，各一级类目下完整的二级类目、三级类目列表以商品发布页面为准。

3）该标准在法律允许范围内如需调整，天猫将依法提前公示并通知商家。

天猫经营大类	一级类目	技术服务费费率	二级类目	技术服务费费率	三级类目	技术服务费费率	四级类目	技术服务费费率	技术服务费年费（元）	返50%年费对应年销售额（元）	返100%年费对应年销售额（元）
服饰	服饰配件/皮带/帽子/围巾	5%							30,000	180,000	600,000
	女装/女士精品	5%							60,000	360,000	1,200,000
	男装	5%							60,000	360,000	1,200,000
	女士内衣/男士内衣/家居服	5%							60,000	180,000	600,000

图5-63

用户准备好企业资质、资金和企业支付宝账号等资料，进入天猫招商首页，单击“立即入驻”按钮，如图5-64所示，提交相关资料开设天猫店铺。

图5-64

2. 入驻企业店

目前开通淘宝企业店是免费的，唯一需要缴纳的就是保证金，该保证金在关闭店铺时可申请退回。如图5-65所示，除部分类目需缴纳5000～50000元不等的保证金金额外，其余类目均缴纳1000元的保证金即可。部分类目商品可参加“三选一”活动，即在“订单险、保证金、账期保障”之间任选一个。

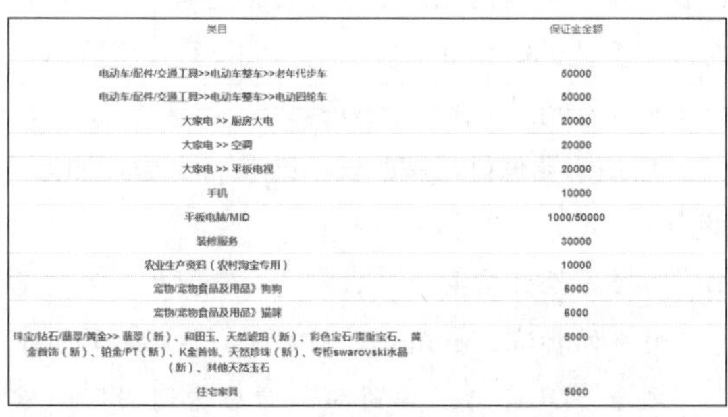

类目	保证金金额
电动车/配件/交通工具>>电动车整车>>老年代步车	50000
电动车/配件/交通工具>>电动车整车>>电动四轮车	50000
大家电 >> 厨房大电	20000
大家电 >> 空调	20000
大家电 >> 平板电视	20000
手机	10000
平板电脑/MID	1000/50000
装修服务	30000
农业生产资料（农村淘宝专用）	10000
宠物/宠物食品及用品》狗狗	6000
宠物/宠物食品及用品》猫咪	6000
珠宝/钻石/翡翠/黄金>> 翡翠（新）、和田玉、天然琥珀（新）、彩色宝石/贵重宝石、黄金首饰（新）、铂金/PT（新）、K金首饰、天然珍珠（新）、专柜swarovski水晶（新）、其他天然玉石	5000
住宅家具	5000

图5-65

对于企业店铺而言，保证金计划的提出更是带来福音。保险公司对店铺的综合能力进行评估后，随机抽取少部分卖家加入体验。在这一年中，卖家只需缴纳30元的费用即可，无须缴纳保证金。

专家提点 个人店铺升级企业店铺的升级费用

企业店铺可通过个人店铺升级而来。在升级过程中，无论升级成功或失败，都需提交190元升级费用。

用户除准备好法定代表人的身份证、营业执照和企业支付宝账号等资料，还需要注册一个淘宝企业账号。淘宝企业账号的申请入口与个人账号申请入口是一样的，在初始申请页面单击“切换成企业用户注册”超级链接，如图5-66所示，然后根据提示进行操作即可。

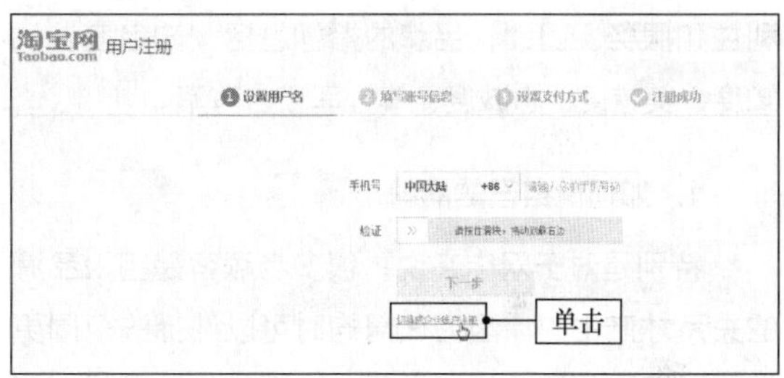

图5-66

登录企业账号后，单击“免费开店”超级链接，在页面中单击“创建企业店铺”超级链接，如图5-67所示。继续完成身份认证和营业执照认证等步骤，即可完成淘宝企业店铺的开通。

图5-67

5.6 天猫店后台管理

开通天猫店铺后，还需要对天猫后台进行管理，其中包括：品牌信息管理、商家保障管理和店铺品质管理。这是每个天猫卖家都必须完成的工作，通过完善自己店铺的品牌信息，更有利于品牌的宣传；商家保障和品质管理则是为了保证买家权益，减小买家在选购商品时的顾虑，促进转化率的提升。

5.6.1 管理品牌信息

作为一个企业或是店铺，都需要自己的专属品牌文化，才能在众多同行竞争对手中脱颖而出，才有被买家记住的可能。曾有人这样给品牌定义：品牌是销售者向购买者长期提供的一组特定的特点、利益和服务。因此，品牌的指标包括：知名度、认知度、美誉度、忠诚度、偏好率和占有率。

1. 如何做自己的品牌

特别是对于网店来说，很多老顾客是因为品牌的关系才产生的。因为在网购时可以选择的范围更广，对于没有品牌的商品而言，可替代性更强。在天猫这个看中质量和口碑的平台中，品牌管理就显得十分重要了。那么，知道品牌管理的重要性后，怎么才能更好的进行品牌管理呢?

首先，需要各大企业和商家明白一个道理：在对外宣传自己品牌之前，最需要熟悉品牌的并不是顾客，而是自己。只有自己熟知并认可自己的品牌后，才能更好地对之进行宣传。所以，第一步需要卖家对自己的品牌定位。比如这个品牌创立的目标是什么? 消费人群的喜好、年龄等。

图5-68中的旗舰店的品牌定位是偏好文艺、年轻、安静的姑娘，该品牌下的商品设计都很别出心裁。为适应品牌文化，拍摄出的模特也显得十分安静、文艺，背景和颜色的选择都偏暖系，给人看上去很舒适的感觉。深得时尚、年轻、文艺的女孩的喜爱。

有了品牌定位，其次就是品牌文化了。品牌文化如同一个品牌的灵魂，通过它向买家展示自己品牌的特别之处。一个好的品牌文化能深得人心，为自己品牌带来更多的粉丝。图5-69是该旗舰店的品牌文化部分截图，它从品牌风格出发，吸引有着同类喜好粉丝的同时，也表达了自己品牌崇尚的简单、自然的生活方式。

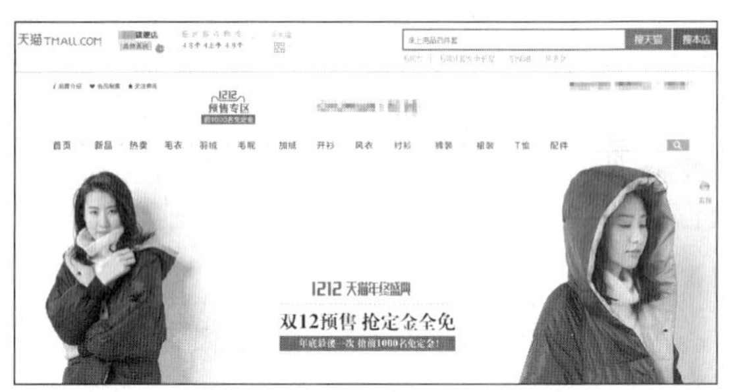

图5-68

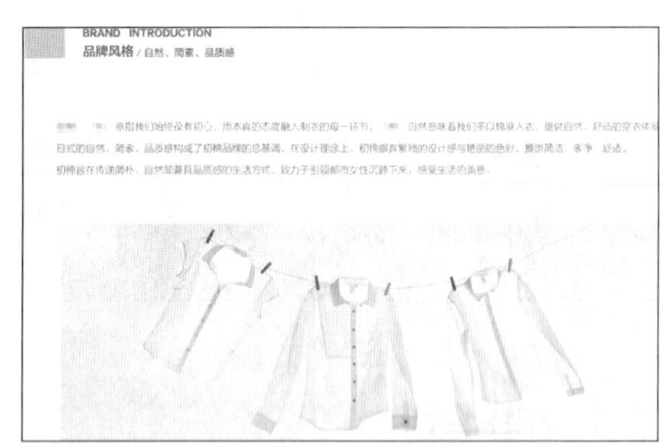

图5-69

品牌文化得到了全面的宣传和认可，达成成交后，是否就无须考虑其他了呢? 答案是否定的，虽然得到买家的认可，有了购买经历，也不能排除自己品牌就被买家接受且只认定这一家。因此，品牌的长期维护就显得尤为重要。买家的需求和喜好是会发生变化的，企业需要做的是和买家保持联系，送上关怀和问候，留住老客户。

店主想要做好品牌的长期维护，需要做到以下两点。

- 信誉是至关重要的，它既是卖家判断商品质量好坏的标准，也是拉近买家和品牌距离的重中之重。只有自己的商品和信誉达到买家的需要，才能被接受和认可，以及喜欢和追随。

- 客户的需求是不断变化的，通过联系建立卖家和买家的联系，得到需求变化的方向，才能更好地迎合买家的需求。更好地提供多元化服务，也是做好品牌维护的重点。

总的来说，做好品牌管理需要明确品牌定位、树立极好的品牌文化、做好品牌的长期维护。对于一些已经有实体店的品牌而言，由于有了自己的品牌文化且线下门店宣传已经做足，自然不需要在品牌管理上花很多时间。但天猫也有很多淘品牌和集市卖家，这类商家就需要结合自己的商品，做好品牌管理，这就需要店主做到以下几点。

- 独特性。如何在众多竞争对手中脱颖而出？最重要的就是独特。
- 关联性。任何事物都不是独立存在的，在其他商品或类目中体现独特的同时也需要一定的关联性。
- 差异性。除了品牌和他人存在差异，商品也需要做到存在差异。寻找独特的商品和服务。

2. 天猫品牌后台管理

对于商品的官方旗舰店而言，当然只有一个品牌的品牌信息；但是，对于集市卖家来说，是多个品牌的集合，可对品牌信息进行管理。

进入“商家中心”中的“我是商家”，单击“我的品牌”选项卡，可以看到当前授权的品牌信息，如图5-70中的店铺已有“小乖蛋”“知识花园”等多个品牌授权信息。

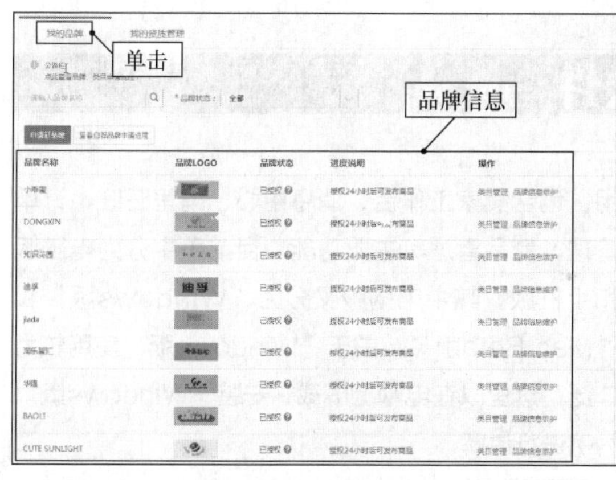

图5-70

如果用户想申请入驻其他品牌，可在单击“申请新品牌”超级链接，系统跳转到如图5-71所示的页面，❶完善相关资料信息；❷单击“立即申请”按钮，即可完成品牌的添加。

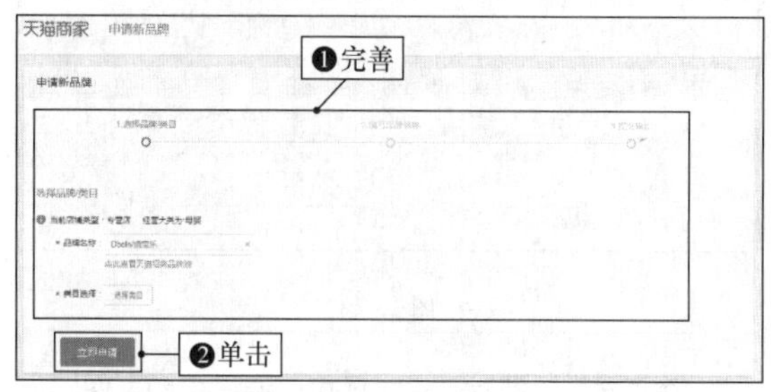

图5-71

如果用户想管理自己店铺的品牌信息，则可单击“我的资质管理”选项卡，如图5-72所示，对品牌进行管理。

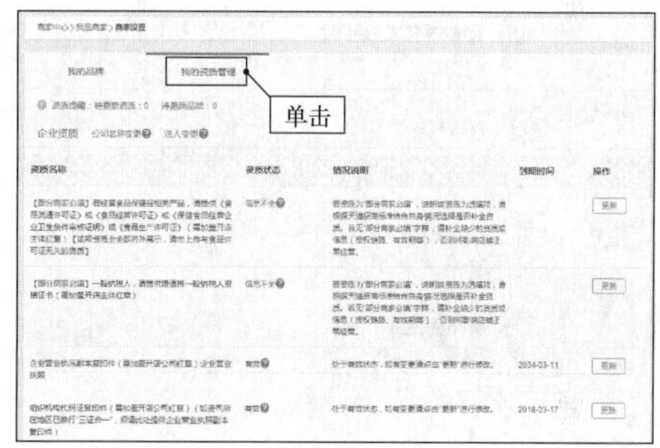

图5-72

5.6.2 管理商家保障

站在买家的角度来说，自己购买商品能有质量的保障实在很重要。两件材质、颜色几乎相同的商品，即使价格稍有差距，但是能提供保障的卖家一定更容易得到买家的青睐。因为对于花钱购买商品的买家来说，大钱都花了，不在乎多花一点小钱，却在质量上得到了保障。

那么卖家如何将商品保障展现给买家呢？简单来说，可通过这几个功能的开通来实现，如参保卖家运费险和商品质量保证险等。图5-73所示是卖家运费险的收费规则和理赔规则。从图中介绍的功能来看，75%的卖家在加入运费险后，其店铺销量平均上涨了47%，运费险的开通是为了增强买家的购物信心，以此提升转化率。

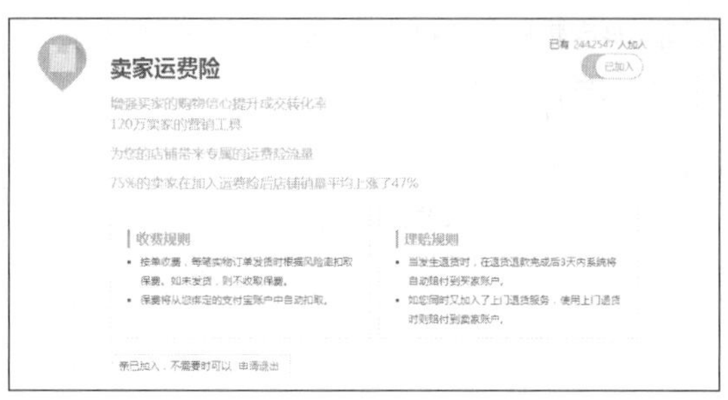

图5-73

除了卖家运费险，卖家还可以通过“商家保障”选项卡加入“运动健身意外险”“天猫大家电大件运费险”“商品质量保证险”等，如图5-74所示。

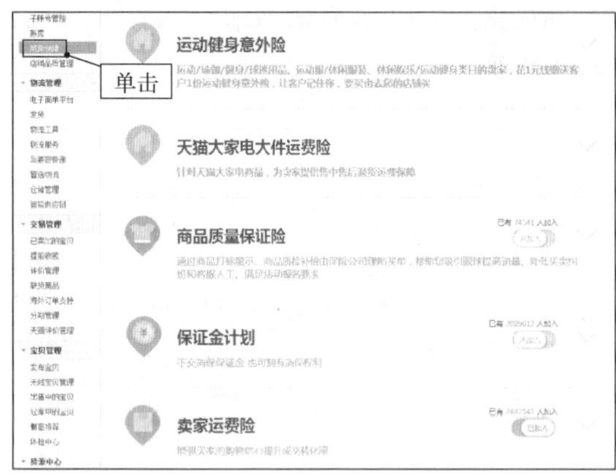

图5-74

5.6.3 管理店铺品质

店主如何完成对一个店铺的品质管理呢？这可以从品质违规率和退款率来衡量。如果只是一两件的商品退换，可能说明买家对商品的要求过高或是其他原因，但是，如果一天下来就处理了多起退换货，卖家就要考虑自己的商品质量的问题了。

进入天猫后台的工作台，在“店铺管理”中的“品质管理”选项卡里可以看到如图5-75所示的品质违规率，以此判断是否有违规现象。

图5-75

通过图5-76还能查看商品退款率，单击“品质退款详细数据”按钮，能看到退款率较高的商品信息。

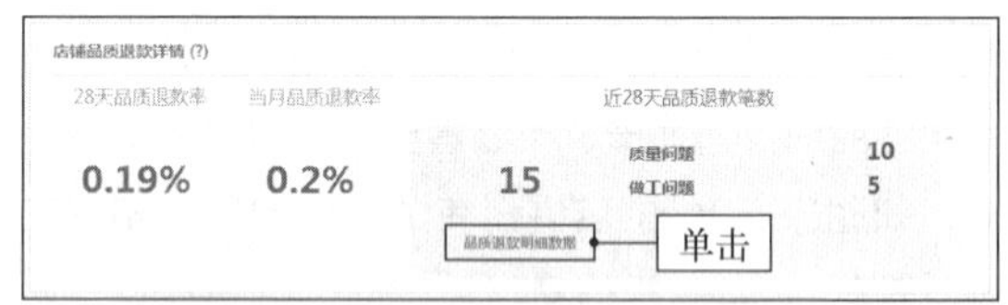

图5-76

5.7 下载并安装淘宝工具软件

卖家的小店开张后，马上就要用到的两款淘宝工具软件分别是千牛和淘宝助理。千牛是一款即时通信软件，卖家和买家之间可以通过它来交流；淘宝助理则可以帮助买家批量上传并管理商品信息，免去逐个上传的麻烦。下面就一起来看看如何下载并安装这两个软件。

5.7.1 下载并安装卖家版聊天软件——千牛

千牛是淘宝卖家使用的软件，天猫商家也可使用。包含卖家工作台、消息中心、阿里旺旺、订单管理、商品管理等主要功能。目前千牛分为电脑版和手机版，其中电脑版又分为“Windows版”和“Mac Beta版”，由于“Windows版”使用较为广泛，这里以在电脑上下载并安装“Windows版”为例进行讲解。

第1步 打开浏览器，进入千牛下载页面，单击“Windows版”按钮，如图5-77所示。

图5-77

第2步 浏览器下方弹出一个对话框，❶单击“保存”按钮右边的下拉按钮▾；❷单击“另存为”选项，如图5-78所示。

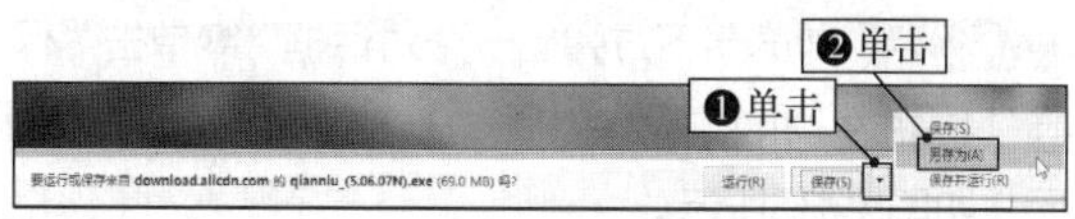

图5-78

专家提点 为何不直接选择“保存”

图5-78的选项中，如果单击“保存”按钮，那么下载的文件将会被保存在默认的IE下载文件夹中，不方便分类管理（保存并运行也是同理），因此一般还是选择“另存为”按钮，存放到用户指定的文件夹，才便于管理。如果单击“运行”按钮，下载的文件会被保存在临时文件夹中，并且马上运行一次，但这样的话，如果下次用户还要运行该文件，仍然要再下载一次，更加不方便。

第3步 弹出一个对话框，❶选择保存下载文件的文件夹；❷单击“保存”按钮，如图5-79所示。

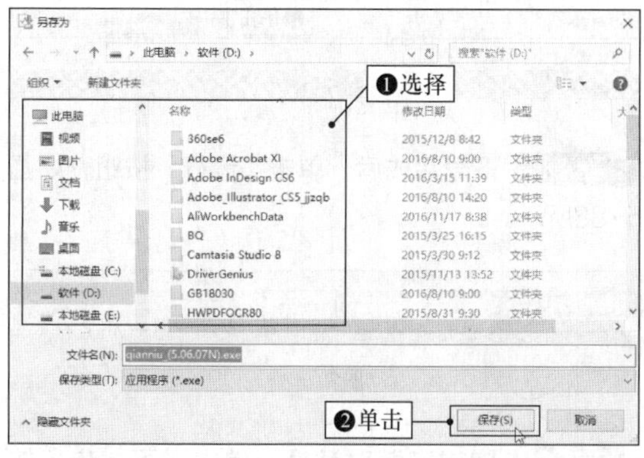

图5-79

第4步 下载完成后，单击“运行”按钮，如图5-80所示。

图5-80

第5步 在读取数据后，系统跳转到安装页面，选择“自定义安装”按钮，如图5-81所示。

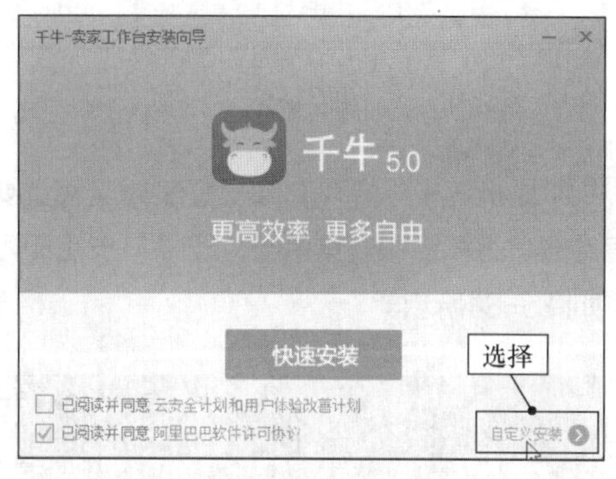

图5-81

第6步 选择自定义安装后，弹出一个对话框，系统跳转到保存页面，❶选择保存下载文件的文件夹；❷单击“保存”按钮，如图5-82所示。

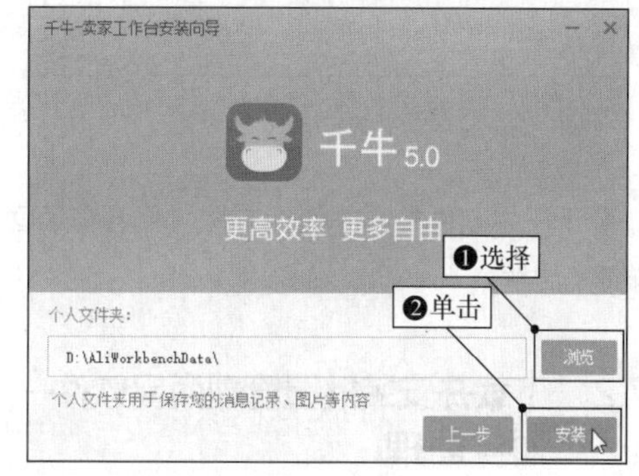

图5-82

专家提点 自定义安装和快速安装

和快速安装不一样的是，自定义安装可以更改安装路径，对安装的插件也有选择性。而快速安装只能默认安装路径、安装程序和安装插件。如果电脑空间不是特别大，建议自定义安装，这样做可以避免安装插件占用过多电脑空间。

第7步 ❶选择“立即运行千牛工作台”（需要安装浏览器的卖家也可以勾选安装浏览器）；❷单击“完成”按钮，如图5-83所示。

图5-83

第8步 运行千牛软件，弹出登录对话框，❶输入淘宝账户名和密码；❷单击“登录”按钮即可登录，如图5-84所示。

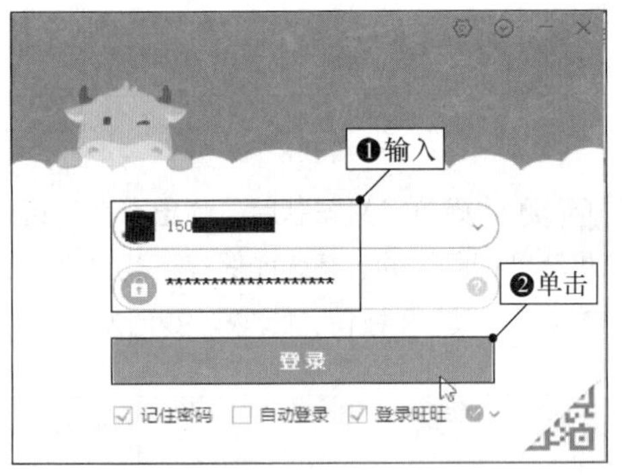

图5-84

至于千牛软件的具体使用方法，将会在后面进行详细的讲解。

5.7.2 下载并安装批量管理商品软件——淘宝助理

淘宝助理是一个功能强大的免费客户端工具软件，它可以帮助卖家批量编辑与上传商品信息，并提供方便的管理界面。淘宝助理可在未登录淘宝网时直接编辑宝贝信息，快捷批量上传宝贝，也是一个店铺管理工具。

目前淘宝助理分为：淘宝试用版、淘宝版和天猫版。如果是淘宝卖家，建议下载“淘宝版”，因为“淘宝试用版”虽然更新更快，但不排除不稳定的情况；如果是天猫卖家，可选择“天猫版”。下面以“淘宝版下载”为例，来看看淘宝助理的下载与安装方法。

第1步 打开浏览器，进入淘宝助理下载页面，单击“淘宝版下载”按钮，如图5-85所示。

图5-85

第2步 浏览器下方弹出一个对话框，❶单击“保存”按钮右边的下拉按钮▾；❷单击“另存为”选项，如图5-86所示。

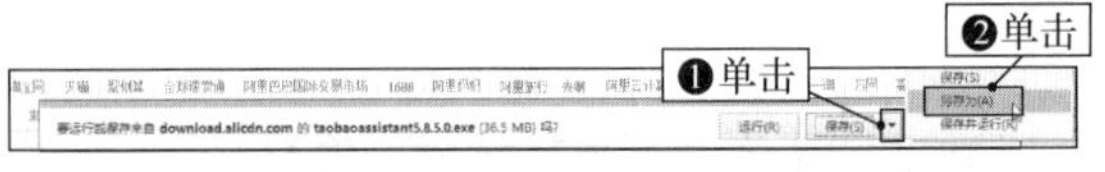

图5-86

第3步 弹出一个对话框，❶选择保存下载文件的文件夹；❷单击“保存”按钮，如图5-87所示。

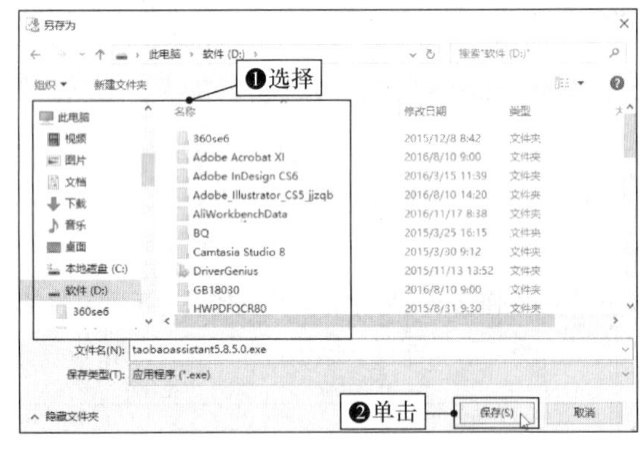

图5-87

第4步 下载完成后，单击“运行”按钮，如图5-88所示。

图5-88

第5步 弹出安装对话框，单击“下一步”按钮，如图5-89所示。

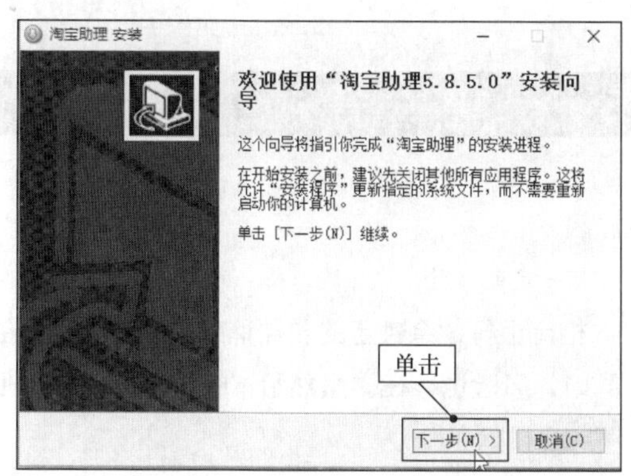

图5-89

第6步 阅读许可协议后，单击“我接受”按钮，如图5-90所示。

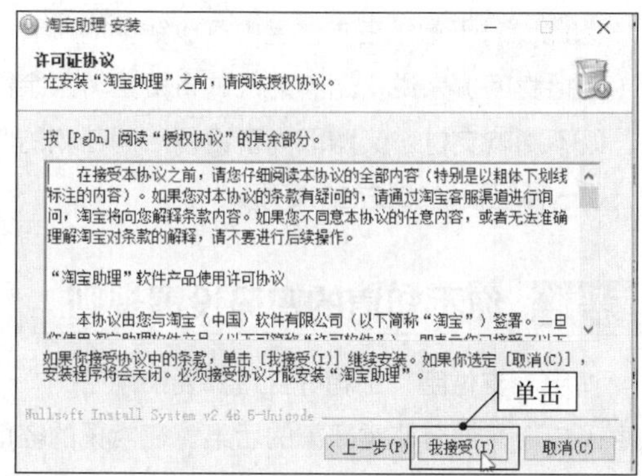

图5-90

第7步 ❶设置安装文件夹；❷单击“下一步”按钮，如图5-91所示。

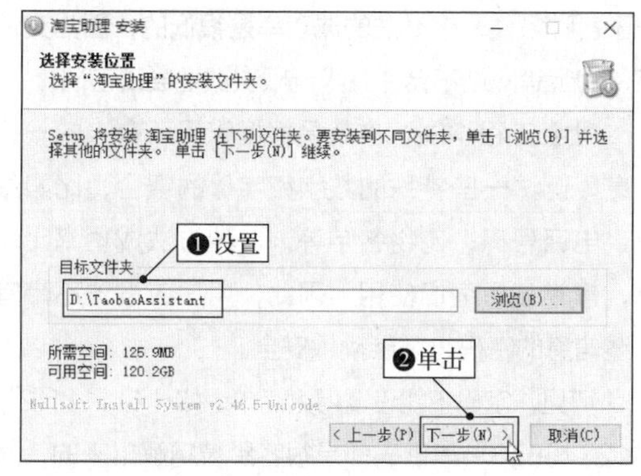

图5-91

第8步 ❶设置淘宝助理在“开始”菜单中的名称；❷单击“安装”按钮，如图5-92所示。

第9步 ❶选择安装完成后是否自动运行淘宝助理，以及是否显示“自述文件”内容（本例中选择的是自动运行但不显示“自述文件”）；❷单击“完成”按钮，如图5-93所示。

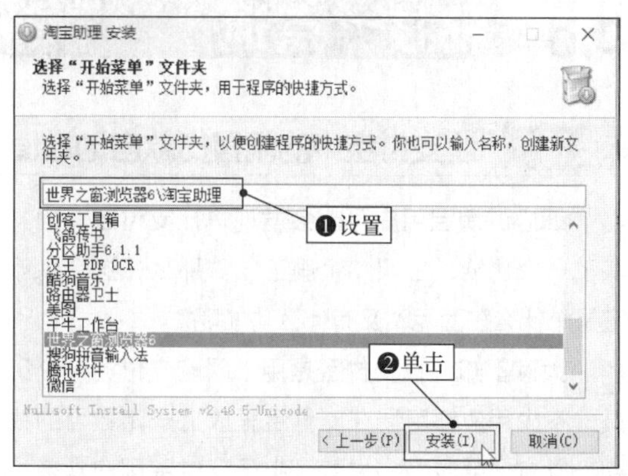

图5-92

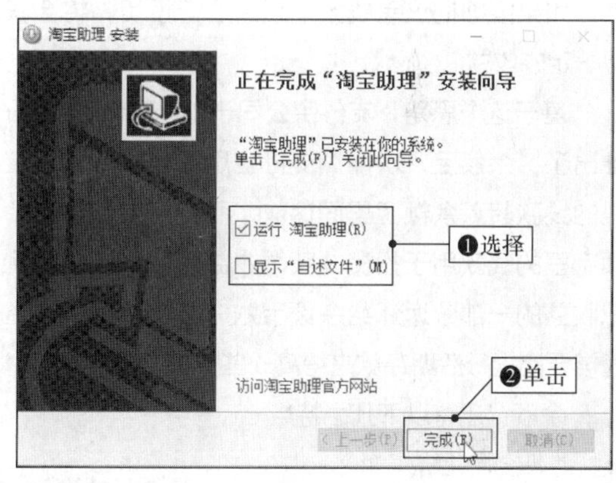

图5-93

第10步 弹出淘宝助理的登录窗口，❶输入淘宝用户名和密码；❷单击“登录”按钮，即可进入淘宝助理，如图5-94所示。

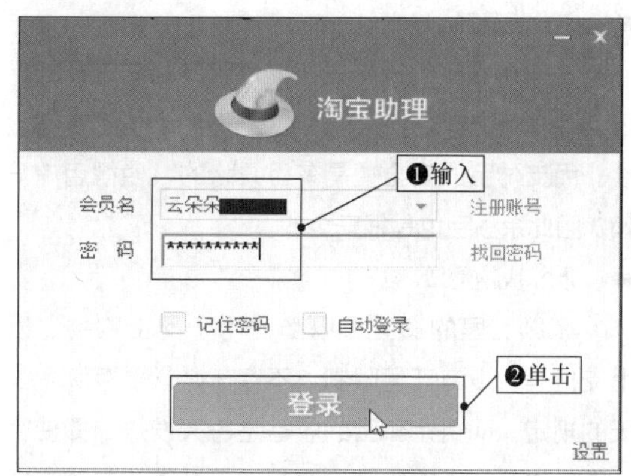

图5-94

至于淘宝助理软件的具体使用方法，将会在后面章节进行详细的讲解。

5.8 秘技一点通

技巧1 让支付宝中的闲置货款自动增值

细心的淘宝用户可能会发现，在支付宝页面又多了一个功能，名叫“余额宝”。那么，这个余额宝是个什么东西呢？又有什么功能呢？

大家都知道，支付宝是用于网购支付的一个工具，不少用户都习惯在支付宝里放上一定数目的钱款，以方便随时购物付款。由于支付宝用户众多，存放在支付宝里的钱款汇总起来是一个很大的数字，如果能够把这笔钱集中起来进行投资，将会获得一定的收益。

基于这个思路，支付宝公司于2013年6月13日推出了“余额宝”功能。支付宝用户可以把支付宝里的钱款转入余额宝里面存放，而支付宝公司将余额宝里的钱款用于投资并获得收益后，将按照比例把收益的一部分返还给余额宝账户。余额宝的收益通常要比银行活期存款来得高一些。

余额宝还有以下几个特点。

■ 购买金额没有限制

无论是几元或几十元钱都可以直接转入余额宝中获取收益，相对于炒股、炒房或者其他投资来说，起点比较低，安全度比较高，一般的用户都可以参与，这也让大家多了一个理财的方法。

■ 安全有保障

由于余额宝的操作是在支付宝界面内进行的，因此余额宝的安全性实际上等同于支付宝的安全性。而支付宝的安全性是有目共睹的，值得用户信赖，因此余额宝也是很安全的。

■ 资金结算灵活

余额宝里的资金可以随时用于网上购物、网上支付等，没有任何限制，不存在必须要存满多少天的规定。而且余额宝的收益是每天发放，即使存一天，也有一天的收益，比起按月结算收益的方式来，最大限度地减少了用户提款的损失。

■ 目前收益比活期存款高

目前余额宝的利息收益要比银行活期收益高一些，这也是吸引用户们将资金暂时存放在余额宝里的原因。

■ 有一定的风险

相比银行，余额宝的收益稍高。伴随着高收益的同时，风险也存在。虽然亏本的情况很少见，但也不完全排除。

■ 收益不固定

由于余额宝的资金实际上是用于购买基金进行投资，因此其收益不是固定的，有一定的浮动，但大致上还是能估算出来。

因此，对于常年在支付宝内存放钱款的淘宝用户（包括卖家）来说，倒不妨试试将资金转入余额宝，既不影响支付，又赚取高于银行活期存款的收益，是一件轻松增加收益的好事。

技巧2 你不知道的密码设置规则

淘宝、支付宝、邮箱等工具都要使用密码，一旦密码被盗，会有非常严重的后果。在常见的盗取密码的手段中，有一种叫作暴力破解的方法，也就是俗称的“猜”密码。“猜”密码的方法有两种。

穷举法，也就是把所有数字、字母等组合挨个尝试一遍，理论上可以猜出用户的密码，但实际上受限于各种条件，穷举法的成功率是很低的，因为支付宝、淘宝等网站不允许有人无限次数地尝试密码。

社会工程学法，也就是根据账号所有人的一些信息，测试一些特殊的数字和字母的组合，比如生日、电话号码、宠物名字等。这种方法成功率比较高，常常被黑客们使用。因此，用户应设置不带有上述信息的密码，才能确保安全。

可见，密码不能设置得太简单，如“11111112”“12345678”等密码都是很容易被猜解出来的，而且也不能设置得太短，六位以下的密码都很容易被穷举出来；但同时又不能把密码设置得过于复杂，到最后自己都忘了，那就悲剧了。

那么，如何设置一个又复杂，又好记，而且又安全的密码呢？注意以下几点就可以了。

■ 长度：密码的长度至少要六位，且越长越安全

（不考虑记忆方便性的话）。

- 排列组合：安全的密码的组成应该是数字、大小写字母以及特殊符号的组合。如果各项交叉排列的话，即使用专门的破解软件，针对一个密码破解也需花费很长的时间，使攻击者不得不放弃。例如用数字、大小写字母的组合，6位密码的可能性有62的6次方，破解时间太长，所以使用穷举破解没有规律的密码是很困难的。
- 统一密码：不能把QQ号、邮箱以及其他账号的密码设置为同一个密码，这样做非常危险，因为一个密码被破，所有其他账号密码等于都丢失了。不能为了方便而使用同一个密码。
- 规律：密码不让人猜出来的最好方法就是不能有常见规律，比如以电话号码、生日、单词或姓名及其组合等形成的密码都非常危险。
- 方便记忆：比较好的方法是记住一个法则，然后用这个法则来创造密码，这样就在保证复杂性的同时，又能轻松记忆住。比如“师夷长技以制夷”这句话中每个字的首字母是“sycjyzy”，这就能作为一个密码。比如“36884286”的密码，只需记住开头的“36”，后面的数字是前两位数字乘积的最后一位，依次推算出即可。

技巧3 如何组建高效的天猫运营团队

所谓团结就是力量，天猫店铺的运营肯定不是靠单一的个人能完成的目标。但是，高效的团队并不是靠数量来取胜，而是相互配合。为了更好地运营天猫店铺，商家可详细划分各岗位职能，明确各职责，以此完成企业定制的目标并实现该目标。

一个高效的运营团队包括以下几个部门。

- 运营部：是公司的一个综合职能部门，对公司经营管理的全过程进行计划执行和控制。主要负责整个团队管理、经营店铺、规划发展等。
- 市场部：是一个企业中营销组织架构的重要组成部分。主要负责推广计划的制订和活动策划等。
- 技术部：主要负责网站维护、编辑产品、美工和文案编辑等。
- 客服部：主要负责售前、售后咨询和处理，配合市场部工作等。
- 物流部：主要负责订单的处理，打包、发货，配合客服部工作等。

高效的运营团队不能离开任何一个部门的支持，不然难以保证工作的有序进行。时间充裕的时候，可以多多促进各部门之间的交流，相互学习。

开店小故事

中学教师开网店，生活更加有滋味

曾平新，身为一名中学教师，每天生活在非常悠闲的校园里，慢慢地发现自己越来越变得没有什么激情。每天上完了课就觉得没有什么事情可做，就自然而然地想着给自己找点事情干。突然有一天，老家的表妹发来微信信息，兴奋地说自己开了个网店，请表哥照顾生意，帮忙介绍顾客。

曾平新想到自己的妻子开着一个海产店，店里有很多干鲜海产，不正适合网店售卖吗？曾平新的想法得到了妻子的支持，妻子认为，多一个销售渠道总不是坏事，让丈夫打发下业余时间也不错。于是曾平新在淘宝注册了自己的店，接下来就是开网店的一系列步骤了，准备图片，发布图片，申请认证……虽然曾平新接触过计算机，但是毕竟一直是纸上谈兵，真正做起来，还真是觉得是个生手啊。倒腾了一阵之后，终于把网店开起来了。

不开店不知道，一开才知道原来网店要开好不容易啊，特别是刚开张，一连好多天都没有什么顾客来访，但曾平新坚信，“久等必有禅”，有努力终究会有收获，当然，除了等待之外，曾平新还抽时间在网上宣传，并让同事、熟人先购买了一些海产，让网店的交易量“破零”，这是他从网上学到的。

三周过去了，曾平新的第一个顾客终于姗姗来迟，在店里下单购买了一斤干海参。快递没到对方手里时，曾平新在心里祈祷快递能够安全地到达，快递被签收了，顾客却迟迟不予好评，曾平新的心又悬起来了，又过了两天，终于看到了买家给予的好评。“当天晚上，我激动得大半夜没合眼”，曾平新回忆说。

开张一年多，虽然网店生意谈不上多红火，但是也不差。数着支付宝里的余额，曾平新心里乐开了花，“如果说赚钱不是最重要的，这话有点矫情，但我必须说，除了钱以外，网店还带给我很多乐趣和激励，让我越做越有兴趣”。

第6章 电脑端淘宝店的设置与装修

本章导言

店主在建立好店铺以后，应立即设置店铺的相关信息，之后就要对店铺进行装修。为了吸引更多的买家前来浏览店铺的商品信息，店铺装修就显得特别重要。一个装修精美的网上店铺能给买家带来赏心悦目的感觉，促进买家购买消费。本章将介绍电脑端淘宝店铺装修的方法和技巧。

学习要点

- 掌握网店基本信息的设置方法
- 掌握淘宝店铺的装修方法
- 掌握淘宝旺铺的美化与设计方法

6.1 轻松设置店铺信息

淘宝网提供的“店铺基本设置”功能可以帮助卖家快捷方便地完成各项店铺设置操作。如店铺的介绍、店铺店标的更换、手机淘宝店铺信息等，下面分别进行介绍。

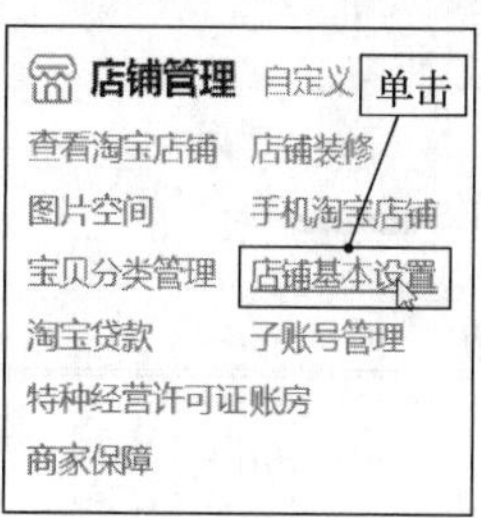

图6-1

6.1.1 设置店铺基本信息

我们在申请网店时，就需要设置店铺的相关内容，但却无法修改店铺名称，而在店铺开张以后，可以在店铺设置中对店铺名称进行修改，也可以更换以前填写的其他店铺介绍。

扫码看视频

第1步 在“卖家中心”选项中的“店铺管理”选项下，单击“店铺基本设置”超级链接，如图6-1所示。

第2步 进入新页面，❶在这里可重新设置店铺名称；❷单击“上传图标”按钮，如图6-2所示。

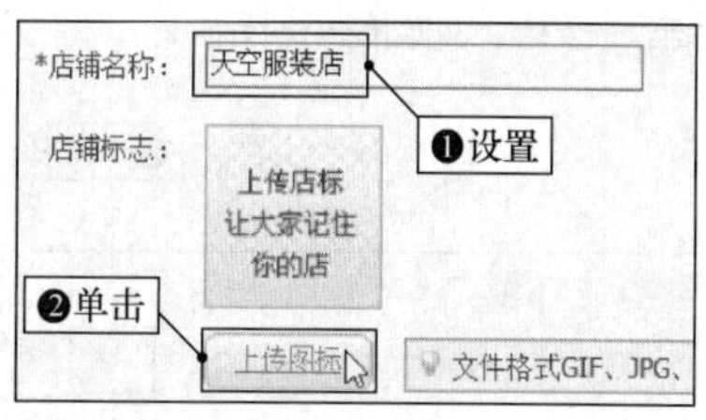

图6-2

第3步 ❶打开“选择要加载的文件”对话框，在这里选择电脑中保存的店铺Logo标志文件；❷单击“打开”按钮，如图6-3所示。

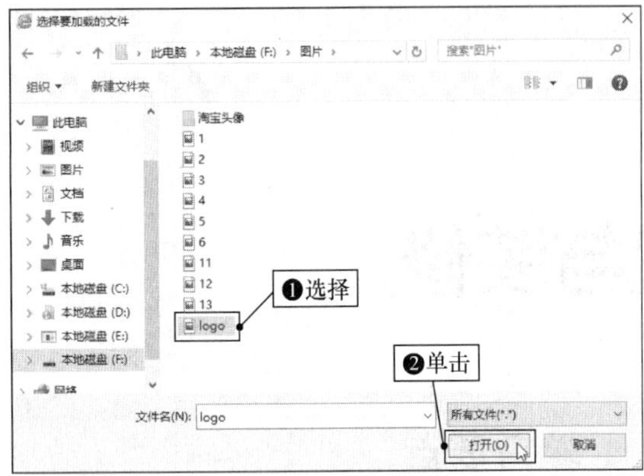

图6-3

第4步 系统开始自动上传这里所选择的图标文件，成功后会即时显示图标到网页上，如图6-4所示。

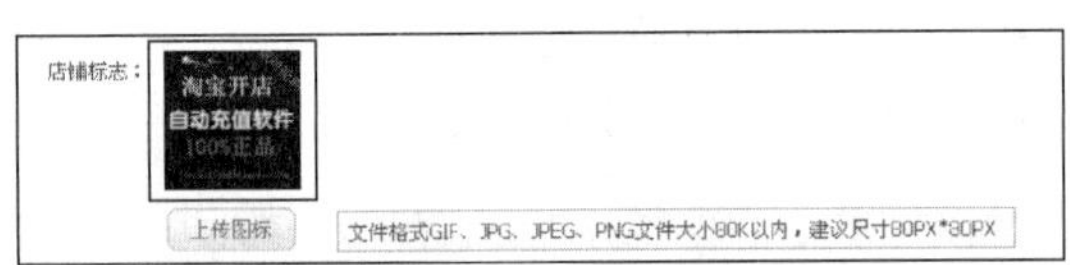

图6-4

第5步 设置“店铺简介”“经营地址”“主要货源”等信息，如图6-5所示。

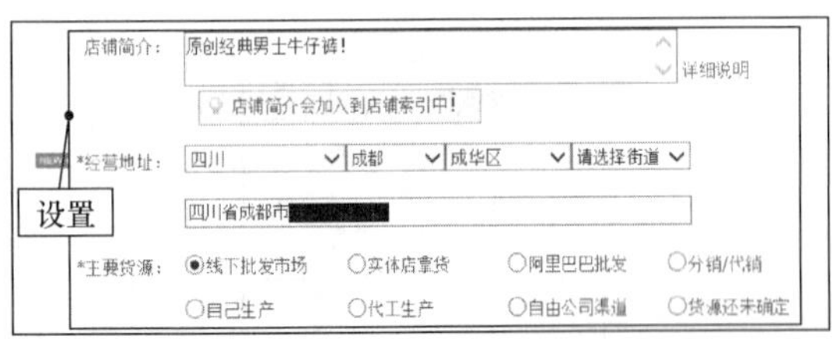

图6-5

第6步 ❶在“店铺介绍”中，输入店铺介绍文字；❷单击按钮，如图6-6所示。

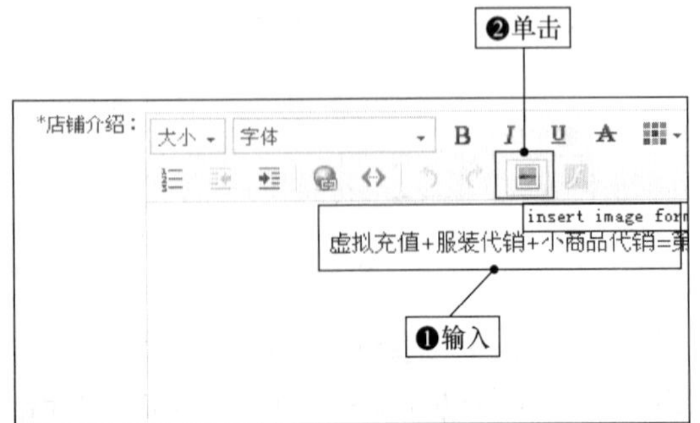

图6-6

第7步 打开图片上传对话框，❶单击“上传新图片”选项卡；❷单击“添加图片”选项，如图6-7所示。

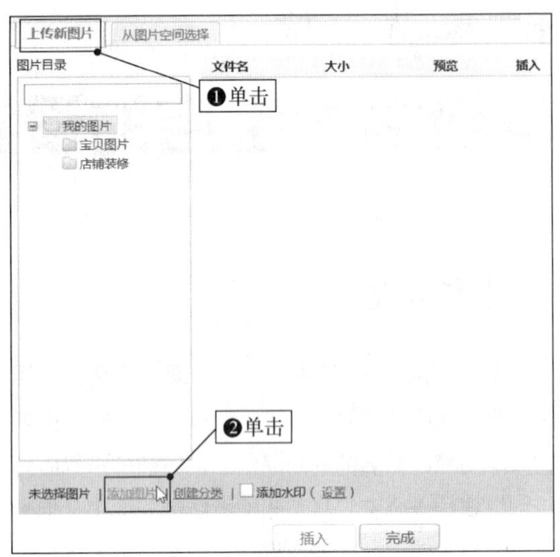

图6-7

第8步 ❶选择店铺中保存的介绍性图片；❷单击“打开”按钮，如图6-8所示。

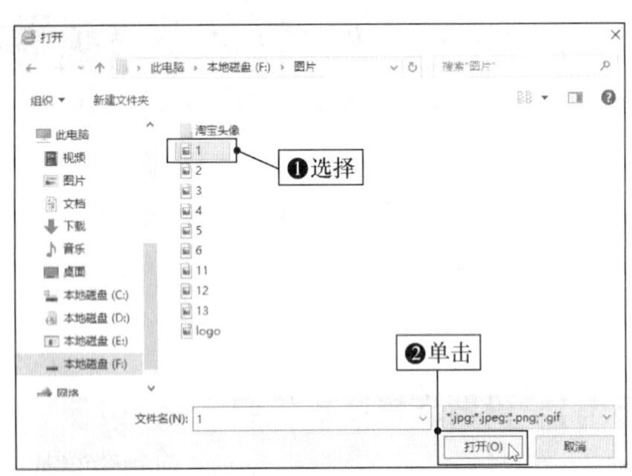

图6-8

第9步 系统开始自动上传所选择的图片，上传完毕后，单击“插入”按钮将当前上传图片插入店铺介绍中，如图6-9所示。

第10步 保存后，在“我的店铺”中查看当前编辑公告区效果，如图6-10所示。

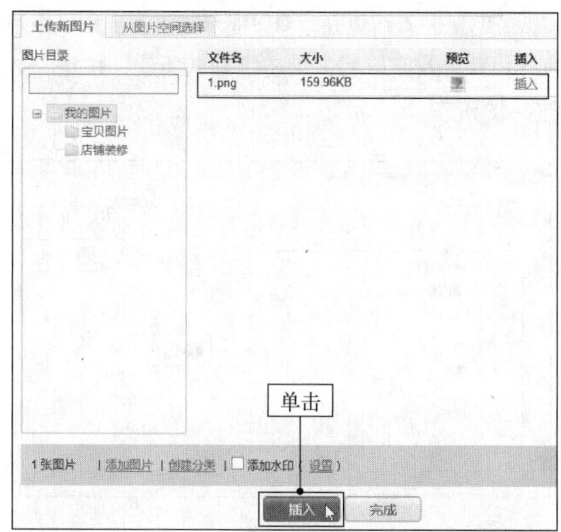

图6-9

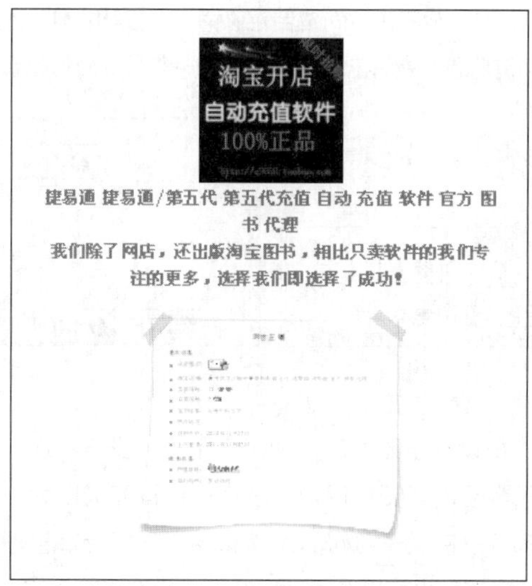

图6-10

用户申请淘宝账号并开通店铺以后，系统会赠送20G的免费图片空间。通过此空间保存店铺的装修图片、商品图片非常便利。如果需要额外增加空间容量，需要在“我的服务”中进行购买。

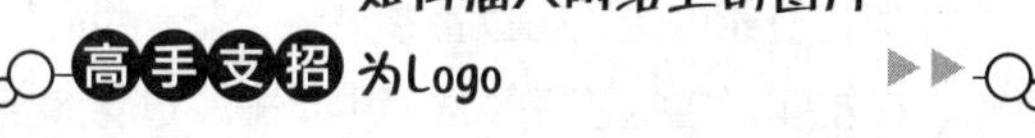

如何插入网络上的图片为Logo

本例所示为上传本地图片后再插入为Logo，也可以添加网络中的图片为Logo，方法很简单，直接选择“插入网络图片”，然后输入该图片的网络地址即可。不过要注意，网络图片的地址有时候会失效，一旦失效就看不到Logo图片了，此时需要重新设置Logo图片。

6.1.2 开通二级免费域名

扫码看视频

所谓域名，就是指平时网站的网址，如人民邮电出版社网址www.ptpress.com就是它的域名。淘宝店是在淘宝下的二级域名，是在顶级域名下，将www替换成任何自己想要设置的字母即可。

第1步 在“店铺基本设置”下单击“域名设置”超级链接，如图6-11所示。

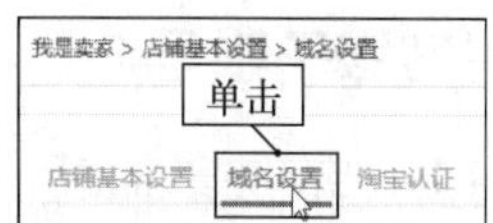

图6-11

第2步 ❶输入自定义的域名；❷单击“查询”按钮进行查询，如图6-12所示。

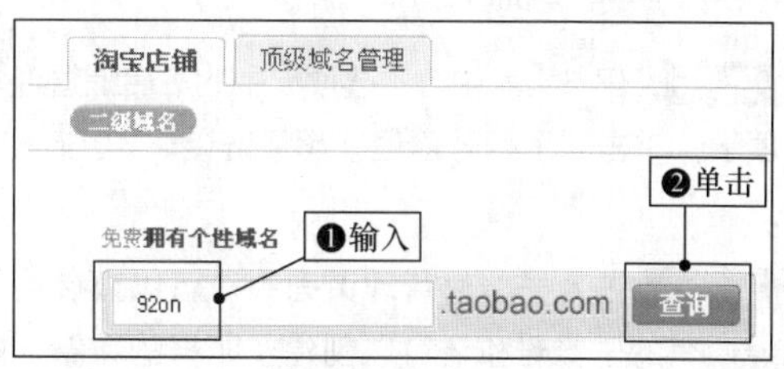

图6-12

第3步 如果提示成功，则直接单击“申请绑定”按钮，如图6-13所示。

图6-13

第4步 阅读淘宝域名使用规则，❶选择“同意以上规则”复选框；❷单击“绑定”按钮，如图6-14所示。

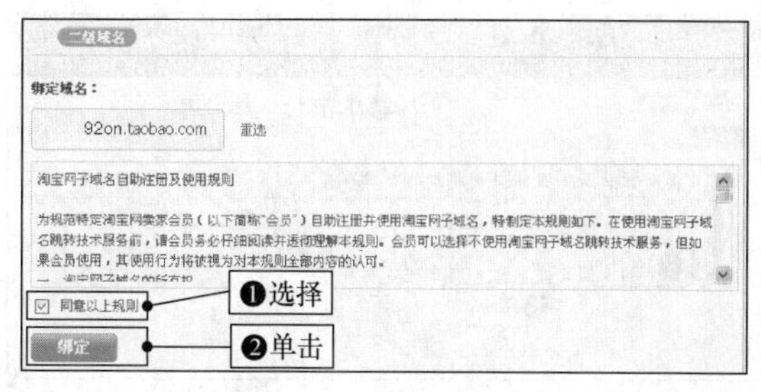

图6-14

专家提点 域名规则

域名只能由字母和数字组成，不能包含字符、空格等。另外，由于注册的人过多，因此重复的域名是不能通过的，大家在自定义设置的时候可以选择一些特别的域名。

第5步 稍等片刻，提示绑定域名成功，以后卖家就可通过访问这个网址浏览店铺了。

6.1.3 设置客服子账号

扫码看视频

子账号业务是淘宝网及天猫提供给卖家的一体化员工账号服务。淘宝卖家使用主账号创建员工子账号并授权后，员工使用子账号可以登录旺旺接待买家咨询，或登录卖家中心帮助管理店铺，并且主账号可对子账号的业务操作进行监控和管理。

第1步 在“卖家中心”选项卡中的“店铺管理”选项下，单击“子账号管理”超级链接，如图6-15所示。

第2步 进入子账号管理页面中，可以直接看到已经拥有的子账号和还可以创建子账号的数量，如图6-16所示。

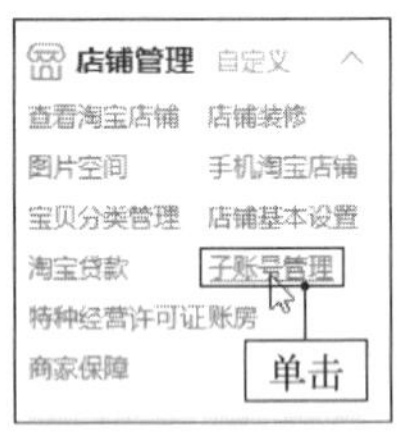

图6-15

图6-16

第3步 在子账号后台，❶单击“员工管理”选项；❷在“部门结构”选项下单击“新建”按钮新建子部门；❸单击“新建员工”按钮，如图6-17所示。

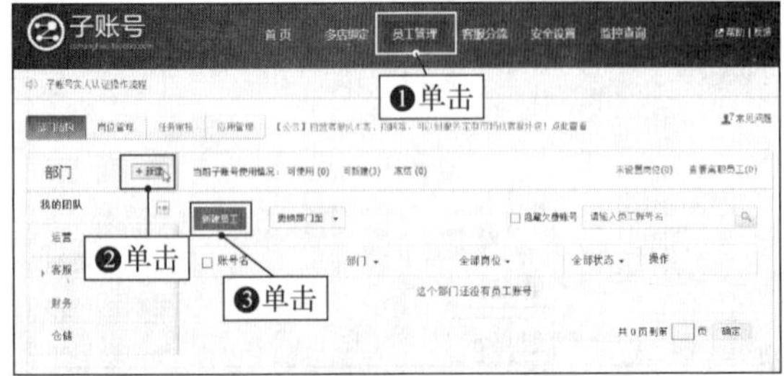

图6-17

第4步 进入新页面，❶按提示输入员工和子账号信息；❷输入完毕后，单击“确认新建”按钮，如图6-18所示。

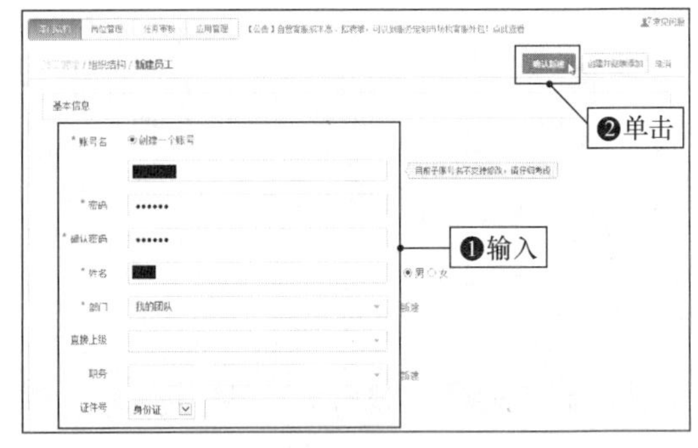

图6-18

第5步 返回“员工管理”页面，❶单击“岗位管理”选项；❷单击“新建自定义岗位”按钮；❸输入新建岗位信息；❹单击“保存”按钮，如图6-19所示。

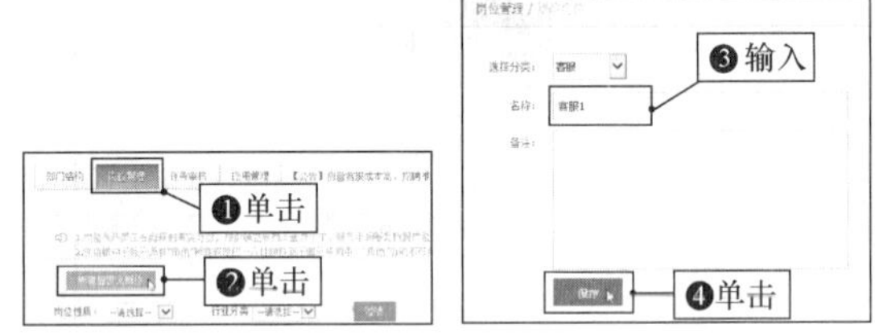

图6-19

在设置子账号时，为了子账号的安全，还可以为子账号设置安全保护。子账号设置完成以后，员工就可以使用子账号登录卖家中心进行店铺管理的相应操作，也可以登录阿里旺旺进行沟通交流了。

6.1.4 查看自己的店铺

扫码看视频

店主填写好自己的相关店铺资料以后，就可以进入自己的店铺进行查看，同时也可以让其他好友来光顾自己的店铺，给予参考意见。

如果已登录淘宝，可以直接进入“卖家中心”页面，在左侧“店铺管理”选项中单击“查看淘宝店铺”超级链接即可访问店铺，如图6-20所示。

如果没有登录淘宝，或者想让其他好友、买家打开自己的店铺，可以让其直接在浏览器地址栏中输入自己的店铺地址，按下回车键即可打开店铺，如图6-21所示。

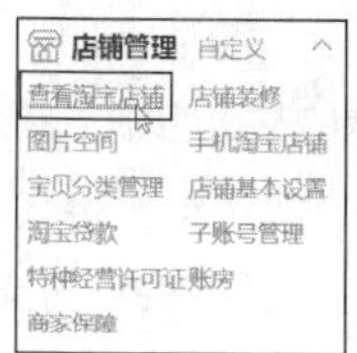

图6-20

图6-21

高手支招　如何推广店铺的地址

店铺地址可以通过QQ、QQ群、邮件、论坛、微博以及微信等多种方式进行推广，具体的推广方式和策略，将在后面进行详细讲解。

6.2 淘宝店铺的基本装修

淘宝网的店铺页面可以根据店主的想法自行设计、装扮，大家称之为“装修”。普通网店拥有的装修权限相对较少，但店铺中的标志、风格、板块等基本的内容都允许卖家自行设计。本节将主要介绍店铺取名、店标设计、店铺风格控制等店铺的一些基本装修方法。

6.2.1 根据商品销售类型确定网店装修风格

店铺风格包含多方面的内容，但最直接地体现在店铺装修的风格上。店铺的装修风格要和销售的商品类型相匹配。

例如，一家出售休闲服饰的网店，装修得过于高档奢华，买家本来通过搜索休闲服饰进来的，却被过于高档的装修给迷惑了，买家会有一种进错门的不适感，会认为这个店里商品价格很昂贵，很可能马上就去别的网店了。

其实，大卖场装修应该有大卖场的亲民风格，专卖店装修应该有专卖店的档次。一家店铺，不管它是网上店铺还是实体店铺，在确定自己的装修风格时，一定要从商品类型出发，贴近自己的消费群体，了解他们的喜好、顾虑，综合分析，最后形成自己店铺的装修风格。

例如，经营电子数码产品的网店，其销售对象大多数是成年男性，理性和逻辑思维较强，因此网店装修应该以蓝、黑为主，以体现店铺的科技感与时尚潮流感，如图6-22所示。

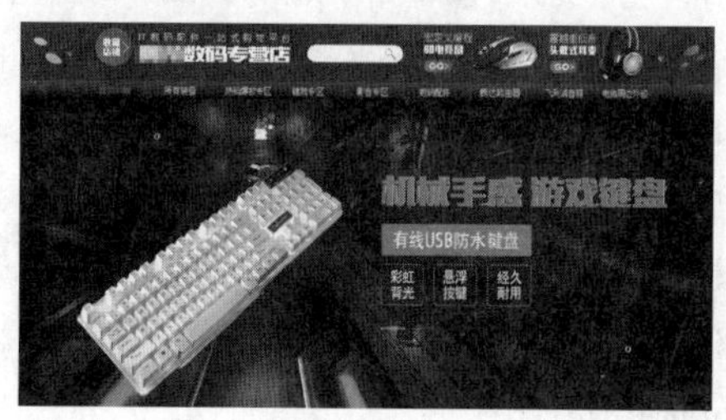

图6-22

又比如母婴用品网店，面向的对象都是怀孕的准妈妈或初为人母的年轻女性，对于充满婴儿照片，以淡绿色、淡黄色等温馨色调为主的网店完全没有免疫力，一旦进入这样的店铺，其消费欲望就会高涨起来，如图6-23所示。

图6-23

下面给出一些常见的根据商品类别确定装修风格的装修经验。

- 数码类：蓝色、黑色主打，体现科技感、酷炫感、潮流感。

- 服装类：服装类商品的风格不好一言以蔽之，因为服装类还可以进行多级细分，如按年龄分，可分为童装、青少年装、成年人装、中老年装；按性别分，可分为男装和女装；按层次分，可分为外衣、里衣、内衣；按价格分，又有高、中、低几档。一个店主的商品很可能同时具备几种分类属性，要根据具体的销售对象来规划装修。例如，经营青年女性休闲外衣的网店，可使用活泼明快的色调；经营中老年男装的网店，应使用庄重、肃穆的色调，也可以迎合中老年人喜欢喜庆的心理，使用红色背景、大灯笼等来装修店面。总之，要根据商品的销售对象来调整装修策略。
- 母婴类：多以浅色调为主，凸显温馨、亲情的感觉。
- 护肤品类：多用浅色、亮色、纯色，给人以一种鲜亮、光洁、水润，充满青春活力的感觉。
- 食品类：食品类也和服装类的情况相似，因为种类繁多，不能一概而论。如海产类，可用浅蓝色、白色作基调，体现海洋感；而火锅底料、干锅炒料等产品，可以用大红色为基调，体现出麻辣感等。总之，要根据具体的产品特点进行设计。
- 家装类：家装类也有几个风格可供考虑，如粉色系的温馨风格、蓝白系的明朗风格、深红色的复古风格等。

实际上商品类别还有很多，这里不可能一一罗列，因此，下面仅选取几种典型类别来进行说明，希望对读者能有启发作用。

在淘宝网站中，商品的分类很细。卖家不仅要确定本店商品在淘宝中的分类，还应该在店铺中为自己的商品设置分类。分类有利于买家快速找到要购买的商品，因为买家不会很有耐心地在一堆没有分类的商品里面寻找自己想买的东西，遇上分类混乱或者没有分类的网店，通常是一走了之。

卖家店铺中设置的分类如图6-24所示。

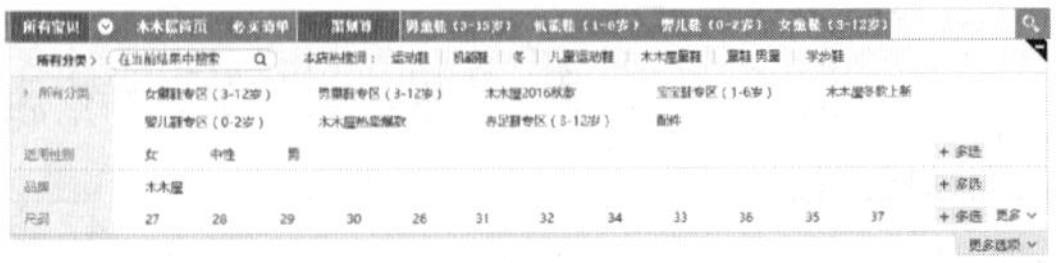

图6-24

在“卖家中心”选项卡的“店铺装修”选项中，可以选择店铺的基础色调，其方法如下。

第1步 登录淘宝网后，进入“卖家中心”页面，单击“店铺管理”下的“店铺装修”超级链接，如图6-25所示。

第2步 进入新页面，单击页面左侧的“配色”选项，如图6-26所示。

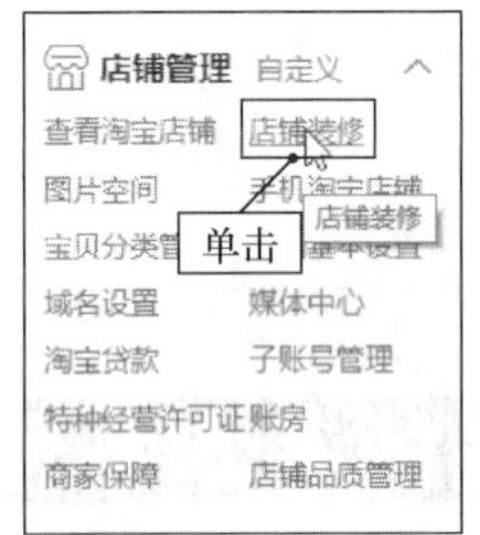

图6-25

图6-26

第3步 ❶选择一个配色；❷单击“预览”按钮，如图6-27所示。

图6-27

第4步 配色效果满意后，单击“发布”按钮，如图6-28所示。

图6-28

高手支招 关于配色和模板

上例中讲解的是淘宝赠送的“基础版店铺官方模板”，卖家可以根据自己店铺的经验种类来选择，比如经营数码类产品，可以选择代表科技的蓝色，如经营年轻女性内衣，可以选择代表温馨的粉红色等。如果卖家还需要更多的模板，可以在菜单中选择“模板管理”选项，进入页面后单击“装修市场”按钮，去装修市场购买收费的模板来使用。

6.2.2 了解店铺布局才好规划装修

初次开店的卖家可能对淘宝网店页面都还不是特别了解，因此，在装修店铺之前，先要对店铺的布局有一定的认识，这样才能更直观地从整体上规划装修。图6-29所示为淘宝店铺的基本布局。

图6-29

❶店铺名称：位于店铺左上角，只能用文字命名，字数在1~30个字之间。

❷店铺信息：其中显示卖家的店铺招牌、淘宝账号、信用信息、创店时间以及店铺中销售商品的数量等。

❸导航栏：导航栏里可以添加多个模块，如本图中就有4个模块：本店搜索、商品分类、商品排行榜和友情链接。这些模块都可以在装修中进行增删。

❹商品列表：显示当前所有在售商品。通过上方的按钮和选项可以对商品进行排序和筛选。

以上是新开淘宝店铺的默认布局，除此之外，还有“掌柜推荐区”可以通过设置将其显示，也可以设计其他布局，比如，使用横向的导航栏，放在商品列表上面，如图6-30所示。

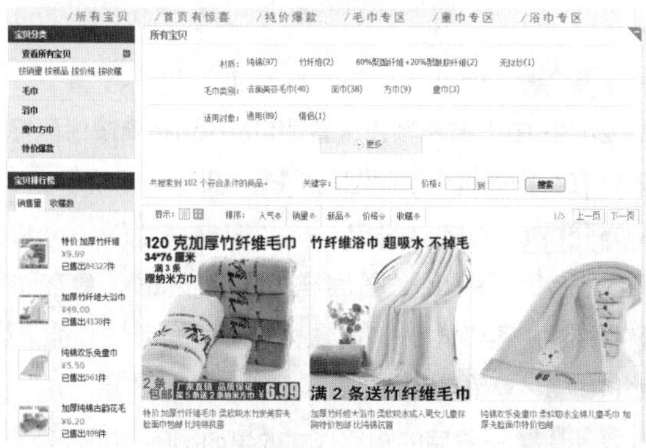

图6-30

在导航栏上面，可以是公告栏和店铺信息，也可以加入自定义的通栏广告。总的来说，网店的布局没有什么大的变化，都是从上到下安排，能够换位置的，无非是导航栏，以及自定义的通栏广告。

6.2.3 在装修页面中编辑店铺模块

扫码看视频

通常一个网店中有几个基本的页面，如首页、商品列表页、商品详情页、商品分类页、店内搜索页等，每个页面又拥有不同的模块，比如之前介绍过的，在网店首页有店铺信息、店铺公告等模块，卖家可以对每个页面的每个模块自行进行增删和修改。

下面就以在网店首页中增加“友情链接”模块并编辑其内容的操作为例，讲解在装修页面中编辑店铺模块的方法。

第1步 登录淘宝网店后，进入“卖家中心”选项卡，单击“店铺装修”超级链接，如图6-31所示。

第2步 进入新页面，在页面左侧的“模块”选项中找到“友情链接”模块，将其拖曳到想要的位置，如图6-32所示。

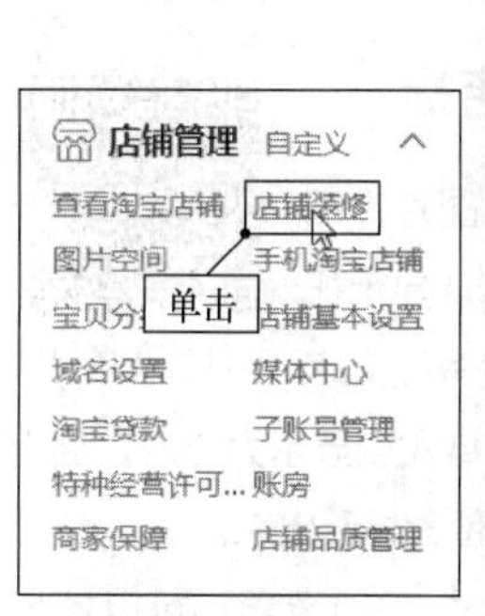

图6-31

图6-32

第3步 将鼠标指针悬停在模块上，单击“编辑”按钮，如图6-33所示。

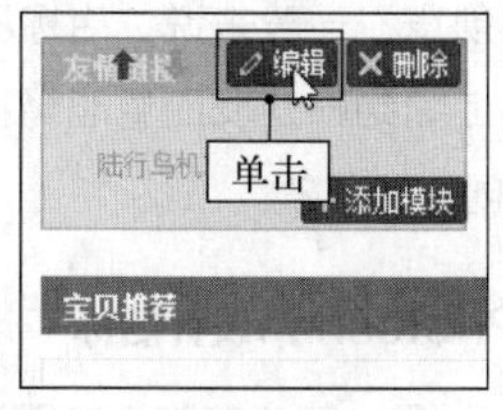

图6-33

第4步 弹出对话框，❶输入链接名称和地址等信息；❷单击“保存”按钮，如图6-34所示。

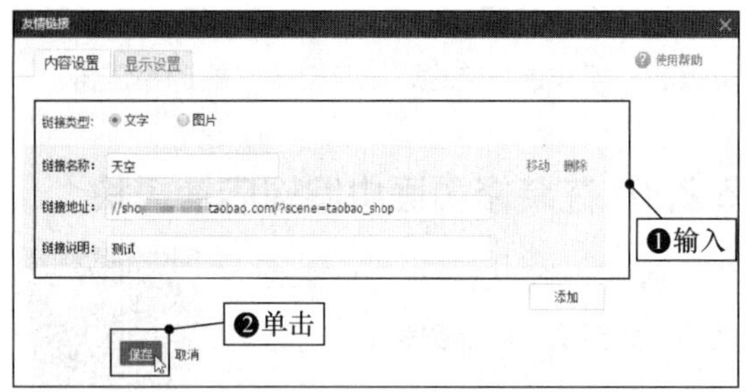

图6-34

第5步 打开店铺查看，可以看到新增加的友情链接，如图6-35所示。

图6-35

如果要删除模块，只需将鼠标指针悬停到模块上，单击出现的“删除”按钮即可。其他页面和模块的编辑方法也和本例类似，这里就不再一一进行讲解，读者可以自己尝试修改。

6.2.4 设计并上传店标

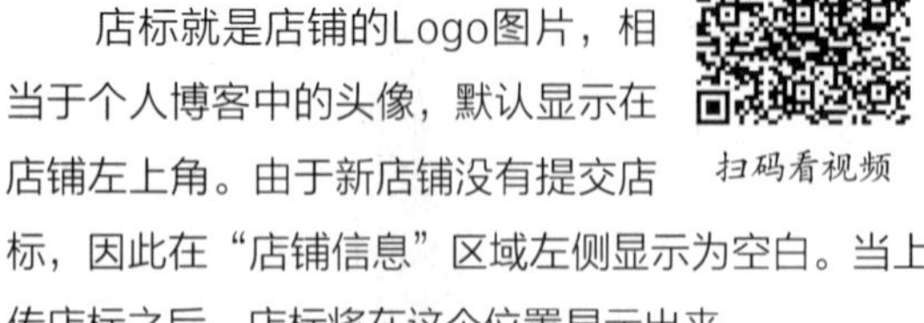

扫码看视频

店标就是店铺的Logo图片，相当于个人博客中的头像，默认显示在店铺左上角。由于新店铺没有提交店标，因此在“店铺信息”区域左侧显示为空白。当上传店标之后，店标将在这个位置显示出来。

店标大小最好为80像素×80像素，可以使用Photoshop、coreldRAW等图形处理软件来制作。就像其他媒体上的Logo一样，店标在设计过程中也应该溶入网店的文化作为内涵，结合店铺名称和这些内涵来施展创意。一般来说，店标不宜太花哨，在达意的基础上简约一些反而更能经得起推敲，易给人留下用心创作的印象。

1. 使用Photoshop设计店标

Photoshop是一款功能强大的图形图像编辑软件，很多店主都用它来编辑网店的店标、店招以及商品图片等。那么，就让我们一起来看看如何使用Photoshop设计自己的店标。

第1步 启动Photoshop，选择“文件”→“新建”命令，弹出“新建”对话框，如图6-36所示。

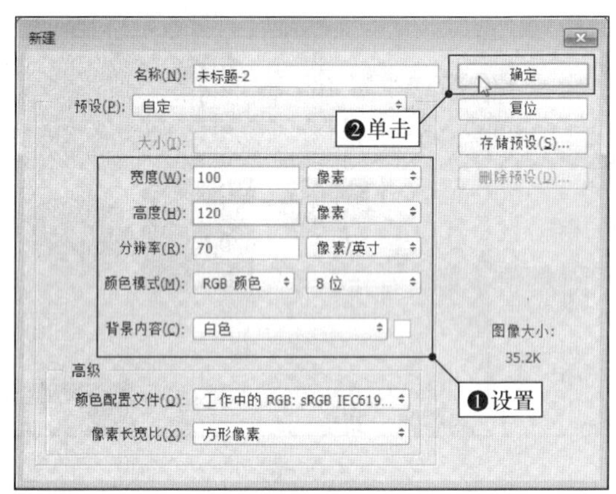

图6-36

第2步 在图6-36所示对话框中，❶将“宽度”设置为100，“高度”设置为120；❷单击“确定”按钮，新建一个空白文档，如图6-37所示。

图6-37

第3步 ❶单击工具箱中的“圆角矩形”工具，在选项栏中将填充颜色设置为#ff16ba；❷按住鼠标左键在绘图区域中绘制圆角矩形，如图6-38所示。

第4步 选择“图层”→“图层样式”→“描边”命令，弹出“图层样式”对话框，❶在该对话框中将“大小”设置为1，“颜色”设置为#ff1e1e；❷单击“确定”按钮，如图6-39所示。

第5步 设置后的图层样式效果如图6-40所示。

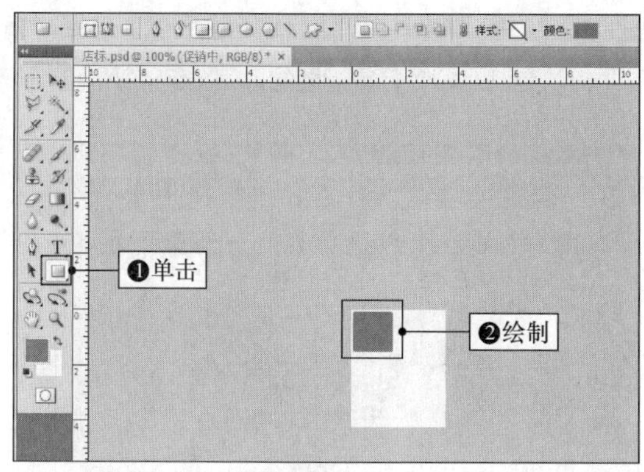

图6-38

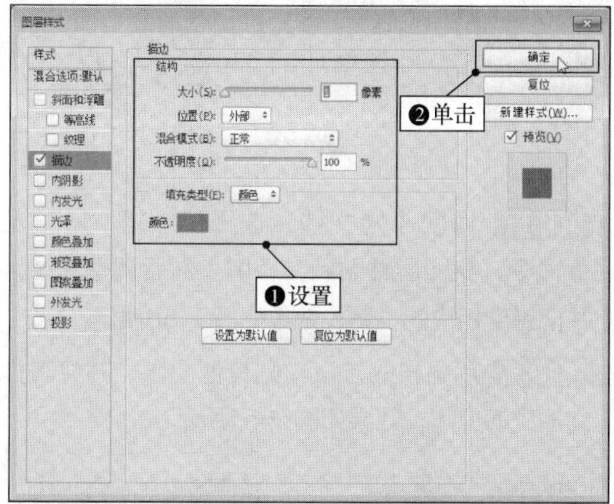

图6-39

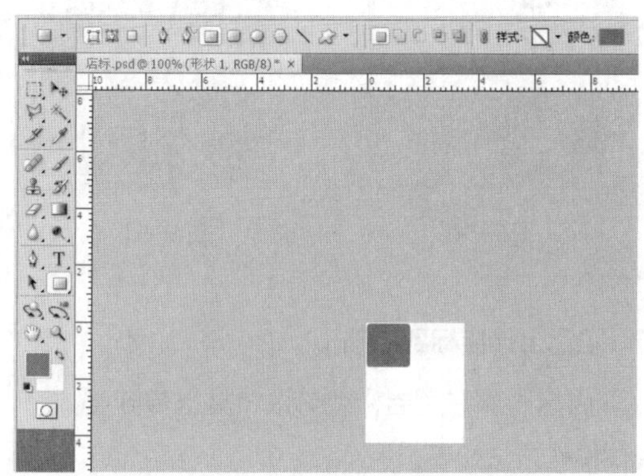

图6-40

第6步　❶单击工具箱中的“横排文字”工具 T；❷输入文字“时尚”，并设置颜色、大小等参数，如图6-41所示。

第7步　❶单击工具箱中的“自定义形状”工具；❷在选项栏中设置形状和填充颜色#93ff90；❸按住鼠标左键在绘图区域中绘制相应的形状，如图6-42所示。

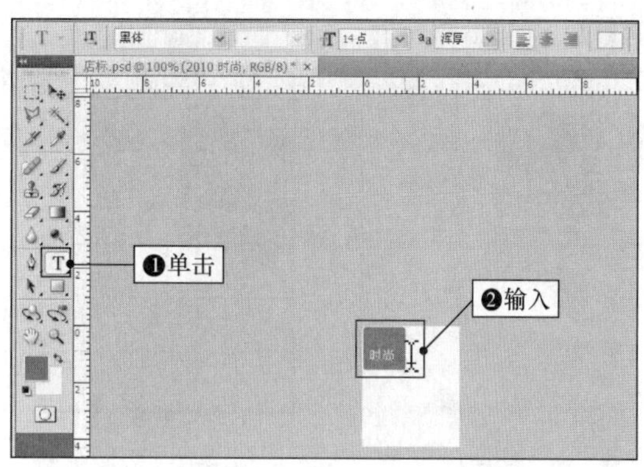

图6-41

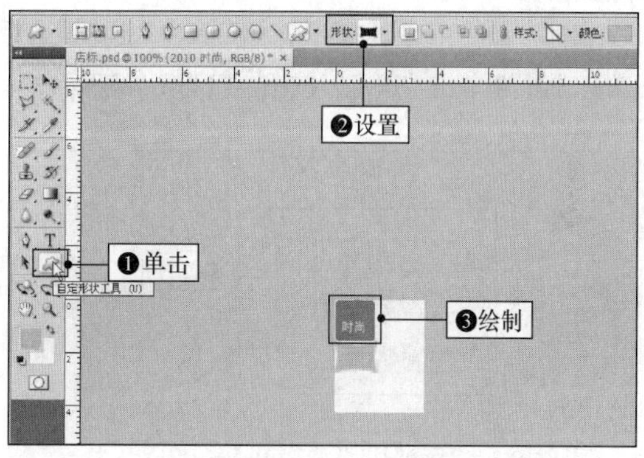

图6-42

第8步　选择“图层”→“图层样式”→“混合选项”命令，❶弹出“图层样式”对话框，在该弹出的列表中选择“样式”选项；❷在右侧的列表中选择相应的样式；❸单击“确定”按钮，如图6-43所示。

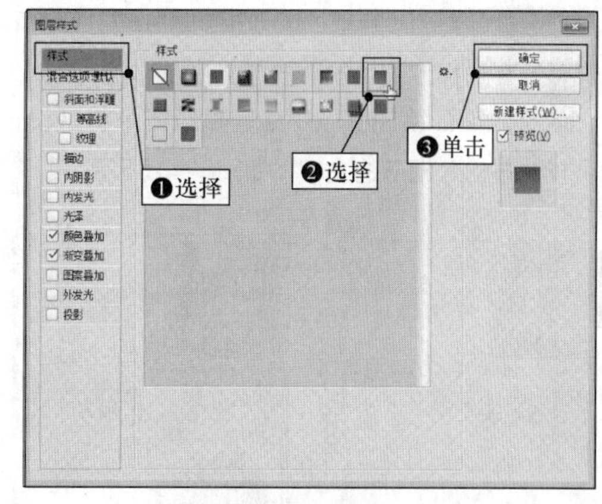

图6-43

第9步　设置图层样式后的效果如图6-44所示。

第10步　选择工具箱中的“横排文字”工具 T，输入文字“热卖”，并在选项栏中设置大小、颜色等参数，如图6-45所示。

图6-44

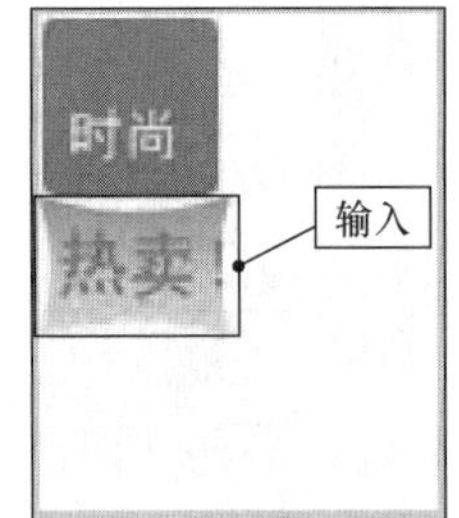

图6-45

第11步 选择“图层”→“图层样式”→“描边”命令，弹出“图层样式”对话框，❶在该对话框中设置相应的参数；❷单击“确定”按钮，如图6-46所示。

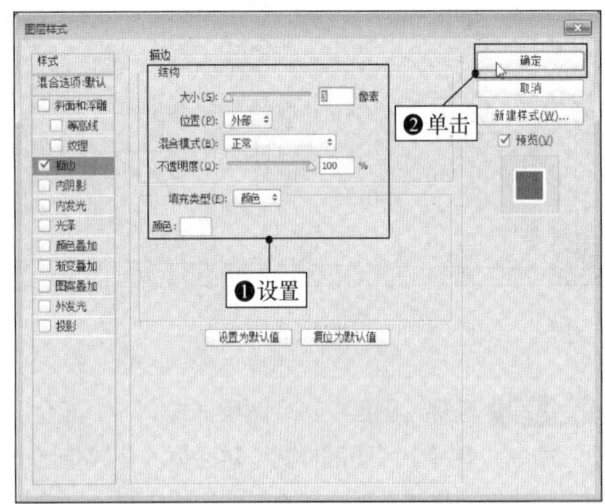

图6-46

第12步 设置图层样式后的效果如图6-47所示。

第13步 选择工具中的“自定义形状”工具，按住鼠标左键在绘图区域中绘制相应的形状，设置图层样式并输入相应的文字，如图6-48所示。

图6-47

图6-48

第14步 选择“文件”→“打开”命令，打开新的图像文件，按“Ctrl+A”组合键全选图像。选择“编辑”→“复制”命令，复制图像，如图6-49所示。

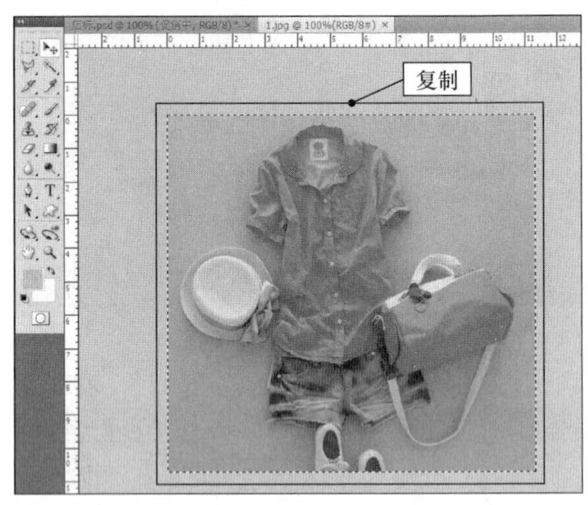

图6-49

第15步 返回原始文档，选择“编辑”→“粘贴”命令，将图层粘贴到文档中，然后调整图像大小并拖曳到相应的位置，效果如图6-50所示。

第16步 用同样的方法粘贴其他图像，并将其拖曳到相应的位置，效果如图6-51所示。

图6-50

图6-51

2. 上传店标到店铺

店标制作好之后，就可以将其上传到店铺了，具体操作方法如下。

第1步 按照上一小节讲解的方法进入“卖家中心”页面的“店铺基本设置”选项，单击“上传图片”按钮，如图6-52所示。

图6-52

第2步 打开“选择要加载的文件”对话框，❶选择店标图片；❷单击“打开”按钮，如图6-53所示。

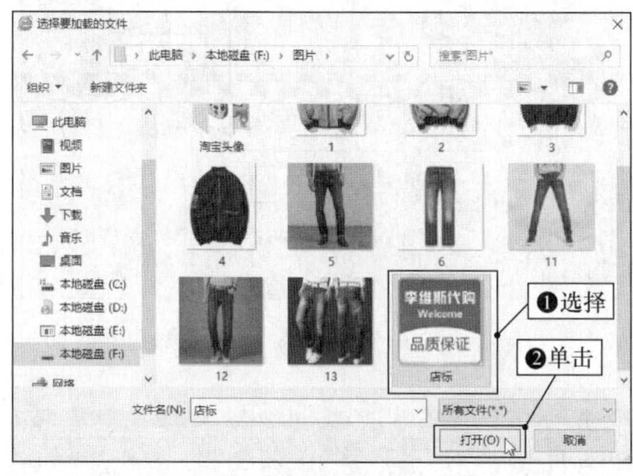

图6-53

第3步 返回“店铺基本设置”页面后，单击“保存”按钮即可。

高手支招　在线制作店标

如果店主不太会制作店标，或者没有时间制作店标，可以到在线店标制作网站去做一个店标，只需选择一个模板，输入必要文字信息即可生成店标，非常方便。“三角梨”是比较好用的在线店标制作网站。

6.2.5　设计并上传图片公告

卖家在淘宝网开店后，淘宝网已经为店铺提供了公告栏的功能，卖家可以在“店铺装修”页面中设置公告的内容。卖家在制作公告栏前，需要了解并注意一些事项，以便制作出效果更好的公告栏。

扫码看视频

淘宝基本店铺的公告栏具有默认样式，卖家只能在默认样式的公告栏上添加公告内容，如图6-54所示。

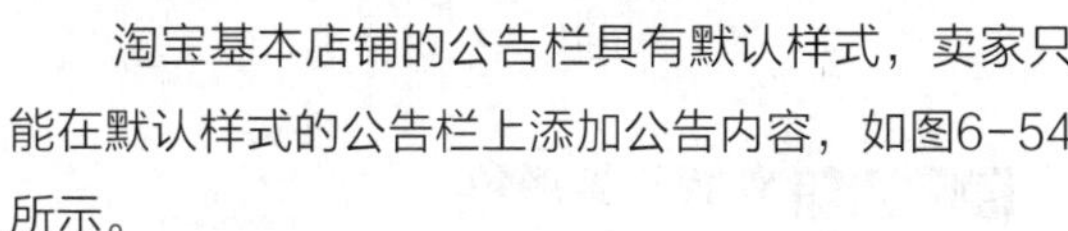

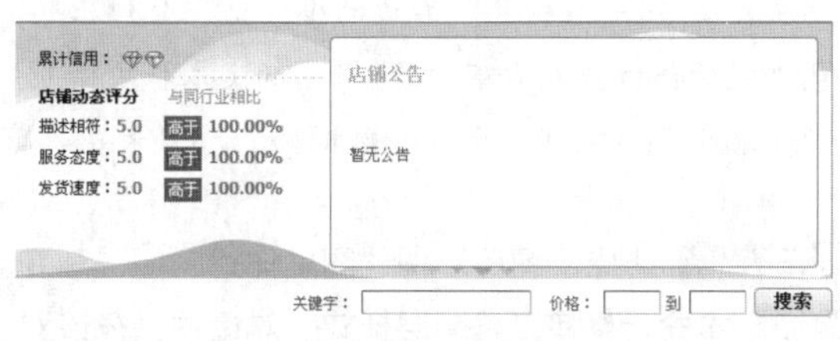

图6-54

由于店铺已经存在默认的公告栏样式，而且这个样式无法更改，因此卖家在制作公告栏时，可以将默认的公告栏效果作为参考，使公告的内容效果与之搭配。淘宝基本店铺的公告栏默认设置了滚动的效果，在制作时无须再为公告内容添加滚动设置。

公告栏内容的宽度不要超过480像素，否则超过部分将无法显示，而公告栏的高度可随意设置。如果公告栏的内容为图片，那么需要指定图片在互联网上的位置。

首先要使用Photoshop设计公告栏图片，而要以图片作为公告栏的内容，就需要将图片上传到淘宝图片空间或互联网上。将图片上传以后，在店铺装修功能中插入图片或图片所在的网址即可。下面讲解使用Photoshop设计公告栏图片的方法。

第1步 启动Photoshop，选择“文件”→“新建”命令，弹出“新建”对话框，❶将“宽度”设置为450像素，“高度”设置为350像素，“背景内容”选择“背景色”选项；❷单击“确定”按钮，如图6-55所示。

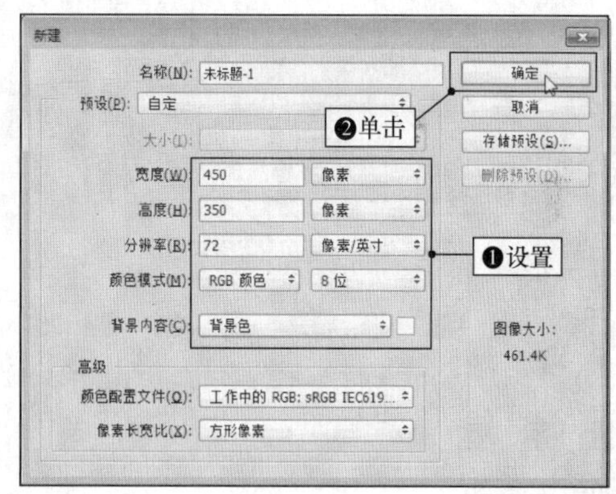

图6-55

第2步 新建一个空白文档，如图6-56所示。

图6-56

第3步 ❶选择工具箱中的“椭圆”工具，在选项栏中将填充颜色设置为#ffffff；❷按住鼠标左键在绘图区域中绘制多个椭圆，如图6-57所示。

第4步 ❶选择工具箱中的“圆角矩形”工具；❷按住鼠标左键在绘图区域中绘制圆角矩形，如图6-58所示。

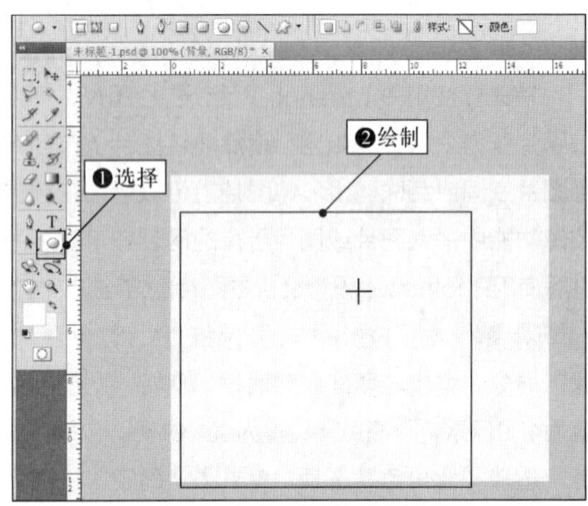

图6-57

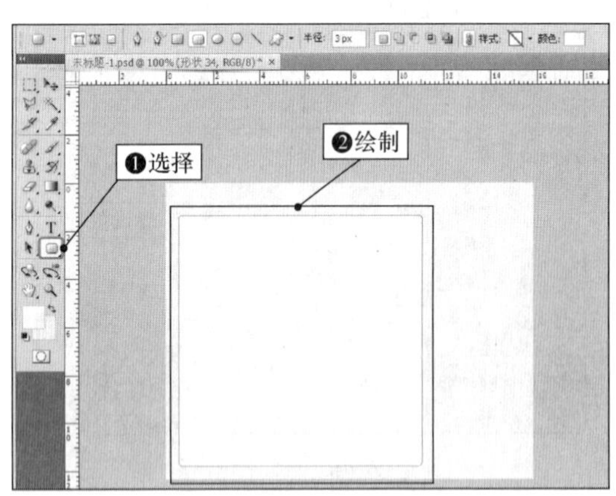

图6-58

第5步 选择“图层”→“图层样式”→“描边”命令，弹出“图层样式”对话框，❶在该对话框中将“大小”设置为1，“颜色”设置为#04bfb0；❷单击“确定”按钮，如图6-59所示。

第6步 设置图层样式后的效果如图6-60所示。

第7步 ❶选择工具箱中的“自定义形状”工具，在选项栏中选择相应的形状，将填充颜色设置为#cf0808；❷按住鼠标左键在绘图区域中绘制形状，如图6-61所示。

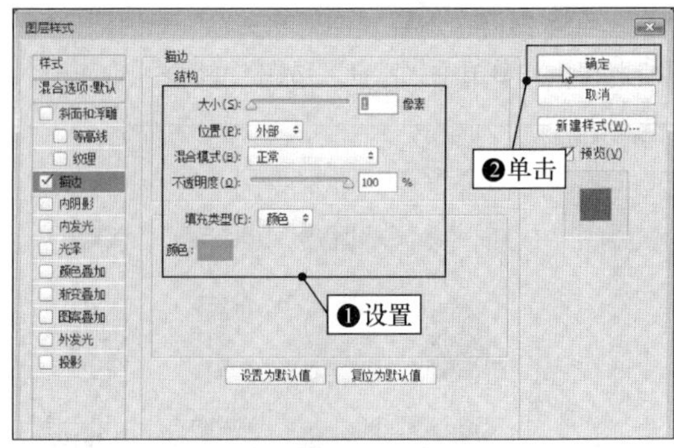

图6-59

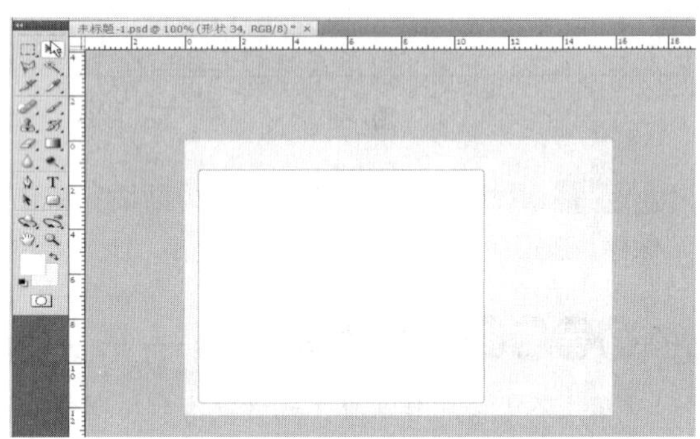

图6-60

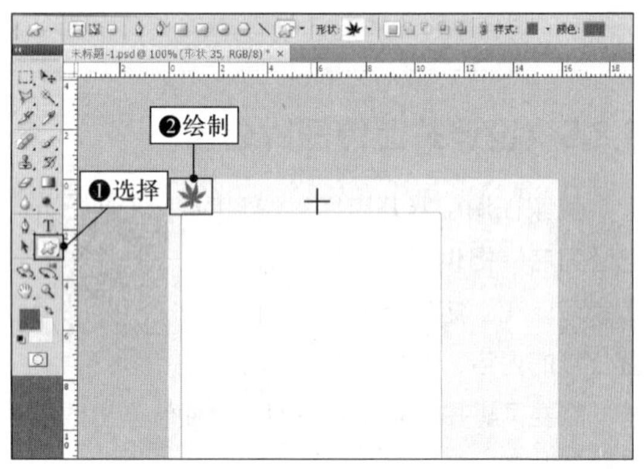

图6-61

专家提点 如何设置颜色

单击图6-59中“颜色”右边的小方框，会弹出颜色设置对话框，在右下方的#号后的文本框中输入“cf0808”即可设置颜色，注意不要输入#号本身。

第8步 选择“图层”→“图层样式”→“渐变叠加”命令，❶弹出“图层样式”对话框，在该对话框中设置相应的参数；❷单击“确定”按钮，设置图层样式，如图6-62所示。

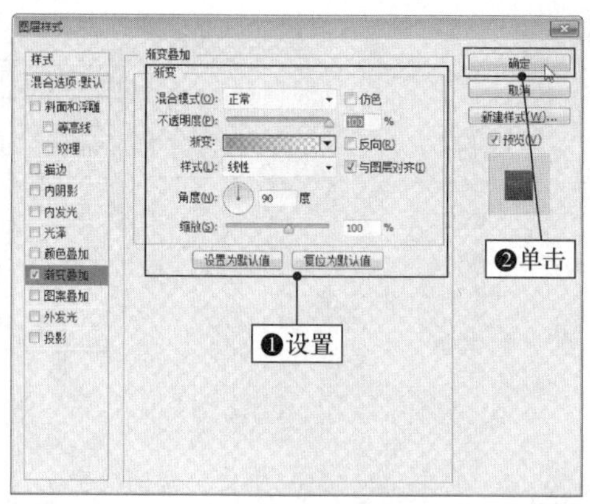

图6-62

第9步 ❶选择工具箱中的“横排文字”工具T；❷输入文字“店铺公告”，在选项栏中设置相应的参数，如图6-63所示。

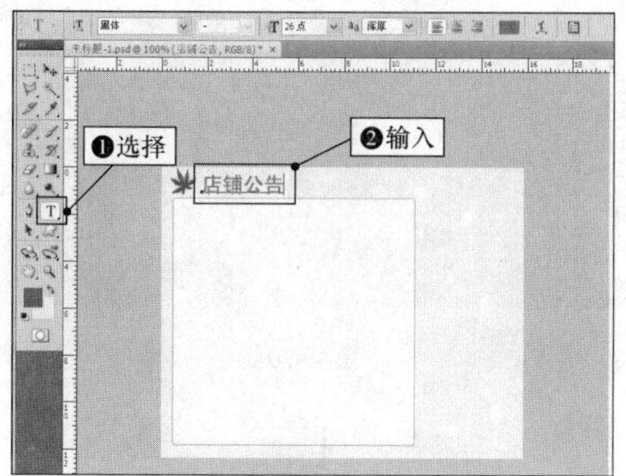

图6-63

第10步 选择“文件”→“打开”命令，打开图像文件，按“Ctrl+A”组合键全选图像。选择“编辑”→“复制”命令，复制图像，如图6-64所示。

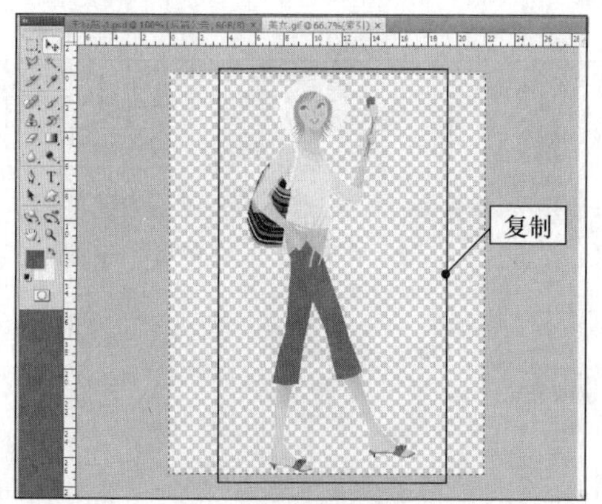

图6-64

第11步 返回原始文档，选择“编辑”→“粘贴”命令，将图层粘贴到文档中，然后调整图像的位置，如图6-65所示。

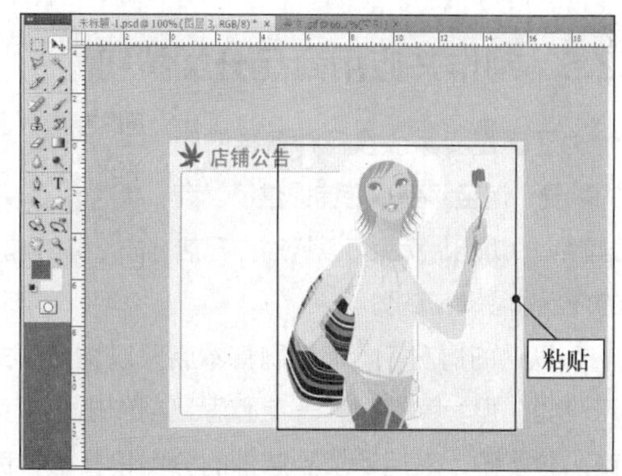

图6-65

第12步 选择“编辑”→“变换”→“水平翻转”命令，翻转图像，然后调整图像的大小，如图6-66所示。

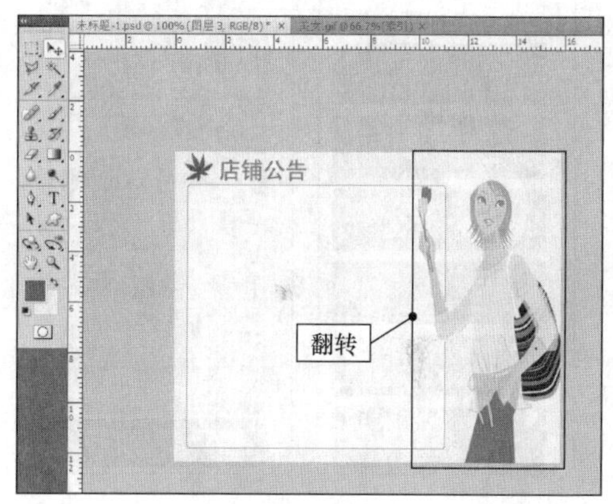

图6-66

第13步 选择工具中的“横排文字”工具T，输入公告文字并设置字体大小、颜色等参数，如图6-67所示。

图6-67

保存图片之后，按照上传店标的方法，将图片上传到公告栏即可。

6.2.6 制作并应用商品分类按钮

扫码看视频

为了满足卖家放置各种各样的商品的需要，淘宝网基本店铺提供了“商品分类”的功能，卖家可以针对自己店铺的商品建立对应的分类。

在默认的情况下，淘宝网基本店只以文字形式显示分类，但卖家可以花一点心思，制作出很漂亮的商品分类图，然后添加到店铺的分类设置上，即可产生出色的店铺分类效果，图6-68所示为漂亮的分类导航按钮。

图6-68

1. 使用Photoshop设计分类按钮

使用Photoshop制作分类按钮图片的具体操作步骤如下。

第1步 启动Photoshop，选择“文件”→“新建”命令，弹出“新建”对话框，❶将“宽度”设置为160，“高度”设置为68；❷单击“确定”按钮，如图6-69所示。

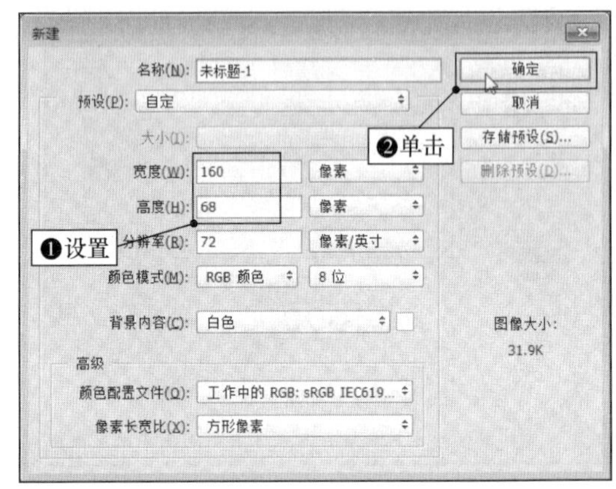

图6-69

第2步 新建一个空白文档，如图6-70所示。

图6-70

第3步 选择工具箱中的“圆角矩形”工具，在选项栏中将填充颜色设置为#d3f2ad，按住鼠标左键在绘图区域中绘制圆角矩形，如图6-71所示。

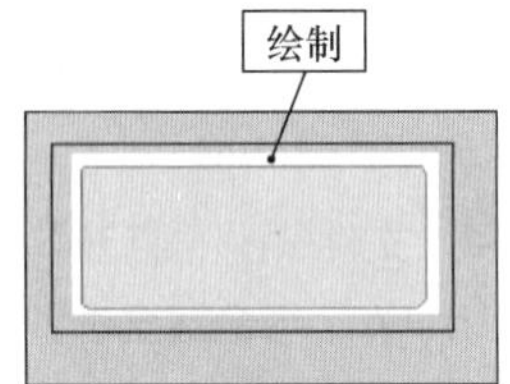

图6-71

第4步 选择“图层”→“图层样式”→“投影”命令，弹出“图层样式”对话框，❶将“颜色”设置为#1c4500；❷单击“确定”按钮，如图6-72所示。

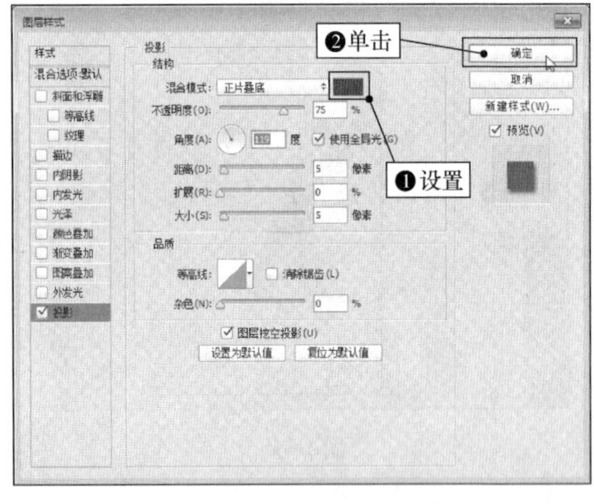

图6-72

专家提点　关于圆角矩形

圆角矩形比直角矩形好看，但使用中要注意，圆角的数值不宜设置得太大，不然会起到相反的效果，看上去不协调。

第5步 ❶在该对话框中勾选“内阴影”选项；❷设置相应的参数；❸单击“确定”按钮，如图6-73所示。

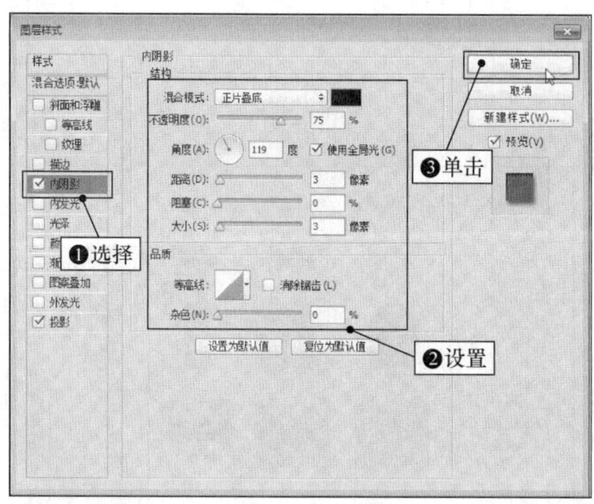

图6-73

第6步 设置图层样式后的效果如图6-74所示。

第7步 选择工具箱中的“自定义形状”工具，在选项栏中选择相应的形状，将填充颜色设置为#cf0808，按住鼠标左键在绘图区域中绘制相应的形状，如图6-75所示。

图6-74

图6-75

第8步 选择“图层”→“图层样式”→“外发光”命令，弹出“图层样式”对话框，❶在该对话框中设置相应的参数；❷单击“确定”按钮，如图6-76所示。

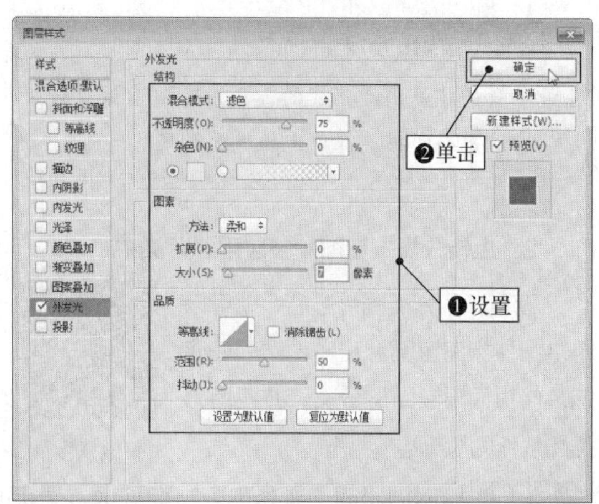

图6-76

第9步 设置图层样式后的效果如图6-77所示。

第10步 选择工具箱中的“横排文字”工具，在绘图区域中输入文字“促销产品”，在选项栏中设置相应的参数，如图6-78所示。

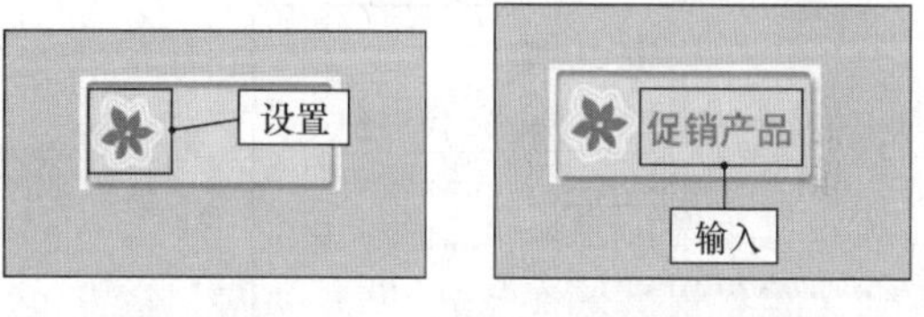

图6-77　　图6-78

第11步 选择“图层”→“图层样式”→“描边”命令，弹出“图层样式”对话框，❶在该对话框中设置相应的参数；❷单击“确定”按钮，如图6-79所示。

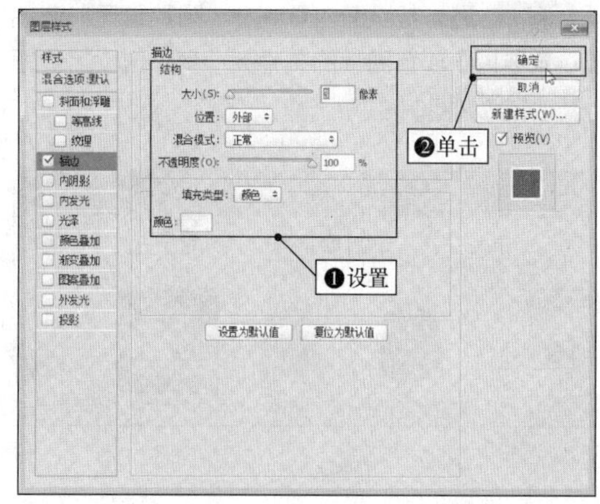

图6-79

第12步 设置图层样式后的效果如图6-80所示。用同样的方法可以制作其余的导航按钮。

图6-80

高手支招 关于参数

各种参数并非是固定不变的，用户可以尝试自行改变，看看是否能够获得更好的视觉效果。

2. 上传分类按钮图片并应用到分类中

扫码看视频

设置好了分类图片之后，就可以将之上传到淘宝图片空间，然后在店铺装修页面建立新的分类，并使用分类图片作为装饰。

第1步 进入淘宝的“卖家中心”选项卡，单击“图片空间”超级链接，如图6-81所示。

图6-81

第2步 进入新页面，❶单击“图片管理”选项卡；❷选择要放置图片的文件夹；❸单击“上传图片”按钮，如图6-82所示。

图6-82

第3步 弹出“上传图片”页面，单击“通用上传”下的“点击上传”按钮，如图6-83所示。

第4步 弹出“打开”对话框，❶选择要上传的分类按钮图片；❷单击“打开”按钮，如图6-84所示。

第5步 上传完毕后，进入淘宝“卖家中心”选项卡，单击“店铺装修”超级链接，如图6-85所示。

第6步 进入新页面，单击“宝贝分类”模块上的“编辑”按钮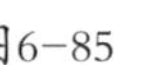，如图6-86所示。

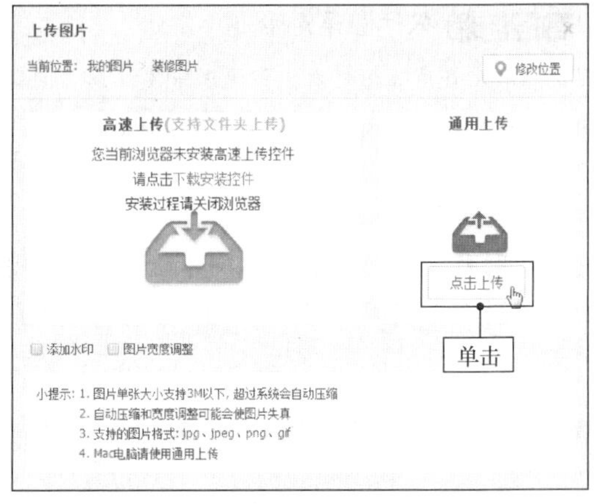

图6-83

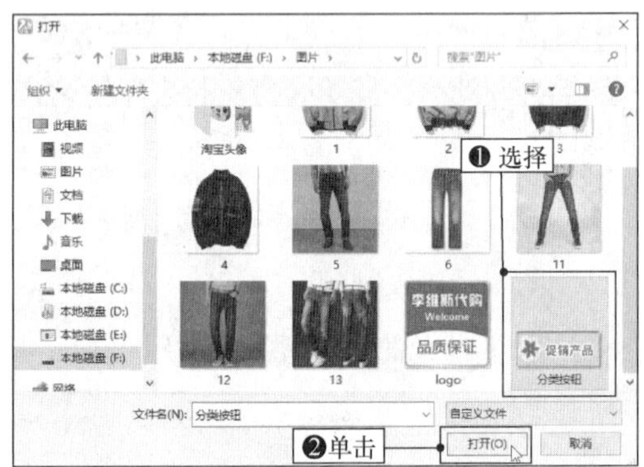

图6-84

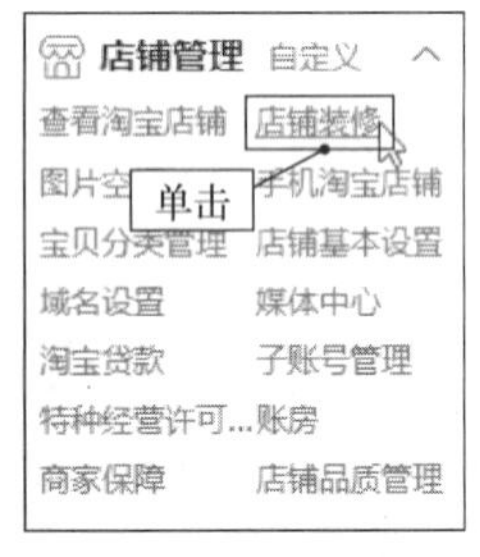

图6-85

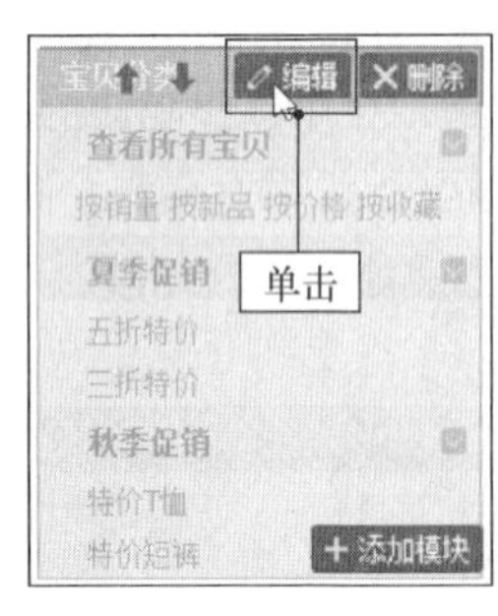

图6-86

第7步 进入新页面，❶单击“添加手工分类”按钮；❷输入分类名称“促销产品”；❸单击“添加图片”超级链接，如图6-87所示。

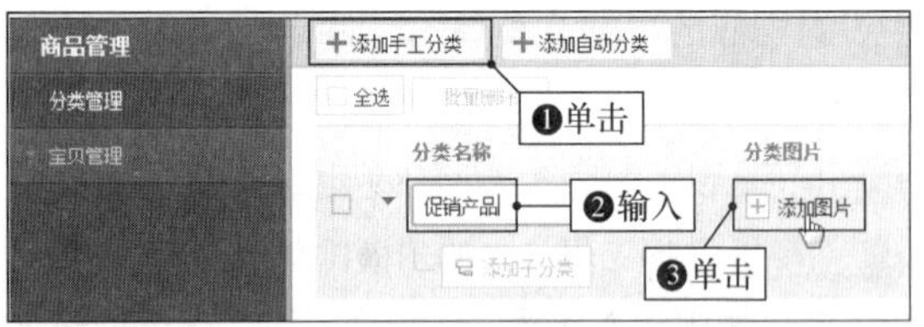

图6-87

第8步 弹出对话框，单击“插入图片空间图片”单选项，如图6-88所示。

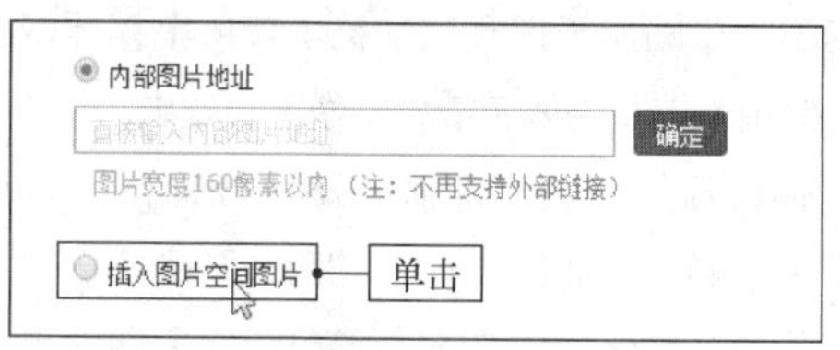

图6-88

第9步 弹出对话框，❶选择上传图片时存放图片的文件夹；❷单击分类按钮图片，如图6-89所示。

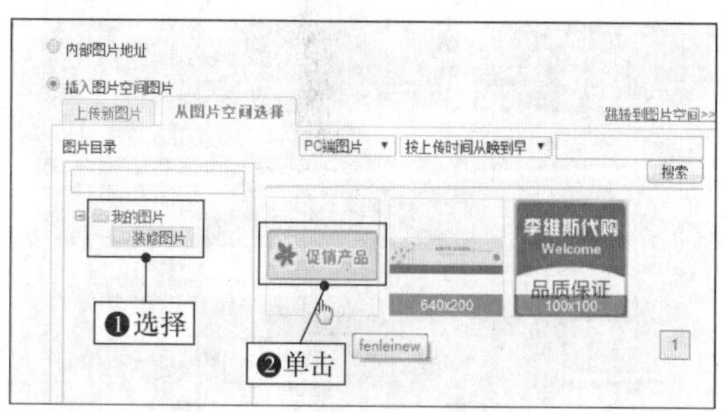

图6-89

第10步 返回上一页面，单击“保存更改”按钮，如图6-90所示。

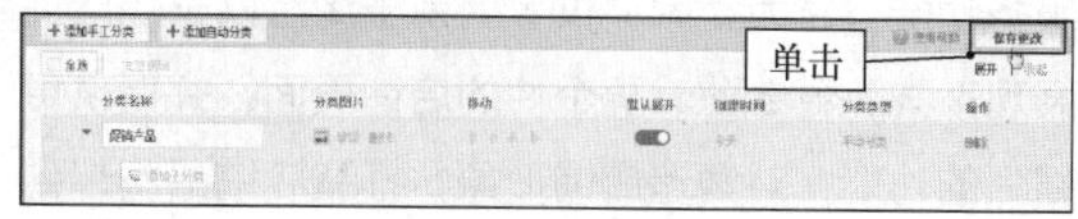

图6-90

第11步 ❶单击“宝贝管理”选项；❷单击“未分类宝贝”选项；❸选择要移动到新分类中的宝贝；❹单击“批量分类”下拉按钮；❺选择新建的分类；❻单击“应用”按钮，如图6-91所示。

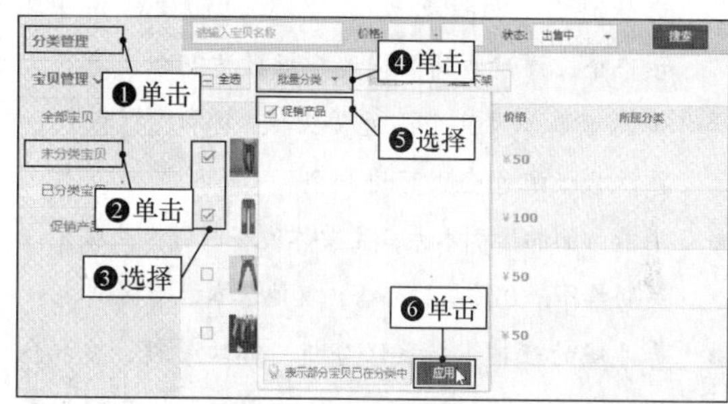

图6-91

过几分钟后刷新网店页面，就可以看到新增的分类，并且分类使用了漂亮的图片。

6.3 淘宝旺铺的美化与设计

开通店铺以后，由于系统只具备创业扶植版旺铺功能，界面很简单，功能也不多，不方便店主做出各种有个性、有特色的界面，对买家的吸引力也不够。要想使用更为强大的店铺装修工具，还得使用淘宝的专业版旺铺。

2016年6月，淘宝旺铺为顺应无线端和个性化展现的需求，推出了旺铺智能版。旺铺智能版主要用于为手机端淘宝店添加各种模块化的功能，对装修要求甚少，因此这里仅进行介绍，不详细讲解。

6.3.1 淘宝旺铺专业版与智能版的区别

淘宝旺铺是淘宝开辟的一项增值服务和功能，它提供相比普通店铺更加个性、豪华的店铺界面，使得买家购物体验更好，更容易产生购买欲望，如图6-92所示是普通店铺装修效果，图6-93是旺铺的装修效果。

图6-92

图6-93

淘宝旺铺是淘宝为卖家提供的一项收费的增值服务功能，它为卖家提供了区别于淘宝网一般店铺展现形式、更专业、更个性的店铺页面，并提供更强大的功能，对塑造店铺形象，打造店铺品牌起到了至关重要的作用，在吸引买家的同时为买家营造良好的购物环境。

1. 认识淘宝旺铺专业版

淘宝旺铺专业版和基础版相比有以下优势。

- 店铺装修方面体现在首页的布局结构上面：可选择通栏、两栏或三栏；列表页面模板数可显示15个；详情页商品描述模板数达25个；自定义页面可添加至50个；免费提供3个系统模板数；系统模板配色套数可达24个。
- 功能方面的区别不大，主要体现在旺铺专业版允许关联推荐，允许店铺公告，其他基本没有区别。
- 专业版的旺铺支持装修分析、模块管理、支持JS模板、支持旺铺CSS等，图6-94所示为旺铺店家的新增导航模块和CSS自定义编辑效果。

图6-94

- 旺铺可以直观地显示原价、折扣价及销量，抓住买家的价格心理和从众心理，加大购买力度，如图6-95所示。

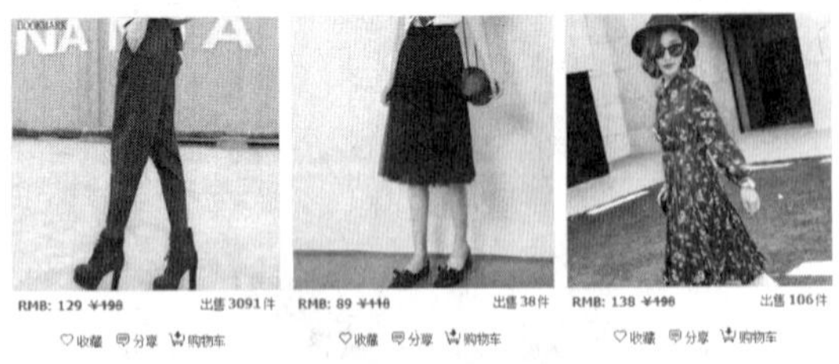

图6-95

专家提点 专业版费用

旺铺基础版功能简单，上手容易，适合新手使用，完全免费；旺铺专业版订购费用为50元/月。旺铺专业版可由基本版升级而来。

2. 认识淘宝旺铺智能版

淘宝旺铺智能版将无线店铺和PC店铺的装修入口打通，实现一个后台、两端店铺装修。在移动端淘宝销量递增的趋势下，旺铺智能版更多地考虑无线端的功能，在店铺营销中突出无线模块；智能版中的千人千面用于提升店铺整体转化率；更多的运营工具用于提升整体店铺装修效率、效果。

相比淘宝旺铺专业版，淘宝旺铺智能版新加“视频导购”“切图模块”“倒计时模块”“新客热销”“个性化搜索文案”“自定义多端同步”和“千人千面首页”等16个功能，如图6-96所示。

图6-96

具体而言，淘宝旺铺智能版的特点包括以下几点。

- 视频导购的加入，更多展现自家商品的同时，也给买家带来更直观的视觉体验。
- 实现一键智能装修，即使没有美工，也不用头疼装修。
- 后台可以实现电脑端店铺和无线端店铺的装修，无须重复装修工作，也无须切换浏览器，省时省力。
- 大图热图切图，可选择自定义链接，提高装修质量，节约时间。页面布局不受网格限制，布局十分灵活。
- 千人千面的详情页，促进店铺商品的关联销售，加大销售量。
- 系统根据自定义买家分类，打造个性化商品库，经过智能筛选，更准确的命中目标用户。

由于旺铺智能版使用非常简单，因此，后面将重点讲解旺铺专业版的装修方法。

6.3.2 开通淘宝旺铺专业版与智能版

扫码看视频

淘宝旺铺是淘宝提供的一种增值服务，能够使店铺更专业、更具个性，并提供了更强大的功能，对塑造店铺形象，打造店铺品牌，推广促销商品，起到了至关重要的作用。只要拥有店铺，并且店铺没有被监管或者封店，都可订购淘宝旺铺服务。

1. 淘宝旺铺专业版

淘宝对新入驻的商家有一定的扶持，在装修方面而言，如果是一钻以下卖家，可免费使用专业版。因此，一钻以下卖家可以把握住机会，申请免费使用旺铺专业版给自己店铺装修加分。具体的操作步骤如下。

第1步 登录淘宝，进入“卖家中心”选项卡，单击“店铺管理”下面的“店铺装修”超级链接，如图6-97所示。

第2步 进入如图6-98所示的店铺装修页面，单击“专业版”超级链接。

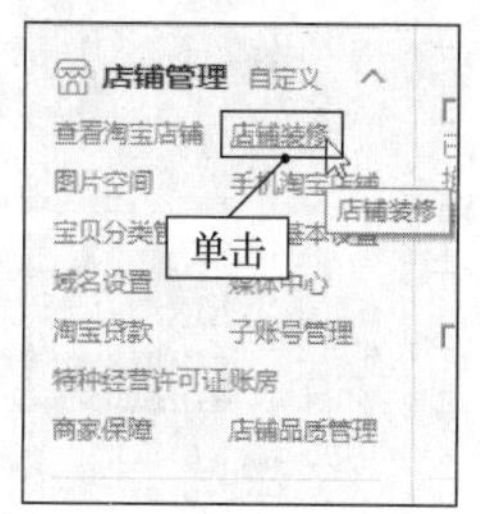

图6-97

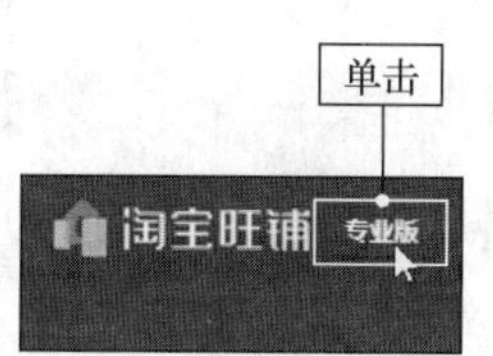

图6-98

第3步 在系统跳转到的页面中，单击“专业版”前“立即使用”按钮，如图6-99所示。

图6-99

第4步 系统跳转到购买淘宝旺铺的页面，❶单击“专业版”超级链接；❷上方会显示“一钻以下卖家可免费使用专业版，请单击这里立即使用”等字样；❸单击蓝色字样“这里”超级链接，如图6-100所示。

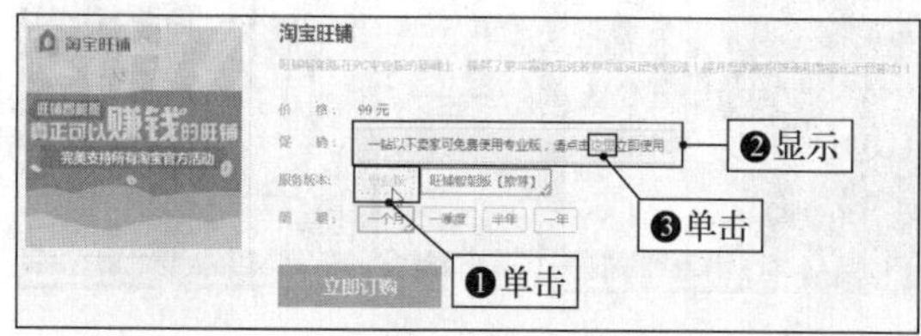

图6-100

2. 开通淘宝旺铺智能版

淘宝旺铺智能版的问世，提供强大功能为各商家带来更便利的装修。下面进行旺铺智能版的开通详解。

第1步 登录淘宝，进入“卖家中心”选项卡，单击“店铺管理”下面的“店铺装修”超级链接，如图6-101所示。

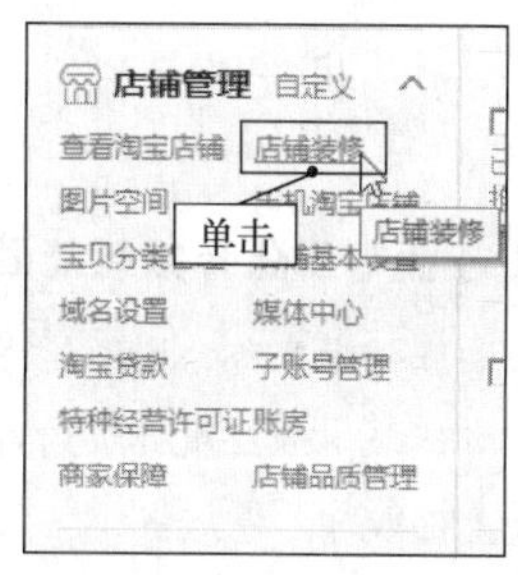

图6-101

第2步 进入如图6-102所示的“店铺装修”页面，单击“升级到智能版”超级链接。

图6-102

第3步 系统跳转到新页面，❶选择旺铺使用时长（服务版本默认为旺铺智能版）；❷单击“立即订购”按钮，如图6-103所示。

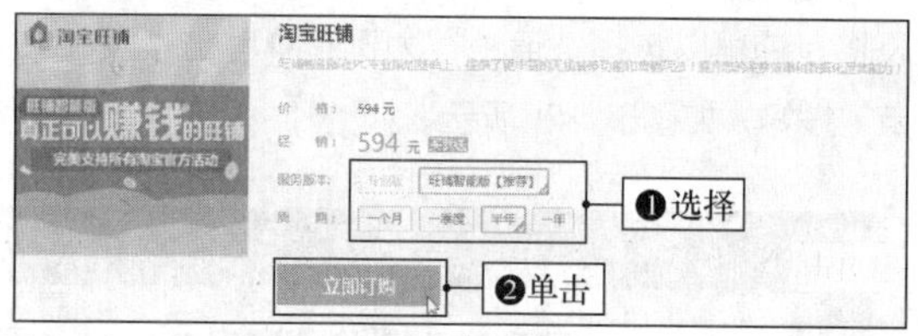

图6-103

第4步 系统跳转到购买信息页面，❶选择自动续费以及到期提醒等参数；❷单击“同意协议并付款”按钮，如图6-104所示。

系统跳转到支付宝页面付款，付款成功后，即可订购旺铺智能版。

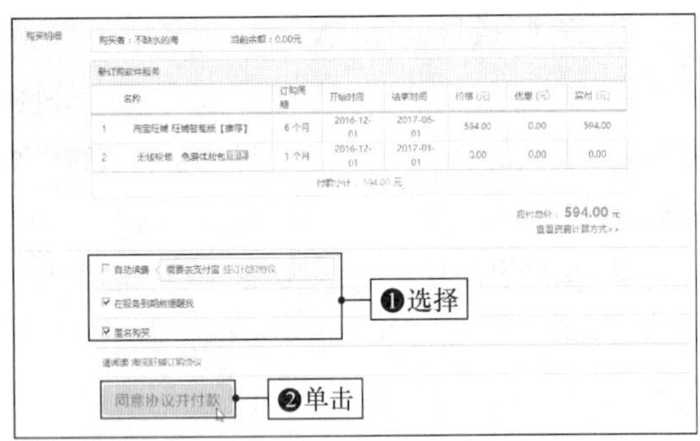

图6-104

专家提点 旺铺专业版升级智能版

卖家如果已订购旺铺专业版，则不能退款，但是可以选择升级到智能版。专业版升级到智能版，按照规则补交部分差价即可。

6.3.3 选择旺铺风格

扫码看视频

淘宝网为卖家的网上店铺内置了多种界面风格，以方便卖家在不同节日促销、转换经营方向时来更换，让自己的网店随时有一个新鲜的面貌。

第1步 进入店铺装修页面，单击“页面装修”超级链接，如图6-105所示。

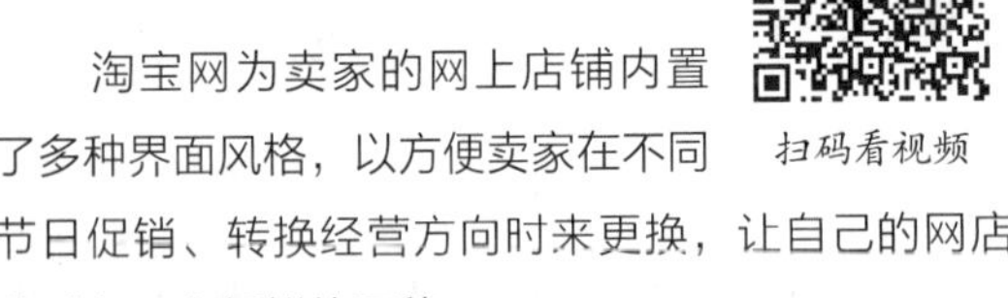

图6-105

第2步 ❶单击“配色”按钮；❷选择一个颜色风格，这里以选择“蓝色”为例；❸单击“发布站点”按钮，如图6-106所示。

图6-106

6.3.4 选择旺铺模板

旺铺的模板是可以改变的。在淘宝的“装修市场”里，有很多其他人制作的模板，各有特色，不过基本上都是按月收费的，大多数模板的价格为30元/月。店主看上哪套模板，就可以在查看其详细解说后，进行购买。

第1步 进入店铺装修页面，单击“模板管理”超级链接，如图6-107所示。

图6-107

第2步 单击“装修市场”超级链接，如图6-108所示。

图6-108

第3步 进入新页面，❶选择旺铺版本、类型等条件进行筛选；❷在筛选结果中，单击要购买的模板，如图6-109所示。

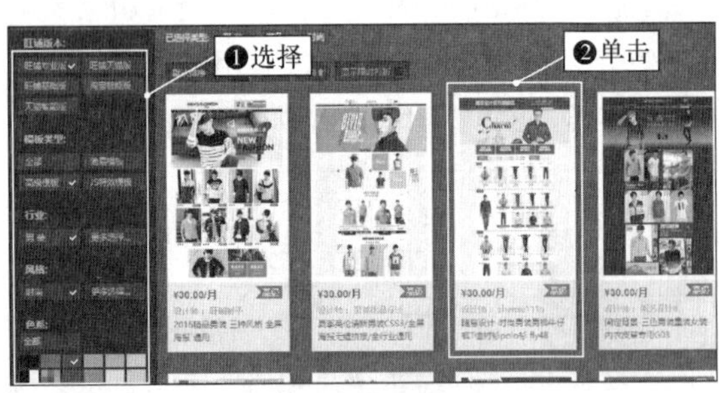

图6-109

专家提点　装修模板的3个类型

在装修市场里，模板分为3类，分别是简易模板、高级模板和JS特效模板。简易模板一般只要5元/月，高级模板一般为30元/月，而JS特效模板的价格就更贵一些。JS就是JavaScript的缩写，是一种网页语言，利用它可以实现很多特效，当然价格就要贵一些了。

第4步 进入新页面，页面上半部分是购买界面，下半部分是说明，店主可以在查看说明后，❶选择模板的使用周期；❷单击“立即购买”按钮，如图6-110所示。

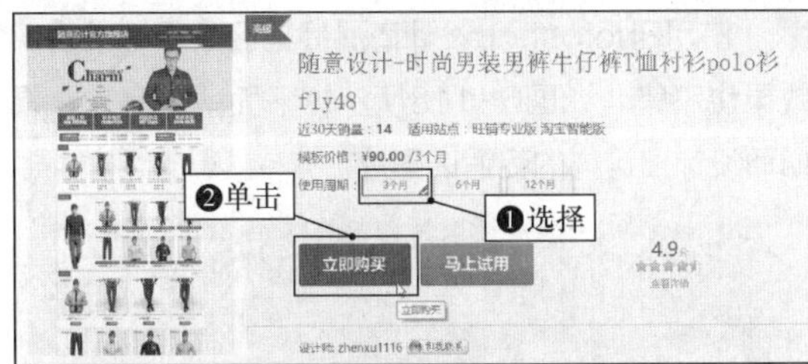

图6-110

第5步 弹出对话框，查看提示后单击“确定”按钮，如图6-111所示。

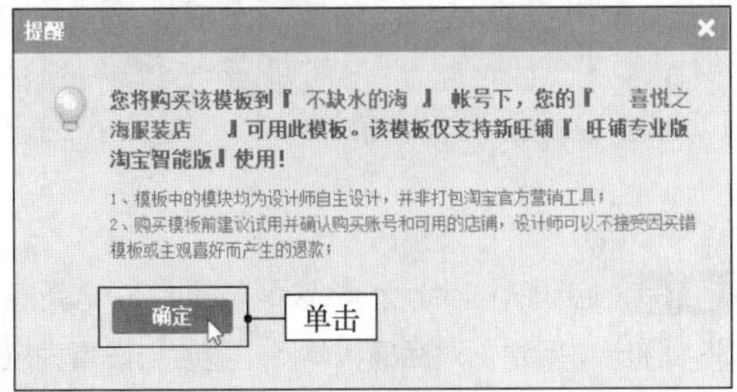

图6-111

第6步 ❶选择自动续费以及到期提醒等参数；❷单击“同意协议并付款”按钮，如图6-112所示。

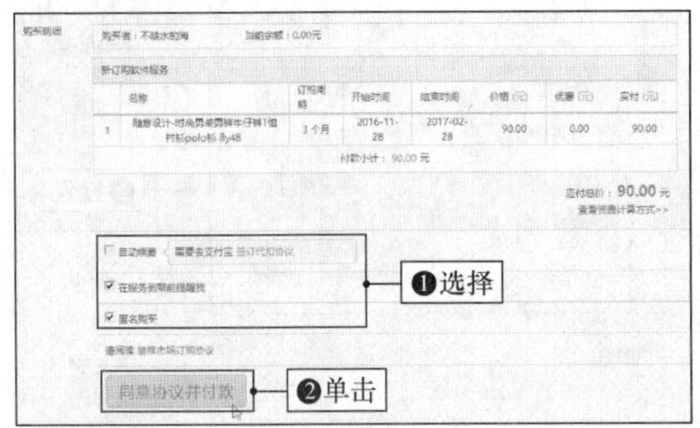

图6-112

系统跳转到支付宝页面付款，付款成功后，即可订购旺铺模板。

6.3.5　新增页面装修模块

淘宝旺铺允许用户添加多个自定义页面，或者其他装修模块，这样可以让自己的店铺元素更加丰富，更加具有吸引力。

扫码看视频

第1步 在搜索引擎中输入“服务市场淘宝”，在搜索列表中单击淘宝服务市场的链接，进入淘宝服务市场，如图6-113所示。

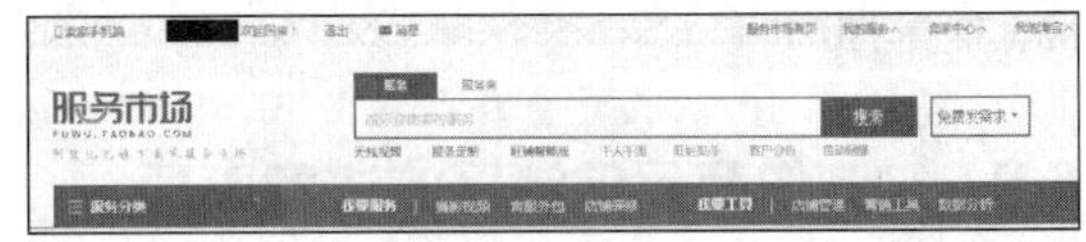

图6-113

第2步 找到需要的服务并单击，如图6-114所示。

图6-114

第3步 进入新页面，❶选择模块版本和使用周期；❷单击“立即订购”按钮，如图6-115所示。

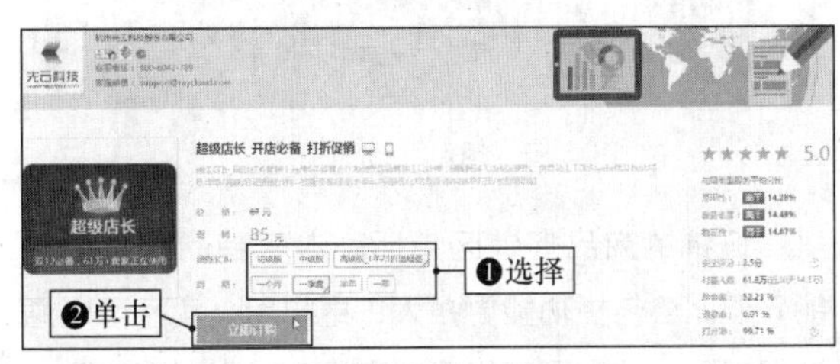

图6-115

第4步 ❶选择自动续费以及到期提醒等参数；❷单击“同意协议并付款”按钮，如图6-116所示。

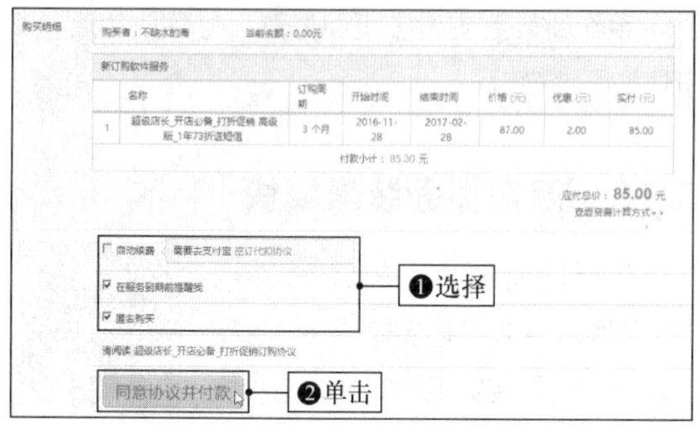

图6-116

购买超级店长，可享受自动上下架、橱窗推荐、标题优化、活动工具、促销水印、无线营销等功能，在丰富店铺元素的同时，更便于店家管理商品，提高工作效率。

6.3.6 制作商品促销区的注意事项

商品促销区是旺铺非常重要的特色之一，它的作用是让卖家将一些促销信息或公告信息发布在这个区域上。就像商场的促销一样，如果处理得好，可以最大限度地吸引买家的目光，让买家一目了然地知道这个店铺在搞什么活动，有哪些需要特别推荐或优惠促销的商品，如图6-117所示。

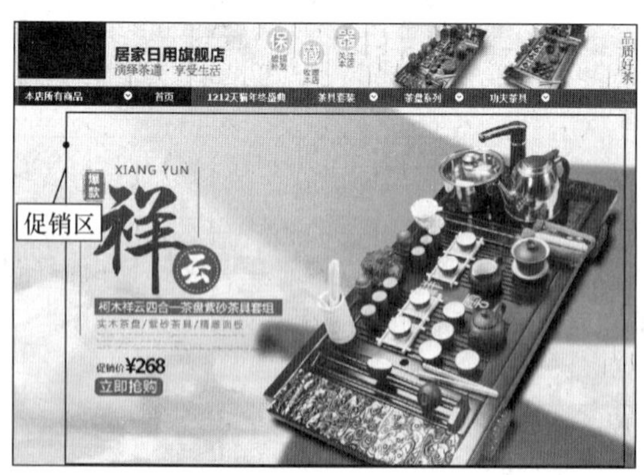

图6-117

旺铺的商品促销区包括基本店铺的公告栏功能，但比公告栏功能更强大、更实用。卖家可以通过促销区，装点漂亮的促销商品，吸引买家注意。初次使用旺铺的卖家，制作商品促销区时，需要注意下面几点。

- 商品促销区支持HTML编辑，卖家可以通过编写和修改HTML代码制作商品促销区。
- 商品促销区字数限制为20000字符。
- 新旺铺取消了商品促销区高度为500像素的限制，但建议不要过高，同时宽度最好不要超过750像素，以获得最佳的浏览效果。

6.3.7 设计制作商品促销区

商品促销区是吸引买家关注并单击的一个区域，因此它的设计理念就是要醒目、好看，传达的信息要清晰明白，让买家一下子就知道促销产品是什么，有哪些代表样式以及促销价格是多少等，这样买家才会快速知道这些促销产品是否符合自己的心理需求，以决定是否点击进入。

使用Photoshop设计商品促销区是很方便的，效果也不错，如图6-118所示。下面就一起来看看如何设计出这样的促销区图片。

图6-118

第1步 启动Photoshop，选择“文件”→“新建”命令，弹出“新建”对话框，❶将“宽度”设置为500像素，“高度”设置为400像素，“背景内容”设置为“背景色”；❷单击“确定”按钮，如图6-119所示。

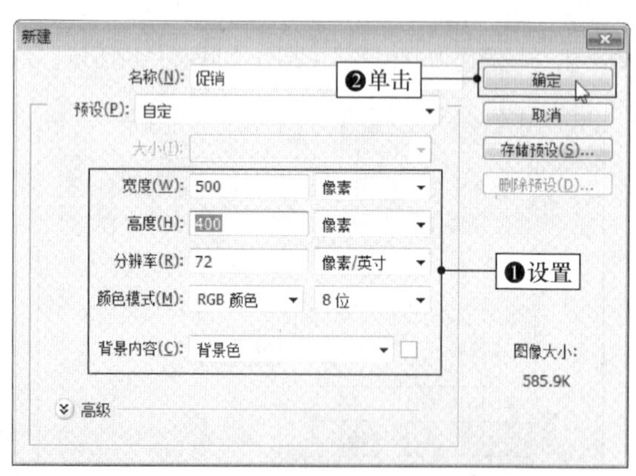

图6-119

第2步 新建一空白文档，如图6-120所示。

图6-120

第3步 ❶选择工具箱中的“自定义形状”工具，在选项栏中将填充颜色设置为#ff9024，选择相应的形状；❷按住鼠标左键在绘图区域中绘制曲线装饰，如图6-121所示。

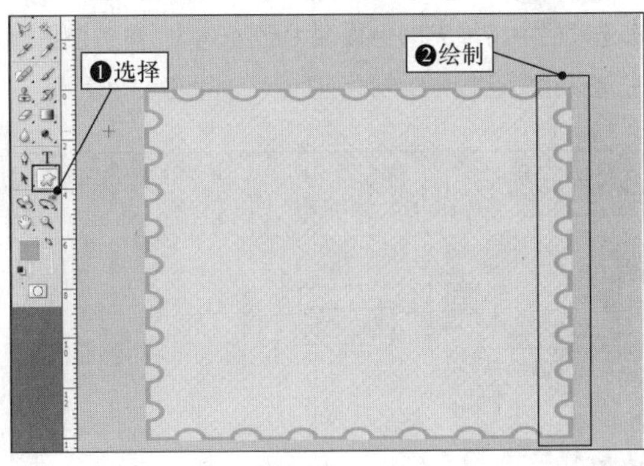

图6-121

第4步 ❶选择工具箱中的“矩形”工具，在选项栏中将填充颜色设置为#ffffff；❷按住鼠标左键在绘图区域中绘制相应形状，如图6-122所示。

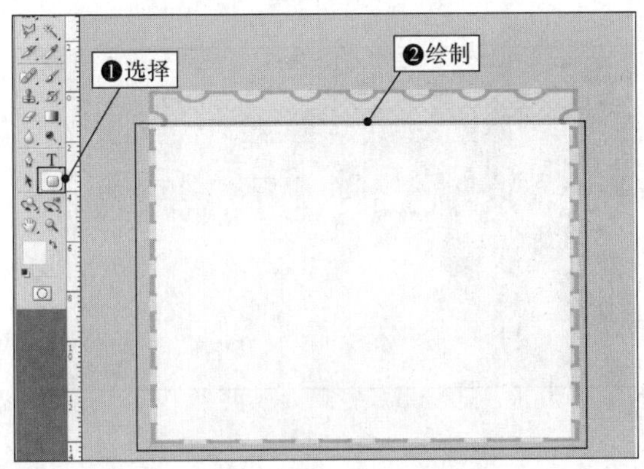

图6-122

第5步 ❶选择工具箱中的“横排文字”工具T；❷在绘图区域中输入文字“商品促销区”，如图6-123所示。

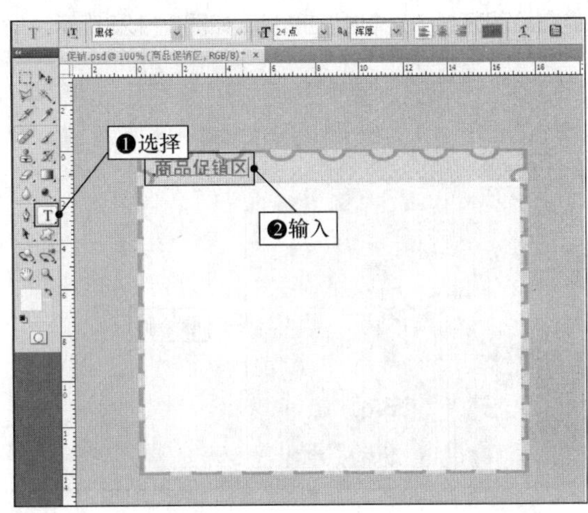

图6-123

第6步 选择“图层”→“图层样式”→“描边”命令，弹出“图层样式”对话框，❶在该对话框中设置相应的参数；❷单击“确定”按钮，如图6-124所示。

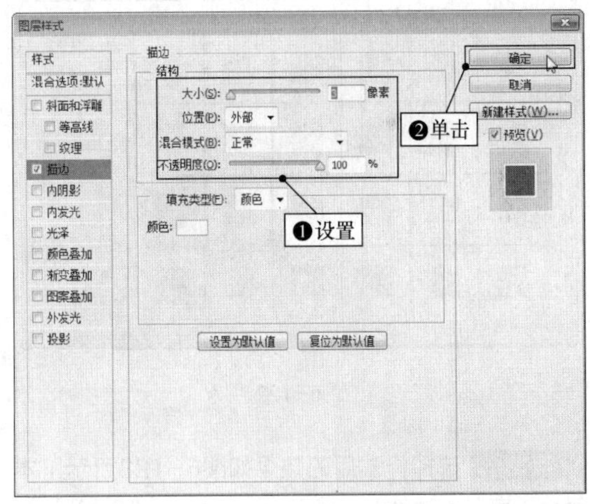

图6-124

第7步 设置图层样式后的效果如图6-125所示。

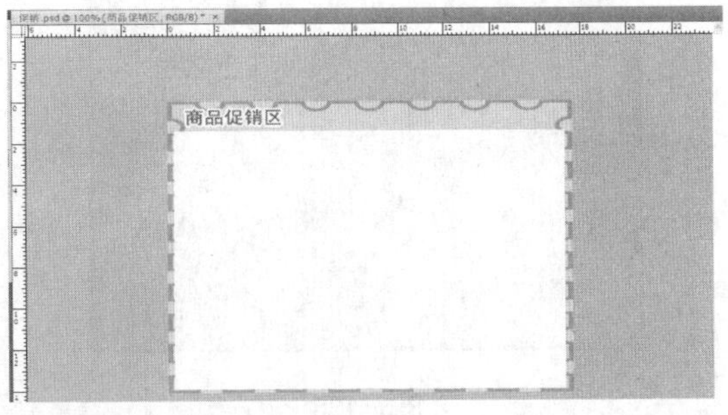

图6-125

第8步 ❶选择工具箱中的“矩形”工具，在选项栏中将填充颜色设置为#ffafda；❷按住鼠标左键在绘图区域中绘制相应形状，如图6-126所示。

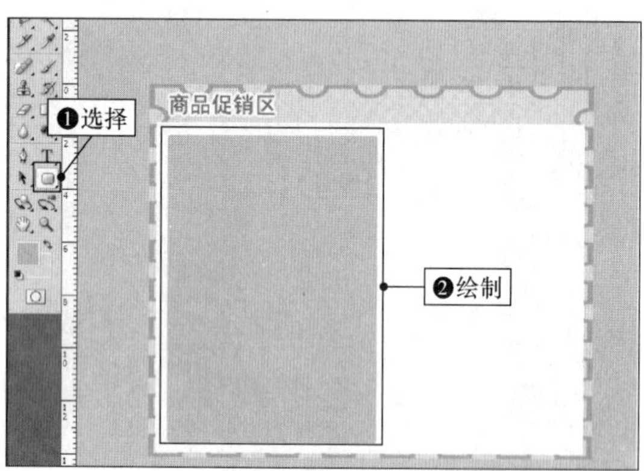

图6-126

第9步 在选项栏中单击“样式”右边的下拉按钮，在弹出的列表框中选择想要的样式，如图6-127所示。

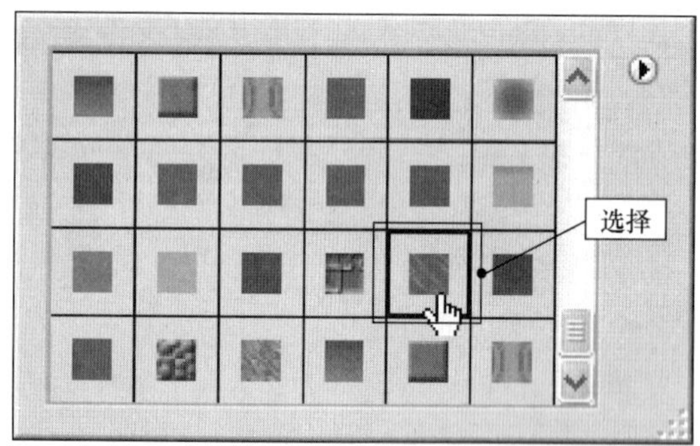

图6-127

第10步 选择样式后的效果如图6-128所示（本例为“雨”的效果）。

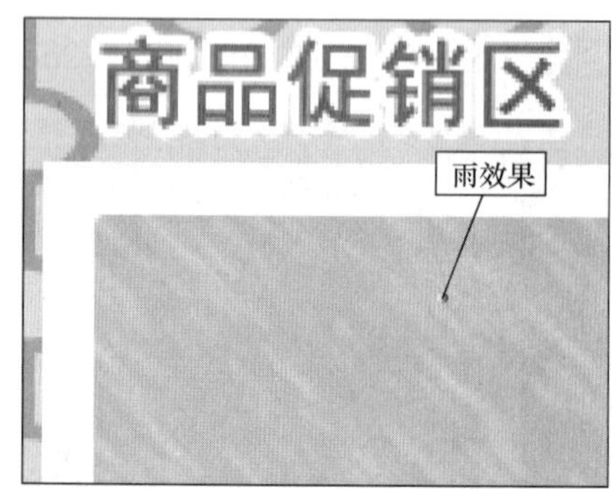

图6-128

第11步 ❶选择工具箱中的“矩形”工具，在选项栏中将填充颜色设置为#ffffff；❷按住鼠标左键在绘图区域中绘制相应形状，如图6-129所示。

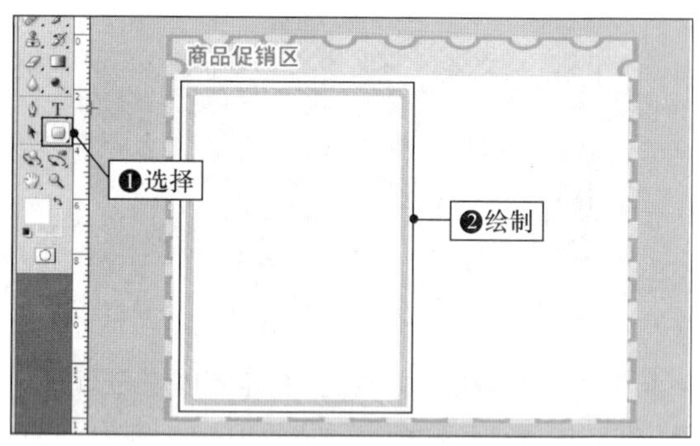

图6-129

第12步 ❶选择工具箱中的“自定义形状”工具，在选项栏中将填充颜色设置为#ff4646；❷按住鼠标左键在绘图区域中绘制相应形状，如图6-130所示。

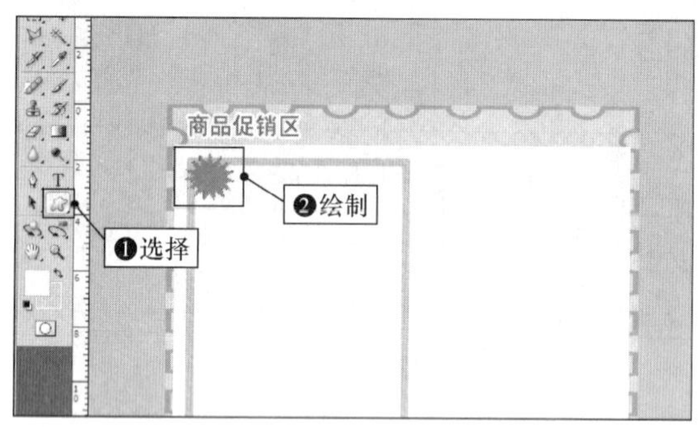

图6-130

第13步 在选项栏中单击“样式”右边的按钮，在弹出的列表中选择想要的样式，如图6-131所示。

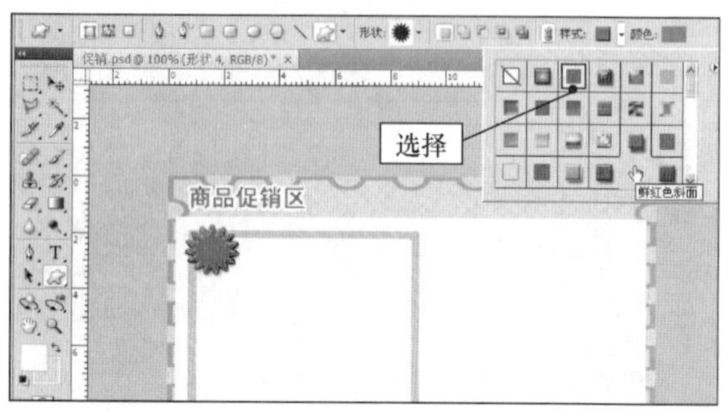

图6-131

第14步 ❶选择工具箱中的“横排文字”工具，在选项栏中设置相应的参数；❷在绘图区域中输入文字“New”，如图6-132所示。

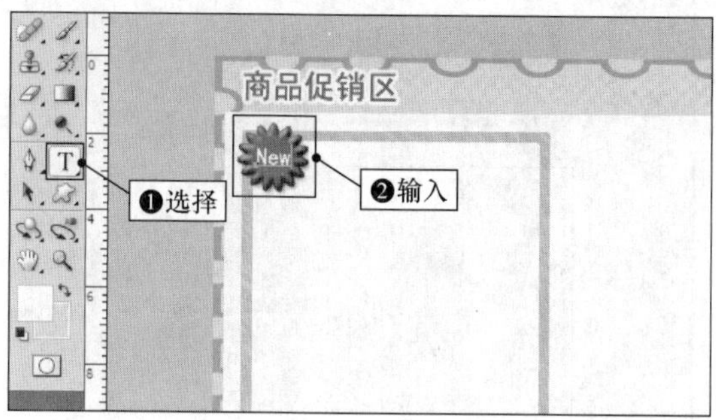

图6-132

第15步 ❶选择工具箱中的“椭圆”工具，在绘图区域中绘制椭圆；❷在椭圆上面输入文字“GO”，如图6-133所示。

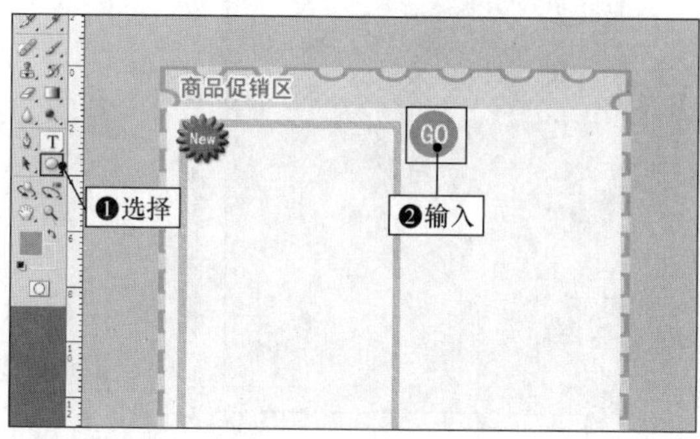

图6-133

第16步 ❶选择工具箱中的“圆角矩形”工具；❷按住鼠标左键在绘图区域中绘制圆角矩形，然后调整圆角矩形的形状，如图6-134所示。

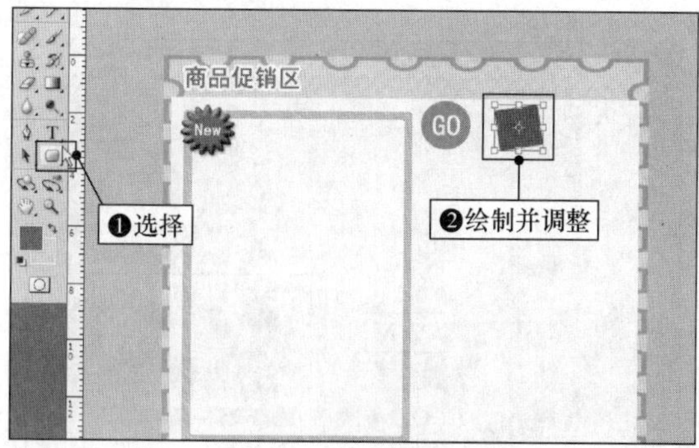

图6-134

第17步 ❶选择工具箱中“横排文字”工具；❷在绘图区域中输入文字“热”，如图6-135所示。

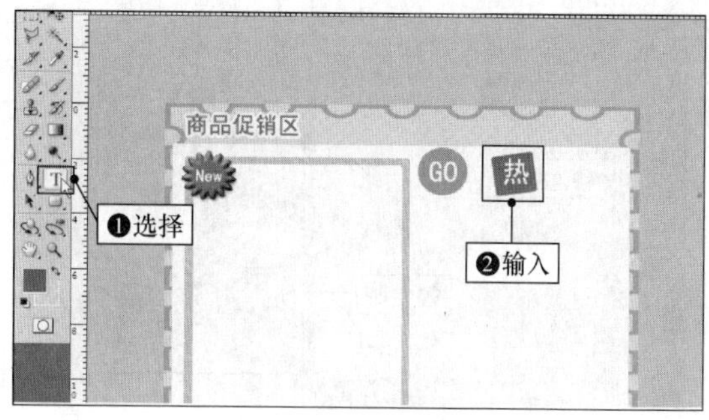

图6-135

第18步 绘制圆角矩形，在圆角矩形上面输入文字“销”和“榜”，如图6-136所示。

图6-136

第19步 ❶选择工具箱中的“自定义形状”工具，在选项栏中选择一个弯曲的箭头；❷按住鼠标左键在绘图区域中绘制相应的形状，如图6-137所示。

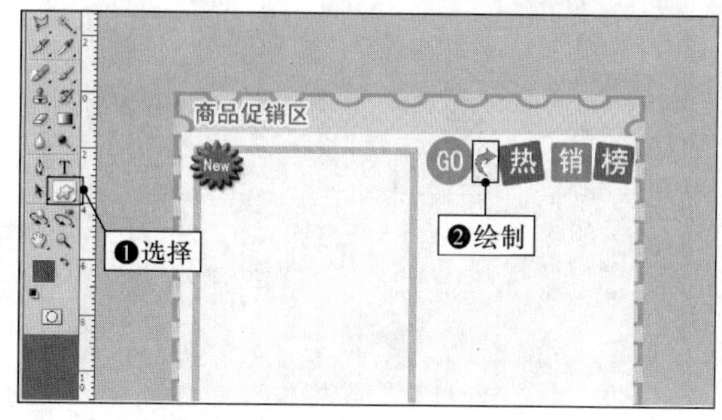

图6-137

第20步 ❶选择工具箱中的“圆角矩形”工具；❷按住鼠标左键在绘图区域中绘制4个颜色大小相同的矩形，如图6-138所示。

第21步 ❶选择工具箱中的“自定义形状”工具；❷按住鼠标左键在绘图区域中绘制4个颜色大小相同的形状，如图6-139所示。

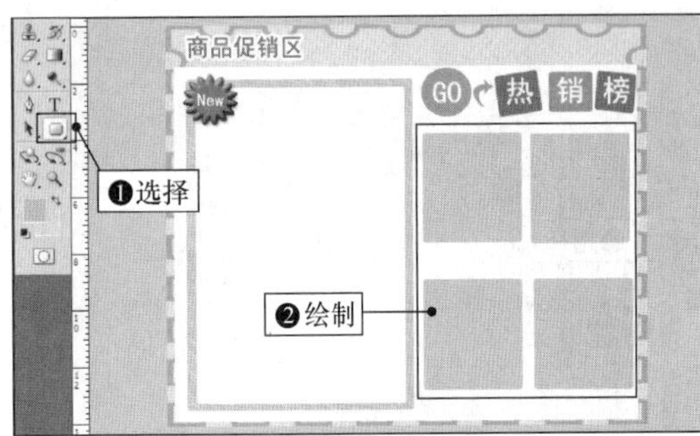

图6-138

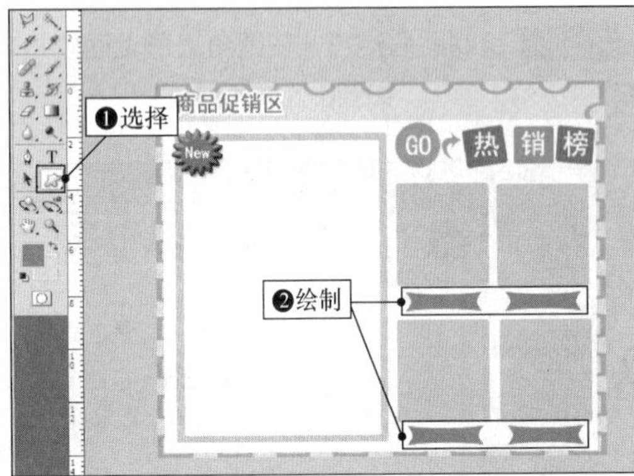

图6-139

第22步 选择“文件”→“置入嵌入的智能对象”命令，弹出“置入嵌入对象”对话框，❶在该对话框中选择要置入的图像文件；❷单击“置入”命令，如图6-140所示。

图6-140

第23步 置入图像后，将其调整到相应的位置，如图6-141所示。

第24步 选择“图层”→“图层样式”→“投影”命令，设置投影和内阴影样式，效果如图6-142所示。

图6-141

图6-142

第25步 重复第22步、第23步 置入其余图像，并拖曳到相应的位置，如图6-143所示。

图6-143

第26步 选择工具箱中的“横排文字”工具T，并输入相应的文字，如图6-144所示。

图6-144

第27步 完成之后，将图片上传到淘宝图片空间，然后进入装修页面，将鼠标指针悬停在任意模块上，再单击“添加模块”按钮，如图6-145所示。

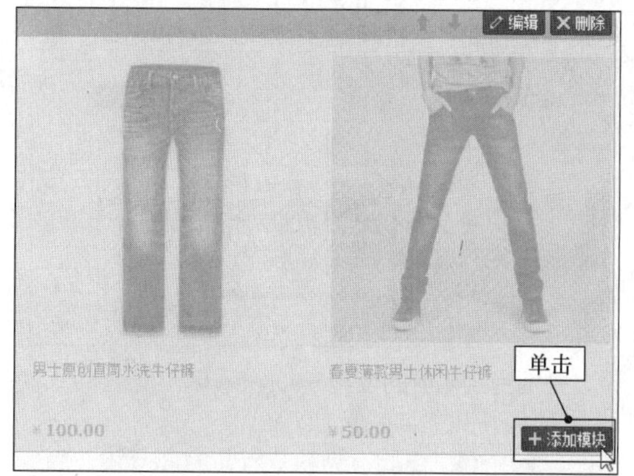

图6-145

第28步 单击模块列表中的“自定义区”模块，如图6-146所示。

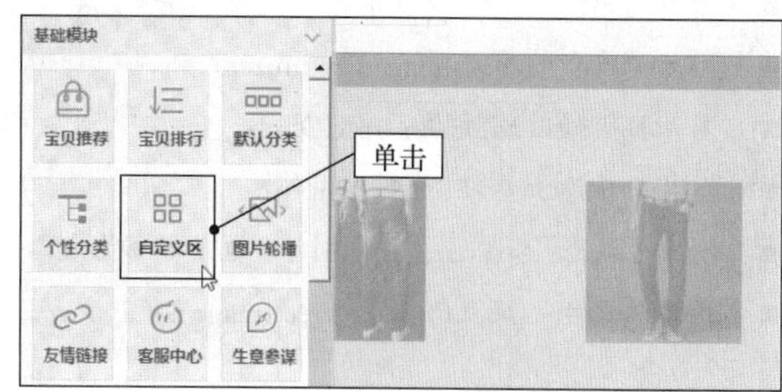

图6-146

第29步 拖曳该模块到合适的位置后，单击“编辑”按钮，如图6-147所示。

图6-147

第30步 弹出对话框，❶单击“插入图片空间图片”按钮，插入制作好的图片；❷单击“插入链接”按钮，将促销商品页面的地址插入图片上；❸设置完毕后，单击“确定”按钮，如图6-148所示。

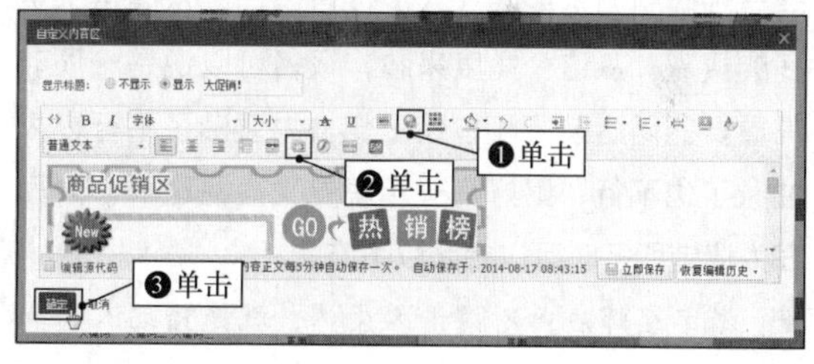

图6-148

系统退出装修页面，用户刷新网店首页，就可以看到新增的促销区了。单击促销区图片，系统就可以跳转到促销商品页面。

6.4 秘技一点通

技巧1 使用小型图片处理软件快速处理图片

一些配置不太好的电脑，在运行Photoshop时仅仅启动就要花上一两分钟，使用起来很不方便。其实如果仅仅是实现一些简单的功能，比如添加水印、压缩图片大小、增减曝光、调整色调等，可以通过一些小型软件甚至是绿色软件来快速实现，而无需启动如Photoshop、Firework之类的大型软件。下面就列举一些常用的辅助软件及其功能，供读者参考。

- 图片简单编辑：光影魔术手、美图秀秀
- 图片瘦身、裁剪：Image Optimizer
- 图片批量修改MD5值：tpMD5plxg_gr
- 图片批量添加水印：MiniPhoto
- 图章生成器：Sedwen、图章制作、电子印章生成器
- 图片转文字：汉王OCR、Free Image OCR

专家提点 什么是MD5值

MD5值相当于文件的“身份证”。有时候，在网上找的图片会因为MD5值冲突，无法在淘宝中使用，此时就要通过软件修改图片的MD5值，才能上传到淘宝中使用。

技巧2 怎样为网店设置好听又好记的名称

网店的名称和实体店名称一样，非常重要。买家上门买东西，必定要知道店名，一个好的店铺名称，不仅要传达出店铺的主营商品内容，还应该具有一种吸引力，能够让人记住且信任，从而带来更多的买家。从这个角度来看，取名可以说是一项非常重要的网店装修和包装工作，太直白了不行，太抽象了也不行，最好有一定境界又容易理解。大家在为店铺取名时可以参照以下方法。

- 借名生辉法：所谓借名生辉，就是借助人名和地名来给自己的网店命名，例如：老舍网上茶铺。而地方特产结合地名进行命名也比较普遍，如峨眉山保健品店、蓉城麻辣原料坊等。
- 借典脱俗法：诗词歌赋以及典故中蕴涵着很高的文学价值和文化境界，借用它们作为店名，能够有效提高网店内涵，如“云想衣裳”服装店，出自李白的名诗“云想衣裳花想容，春风拂槛露华浓。”熟悉古诗的人一看就会觉得有意境，而对于不熟悉古诗的人来说，也不会觉得这个店名有什么不妥的地方。
- 考虑商品特色：网店名称中标举特色往往能够收到非常好的效果。特色可以从商品本身特色和商品对应的消费人群特色两个角度来考虑，如“月半”服装店，“月”和“半”组成一个“胖”字，所以“月半”服装店就是专卖胖人衣服的店，当买家了解店名的来历后，会对店名产生非常深刻的记忆。
- 投其所好：所谓投其所好，就是结合买家的审美心理特点，以流行或深受人们喜爱的事物来给网店命名，比如怀旧心理、时尚心理、“洋气”心理、求吉心理、猎奇心理等，如“老唱片”二手交易店，“一路顺”户外用品店等。
- 巧用数字：有时候用数字命名也是一个非常不错的选择。一般来说，成功的以数字命名的网店都有易于识别、给人印象深刻的特点，如“520”巧克力店，“520”的谐音是“我爱你”，这就能给买家以较为深刻的印象。

技巧3 根据网店风格收集装修素材

装修用到的图片、背景图片等，都要使用到大量的素材图片，也有可能用到一些声音素材，因此，必须在装修前就收集好各种素材。

在百度搜索引擎中搜索“素材”，即可在搜索结果中看到很多素材网站，如图6-149所示。

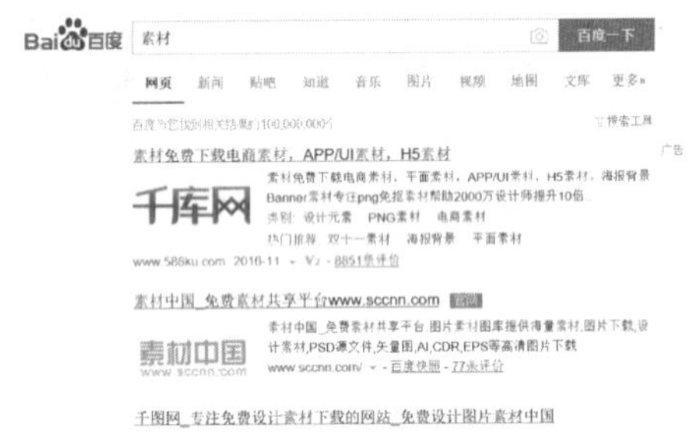

图6-149

打开其中一个网站，既可看到很多素材图片（主要是图片），卖家可以下载来使用，如图6-150所示。

图6-150

高手支招　购买图库

卖家可以去网上购买一些图库来使用，也可以到电脑城购买图库光盘来使用。需要注意的是，不要购买盗版图库，以免侵犯版权，有可能引起诉讼。

除了使用百度来搜索素材站，还可以在百度图片搜索引擎上直接搜索图片。用浏览器访问http://image.baidu.com/，然后输入搜索关键词，即可看到搜索结果，如图6-151所示。

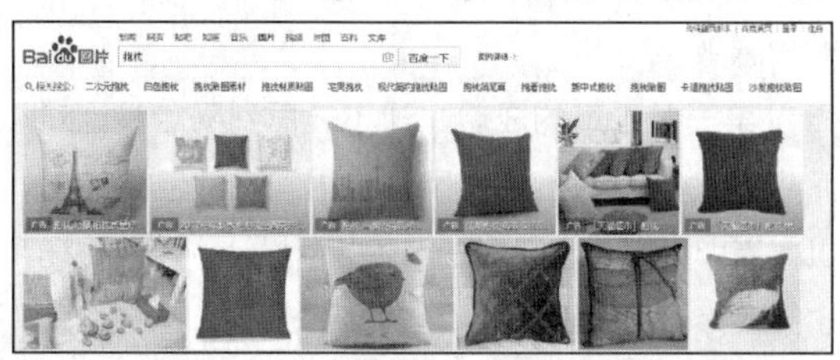

图6-151

由于搜索结果是缩略图，因此对于喜欢的图片，可以单击一下，在新的页面将显示图片的“庐山真面目”，然后在图片上单击鼠标右键，在弹出的快捷菜单中选择“图片另存为”命令，将图片保存到电脑中，如图6-152所示。

图6-152

如果卖家确定需要哪方面的素材，不妨以具体的素材类型名称来搜索。例如，需要网店的背景图片，不妨搜索“壁纸”，在结果页面，不仅可以选择壁纸风格，还可以选择尺寸，如图6-153所示。

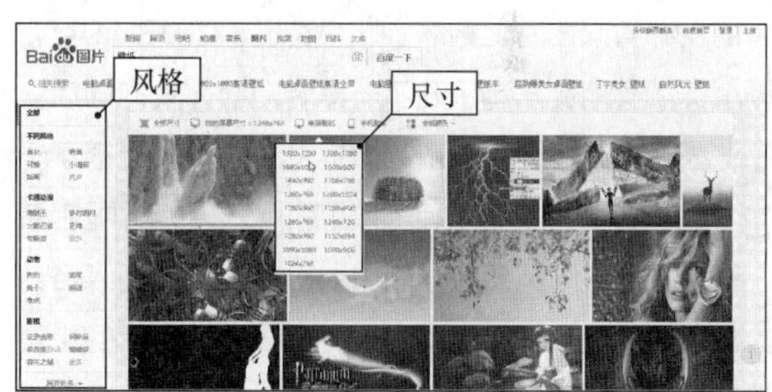

图6-153

开店小故事

装修网店的网店

“叫我‘小笑’吧”，这位不愿意透露真名的网店老板对记者如是说道。小笑，一位资深网店店主，从开网上零食店的门可罗雀，到转型做网店装修设计的生意兴隆，用了两年的时间，从激烈的竞争中脱颖而出，成为名副其实的皇冠级金牌卖家。

“最开始想在淘宝上开网店，是因为我和女朋友都喜欢在网上购物。”小笑说。2013年9月，小笑和女朋友在淘宝开了一家专门卖零食的网店。“因为姐姐在小食品市场做批发生意，就当搭了一个顺风车。”有美术设计功底的小笑负责网店装修，女朋友则负责打理店务。可能是因为两人各自都有工作，在网店上精力投入有限，零食店的生意并不景气。到2014年，总共才卖出了几千元的商品，这让两人有些泄气。

一个偶然，让小笑转变了思路。“跟其他网店不同，我自己在店铺设计上花了不少工夫。”小笑说，自己从小爱好钻研Photoshop技术，对平面设计也颇有心得，在装修时对网店布局与色彩搭配进行了精心的设计，让店铺形象在其他网店中显得相当独特，这为店铺迎来了第一个跟卖服装无关的生意。“一个卖家找到我，想委托我帮她设计店铺页面，我抱着试试看的想法，收了很少的设计费，但花了不少心思来设计。”委托小笑装修的卖家，后来反馈说装修后生意明显好了不少，对小笑非常感激。

第一单生意的成功，让小笑悟到网店设计对商店人气拉动的巨大作用，这中间有着巨大的商机。当即小笑决定转型做网店装修设计。当初委托小笑装修网店的卖家介绍来了不少生意，小笑的装修店一开张就接了好多个单子。

做了一年后，小笑经历了第二次转型，从定制设计转型为以成品设计为主。“做了一段时间后，发现按照客户的要求做定制设计，很难满足所有人的需求”。小笑说，定制设计要按照客户的要求不停地修改，耗费的时间非常长，价格也比较贵，为了及时交出设计作品，通宵加班更是家常便饭，可能到最后客户还是不满意。从那时起，小笑开始做成品，设计出的装修图案，供客户自行选择。这样做下来，时间问题解决了，价格也降不少，而设计是由客户自己挑选的，满意度也上去了。到2016年，小笑的店铺已经从同行当中脱颖而出，成为名副其实的皇冠级卖家，“不用出门找生意，生意会自动找上门来。”

第 7 章 手机端淘宝店的设置与使用

本章导言

如今手机已经成了都市人的生活日常必备用品，而手机上网购物也随之迅猛地发展起来。淘宝店主们也都意识到手机端淘宝店的重要性：一个好的手机淘宝店，带来的商品销量不可小觑。本章就专门讲解设置手机端淘宝店页面，以及常见手机网店活动的方法。

学习要点

- 了解手机端淘宝店与电脑端淘宝店的区别
- 掌握设置手机端淘宝店首页、活动页面与商品详情页面的方法
- 掌握设置手机端淘宝店专用功能的方法

7.1 设置手机端淘宝店的各个页面

2015年年底，手机互联网用户已超过6.2亿，网民的上网设备明显向手机端集中，手机成为拉动网民规模增长的主要因素。淘宝店的手机端（即“无线网店”或“手机淘宝”）也成为很多卖家关注的方向，显然，服务好淘宝店手机端买家，对于增长无线网店销售量有重要作用。

7.1.1 手机端淘宝店与电脑端淘宝店的区别

移动端电子商务是电子信息化时代高速发展的必然趋势，应用手机淘宝就是紧跟时代步伐。在推广手机淘宝的初期，为了促使买家积极使用，手机淘宝可以设置专享价、优惠券。比如，在手机端的下单，下单完成后可在电脑端完成付款。但直接在电脑端下单就不能享受手机优惠券。通过这些促销活动，确实起到了吸引人气的作用。在这一时期，手机淘宝和电脑淘宝存在一定的竞争关系。又比如，在手机端进行的淘金币发放就比电脑端多一些。然而随着时间的推移，手机淘宝逐渐被买卖双方接受，手机淘宝的优惠力度也变得越来越小。

近年来手机淘宝取得了极大的发展，发生在无线端的交易数量已经超过电脑端。买家在使用手机淘宝时不难发现，手机中的商品详情设置可以与电脑端不一样。卖家主推的促销活动可能也不尽相同。手机端或电脑端搜索商品及店铺时，展现的顺序不一样。在电脑端搜索排名第一的商品，在手机端也许会排名靠后。手机淘宝似乎更愿意以一种较为独立的姿态呈现在大家面前。这时，手机端淘宝对电脑端而言竞争的关系就不太明显了。

手机淘宝实际上是使买家与消费、卖家和商品更近了。随着移动端网络的日益普及，买家使用手机是非常碎片化的时间，甚至有一些咨询，有一些浏览性为主的驱动，而PC还是坐在电脑前面任务驱动的模式。现在的手机用户随时都能浏览网页，简单地扫描二维码就能看到较为翔实的商品信息，网购变得更加便捷了。在实体店看到某件商品后，部分买家逐渐习惯了拿出手机进行比价。这样的习惯无形中促进了网络交易。与此同时，卖家逐渐习

惯在手机端随时与买家保持联系，及时提供信息交流。方便、快捷的手机已经成为连接买家与卖家更好的桥梁。

对于淘宝卖家而言，不能简单地将手机淘宝和电脑淘宝对立起来。进行电子商务交易，产品、服务、信誉和品牌才是根本，通过买卖货物满足各自需求的核心没有发生变化。对卖家而言，顺势而为，发展好手机网店，才是最佳选择。

7.1.2 设置手机端淘宝店铺的首页

在“我的淘宝”中，卖家可以方便地为自己开通手机移动店铺，并为自己的手机端淘宝店铺设置首页，下面来看看具体的方法。

扫码看视频

第1步 进入“卖家中心”选项卡，在“店铺管理”选项下单击“手机淘宝店铺”超级链接，如图7-1所示。

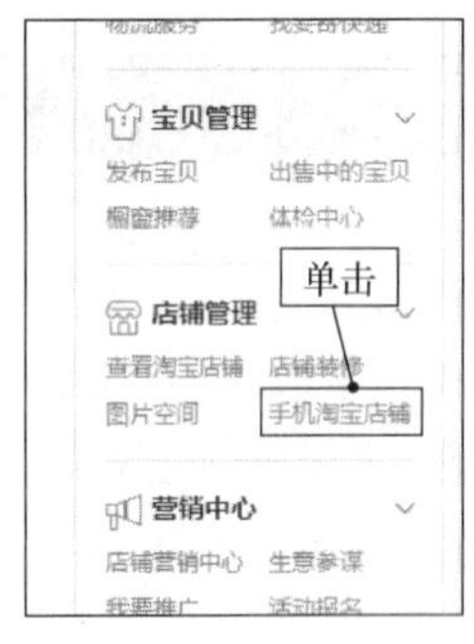

图7-1

第2步 进入新页面，单击“无线店铺”选项下的“立即装修”按钮，如图7-2所示。

图7-2

第3步 进入新页面，单击“装修手机淘宝店铺”下的“店铺首页”选项，如图7-3所示。

图7-3

第4步 如果用户首次设置网店，需要新建一个首页，单击“新增页面”按钮，如图7-4所示。

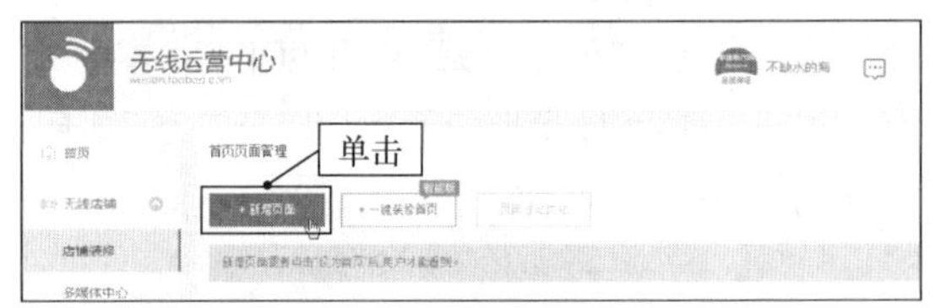

图7-4

第5步 弹出对话框，❶输入页面名称；❷单击“确定”按钮，如图7-5所示。

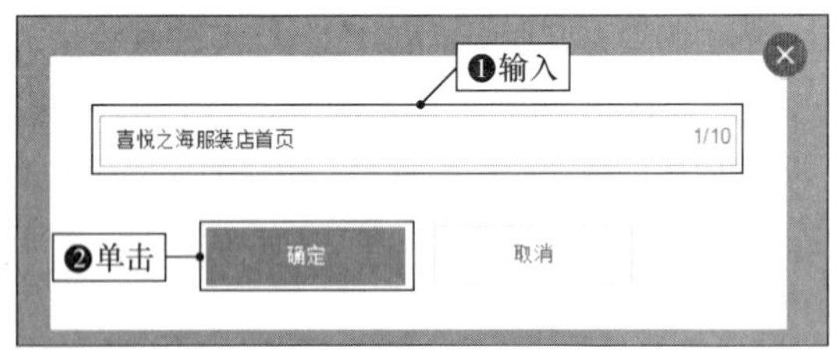

图7-5

第6步 新页面建好后，单击“编辑页面”超级链接，如图7-6所示。

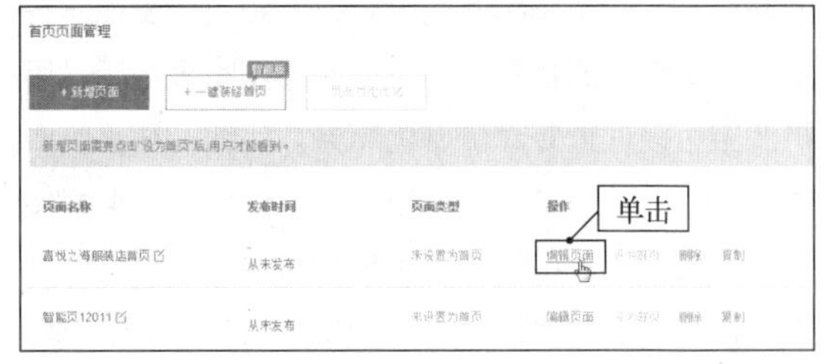

图7-6

第7步 系统转到新页面，左边窗格中可以选择页面类型，中间窗格是预览和选择页面，右边是编辑模块，❶选中店铺头模块；❷右边出现编辑模块，单击图标以设置店招，如图7-7所示。

图7-7

专家提点 商品类页面的3个排列方式

如果页面设置为“商品类”页面，则有3个商品排列方式可以选择，分别是单列、双列和列表，用户可以拖动任何一个到中间的预览窗格中，即可生效。

第8步 弹出“图片小工具”对话框，在“图片空间”中选择已经上传好的店招，如图7-8所示。

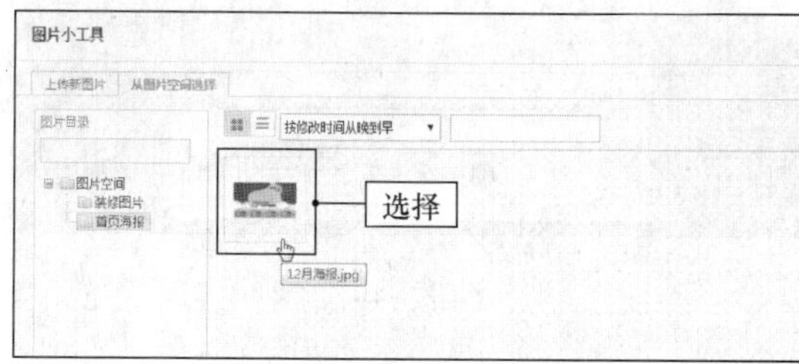

图7-8

专家提点 手机店招的尺寸

手机店招的尺寸为640像素×200像素（宽×高），可以大于这个尺寸，也可以在随后的步骤中进行剪辑。因此略大于此尺寸时可以在剪辑后使用，但如果尺寸过大的话，剪辑出来肯定会影响效果。

第9步 进入新页面，❶对图片进行必要的裁剪；❷单击“上传”按钮，如图7-9所示。

第10步 返回上个页面，用户可以看到店招和店标的配合效果，❶输入店招指向的页面（一般是指向自己店铺的首页，也可以指向店内的某些活动宣传页面）；❷单击“确定”按钮，如图7-10所示。

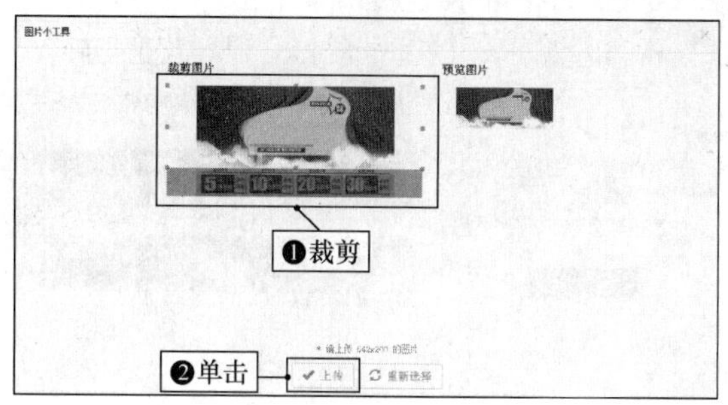

图7-9

图7-10

第11步 将鼠标指针悬浮在“保存”按钮的小三角位置，在弹出的菜单中单击“保存”选项，如图7-11所示。

第12步 保存成功后，将鼠标指针悬浮在“发布”按钮的小三角位置，在弹出的菜单中单击“立即发布”选项，如图7-12所示。

图7-11

图7-12

第13步 弹出“发布成功”对话框，单击☒按钮关闭对话框，如图7-13所示。

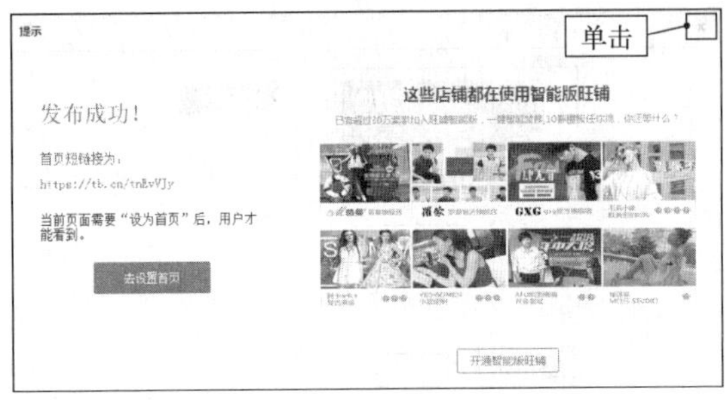

图7-13

第14步 单击店铺头模块的“确定”按钮，如图7-14所示。

第15步 在手机上查看设置效果，如图7-15所示。

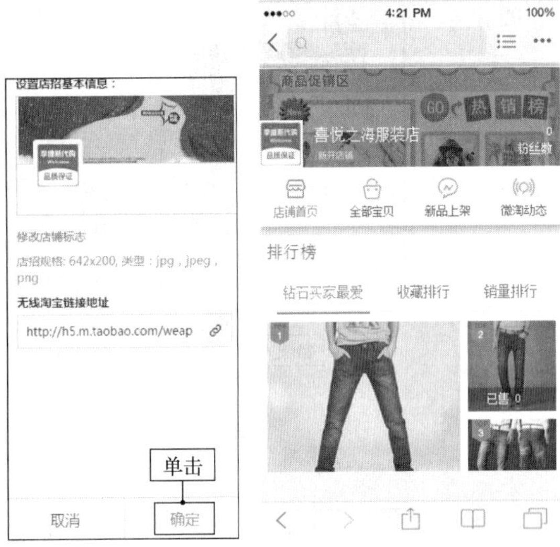

图7-14　　图7-15

7.1.3　设置手机端淘宝店铺活动页面

一般来说，手机店铺的首页包含热销、推荐等板块，基本上足够使用了。不过有时候卖家要搞一些活动，如店庆打折、限时热卖、秒杀等活动时，往往需要专门的活动页面来进行介绍，这就需要在手机店铺中新增页面，并在首页增加活动说明，当买家单击该说明时，系统可跳转到活动页面中查看活动细则。

扫码看视频

第1步 进入“无线店铺”页面，单击“活动页推广”按钮，如图7-16所示。

第2步 进入“页面管理”页面，单击“新建页面”按钮，如图7-17所示。

图7-16

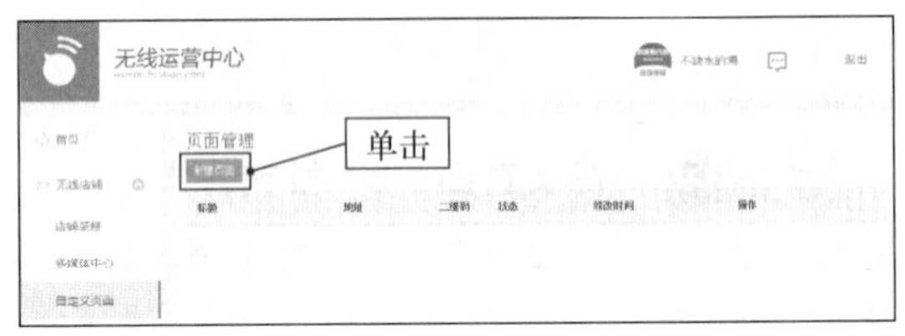

图7-17

第3步 在弹出的对话框中，❶输入新建页面的名称；❷单击“确定”按钮，如图7-18所示。

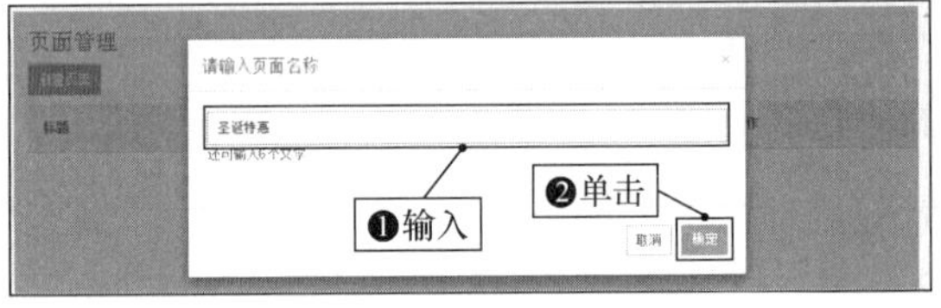

图7-18

第4步 进入新页面，单击“新建页面”的“编辑”超级链接，如图7-19所示。

图7-19

第5步 进入新页面，❶选中“自定义页面活动头图”模块；❷右边出现编辑模块，单击“活动头图片”选框，如图7-20所示。

第6步 弹出“图片小工具”对话框，在图片空间中选择已经上传好的图片，如图7-21所示。

第7步 进入新页面，❶对图片进行必要的裁剪；❷单击“上传”按钮，如图7-22所示。

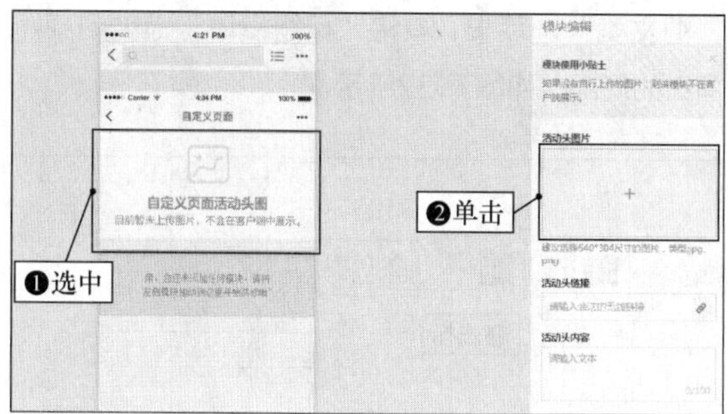

图7-20

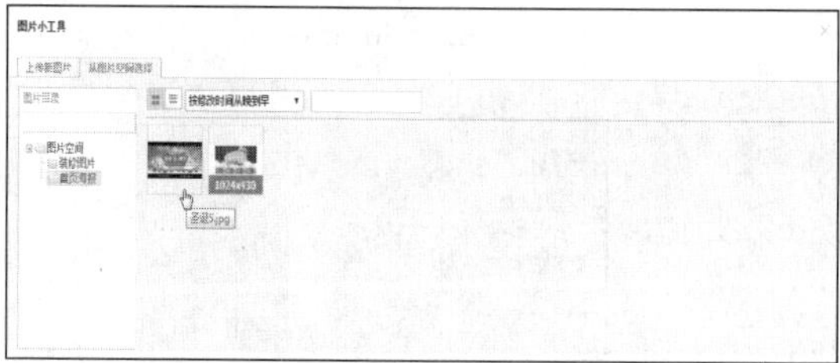

图7-21

图7-22

第8步 返回上个页面，单击“确定”按钮，如图7-23所示。

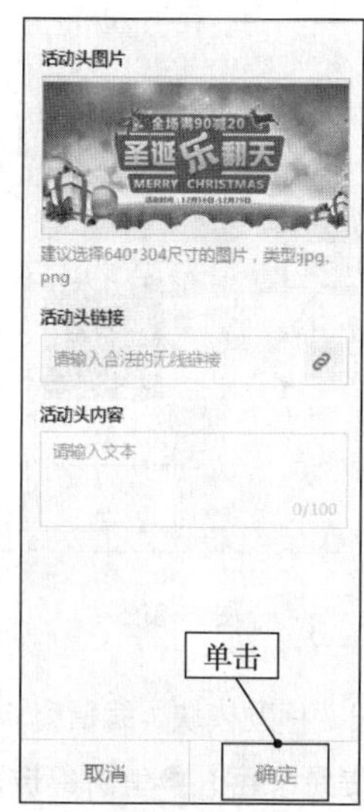

图7-23

第9步 指向“保存”按钮的小三角位置，在弹出的下拉列表中单击“保存”选项，如图7-24所示。

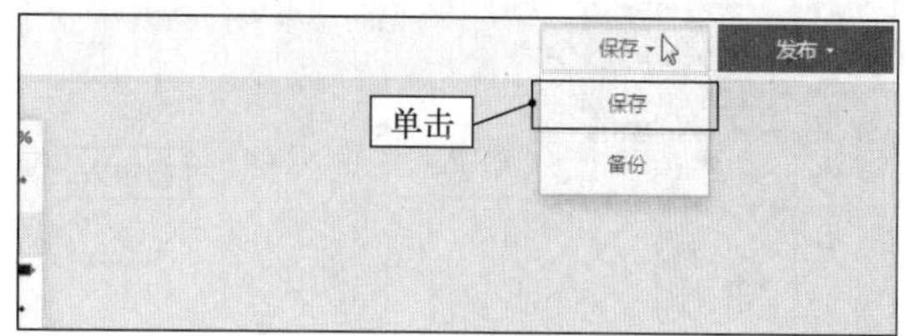

图7-24

第10步 保存成功后，将鼠标指针指向“发布”按钮的小三角位置，在自动弹出的下拉列表中单击“立即发布”选项，如图7-25所示。

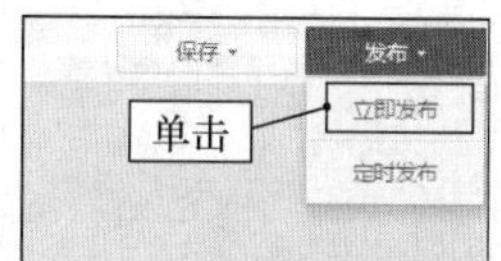

图7-25

第11步 进入新页面，❶单击“图文类”选项卡；❷将“文本模块”拖曳到预览窗口，如图7-26所示。

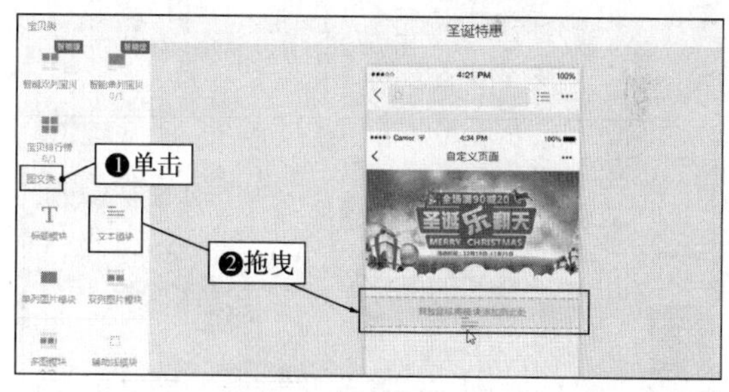

图7-26

第12步 为新页面设置一段宣传性的文字；页面右边出现编辑窗格，❶在文本框中输入宣传文字；❷单击“确定”按钮，如图7-27所示。

第13步 在此页面宣传一些商品信息，可以再新增商品类模块，❶单击“宝贝类”选项卡；❷将“智能双列宝贝”模块拖曳到预览窗口，如图7-28所示。

第14步 在“智能双列宝贝”模块中，❶输入标题；❷选择“手动推荐”单选项（也可以使用自动推荐单选项，不过一般宣传活动中的商品都是店主手工选择的，因此这里以手动推荐为例进行讲解）；❸单击“+”按钮添加推荐商品，如图7-29所示。

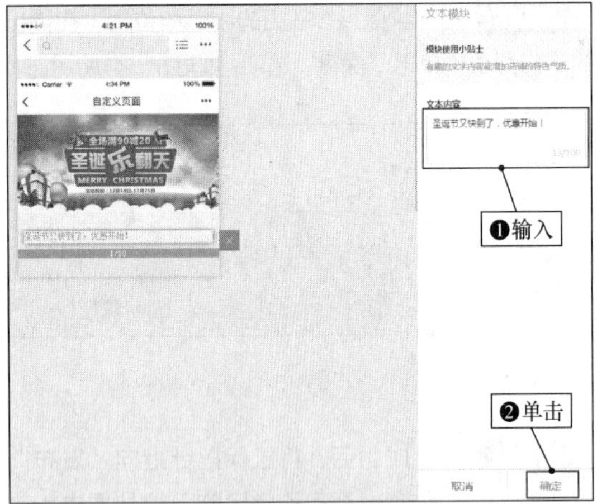

图7-27

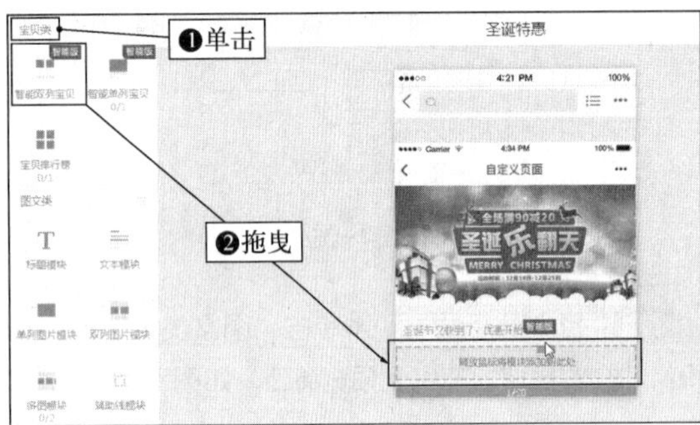

图7-28

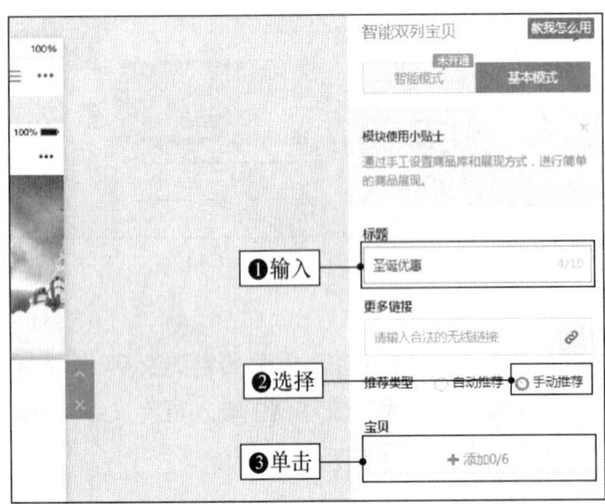

图7-29

第15步 弹出对话框，❶选择要推荐的商品；❷单击“完成”按钮，如图7-30所示。

第16步 返回上一个页面，单击“确定”按钮，如图7-31所示。

第17步 卖家还要为页面添加一个返回首页的超级链接，方便买家浏览完本页后返回首页，❶单击“图文类”选项卡；❷将“标题模块”拖曳到预览窗口的底部，如图7-32所示。

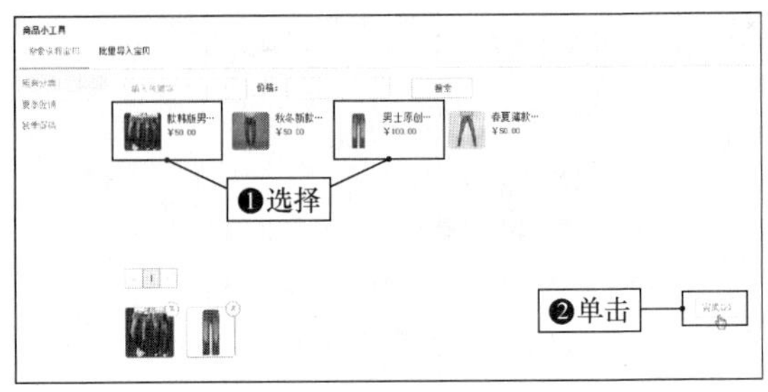

图7-30

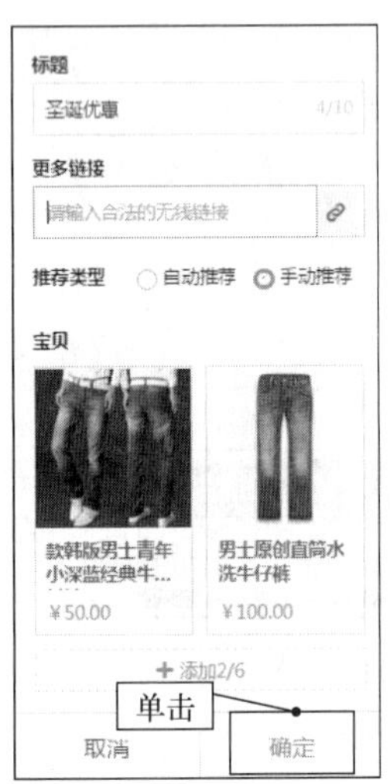

图7-31

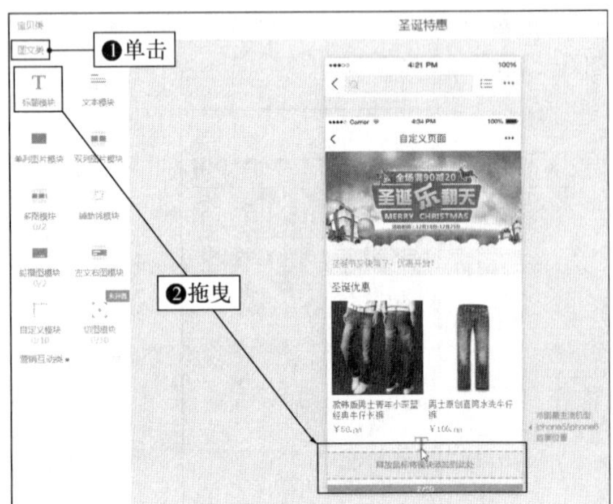

图7-32

第18步 弹出“标题模块”编辑窗，❶输入“返回首页”之类的提示文字；❷单击🔗按钮以指定链接地址，如图7-33所示。

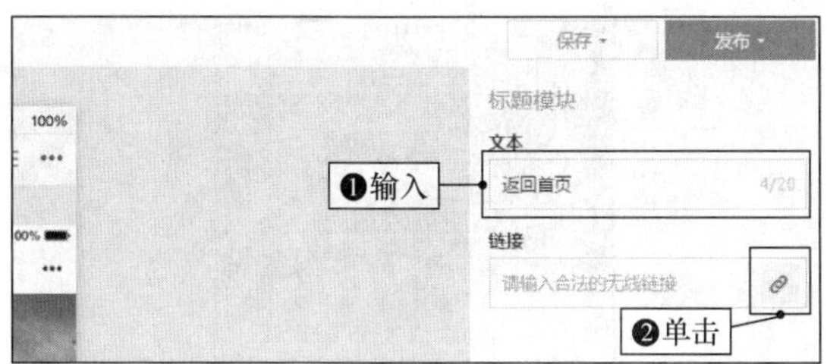

图7-33

第19步 弹出“链接小工具”对话框，单击“店铺首页”后面的“选择链接”超级链接，如图7-34所示。

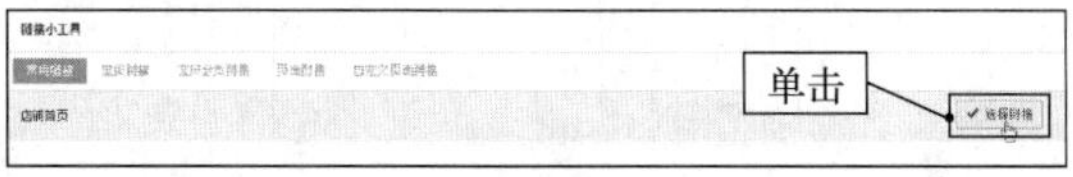

图7-34

第20步 返回上一个页面后，单击“确定”按钮，如图7-35所示。

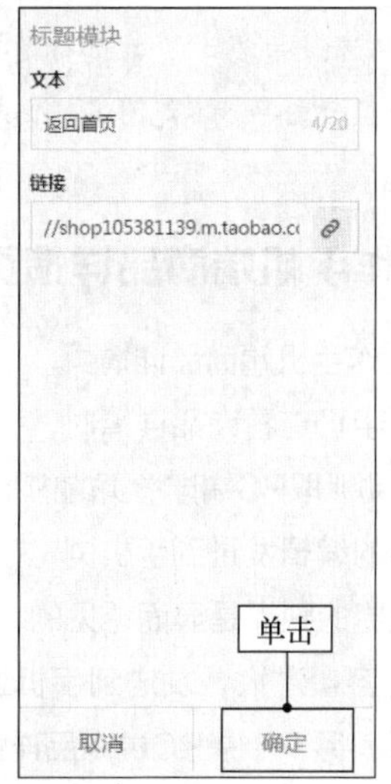

图7-35

第21步 将鼠标指针悬浮在右上角的“保存”按钮旁边的小三角位置，在下拉列表中单击“保存”选项，如图7-36所示；将鼠标指针悬浮在“发布”按钮旁边的小三角位置，在下拉列表中单击“立刻发布”选项，如图7-37所示。

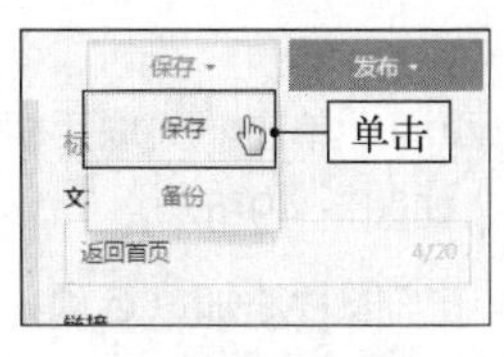

图7-36

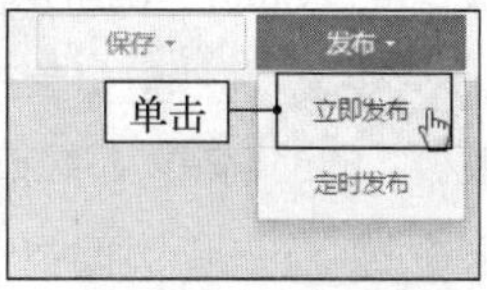

图7-37

第22步 返回上一个页面，在“店铺装修”页面中，单击“店铺首页”按钮，如图7-38所示。接下来要在首页中建立一个跳转到新建页面中的超级链接。

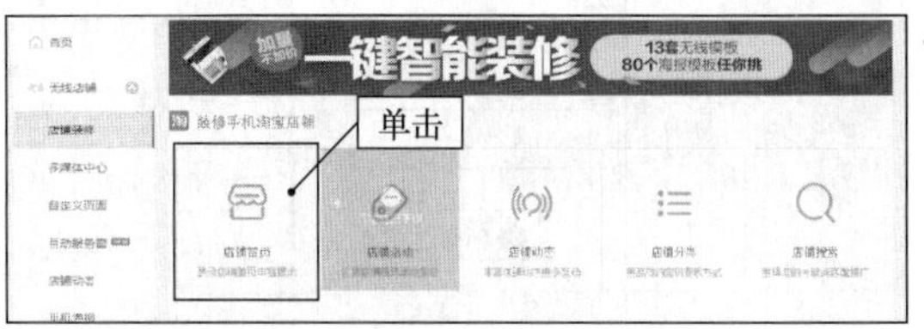

图7-38

第23步 ❶单击“图文类”按钮；❷将“标题模块”拖曳到预览窗口，如图7-39所示。

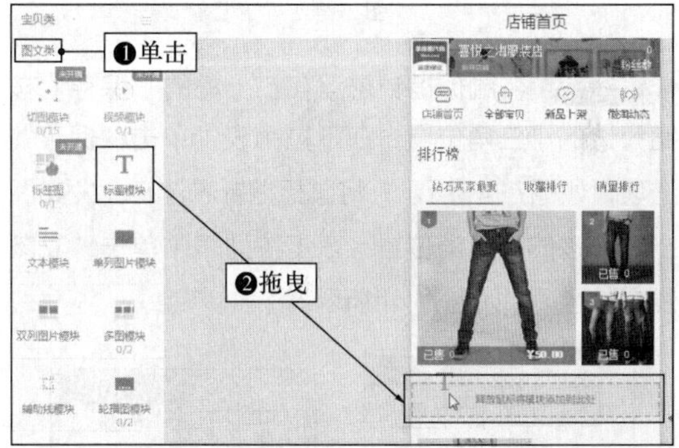

图7-39

第24步 ❶在右侧“标题模块”输入宣传活动的文本；❷单击“编辑”按钮🔗，如图7-40所示。

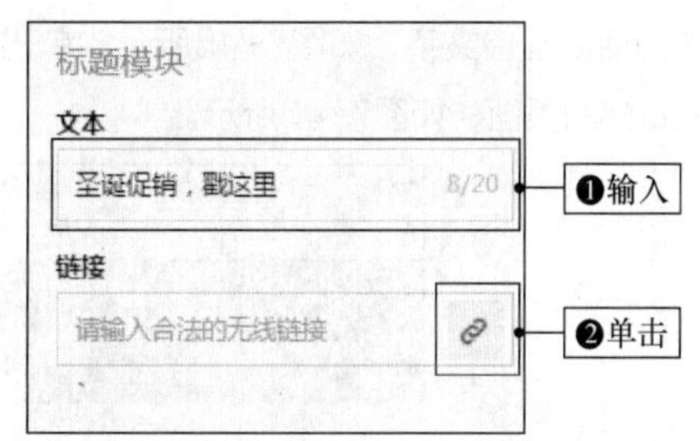

图7-40

第25步 返回上一个页面，❶单击“自定义页面”选项卡；❷单击新建页面后的“复制短链”超级链接，如图7-41所示。

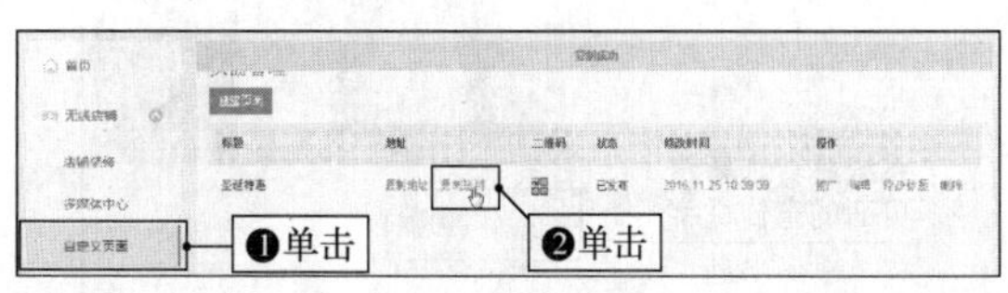

图7-41

第26步 返回店铺首页的标题模块，❶将短链接粘贴到连接位置；❷单击“确定”按钮，如图7-42所示。

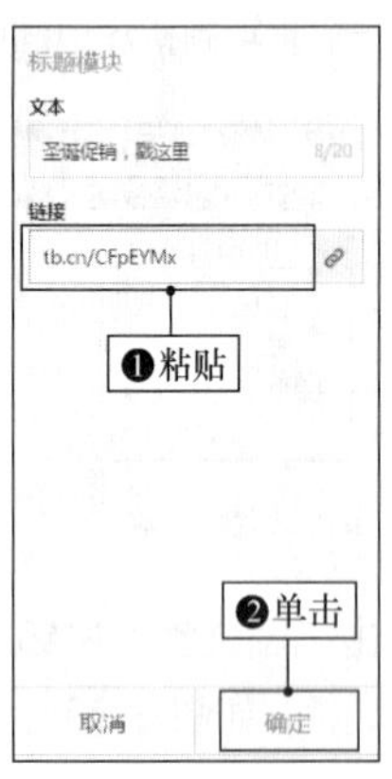

图7-42

第27步 将鼠标指针悬浮在右上角的“保存”按钮旁边的小三角位置，在下拉列表中单击“保存”选项，如图7-43所示；将鼠标指针悬浮在“发布”按钮旁边的小三角位置，在下拉列表中单击“立刻发布”选项，如图7-44所示。

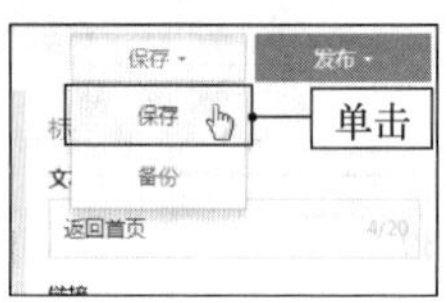

图7-43

图7-44

如果买家用手机访问网店的话，就会在首页看到相关的活动宣传文字，如图7-45所示，单击之即可进入新建的页面，如图7-46所示。

图7-45

图7-46

专家提点　为什么设置跳转链接要用标题模块而不用文本模块

如果要让买家单击一段文字就跳转到其他页面，就要使用能指定超级链接的模块，比如标题模块。使用文本模块就只能显示文字，不能附带任何超级链接。

7.1.4　制作手机端商品详情页

扫码看视频

如果不制作手机端商品详情页，那么买家通过手机查看商品详情时，淘宝网站会自动抓取PC端详情页的内容，经过简单的编辑发送到手机浏览器上。这样浏览的缺点是显而易见的，一个是PC端商品详情页的容量过大，发送到手机上会耗去买家很多手机流量；另一个是PC端商品详情页可以求全求精，但手机端详情页却不一样，要求内容简洁、直接，把卖点高效地传达给买家，促进买家购买。

有鉴于此，专门为商品制作手机详情页是很有必要的。制作的方法很简单，在淘宝中就可以完成。

第1步 进入手机淘宝店铺，单击“详情装修”选项，如图7-47所示。

第2步 进入新页面，单击“宝贝详情管理”超级链接，如图7-48所示。

第3步 在“宝贝管理”页面，单击“关联手机模板”的“编辑”超级链接，如图7-49所示。

第4步 在新页面中，单击“图片添加”选项，如图7-50所示。

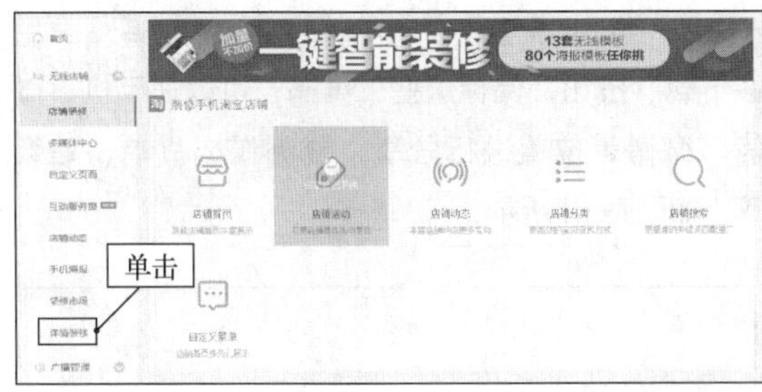

图7-47

图7-48

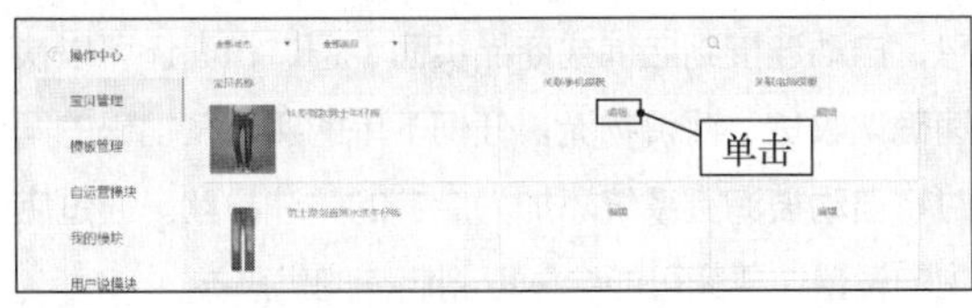

图7-49

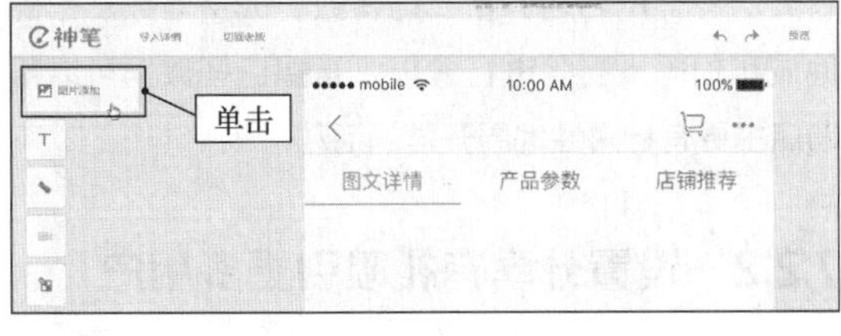

图7-50

第5步　弹出对话框，❶在图片空间中选择要加入的图片；❷单击“插入”按钮，如图7-51所示。

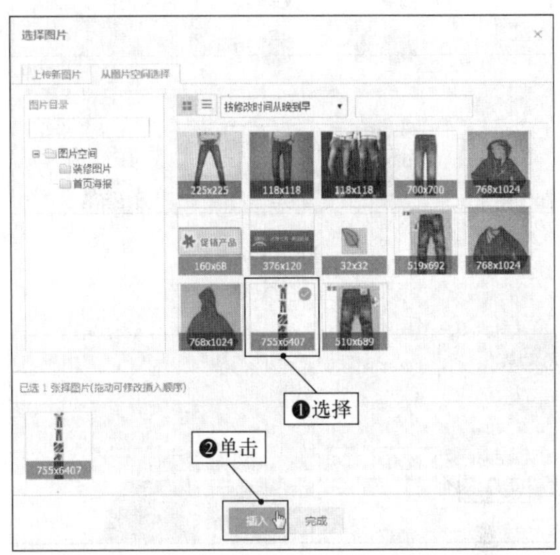

图7-51

第6步　❶单击“文字添加”选项；❷输入描述文字；❸单击“保存”按钮，如图7-52所示。

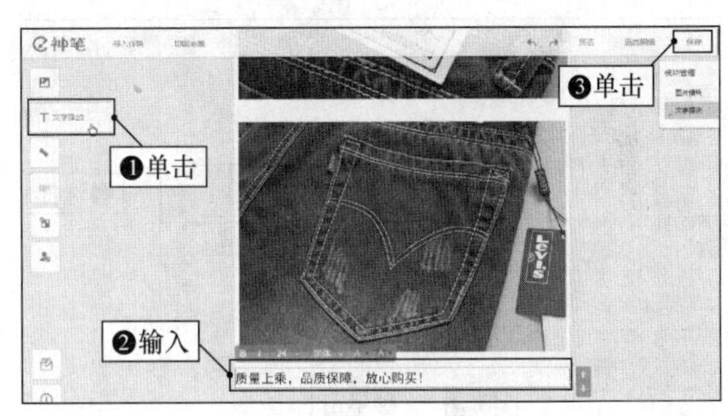

图7-52

7.2 设置手机端淘宝店的专用功能

手机端淘宝店有一些独有的功能，这些功能是针对手机的特点设置的，如“码上淘”“分享有礼”等，对于手机端淘宝店的推广来说比较方便，开设了手机端淘宝店的卖家有必要了解并掌握这些功能的使用方法。

7.2.1 手机端码上淘

扫码看视频

码上淘是基于手机淘宝，通过扫描二维码、条形码的方式参与淘宝官方活动或者商家发起的各种营销服务。对于卖家而言，码上淘是渠道推广的有效方式。可以将二维码展示在宣传海报、商品包装、物流包裹等位置。通过一段时间用户的扫码累积，还可以对二维码进行分析，以得到更多的消费信息。通过商品创建二维码的步骤如下。

第1步　进入手机淘宝店铺，单击“码上淘”的“进入后台”超级链接，如图7-53所示。

第2步　进入新页面，单击“创建二维码”下的“通过宝贝创建”选项，如图7-54所示。

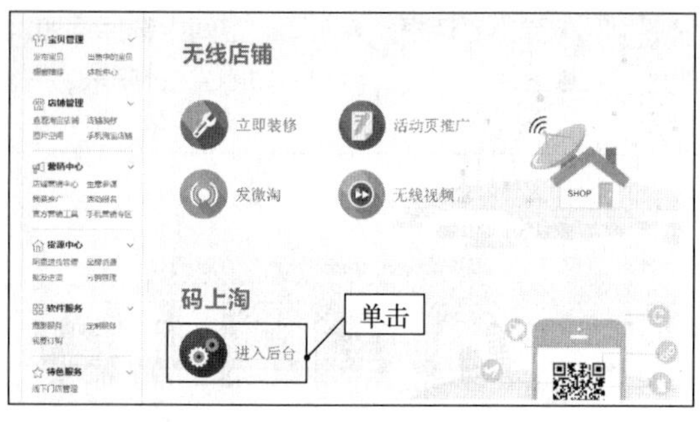

图7-53

图7-54

第3步 进入新页面，❶选择需要生产二维码的商品；❷单击“下一步”按钮，如图7-55所示。

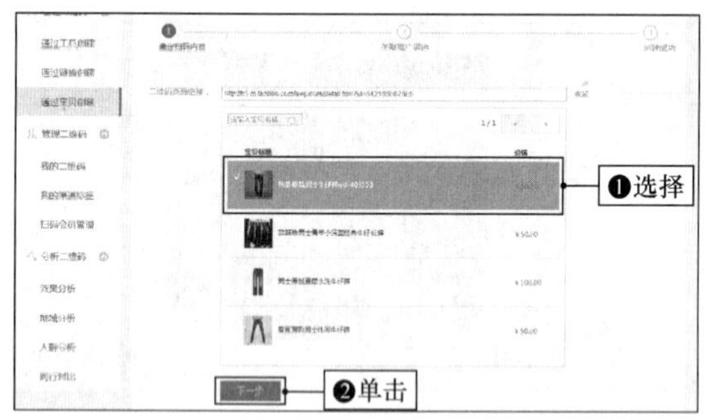

图7-55

第4步 在新页面中，❶为商品选择推广渠道的标签，对应生产不同的二维码；❷单击“下一步”按钮，如图7-56所示。

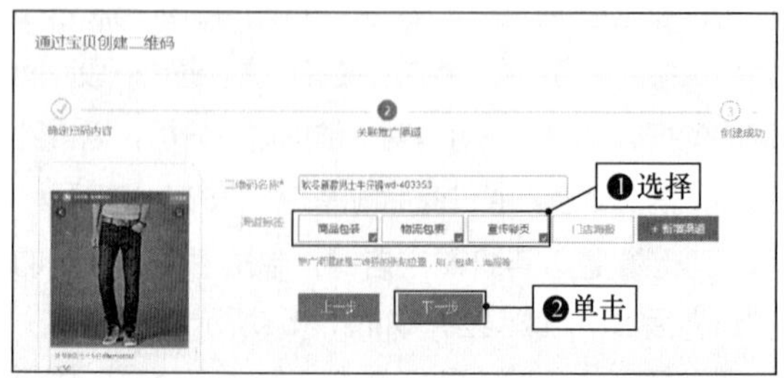

图7-56

第5步 系统会自动创建相应的二维码。单击“下载”按钮，保存这些二维码，可以在手机、微信、微博等位置进行分享，或制作成货单、贴纸等，如图7-57所示。

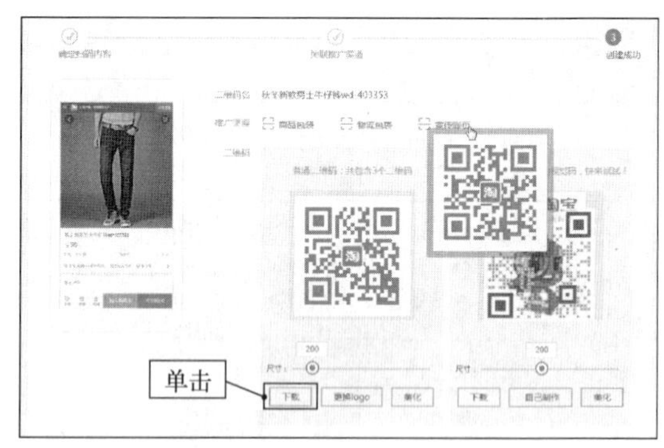

图7-57

二维码不仅可以传递商品的基本信息、物流信息，自动连接到店铺或商品页面，通过扫码还可以快速确认收货、评价物流。任何下单的买家在扫码的同时将自动被淘宝系统添加为店铺的关注粉丝。通过店主的设置，买家可能会领取到店铺的优惠券。

在卖家的码上淘后台中，可以对扫码二维码的有关信息，例如扫码量、访客数、成交笔数、扫码地域和扫码人群等进行分析。掌握这些数据可以帮助店主更有针对性地展开营销活动。

7.2.2 设置分享有礼吸引更多用户

为商品设置分享有礼是一种激励手段。店主通过分享有礼激励到店的买家分享商品到社交媒体，吸引更多用户。具体的操作步骤如下。

第1步 进入手机淘宝，在“营销工具”中单击“分享有礼”超级链接，如图7-58所示。

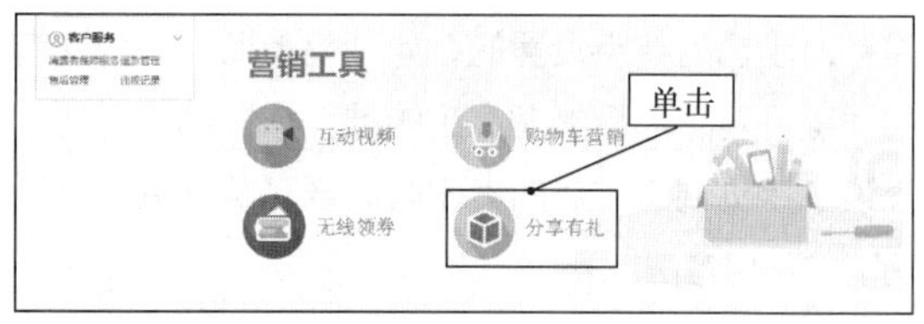

图7-58

第2步 在新页面中单击“马上创建”按钮，如图7-59所示。

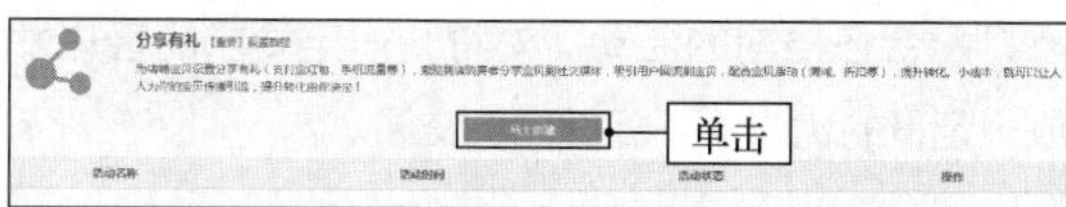

图7-59

第3步 在新页面中，❶填写活动名称；❷设置活动时间；❸单击“请选择商品”超级链接，如图7-60所示。

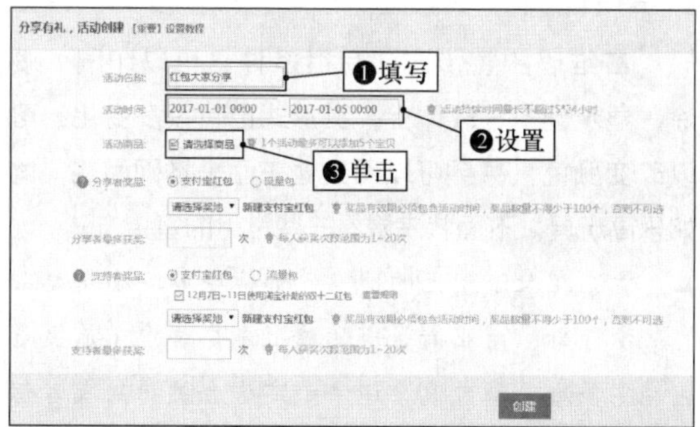

图7-60

第4步 在商品页面，❶勾选要参与活动的商品；❷单击“确定”按钮，如图7-61所示。

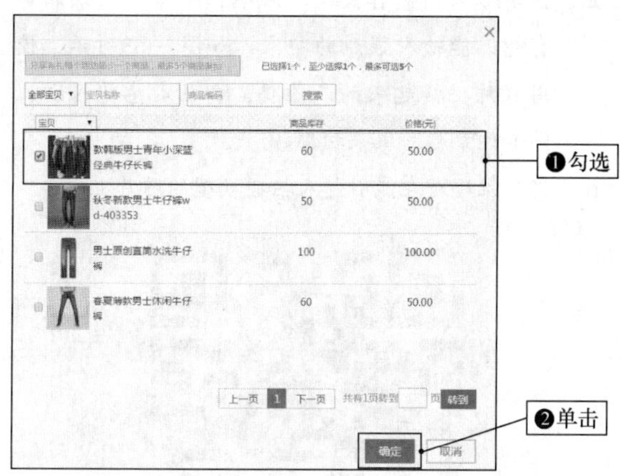

图7-61

第5步 返回上一页，设置分享者奖品，单击“新建支付宝红包”按钮，如图7-62所示。

第6步 进入“客户关系管理”页面，❶填写名称；❷设置红包金额及个数；❸设置活动时间；❹单击“确认创建”按钮，如图7-63所示。

第7步 返回上一页面，❶设置分享者最多获奖次数；❷单击“创建”按钮，完成营销设置，如图7-64所示。

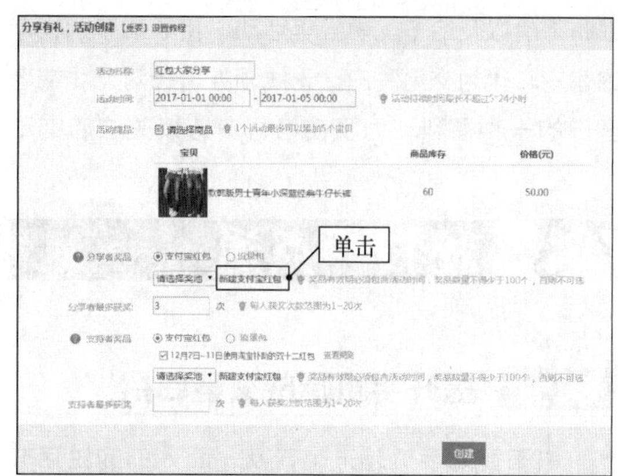

图7-62

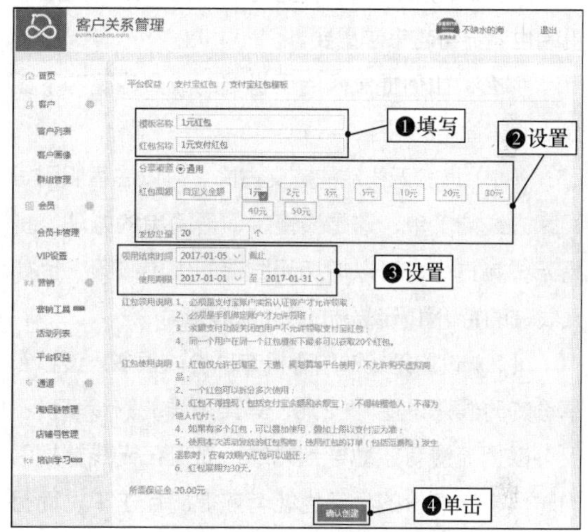

图7-63

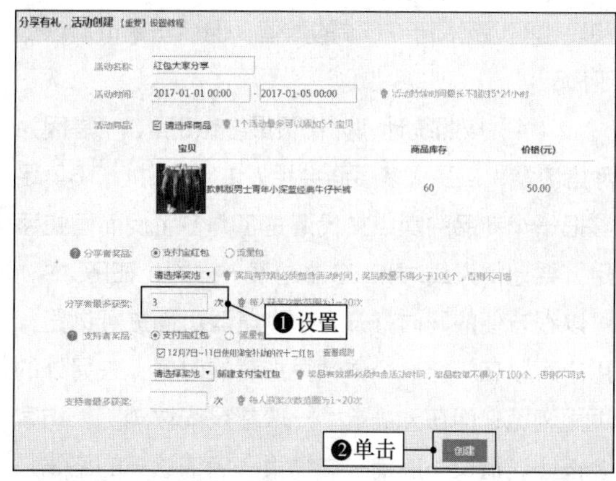

图7-64

除了分享有礼以外，店主通过淘宝营销工具的互动视频可以为买家展示商品，并拥有客户备注和提醒等多种功能。购物车营销是对有意向的潜在客户进行有针对性的促销，例如购物车限时送话费、限时降价以及给予优惠券等活动，将添加了购物车的客户转化为交易客户。无线领券是针对无线端老客户的一种福利，为了使老客户持续关注店铺动态、配合各档期的活动，对符合一定要求的客户发放一定量的优惠券，促成回头交易。

7.3 秘技一点通

技巧1 提升手机端成交量四招

由于智能手机越来越普及，而人们的生活节奏也越来越快，很多人都利用上下班路上、用餐等“碎片”时间来进行手机购物，如此一来，网店手机端也就显得越来越重要。

那么，如何提高网店手机端的成交量呢？下面介绍非常管用的4招。

（1）增加无线端的成交占比。可以由客服引导买家去线端下单，这是最直接、最简单的办法，提高无线端占比，可以增加无线端的优惠政策，比如无线端的特价和无线端的直通车流量。

（2）设置无线端的手机专享价。很多人设置专享价的时候只设置1～2元，其实无线端的专享价不仅可以把流量有效地导到无线，而且在无线端搜索的时候，专享价的标示也能有效提高点击率，而且专享价的折扣力度还能提高转化率。

（3）参加无线直通车。无线端直通车的点击率和转化率远远高于PC端的数值，但点击单价远远低于PC。

（4）按照统计，详情页最好做6屏。一是因为考虑流量，二是太多页面会耗去访客的耐心。6屏足够把一个商品的卖点交代清楚了，多了反而画蛇添足，要记得无线端和PC端是不一样的，在PC端，可以很方便的同时打开多个浏览器页面进行浏览，用户可以在等待一个详情页加载的时候，去另外的页面浏览；而在无线端，一般都是线性浏览，访客会按照详情页—店铺—详情页—店铺这样的路线来浏览，因此详情页太长的话，加载时间也会很长，很多时候访客直接返回上一页，这样就失去了一个成交的机会。

技巧2 二维码的宣传技巧

二维码的宣传方法有很多种，可以印刷、喷涂、显示到多种载体上，其形式也有很多变化，可以改变颜色，甚至可以用其他东西来堆砌而成，比如乐高玩具。下面就来看看一些常见的宣传方法。

- 喷涂在人流量大的地点，如地铁站、公交站、步行街、商业街等地的墙上或广告中（前提是要合法，私自喷涂违法小广告会被罚款或者行政拘留）。
- 印刷在纸质广告单、DM单上，散发给行人。
- 雇人穿着印刷有店铺二维码的T恤衫，在人流量大的地段反复行走。
- 在实体店内制作大幅二维码，形式上应该新奇有趣，能给人强烈的印象，如图7-65所示，使用照片拼接起来的二维码，会让人感觉很酷，忍不住拿起手机来扫描。
- 将二维码放在能引起人扫描欲望的图片上。

图7-65

店主们也可以推陈出新，发挥想象力，制造出各种各样引人注意的二维码宣传方式，当然，一定不要在街上乱贴乱涂二维码，以免影响市容。

技巧3 怎样取舍手机网店商品类模块的内容

商品类模块里包含单列商品、双列商品、商品排行和搭配套餐4个工具，那么这4个工具如何取舍呢?

（1）单列商品。单列商品的模块只能够使用一次，在使用中可以添加6个商品和链接，商品的主图是直接调用PC端的主图，不可以人为进行设置，模块的使用大小不受限制。因为直接调用PC端的主图，在手机端里显示出来过大，所以一般不推荐使用这个模块。

（2）双列商品。双列商品不受模块的使用限制，大家可以手动添加商品标题、增加链接、自动推荐，可以通过价格和关键词、排序规则、类目来筛选商品，手动推荐则根据自己的主打商品来优先选择。但是，商品图片也是直接调取PC端的，不能够进行人为设置。这个模块主要用来做同类产品的展现，让买家在购物时进行对比。

（3）商品排行。商品排行是自动调取PC端高销量、高人气的商品，不能人为进行设置。如果PC端热销商品比较多，可以使用这个模块，如果没有销量，建议不要使用。

（4）搭配套餐。这个模块也是不能够人为设置的，只能够自动调取PC端的数据，也就是调取PC端里使用官方的搭配关联生成的套餐，所以这个模块没什么可以多说的。

开店小故事

巧用二维码，“扫”出知名度

黄子刚是一位大三的学生，同时也是一个有一年网店经验的淘宝店主。他店里主营的各种文具面向校内同学，生意颇不错。

黄子刚有个绰号叫“扫地僧”，这个绰号得来不易。“扫地僧是金庸小说里的一个人物，武功高强却甘愿隐姓埋名，一般用来形容深藏不露的高手。不过，我这个‘扫地僧’的绰号，却不是这个意思，而是我在淘宝店铺推广时想出来的噱头。”

黄子刚的店铺刚开张时，也面临着无人问津的问题。一开始黄子刚想的是去网络上进行营销推广，但很快他就发现了自己思路上的错误。原来，他经营的文具网店主要是服务于同校同学，因此只需要做好校内宣传就可以了，而无须到网上去进行常规的营销。

调整了思路后，黄子刚就冥思苦想如何在同学中进行推广。“口耳相传”的方式不错但是速度较慢，还要欠下不少人情；贴小广告校方不允许；校内BBS站打广告会被版主删帖……一时间黄子刚还真找不到什么较好的办法。

“那天也是巧了，我去办事，路过天桥，看见桥上有个营销团队，堆了一大堆玩具熊在地上，声称只要扫二维码关注微信，就能获赠一个玩具熊。很多人都纷纷拿出手机扫码，然后心满意足地拿着玩具熊走人。这事给了我灵感，我就想，自己的店铺推广能不能也借鉴这种方法？”

黄子刚仔细考虑了一下，把这种现场扫码送礼的方式进行了修正，因为在校内摆摊设点是不允许的，但扫码后通过网店送礼则没有问题，关键是，怎样吸引同学们扫码？黄子刚想出了一个好办法。

“我去定制了一件T恤，背上印有‘扫地僧’3个字，其中‘扫’字是红色，也特别大，扫字下面还有一个箭头，指向一个大大的二维码，也就是我店铺的二维码。这个组合的作用是暗示看到的人拿出手机扫二维码。另外，二维码下面还有‘扫码有礼’4个字，也能让人产生扫码的动力。”

黄子刚收到T恤后，立即去剃了一个光头，然后穿上T恤，戴上墨镜，在男生公寓门口装模作样地扫地。这副奇特的扮相吸引了不少同学驻足围观，并纷纷拿出手机拍照和扫码。黄子刚很配合地摆出各种POSE，引得同学们哈哈大笑。不一会儿工夫，黄子刚的店铺流量就猛增了100多个。

随后黄子刚又到其他宿舍楼门前如法炮制，几天时间下来，他的店铺新增收藏1000多个，大家都知道有个“扫地僧”开了一家专门服务同学的网店，黄子刚的生意一下子火爆起来，“扫地僧”的绰号也不胫而走。

“这次营销应该说是比较成功的，送礼一共花了3000多元，礼品也是我自己课余送上门的，连邮费都省了。这3000多元两个多月就赚回来了”，黄子刚最后总结说：“这种二维码配合淘宝手机端的确非常方便，只要方法得当，能够快速为店铺增加流量”。

第8章 妥善管理网店商品

本章导言

开通店铺后，接下来的工作就是发布自己的商品到网店中进行销售。在商品发布过程中，需要先准备商品的实物图片与资料、然后逐步发布商品，还可以使用淘宝助理来批量管理商品信息，提高工作效率。

学习要点

- 学会商品的发布与管理
- 掌握商品上下架、修改与删除等管理方法
- 掌握使用淘宝助理批量管理商品的方法

8.1 发布网店商品

店铺设置好之后，接下来就应该发布商品了，这样店铺才有货可卖。在发布商品前，需要先准备商品的实物图片与资料，然后按照淘宝的规则进行发布。

淘宝发布商品分为一口价、拍卖和二手3种方式。这里主要讲解以一口价和拍卖两种，因为一般新开张的网店都是发布全新的商品，应该用“一口价”方式发布；对于贵重的单品，比如古董，可以用“拍卖”的方式发布。“二手”方式除非是专门做二手货的网店，一般卖家都不用。

8.1.1 添加商品分类

扫码看视频

新开的淘宝店铺，卖家在上传完商品之后，需要对商品进行分类。合理的商品分类可以使店铺的商品类目更加清晰，使卖家和买家能够更方便快速地浏览与查找店铺中的商品。如果店铺发布的商品数目众多，那么合理的分类显得尤为重要。好的店铺分类，将会大大方便买家进行针对性浏览和查询，从而提高成交量。

第1步 在“卖家中心”选项中的“店铺管理”选项下，单击“宝贝分类管理”超级链接，如图8-1所示。

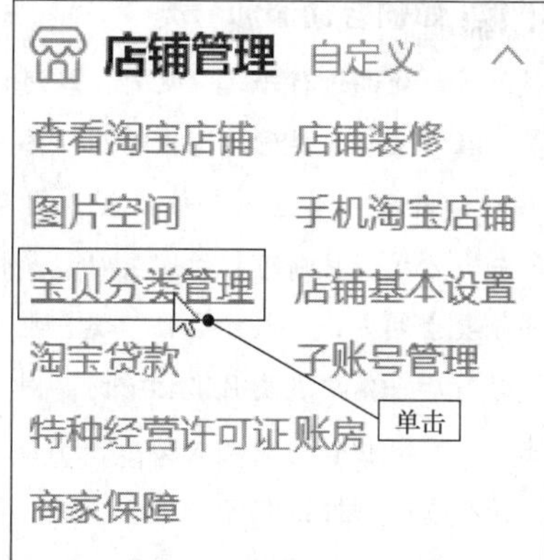

图8-1

第2步 进入新页面，单击“添加手工分类”按钮，如图8-2所示。

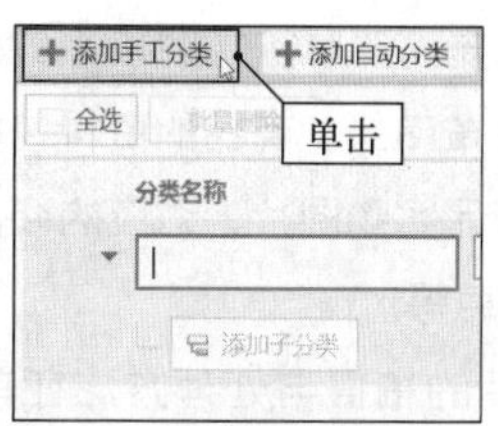

图8-2

第3步 在输入框中输入要设置的分类名称，依次单击分类下面的子类，即可添加一个子类，如图8-3所示。

图8-3

第4步 设置完成后，单击“保存更改”按钮，即可保存更改的分类设置，如图8-4所示。

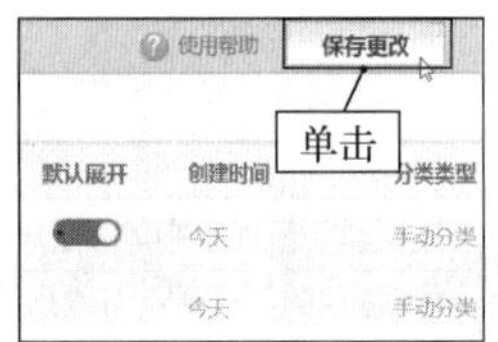

图8-4

专家提点 如何自动添加分类

淘宝店铺除了对商品进行手工分类外，还可以进行自动分类。在“宝贝分类管理”中单击“添加自动分类”按钮，进入自动分类条件设置。自动分类是固定的分类方式，目前可以按照类目、属性、品牌、时间等要素划分，一般按类目归类，也可以自己选择。分好后一定要在类目名称前打“对勾”，然后单击“确定”按钮。分类成功后，单击页面右上角的“保存更改”按钮即可。

8.1.2 准备商品信息资料

无论是网店代销，或者是自己进货在网店中销售，开店之前先需要准备10件以上的商品资料，用于在淘宝网发布商品。商品的资料包括：已经拍摄并处理过的商品实物图片、对应的商品描述内容、商品的规格信息等。

商品图片的拍摄与处理方法在前面已经进行了详细讲解，这里只需要了解，最好将图片保存为JPG或GIF格式，宽度控制到500像素左右（高度可以根据比例自由控制），大小控制到120KB以下，为了使得商品页面排列更加整齐，建议将同一商品的图片尺寸统一。

在一个店铺中，往往需要上架很多商品，而每个商品又包括多张实物图片，为了避免商品图片的混乱，在电脑中存放商品图片时，也应该按照合理的结构进行保存。至于商品描述信息，建议使用Word文档将对应的商品图片保存到一起，商品规格信息需要在发布商品时逐个选择，只要在发布前了解自己所销售商品的相应规格即可。

发布商品时，会涉及很多因素，如销售方式、商品分类、商品规格、商品价格、商品图片与描述、运费以及商品附属信息等，在发布商品的过程中，必须同时了解各种商品发布知识，下面就一起来了解。

1. 商品类别

也就是商品的分类情况，用户在发布商品时可以在分类列表区域中选择自己所销售商品的详细分类，方式为从左到右，一般先选择商品大类，然后进一步选择小的分类、品牌等，如图8-5所示。

图8-5

要注意，绝大多数买家在淘宝网中选择商品时，都会通过商品类别来一步步进行浏览，因此广大卖家在设置商品类别时，必须要设置的细致、准确，这样被买家搜索到的概率就会大大增加，同时也在一定程度上增加了商品的销售概率。

相反，如果商品的类别没有设置准确，那么在买家浏览过程中，会很直接地将商品排斥到购买意向外，如我们将“男士西服”分类到“女装”中，那么浏览女装的买家，就会完全忽略这件商品。而且淘宝也对分类有硬性规定，随便安排类目是会被下架商品甚至被扣分的。

2. 商品属性

选择商品类别后，接下来要选择的是“填写商品信息”页面，在页面中首先需要对商品的基本信息进行设置，不同类别的商品，可供选择选择的属性是不同的。在商品类型中，需要选择商品是“全新”还是“二手”。在接下来的选项中，根据自己的商品情况，正确选择商品的各个属性即可，如图8-6所示。

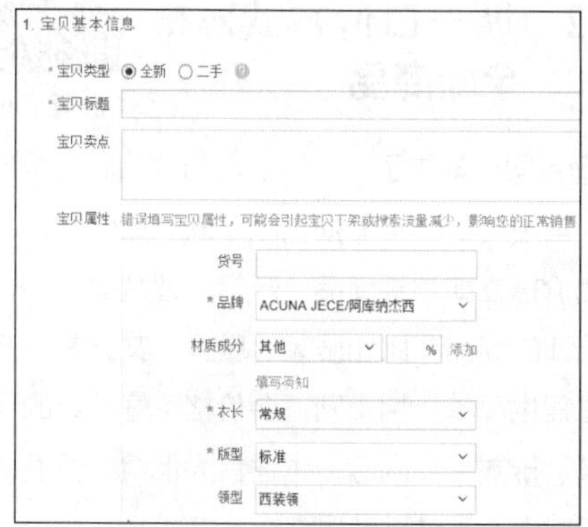

图8-6

这里所选择的各项属性，最终将以表格形式显示在商品销售页面的上方，买家也会在一定程度上根据卖家所提供的商品属性决定是否购买商品，因此，卖家必须对自己的商品全面了解后，再设置商品属性，从而避免以后由于商品与描述不符而造成交易纠纷。

3. 商品信息

设置商品属性后，接下来输入商品的名称、价格、颜色、规格以及库存信息，在该区域中不同信息的设置方法如下。

- 商品名称：在“商品标题”一栏中输入商品名称，商品的命名上也是有技巧的，要尽量赋予商品一个有吸引力的名称。
- 销售价格：在“一口价”栏中输入商品的销售价格，在定义价格时，最好能与其他卖家相同商品的价格进行对比与衡量，从而定出一个具备竞争力的商品价格。
- 详细商品规格：对于不同的商品，下面显示的属性也不同，如服装类商品，将显示“颜色”与“尺码”两个选项，在其中可以选择商品的颜色与尺码，选择颜色后，还可以自定义颜色名称。
- 特殊规格的定价：根据商品属性的不同，当前面选择后，下方会显示出所选的属性，如服装类显示“颜色”与“尺码”组合列表，前面我们已经定义了商品的价格，这里可以对特殊规格（如加大码等）的价格重新设定，如果没有特殊要求，则可以保持默认。
- 商品库存：最后根据“颜色”与“尺码”组合列表来设定不同颜色、不同尺码商品的库存数量，库存数量表示商品的可销售数量，对于卖家而言，就等于该商品自己可以进货的数量，如开始进货5件，但供货商能够长期提供货源，那么这里就可以多填写一点，避免在网店中由于库存数目不足而无法销售。

商品信息在很大程度上影响着商品的销售，因此设置上述信息时，广大卖家应该力求做到细致、精确，从而能够将当前商品的详细信息提供给买家。

高手支招　填写的细节

在商品信息区域中，“货号”与“商家编码”两项内容可以任意填写，只要能便于自己区分商品与商家来源即可。如果是网店代销，那么货号就最好与代销商提供的货号一致，这样便于以后联系代销商发货或询问是否有货等。

4. 商品描述

商品描述是发布商品过程中最重要的一个环节，将要销售商品的特色完全是在这里体现的，其中包括设置电脑端商品图片、商品长图、商品视频以及电脑端和手机端具体的商品描述等。

高手支招　图片大小可调整

在商品描述中插入图片后，如果图片大小不合适，那么可以拖动图片边框对图片大小进行调整。

商品描述区域是让商品与买家面对面接触的地方，前面精心拍摄处理的各种商品图片，都会在这里进行展示，因此一定要引起足够的重视。

专家提点 关于商品描述的建议

在做商品描述时，最好不要超出3种颜色；字体可以选择最适合阅读的宋体，并且只用一种大小的字号；标题可以用颜色来突出显示；如果描述比较琐碎，可以采用表格来规范；最重要的是商品描述一定要做到真实。

5. 物流信息

网上交易的商品，都是通过物流来进行的，因此需要根据自己商品的情况（主要取决于重量与体积）来设置相应的运费。为了提升买家购物体验，淘宝要求全网商品设置运费模板。使用运费模板为某类商品设置专门的运费模板，以后发布商品时只要选择此模板即可，无须再进行价格设置，如图8-7所示。

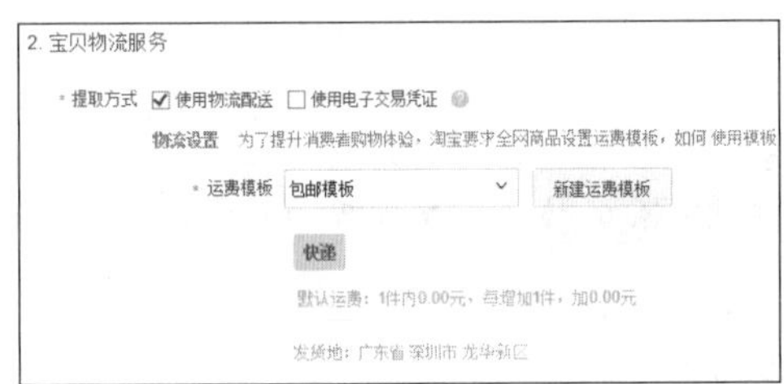

图8-7

物流运费的价格，可以在网上查询，或者到邮局、快递公司进行咨询，然后根据自己当地的价格来设置。也可以参考其他同类商品卖家的运费价格。毕竟“商品总价=销售价+运费”，所以运费的精确度上，不必太过深究，只要保证了商品的利润，就算运费少一点也没有关系，这样反而还会吸引买家购买。

6. 售后保障信息和商品的其他信息

最后需要设置的是关于商品发布与销售的售后保障信息和其他信息。

- 售后服务：当前商品在销售时，是否能提供发票和保修服务以及退换货承诺，需如实填写。
- 库存计数：用于计数商品的库存数，包含“买家拍下减库存”和“买家付款减库存”两个选项可供卖家选择。
- 开始时间：包含“立刻开始”“定时上架”以及“放入仓库”3个选项，“立刻开始”表示发布商品后马上上架销售；“定时上架”表示并不会立即上架销售，卖家可以在右侧设置商品发布后的自动上架时间；“放入仓库”表示商品发布后不上架销售，而是放入仓库中，当需要上架时，卖家可进入仓库中将商品上架。
- 橱窗推荐：普通店铺拥有5个橱窗推荐位，将商品放到橱窗推荐位，买家可以优先看到商品信息，可以将最合适的商品放到橱窗推荐位中。也可以先不设置，以后需要时再进入“我的淘宝”中进行设置。

8.1.3 以一口价方式发布全新商品

扫码看视频

淘宝网中提供了“一口价”与“拍卖”两种销售方式，其中一口价是指提供固定的商品价格，买家可以以此价格立即购买商品。一口价适合普通的、价格容易估计的商品，比如服装、厨具、文具等，方便计价，过程也简单；拍卖则适合价格不好估计的商品，如古董、玉器、字画等，也适合大批量的普通商品进行批量拍卖，不过其过程较长、较复杂。

当然，一口价的商品也不是说就不能讲价了。买家如果和卖家讲价，而卖家又愿意将价格下降一些来出售的话，可以临时修改商品的价格，让买家买下后再恢复原价。不过这样的方式不推荐常用，因为修改次数太多的话，会引起淘宝的注意，可能导致店铺被扣分、降级。

最好的优惠方法是在买家按原价买下商品，但尚未付款时，修改买家的付款价格。

下面来看一口价发布商品的具体操作方式。

第1步 进入淘宝网，单击“卖家中心”超级链接，如图8-8所示。

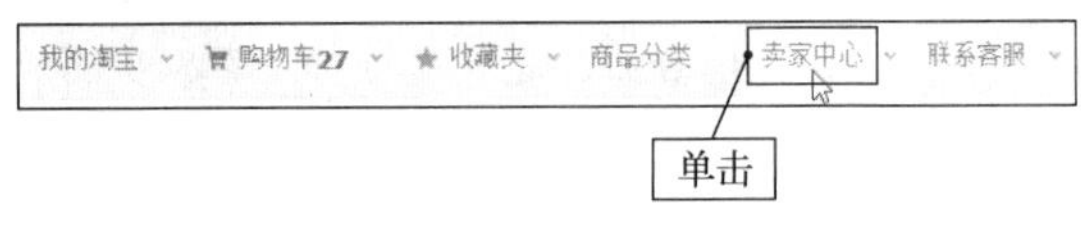

图8-8

第2步 进入“卖家中心”选项卡后，单击“发布宝贝”超级链接，如图8-9所示。

第3步 ❶在默认的“一口价”选项卡下为自己发布的商品选择正确的类别；❷单击“我已阅读以下规则，现在发布宝贝”按钮，如图8-10所示。

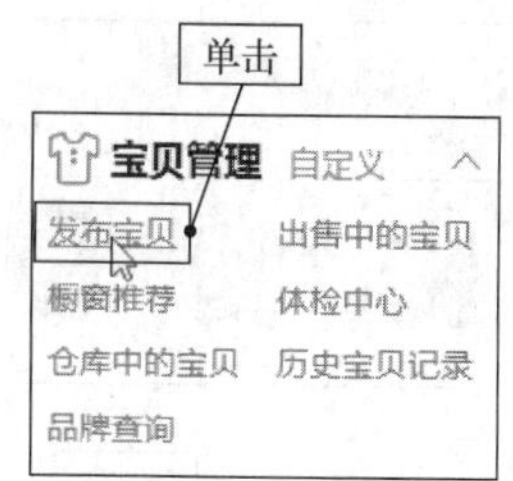

图8-9

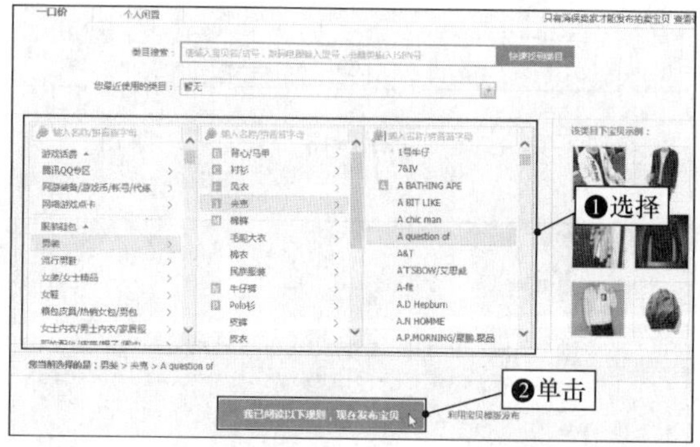

图8-10

第4步 ❶选择商品类型为“全新”；❷设置商品的相关属性，如图8-11所示。

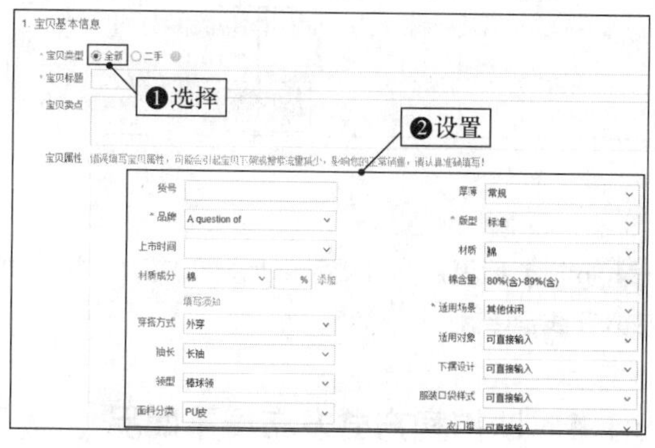

图8-11

专家提点 关于商品类型

这里的商品类型一般选择“全新”，如果销售的是二手商品，则可以选择“二手”，对于闲置的商品，则可以到淘宝闲鱼网上进行销售。

第5步 设置商品的销售价格、颜色（可同时上传商品颜色图片）、尺码、数量等信息，如图8-12所示。

第6步 单击“上传新图片”按钮，上传商品图片，如图8-13所示。

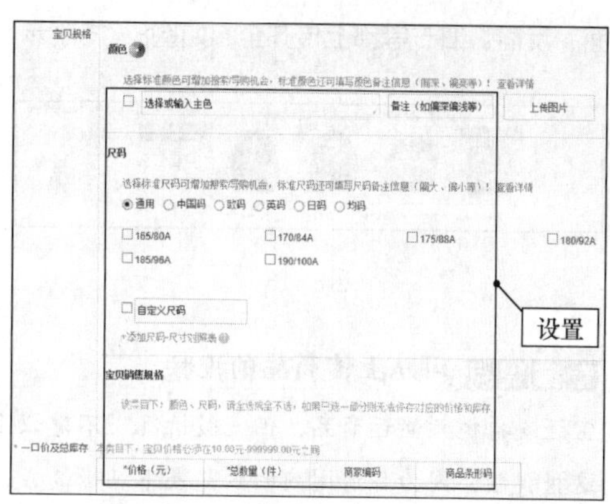

图8-12

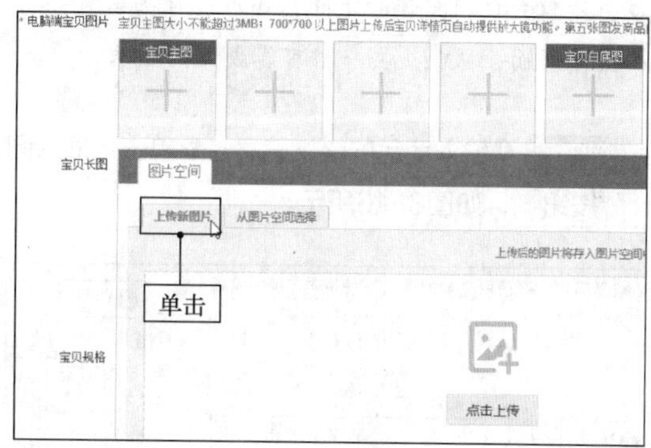

图8-13

专家提点 如何设置品牌

如果自己销售的服装不是品牌，可以选择“其他”类型。如果是自己创建的品牌，可以在其他下方输入自己创立品牌的名称。

第7步 ❶选择商品的图片；❷单击“打开”按钮，如图8-14所示。

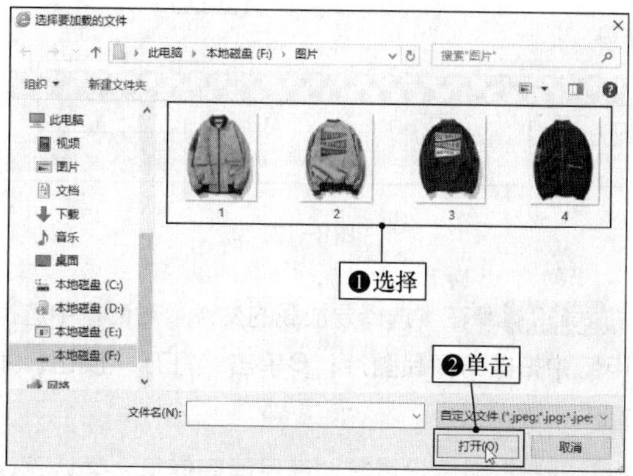

图8-14

第8步 继续上传拍摄的其他商品图片，最好是正面、反面、细节等都上传齐全，如图8-15所示。

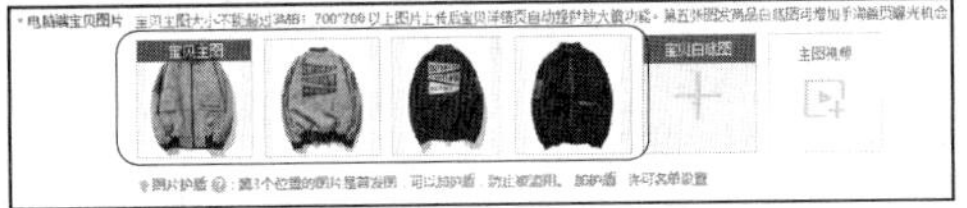

图8-15

专家提点 可以上传商品的视频

淘宝还支持视频显示商品，但一般情况下不建议上传这种视频，因为目前国内的带宽还不算很高，上传视频的话会拖慢某些买家打开自己商品页面的速度，不仅会让用户体验下降，还可能让买家失去耐心关闭页面，从而失去一桩可能成交的生意。

第9步 ❶输入商品的描述信息；❷单击“插入图片”按钮，如图8-16所示。

图8-16

第10步 弹出“上传新图片”页面，选择需上传的新图片后单击“点击上传”按钮，如图8-17所示。

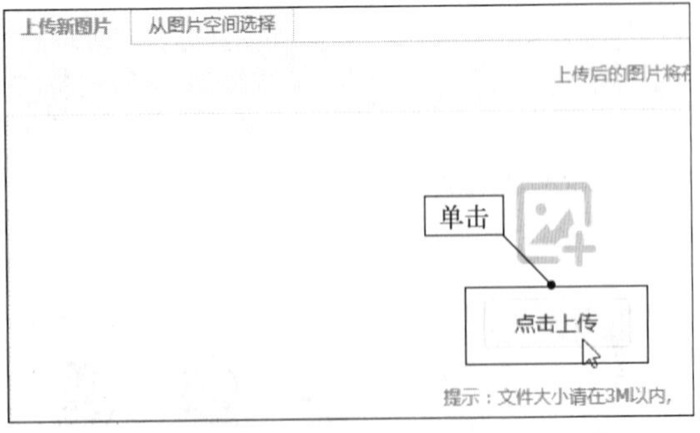

图8-17

第11步 ❶在“选择要加载的文件”对话框中选择电脑中拍摄的商品图片；❷单击“打开”按钮，如图8-18所示。

第12步 继续设置其他商品销售信息，确认无误后，直接单击页面下方的“发布”按钮，如图8-19所示。

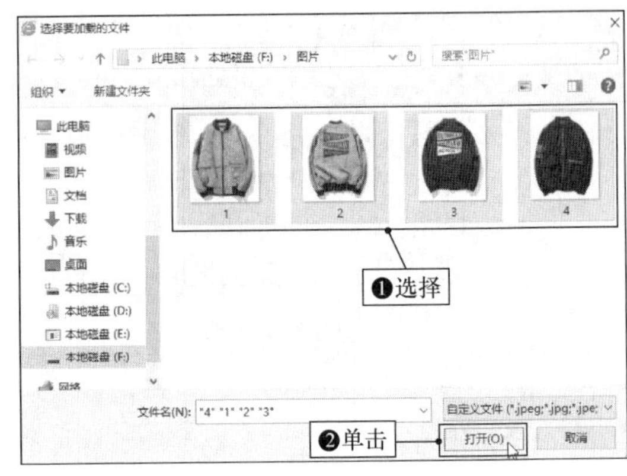

图8-18

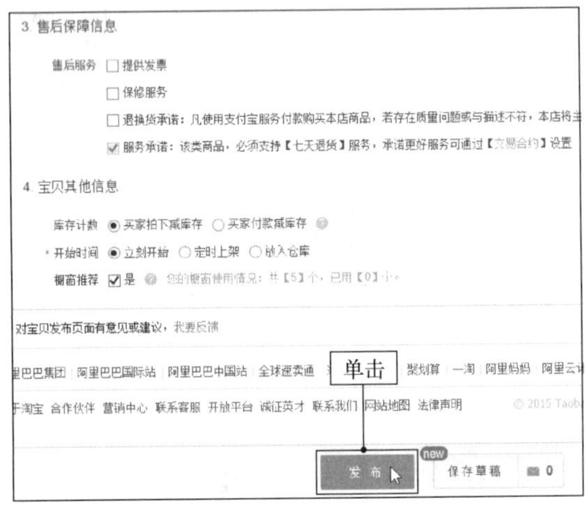

图8-19

第13步 稍等片刻，提示商品发布成功，并自动放入在线仓库。

8.1.4 以拍卖方式发布贵重商品

当卖家发布一些贵重的、不好估价的商品时，不妨采用拍卖方式进行发布，由买家竞相出价，价高者得。卖家也可以在发布多件同样的商品时，使用拍卖方式，比如20个同样型号的摄像头，就可以荷兰拍的方式来出售。

拍卖是一种可以较快增加店铺浏览量的方式，因为拍卖的商品有很多人关注并尝试参与，只是拍卖的过程、操作相对麻烦；而一口价则可以快速成交，但对店铺流量的提升没有拍卖那么快。

专家提点　两种拍卖的区别

增价拍卖是大家最熟悉的，也就是设置一个较低的起拍价，竞拍者按照一定幅度加价，价高者得；荷兰式拍卖本来也就是降价拍卖，不过在淘宝上，荷兰式拍卖被用于数量大于1件的成批商品的拍卖，比如10只景德镇茶壶，采用荷兰拍的话，最终由出价最高的10个人分，但成交价是这10人中出价最低的那一档。

拍卖发布很简单，先设置一个起拍价，然后选择一种拍卖方式（增价拍卖或荷兰式拍卖）即可。

第1步 进入淘宝网，单击“卖家中心”超级链接，如图8-20所示。

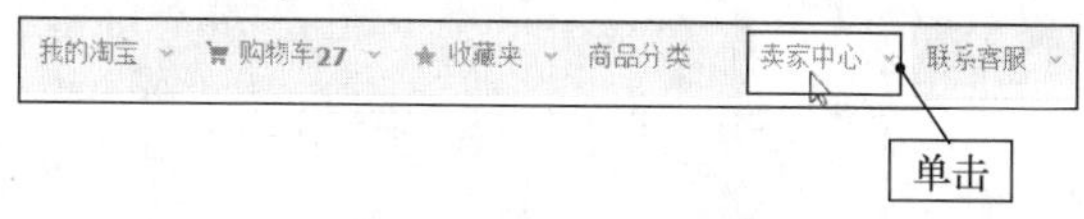

图8-20

第2步 进入“卖家中心”选项卡后，单击“发布宝贝”超级链接，如图8-21所示。

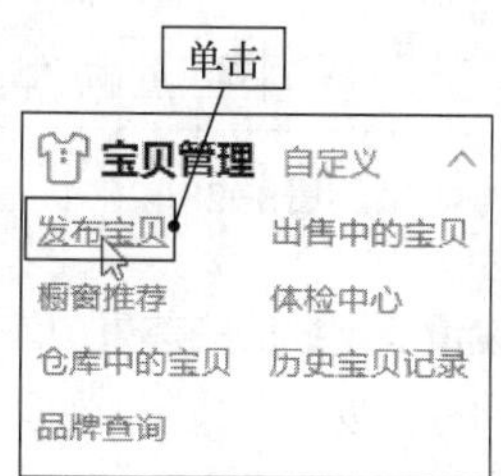

图8-21

第3步 进入新页面，❶单击“拍卖”选项卡；❷选择商品的类别；❸单击“我已阅读以下规则，现在发布宝贝”按钮，如图8-22所示。

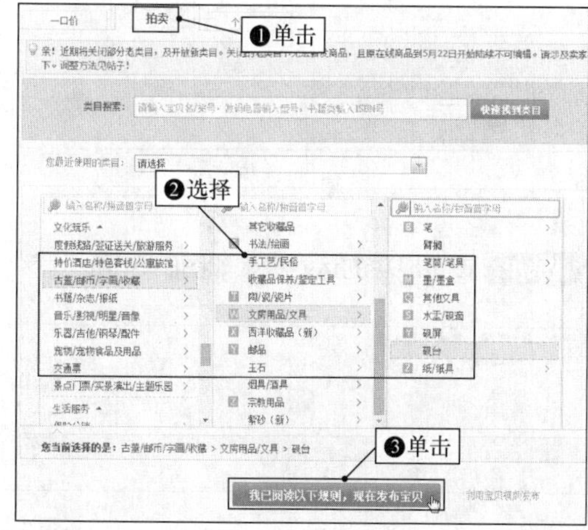

图8-22

第4步 ❶选择拍卖类型；❷设置商品拍卖信息，如图8-23所示。

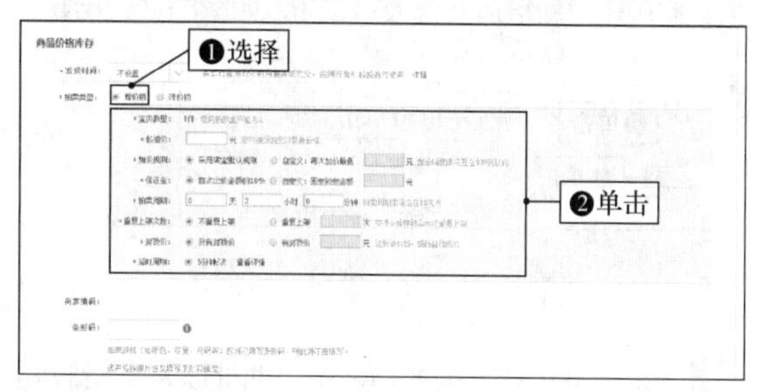

图8-23

第5步 ❶继续设置商品信息；❷单击“发布”按钮，如图8-24所示。

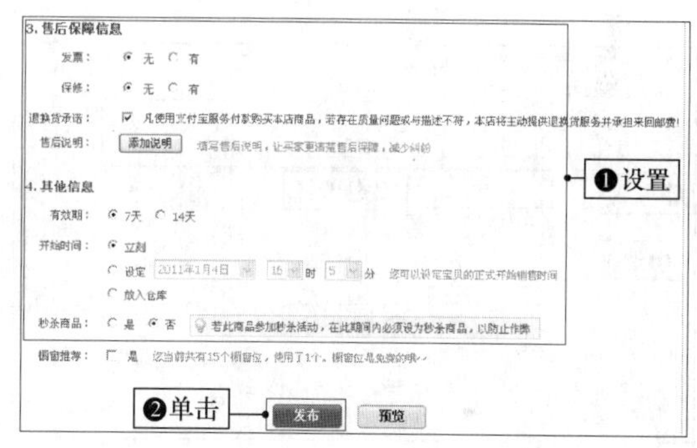

图8-24

专家提点　发布拍卖商品的条件

有的新卖家发现自己的“卖家中心”里面没有“拍卖”的选项卡，其实这是淘宝做的限制，不允许没有加入“消保”的卖家发布拍卖商品。卖家加入“消保”之后，就可以解除这一限制了。

8.1.5　用运费模板发布商品

如果为每件商品都设置一次运费，那样工作量将会非常大。实际上，很多商品都使用同一个运费标准，这样的情况下，卖家可以预先设置一个运费模板，然后在发布商品时，指定该模板即可，这样就可以方便地为一批商品设置同一个运费。当运费模板被修改后，这些关联商品的运费将一起被修改。

网店刚开张时，还没有任何运费模板，此时需要新建一个，然后在发布商品时选中该模板即可。下面以设置快递模板为例进行讲解。

第1步 进入“卖家中心”选项卡后；❶单击“物流工具”超级链接；❷单击“运费模板设置”选项卡；❸单击“新增运费模板”按钮，如图8-25所示。

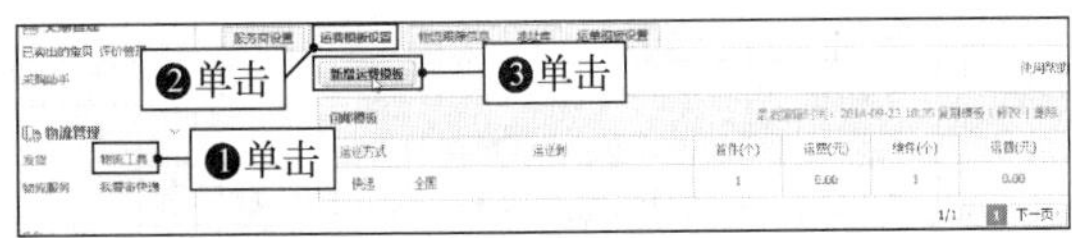

图8-25

第2步 ❶设置模板名称、宝贝地址以及发货时间等信息；❷选择“自定义运费”（如果选择“卖家承担运费”就是所谓的包邮了）以及“按重量”单选项；❸选择“快递”复选框；❹单击“为指定地区城市设置运费”超级链接，如图8-26所示。

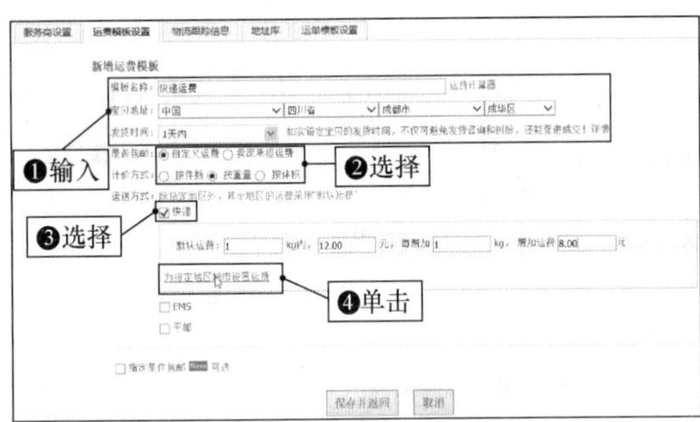

图8-26

第3步 弹出快递设置框，❶设置默认运费，包括首重、首费，续重和续费；❷单击“编辑”超级链接，如图8-27所示。

专家提点 默认运费、首重和续重

默认运费就是除指定地区以外，其他地区的运费标准。下一步操作就是为指定地区另设运费标准，不使用默认运费标准，这样方便于对偏远地区加收额外的运费。比如西藏、新疆和内蒙古的运费较高，那么就把它们排除在指定地区之外，使用默认的运费标准；而其余地区则使用较低的运费标准。

首重费用是指最低的计费重量，一般快递公司首重是1公斤，收费约12元，体积大、重量轻的按折算公式计算。续重则指超过首重部分每公斤计价多少钱（一般不足一公斤按一公斤计算），收费约8元。

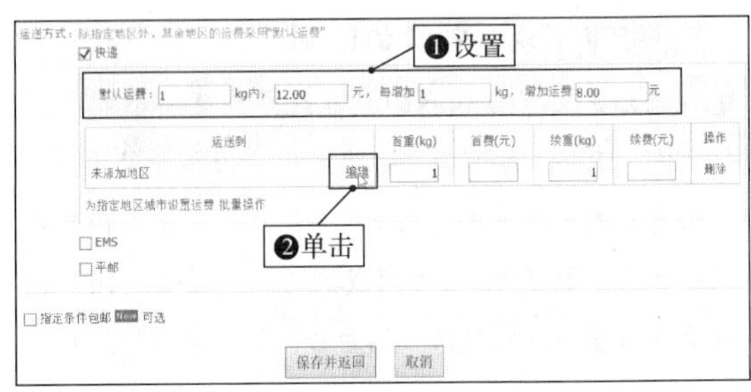

图8-27

第4步 弹出地区设置框，❶选择使用较低运费的地区；❷单击“确定”按钮，如图8-28所示。

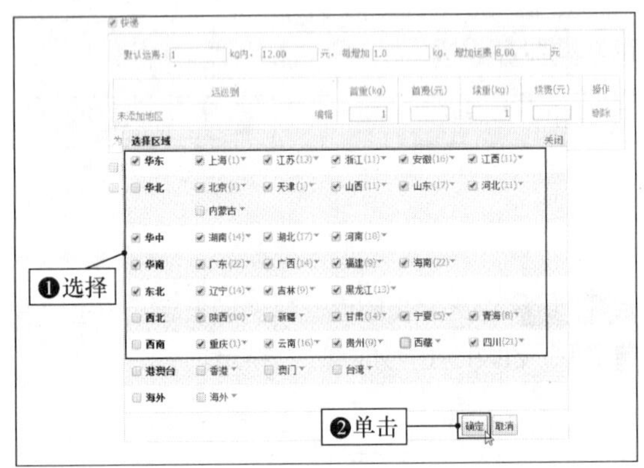

图8-28

第5步 ❶设置指定地区的首重、首费、续重和续费；❷单击“保存并返回”按钮，如图8-29所示。

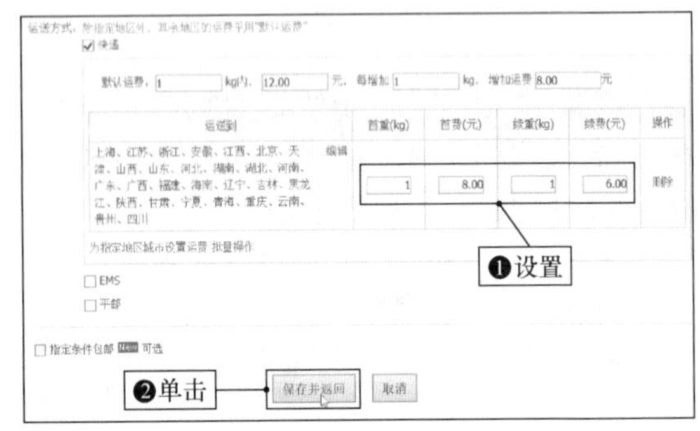

图8-29

第6步 设置成功的运费模板如图8-30所示。

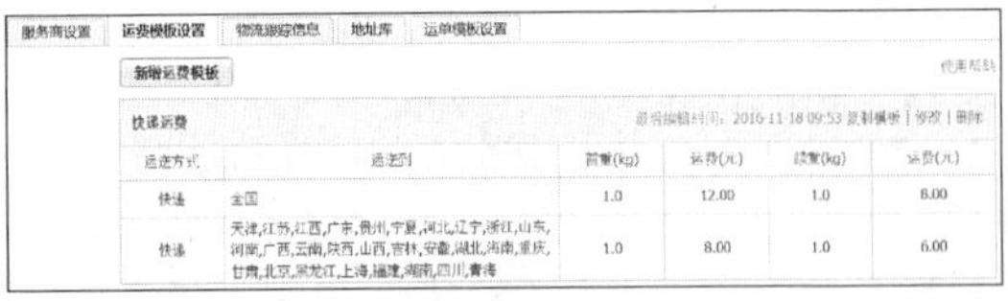

图8-30

第7步 按照8.1.3小节讲解的方法发布一个商品，❶设置商品的类型；❷单击“我已阅读以下规则，现在发布宝贝”按钮，如图8-31所示。

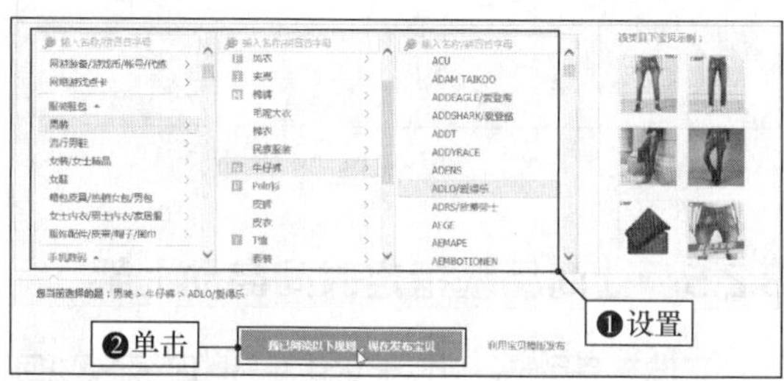

图8-31

第8步 填写好商品信息后，在“运费模板”下拉按钮中选择刚才建立的运费模板，并继续完善其他信息，如图8-32所示。

第9步 ❶确认运费信息；❷单击“发布”按钮，即可把商品按照运费模板发布出去，如图8-33所示。

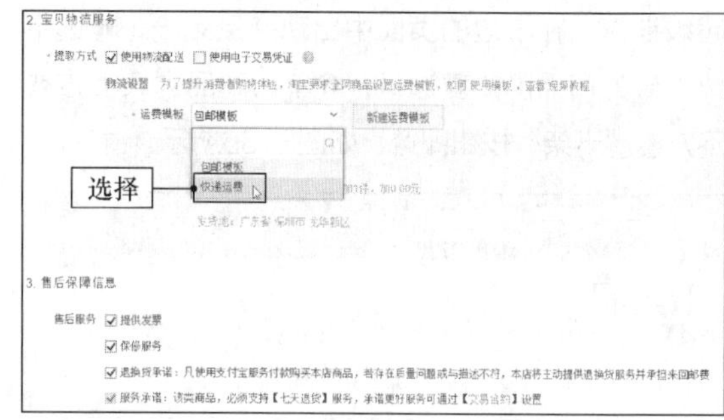

图8-32

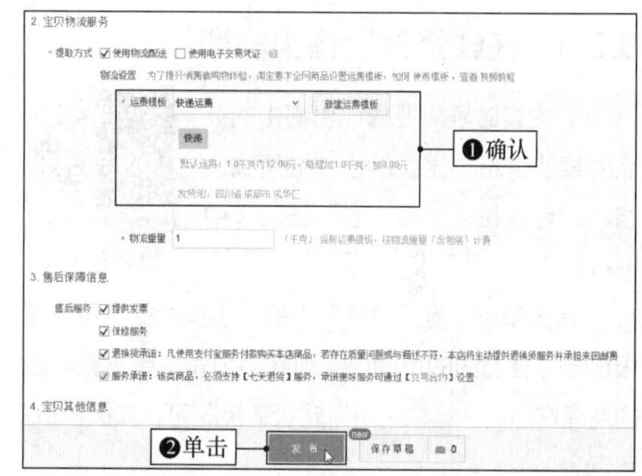

图8-33

8.2 商品的上下架、修改与删除

店主上传商品信息之后，马上就可以开始对它们进行管理，比如看看哪些信息需要修改、维护；或者管理商品的上架、下架等销售状态。

图8-34

8.2.1 如何将商品上架

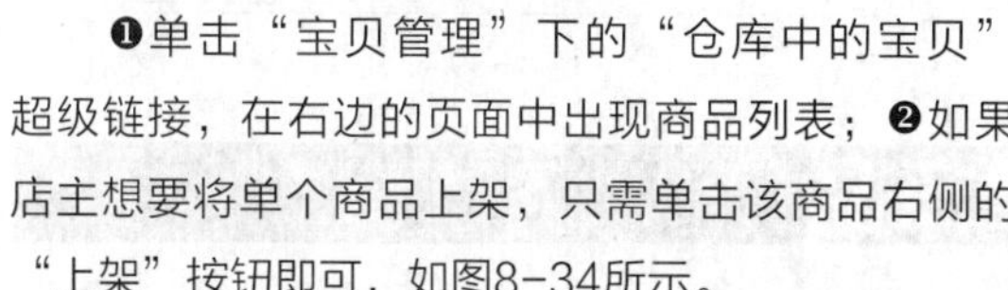

扫码看视频

一般来说，商品发布之后立即就上架了。但如果在发布商品时，选择将商品存放在仓库中，那么还需要将商品上架，才能呈现在买家面前。将商品上架的方法很简单，其操作步骤如下。

❶单击“宝贝管理”下的“仓库中的宝贝”超级链接，在右边的页面中出现商品列表；❷如果店主想要将单个商品上架，只需单击该商品右侧的“上架”按钮即可，如图8-34所示。

如果店主想要同时上架多个商品，❶选中相应商品前的复选框；❷然后单击商品列表下面的“上架”按钮即可，如图8-35所示。

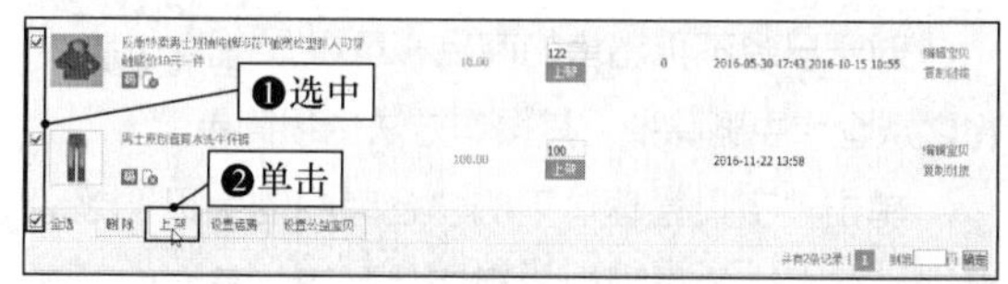

图8-35

8.2.2 在线下架出售中的商品

一般来说，商品发布后，过了7天会自动下架后再上架，不需要卖家来手工管理，但有时候因为一些意外，比如突然发现商品有些质量问题，或者商品供货跟不上，此时就需要手工下架出售中的商品了，其操作方法如下。

首先单击“宝贝管理”下的“出售中的宝贝”

超级链接，在右边的页面中出现商品列表，❶选中要下架的商品前的复选框；❷单击商品列表上方或下方的“下架”按钮即可，如图8-36所示。

图8-36

8.2.3 在线修改出售中的商品

店主有时候需要修改出售中的商品的某些信息，比如颜色、数量或价格，则可以在“卖家中心”选项卡中进行操作。

首先单击“宝贝管理”下的“出售中的宝贝”超级链接，在右边的页面中出现商品列表，单击要修改的商品右边的“编辑宝贝”超级链接即可，如图8-37所示。

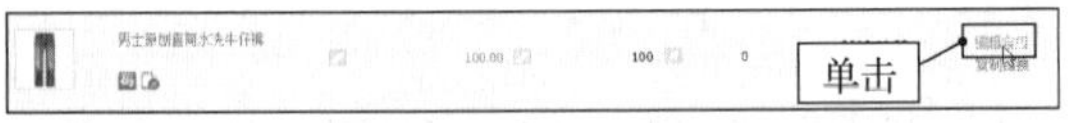

图8-37

随即系统会跳转到与发布商品时相同的页面，卖家可以对商品信息进行修改，修改完毕后，单击“确定”按钮即可。

8.2.4 删除库存的商品

扫码看视频

对于已经不再出售的商品，可以将之从仓库中删除掉，其操作方法也很简单。

单击“宝贝管理”下的“仓库中的宝贝”超级链接，在右边的页面中出现商品列表，❶选中要删除的商品前的复选框；❷单击商品列表上面或下面的“删除”按钮即可，如图8-38所示。

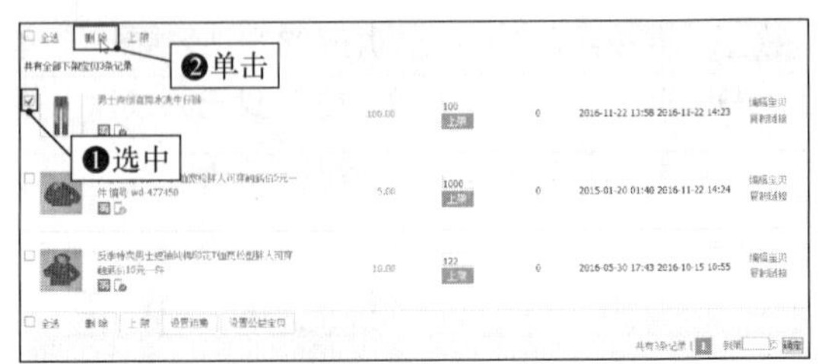

图8-38

8.2.5 让商品在指定时间自动上架

在发布商品时，可以指定让商品在某个时间自动上架，在上架之前，商品是存放在仓库中的。读者可能要问，为什么要让商品在某个时间自动上架呢？这样做的原因何在？

其实这关系到买家在淘宝搜索一件商品时的排名。简单来说，越是临近下架时间的商品，在搜索排名中就越靠前（在其他条件都相同的情况下）。卖家们自然想到，如果将某个商品的下架时间控制在上网高峰期时段之后的一点，那么这个商品被买家看到的可能性就越大。因此，上架时间就显得特别重要了，因为从上架时间可以控制下架时间。

让商品在指定时间自动上架的操作很简单，在发布商品时选择相关的选项即可，具体如下。

在商品发布页面，❶选择“定时上架”选项；❷设定商品上架时间；❸设置其他信息后单击“发布”按钮即可，如图8-39所示。

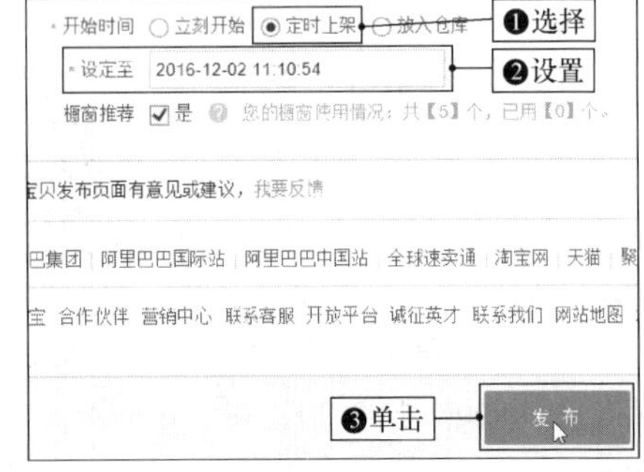

图8-39

8.3 使用淘宝助理批量管理商品

店铺开张后，卖家需要发布的商品会越来越多，而且商品多了之后，还需要对商品进行各种管理。这时若登录店铺中逐个发布、管理商品就比较麻烦。淘宝网为此提供了淘宝助理工具，方便卖家们直接批量发布、管理商品。

8.3.1　创建并上传商品

淘宝助理软件可以实现网店商品的离线编辑和上传，同时也可解决在线上传商品时容易出现的断线、网络故障等问题的影响，不至于把辛苦编辑的商品资料丢失，其具体的操作方法如下。

第1步 按照第5章讲解过的方法登录淘宝助理，❶单击“宝贝管理”选项卡；❷单击“创建宝贝”按钮，如图8-40所示。

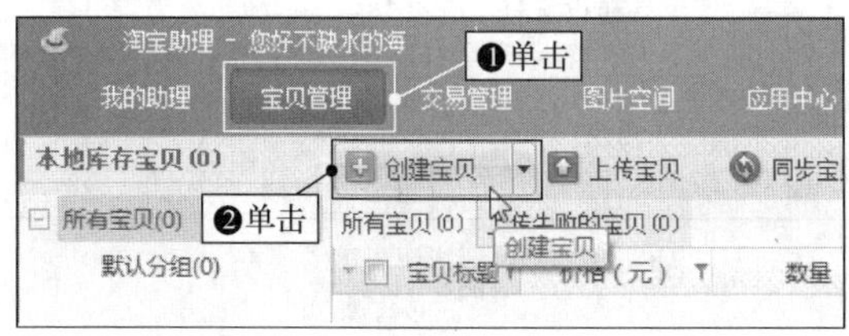

图8-40

第2步 弹出“创建宝贝”对话框，❶依次填写“基本信息”“扩展信息”“销售属性”和“宝贝描述”等选项卡内的信息；❷单击“保存（Ctrl+S）”按钮，如图8-41所示。

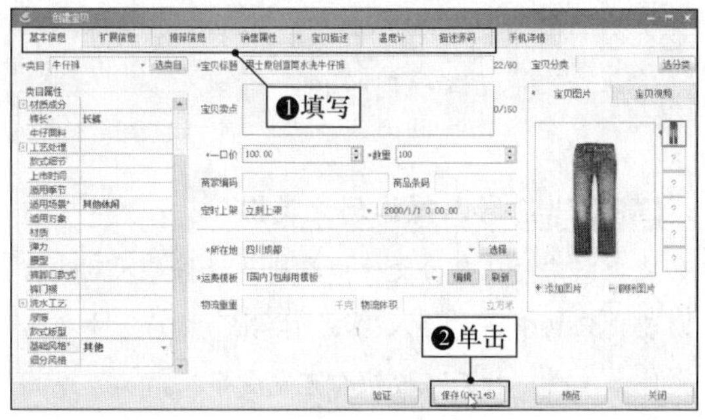

图8-41

专家提点　必填项目和选填项目

带有星号（*）的项目是必填项目，不填写无法上传；不带星号的项目可填可不填，但建议还是填上为好，可以让商品资料变得更加完善，更容易被买家接受。

第3步 ❶单击“宝贝管理”选项卡下的“上传宝贝”按钮；❷弹出“上传宝贝”对话框，确认商品信息后，单击“上传”按钮即可，如图8-42所示。

卖家也可以在**第2步**单击“保存”按钮，将商品信息保存在本地电脑上，待所有商品信息编辑完毕后，再单击“宝贝管理”选项卡下的“上传宝贝”按钮，将本地资料上传。淘宝助理不会将之前已经上传过的商品资料再上传一次，而仅仅上传新添加的商品资料。

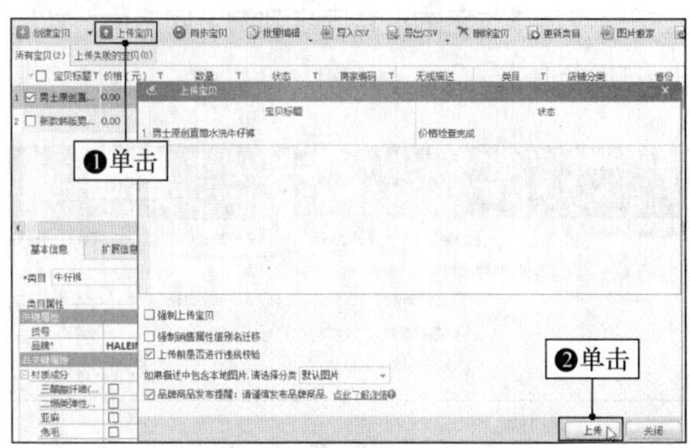

图8-42

8.3.2　批量编辑商品

如果要对店里的商品做同样的修改，比如为所有商品的标题加上“热卖”前缀，可以使用淘宝助理来进行批量编辑，免去逐一修改的麻烦。

当然批量编辑还有很多其他功能，这里就以为商品标题统一添加前缀为例进行讲解。

第1步 登录淘宝助理后，❶单击“宝贝管理”选项卡；❷选择要批量修改的商品；❸单击“批量编辑”下拉按钮；❹选择“标题”菜单中的“宝贝名称”选项，如图8-43所示。

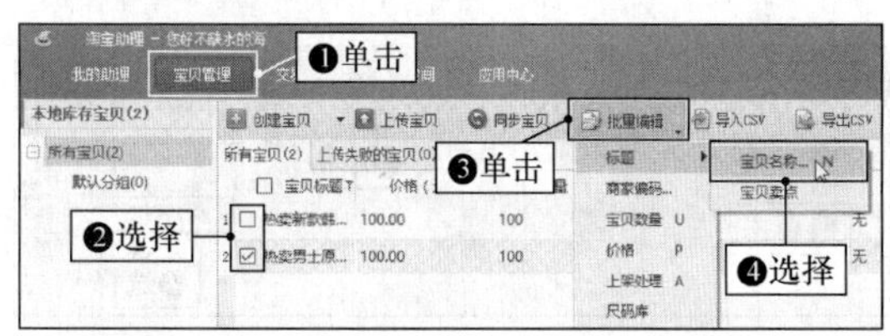

图8-43

第2步 弹出“宝贝名称”对话框，❶选择“前缀”复选框；❷在文本框中输入要添加的前缀；❸单击“保存”按钮，如图8-44所示。

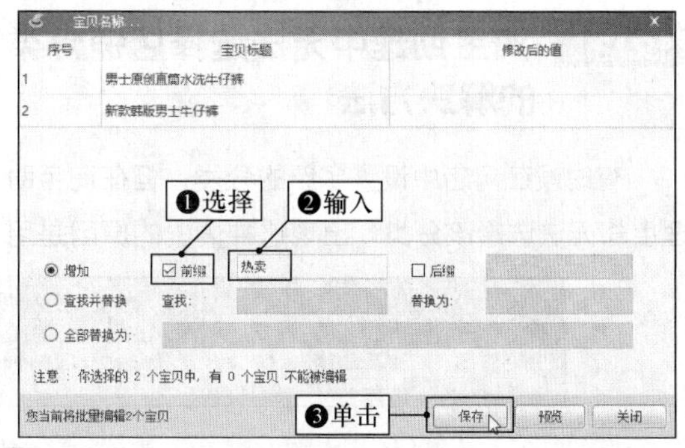

图8-44

第3步 保存完毕之后，资料还存在本地电脑上，还需要进行“同步”操作，单击“同步宝贝”按钮即可将修改后的资料同步到淘宝网店中，如图8-45所示。

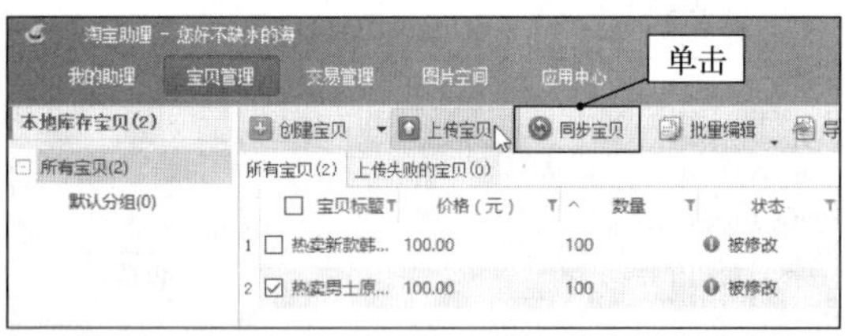

图8-45

8.3.3 备份商品信息

电脑会因为各种问题而崩溃，如病毒、黑客或电源不稳定等，一旦出现问题，就有可能造成硬盘损坏，导致商品资料丢失。因此备份商品资料是很有必要的，在数据出现问题后，可以从备份文件中恢复商品资料（前提是备份文件没有存放在出问题的硬盘中）。

第1步 登录淘宝助理后，❶单击“宝贝管理”选项卡；❷单击“导出CSV”下拉按钮；❸选择“导出所有宝贝”选项，如图8-46所示。

图8-46

第2步 弹出“保存”对话框，❶设置存放文件夹和文件名；❷单击“保存”按钮，如图8-47所示。

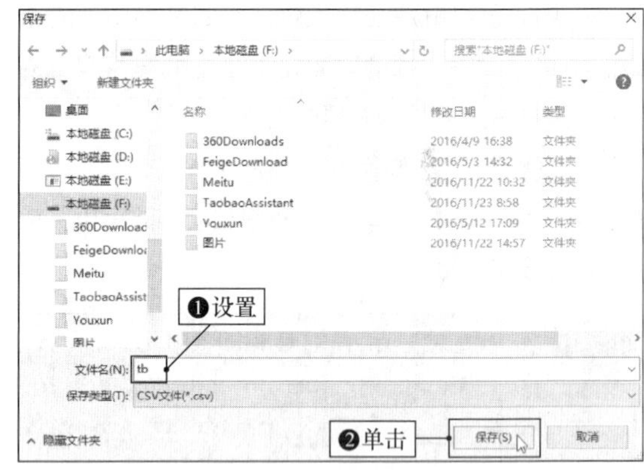

图8-47

第3步 导出完毕后，单击“关闭”按钮，如图8-48所示。

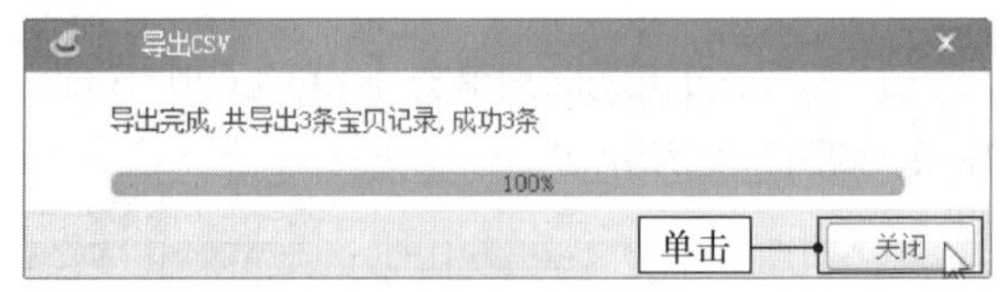

图8-48

专家提点 导入操作与之类似

如果卖家需要从备份文件中将商品资料导入到淘宝助理，只需单击“导入CSV”按钮，然后选中备份文件，单击“打开”按钮即可完成导入。

8.4 秘技一点通

技巧1 淘宝助理中无法选择店铺分类的解决方法

有时候在网店中设置了新的分类，但在淘宝助理上却无法选择该分类，出现这种情况的原因是用户没有对淘宝助理的数据进行更新，也就是说淘宝助理的数据和店铺不同步。此时可登录淘宝助理，单击“宝贝管理”选项卡下的“更新类目”按钮进行更新，如图8-49所示。

图8-49

技巧2　小小三招提升商品搜索排名

搜索排名对店铺的流量来说是至关重要的，排名越靠前，就越有机会让自己的商品被搜索到，对生意就越有帮助。下面介绍几个提升商品搜索排名的招数。

1. 多开店铺

用家人的银行账户再开一个店铺，发布同名商品，就可以保证这种商品连续排名靠前，即使前面商品的剩余时间到了，后面商品的剩余时间又因为足够小而排在前面。增加了店铺和商品，意味着增加了被搜索到的概率。唯一的缺陷是，要经营多个小店、多种商品，需要花费大量的精力，需要权衡付出的精力和销售量上涨之间的关系。

2. 多重发布商品

淘宝规则不允许重复发布商品，否则会被管理员删除，我们可以围绕主要关键字来构造同一个商品的不同名称进行发布，只要保证关键字和实际的商品对应就可以获得买家的访问。间隔一定时间，发布不同名但实质相同的产品，就可以带来点击率的增加。每隔一天发布一种同样不同名的商品，就能使这商品每天都在搜索结果中占据有利排名，从而规避因为7天时长带来的大部分时间商品排名靠后的情况。当然，重复商品名称和内容需要构造得巧妙，否则会被删除。

3. 冲销量排名

越是热销的商品，在搜索排名中就越领先，就越有可能被买家浏览，越会增加店铺的流量，同时也会带动店内其他商品的销售。那么，如何把一个商品的销量短时间内“冲”上去，就成了众多卖家研究的课题。

冲销量的常规做法是参加各种淘宝活动，比如直通车和钻石展位，或者参加一些淘宝站外的销售网，如“折800”网站上的活动，效果都还不错。

当然也有非常规的冲销量方法，比如“刷”销量，也就是虚假交易。网络上有很多提供刷销量和信誉的QQ群和YY群，只要搜索“刷信誉”就能搜到。在里面观察一段时间就能了解如何“刷”。不过这种“刷”的行为是淘宝严厉禁止的，一旦发现，店铺会被扣分，店铺级别会下降，严重的话甚至店铺会被惩罚性停业一段时间。所以，不建议使用这种非常规的冲销量方法。

技巧3　商品上下架也能提高排名

新手卖家可能对淘宝的一些规则不太了解，其实商品上下架也有很多诀窍，能有效提高商品的排名。

- 淘宝搜索同一个页面最多展示同个店铺的2个商品，买家搜索一个关键词后，自然搜索豆腐块中最多展现同一店铺2个商品，因此，店铺同一段时间尽量不要堆积多个同款商品或者相似商品，至少间隔15分钟以上，进而让多个商品有更大概率展现于前三，来获取更大流量。
- 多家店铺出售同一款产品，但是同款一页最多展示4个商品（竞争度小的产品除外，会多个展现），因此，需要针对店铺上下架商品在不同成交时间段或不同访客时间段进行商品分布，进而提升自家店铺商品在页面展示的机会。
- 商品上下架时间要结合人们的生活习惯。比如双休日的时候，这两天睡懒觉、逛街、聚会的人多，逛淘宝的人比较少，所以这两天上架的商品设置少一点比较好。
- 如果店铺没有信用等优势，上架时间应避开高峰期；如果商品人气很高，则应在高峰期上架。

开店小故事

母子分工合作开网店

00后，在社会中还是“孩子”“新生代”的代名词。15岁的小西，就是一位标准的00后，同时他也是一个小有名气的网店掌柜。小西半年前悄悄开了一个网店，目前已经盈利了万余元，引得身边的人纷纷要拜他为师。

小西开淘宝店的经历始于去年7月。在一次上网时，浏览器突然弹出一个页面，他无意中注意到这是一家汽配设备网店的广告。“这不正是妈妈从事的工作吗？”抱着好奇，小西点开细看，发现生意还挺火爆的。由于小西经常去到妈妈店里玩，对各种汽配设备很熟悉，因此他产生了开个网店卖汽配设备的想法。

当小西告诉妈妈自己想开个汽配网店时，妈妈第一反应就是“不同意”，对此小西早就有了预案，他以此前妈妈在自己电脑上工作时留下的一份报价单为原始内容，对妈妈详细讲解了网店的规划、商品的报价、销售对象、发货方式等，妈妈听到小西竟然做了如此详尽的准备，感到小西并不是一时心血来潮，于是答应将一些价格相对便宜的汽配商品放在网店中试销，如果效果好，再增加商品种类。

接到第一单生意是在去年8月10日。当小西通知妈妈发货时，妈妈有点诧异，她原以为小西的网店一个多月没有动静，肯定是做不下去了，没想到还真有人购买。

此后，小西淘宝店的订单几乎每周都会有，还因此积累了一些老客户。到了10月份，妈妈想将所有商品都放网店中进行销售，但小西已经开学，课余时间也不多，于是他与妈妈商量，商品拍照、撰写描述与上下架由自己负责，接待买家与发货的工作则由妈妈负责。母子俩分工合作，将网店经营得有声有色。

截至昨日，小西的汽配店销售记录累积已达5万多元，产生了1万多元的利润。小西准备从利润中拿出一笔钱去学习钢琴，用他自己的话来说就是：“会赚钱还要会花钱，投资自己的素质教育，永远是值得的。”

第 9 章

轻松管理交易

本章导言

店铺开通后，便可以与买家进行交易了。交易时，卖家需要熟练运用淘宝网的交流工具千牛与买家沟通，还要掌握确认付款、修改价格、发货与评价等交易流程，并熟悉退款操作。卖家掌握这些技能之后，就可以轻松进行网上交易了。

学习要点

- 掌握千牛软件的设置方法
- 掌握使用千牛软件与买家沟通的方法
- 掌握商品交易的流程
- 熟悉交易退款的操作

9.1 使用千牛与买家联系

千牛是淘宝网为卖家设计的网店管理与沟通平台，它的下载与安装方法在第5章中已讲解过了，此处不再赘述。卖家使用千牛软件不仅可以随时监管自己的店铺，还可以和买家进行即时交流，可以说千牛软件是交易中非常重要的一个工具，卖家们必须熟练掌握它的使用方法。

9.1.1 登录并设置电脑版千牛

千牛软件安装完成后，会自动在桌面生成一个软件图标，双击该图标即可运行千牛软件，用户可以登录进去。初次使用千牛之前，一般会进行必要的设置，如个性签名、信息提醒方式等。下面以登录进入千牛并设置个性签名为例进行讲解。

扫码看视频

第1步 在桌面上双击千牛启动程序图标，如图9-1所示。

第2步 打开软件登录界面，❶输入用户名和密码；❷同时选择“登录旺旺”复选框；❸单击“登录”按钮，如图9-2所示。

第3步 单击千牛软件右上方的“设置”按钮☰下的“系统设置”选项，如图9-3所示。

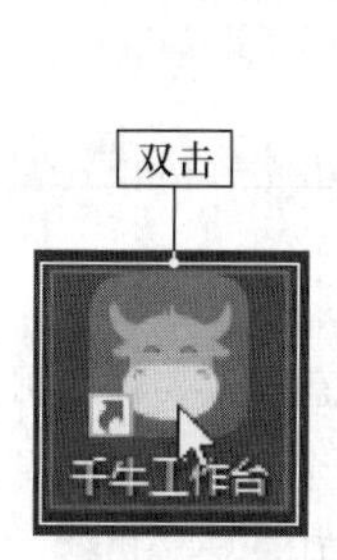

图9-1

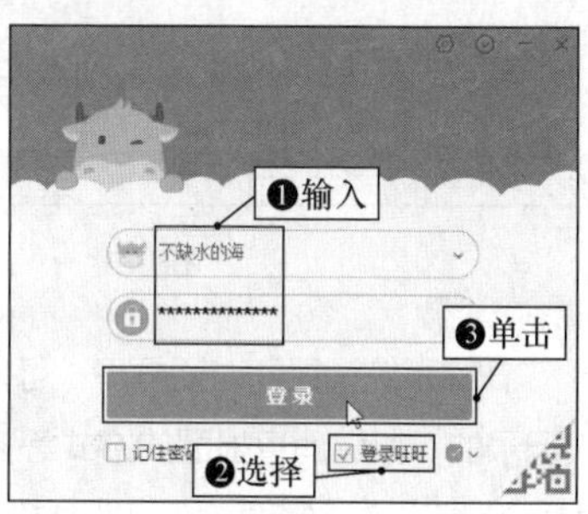

图9-2

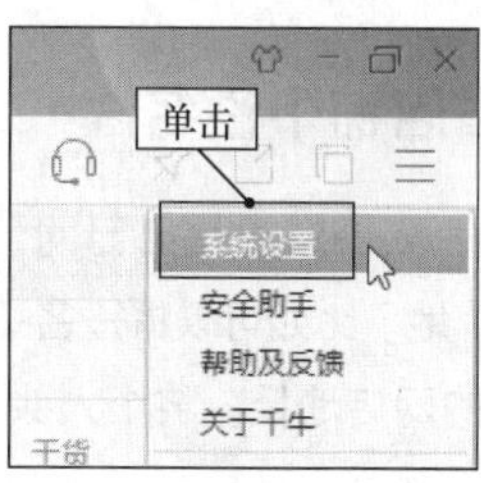

图9-3

第4步 ❶单击“个性设置”下的“个性签名”选项，❷单击“新增”按钮；❸输入个性签名；❹单击“保存”按钮，如图9-4所示。

图9-4

第5步 反复单击“新增”按钮，添加几个个性签名之后，❶选择个性签名；❷单击“确定”按钮退出，如图9-5所示。

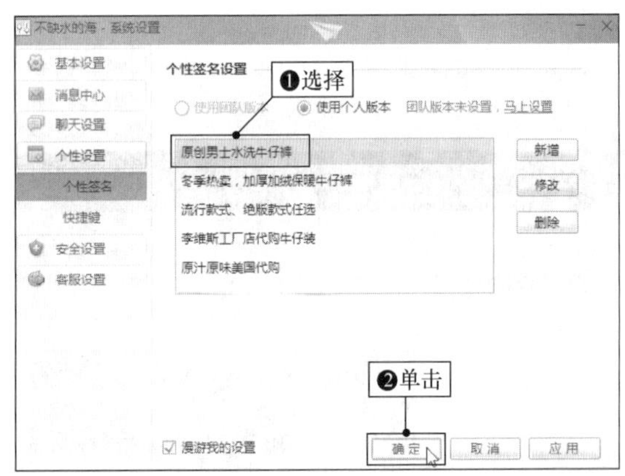

图9-5

在“系统设置”对话框下，可以就文件传输、聊天记录的保存、消息提醒的方式等多个运行选项作具体的设置，这都需要根据实际的使用情况来调整。这样才能让千牛真正成为有助于自己使用的工具。

9.1.2 编辑店铺个性名片

扫码看视频

千牛中的个人资料也是自己网店的重要宣传阵地，比如可以将签名信息改为自己的网店地址，将个人头像修改为网店店标等。

第1步 在千牛主面板，单击个人头像，如图9-6所示。

第2步 弹出个人资料编辑对话框，❶设置备注信息等个人资料；❷单击“修改头像”按钮，如图9-7所示。

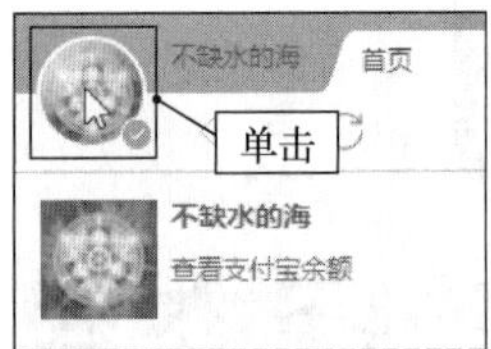

图9-6

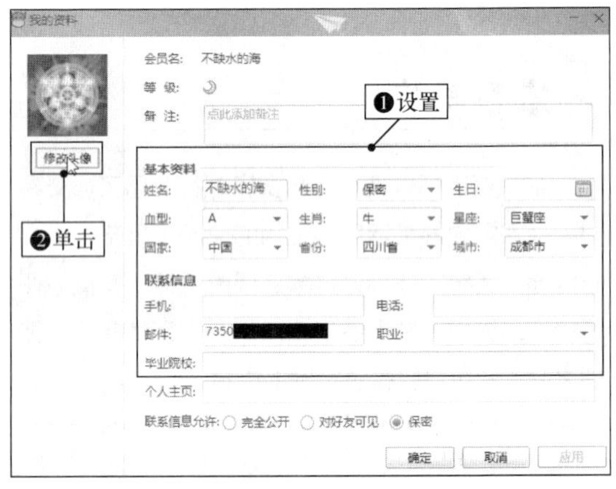

图9-7

第3步 弹出“修改头像”对话框，单击“选择文件”按钮，如图9-8所示。

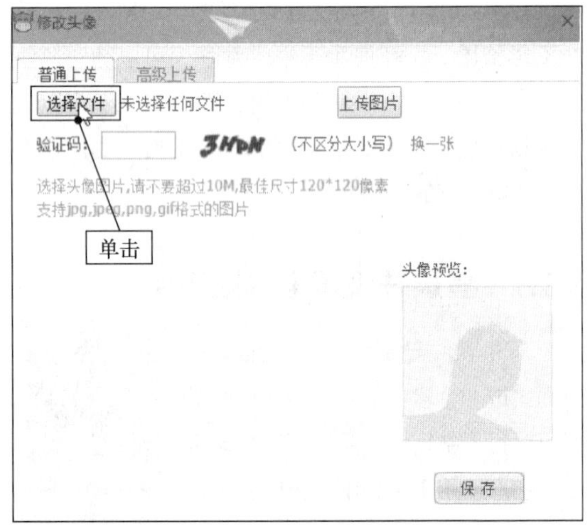

图9-8

第4步 ❶选择要上传的图片；❷单击“打开”按钮，如图9-9所示。

第5步 返回“修改头像”对话框，❶输入验证码；❷单击“上传图片”按钮，如图9-10所示。

第6步 预览上传的图片，如果满意，单击“保存”按钮将之保存下来（否则可以重新单击“选择文件”按钮，再次上传图片），如图9-11所示。

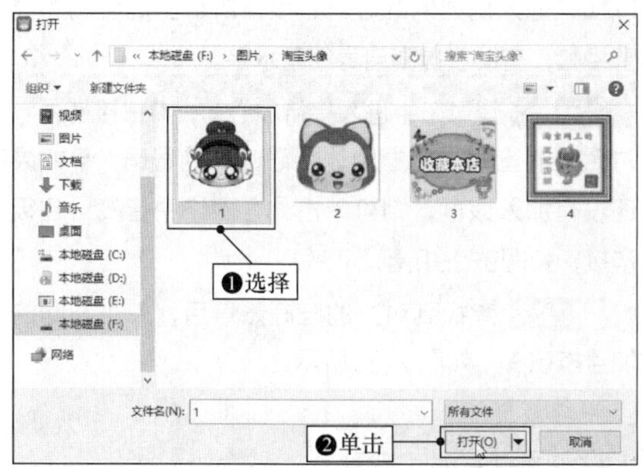

图9-9

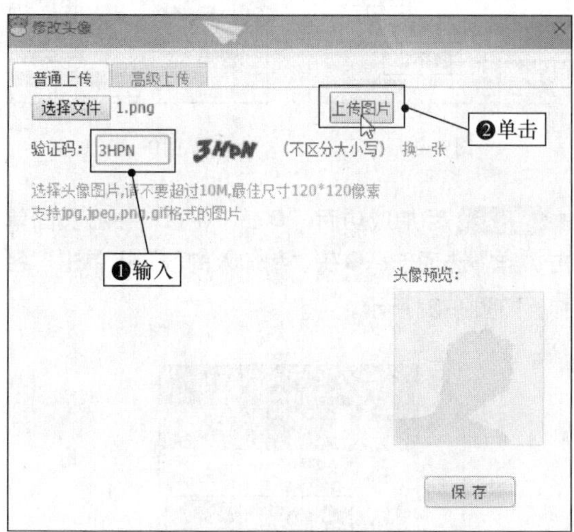

图9-10

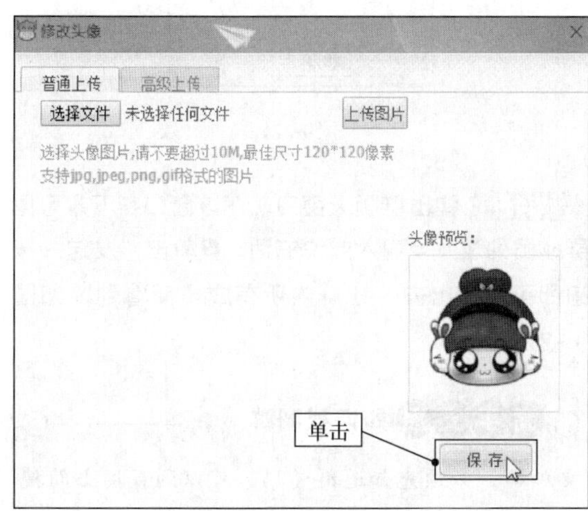

图9-11

返回千牛主界面，即可看到个人头像已经修改完成了。

9.1.3 查找并添加联系人

扫码看视频

如果有买家或者同行留下了阿里旺旺账号（也就是淘宝账号），希望自己与他们联系，那么就可以在千牛上查找、添加该账号为好友，并发起谈话。

第1步 登录千牛，单击千牛主界面上部的“接待中心”按钮，如图9-12所示；弹出一个对话框，❶查找文本框中输入对方的旺旺账户名；❷如果对方不在自己的好友列表中，则可单击“在网络中查找”超级链接，如图9-13所示。

图9-12

第2步 查找到对方的旺旺账号后，单击右侧的加号按钮+，如图9-14所示。

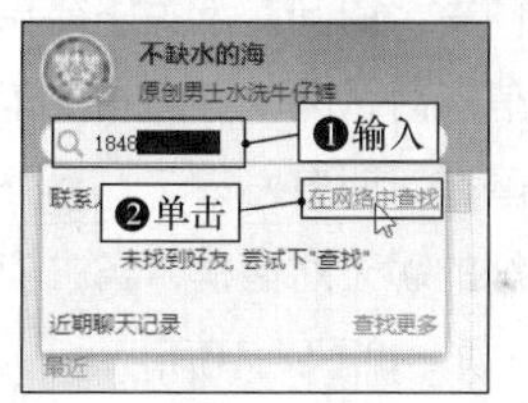

图9-13　　图9-14

第3步 弹出对话框，❶在文本框中输入自我介绍，以便让对方知道自己是谁；❷单击“确定”按钮，如图9-15所示。

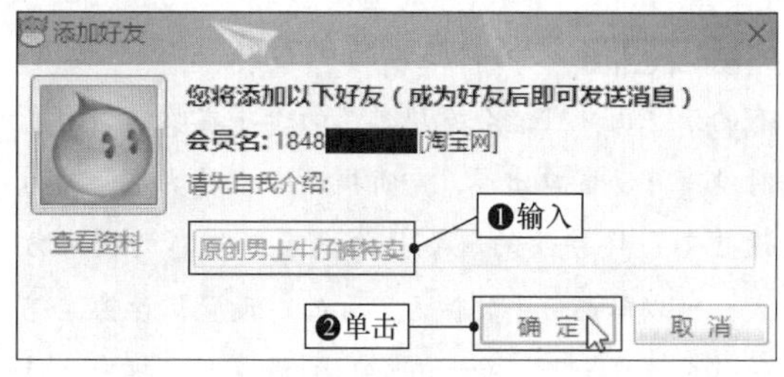

图9-15

第4步 对方同意成为好友后，就会出现在卖家千牛的好友列表中，单击该好友的名字，即可弹出聊天对话框，如图9-16所示。

第5步 在弹出的对话框中，❶输入要说的话；❷单击“发送”按钮，即可将消息发送给对方，如图9-17所示。

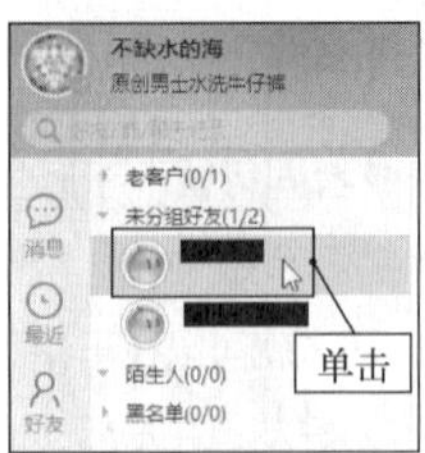

图9-16

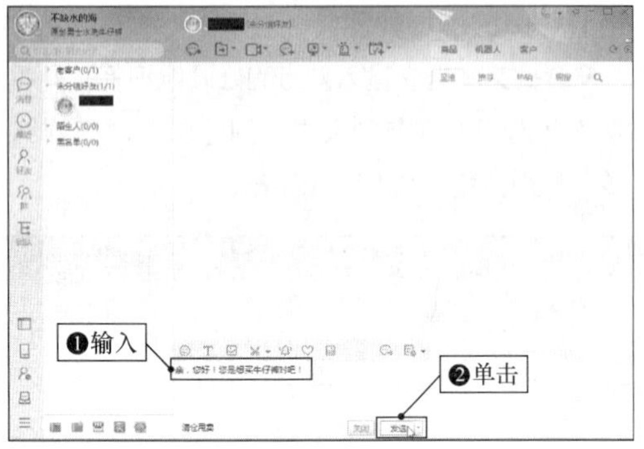

图9-17

以上是卖家主动寻找对方进行交流的情况。有时候，买家也会自己找上门来，询问卖家关于商品的一些问题。当买家发来信息时，电脑桌面右下角会浮起一个小对话框，提醒有新消息发来了，另外还会自动弹出一个不停闪烁的聊天对话框，省去卖家手动打开聊天对话框的麻烦，如图9-18所示。

图9-18

专家提点 定制消息提醒的方式

有的千牛用户可能会发现自己的千牛在收到新消息时没有浮动窗口出现，却有提示音，其实这是因为设置不一样导致的。要具体设置新消息的提醒方式，可以单击千牛软件右上方的“设置”按钮☰下的“系统设置”选项，在弹出的设置对话框中，选择“聊天设置”下的“消息提醒”选项，在该页面可以定制适合自己需要的提醒方式。

9.1.4 加入聊天群交流生意经

扫码看视频

很多买家和卖家都喜欢加入旺旺聊天群，互相交流购物心得或生意经。卖家也可以加入他人创建的旺旺群，多听听群里高手们的经营经验，有助于提高自身经营水平。

第1步 登录千牛进入接待中心，❶在接待中心对话框的查找文本框中输入旺旺群的号码；❷如果还没有加入该群，则可单击“在网络中查找”超级链接，如图9-19所示。

第2步 查找到对方的旺旺账号后，单击右侧的加号按钮+，如图9-20所示。

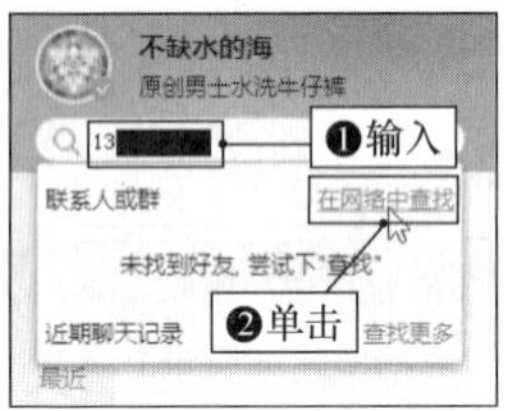

图9-19

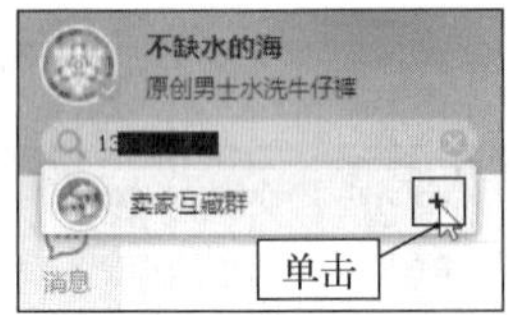

图9-20

第3步 添加成功后，❶在千牛接待中心页面单击“群”选项卡；❷在“我加入的群”下单击群名称，如图9-21所示。

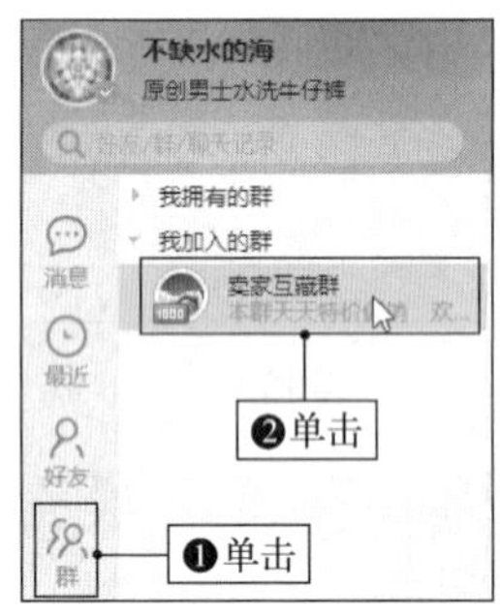

图9-21

第4步 弹出群聊天窗口，在该窗口右下方可见群成员列表，❶输入要说的话；❷单击“发送”按钮即可发送出去，让群内所有成员都看到，如图9-22所示。

高手支招 如何找到群

要加群，必须先知道群号码，可以到百度上面搜索诸如“旺旺 掌柜 交流群”之类的关键字，即可找到不少群；也可以在淘宝论坛里留意一些群的宣传，选择合适的加入。

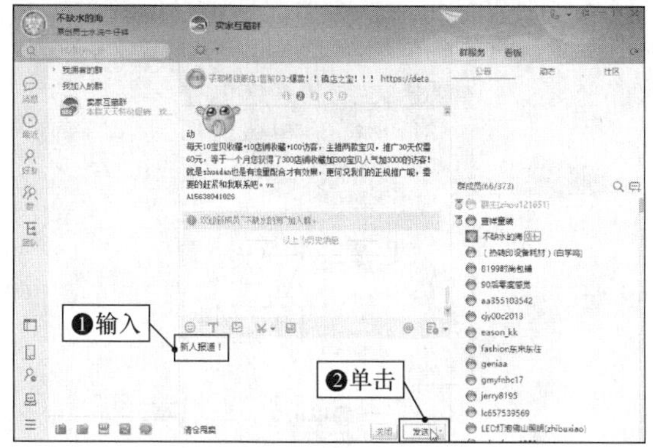

图9-22

9.1.5 利用聊天表情与买家拉近距离

扫码看视频

阿里旺旺拥有丰富多样的旺旺表情，在和买家沟通的过程中，如果加入一些表情进行沟通，可以营造轻松温馨的气氛，或者强化卖家要表达的意思，让交流更加深入和有效。

第1步 ❶在聊天窗口中，输入聊天信息；❷单击"选择表情"图标，如图9-23所示。

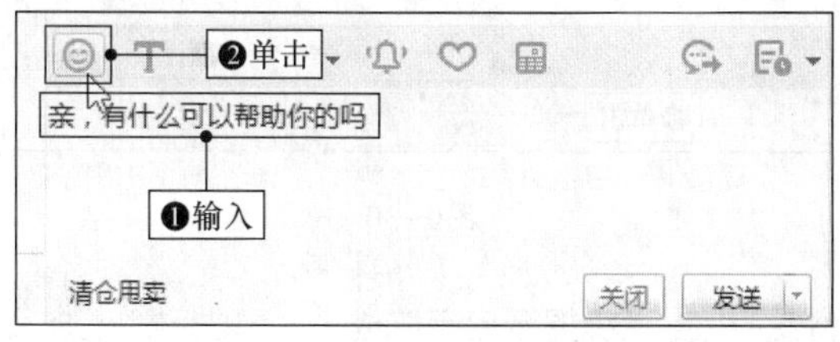

图9-23

第2步 在打开表情列表中，选择一幅表情图像，在右下侧会显示缩略图，如图9-24所示。

图9-24

第3步 输入完成并插入表情图像成功，单击"发送"按钮即可，如图9-25所示。

图9-25

高手支招 善于利用聊天表情

店主在和买家沟通聊天的时候，可以多插入一些表情，这样可以拉近与买家之间的距离，让对方倍感亲切。对于不同类型的买家，要采用不同类型的表情，如对于女性买家，可以发送玫瑰、心等温馨表情；对于活泼型的买家，可以发一些搞怪搞笑的表情等。

9.1.6 快速查看聊天记录

扫码看视频

当一个买家联系自己时，有必要先迅速查看一下关于他/她的聊天记录，做到心中有数，应对有据。

当聊天窗口打开时，可以看到几条过去的聊天记录，如果觉得还不够，可以单击"查看消息记录"按钮，在聊天窗口右侧显示出存放在本地的聊天记录，如图9-26所示。

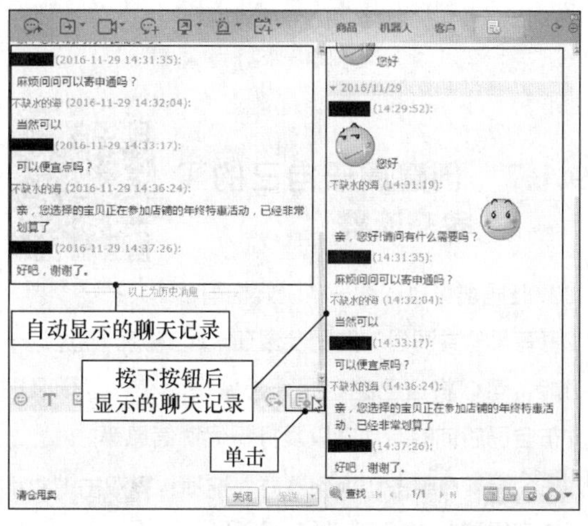

图9-26

如果想查看一个没有在交谈状态的好友的聊天

记录，❶可使用鼠标右键单击该好友；❷在弹出的菜单中，将鼠标指针悬停在“查看消息记录”菜单；❸在弹出的子菜单里选择“本地消息记录”选项，如图9-27所示。

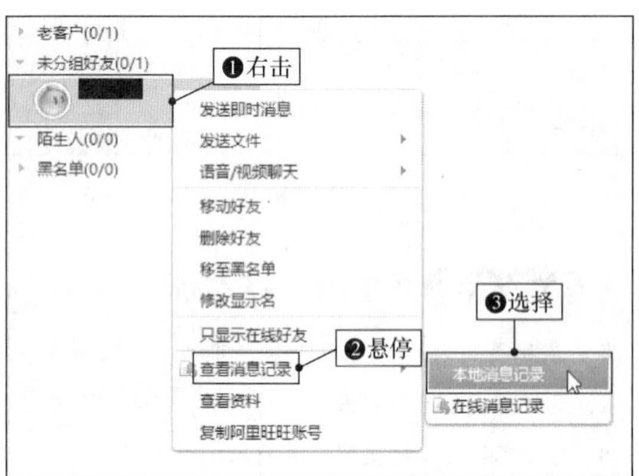

图9-27

弹出“消息管理器”对话框，在里面可以查看所有的聊天记录，如图9-28所示。

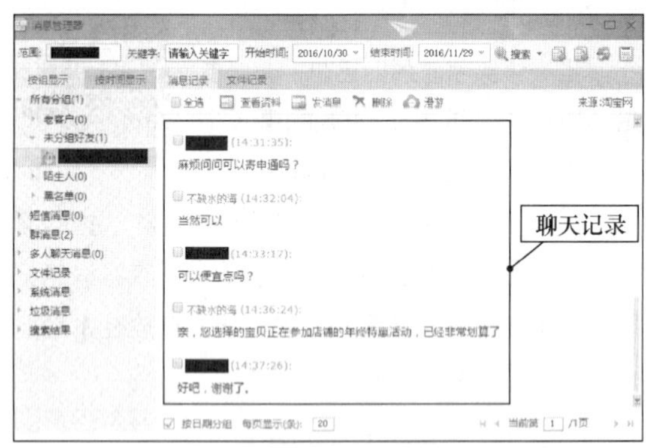

图9-28

9.1.7 创建属于自己的买家交流群

扫码看视频

旺旺群可以帮助一些爱好相同，或者有某些共同目的的朋友聚在一起交流。通过这一功能，可以将自己的老买家都聚集起来，以便及时发布自己店铺的新动态以及打折促销信息等。

第1步 ❶单击切换到“群”选项；❷双击“立即双击启用群”按钮，如图9-29所示。

第2步 ❶输入群名称、群分类、群相关介绍等信息；❷设置其他人进群的验证方式；❸单击“提交”按钮，如图9-30所示。

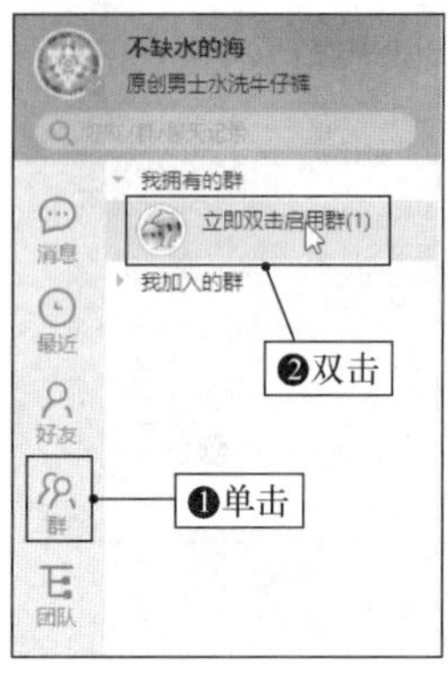

图9-29

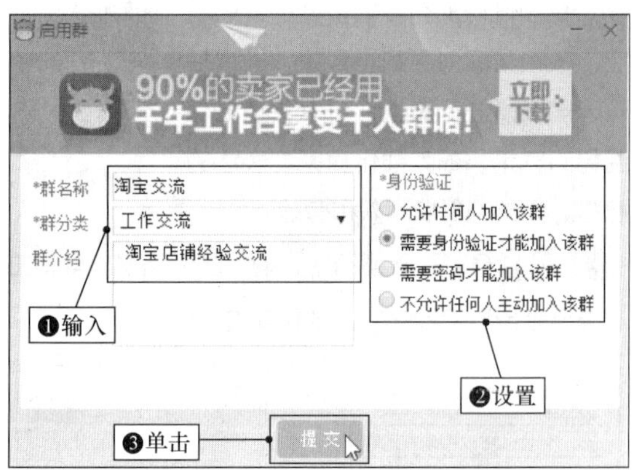

图9-30

第3步 系统提示启用群成功，单击“邀请成员加入”按钮，如图9-31所示。

第4步 进入“群管理”页面，单击“邀请成员”按钮，如图9-32所示。

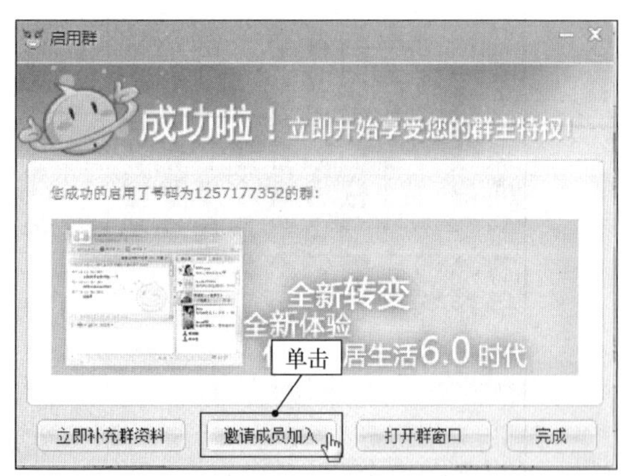

图9-31

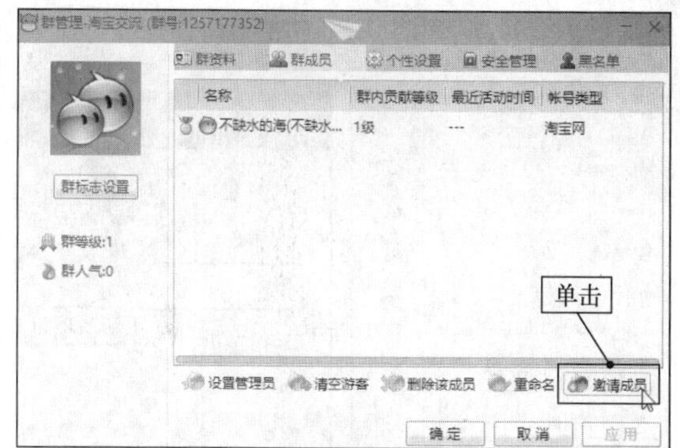

图9-32

第5步 ❶在左侧选择要邀请的好友；❷单击“添加”按钮；❸单击“确定”按钮，如图9-33所示。

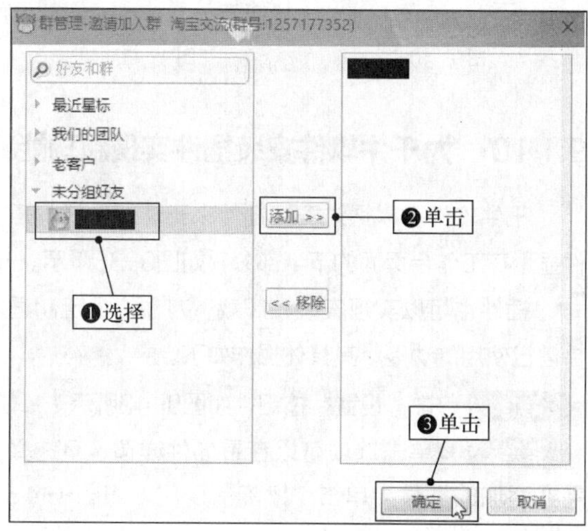

图9-33

第6步 系统提示邀请请求已发出，单击“确定”按钮，如图9-34所示。

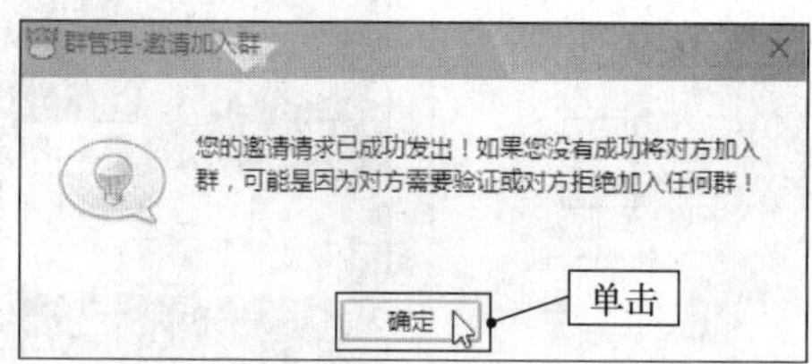

图9-34

第7步 返回千牛主页面，在“群”选项卡中单击或双击新建的群，即可打开群窗口进行聊天。

9.1.8　使用千牛软件与客户联系

千牛手机版包含有阿里旺旺的功能，可以和买家进行实时沟通，当买家通过阿里旺旺向卖家发送信息时，卖家的手机会弹出提示，单击该提示即可打开千牛软件，或者直接单击千牛软件图标也可以。

第1步 当买家发来消息时，手机会响起“叮咚”的提示音，并显示提示，如图9-35所示。

第2步 ❶单击“消息”选项；❷单击买家发来的新消息，如图9-36所示。

图9-35

图9-36

第3步 进入聊天页面，❶输入聊天内容；❷单击“发送”按钮即可把自己的消息发送给对方，如图9-37所示。

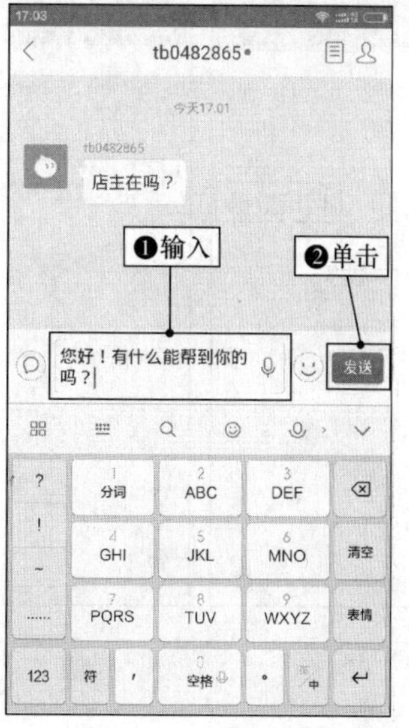

图9-37

专家提点 如果错过了提示

有时候听见手机响起了提示音，掏出手机来看时，发现提示已经自动消失了（提示一般只显示两三秒就会消失），也不确定是不是千牛上有买家发来了消息。其实，在iPhone和安卓手机中都会有提示。在iPhone中，如果一个软件有新消息，那么该软件右上方会有一个红圈白底的数字，数字表示着有多少条未读消息。如图9-35中，千牛软件右上方有个❶，这表示它有1个未读的新消息，只需单击打开来浏览即可。在安卓手机中，可以将屏幕顶端菜单拉下来查看相应的提示。

9.1.9 使用千牛软件查看网店数据

使用千牛软件，可以在手机上查看网店的数据，让店主能够随时随地掌握店铺动态，做到心中有数。使用千牛软件查看网店数据的方法很简单，登录进入之后，通过默认显示的工作台页面就可以看到店里的各种数据，如今日订单数、退款中、待付款等，如图9-38所示。

需要注意的是，工作台页面只能显示6项数据，而数据总类有26项之多。用户可以对要显示的项目进行定制，方法如下。

第1步 单击“添加数据”选项，如图9-39所示。

图9-38

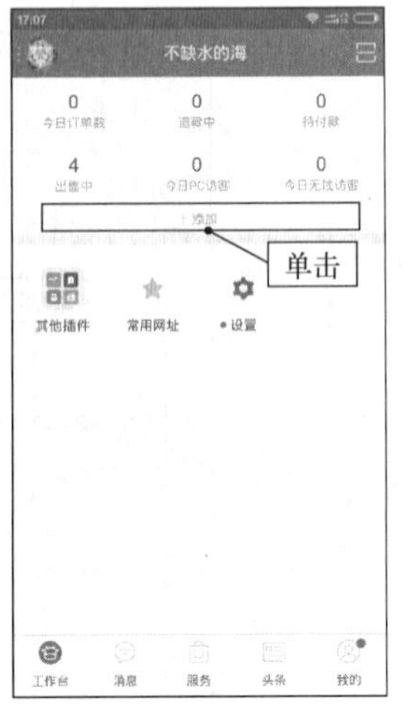

图9-39

第2步 选择要显示的数据项目，如图9-40所示。

第3步 设置成功后，返回工作台页面，可以看到新增加的项目，如图9-41所示。

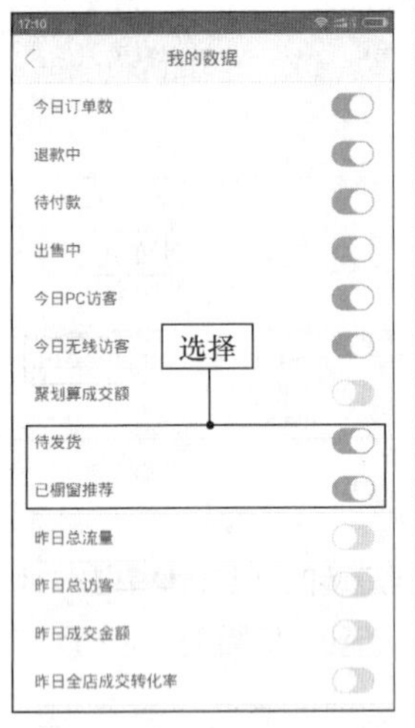

图9-40

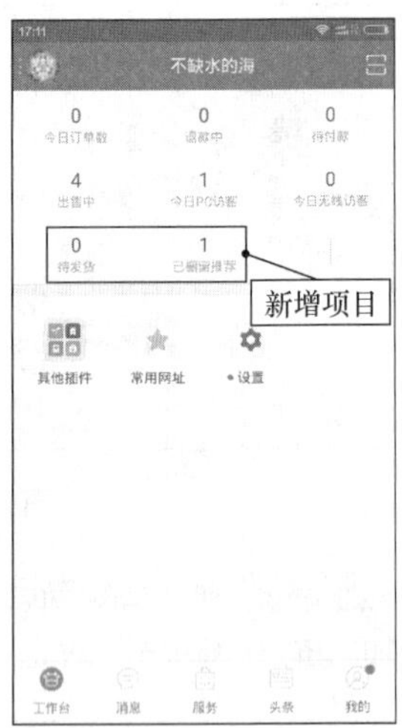

图9-41

9.1.10 为千牛软件安装插件实现新功能

千牛软件可以通过安装插件来实现新功能。插件显示在工作台页面的下半部分，如图9-38所示。

插件也可以实现安装和卸载，方便店主定制适合自己使用的功能，其具体操作如下。

第1步 单击“设置”按钮，如图9-42所示。

第2步 ❶单击选项可以查看插件详情；❷选择需要添加的插件，单击“添加”按钮，如图9-43所示。

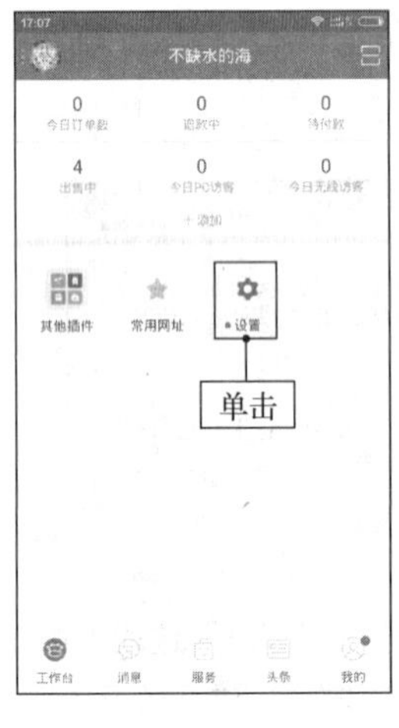

图9-42

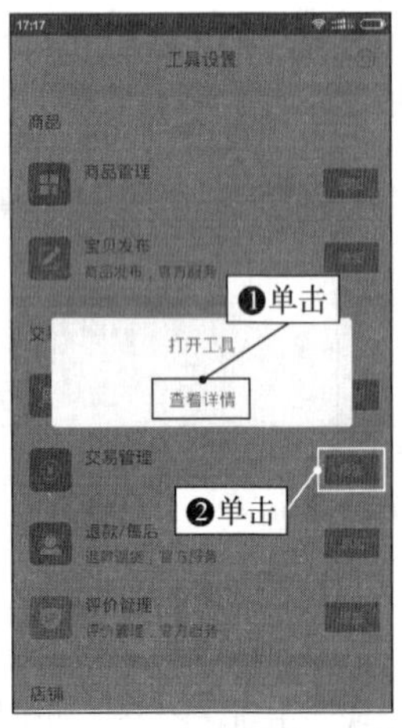

图9-43

第3步 设置成功后返回工作台页面，可以看到新增加的插件，如图9-44所示。

图9-44

9.2 商品交易的五步流程

当和买家达到一致后，即可让买家拍下此商品并等待对方完成付款操作（也有很多买家不作任何沟通就直接买下商品）。卖家此时的工作主要是根据之前交流约定修改交易价格、安排发货等相关事宜。

9.2.1 确认买家已付款

扫码看视频

如果看到买家购买了自己的商品，就可以耐心地等待买家付款，直到买家付款以后，自己的商品才算卖了出去。

进入“我的淘宝”，❶在“交易管理”选项下单击“已卖出的宝贝”超级链接，可以看到“买家已付款”字样，如图9-45所示；❷即可确认买家已付款。

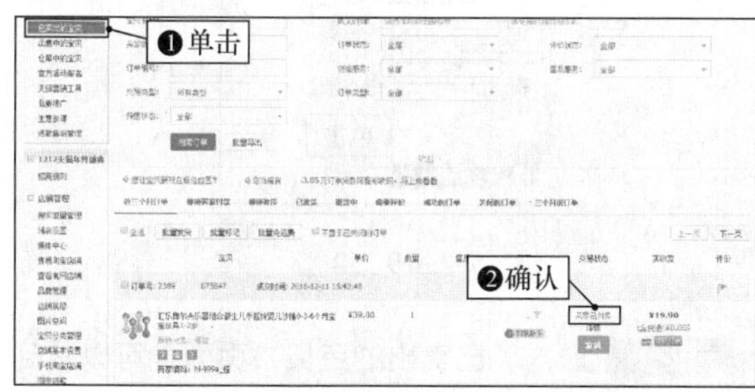

图9-45

9.2.2 根据约定修改价格

扫码看视频

淘宝网上也存在议价现象，自己网店标的商品价格也可能因为种种原因而出现价格波动，比如买家要求同城见面交易、实际交易价格低于商品标价等。这就需要卖家修改交易价格后，买家才能付款。要修改原来商品的标价，可按如下步骤进行。

第1步 在“交易管理”选项下，单击“已卖出的宝贝”超级链接，如图9-46所示。

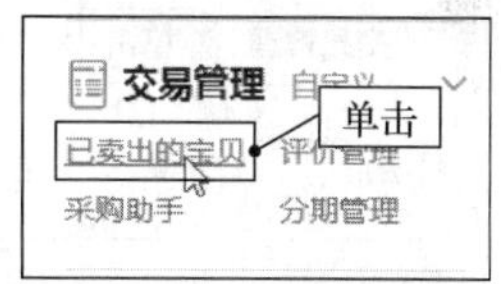

图9-46

第2步 显示所有出售商品的信息，单击选择要修改价格的商品，在商品标题最后方，单击“修改价格”超级链接，如图9-47所示。

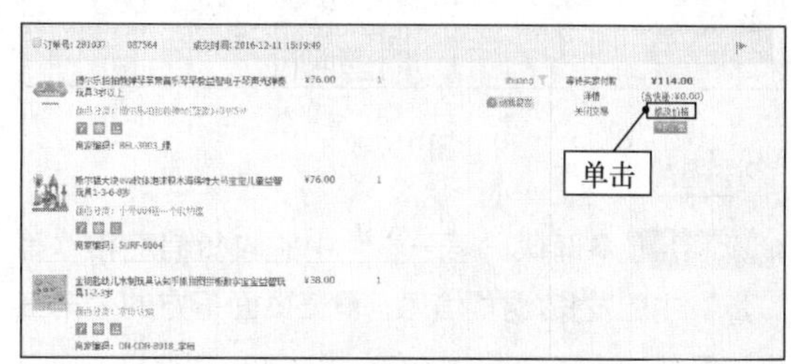

图9-47

第3步 进入修改页面，❶修改价格；❷单击“确定”按钮，如图9-48所示。

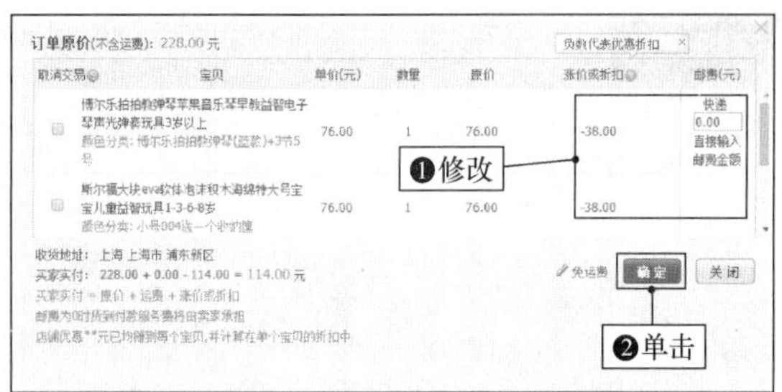

图9-48

店主修改好价格之后，通知买家刷新付款页面，对方就可以看到新的价格了。

9.2.3 确认发货

扫码看视频

当确认买家付款后，卖家就需要根据买家的订单来对商品进行包装，并联系快递公司给买家发货了，在发货后，需要根据发货订单来录入淘宝进行发货订单的创建，以便完成整个交易流程，其具体操作方法如下。

第1步 单击“交易管理”选项下的“已卖出的宝贝”超级链接，如图9-49所示。

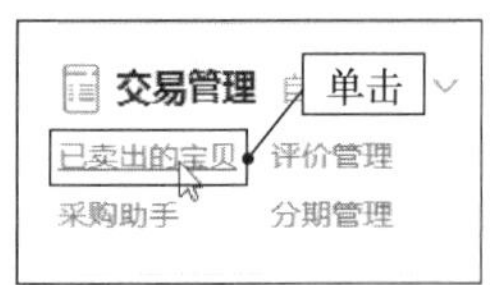

图9-49

第2步 在右边的列表中，单击“发货”按钮，如图9-50所示。

图9-50

第3步 ❶确认“第一步”中的收货信息和“第二步”中的发货/退货信息；❷在页面下方的“第三步”区域中选择采用的物流方式，如这里选择“自己联系物流”选项；❸在文本框中填写发送的货运单号以及选择对应物流公司；❹单击“发货”按钮，如图9-51所示。

图9-51

第4步 当卖家发货并在淘宝网中完成发货流程后，买家可以在自己的“已买到的宝贝”页面下，查看每件商品的快递情况，包括委托的快递公司、运单号码以及运动情况等，买家可以根据这些情况大致估算收货的时间。

9.2.4 完成交易进行评价

扫码看视频

当买家收到货并对商品比较满意时，通常会主动登录淘宝网确认收货并对卖家进行评价。对于卖家来说，只有当买家确认收货了，卖家才能拿到货款，同时买家的评价对卖家的影响也是至关重要的。

第1步 单击“交易管理”选项下的“已卖出的宝贝”超级链接，如图9-52所示。

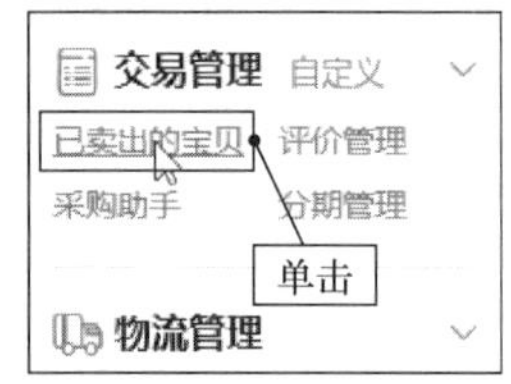

图9-52

第2步 进入“已卖出的宝贝”页面，可以看到已经成功的交易列表右侧显示为“对方已评”，单击下方的“评价”超级链接，如图9-53所示。

第3步 ❶在打开的页面中，选择“好评”选项（如非必要，尽量不要选择“中评”或“差评”选项）；❷在下方的文本框中输入评价内容；❸单击“提交评论”按钮，如图9-54所示。

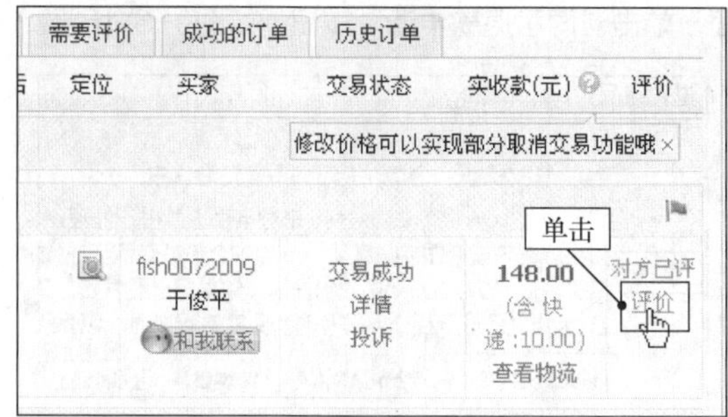

图9-53

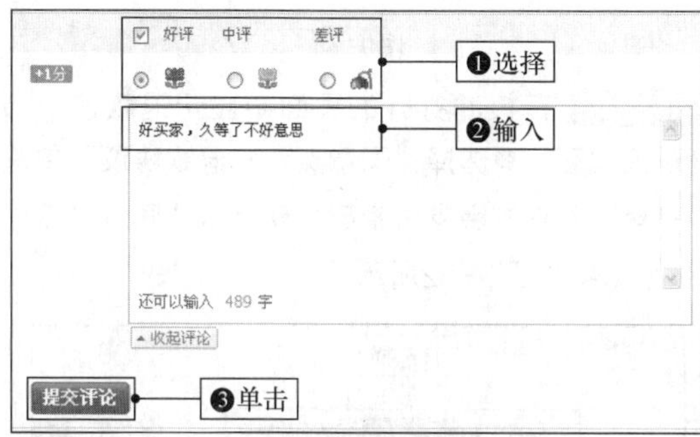

图9-54

第4步 在打开的页面中告知用户评价成功，并提示双方评价30分钟后才能相互看到评价内容，如图9-55所示。

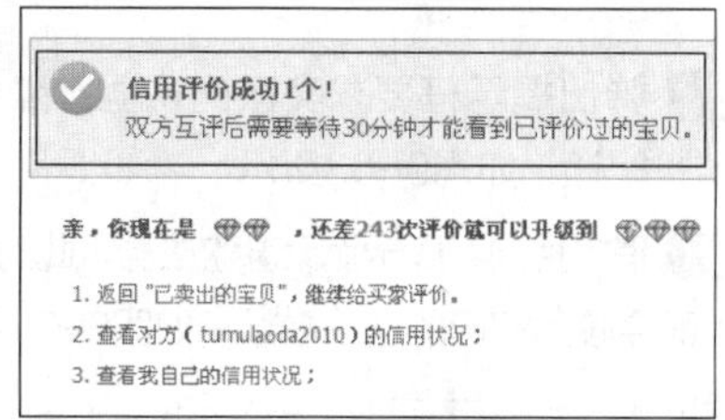

图9-55

买家在收货后，一直没有确认收货与评价，这时可以通过旺旺先联系买家并引导买家确认收货与评价，如果买家对商品无异议，但出于各种原因无法及时评价的话，那么淘宝在15天之内会自动将货款支付给卖家，同时自动给予卖家好评。

9.2.5　关闭无效的交易

扫码看视频

有的买家下单之后，因为种种原因又不想买了，通常会联系卖家，希望关闭这笔交易。这是网店经营过程中难免要遇到的情况，对于这样的情况，应以平常心对待，对于这笔交易，将之关闭即可。

第1步 进入订单列表，单击需要关闭的交易商品后的“关闭交易”超级链接，如图9-56所示。

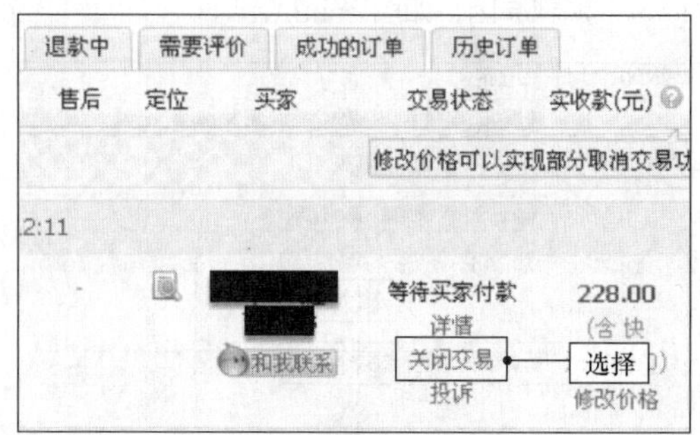

图9-56

第2步 ❶选择关闭理由；❷单击“确定”按钮即可，如图9-57所示。

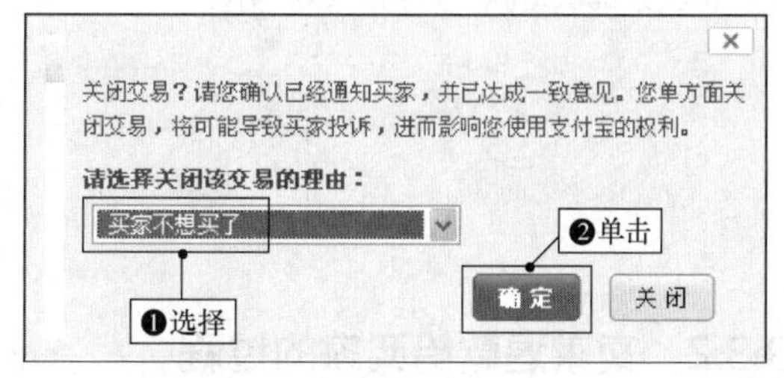

图9-57

9.3　熟悉交易退款的操作

在商品交易过程中，广大卖家不可避免地会遇到交易退款的情况，退款原因一般很多，如买家不满意，商品运输过程损坏、运输丢失等。遇到退款情况时，作为卖家，我们应当在积极处理商品事宜的同时，对于无法弥补的交易，就应该退款给卖家。

9.3.1　买家申请退款的过程

扫码看视频

不论出于卖家或买家的原因，只要当买家付款后无法继续完成交易时，都需要由买家发出退款请求，不管卖家有没有发货均可提出申请。

第1步 买家进入“已买到的宝贝”页面中，在商品列表中单击要退款商品项目中的“退款”超级链接，如图9-58所示。

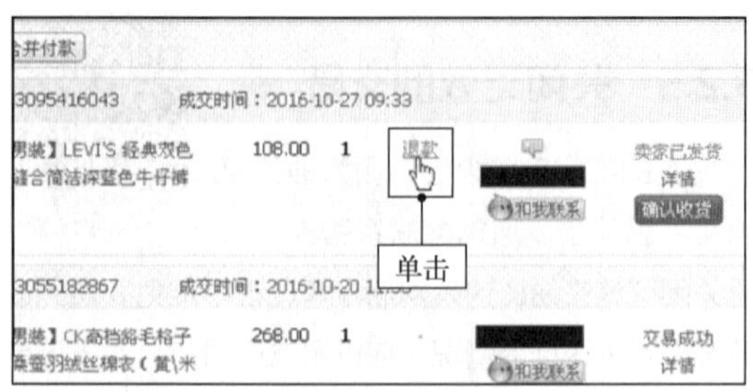

图9-58

第2步 打开“填写退款协议”页面，在其中选择或输入退款原因，如图9-59所示。

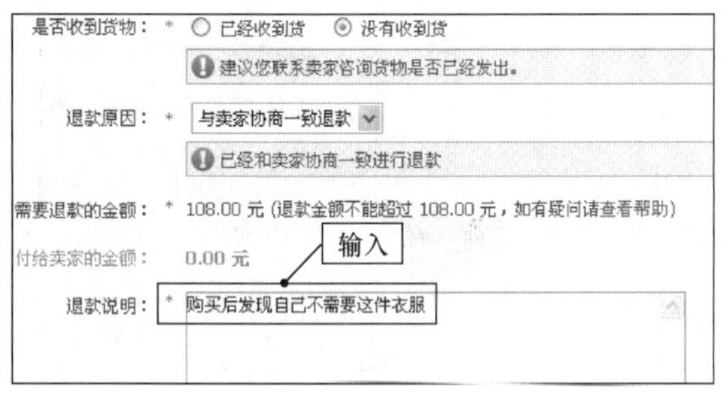

图9-59

第3步 在下方单击“立即申请退款”按钮，然后等待卖家确认退款，如图9-60所示。

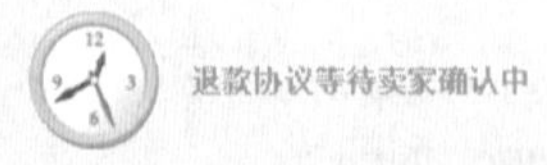

图9-60

9.3.2 卖家退款给买家的过程

当卖家退款后，买家一般会主动联系卖家并由卖家确认后，才能成功退款。另外，如果卖家已经登录阿里旺旺，那么当买家发出退款请求后，旺旺会弹出消息框提醒卖家，并且卖家进入“已卖出的宝贝”页面后，可以看到商品状态显示为“退款中”。

扫码看视频

如果此次退款已经经过双方协商并同意，那么卖家就可以确认退款给买家了，其具体操作方法如下。

第1步 进入卖家中心的“已卖出的宝贝”页面，单击“同意退款申请”按钮，如图9-61所示。

图9-61

第2步 在接着打开的页面中显示退款信息，确认无误后，❶选择“同意买家的退款协议”单选项；❷输入支付宝支付密码；❸单击“同意退款协议”按钮，如图9-62所示。

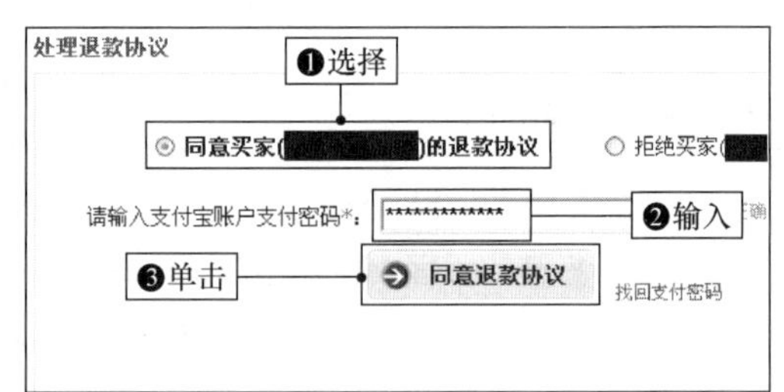

图9-62

第3步 弹出提示框要求卖家确认退款操作，单击“确定”按钮，如图9-63所示。

第4步 稍等片刻，提示卖家退款成功，此时买家支付宝账户即会收到相应的退款金额，如图9-64所示。

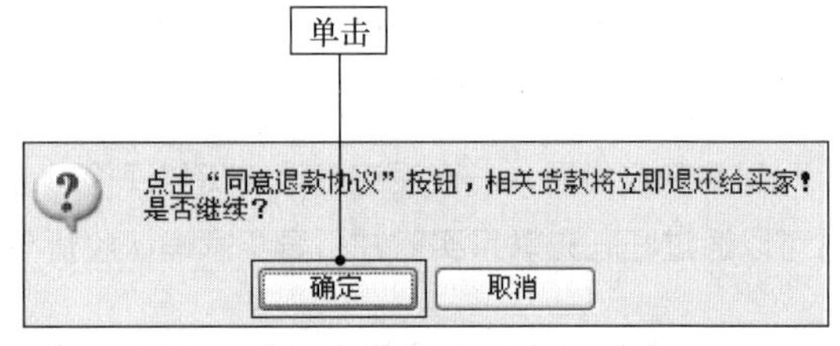

图9-63

图9-64

9.4 秘技一点通

技巧1 让千牛变身自动应答机

扫码看视频

利用千牛软件和买家进行沟通交流的时候，很多卖家可能会因为询问的访客太多，忙碌的回复不过来。对于不同的买家反复提问类似的问题，如果一个字一个字地敲打键盘很费时间，回复太慢也许还会使买家不高兴。因此，为了提高工作效率，可以在千牛软件上设置快捷回复短语。

设置快捷回复短语，具体操作方法如下。

第1步 登录千牛工作台，进入“接待中心”，打开聊天对话框。❶单击对话框中的“快捷短语”按钮；❷单击右下方“新建”按钮，如图9-65所示。

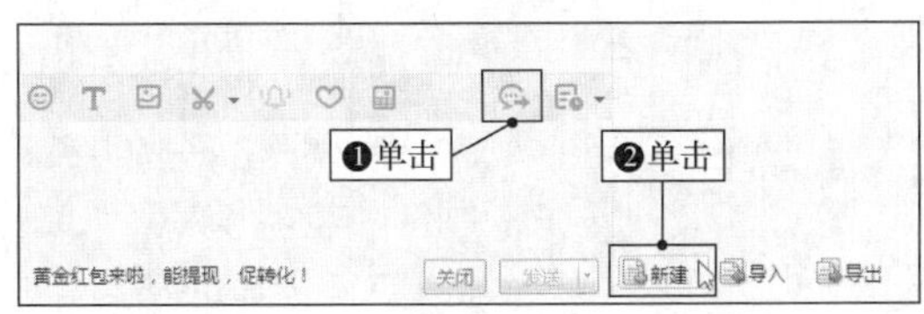

图9-65

第2步 弹出“新增快捷短语”对话框，❶设置快捷短语；❷设置完成后单击“保存”按钮即可，如图9-66所示。

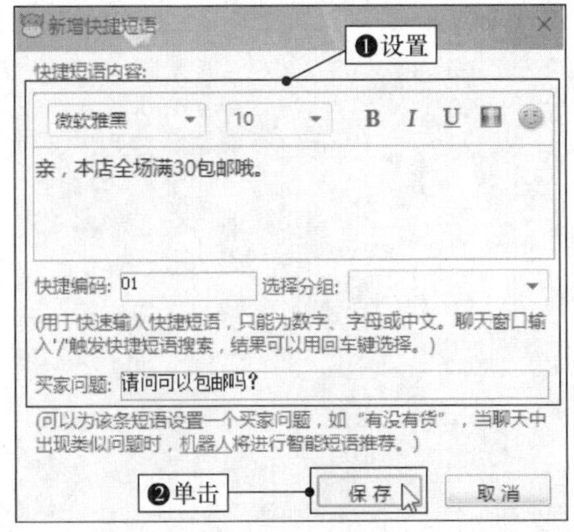

图9-66

技巧2 生意上门，让千牛第一时间提醒自己

扫码看视频

如果千牛工作台没有设置交易消息提醒，会给卖家带来很多麻烦，使卖家不能及时处理交易订单。那么如何在千牛软件上设置交易消息提醒呢？具体操作方法如下。

第1步 登录千牛工作台，在页面单击“消息中心”按钮，如图9-67所示。

图9-67

第2步 进入“消息中心”页面，单击页面右上方“消息订阅”按钮，如图9-68所示。

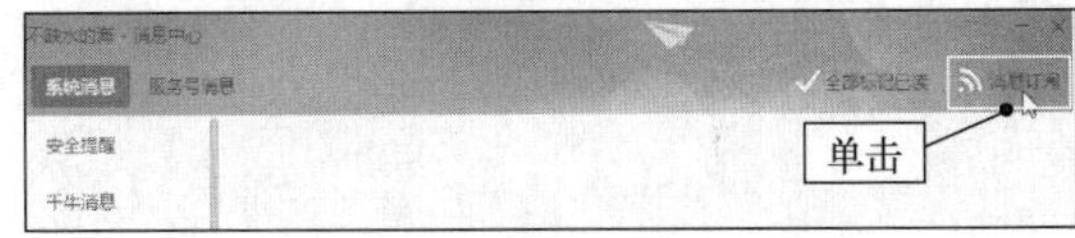

图9-68

第3步 弹出“订阅设置”对话框，❶单击“交易消息”选项；❷选择需要提醒的交易消息和提醒方式；❸单击“确定”按钮，如图9-69所示。

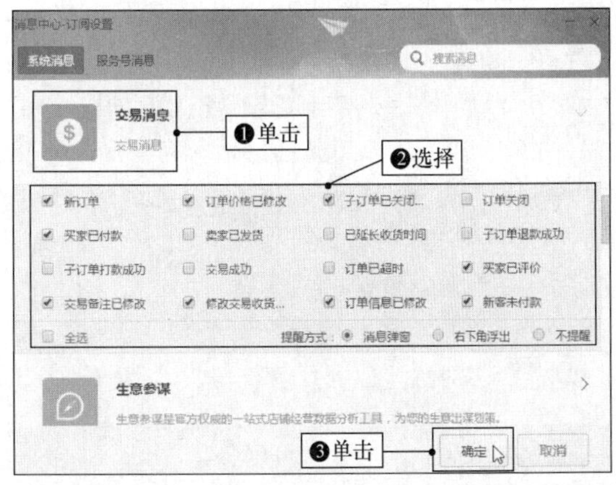

图9-69

技巧3 突破封锁用千牛

有的兼职卖家在公司的电脑里安装了千牛软件，上班之余顺便处理一下网店的事情。但很多公司为了提高员工工作效率，封闭了网络端口，公司内部的电脑只能打开网页，除此之外，什么网络软件都无法使用，包括QQ、阿里旺旺、千牛、迅雷、PPTV等。

扫码看视频

这样的情况下，要使用千牛软件也不是没有办法。千牛软件有个功能，即通过HTTP方式登录，也就是使用与网页同样的协议连接服务器，只要能看网页，就能连上千牛。

按照前面介绍的方法，单击千牛软件右上方的“设置”按钮≡下的“系统设置”选项，在弹出的设置对话框中，❶单击“基本设置”下的“网络”选项卡；❷选择“使用HTTP方式登录”复选框；❸单击“确定”按钮即可，如图9-70所示。

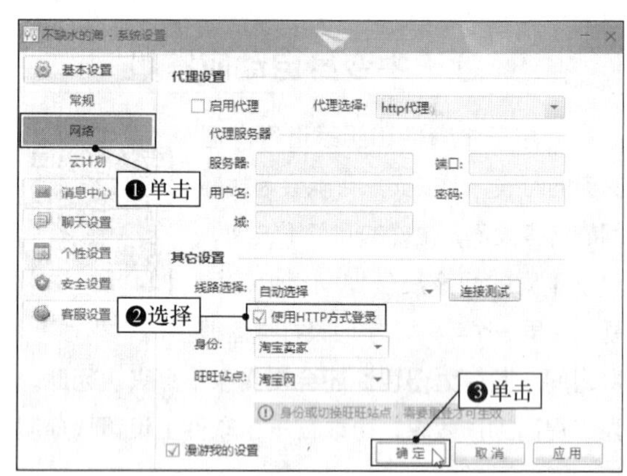

图9-70

开店小故事

网店的日常管理

网店店主的一天，无疑是忙碌、充实的一天。“机器小猫”是一家女装店的店主，每天一睁开眼，甚至还没来得及洗漱，就习惯性地打开电脑，随着千牛上传来的一声声“叮咚叮咚”，机器小猫运指如飞，熟练地与客人交流着，不出几分钟，便接下了几单生意。接下来洗漱、吃饭都只能见缝插针，充分利用碎片时间来完成。其他时候，则要打理烦琐而机械的网店业务：为新品拍照、P图、撰写描述、检查商品、接单、配货、打包、发货、退换货……

下面就从“机器小猫”一天的生活中截取几个片段，看看她是如何管理网店的。

（1）10:00 处理照片、客服事宜。

上午10:00，手机闹钟连响了好几遍，工作到凌晨3:30的机器小猫不情愿地睁开眼。简单洗漱后，打开客厅里的电脑，登录进入自己的网店。每当“叮咚”声响起，就表示有网友光顾她的女装网店。

吃过早饭，见阳光不错，机器小猫决定在朝南的房间为上新品做些准备。一面大镜子，两只专业闪光灯，四五十件新款衣服，房间被布置成了简易的摄影棚。机器小猫把衣服和配饰一件件配好，摆好角度后，就半蹲半跪在地上给新品拍照。她还客串模特，搭配整体装扮。

（2）12:30 一刻钟解决午饭。

12:30，外卖送到，鱼香肉丝套餐一份，总计15元。机器小猫花了一刻钟吃饭，趁机也放松一下自己。

（3）13: 00 配货。

饭后她开始检查昨天下午到今天上午的订单，然后按订单配货，把要发货的近50单衣服一件件打开检查，有瑕疵的放到一旁找厂家退换，没瑕疵的分装进塑料袋，再放进快递的胶袋封牢。碰到有珠饰的衣服，她会装进纸箱，避免在投递过程中损伤衣服。

（4）16:00 处理快递。

与和上门收包裹的快递员做好交接，把货发给全国各地的买家。在等待快递员取件的时间里，她依旧守在电脑前，尽可能回复买家的问题，希望能多接几张订单。

（5）19:30 身兼二职：客服与美工。

扒了两口晚饭，机器小猫又坐在电脑前，在线解答买家们的提问。22:30以后，提问的买家渐渐少了。机器小猫一边当客服，一边上新品，把白天拍摄的新款衣服照片上传到网店里。

传图看似轻松，实则是个力气活。一款新衣服，要拍几十张甚至上百张图片。“正面、背面，还有立体图。买家们大多喜欢有真人出镜。再如各种细节，如镶皮、钉珠、嵌闪等，都要拍图上传。这样买家才能了解更多信息，也省了因细节不清楚而造成的售后问题”。

（6）凌晨1:00 休息。

到了凌晨1:00，已经没什么买家咨询了。机器小猫终于松懈下来，喝了杯热牛奶，洗漱之后就上床休息了，为明天的工作积蓄精力。

这就是一个网店店主忙碌而又充实的一天。

第10章 做好淘宝平台内的促销与推广

本章导言

看着别人店里每天几十上百，甚至上千的交易量，再看看自己店铺少得可怜的交易额、信誉度，是不是感觉很羡慕呢？其实，淘宝平台为卖家们提供了各种店铺商品促销工具，如直通车、钻石展位、聚划算等，只要善用这些工具，新手卖家也能稳步提升店铺的销售业绩。

学习要点

- 掌握网店内部促销的几种工具
- 掌握淘宝官方推广工具的使用方法
- 掌握使用淘宝客推广商品的方法

10.1 店内促销要用好

扫码看视频

为什么别人的网店开得红红火火，自己网店的销量却一直上不去？排除宣传的原因，最大的可能是没有搞好促销。逛过商店的人都知道，喊“跳楼大减价”、喊“买一送二”，喊“限时打折”等口号的柜台前，总是比较热闹，这就是实体店常用的促销手段。

淘宝官方为广大卖家推出了便利实用的各种促销套餐，让用户可以自由选择一种或多种来进行搭配销售，实现店铺的盈利最大化。不过，这都是需要付费的。

满就送、限时打折、搭配套餐以及店铺优惠券的购买方法基本一样，只需在“卖家中心”下，单击“营销中心”选项中的“店铺营销中心”超级链接，如图10-1所示，继而选择右侧的促销活动。

图10-1

在系统跳转到的页面中单击“马上订阅”按钮即可，如图10-2所示。

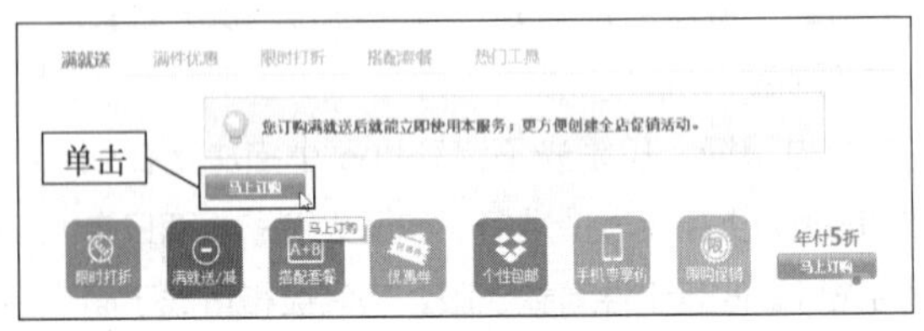

图10-2

10.1.1 商品搭配套餐

搭配套餐是将几种卖家店铺中销售的商品组合在一起设置成套餐来进行捆绑销售，这样可以让买家一次性购买更多的商品。从而提升店铺的销售业绩，增加商品曝光力度，节约人力成本，如图10-3所示。

搭配商品时要注意相关性，比如皮鞋搭配袜子、裤子搭配皮带或碗搭配筷子等，这样的搭配才合理；相反如搭配套餐中的几样商品互不相关，买家基本上是不会购买套餐的。

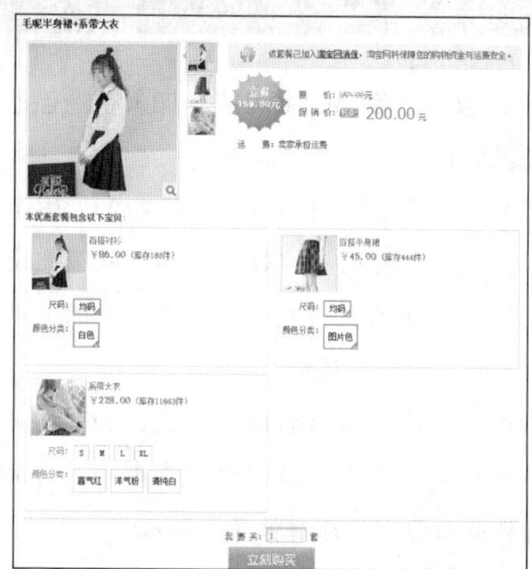

图10-3

10.1.2 商品限时打折

“限时打折”是淘宝提供给卖家的一种店铺促销工具，订购了此工具的卖家可以在自己店铺中选择一定数量的商品在一定时间内以低于市场价进行促销活动。活动期间，买家可以在商品搜索页面根据“限时打折”这个筛选条件找到所有正在打折中的商品，如图10-4所示。

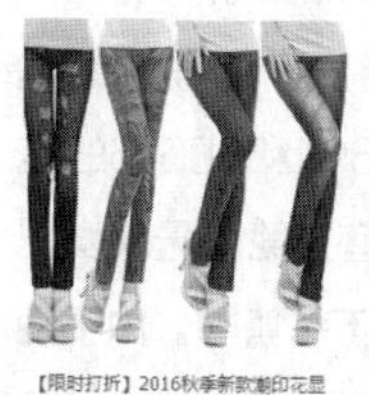

图10-4

限时打折要注意事前宣传，这样吸引到的买家才会多；折扣也要精心设置好，太高会亏本，太低则没有吸引力，需要卖家对折扣商品的成本以及实现目标（略亏、持平、略赚）进行综合评估，然后再定下折扣价。

10.1.3 商品满就送

“满就送”功能是基于旺铺的一种促销功能，它给卖家提供一个店铺营销平台，让所有设置了满就送的商品，自动实现促销，如图10-5所示。

图10-5

比如出售的一款蓝牙耳机，进行了满200送U盘的活动，那么买家在购买此商品后，系统会自动进行该优惠活动，不用卖家手动进行操作，从而通过这个营销平台带给卖家更多的流量。

10.1.4 店铺优惠券

顾名思义，店铺优惠券是一种虚拟电子现金券。它是淘宝在卖家开通营销套餐或会员关系管理后开通的一种促销工具，当有买家购买定制该功能的商品以后，会自动获得相应的优惠券，在以后进行购物时，可以享受一定额度的优惠，如图10-6所示。

图10-6

通过发放优惠券，能够促进客户再次到自己店铺中购买，从而有效地将新客户转化成老客户，提高店铺的销量。

高手支招 设置好优惠券的有效期

优惠券的有效期不要设置得太长，一般2～4周比较适合。有效期太长，一些买家可能想到有空了再使用，结果到最后忘记了自己还有这个店的优惠券，导致优惠券过期失效，没有起到它的作用。

10.2 善用淘宝推广工具

淘宝会推出一些促销活动，它们极大地增加了整个淘宝的销售量，由于效果显著，有的促销活动已经成为淘宝旗下独立的网站或板块。下面就来看看那些可以帮助新手卖家快速成长的活动。

10.2.1 淘宝聚划算

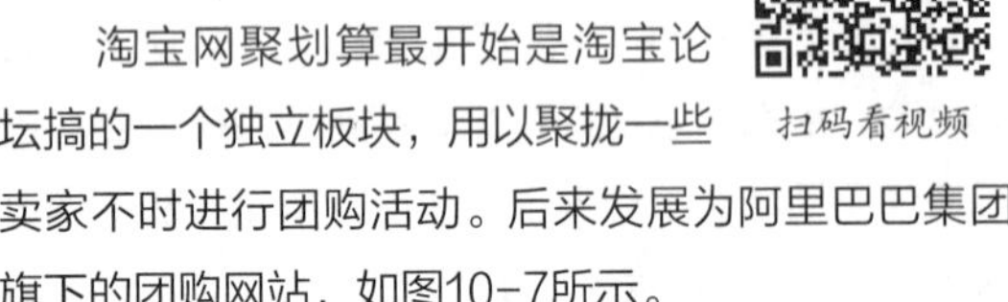

扫码看视频

淘宝网聚划算最开始是淘宝论坛搞的一个独立板块，用以聚拢一些卖家不时进行团购活动。后来发展为阿里巴巴集团旗下的团购网站，如图10-7所示。

图10-7

淘宝网聚划算官方公布的数据显示远远超过其余所有团购网站交易额的总和，用户流量非常大，因此有兴趣的卖家可以在其官网首页进行报名，参加团购活动，为自己的店铺在短时间内带来大批的用户。

聚划算细分为商品团、品牌团、聚名品、聚新品和竞拍团几种类型，如图10-8所示。卖家参加不同类型的聚划算，要向淘宝网平台缴纳不同的费用，其标准每年都在改变，卖家可参考淘宝网平台当年发布的聚划算收费标准。此外，部分类型的活动还要缴纳保证金，如果卖家不违规，保证金最后是要退还的。

图10-8

每一种类型的招商对象和素材提交都不一样，商家可结合自己商品的特点决定加入符合自己类型的聚划算活动。

- 商品团：聚划算的基本团购类型，展示位较多，报名成功的概率较大，用于规模化地获取新用户。商品团优先考虑库存较多的商品，和后面的品牌团形成差异。
- 品牌团：基于品牌的闪购模式，和团购库存种类少而量多不同，品牌团要求参团的商品库存种类多而量少，让消费者抢起来。
- 聚名品：这是针对“中高端消费人群”的营销模式，分为单品团和品牌团。
- 聚新品：满足消费者猎奇猎新的需求，平台会筛选有增长潜力，属于知名品牌，供应能力强，新颖的商品。这里的新品是指没有销售记录或者10件以内的商品。
- 竞拍团：卖家需竞拍坑位，价高者入场。

参加聚划算的卖家们，一定要及时阅读当年的聚划算参加要求与费用等细节，做到心中有数，再决定参加与否。

例如，某厨具网店在9月2日参加聚划算活动，报了8000套厨房套刀。9月2日当天，店铺流量达78310，9月3日与4日也分别有23694和38516的流量，是平时流量的15倍左右。厨房套刀第一天就卖出了5000套，剩下的3000套也在4日下午售罄。由于网店在活动前就对老客户进行了通知，这次活动中，共有300多套是由老客户购买的。这说明聚划算活动不仅能够快速提高销量，还对老客户的维护有一定的作用。

10.2.2 淘宝免费试用

扫码看视频

在淘宝门户中，开辟了一个免费试用页面，所有买家都可以通过此页面进行商品的免费试用，完全免费。因此每天都有为数众多的买家等候在电脑前抢购试用商品，人气火爆。如果卖家条件允许，可以在官网首页进行申请，其规则如图10-9所示，当然，前提是拥有充足的货源，不能出现任何问题，否则以后就很难参加此活动了。

图10-9

专家提点　新卖家参加试用活动要谨慎

免费试用活动需要一定的经济条件支持，因为售出的产品都是免费提供的，需要自己支付产品的成本价格，因此不建议新开店铺的卖家参加。

例如，某化妆品网店老板，上了一款价值588元的新品后，过了一段时间，收藏只有13个，购买仅有1个。老板对比了直通车与钻石展位后，决定还是参加免费试用。一个月以后，收藏人气2500，月销量155笔，通过免费试用活动的带动，比同样时间上架的商品高出5倍，店铺销售额增长3倍，让老板大赚一笔。

10.2.3　淘金币换购

淘金币是淘宝网的虚拟积分。所有在淘宝交易的买家都可以得到数量不等的淘金币，当积累到一定数量后，可以进行抽奖或者购买卖家提供的商品，如图10-10所示。淘金币也可以兑换、抽奖得到免费的商品或者现金红包，或进行线上线下商家的积分兑入。

图10-10

对于卖家而言，可以通过参加兑换活动的买家不断浏览自己提供的商品而得到相应的流量。此活动可以在店铺营销中心进行申请。

例如，某乐器网店，把店铺中一款滞销的百余元的低档吉他，设置了淘金币抵30%，并预先在所有渠道中作了宣传。活动三天时间内，这款吉他卖出80多件，由于每个买家用的淘金币数量不一，平均算下来每件吉他分摊了26%的淘金币，理论损失约为40元（按成本价算的话，其实只损失10元左右），但此次活动带动店铺内其他乐器销售共盈利3000余元，拉平了亏损，周转了资金，而且增加店铺收藏500多个，商品收藏800多个，3个月内不少收藏者都进行了购买，总的来说，这次淘金币营销效果是不错的。

10.2.4　淘宝秒杀

扫码看视频

秒杀是一种抢购活动，参加秒杀的商品价格都远低于正常价，但数量不多，因此往往活动一开始的几秒内，商品就被抢完了，所以叫作“秒杀”。卖家参加此活动也可以为自己的店铺短时间内带来很大的流量。

以前的秒杀活动没有独立的活动页面，只有通过“淘宝帮派”进行在线申请。在淘帮派下线后，秒杀活动不再由官方提供，而是卖家自己在发布商品时设置。目前最新版本的发布商品页面没有设置秒杀商品，需要设置秒杀商品的卖家只能回到旧版。如图10-11所示，❶在发布商品页面中勾选秒杀商品后面的“电脑用户”“手机用户”；❷单击“发布”按钮。

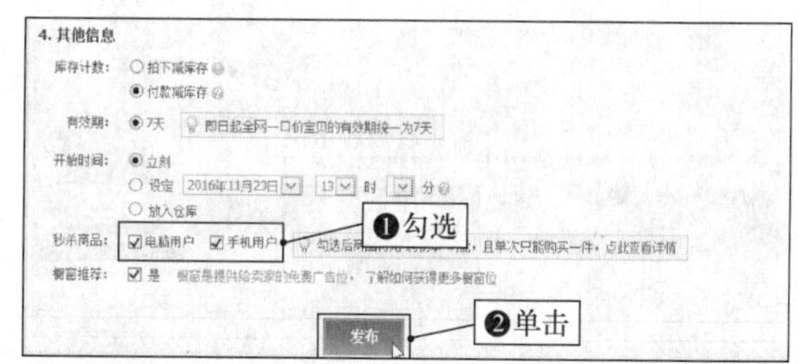

图10-11

专家提点　秒杀商品中的电脑用户和手机用户

只选“手机用户”，商品只能在“手机客户端”上购物，且每次只能购买一件，在电脑上购买，会提示“WAP秒杀订单不允许在PC流程中下单”。

只选“电脑用户”，商品只能在电脑上进行购买，且每次只能购买一件，商品无“购物车”功能，且手机端上会提示“不支持购买”。

“电脑、手机端”都选，商品可以在“电脑端”或“手机客户端”中进行购买，但是都只能购买一件商品。

例如，小桃的女装店最近设置了一次秒杀活动，不过事后小桃唉声叹气，表示亏了。原来小桃为了让秒杀的价格足够“震撼”，将一款中档上衣的价格设置得极低，结果秒杀倒是很成功，50件上衣一扫而空，但是附加销售量的利润根本抵不上秒杀的损失，只能寄希望于回头客再次购买慢慢把损失补齐。小桃最后总结：秒杀的价格低于平均水平就可以了，不能低到白送的程度，否则最后是亏还是赚，都很难说。

10.2.5 淘宝直通车活动

扫码看视频

淘宝直通车是为淘宝卖家量身定制的，按点击付费的效果营销工具，直通车广告每被点击一次，卖家会付给淘宝一定的广告费用，没有点击则不付费用。

淘宝直通车具有广告位极佳、广告针对性强和按效果付费三大优势。这也是目前绝大部分大卖家都在使用的一个工具，因为它能够实实在在地带来流量和成交，能立刻看到效果，很多卖家都喜欢使用它。如图10-12和图10-13都是直通车的展示位。

图10-12

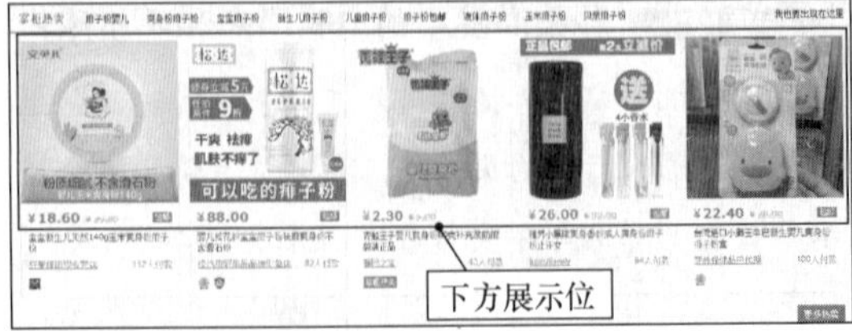

图10-13

直通车的优势具体说来有以下几个方面。

- 被直通车推广的商品，只要想来淘宝买这种商品的人就能看到，大大提高了商品的曝光率，带来更多的潜在客户。
- 只有想买这种商品的人才能看到该广告，给该商品页面带来的点击都是有购买意向的点击，带来的客户都是有购买意向的买家。
- 直通车能给整个店铺带来人气，虽然卖家推广的是单个商品，但很多买家都会进入店铺里去看，一个点击带来的可能是几个成交，这种整体连锁反应，是直通车推广的最大优势，店铺人气逐渐就会提高。
- 可以参加更多的淘宝促销活动，参加后会有不定期的直通车用户专享的促销活动，加入直通车后，可以报名参加各种促销活动。
- 在展示位上免费展示，买家点击才付费，自由设置日消费限额、投放时间、投放地域，有效控制花销，合理掌控自己的成本。强大的防恶意点击技术，系统24小时不间断运行，保证点击真实有效。
- 免费参加直通车培训，并且有优秀直通车小二指点优化方案，迅速掌握直通车推广技巧。

对有经济条件的卖家而言，可以通过参加直通车活动带来可观的流量。此活动可通过淘宝店铺“营销中心”的“我要推广”参加，如图10-14和图10-15所示。

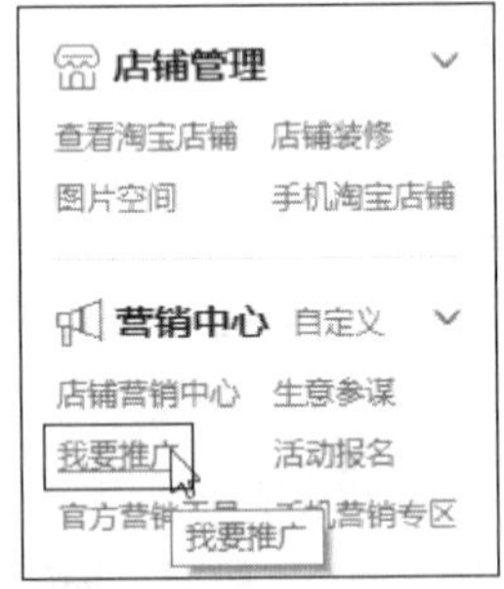

图10-14

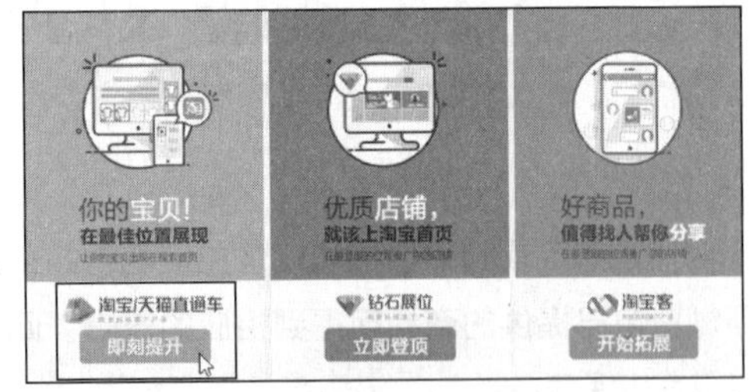

图10-15

例如，小王夫妻经营着一个泳装夫妻店，因为二人都有工作，只有闲暇时间管理店铺。属于小卖家自行经营，没有太大的资金后盾，一直没有考虑直通车的投放。但是小王发现随着夏季的临近，泳装这个类目火热起来的同时竞争度也越来越高。所以小王把店里的一款商品做了直通车推广，此商品在类目中价格偏高，同款价格也差不多，所以在价格方面没有优势可言。小王考虑到关键词，他删除质量分低且无点击的关键词的同时也删除展现率极高而点击率低的关键词。通过淘宝排行榜、生意参谋等渠道找到并添加高质量分、高点击率的关键词。经过反复测试，此商品的质量得分明显高了起来。在相同出价的前提下，质量分越高，排名越靠前，展现率也就越高。因此，在做直通车活动时，关键词的选取也是十分重要的，它决定了卖家花的钱是否能带来最大的收益。

10.2.6 钻石展位活动

扫码看视频

“钻石展位”是淘宝图片类广告位自动竞价平台，是专为有更高信息发布需求的卖家量身定制的产品。精选了淘宝最优质的展示位置，通过竞价排序，按照展现计费。性价比高，更适于店铺、品牌及爆款的推广。

钻石展位是按照流量竞价售卖广告位的，计费单位是“每千次浏览单价”（CPM），即广告所在的页面被打开1000次所需要收取的费用。钻石展位不仅适合发布商品信息，它更适合发布店铺促销、店铺活动、店铺品牌的推广。可以在为店铺带来充裕流量，同时增加买家对店铺的好感，增强买家黏度，图10-16所示为首页的钻石展位。

图10-16

首页流量巨大，对于资金雄厚的大卖家来说，放在首页可以带来巨大的流量，从而带来更多的买家。卖家也可以考虑在各个频道的首页购买钻石展位，当然要选择和自己的商品同类的频道，图10-17所示为美食频道首页的钻石展示位。

图10-17

钻石展位是一个非常显眼和重要的推广平台。那么钻石展位的使用规则有哪些呢?

- 系统每天21:00后自动提交计划进行竞价投放。
- 系统会提供过去7天被竞价的数据给商家查看。
- 系统每天15:00后从商家的消费账户冻结计划第二天的预算；每天凌晨自动结算返回消费账户计划前一天的消耗余额。
- 在15:00之前调整计划的基本信息。具体内容包括：CPM出价、日预算、展示图片、开始结束日期、时段等信息。修改完成后，需要等到次日才能生效。
- 投放中如果没有足够金额,系统自动停止投放。因为金额不足而停止投放的计划，在该计划还在投放期内的前提下，允许商家继续充值恢复投放。
- 展示图片将会被随机轮播显示。
- 可以随时充值消费账户,充值使用的支付宝为淘宝账户绑定的支付宝。
- 如果有特殊情况，可提交客服人员，可能存在允许用户当天强行终止投放中计划的情况。
- 同一个时段内，CPM出价高的计划优先投放；计划分为多个小时段投放,系统将会根据实际的流量情况以小时为单位平滑消耗。
- 计划被竞价成功投放,该计划的实际投放结算价格将按低于当前CPM价格的下一位有效出价加0.1元进行结算。

只有充分了解钻石展位的规则之后，才能有效的进行利用，从而提高广告的效果。

在哪里能买到“钻石展位”这个推广工具呢?

在“营销中心”的“我要推广”里面就能开通钻石展位，如图10-18和图10-19所示。

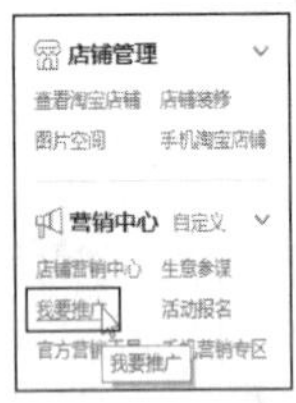

图10-18

图10-19

例如，一个经营家纺的淘宝店铺分析得出四件套的旺季是从8月中旬以后开始至10月底；根据地域、人群、性别等分析得出四件套喜好度人群集中在18～29岁的年轻女士，占比主要集中在江苏、福建、安徽等沿海地区。经过多次测试找到高点击、高转化的优秀推广图片，结合创意文案进行钻石展位投放。该店铺的销量在11月的时候刷新纪录，达到一个巅峰值，是一次成功的钻石展位投放。经过该例分析得出，钻石展位的投放需要结合店铺整体运营计划来明确投放的目的，且在投放前就要做好投放计划，进行多次测试，便于找到最佳方案。

10.2.7 天猫双11活动

双11活动指的是每年11月11日的网络促销日。在这一天，许多网络商家会进行大规模促销活动。双11活动从2009年11月11日开始，最早的出发点仅仅是想做一个属于淘宝商城的节日，目的是扩大淘宝的影响力。结果在第一年的时候，双11活动就创造出了意想不到的成绩。时至今日，双11活动不仅仅是电商消费节的代名词，对非网购商城和线下商城也产生了较大的影响。

根据阿里官方数据，2016年的双11活动从2016年11月11日00:00:00开始，截止到次日18:55:36，活动交易额正式突破1000亿元，创造了全新纪录。由此可见，天猫双11活动的影响力之大，图10-20为双11的宣传海报。

如图10-21所示，天猫双11活动报名分为招商海选报名、公告海选结果、商品申报、素材招商和活动开始5个阶段。

图10-20

图10-21

只要是天猫的卖家就能加入双11活动中去吗？并不是。天猫双11活动对商家有一定的条件和规则，下列是2016年“天猫双11全球狂欢节”的招商条件。

- 天猫商家须满足《天猫营销活动基准规则》；天猫国际平台的商家须满足《天猫国际营销活动基准规则》。
- 商家同意自愿提供全店铺商品用于满足“双11购物券”及“卖家版运费险”的活动规则(特殊商品除外)，本款合作条件之详情请见本规则“招商要求”第五条、第六条。
- 双11活动商家还需满足所在类目单独制定的2016双11招商规则。
- 天猫国际平台商家需同时满足天猫国际平台关于“天猫双11全球狂欢节”的活动的相关招商要求。
- 天猫会根据双11活动的整体策略，优先选择与可以更好地为消费者服务的商家(优选条件包括但不限于品牌知名度、活动契合度、消费者需求、开店时长、诚信经营情况、是否提供运费险保障等)进行合作；天猫与商家之间的选择是双向的，未形成一致意见之前，任何一方均有权自主决定是否与对方开展合作。
- 商家同意天猫可基于对双11品牌的整体管理与维护，不时采用诚信经营管控(包括但不限于降级、警告、清退等)等治理措施；商家同意遵守天猫可根据2016双11的实际情况制定的各类2016双11活动管理细则。

除了需要符合招商条件外，参加天猫双11活动的卖家还需要符合商品申报规则、商家包邮要求、商家发货要求、运费险要求等。

专家提点　不要错过报名时间

天猫双11活动分为预售商品和正式商品，活动时间也有活动预热和正式活动之分。从2016年的报名时间来看，商家参考报名时间为：2016年8月18日10:00:00～2016年8月26日22:00:00；预售商品报名时间为：2016年9月21日10:00:00～2016年9月30日22:00:00；正式商品报名时间为：2016年10月14日10:00:00～2016年10月29日22:00:00；活动预热时间为：2016年11月1日00:00:00～2016年11月10日23:59:59；正式活动时间为：2016年11月11日00:00:00～2016年11月11日23:59:59。

由此可见，天猫双11活动的报名时间和活动时间不一，卖家在报名前的几个月就应该关注这方面的信息，避免错过报名时间。

很多人认为天猫上能创造佳绩的应该只有服装或是食品等大众消费行业，对于一些用户面较窄的商品，在天猫双11活动中可能表现不佳。然而在2015年的天猫双11中，装修行业的晨阳水漆仅在双11当天就取得“1小时500万，10小时破千万，销售额达3105万元”的佳绩，截至11月10日零点，晨阳水漆最终突破3000万元的销售额。因此，天猫双11对于一些大众使用率较低的商品可能也是机会。有条件的商家应积极参加这类活动，促进商品的销量。

10.2.8　天猫1212营销

天猫1212是每年的12月12日，天猫在当天推出网购盛宴，将延续“全民疯抢”的活动，简称双12。天猫商家如果在双11活动时已经取得不错的成绩，可再接再厉，借助双12再创辉煌；如果在双11因为没有做好充分的工作导致效果不佳，仍旧可以抓住双12的机会大展拳脚，图10-22是天猫1212活动海报。

每一年1212的主题都不一样，2016年主题为“1212天猫年终盛典”。因为主题不一，规则也在发生变化，因此每年的具体招商规则可能存在差异，建议商家仔细阅读该年度的规则。下列以2016年的招商规则为主，介绍参加天猫1212规则。

图10-22

如图10-23所示，2016年天猫1212活动共分为：商家报名、商品报名、活动预热和正式活动4个环节，商家可在活动开始之前就关注这方面的信息，以免错过报名时间，错失良机。

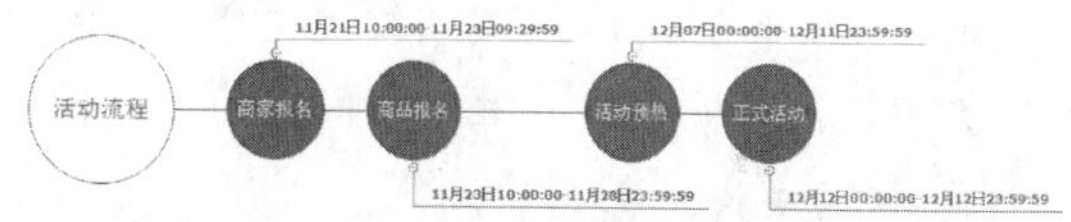

图10-23

专家提点　天猫贷款资金扶持政策

网商银行为支持天猫商家备战“1212天猫年终盛典”，推出天猫贷款资金扶持政策：

首次使用天猫贷款的新客户享受提前收款服务首笔免服务费，首笔提前收款的额度5万元封顶；随借随还、先息后本、每月等额，多种还款方式，灵活便捷；大促备货资金专属优惠方案及更多金融服务产品。需要注意的是以上扶持政策不适用天猫国际商家。

1. 商家准入规则

- 满足《天猫营销活动基准规则》；天猫国际商家需满足《天猫国际营销活动基准规则》。
- 天猫会根据活动的整体策略，优先选择与可以更好地为消费者服务的商家（优选条件包括但不限于品牌知名度、活动契合度、消费者需求、开店时长、诚信经营情况、是否提供运费险保障等）进行合作；天猫与商家之间的选择是双向的，未形成一致意见之前，任何一方均有权自主决定是否与对方开展合作。
- 商家同意天猫可基于对1212品牌的整体管理与维护，不时采用诚信经营管控（包括但不限于降级、警告、清退等）等治理措施。商家同意遵守“1212天猫年终盛典”招商规则及天猫根据2016年1212的实际情况制定的各类活动管理细则，这也是天猫选择商家作为1212合作伙伴的必要条件。

2. 商品价格条件

- 参加2016年“1212天猫年终盛典”的商品须进入价格申报系统进行申报，正式商品申报时间：2016年11月23日10:00:00～2016年11月28日23:59:59，过期则申报入口关闭。
- 参加2016年“1212天猫年终盛典”的商品正式活动的销售价格，必须小于或等于该商品2016年11月10日00:00:00～2016年12月11日23:59:59期间于天猫平台达成的最低真实成交价，部分类目（黄金首饰（新）、铂金/PT（新）、K金首饰、部分美妆）除外。
- 为确保活动的公正性、履行对消费者的商品价格承诺、提升消费者的购物体验，2016“1212天猫年终盛典”正式活动结束后15天（2016年12月13日00:00:00～2016年12月27日23:59:59）为“1212天猫年终盛典”活动商品价格保护期；在此期间，参加过2016“1212天猫年终盛典”的活动商品，其销售价格不得低于正式活动价格，部分类目除外。

除上述准入规则和商品价格条件外，参加天猫1212的商家还必须满足商家包邮要求、三年质保服务要求、破损保障服务、商家发货要求和其他一些要求。图10-24所示是天猫1212营销中的店铺须知，仅供参考，因为每年的要求都不一样，但也不会相差太多。

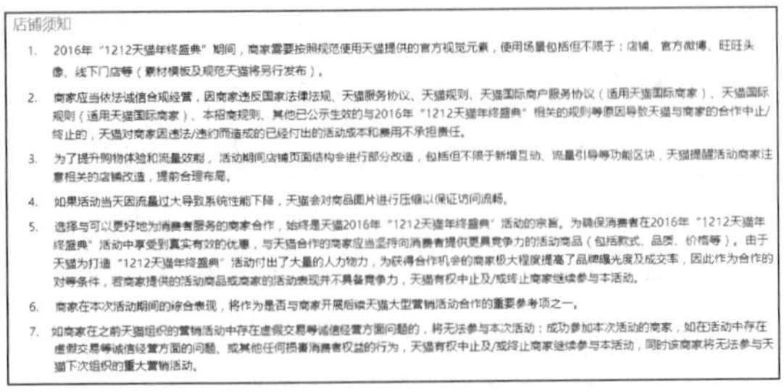

店铺须知

1. 2016年“1212天猫年终盛典”期间，商家需要按照规范使用天猫提供的官方视觉元素，使用场景包括但不限于：店铺、官方微博、旺旺头像、线下门店等（素材模板及规范天猫将另行发布）。
2. 商家应当依法诚信合规经营，因商家违反国家法律法规、天猫服务协议、天猫规则、天猫国际商户服务协议（适用天猫国际商家）、天猫国际规则（适用天猫国际商家）、本招商规则、其他已公示生效的与2016年“1212天猫年终盛典”相关的规则等原因导致天猫与商家的合作中止/终止的，天猫对商家因违法/违约而造成的已经付出的活动成本和费用不承担责任。
3. 为了提升购物体验和流量效能，活动期间店铺页面结构会进行部分改造，包括但不限于新增互动、流量引导等功能区块，天猫提醒活动商家注意相关的店铺改造，提前合理布局。
4. 如果活动当天因流量过大导致系统性能下降，天猫会对商品图片进行压缩以保证访问流畅。
5. 选择与可以更好地为消费者服务的商家合作，始终是天猫2016年“1212天猫年终盛典”活动的宗旨。为确保消费者在2016年“1212天猫年终盛典”活动中享受到真实有效的优惠，与天猫合作的商家应当坚持向消费者提供更具竞争力的活动商品（包括款式、品质、价格等）。由于天猫为打造“1212天猫年终盛典”活动付出了大量的人力物力，为获得合作机会的商家极大程度提高了品牌曝光度及成交率，因此作为合作的对等条件，若商家提供的活动商品或商家的活动表现并不具备竞争力，天猫有权中止及/或终止商家继续参与本活动。
6. 商家在本次活动期间的综合表现，将作为是否与商家开展后续天猫大型营销活动合作的重要参考项之一。
7. 如商家在之前天猫组织的营销活动中存在虚假交易等诚信经营方面问题的，将无法参与本次活动：成功参加本次活动的商家，如在活动中存在虚假交易等诚信经营方面的问题、或其他任何损害消费者权益的行为，天猫有权中止及/或终止商家继续参与本活动，同时该商家将无法参与天猫下次组织的重大营销活动。

图10-24

例如，小张经营的是一个小饰品天猫店，由于店里商品单价本身就不高，利润较低，不能像其他店铺一样进行打折促销。在小张看来，自己这种商品单价过低的天猫店，可能无缘1212了。但是销量一直走下坡路的情况，还是让小张决定参加2016年的1212。

对于销售策略，小张决定走送礼路线，利用买多送礼的套餐加大买家的购买欲望，用一部分利润来吸引买家；除此之外，他还在节前就主动回访老客户，促进销量；在微信、微博等平台上传播活动信息；同时也将自己的主图和文案进行了修改，成功地吸引了新客户。经过一番整改，小张的店铺终于在2016年1212活动取得了不错的成绩，活动结束后，不但一部分老顾客增加了购买频率，也让很多新买家变成了老顾客，店铺里的一些较受欢迎的单品在1212后销量更上一层楼，并带动了店里其他单品的销量。

10.2.9 天猫年货节

年货节是基于双11和1212后的第三个节日。和前两个节不一样的是，年货节的举办更多加入劳动人民的元素。年货节的主题在促进农民土特产销量的同时，也能让在城市里生活的居民买到家乡特产，解一份乡愁；另一方面，更是促进快递员的业绩，挣足了钱好过年。

换句话说，年货节给农民增加收入的同时，也便捷地解决了城市人购买年货的过程，可谓是双赢。在2016年1月的年货节上，阿里公布阿里年货节的销量为：5天卖出21亿件商品。可见年货节的举办非常成功，图10-25所示为天猫年货节的海报。

图10-25

每年年货节的规则都会发生变化，这里以2015年天猫年货节为例，详细介绍天猫年货节报名规则。

1. 商家准入规则

- 满足《天猫营销活动报名基准规则》。
- 天猫会根据活动的玩法和策略，优先选择符合本次活动的商家（优选条件包括但不限于品牌知名度、活动契合度、消费者需求、支付宝成交额、店铺类型、开店时长、客单价、商家主营类目、商业综合排名、诚信经营情况等）。

2. 价格管理规则

- 参加“天猫年货节”的食品类商品销售价格必须小于或等于自2014年12月13日00:00:00～2015年1月11日23:59:59期间的天猫成交最低价。
- 参加“天猫年货节”的数码电器类、大家电类商品价格必须小于或等于自2014年12月13日00:00:00～2015年1月26日23:59:59期间的天猫成交最低价。
- 参加“天猫年货节”的其他类目商品销售价格必须小于或等于自2014年12月13日00:00:00～2015年1月14日23:59:59期间的天猫成交最低价。
- 以上规则部分类目（充值、合约机、通信、黄金、铂金、图书类目）除外。

3. 报名时间

报名时间分为商家报名时间和商品报名时间。

（1）商家报名时间。

- 食品类商家于12月18日14:00:00～12月22日11:59:59在商家中心进行报名。
- 数码电器类、大家电类商家于12月29日10:00:00～2015年1月6日23:59:59在商家中心进行报名。
- 服饰类商家于12月25日10:00:00～12月29日23:59:59在商家中心进行报名。
- 其他类目商家于12月19日14:00:00～12月22日11:59:59在商家中心进行报名。

（2）商品申报时间。

参加“天猫年货节”的活动商品须进入“天猫年货节价格申报”进行申报。

- 食品类商家于12月23日10:00:00～12月30日23:59:59在商家中心报名。
- 数码电器、大家电商家于2015年1月9日10:00:00～1月14日23:59:59在商家中心报名。
- 服饰类商家于12月31日10:00:00～1月6日23:59:59在商家中心报名。
- 其他类目商家于12月23日10:00:00～12月30日23:59:59在商家中心报名。

商家在报名天猫年货节时，不仅需遵循以上规定，还需要遵循商家包邮要求、商家发货时间、其他招商要求和相关营销工具的规定。商家报名可通过“天猫商家中心”中的“官方活动报名》完成。

例如，某新开张的农产品天猫店以出售陕西特产为主，营销活动举办的较少，平时销量一般，年终前店主听说年货节能增加店铺销量，于是报名参加。让店主意想不到的是，置办年货的人群较广，很多企业都来店铺里购买大量的特产为员工发放过年福利；也有个人为家里置办年货的情况。如此一来，这个店铺仅仅是年货节的销量就已超过平时几个月的销量。由此可见，年货节能为农产品、服装等年货类目带来大卖特卖的机会。

10.2.10 淘宝直播营销

扫码看视频

2016年，最火热的词汇非“直播”莫属，各大直播网站兴起的同时，淘宝也开始走直播路线了。不同于其他直播平台，淘宝直播更直接地成为和买家进一步交流的媒介。只要主播引导得当，通过淘宝直播，在直播期间店铺的流量是相当可观的；主播和观众的互动，也在拉近了卖家和买家的距离，买家可从主播的语言、动作和形态更进一步地对商品做出评论。相比以前电商冷冰冰的图片，淘宝直播使商品都活了过来，各种服务细节的讲述，更是给镜头前的买家吃了定心丸，加大成交率。

直播那么好，人人都可参与吗？如图10-26是淘宝官方对卖家开通淘宝直播的资质和规则要求，符合图中活动规则的天猫、淘宝卖家均可报名参加直播，对商家类型没有限制。

资质名称	活动要求	操作
要求微淘总粉丝数在规定范围内	要求微淘总粉丝数在规定范围内;	–
未因虚假交易被限制参加营销活动	你的店铺未因虚假交易被限制参加营销活动;	查看
未因出售假冒商品被限制参加日常营销活动	店铺未因出售假冒商品被限制参加营销活动;	查看
未因活动中扰乱市场秩序被限制参加营销活动	您的店铺在活动中，不得存在利用非正当手段扰乱市场秩序的行为，包含但不仅限于虚构交易、虚构购物车数量、虚构收藏数量等行为。;	查看
物流服务	店铺物流服务需在4.6分及以上;	查看
近30天店铺纠纷退款	近30天内的纠纷退款率不超过店铺所在主营类目的纠纷退款率均值的5倍，或近30天的店铺纠纷退款笔数<3笔。;	查看
廉正调查	要求店铺未涉及廉正调查;	–
服务态度	店铺服务态度需在4.6分及以上;	查看
要求是"极有家"卖家	要求是"极有家"卖家;	查看
要求店铺具有一定综合竞争力	要求店铺具有一定的综合竞争力;	–
未因严重违规行为被限制参加营销活动	店铺未因严重违规行为被限制参加营销活动;	查看
未因一般违规行为被限制参加营销活动	店铺未因一般违规行为被限制参加营销活动;	查看
描述相符	店铺描述相符需在4.6分以上;	查看
不在搜索全店屏蔽处罚期	不在搜索全店屏蔽处罚期;	查看

图10-26

满足开通淘宝直播的卖家可在商家直播功能开通淘宝直播，操作如下。

第1步 在浏览器中访问yingxiao.taobao.com，进入淘宝官方营销活动中心，❶在搜索栏里输入“直播”；❷单击“搜索”按钮，如图10-27所示。

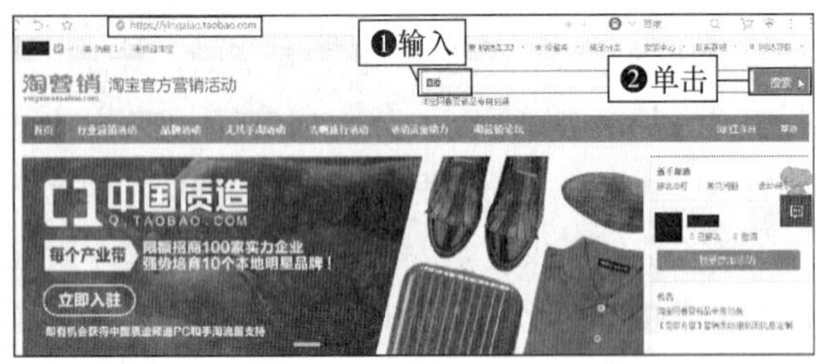

图10-27

第2步 在系统跳转到的页面中单击“微淘商家”超级链接，如图10-28所示。

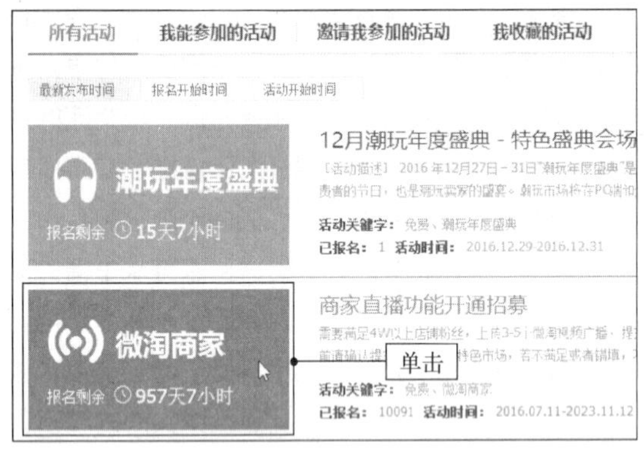

图10-28

第3步 系统跳转到“商家直播功能开通招募”页面，满足如图10-29中条件的商家即可在该页面开通淘宝直播。

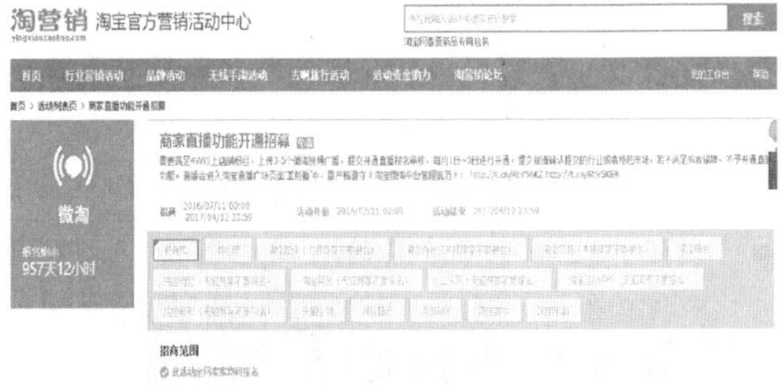

图10-29

数据显示，目前淘宝平台每天直播场次近5000场，有超过40%的消费者会在观看直播的过程中访问相关店铺。在双12当天，不仅直播观看峰值超越了双11，用户观看时长也有提升。

例如，男神奶爸吴尊从2016年5月28日晚间8:00开始登上淘宝直播推荐某知名奶粉品牌，结果60分钟的男神直播，达成超过100万元人民币的交易量；柳岩直播10分钟就卖出了2万件核桃、4500件柠檬片、2000多件面膜和太阳镜等。除了明星之外，一名“村红”也通过淘宝直播在5秒的时间内卖了4万个土鸡蛋。直播，值得店主们关注与加入。

10.3 利用淘宝客扩大影响

不少网店希望有人帮助自己推广产品，并以成交金额进行提成，返还给推广者。这种帮助网店推广商品并从中赚取佣金的人叫作“淘宝客”。淘宝客与淘宝网店是一种双赢的存在，淘宝客的蓬勃发展也促进了淘宝店铺的兴盛繁荣。利用淘宝客来推广店铺与商品是一种行之有效的网店销售模式。

10.3.1 淘宝客推广——成交才支付宣传佣金的推广

淘宝客推广已经成为一种热门的营销手段，与其他广告形式相比，淘宝客推广具有很高的投入产出比。要掌握这一推广利器，首先要了解什么是淘宝客，以及相关的知识。

1. 什么是淘宝客推广

淘宝客推广是专为淘宝卖家提供淘宝网以外的流量和人力，帮助推广商品，成交后卖家才支付佣金报酬，是卖家推广的新模式。淘宝卖家通过几步操作，就可以把自己需要推广的商品发布到淘宝客平台上，让淘宝客来推广。对于卖家来说，淘宝客推广就像聘请了一些不需要底薪的业务员，业务员越多，店铺就越有可能开拓更大的市场，图10-30所示为淘宝客推广平台http://www.alimama.com/。

图10-30

而对于淘宝客们来说，在网上推广商品获得佣金确实是一个不错的收入方式，如果自己没有资源，没有技术，想在网上实现收入，但又不想有太多的束缚，那么淘宝客就是个很好的选择，在形式上淘宝客比开网店还自由，想做就做，不想做就可以休息。很多人关注淘宝客，依托淘宝联盟平台，加入淘宝客推广赚钱，一些淘宝客的收入也很可观，收入几千过万都不是难事。

当然，本书的主要读者对象是淘宝网店的店主们，因此本章主要讲解如何利用淘宝客推广商品和店铺，至于如果做好一个淘宝客，就不在本书的讲解范围了，有兴趣的读者可以另外查阅相关资料。

2. 支付给淘宝客的佣金

淘宝客每次成功销售出一件商品，都会获得淘宝店主事先设置好的佣金。对于淘宝店主来说，设置佣金时不要一味地追求高佣金而忽视了本身的售价，而应该在商品单价和佣金之间寻找好平衡点。

店主可以考虑在自己的承受范围内，给予淘宝客更多的佣金，只有这样，才能激发淘宝客们推销商品的热情。图10-31所示为某店主设置的合理的佣金比例，使得参与推广的淘宝客大增。

图10-31

下面介绍一些必须了解的关于佣金的知识。

- 佣金比率：是指淘宝卖家愿意为推广商品而付出的商品单价的百分比。
- 个性化佣金比率：淘宝卖家加入淘宝客推广后，可以在自己的店铺中最多挑选20件商品作为推广展示商品，并按照各自的情况设定不同的佣金比率，这些商品的不同的佣金比率统称为个性化佣金比率。
- 店铺佣金比率：淘宝卖家加入淘宝客推广后，除了设定个性化佣金比率外，还需要为店铺中其他商品另外设定一个统一的佣金比率，用来支付由推广展示商品带到店铺其他商品成交的佣金。
- 佣金：指的是该商品的单价×佣金比率；是淘宝卖家愿意为推广商品而付出的推广费。尚未扣除阿里妈妈服务费。当淘宝客推广的交易真正通过支付宝成交后，除去阿里妈妈服务费，就是淘宝客的收入。

买家通过支付宝交易并确认收货时，系统会自动将应付的佣金从卖家收入中扣除并在次日打入淘宝客的预期收入账户。每个月的15日都会做上一个整月的月结，月结后，正式转入淘宝客的收入账户。

3. 卖家如何制订合理的佣金计划

淘宝联盟提供了推广计划管理，可设置一个通用推广计划、一个工具推广计划、9个定向推广计划。

9个定向根据店铺不同情况，针对不同等级的淘宝客，提供不同的佣金计划，下面是佣金设置实例。

- 通用计划佣金10%：为一般及刚加入的淘宝客提供。
- 定向12%佣金计划：月推广50笔以上者。
- 定向15%佣金计划：月推广100笔以上者。
- 定向18%佣金计划：月推广200笔以上者。

这是以一个梯度式会员高佣金制度来吸引并鼓励淘宝客参与推广。

4. 淘宝卖家参加淘宝客推广的条件

淘宝卖家参加淘宝客推广要满足以下条件。

- 淘宝店铺星级在一心以上或参加消费者保障计划。
- 卖家的店铺状态是正常的。
- 卖家的店铺内，商品状态正常，并且结束时间比当前系统时间晚。

如果不满足以上条件，则是无法参加推广的。

10.3.2 店主如何参加淘宝客推广

扫码看视频

加入淘宝客推广，就等于有了很多不付底薪的营销员工，相信很多卖家都愿意进行尝试。加入淘宝客推广的方法也很简单，其操作步骤如下。

第1步 进入“我是卖家”页面，单击“营销中心”选项卡的“我要推广”超级链接，如图10-32所示。

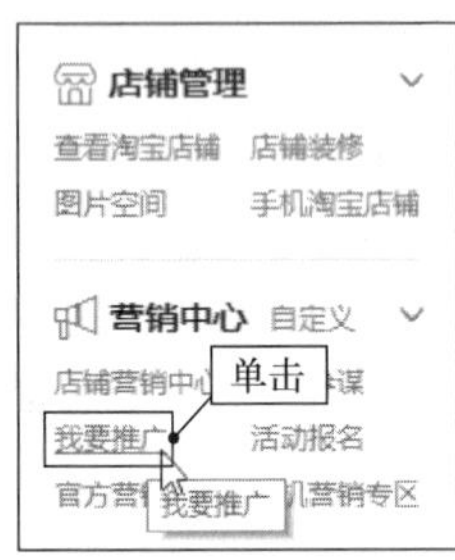

图10-32

第2步 进入“我要推广”页面，单击“开始拓展”图标，图10-33所示。

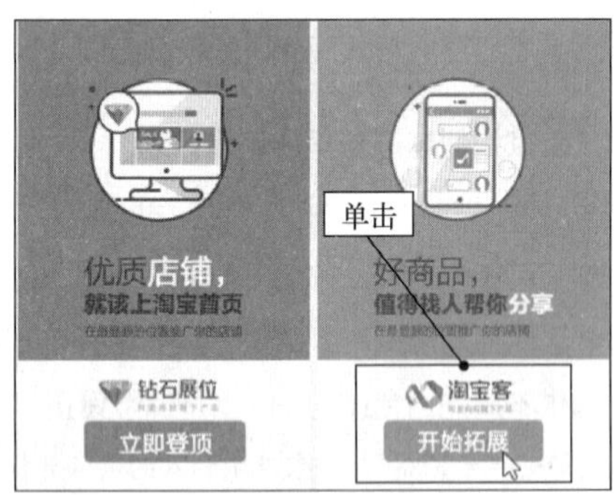

图10-33

在系统跳转到的阿里妈妈页面中，显示如图10-34所示的淘宝客推广首页。单击“推广计划”下面的“新建自选淘宝客计划”，设置推广的商品和佣金等信息，即可完成淘宝客推广的参加。

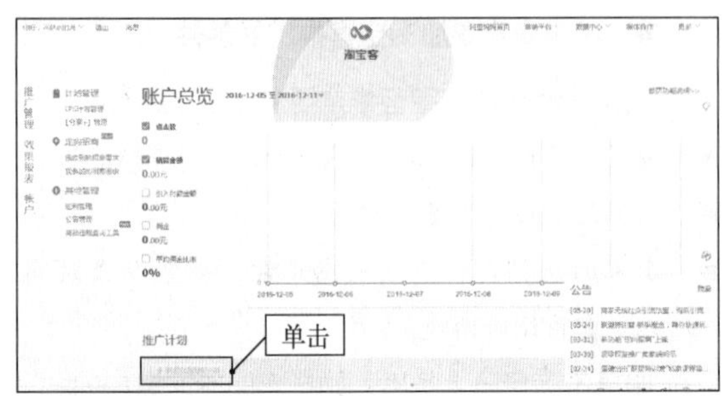

图10-34

10.3.3 使用淘宝客推广的经验之谈

好钢要用在刀刃上，广告费也要精打细算，花得有价值。淘宝客推广虽然是成交才付费，但也要好好打算，才能让有限的预算发挥更大的作用。店主要想更高效地用好淘宝客推广，应该注意以下几个方面。

- 将自己店铺中招牌商品让淘宝客推广，确保提交推广的商品一定要有成交记录和好评，这样，淘宝客把买家领过来，才有可能成交，而淘宝客也愿意挑选这样的商品进行推广。
- 对于选择淘宝客推广的商品，要做好薄利多销的准备。众所周知，买家买东西，肯定要货比三家。如果选择把淘宝客推广要支付的佣金转嫁到买家身上，成交的可能性将大大下降。
- 将主推商品设置较高的佣金比率。要想吸引更多淘宝客来推广商品，主推商品的佣金比率一定不能太低，不然商品再好也可能会被淹没。在能接受的范围内，将更多的佣金回馈给淘宝客，才能带来更多的成交量。
- 设置合理的店铺佣金比率。店铺佣金比率是除主推商品外其他商品统一的佣金比率。可以通过衡量店铺的利润情况，设定一个合理的店铺佣金比率。有吸引力的佣金对成交有很大的促进作用。
- 要选择价格适中的作为提交给淘宝客推广的商品。大多数淘宝客不会选择价格上万元甚至几十万元的商品去推广，当然如果价格在1元以下的商品，一般也没有淘宝客去愿意推广，因为这样的成交率太低。
- 佣金尽量控制在1元以上。在选择推广时，不要选择佣金在1元以下的商品，佣金太低难以吸引淘宝客参加。
- 在提交推广商品到阿里妈妈时，注意提交的图片要美观、清晰、简洁，并有吸引人的商品名称。淘宝客大多数选择图片进行推广，如果图片模糊不清，推广的效果肯定很差。
- 在商品质量、商品价格、商品佣金三者之间找到一个合适的平衡点，促成良性循环。只有在这三者之间找到一个合适的平衡点，才能让商品推广出去，而一旦商品推广出去时，将促成更多的淘宝客推广。大多数淘宝客在推广时，都愿意挑选有推广成功记录的商品推广，因为这样可以保证商品较受欢迎，还可以保证店主对淘宝客是诚信的。

- 调整推广心态。即使卖家今天因为支付给淘宝客佣金而少赚了部分利润，但应放长远眼光来看待这个问题。淘宝客带来的绝不仅仅是一个简单的买家，而是这个买家身后千千万万更多的买家和口碑。只有淘宝客和掌柜相互合作、互相信赖，才能实现双赢的目的。
- 要挖掘潜在淘宝客。身边的朋友、店铺的每一个买家都可能是潜在的优秀淘宝客，尤其是体验过自己店铺中好商品、好服务的买家，他们是最佳的淘宝客资源。

10.4 秘技一点通

技巧1 淘宝的营销活动都在哪儿

淘宝的营销活动可以说是每天都有。那么，面对这么多的营销活动，该怎样去选择和报名参加呢？

原来，淘宝有一个专门的营销活动网页“淘营销”，页面上集中了所有的淘宝活动，卖家可以选择适合自己的来参加。需要注意的是，参加活动之前，要读懂该活动的规则，一定不要违反，不然会受到惩罚，以后还会难以加入该活动。比如，参加一个限时打五折的活动，规定卖家必须在现有价格上打折，那么卖家就不要先把商品价格调高，然后再来参加打折，耍这种小手段一经发现，后果就会很严重。

技巧2 秒杀活动需注意

秒杀是淘宝常见的一种促销方式，那作为一个卖家到底怎么才能做好秒杀活动呢？

（1）既然是秒杀，价格当然是越低越好。一个没有价格优势的商品是无法吸引买家疯抢的。所以一定要参考其他店铺的价格情况，不能做到行业最低，至少做到同类商品价格最低，尽量不要亏本卖。

（2）选择的商品要适合季节。比如中秋节前拿月饼做秒杀，关注度会很高，而如果拿棉袄在夏季秒杀，估计没多少买家会感兴趣。

（3）秒杀的商品要是比较受欢迎的一类，也就是购买人群基数大的商品，很难想象没什么人需要的商品能让大家去疯抢。因为即使价格低，买家也会因为其用处不大而没有兴趣参加秒杀。

（4）做好商品的库存准备，千万不要最后因为货源的原因导致店铺信用的损害。秒杀的商品最好是店铺货源充足的商品，秒杀的数量不宜过多也不宜过少，如果商品在1秒内秒完下架，会有很多买家认为这是在作弊。因此，秒杀的数量最好能维持1分钟抢拍，这里需要说明的是，单位时间秒杀的数量取决于价格设置，如果价格过低，那1分钟内秒杀的数量就会很大，卖家可能很难承受。

技巧3 做好搭配套餐的诀窍

如何才能很好地利用搭配套餐呢？

（1）从橱窗推荐的商品中选择，逐一使用套餐，因为这些是买家最容易看到的商品。

（2）先排序商品销量，从商品销量最好的开始设置搭配套餐。这个最关键，选择什么样的商品进行搭配，关系到店里所有商品的整体销售，要让销量好的商品带动其他滞销的商品销售，还要让销量好的商品搭配新品推广。

（3）要选择有关联性的产品，来做搭配套餐的活动，这样才能达到事半功倍的效果，比如选择衣服+裤子、打印机+油墨等，相互搭配关联性强的产品。

（4）选择多少商品搭配也很重要，一般情况下搭配一个，也可多搭配一些。如选择一个热卖商品并搭配些不好卖的商品可以增加后者的流量。

（5）合理设置搭配套餐的价格，让买家产生购物冲击力，关于这点大家可以根据自己的商品利润来看，原则是搭得多优惠得多。让买家感觉到实惠和实用，遵循这两个原则很重要。

开店小故事

淘宝客推广拯救母婴用品店

母婴用品一直以来都是电子商务中的热门种类。在这行中，诞生了不少财富人物。本案中的主人公苟自强的第三次创业，也是从销售母婴用品店开始的。

苟自强的前两次创业都无疾而终了，两次失败让他经济变得拮据起来。这让苟自强筹划第三次创业时，选择了网店这个对本钱要求不高的行业，毕竟没有店面租金、转让费和装修费等，能减少不小的经济压力。

2014年8月，苟自强开始了他的第三次创业。他在淘宝网上注册了自己的店铺，刚开始卖一些名牌服装的尾货，生意一直很渗淡。有一次，他无意中听一位做婴幼儿饰品批发生意的网友说，现在网上最好卖的是母婴产品，尤其是婴幼儿口水巾，一块小小的三角布，上面绣着孩子们喜欢的图案，围在脖子上，既可以擦口水，也可以当装饰品。进价每条三四元的口水巾，在网上可以卖到10～15元，非常赚钱。

听了网友的话，再看了网友的交易记录，苟自强很是心动，有“这么好的产品，我要抓紧机会拼一次”，苟自强想。于是他把大部分流动资金都拿来进货，购入一批母婴用品，其中口水巾占了将近一半的比例。没想到商品上架几周，看的人多、买的人少，把苟自强急坏了，连忙找到那位网友，向他诉苦。那位网友看了看苟自强的网店，也没发现什么问题，于是建议苟自强花点钱做淘宝客推广，根据他的经验，淘宝客推广效果还是比较不错的。

苟自强抱着半信半疑的心态，开通了自己的淘宝客推广，他把口水巾作为主推产品，这是因为口水巾本身利润高，能够给出较高佣金，自己还能赚一部分。果然，很多淘宝客就被佣金吸引，卖力地推广起苟自强的口水巾来。慢慢地，店铺的流量开始增加，销量也随着上升了。虽然口水巾的利润分了一部分作为佣金，但口水巾的销售却带动了店里其他商品的销量，不仅如此，还有很多顾客变成了老客户，定期到苟自强的店里下单购物。

几个月过去，苟自强的店铺已经变得红红火火，不过他并没有满足。为了让自己的货物有吸引力，他高价网购来国外新款婴幼儿用品，再加入自己的一些思想，改造后打上自己的品牌，直接向工厂下订单，这是他认定的做大做强、自创品牌之路。

第3部分

微店开店

微店也是开设在手机上的网店。与手机端淘宝店不同的是，微店更注重以人际关系为导向，装修更加简单，是一种纯粹为手机而生的店铺。微店的开设与经营较为简单，只要掌握好注册、设置、装修、上下货与交易管理的技能，就可以轻松玩转微店了。

开店很轻松，
赚钱很简单！

第11章

开设自己的微店

本章导言

目前，能在手机上开设的微店平台有好几个，本书主要讲解的是用户最多的口袋时尚的微店。具体的开店工作包括：下载并安装微店APP，申请微店账号并登录，了解微店APP主要功能。至于设置店铺信息，发布并管理商品以及处理各类订单的方法，将在下一章进行详细讲解。

学习要点

- 了解目前各个微店平台的特点
- 掌握选择微店平台的方法
- 掌握微店手机APP的下载、安装、注册、登录与退出的方法
- 了解微店手机APP的各大模块及主要功能

11.1 选择适合自己的微店平台

淘宝独占电商鳌头十余年之后，随着智能手机的发展，运行于手机上的小型网店“微店”悄然出现，并遍地开花，迅速发展起来。微店利用手机的社交特性，建立起一种与淘宝平台截然不同的“社交商圈”，利用人际关系来售卖商品。

11.1.1 起起落落的微店平台们

自从微信问世以后，很多敏锐的人发现：微信把社交关系映射成一种网状结构，网状结构上的每个点都可以成为一个“商店”。于是产生了各种各样的“微店”，包括微信本身也有“微信小店”，一时间各种微店纷纷崛起，其中比较著名的有口袋时尚科技有限公司的微店，其图标是一个“店”字；以及微店网的微店，图标是“微店”二字，乍一看与口袋时尚的微店图标很相似。

其他微店如唯品会、有赞商城、妙店、人人店、黄金历史微店等，有的已经悄然消失，如妙店、拍拍小店；有的改名了，如微小店改为微盟，经营形式也有变化；有的发展了，如原来的点点客推出了人人店；有的则因经营行业较为专一，一直没有太大的发展，如专注于黄金产品的黄金历史微店等。

现存的微店们，要么是有雄厚的基础，经得起市场的考验，要么则是生机勃勃的“新生代”，充满活力。目前较大的微店平台有五六个，总的来说分为两类，适合不同需要的店主使用。店主要根据自身情况确定开店平台。那么，微店平台分为哪两类呢?

- 支持店主自己上架实体货物的微店平台。
- 走分销路线的微店平台，店主从平台内选择货源进行分销。

下面就来看看微店具体有哪些平台，店主们又应该如何根据自己的需要进行选择。

11.1.2 口袋时尚的微店

由北京口袋时尚科技有限公司开发的微店APP是目前最为热门的手机开店平台，支持店主自己上

架货物，同时也支持分销模式。

专家提点　注意两个“微店”的区别

前面提到的“微店”是泛指一切开设在手机等移动设备上的小店。这里的“微店”是特指口袋时尚科技有限公司开发的手机开店APP，该APP就叫作“微店”。其他公司开发的手机开店APP则另有名称，比如微店网、人人店等，它们和口袋时尚科技有限公司开发的“微店”APP是同一类型的。

微店的电脑版主页非常简洁，访问之后，扫描二维码即可下载微店APP到手机进行安装。具体的下载安装方法将在后面进行讲解。

微店之所以受到用户喜爱，是与它丰富的功能分不开的。微店APP主要包括两个简洁的页面，共13个功能模块，如图11-1所示。

图11-1

微店不仅功能丰富，并且开店手续也简单，只需手机号码即可开通。服务则完全免费，所有交易不收取任何手续费。在回款方面，微店每天会自动将前一天货款全部提现至用户的银行卡（一般1～2个工作日到账），同时支持信用卡、储蓄卡、支付宝等多种方式付款，且无须开通网银，既快捷又方便。同时，微店的用户（包括卖家与买家）也是同类平台中最多的，人气也最旺盛。

口袋时尚公司的微店APP目前支持苹果手机的iOS系统、安卓（Android）手机的安卓系统，覆盖了市面上大部分手机。对于黑莓（BlackBerry）手机以及Windows手机则不支持，好在这两者的用户比较少。此外，它对手机硬件要求较低，大多数智能手机均可安装使用。同时它也是本书将要重点讲解的APP。

高手支招　如何确定自己的手机能否运行口袋时尚公司的微店APP

相信苹果手机用户都清楚自己的手机是苹果公司的，因此这类用户是没有疑问的。其他用户如果不能确定自己的手机是安卓还是黑莓或是Windows，可以将手机拿到移动、联通或电信营业厅询问柜台服务人员，他们能够准确判断手机的类型；当然也可以询问比较懂行的朋友；如果购机时的说明书还在的话，也可以拿出来浏览，一般说明书上都会对手机的类型进行说明。

11.1.3　微店网的微店

“微店网”由深圳市云商微店网络技术有限公司运营，主要以分销的形式进行运营，为店主解决货源难的问题，其官网页面就直接向大众推荐货源与微店，如图11-2所示。

图11-2

供应商可以在微店网上注册并提供货源、物流及售后服务，而微店店主则可以选择供应商的商品，负责推广出售。在微店网开微店无须资金成本、无须寻找货源、不用自己处理物流和售后，方便省事，是最适合大学生、白领、上班族的兼职创业平台。

在微店网注册了一个微店后，就有了所有微店网上所有供应商的产品销售权。店主将不同的商品放到自己的微店中，然后将自己的微店推广出去。消费者进入微店购买商品后，店主就可以获得推广佣金，这就是分销模式的运作过程。不过，这种分销模式也存在一些问题。

- 店主无法直接看见货源，对货源缺乏直观了解，只能凭借供应商给出的图片和资料来介绍商品。
- 店主不能保证供应商提供的都是正品。有些供应商并没有某商品的代理权，他们提供的商品是仿制品。买家买到仿制品以后，风险却要店主承担。
- 由于利润微薄，店主无法对价格进行调控，一些让利大促销的活动也不好开展。

专家提点 注意区别微店网的APP图标与口袋时尚公司的APP图标

微店网的微店APP图标与口袋时尚的微店APP图标比较相似，在下载的时候要分辨清楚，切勿弄错。

11.1.4 微信小店

微信小店是根植于微信平台的微型店铺，适合有运营微信公众账号经验的店主。店主需自行组织货源，并负责售后维护。“微信小店”通过公众账号售卖商品，可实现包括开店、商品上架、货架管理、客户关系维护、活动开设以及维权等功能，如图11-3所示。

图11-3

开通微信小店，只需要花300元进行微信认证，认证通过之后申请微信支付，当微信支付通过之后，再申请微信小店即可。

11.1.5 有赞商城

“有赞商城”即原来的“口袋通”，由杭州起码科技有限公司开发，主要走分销模式。有赞商城为用户提供整套的店铺系统，面向的对象主要有认证企业与个人，还提出让公司员工各自开设微店，为公司销售商品的创新模式，如图11-4所示。

图11-4

- 对于认证企业，有赞提供了有赞商家版（包括PC版与APP版）供其使用。商家版APP可以管理货品、开设活动、联系客户等，其功能与口袋时尚的微店APP、微信小店差不多。虽然主要面向有三证一照资质（组织机构代码证、税务登记证、法人代表身份证、工商营业执照）的企业，但也不限制个人用户注册使用，凡是不想走分销模式，希望自组货源的个人用户都可以使用。
- 对于喜欢分销模式的个人用户，有赞提供了微小店APP供其使用。微小店走的是分销模式，店主可以直接“搬运”有赞商城中供应商提供的商品到自己的微店中进行售卖，然后赚取分销利润。这和微店网几乎是一样的，微店店主虽然省却了进货和发货的麻烦，但也无法控制商品质量与价格。同时，微小店APP也支持公司全员开店，通过简单的指令即可让一个公司的所有员工分别开设微店，为公司分销商品。
- 对于纯粹的买家，有赞提供了有赞买家版APP，可以方便地浏览有赞商城中的货品。对于商家来说，也可以使用有赞买家版来查看和测试自己的店铺。

11.1.6 根据经营方式选择微店平台

前面介绍了这么多微店平台，那么，最适合自己的平台是哪一个呢？其实，要找到属于自己的平台，首先要弄清楚自己属于哪一种经营形式。目前，微店店主的经营形式大致可分为3类。

- 店主本身已经在淘宝等电商平台开设有店铺，在此基础上再开设微店，作为主店的辅助销售平台。这一类店主通常对网店的经营已经有了比较成熟的理念。
- 店主主打朋友、熟人生意，一般在自己的社交圈里出售商品，买卖双方基于信任关系，这样的店主一般是在微信、微博上经营，并没有专门的店。
- 店主利用新兴的各类微店平台，如口袋时尚微店、微店网以及有赞商城等，以类似于淘宝网店的形式展示、出售各类商品，只不过交易的硬件平台不再是台式电脑，而是手机。

第一类店主可以方便地在淘宝微店开业，也可以利用口袋时尚微店的一键搬家功能将淘宝店的商品复制到微店中。

第二类店主并不开设具体的微店，因此可以不必选择微店平台，直接在微信朋友圈中进行营销即可，不过这类店主仍然可以利用本书介绍的营销推广部分内容来提高商品销售量。

第三类也是我们要重点认识的开店方式，即通过微店APP开店，再以各种方式宣传推广，打出知名度后盈利。不过，第三类店主也分为两种：一种是以自己进货、自己发货为主的“实体”销售商；另一种是主打代销/分销的销售商。前者可在支持自主上货的微店平台开设小店，如口袋时尚的微店；后者作为代销/分销商，可以在提供货源的平台上开店，如口袋时尚微店、微店网、有赞商城等。

11.2 微店手机APP的下载、安装、注册与登录

这里以较火的口袋时尚的微店APP为例进行讲解，涉及下载与安装、注册与登录、退出与注销等常用操作。

11.2.1 微店安卓版的下载与安装

安卓手机与苹果手机是目前使用人数最多的两类手机。二者在安装手机APP上的方法是不一样的。

在安卓手机上安装微店的操作很简单，使用带扫描二维码功能的手机网页浏览器，如UC浏览器，扫描电脑上微店的下载二维码，下载微店APP到手机上进行安装即可。

第1步 打开电脑浏览器，在地址栏输入微店的网址并按下回车键，进入微店的主页，可以看到主页上有一个二维码，如图11-5所示。

图11-5

第2步 ❶单击安卓手机上的UC浏览器，将之运行，如图11-6所示；❷在输入网址的页面单击右上角的“扫描”按钮，如图11-7所示。

图11-6

图11-7

第3步 ❶手机打开摄像头以后，用摄像头扫描电脑屏幕上的二维码，如图11-8所示；❷扫描成功后，系统自动跳转到下载页面，单击“普通下载”按钮，如图11-9所示。

图11-8

图11-9

专家提点 **“应用宝高速下载”和“普通下载”的区别**

如选择“应用宝高速下载”，将会先下载并安装“应用宝”APP，再通过应用宝APP下载微店APP，这是因为微店APP是存放在应用宝网站上的，该网站为了推广应用宝APP，在每个下载发生的时候都会向用户推荐“应用宝高速下载”。不想下载应用宝的用户直接使用“普通下载”即可。

第4步 ❶弹出确认对话框，单击“确定”按钮，如图11-10所示；❷单击“本地下载”选项，如图11-11所示。

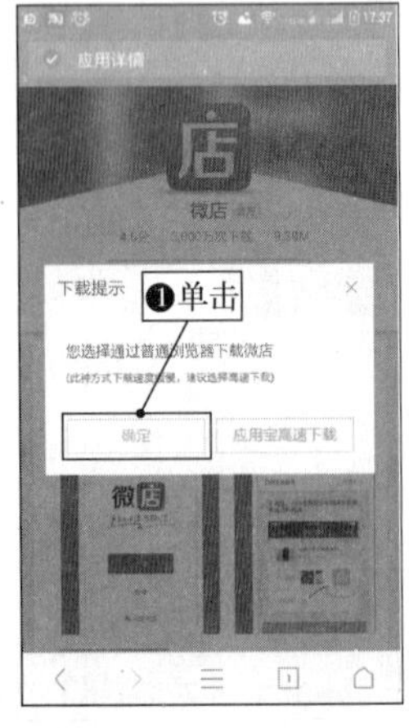

图11-10

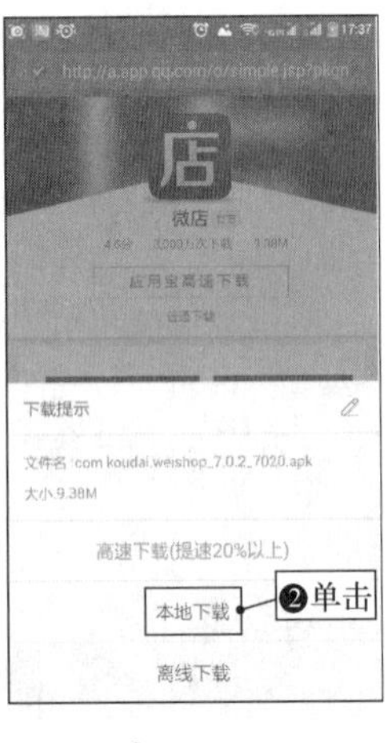

图11-11

第5步 ❶选择“酷管家建议您安装在外置SD卡”选项；❷单击“安装”按钮，如图11-12所示；❸安装完毕后可单击“完成”按钮退出，也可单击“打开”按钮直接打开微店APP，如图11-13所示。

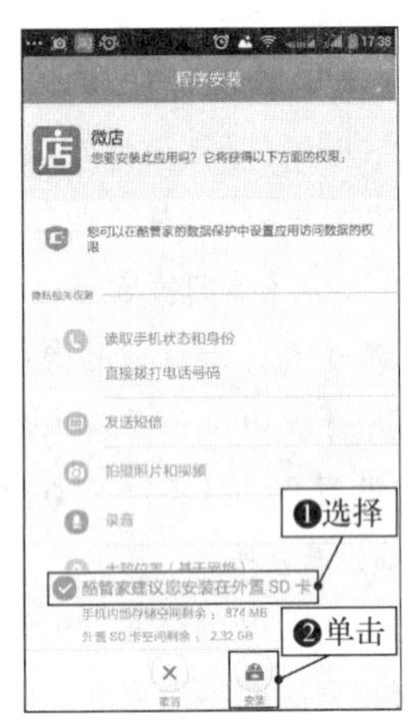

图11-12

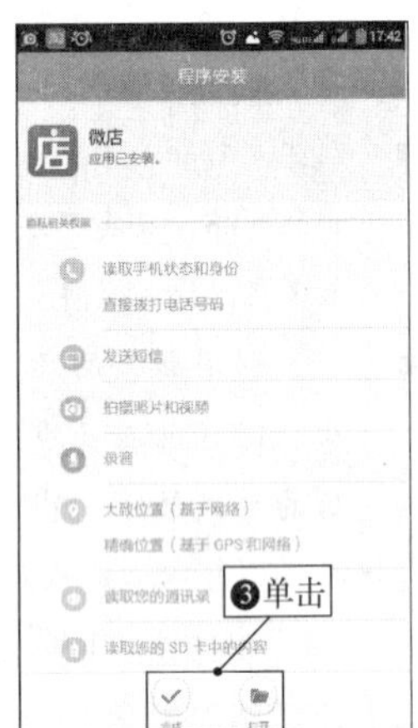

图11-13

专家提点 **关于安装在SD卡的选项**

安卓手机的存储介质分为机身内存与SD卡。一般情况下，APP都应安装在SD卡上，以节省机身内存空间。本例中，使用的是酷派手机，在安装时会出现“酷管家建议您安装在外置SD卡”选项，选中此选项即可将APP安装到SD卡。在其他品牌的安卓手机上也有类似的选项，选中之后再安装即可。

安装完毕后，手机桌面会出现微店APP的图标，如图11-14所示。单击该图标即可打开微店，如图11-15所示。

图11-14　　图11-15

11.2.2　微店苹果版的下载与安装

在苹果手机上安装微店APP，可以到苹果手机的专用商店“Apple Store”进行搜索并下载安装，其操作步骤如下。

第1步 ❶在手机桌面单击“App Store”图标，打开苹果应用商店，如图11-16所示；❷在苹果商店的搜索页面输入“微店”；❸单击“搜索”按钮，如图11-17所示。

图11-16

图11-17

第2步 ❶单击“获取”按钮，如图11-18所示；❷单击“安装”按钮，如图11-19所示。

图11-18

图11-19

第3步 ❶输入苹果用户密码；❷单击“好”按钮，如图11-20所示；❸下载完毕后，单击“打开”按钮，如图11-21所示。

图11-20

图11-21

第4步 弹出对话框，❶单击“好”按钮，允许微店APP发送通知，如图11-22所示；❷弹出对话框，单击“允许”按钮，允许微店APP获取用户的地理位置，如图11-23所示。

图11-22

图11-23

专家提点　通知与位置

微店APP在第一次运行时，会申请两个权限：发送推送通知和获取用户位置。发送推送通知是必要的，因为当顾客和店主联系时，或商品被点赞时，以及其他一些情况需要立即通知店主；获取用户位置也应该被允许，这样买家在根据位置搜索微店时，才能搜到自己的小店。

安装好之后就可以进入微店APP页面了。以后要运行微店APP时，可以在手机桌面单击微店APP的图标，如图11-24所示。

图11-24

微店APP的安卓版与苹果版的功能是完全一致的，因此后面将统一用安卓版进行讲解。

11.2.3 注册微店账号

安装好微店APP后，接下来就要注册微店账号，并以此账号登录进微店，进行开店、管理等操作。账号可以在手机上通过微店APP上进行注册，也可以在电脑上访问微店官网进行注册。

1. 在微店APP上注册账号

在微店APP上注册装好的步骤很简单，只需输入基本信息后即可完成。

第1步 在手机上打开微店APP后，❶单击“注册”按钮，如图11-25所示；❷输入手机号；❸单击“下一步”按钮，如图11-26所示。

图11-25

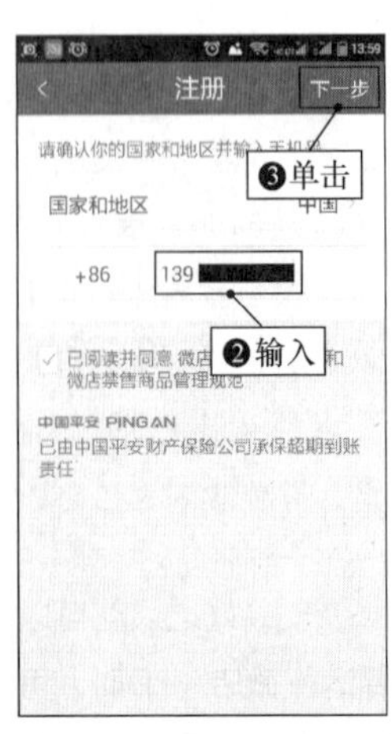

图11-26

第2步 弹出“确认手机号码”对话框，❶单击“好”按钮，如图11-27所示；❷将手机上收到的短信中的数字填写在文本框中；❸单击“下一步”按钮，如图11-28所示。

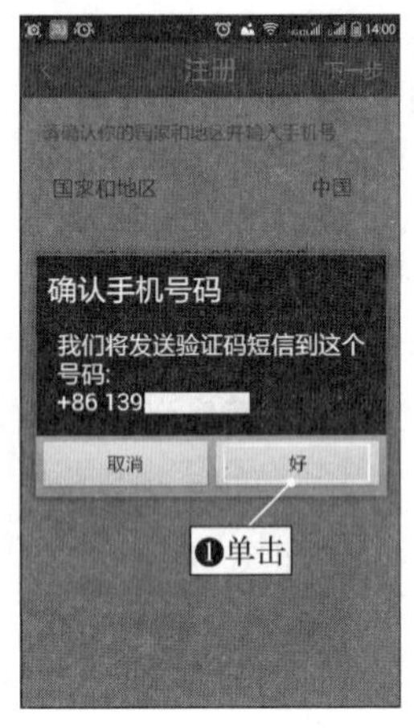

图11-27

图11-28

第3步 ❶输入两次密码；❷单击“下一步”按钮，如图11-29所示；❸输入店铺名称；❹单击“完成”按钮，如图11-30所示。

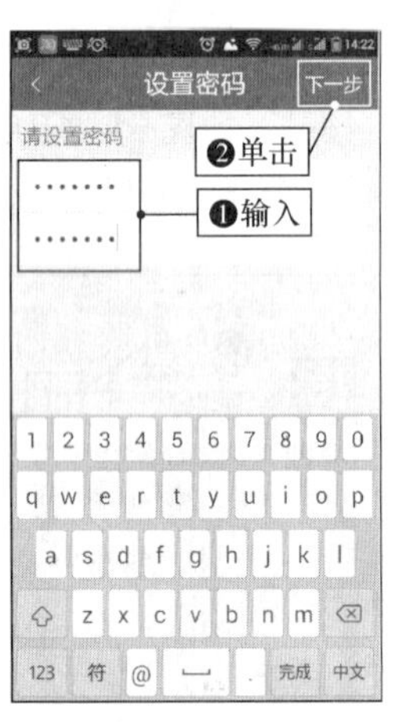

图11-29

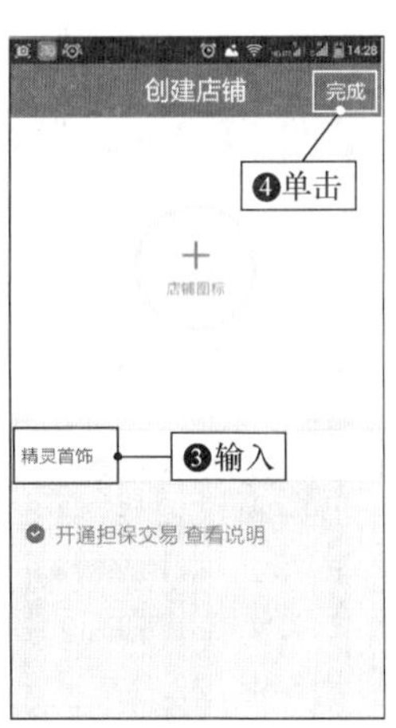

图11-30

第4步 单击“以后再说”按钮，如图11-31所示，即可进入微店的管理页面，如图11-32所示。

2. 在电脑上注册账号

店主在电脑上注册微店账号的操作比注册淘宝店账号简单多了，其具体步骤如下。

第1步 在电脑上用浏览器打开微店主页后，单击“立即注册，免费开店”超级链接，如图11-33所示。

图11-31

图11-32

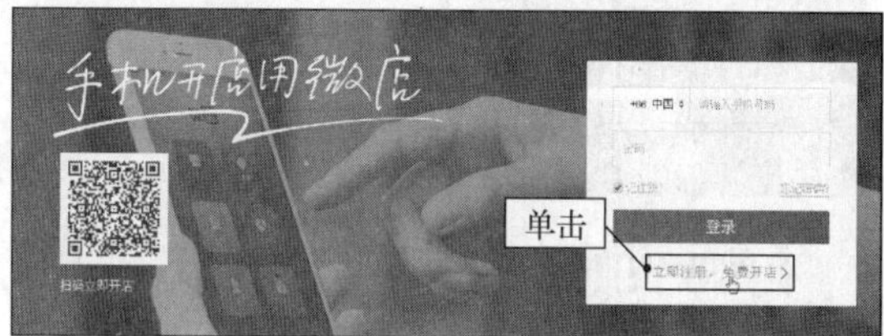

图11-33

第2步 ❶输入手机号；❷单击“获取短信验证码”按钮；❸将手机短信中发送过来的数字填写到“短信验证码”文本框中；❹输入两次密码；❺单击“下一步”按钮，如图11-34所示。

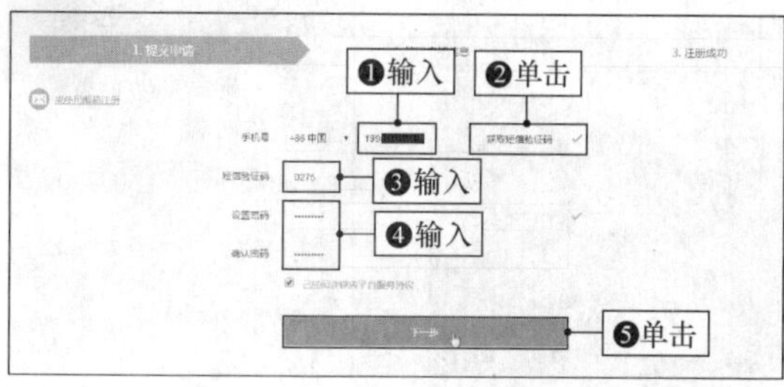

图11-34

第3步 ❶输入店铺名；❷单击“下一步”按钮，如图11-35所示。

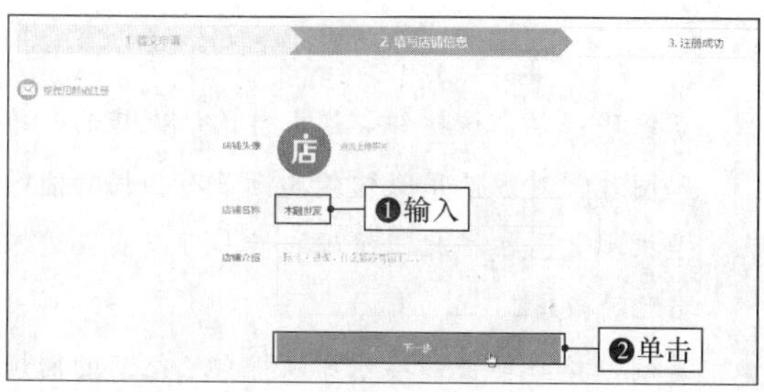

图11-35

第4步 店铺创建成功，单击“开始管理店铺”即可进入“店铺管理”页面，如图11-36所示。

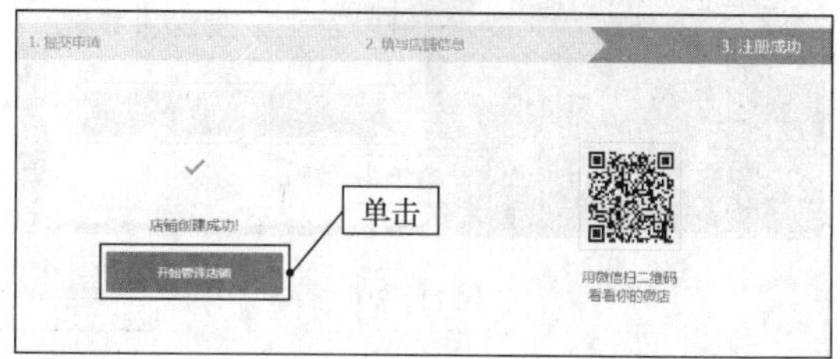

图11-36

11.2.4 登录进入微店

微店平台同时提供了手机APP与电脑两种方式供用户登录自己的账号，对微店进行管理。

1. 在手机上登录进入微店

第1步 在手机上打开微店APP后，单击“登录”按钮，如图11-37所示。

第2步 ❶输入手机号与密码；❷单击“完成”按钮，如图11-38所示。

图11-37

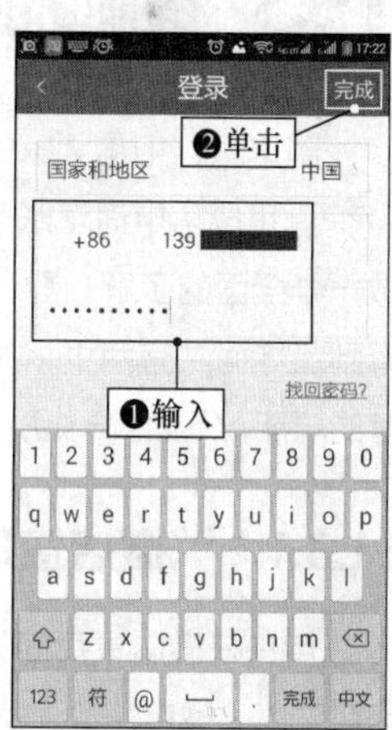

图11-38

输入正确的密码，随后就可以进入微店的管理页面了。

2. 在电脑上登录进入微店

在电脑上登录进入微店也很方便，用浏览器打开微店主页以后，❶输入手机号和密码；❷单击“登录”按钮即可，如图11-39所示。

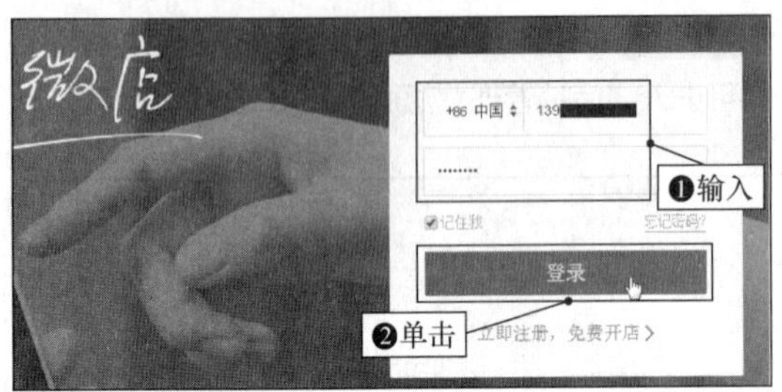

图11-39

11.2.5 退出微店

用户有时候会暂时离开电脑或手机，此时最好退出微店的登录，以防被他人胡乱修改信息，造成损失。

在电脑上退出登录很简单，只需在管理页面的右上角单击“退出”超级链接即可，如图11-40所示。

图11-40

在手机上退出登录则稍微要麻烦一点，首先单击管理页面右下角的齿轮图标，进入设置页面，如图11-41所示，然后单击底部的“退出登录”按钮即可，如图11-42所示。

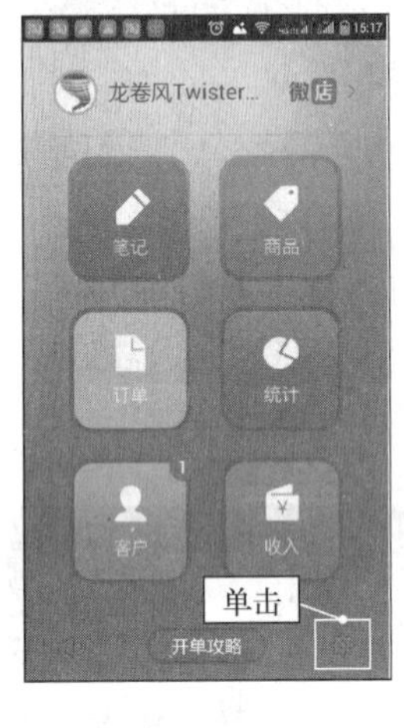

图11-41

图11-42

11.3 了解微店APP的主要功能

到这里，相信大家的手机里已经安装好了微店APP，也成功申请了账号。接下来就要对微店APP做一个全面的了解。登录进入微店APP之后，可以看到主界面共有两页，共13个模块，包含了微店所有的功能，下面就一起来了解。

11.3.1 “微店管理”模块

用户在微店主页面第一页单击最上方的店名，即可进入“微店管理”模块，如图11-43所示。

在“微店管理”模块中，包含所有对微店的设置项目，包括店标店名的设置、运费设置、店铺装修、身份与实体店资质认证、交易、付款与退货等。其中，“店铺装修”功能还包含更多的选项，将在后面专门介绍。

值得一提的是，在界面最下方，有4个按钮。

- 预览：单击该按钮可以查看自己的微店，对于刚刚装修过微店就想查看效果的店主来说，这个功能相当方便。

图11-43

- 二维码：单击该按钮会弹出自己的微店的二维码图片，对方使用微信或其他带有扫描功能的手机浏览器扫描此二维码的话，可以直接进入自己的微店。
- 复制链接：单击该按钮可以将自己微店的网址复制到手机的剪贴板中，方便在微信、QQ中进行粘贴，并发送给他人。

- 分享：单击该按钮可以方便地将自己的微店地址分享到朋友圈、微信好友、QQ好友、QQ空间、新浪微博等平台上，进行推广宣传。

如果店主在做营销活动的时候，充分利用这些工具的话，可以为自己省下不少宝贵的时间，提高营销效率。

11.3.2 “笔记”模块

用户在微店APP第一页单击“笔记”按钮，即可进入“笔记”模块，其页面如图11-44所示。在“笔记”模块中，有两个选项卡：默认进入“店长笔记”选项卡，在这个选项卡中可以发送自己的店长笔记供大家阅读；另外一个选项卡是“微店头条”，在此可以浏览其他店长的笔记，如图11-44所示。

图11-44

“店长笔记”是一个展示自己店铺的好地方，经常撰写优质的店长笔记，可以吸引更多的店主与买家，为自己的店铺增添人气。店长笔记的内容没有限制，可以是关于店铺或商品的内容，也可以是与经营不直接相关的内容，比如人生感悟、旅游笔记、教育心得等，只要吸引人，就能为自己的店铺加分。

11.3.3 “商品”模块

用户在微店APP第一页单击“商品”按钮，即可进入“商品”模块，其页面如图11-45所示。在“商品”模块中，可以浏览店里的所有商品，包括出售中、已下架和分类的商品，其切换按钮在界面最上方。

单击每个商品之后可直接进入商品详情页，在此可对商品进行编辑改动。每个商品下方都有“预览”“复制”“图文推广”和“分享”4个按钮，方便店主针对单个商品进行营销推广。

单击页面最下方左边的“添加新商品”按钮，可以在新页面中上传商品图片、添加商品信息，并将之保存为新的商品，如图11-46所示；单击页面最下方右边的“批量管理”按钮，可对商品进行批量下架与批量分类的操作，省去逐一操作的麻烦，如图11-47所示。

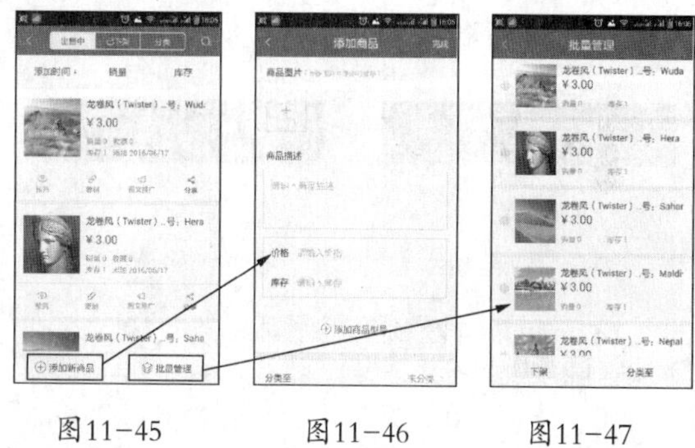

图11-45　图11-46　图11-47

关于如何管理商品，将在后面进行详细讲解。

11.3.4 “订单”模块

用户在微店APP第一页单击“订单”按钮，即可进入“订单”模块，其页面如图11-48所示。可以看到，在“订单”模块中，订单分为“进行中”“已完成”和“已关闭”3类，单击不同的按钮可以查看该分类下的订单，并根据具体情况进行处理。

图11-48

关于如何处理各类订单，将在后面进行详细讲解。

11.3.5 “统计”模块

用户在微店APP第一页单击“统计”按钮，即可进入“统计”模块。统计模块包含一些简单的数据，如浏览量、收藏量等，如图11-49所示。在“统计”模块页面下方有3个按钮，分别可以查看“访客”“订单”与“金额”的详细数据，图11-50所示为访客详细数据，包含最近7日与30日的访客量、访客来源等信息，用户可以根据这里的数据，判断自己的营销工作是否有效，并可以根据数据调整营销方向与策略。

图11-49　　图11-50

11.3.6 “客户”模块

用户在微店APP第一页单击“客户”按钮，即可进入客户模块。该模块主要有3个功能：一是管理与客户的聊天消息；二是查看客户列表；三是查看客户评价，如图11-51所示。

另外，在客户管理右上角单击“设置”按钮，还可以对“聊天公告”进行设置。“聊天公告”可以在买家初次聊天时自动发出，如图11-52所示。

专家提点 聊天消息是保存重要证据的地方

聊天消息中记录了店主与买家之间的交流信息。有时候店主与买家之间达成某种协议后，如果买家拒绝履行协议，则可以利用聊天消息记录向微店官方进行申诉，要求微店官方介入仲裁。

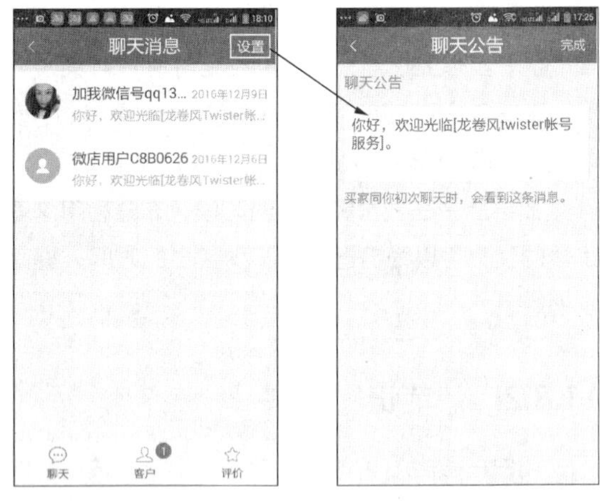

图11-51　　图11-52

11.3.7 “收入”模块

用户在微店APP第一页单击“收入”按钮，即可进入“收入”模块。在该模块中可以查看收入、绑定银行卡以及查看收支明细等，是店主管理网店财务的窗口，如图11-53所示。

需要注意的是，当买家购买了商品之后，货款会先进入微店平台，在一两个工作日之内，会自动转入店主的银行卡，因此需要店主事先绑定银行卡到微店账户上。绑定银行卡的方法很简单，在图11-53的页面中单击“我的银行卡”按钮，进入如图11-54所示页面，填写银行卡相关信息后，单击“绑定银行卡”按钮即可绑定。

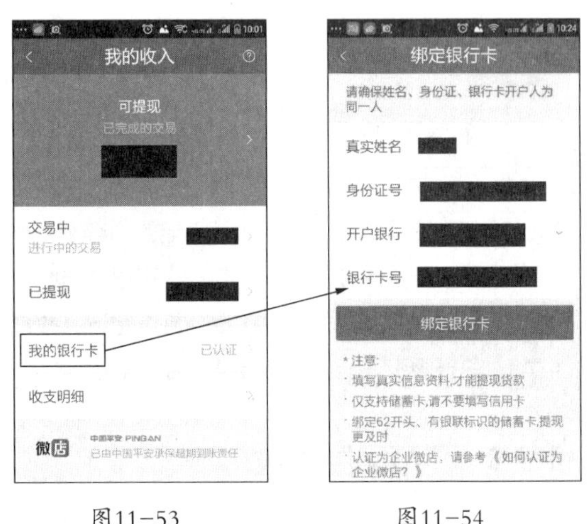

图11-53　　图11-54

11.3.8 “推广”模块

用户在微店APP第二页单击“推广”按钮，即可进入“推广”模块。该模块中的功能分为两大类：一类是“营销设置”，可以进行各种营销活动，比如“微店拼团”“满减”“限时折扣”以及“满包邮”等；另一类是“店铺推广”，可以进行“分成推广”“展会招商”等活动，如图11-55所示。

图11-55

关于如何使用“推广”模块，将在后面进行详细的讲解。

11.3.9　“服务”模块

用户在微店APP第二页单击“服务”按钮，即可进入“服务”模块。该模块为店主们提供了各种店铺服务，如“排版君”“店铺装修服务”代购助手等，如图11-56所示。单击任意服务即可进入详细说明页面进行订购，如图11-57所示。

图11-56　　图11-57

这些服务大多数都是收费的，店主们可以根据自己的实际需要来决定是否购买。

11.3.10　“货源”模块

用户在微店APP第二页单击“货源”按钮，即可进入“货源”模块。“货源”模块主要是为分销型店主提供现成货源。店主可以在其中按照分类选择货源，如图11-58所示；也可以在搜索框中输入关键词来查找货源，如图11-59所示。

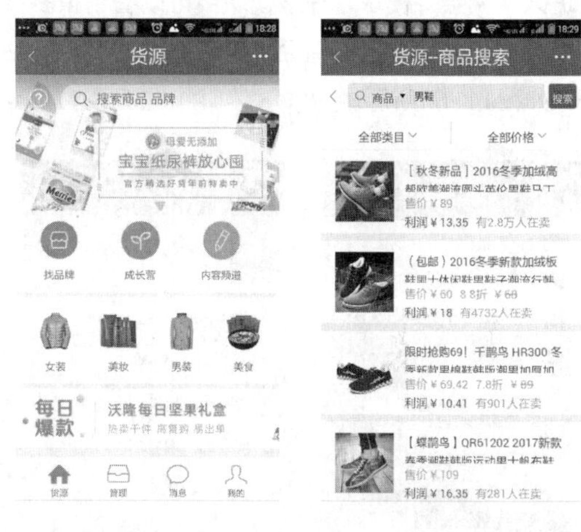

图11-58　　图11-59

11.3.11　“供货”模块

用户在微店APP第二页单击“供货”按钮，即可进入“供货”模块。如果店主自己掌握了很多货源，则可以通过“供货”模块，在微店平台上向店主们供货。“供货”模块中列出了供货商报名条件与供货种类，在模块最下面，可以单击“我要入驻”按钮进行申请，如图11-60所示。

图11-60

成为供货商也是一条不错的赚钱之路，前提是自己要找到充足的货源，并且货源要符合微店“开放品类”的要求。

11.3.12 “商会”模块

用户在微店APP第二页单击“商会”按钮，即可进入“商会”模块，在该模块中可以看到很多微店商会，单击感兴趣的商会，可以看到该商会的帖子，如图11-61所示。

图11-61

用户必须先关注某个商会后，才能在该商会里发布帖子，不然只能浏览。有些商会要求更加严格，需要通过审核以后才允许发布帖子。一般这样的商会在置顶帖中留有审核微信号，用户可以和该微信号联系，发送资料由对方审核。

11.3.13 “为梦想打卡”模块

用户在微店APP第二页单击“为梦想打卡”按钮，即可进入“打卡”模块，在该模块中每天打卡签到，每次打卡后可以进行抽奖，连续打卡5次以后可以额外获得一次抽奖机会。奖品为开店相关的资源，如爆款货源、店铺装修模板等，如图11-62所示。

图11-62

11.3.14 微店各模块对经营的帮助

微店的13个模块中，与店铺经营直接相关的是微店管理、笔记、商品、订单、统计、客户、收入和推广这8个，店主的主要商品销售活动都是在这些模块中进行的，因此一定要熟练掌握它们的功能和用法。

服务、货源和供货主要是为了方便店主们而设置的模块，并不是必需的，有的店主可能从来都没有用过。

“商会”模块主要方便店主们相互交流，吸取经验。有的商会还会举行小规模的营销活动，对经营也是一种帮助。

“打卡”模块主要是为了吸引店主签到抽奖，不过奖品并不是很具有吸引力，对经营来说帮助并不是很大。

店主们主要还是应该关注前8个与经营直接相关的模块，另外，不要忘了去“商会”模块获取最新的经营咨询。

11.4 秘技一点通

技巧1 手机总是收不到注册验证码怎么办

用户在注册微店时，需要用手机接收微店平台发来的短信，将短信中的验证码输入注册页面后，才能继续下一步。大部分人能够顺利接收到短信，但有小部分人却接收不到，没办法继续注册。

万一接收不到短信时，可按下面的方法逐步处理。

等待一分钟后，如果没有收到短信，单击“重新获取”按钮（该按钮在一分钟之后才会出现），让微店平台重新发送短信给手机。如果多次发送，仍然接收不到短信，应单击“收不到验证码？”的文字，微店平台会拨打用户的手机号，以语音的方式告知用户验证码，如图11-63所示。

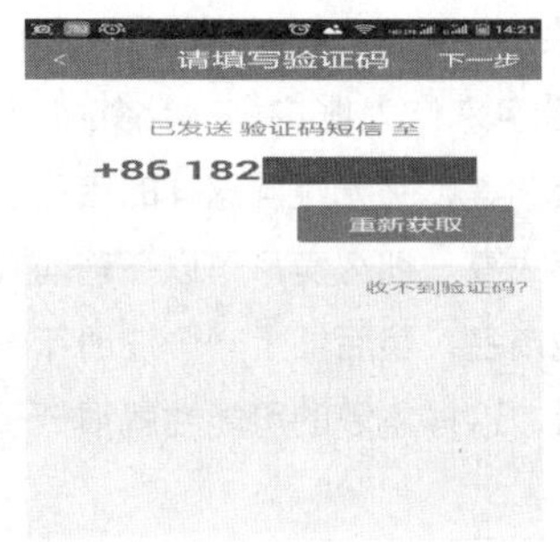

图11-63

不过，在实际使用中，会发生既无法接收到短信，也无法接收到语音电话的情况，用户仍然无法得知验证码。此时用户要考虑是否自己的手机上安装了来电防骚扰APP。这种APP可以设置不接收指定电话号码的语音呼叫和短信，并且可对含有指定文字的短信进行屏蔽，图11-64所示为“酷管家”APP的“骚扰拦截”功能，对含有某些文字的短信进行了屏蔽。

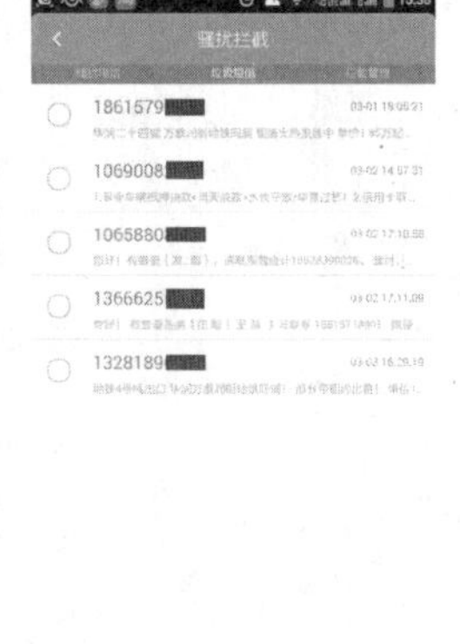

图11-64

用户的手机如果安装了此类APP，就要打开软件检查是否有来自微店的短信或电话。由于微店平台的电话是以400开头的，不少人都屏蔽了400开头的电话，因此就接不到微店的电话了。

如果用户手机没有安装防骚扰APP，或者在APP中并没有屏蔽微店的电话与短信，那么就要登录手机业务运营商的网上营业厅，查看是否有来自微店的短信。如果有，说明短信已经发送给自己，但因为手机的某些原因没有接到，此时可换手机再进行尝试（最好换个功能机，即带有按键的手机，功能简单，现在一般是老年人在用，即所谓的老年机）；如果没有，说明问题出在微店平台与运营商之间，此时就应打电话与手机运营商联系，询问如何处理。最好的办法是带上手机，亲自到营业厅向工作人员演示，并请他们查询原因，进行处理。

如果营业厅工作人员也找不到原因，就只有拨打口袋时尚公司的客服电话4008-933-557请求帮助了。

专家提点　移动、联通和电信的网上营业厅

中国移动网上营业厅

中国联通网上营业厅

中国电信网上营业厅

用浏览器访问网上营业厅后，输入自己的手机号码与服务密码即可登录进入自己的账户，查看短信记录。如果忘记了服务密码，可以单击“使用随机密码登录”超级链接，按照指示进行登录。也可以拿身份证到离自己最近的实体营业厅，在柜台上打印短信记录。

技巧2　开店赚老外的钱，怎样选国际收支工具

现在越来越多的卖家把眼光转向了海外市场，原因不外乎是海外市场收益率高，空白点多，竞争较小。

那么，如果想成为一个对海外的微店卖家，需要使用到什么样的收支工具来收取或支付钱款呢？国内常用的支付宝等工具只能在国内使用，要进行跨国收支，则要使用国际性的第三方支付工具。

常见的国际第三方支付工具有PayPal、Google checout、worldpay以及Authorize.net等，其中，贝宝（PayPal）是全球支付霸主，不仅可以用来在国际收支货款，支持数十种货币，还可以即时支付，即时到账，具有全中文的操作界面，能通过中国的本地银行轻松提现。贝宝对于买家来

说，是完全免费的，对于卖家则需要收取少量的服务费用。

贝宝是目前最方便和热门国际支付工具，用户通过简单的几步即可注册，然后添加自己的银行卡，即可开始国际收支之旅了。

卖家还可以到贝宝的网站上去看看关于“外贸一站通”的详情，充分利用贝宝提供的良好环境和条件，来方便地开店和销售，如图11-65所示。

图11-65

技巧3 让自己的店名更独特

经常有人发现，在搜索自己的微店店名时，搜索结果一大堆，自己的店名淹没在其中，完全不能引人关注。这是因为微店用户太多，平常使用的店名都被注册了，所以在自己起名时，要使用一定的“前后缀”技巧，来避免重名。

一般来说，准备开店的卖家总是倾向于以主营商品的名字来作为账户名，比如“茶具”“零食”“服装”等，毫无疑问这样的店名已经被注册了，重复率太高。那么卖家可以在前面或后面加上自己所在城市名，最后加上一个注册年份或者自己的出生年份，这样重复的可能性就很低了，而且还很好记。

比如在北京卖茶具，可以起名为“北京茶具2015”，在上海卖零食可以起名为“零食上海1989”，这样的名称，是不是又醒目，又好记呢?

开店小故事

一个微店，摆脱“啃老族”身份

赵海龙总觉得自己的人生充满了不顺利。从一个三本院校毕业后，一直找不到工作，面试了无数次都没有成功，七大姑八大姨介绍的相亲也都是无疾而终，毕业两年了还在家里吃闲饭，爸妈虽然不说什么，但是赵海龙自己心理压力很大，认为自己已经成了社会上说的“啃老族”。

一天晚饭时，父亲说起遇到原来的老邻居，交流了一下近况。老邻居的儿子现在开了个网店，专卖玩具，生意还不错，说不上挣大钱吧，也不比白领坐办公室差，累是累了点，但不用看人脸色，过得也挺舒心。

母亲听了，眼前一亮，就对赵海龙说，不如你也开一个那什么网店？反正家里还空了间房，给你做仓库挺好。赵海龙一琢磨，反正自己不去面试的时候也没什么事，倒不如开个网店试试水。

想通了这一点，赵海龙爽快答应母亲开店。不过他是个闲不住的人，要老在家里坐着守店，会觉得很腻味。于是他没有选择淘宝店，而是选择了时下热门的微店。这种开设在手机上的店铺非常简便易用，店主不用守店，只要带着能上网的手机，随便走到哪里都可以处理店里的生意。

很快赵海龙在本地的小商品市场里找好了货源——厨具。谨慎地进了几千元货物，一个小小的微店就正式开张了。经过赵海龙的精心选择的厨具，质量都比较好，而且进价也不算高，售价也有竞争力，最初买过的顾客很快就购买了第二次、第三次，不但成了回头客，还义务为他的网店打广告。赵海龙每天出去逛逛街，接接单，晚上回家统一发货，倒也挺轻松。

开店后半年，赵海龙的净盈利就达到了每月4000多元，虽然算不上什么高收入，但赵海龙觉得生活充满了希望。他相信只要互联网不关闭，他就能够靠网店养活自己，甚至发财也不是那么遥不可及。

第12章

微店经营与管理

本章导言

微店的经营管理与淘宝店相差不大，都要对店铺进行基本的信息设置，发布商品信息，接到订单后对订单进行处理。如果对方使用微信钱包支付，还需要掌握微信钱包的用法。当然，也少不了利用微店内置的营销功能来增加商品的销量，如大家都很熟悉的“满减”“限时折扣”等。

学习要点

- 掌握设置微店基本信息的方法
- 掌握发布并管理商品的方法
- 掌握处理商品订单的方法
- 掌握管理微信钱包的方法
- 掌握微店平台营销功能的使用方法

12.1 微店的基本设置

店主在了解微店的各个功能后，接着就要对微店进行基本的设置，包括修改店铺名、绑定微信号、设置运费等。这些基本设置完成后，就可以发布商品，进行出售了。

12.1.1 修改店铺名称

扫码看视频

虽然在申请微店时，就填写了店名，但很多时候店主会觉得当时填的店名不够好，想要更改；有的店主改变了经营方向时，也会想要更改店名。更改店名可以在微店APP中方便地进行。

第1步 在微店主页面第一页，单击店名进入“微店管理”模块，如图12-1所示。

第2步 单击网店店标，如图12-2所示。

第3步 进入“微店信息”页面，单击“店铺名称”选项，如图12-3所示。

第4步 ❶修改微店名称；❷单击“完成”按钮，如图12-4所示。

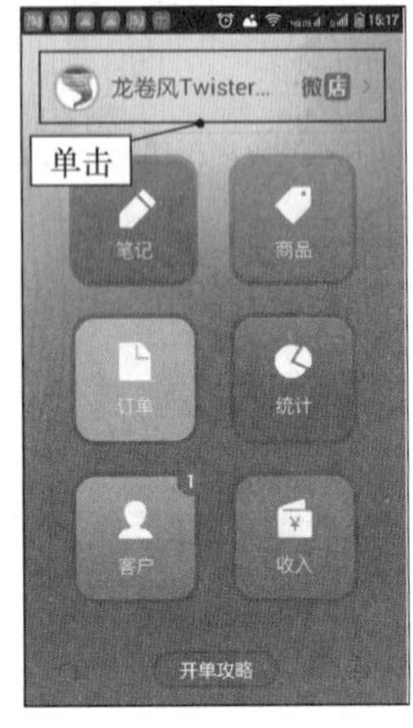

图12-1

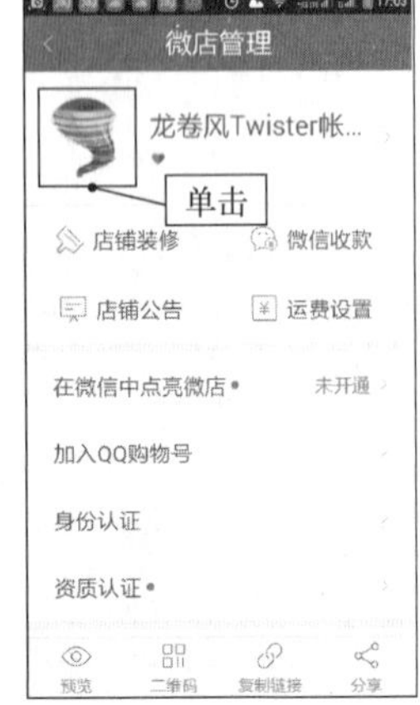

图12-2

返回“微店信息”页面后，可以看到微店名称已经更新了，如图12-5所示。

图12-3

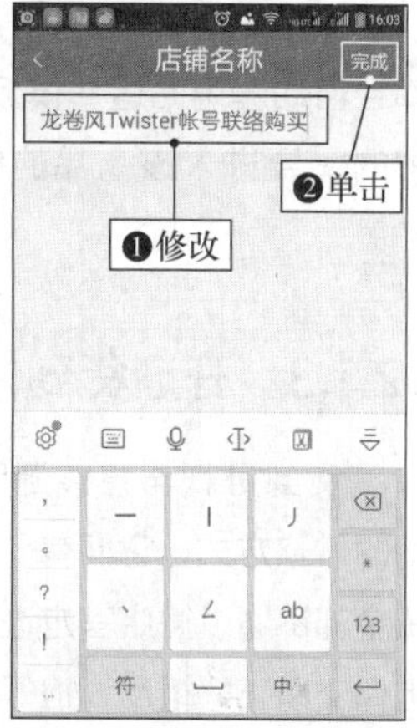

图12-4

图12-5

专家提点　关于设置微信号

按照修改店铺名称的方法，还可以设置微信号。不过微信号设置之后，在使用手机浏览器或微信浏览微店时，该微信号不会显示，仅仅在使用“微店买家版”APP浏览微店时才显示。微店买家版APP是微店官方开发给微店买家们用的，内置了商品推荐、好店推荐、商品查找等多种功能，非常方便买家们。

12.1.2　设置商品运费

扫码看视频

邮费是网络购物时，买家比较关注的焦点之一。当出售重量较大的商品时，由于买家购买多件可能会导致重量超过快递公司的首重，此时需要增加续重运费，因此这类商品不宜设置包邮，比如水果、生态粮食等；相反，对于重量较小的商品最好设置为包邮，将运费打入商品价格即可，买家看见包邮也觉得心里舒服。至于虚拟商品，当然就要设置包邮了。

下面就以设置不包邮的邮费为例进行讲解。设置时，将港澳台设置为运费最高的地区，将青海、内蒙古与西藏设置为次高地区，其余地区邮费则统一设置为最低。

第1步 进入“微店管理”页面，单击“运费设置”选项，如图12-6所示。

第2步 单击“修改运费”按钮，如图12-7所示。

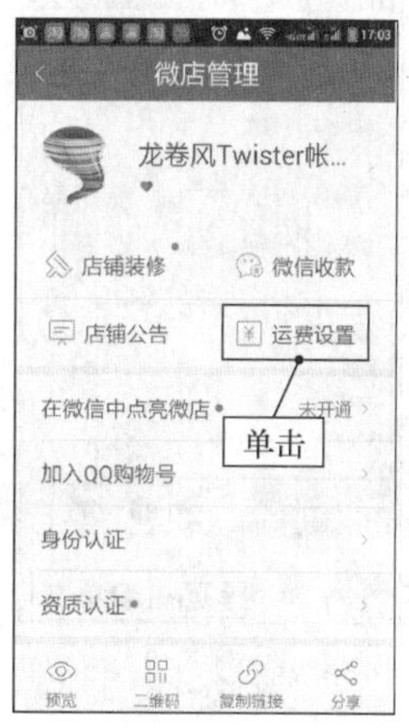

图12-6

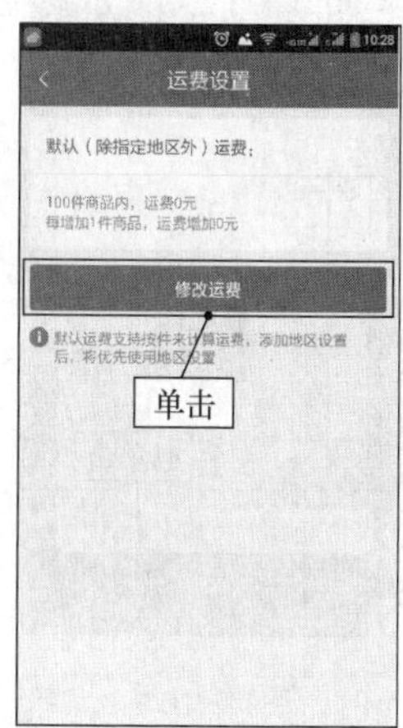

图12-7

第3步 进入“修改运费”页面，❶输入模板名称；❷设置第一件商品的邮费，以及每增加一定商品数量的邮费（这里设置的是大部分地区的邮费，是最低的）；❸单击“添加指定地区运费”项目，如图12-8所示。

第4步 ❶设置指定地区第一件商品的邮费，以及每增加一定商品数量的邮费（这里设置的是青海、内蒙古与西藏的邮费，比大部分地区的邮费略高）；❷单击“选择地区”按钮，如图12-9所示。

第5步 进入“选择地区”页面，❶选择青海、内蒙古与西藏；❷单击“确定”按钮，如图12-10所示。

第6步 返回“修改运费”页面，可以看到青海、内蒙古与西藏的较高邮费已经设置好；❶再为港澳台设置最高运费；❷单击“完成”按钮，如图12-11所示。

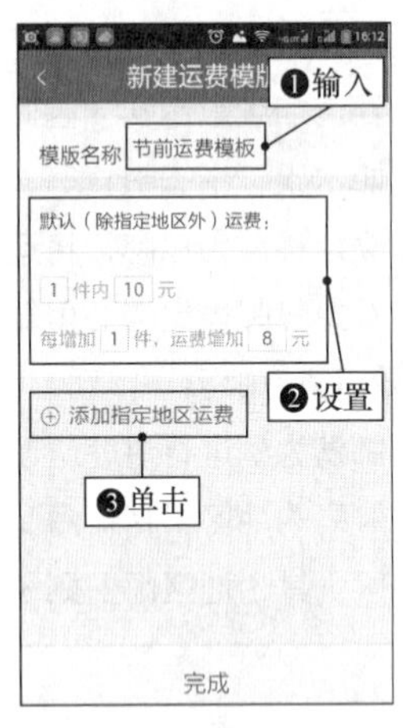

图12-8

新建运费模版
模版名称 节前运费模板
默认（除指定地区外）运费：
1 件内 10
❶设置
每增加 1 件，运费增加 8 元
选择地区
1 件内 10 元
每增加 1 件，运费增加 12 元
❷单击
添加指定地区运费
完成

图12-9

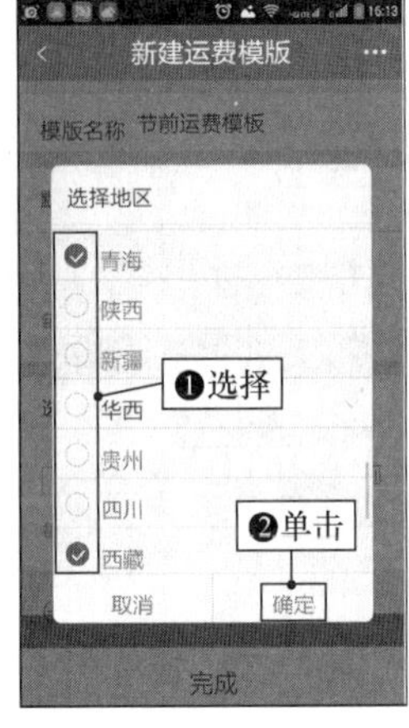

图12-10

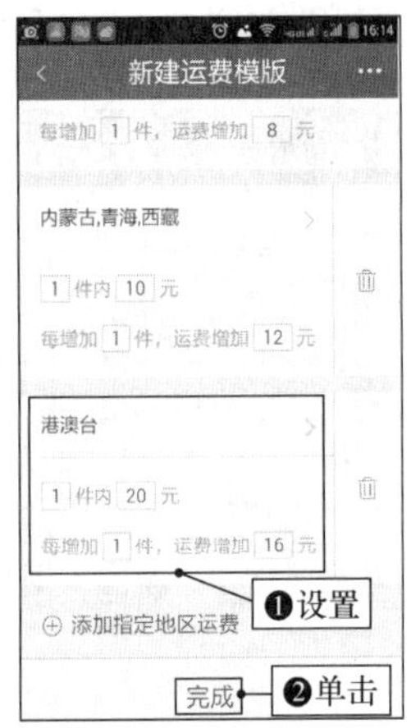

图12-11

返回“运费设置”页面后，可以看到刚刚设置的新运费规则，如图12-12所示。

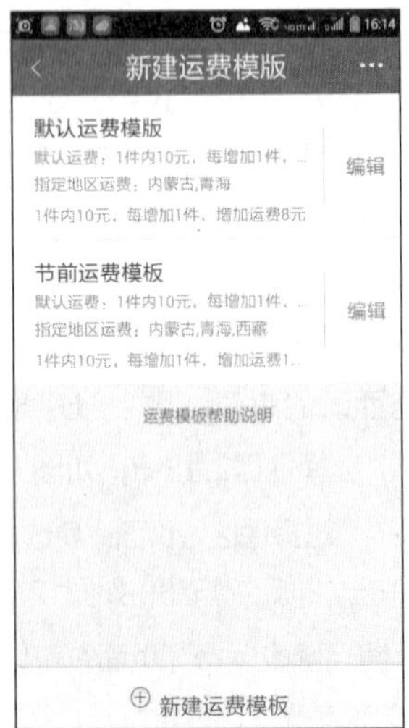

图12-12

要注意，设置完毕后，店内所有的商品运费都会自动套用此运费模板。如果有个别商品需要包邮的，要进入该商品的编辑页面，打开“包邮”开关。

12.1.3 开通货到付款与直接到账

货到付款与直接到账是两种不同的付款方式，它们有个共同特点是资金都不通过微店官方进行中转，与担保交易正好相反，担保交易下货款是必须通过微店中转的。

扫码看视频

专家提点 担保交易是默认开通的

担保交易在店主申请微店时就默认开通了。在处于担保交易状态时，每笔交易的货款都会先在微店官方停留，买家确认收货之后，自动转入店主的银行卡，这样方便在买卖双方发生纠纷时，由微店官方进行仲裁。担保交易对于买家来说是一种安全性保障。

1. 货到付款

货到付款是指买家在下单时不在线付款，由快递公司在交付商品给买家时向买家收取货款。该货款会由快递公司打入店主的银行账户，不通过微店中转。

开通货到付款有利于满足某些没有网银，又不愿去邮局汇款的买家的需要，而喜欢看到实物再付款的买家，也倾向于使用货到付款；但货到付款需要收取额外的服务费，资金回笼慢，对卖家来说又是不利的。因此，开不开通货到付款，需要卖家综合自己的情况进行考虑。

开通货到付款很简单，其步骤如下。

第1步 进入“微店管理”页面，单击“货到付款”选项，如图12-13所示。

第2步 单击“货到付款”开关按钮，如图12-14所示。

第3步 单击“货到付款服务费”选项，如图12-15所示。

第4步 单击需要的服务费率，如图12-16所示。

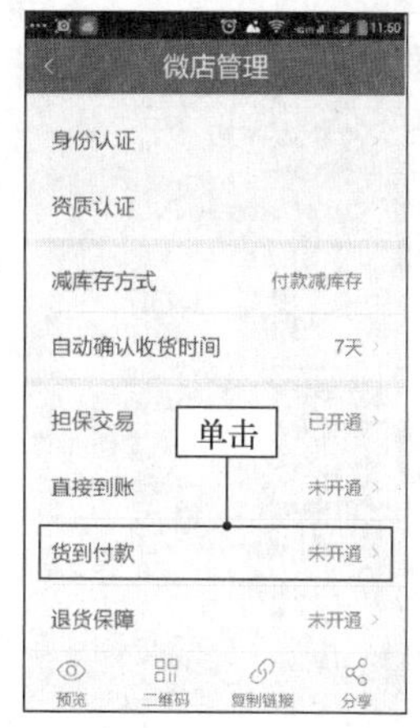

图12-13

图12-14

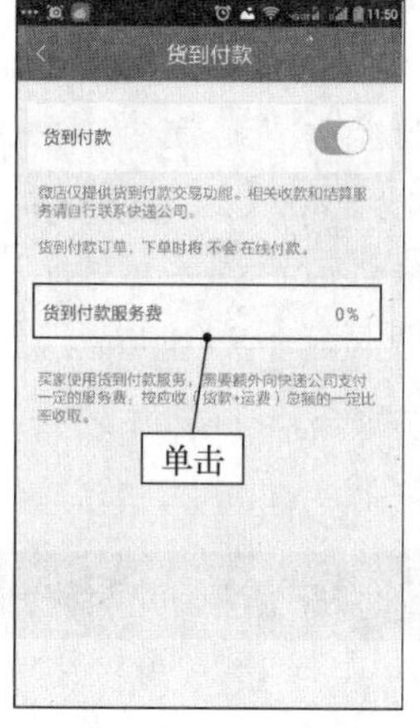

图12-15

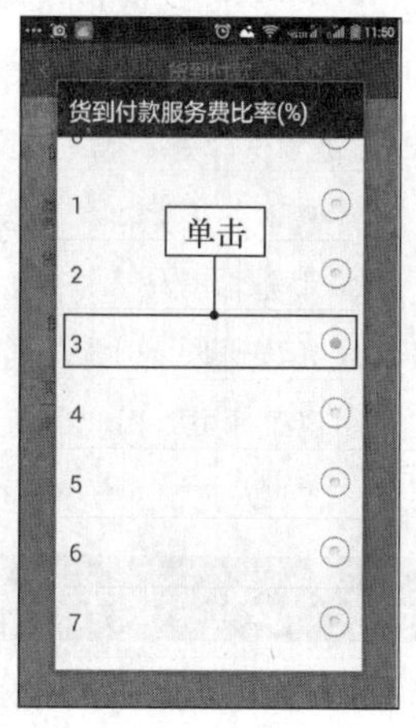

图12-16

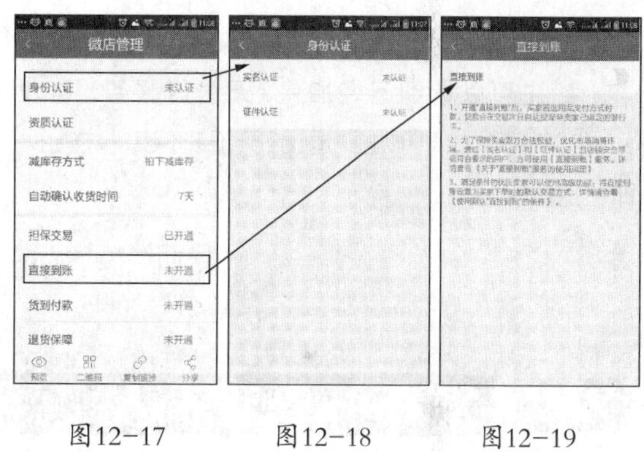

图12-17 图12-18 图12-19

高手支招 关于货到付款的费率

一般货到付款的服务费率是总钱款（货款+运费）的2%～3%，有的快递公司还规定有保底费，一般是3～5元，如果服务费率少于保底费，则按保底费收取；有的公司有上限，比如50元，超过则不再增收；而有的公司则没有上限，按实收取；还有的公司是按单收取，一般为每单10元。具体的费率需要店主与快递公司商定，尽量争取一个较好的价格。

2. 直接到账

直接到账是指买家的货款不通过微店官方中转，一两个工作日后货款直接打入店主的银行卡。买家可以在购物时选择是否使用直接到账方式。

使用直接到账方式购买，货款会脱离微店官方的监管，这样一旦发生纠纷，买家会比较难以申诉。因此，直接到账一般在熟人之间才会使用。直接到账的开通方法也很简单，首先要通过身份认证，然后就可以打开“直接到账”开关，买家在购物时，会发现页面上多出一个“直接到账”选项。

店主想要进行身份认证，可在“微店管理”页面单击“身份认证”项目，如图12-17所示，然后可看到有“实名认证”与“证件认证”两个项目，如图12-18所示，店主应先进行实名认证，然后进行证件认证（顺序不可颠倒）；认证完成后，在“微店管理”页面单击“直接到账”选项，然后单击开关按钮，打开直接到账服务即可，如图12-19所示。

12.1.4 开通7天无理由退货

扫码看视频

7天无理由退货是一个吸引买家的因素。买家在签收商品7天内，可以不需要任何理由就退货退款，当然前提是退货的商品不影响二次销售。一般来说进行无理由退货时，从买家发回给店主的这部分邮费，是由买家自行承担的。

7天无理由退货给了买家一个尝试商品的机会，有些买家发现商品不喜欢或不好用，而商品又没有质量问题，则可以申请无理由退货。开通这样的服务，无疑会受到买家的欢迎，增加商品销售量；但同时也会给店主带来一定的退货压力，需要店主根据自身情况来决定是否开通。

第1步 进入“微店管理”页面，将页面拉到最下方，单击“退货保障”选项，如图12-20所示。

第2步 单击“加入7天退货保障”按钮，如图

12-21所示。

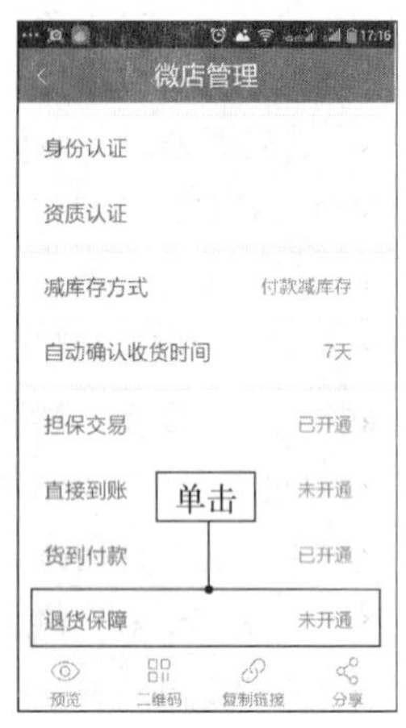

图12-20

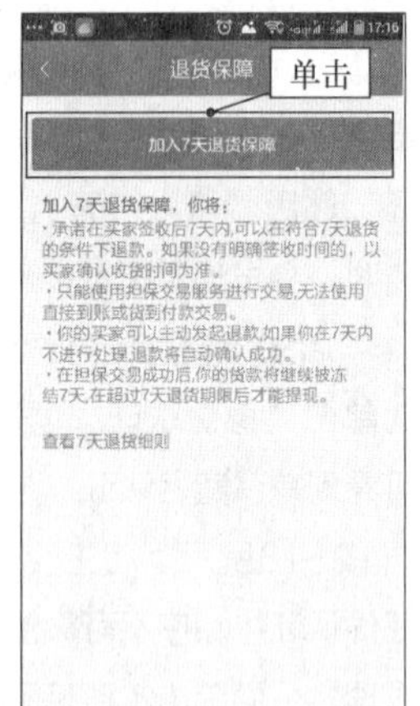

图12-21

第3步 单击“确认”按钮，如图12-22所示。

店主可以看到已经加入7天退货服务，如图12-23所示。如果单击“退出7天退货保障”按钮，即可退出。

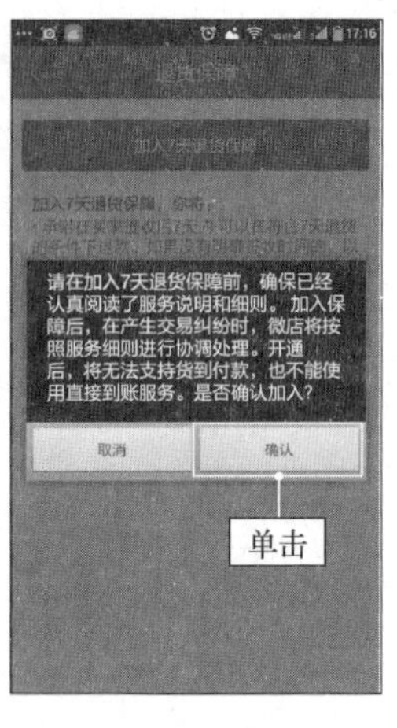

图12-22

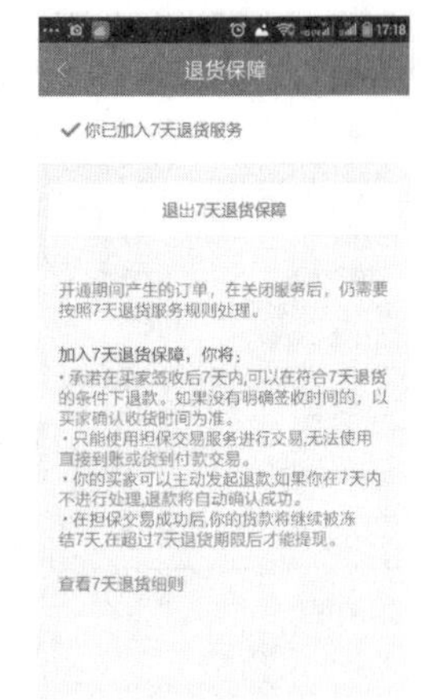

图12-23

专家提点 7天退货保障与货到付款、直接到账的冲突

7天退货保障是不能与货到付款同时开通的，因为7天退货保障会让货款在微店官方监管7天，之后如无退货，才会自动转入店主银行卡；而如果采用货到付款或直接到账，则货款是不能被微店官方监管的，这就出现了冲突，因此这两个服务不能同时开通。

12.2 发布并管理商品

店主进行基本设置后，可将要出售的商品信息准备好，上传到微店中，供买家浏览与购买。对于已经上传的商品，也要进行管理，如分类、上下架、删除等。

12.2.1 以手机上传/编辑商品信息

微店APP具有管理商品的功能，在手机上可以方便地上传、编辑商品信息，无须打开电脑。

扫码看视频

1. 上传商品信息

当有新的商品要出售时，首先应把它的信息上传到微店中。

第1步 在微店APP第一页单击“商品”按钮，如图12-24所示。

第2步 单击“添加新商品”按钮，如图12-25所示。

图12-24

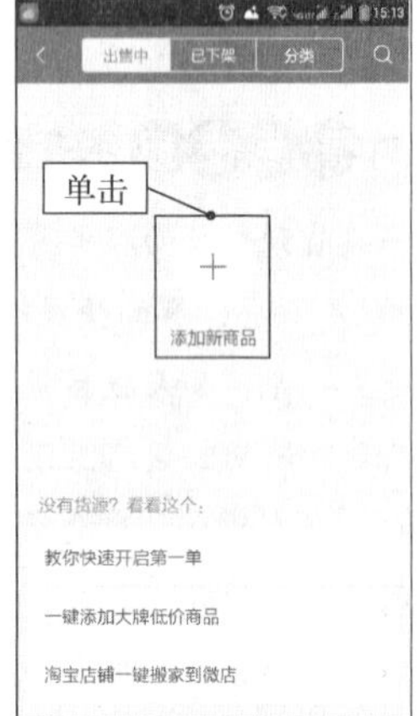

图12-25

第3步 单击“商品图片”下面的“+”按钮，如图12-26所示。

第4步 ❶单击要上传的商品图片（最多可以选15张）；❷选择完毕后，单击“完成”按钮，如图

12-27所示。

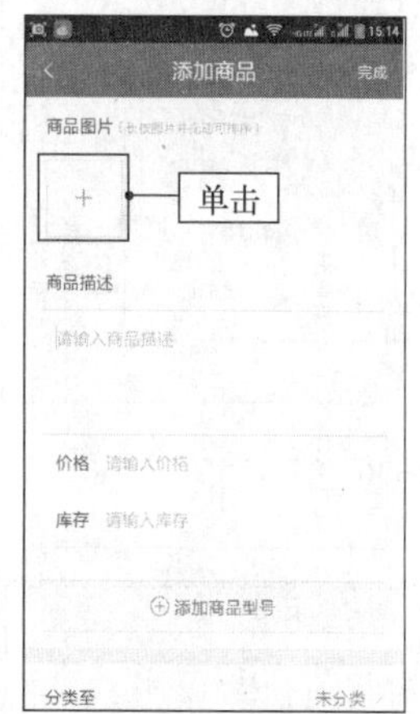

图12-26

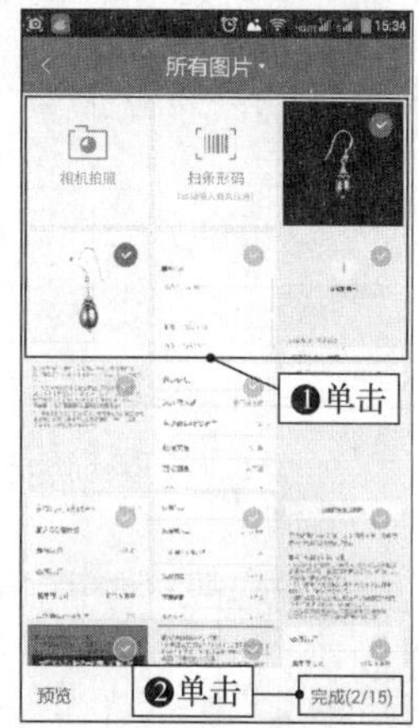

图12-27

第5步 ❶输入商品描述、价格与库存等信息；❷单击“完成”按钮，如图12-28所示。这时可以看到成功添加商品的提示，在此页面还可以单击不同的按钮来分享该商品的链接，如图12-29所示。

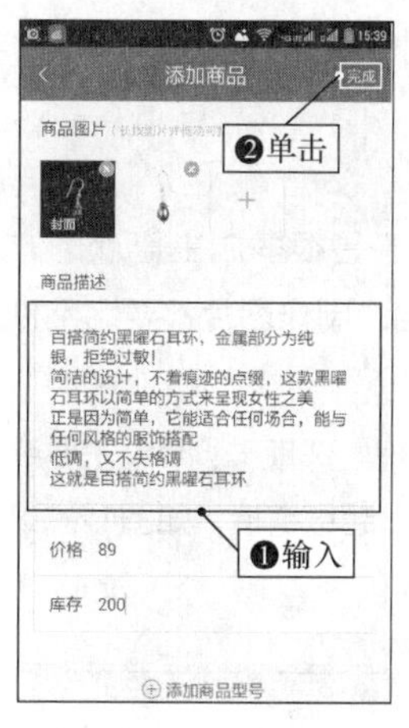

图12-28

图12-29

2. 编辑商品信息

当需要对已经存在的商品的某些信息（如图片或文字描述等）进行修改时，可在微店商品管理模块中找到该商品，并对之进行编辑。

第1步 进入商品管理模块，单击要编辑的商品，如图12-30所示。

第2步 ❶对商品的信息进行编辑；❷单击“完成”按钮，如图12-31所示。

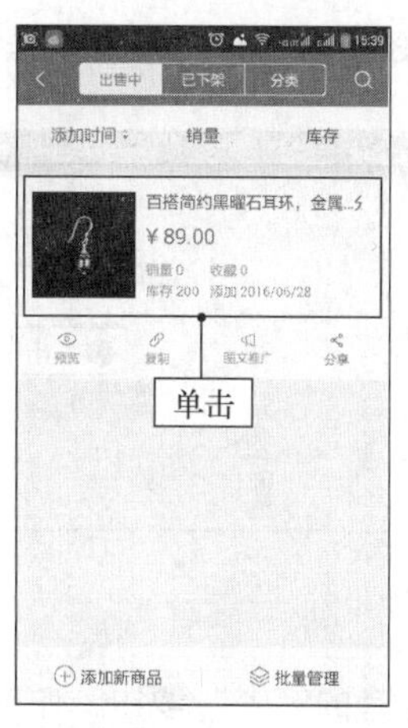

图12-30

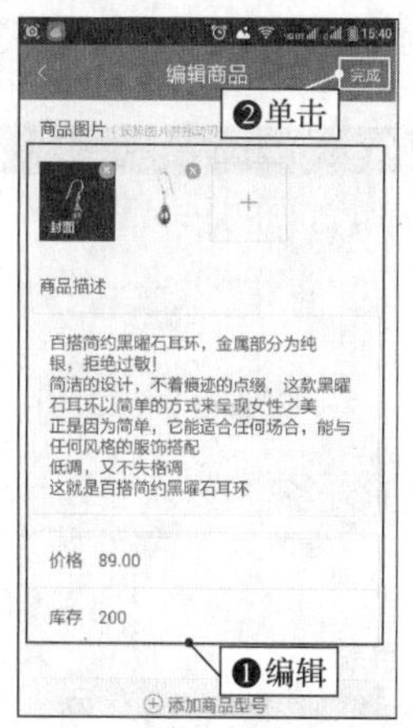

图12-31

高手支招　如何删除已存在的商品照片

用户在“编辑商品”页面中，单击商品照片右上角的关闭符号，即可将该图片删除。此外，如果单击商品照片本身，还可为照片添加特效，或添加说明文字，进行简单的修饰。

12.2.2　以电脑上传/编辑商品信息

店主在电脑上登录微店以后，也可以上传与编辑商品信息。当商品图片存在于电脑上时，显然用电脑来上传更加方便，在电脑上输入商品描述文字也更加快捷。

1. 上传商品信息

用户使用电脑上的网页浏览器访问微店并登录，之后即可将商品信息上传到微店中。

第1步 用浏览器打开微店主页以后，❶输入手机号和密码；❷单击“登录”按钮，如图12-32所示。

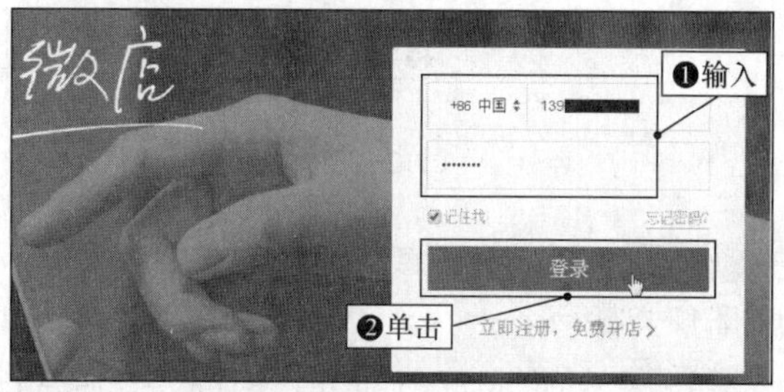

图12-32

第2步 ❶单击“商品管理”选项卡；❷单击“添

加商品”按钮，如图12-33所示。

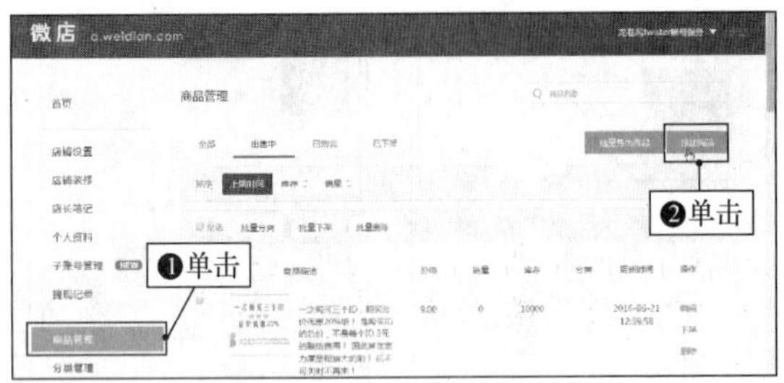

图12-33

第3步 单击“图片”旁的“＋”按钮，如图12-34所示。

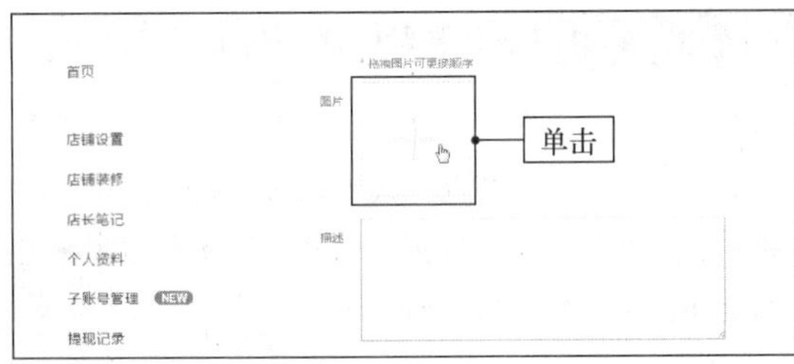

图12-34

第4步 ❶用鼠标左键单击需要的图片（按住Ctrl键不放可以选择多张图片）；❷选择完毕后单击“打开”按钮，如图12-35所示。

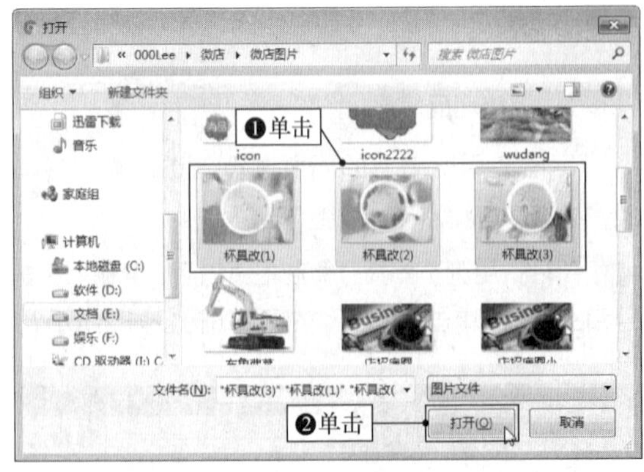

图12-35

第5步 输入描述信息以及价格、库存等信息，如图12-36所示。

第6步 ❶继续填写其他信息；❷填写完毕后单击“提交”按钮，商品信息即可上传到微店中，如图12-37所示。

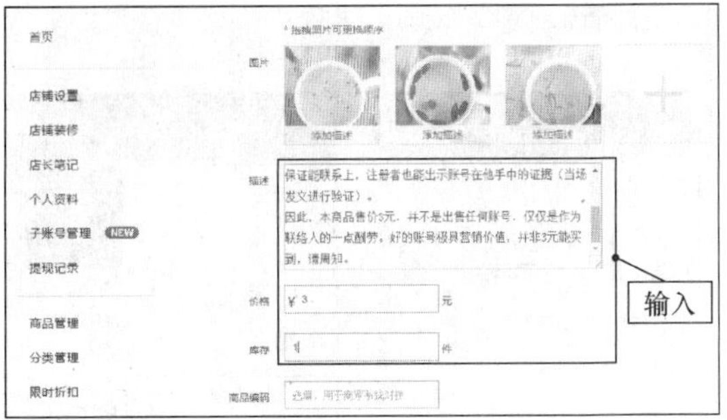

图12-36

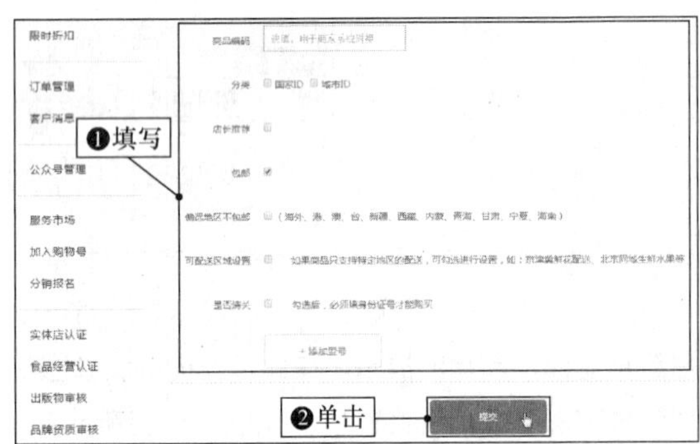

图12-37

2. 编辑商品信息

在电脑中编辑商品信息是很多店主喜欢的方式，因为在电脑上撰写文档、制作图片都要比手机上更加方便。

第1步 ❶单击“商品管理”选项卡；❷单击要编辑的商品信息右边的“编辑”超级链接，如图12-38所示。

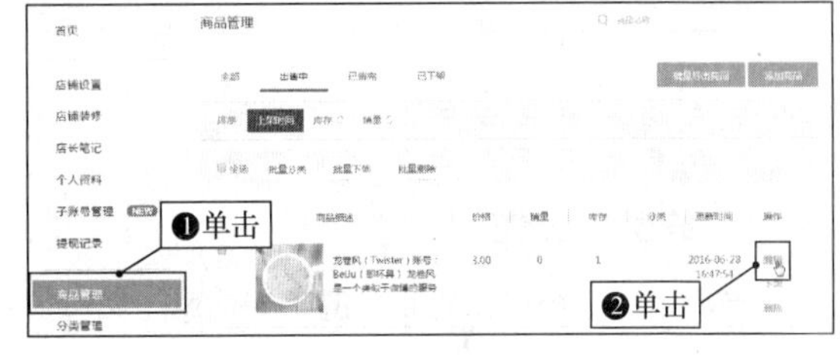

图12-38

第2步 ❶修改商品信息；❷修改完成后单击“提交”按钮，如图12-39所示。

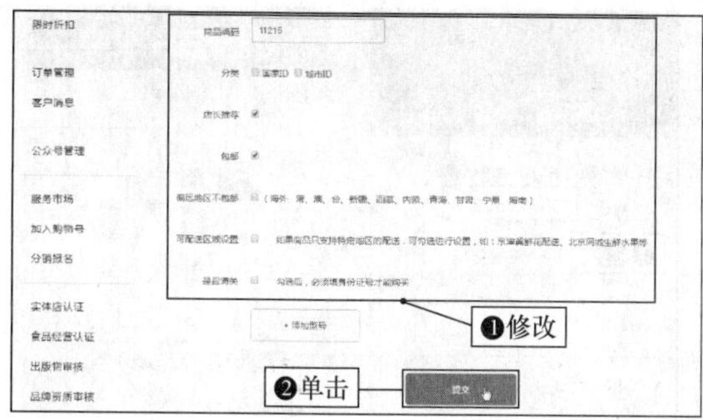

图12-39

12.2.3　从淘宝店批量导入商品信息

如果店主已经在淘宝开设了店铺，则可以利用“搬家助手”将淘宝的商品直接复制到微店中，而不用逐个手工添加，非常方便。搬家助手有两种方式：一种是快速搬家；另一种是普通搬家。快速搬家比较方便，但有时会失败，如果失败则需要用到普通搬家。

扫码看视频

1. 快速搬家

快速搬家很简单，只需要根据微店APP的提示，登录进入淘宝网，稍等片刻就自动完成搬家了。

第1步 在微店APP单击右下角的“齿轮”按钮，如图12-40所示。

第2步 单击“快速搬家”按钮，如图12-41所示。

图12-40

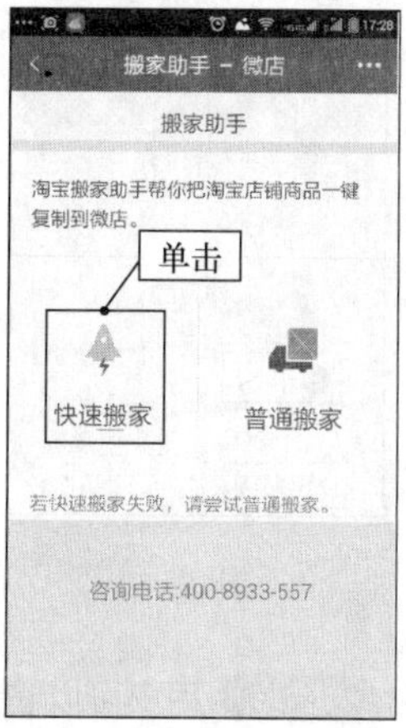

图12-41

第3步 ❶输入淘宝账户与密码；❷单击“登录”按钮，如图12-42所示。

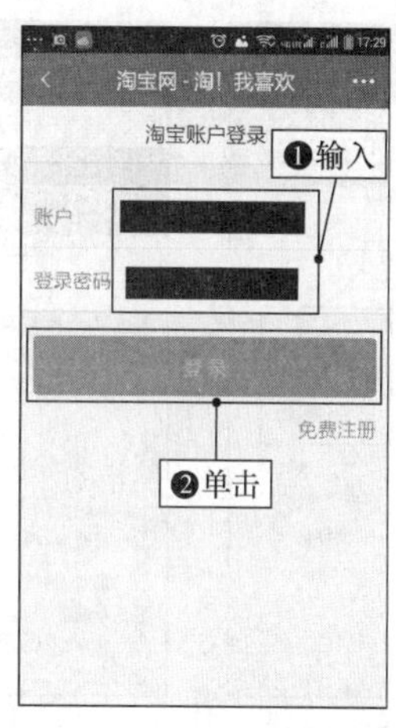

图12-42

第4步 等待搬家助手自动转移商品信息，如图12-43所示。搬家完毕后，可单击“再搬一家淘宝店”按钮，重复上面的操作步骤，从另一家淘宝店转移商品信息，如图12-44所示。

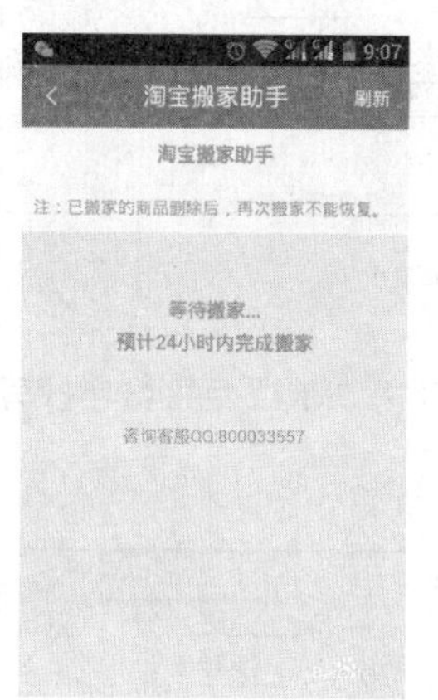

图12-43

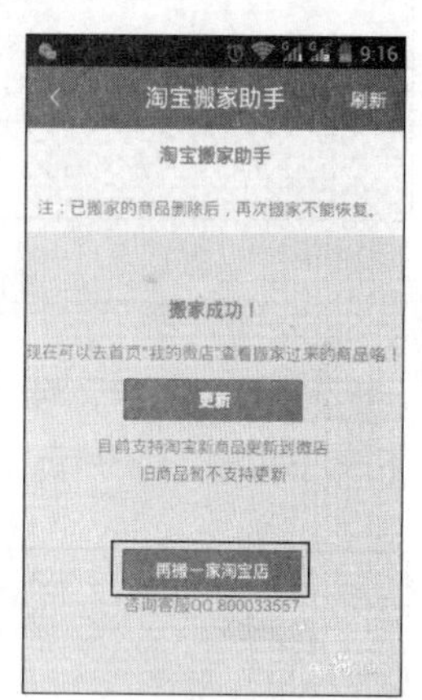

图12-44

2. 普通搬家

有时候快速搬家不一定能正常工作，其具体表现在：当用户按照提示输入淘宝账号与密码后，没有出现自动搬家的界面，而是进入淘宝首页。这样就无法实现快速搬家了。此时需要改用普通搬家。

第1步 在“搬家助手”页面，单击“普通搬家”按钮，如图12-45所示。

第2步 将序列号抄写下来，如图12-46所示。

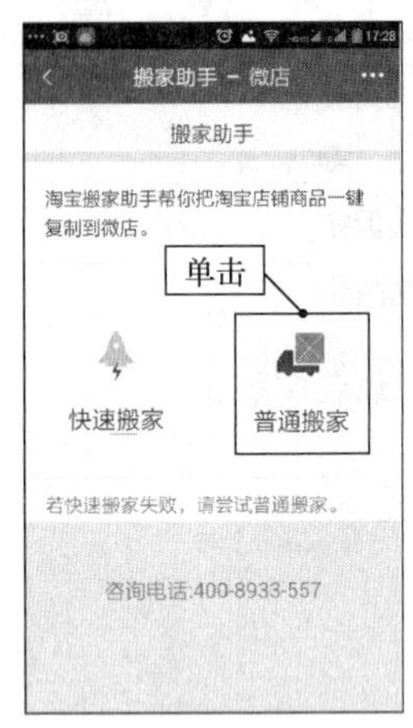

图12-45

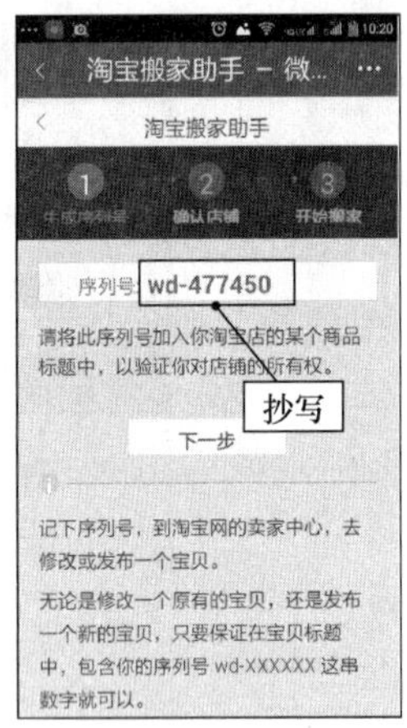

图12-46

图12-49

图12-50

第3步 在电脑上登录进入淘宝的“卖家中心”选项卡，发布一款商品（或者编辑原有商品），在商品标题中加入序列号，如图12-47所示。

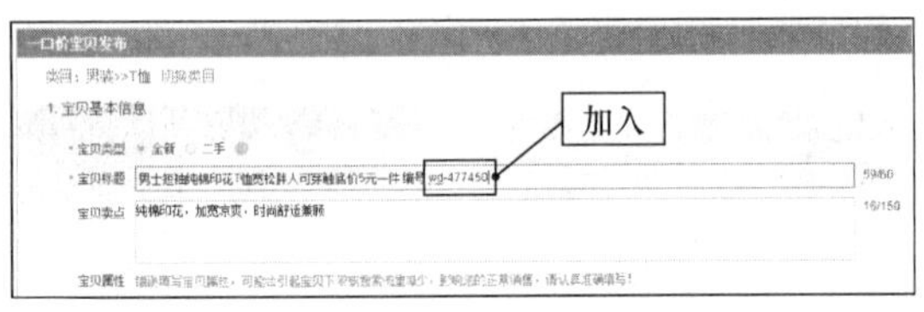

图12-47

第4步 发布后，将地址栏“id=”后面数字抄写下来，如图12-48所示。

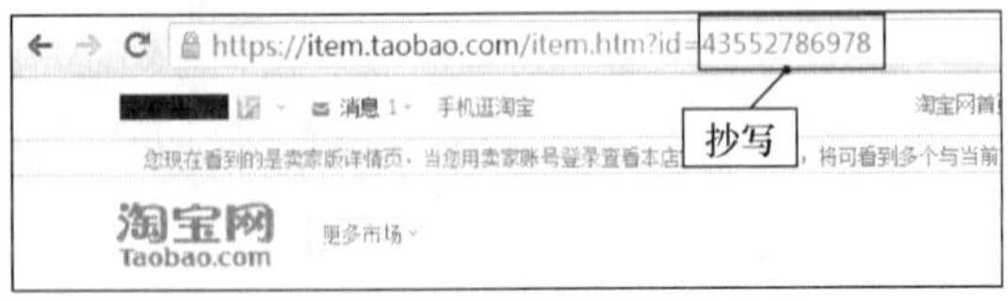

图12-48

第5步 在图12-46所示的页面中单击“下一步”按钮，❶然后将数字输入“商品ID”后；❷单击“验证”按钮，如图12-49所示。

进入新页面，系统显示正在搬家，以及预估的完成时间，如图12-50所示。

设置完成后，店主可以直接关闭该界面，返回微店主页面即可，搬家工作将由微店官方服务器自动进行。如果商品不多的话，几分钟就可以搬完。

12.2.4 如何添加商品分类

扫码看视频

如果微店中上架的商品太多，则需要进行分类，不仅便于店主管理，也便于买家分类浏览。为商品添加分类可在微店APP中进行。

第1步 在“商品管理”页面，❶单击“分类”选项卡；❷单击“新建分类”按钮，如图12-51所示。

第2步 ❶输入新建分类名称；❷单击“确定”按钮，如图12-52所示。

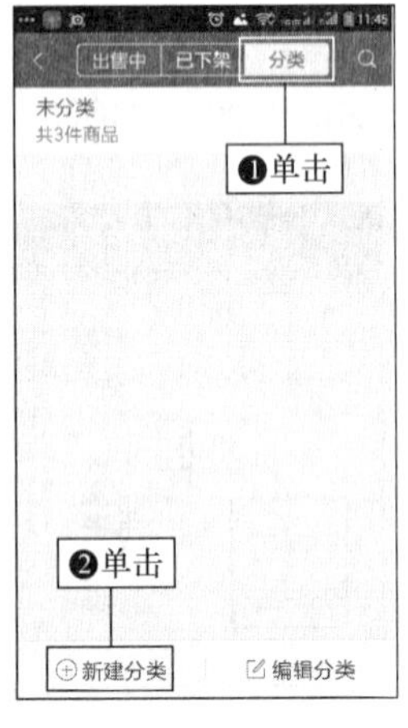

图12-51

图12-52

第3步 用户可以看到新建的“首饰”分类，如图12-53所示。

第4步 重复新建操作，建立多个分类。如要对分类进行修改、删除或排序，可以单击“编辑分类”按钮，如图12-54所示。

图12-53

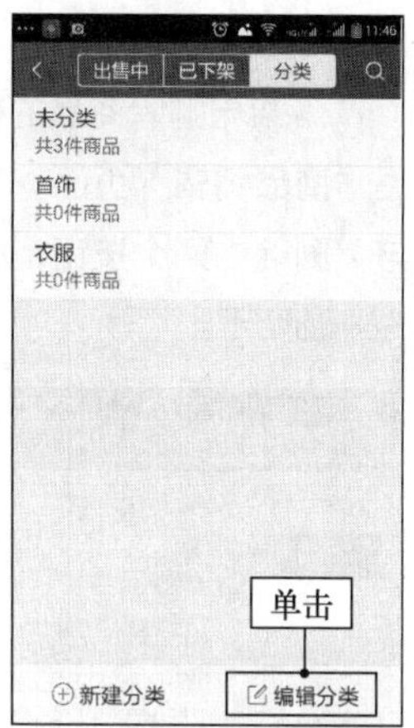

图12-54

第5步 按住分类右边的上下箭头符号⇕不放，并进行拖动，可以调整分类的排列次序，如图12-55所示。

第6步 ❶单击分类的垃圾桶符号，可以删除分类；❷单击分类的编辑符号，可以对分类进行重命名；❸编辑完毕后，单击“完成”按钮即可，如图12-56所示。

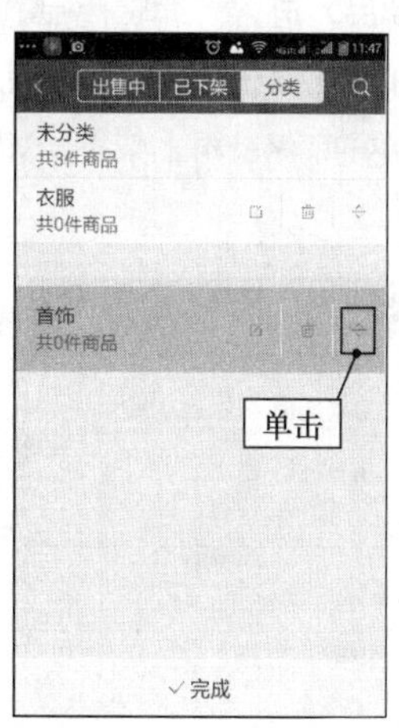

图12-55

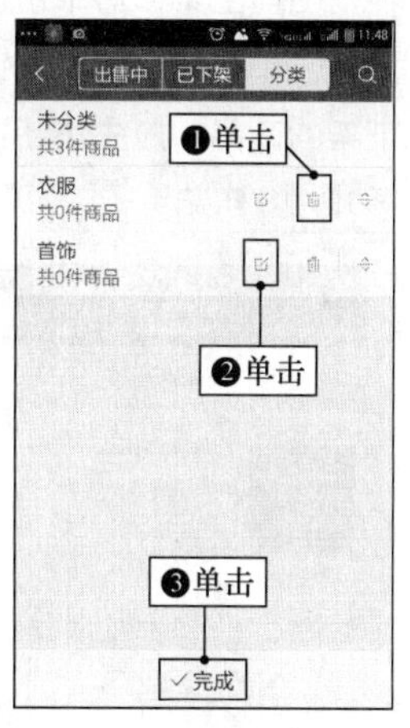

图12-56

12.2.5 对商品进行分类

扫码看视频

用户可以在新建商品时对商品进行分类，也可以对已存在的商品进行分类。

1. 新建商品时进行分类

用户在新建商品时对商品进行分类是很方便的，只需多做一个操作即可。

第1步 在“添加商品”页面，单击“分类至”按钮，如图12-57所示。

第2步 ❶单击商品所属的分类；❷单击“确定”按钮，如图12-58所示。

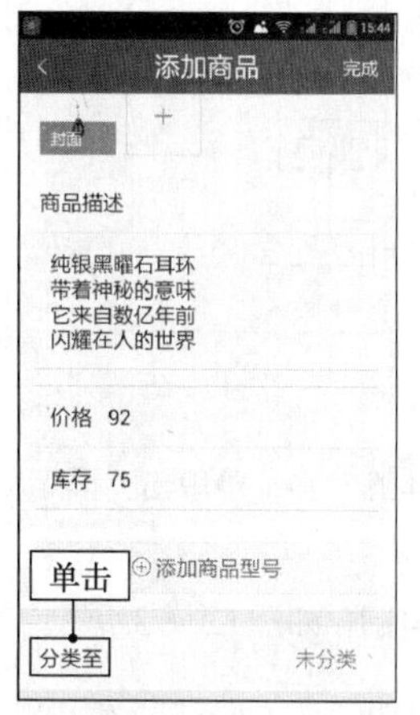

图12-57

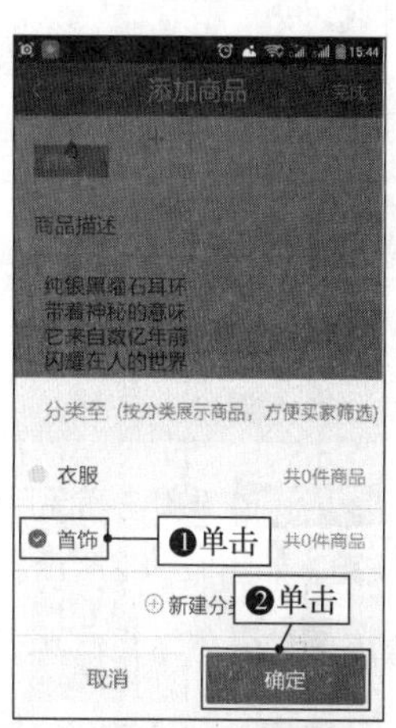

图12-58

第3步 单击“完成”按钮，如图12-59所示。

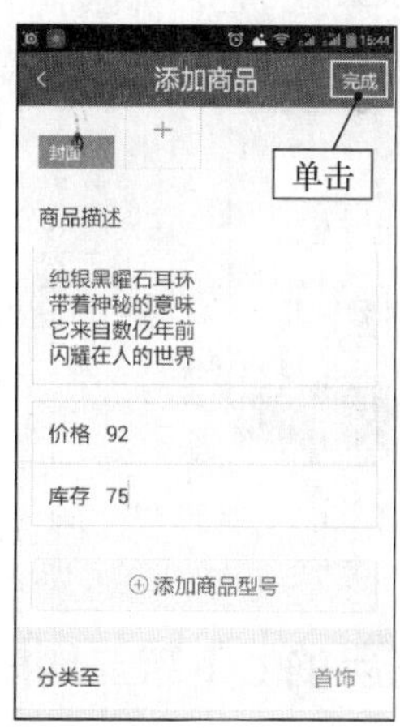

图12-59

2. 对已存在商品进行分类

如果用户想对已存在的商品进行分类，则要在进入其编辑页面后，再进行分类操作。

第1步 在“商品管理”页面，单击要分类的商品，如图12-60所示。

第2步 进入“编辑商品”页面后，单击“分类至”按钮，如图12-61所示。

图12-60

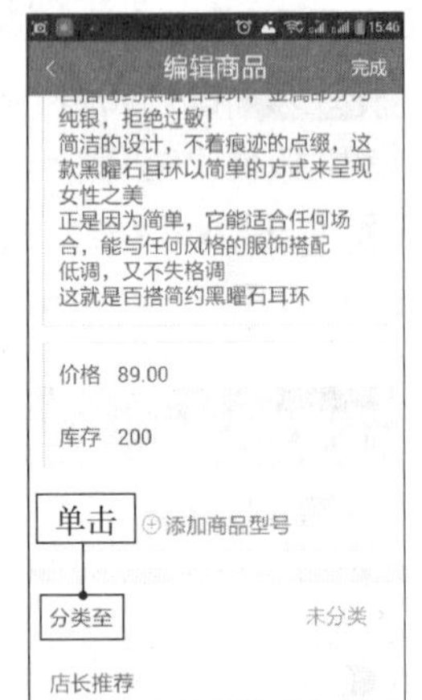

图12-61

第3步 ❶单击商品所属的分类；❷单击“确定”按钮，如图12-62所示。

第4步 单击“完成”按钮，如图12-63所示。

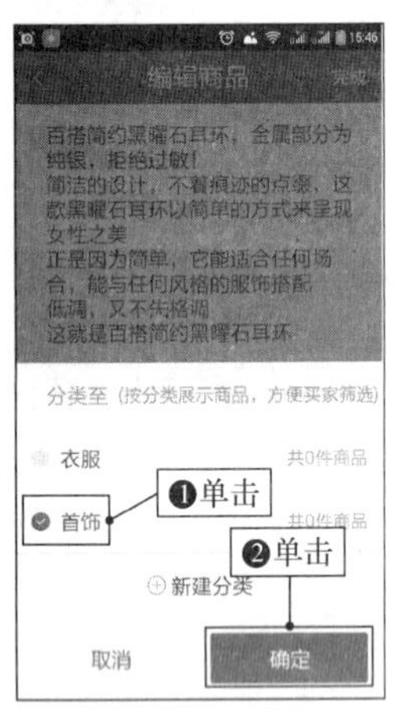

图12-62

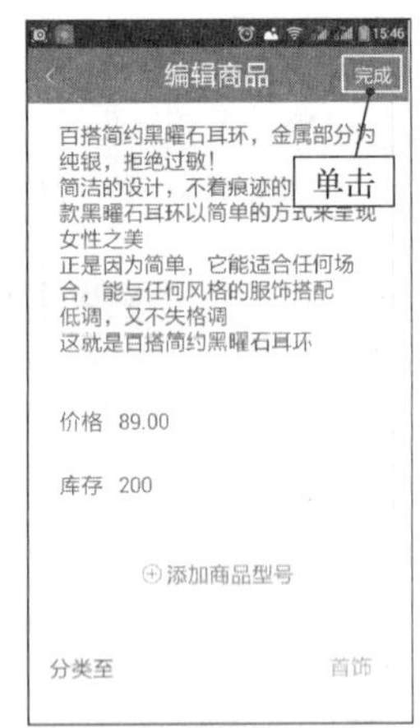

图12-63

12.2.6 商品的上下架与删除

商品在上架时，都填写了库存，销售完库存后，商品会被微店自动打上“已售完”的标签，如图12-64所示。对于已售完的商品，一般会先把它下架，待进货后再次上架。对于不再销售的商品，则应把它删除。

扫码看视频

下架与删除商品的操作都在同一页面里，也就是“商品编辑”页面。在页面的最下方有“下架”与“删除”两个按钮，单击之即可达到目的，如图12-65所示。

图12-64

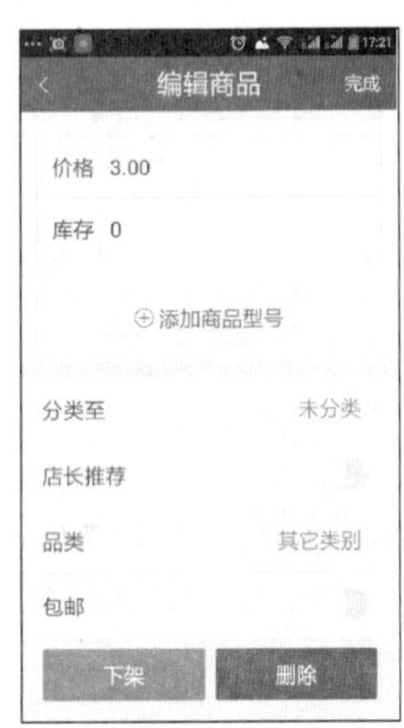

图12-65

用户可以在“商品管理”页面的“已下架”选项卡中看到下架的商品，如图12-66所示。如果要将商品再上架，可单击该商品，进入“编辑商品”页面，单击“上架”按钮即可（对于因库存为零而下架的商品，应先重新设置好库存量再上架），如图12-67所示。

图12-66

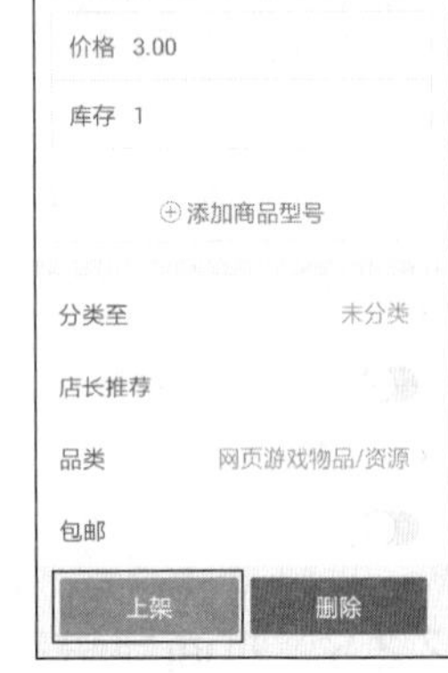

图12-67

12.3 处理商品订单

买家购买商品之后，就会生成相应的订单。店主需要对这些订单进行处理。一般来说需要处理的订单有4种：待发货订单、待付款订单、已发货订单与退款中订单。在微店的“订单管理”页面还可以看到另外两种订单，即已完成订单与已关闭订单，这两种订单是不需要处理的，仅在进行订单统计的时候可能会用到它们。

12.3.1　待付款的订单

扫码看视频

有一些买家在下了订单后，却没有马上付款，有可能是因为还有一些迟疑，也有可能是因为付款工具出了一些问题（如余额不足），或者是因为误操作买了不想要的商品等，此时店主可以做的操作有3种：一是礼貌地催促买家付款；二是修改订单价格；三是关闭订单。

1. 催促买家付款

用户在待付款订单页面上单击“待付款”按钮，可以看到待付款的订单，如图12-68所示。单击订单，即可进入“订单详情”页面，可以看到有很方便的渠道催促买家付款，如图12-69所示。

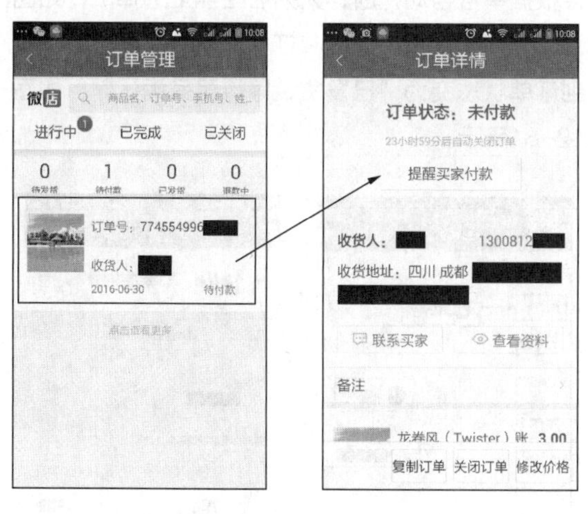

图12-68　　图12-69

- 提醒方式一：直接拨打订单页面上提供的买家电话号码。
- 提醒方式二：单击“提醒买家付款”按钮，弹出提示框，❶单击“确认”按钮，将提醒信息复制到剪贴板中，如图12-70所示；❷到微信中将信息发送给买家，如图12-71所示。
- 提醒方式三：单击“联系买家”按钮，在微店内置的交流工具中与买家交谈，催促买家付款，如图12-72所示。

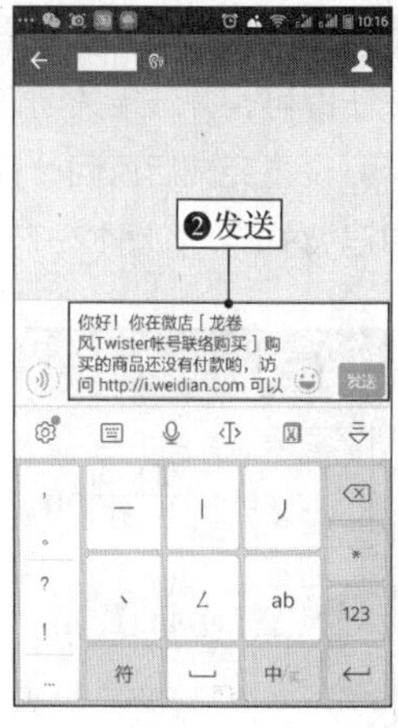

图12-70　　图12-71

2. 修改订单价格

有时候店主需要为未付款的订单修改价格，比如买家讲价成功，店主需要将商品价格改低，或买家上门自提商品，店主要将邮费修改为零元等。

要为订单修改价格，❶可在“订单详情”页面上单击“修改价格”按钮，如图12-73所示；❷修改货款或运费价格；❸单击“完成”按钮，如图12-74所示，返回“订单详情”页面，即可看到订单的价格已经修改成功了，如图12-75所示。

图12-72　　图12-73

3. 关闭订单

如果买家24小时内不付款，订单会自动关闭。除此之外，如果买家明确表示不需要此商品，希望终止交易，那么店主可以手动将订单关闭。关闭订单很简单，在“订单详情”页面单击“关闭订单”按钮即可，并选择关闭订单的原因，如图12-76所示。设置完成后返回“订单详情”页面，可看到订单已被关闭，如图12-77所示。

图12-74

图12-75

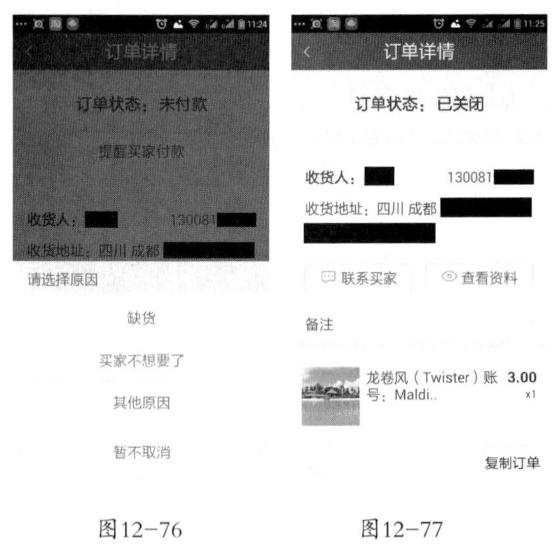

图12-76　　图12-77

关闭后的订单会自动转移到“已关闭”列表中去。

12.3.2 待发货的订单

当买家付款之后，订单状态就从“待付款”变为“待发货”。在“订单管理”页面中单击“待发货”按钮可以看到所有待发货的订单，如图12-78所示。单击订单后，进入“订单详情”页面，在此可以填写发货信息或退款，如图12-79所示。

图12-78　　图12-79

发货的方式主要有普通快递、同城快递与无须物流3种。下面以最常见的普通快递发货为例进行讲解，其操作步骤如下。

在“订单详情”页面单击“发货”按钮，❶单击“普通快递”选项；❷输入快递单号（快递公司将会根据单号自动判断，无须店主手工选择），如图12-80所示。系统返回“订单详情”页面，可以看到订单状态变为“已发货，等待买家确认”，如图12-81所示。

图12-80　　图12-81

订单经过发货处理后，就成为已发货的订单。另外，在待发货订单中，还可以进行退款操作，由于该操作与已发货订单中的退款操作是一样的，因此放到已发货订单中进行讲解。

12.3.3　已发货的订单

已发货订单如果得到买家的签收确认，则该订单会自动转移到“已完成”列表中。对于店主而言，已发货订单中可做的操作是延长收货与退款。

1. 延长收货

有时因为快递公司出现问题，导致快递延误，买卖双方通常会协商延长收货时间。在如图12-82所示的已发货订单详情页面中可以看到“延长收货”按钮，❶单击该按钮；❷选择延长日期；❸单击“完成”按钮，如图12-83所示。

图12-82

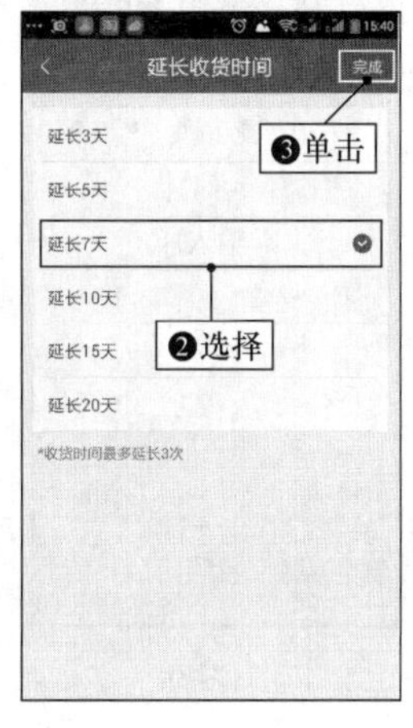

图12-83

> **高手支招　延长收货时间的经验**
>
> 微店规定收货延长最多只能三次，因此要注意不要把延长时间卡得太紧。一般来说延长5～7天是比较合适的。

2. 退款

退款是一个有时会用到的操作，当买卖双方协商好退款金额之后，店主可在待发货订单或已发货订单中进行退款操作。

在“订单详情”页面中单击“退款”按钮，转到“退款”页面，❶输入协商好的退款金额；❷单击“退款”按钮，如图12-84所示；❸单击“确定”按钮，如图12-85所示。

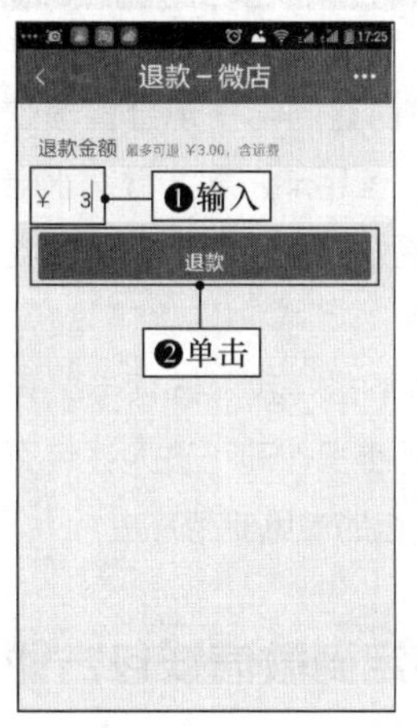

图12-84

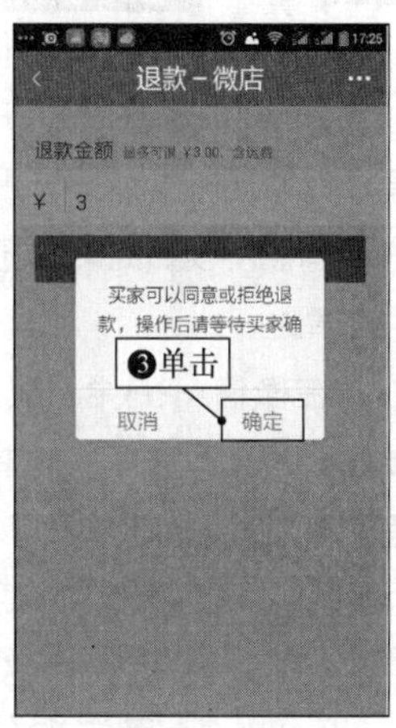

图12-85

进入退款流程后，订单就会自动转移到“退款中”列表里。

12.3.4　退款中的订单

进入退款列表的订单，在其详情页可以看到退款进度，如图12-86所示。当买家同意退款后，退款进度也会随之发生变化，如图12-87所示。

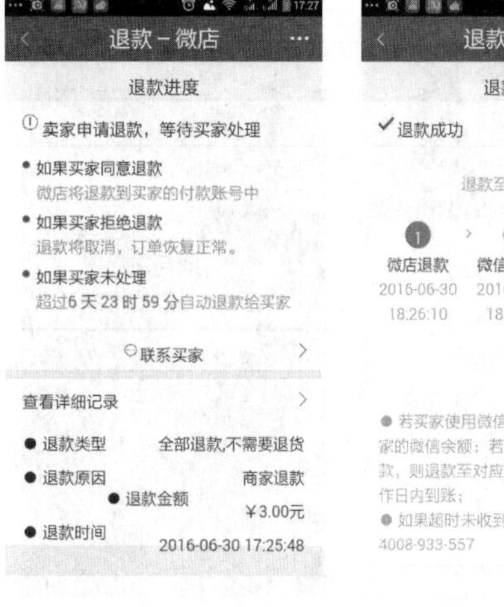

图12-86

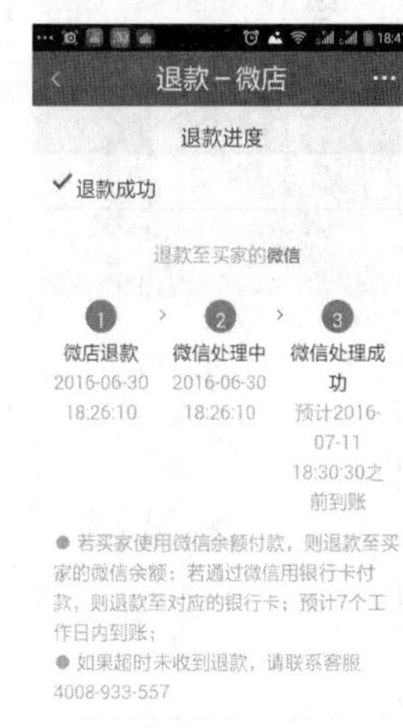

图12-87

退款成功后，该订单会自动转移到“已关闭”列表中。

12.4 管理微信钱包

微信钱包是微信APP内置的电子现金管理工具，可以用于支付、转账、信用卡还款、缴纳水电气费等。不仅如此，它还是众多微店平台使用的支付工具之一。

在微信APP中，只需单击“我”选项卡，再单击“钱包”选项，简单两步操作即可进入钱包页面。下面就一起来看微信钱包的常见使用方法。

12.4.1 将银行卡绑定到微信钱包方便充值与提现

微信钱包在没有绑定任何银行卡时，虽然也可以接收他人转来的款项，但无法提现，也无法向微信钱包充值，因此一般用户都会将银行卡绑定到微信钱包，让钱包使用起来更加方便。

第1步 进入“我的钱包”页面，单击“银行卡”按钮，如图12-88所示。

第2步 在“银行卡”页面中可看到已经绑定的银行卡。要绑定新的银行卡，可单击“添加银行卡”按钮，如图12-89所示。

图12-88

图12-89

第3步 输入支付密码，系统会自动跳转到下一个页面，如图12-90所示。

专家提点 支付密码什么时候设置

支付密码是在用户第一次绑定银行卡，或者第一次使用微信钱包进行支付时，微信要求用户设置的密码。由于本例中绑定的银行卡已经是第二张，因此直接输入支付密码即可。

第4步 ❶输入姓名和卡号；❷单击“下一步”按钮，如图12-91所示。

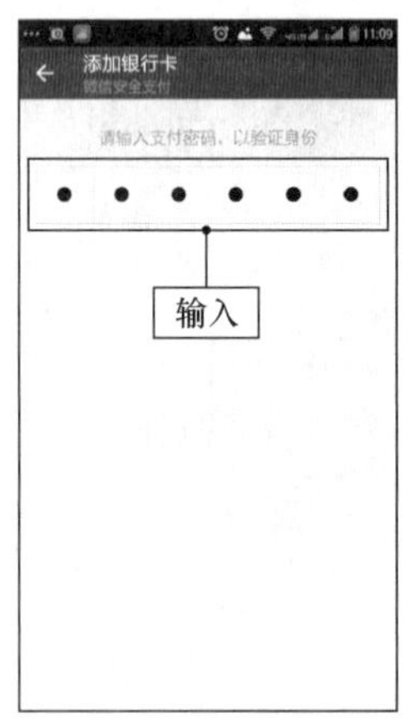

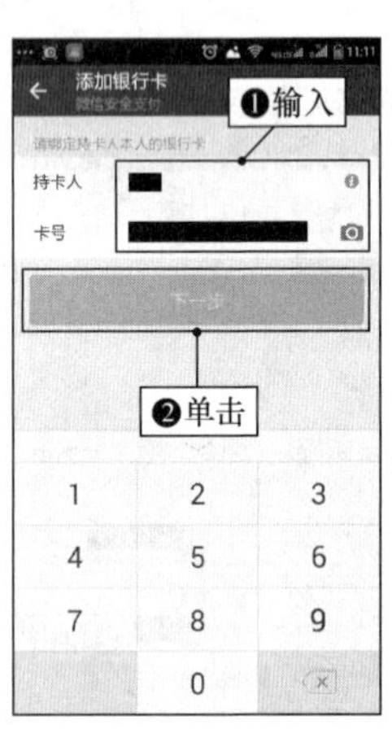

图12-90　　图12-91

第5步 ❶输入手机号（需与申请该银行卡时留在银行单据上的号码相同）；❷单击“下一步”按钮，如图12-92所示。

第6步 此时会收到微信钱包发来的手机短信，❶输入里面包含的验证码；❷单击“下一步”按钮，如图12-93所示。

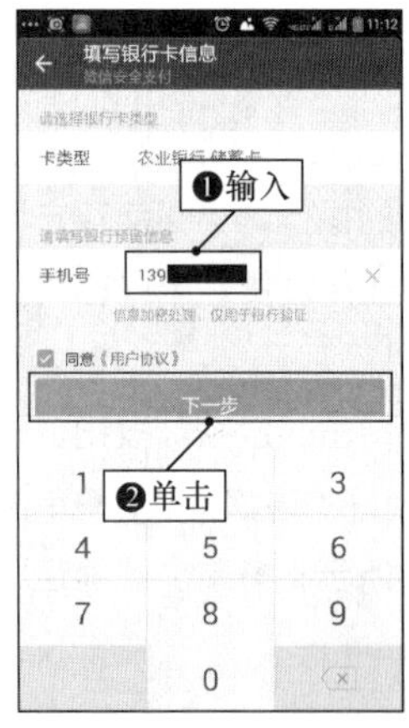

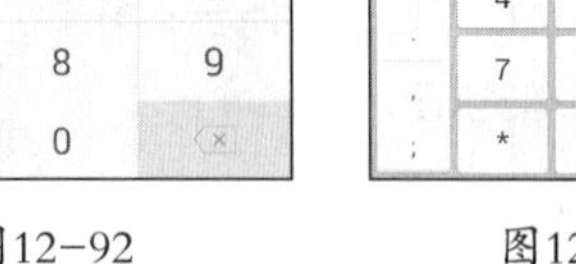

图12-92　　图12-93

第7步 返回“银行卡”页面，可以看到新的银行卡已经添加上了，如图12-94所示。

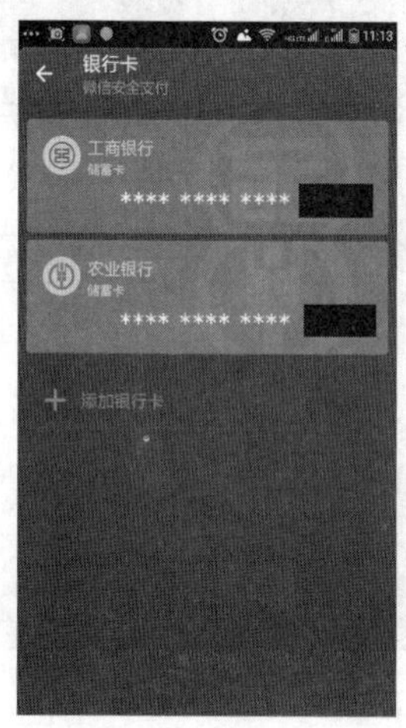

图12-94

12.4.2 微信钱包转账、充值与提现

当微店交易较多时，微信钱包中的资金也会越来越多，为了资金的安全，应该及时提现，将资金转移到银行卡上；而有时候刚提现，结果马上就遇到无担保交易的买家要求退款，由于钱包内无钱可退，此时就要向钱包充值，才能向买家转账退款。因此对店主来说，微信钱包的提现、充值与转账是常用的功能。下面就以转账功能为例进行讲解。

第1步 进入“我的钱包”页面，单击“转账”按钮，如图12-95所示。

第2步 ❶在查找框内输入对方的ID；❷在下方显示的查找结果中单击对方的头像，如图12-96所示。

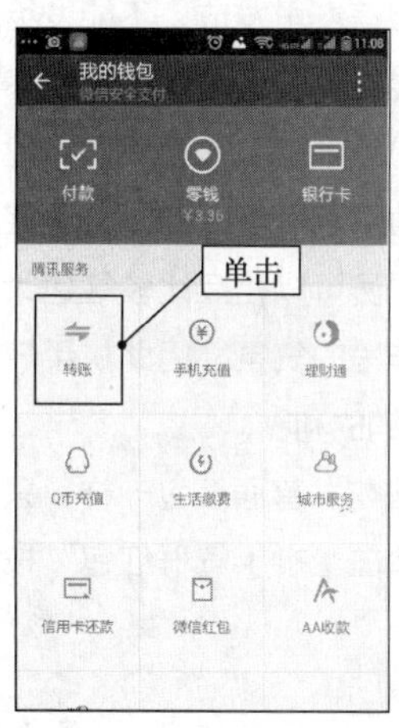

图12-95

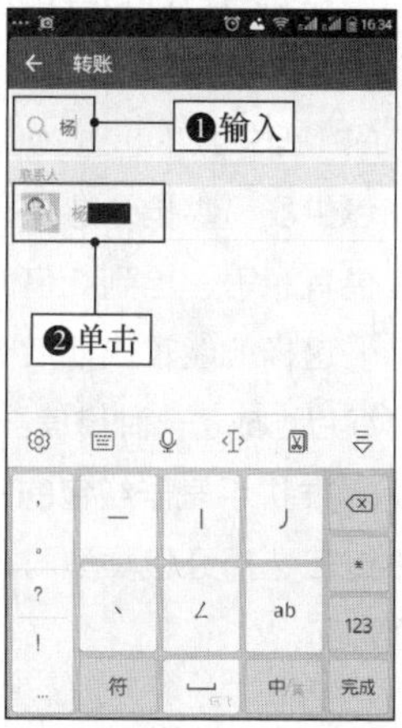

图12-96

第3步 ❶输入转账金额；❷单击“转账”按钮，如图12-97所示。

第4步 输入支付密码，系统自动跳转到下一个页面，如图12-98所示。

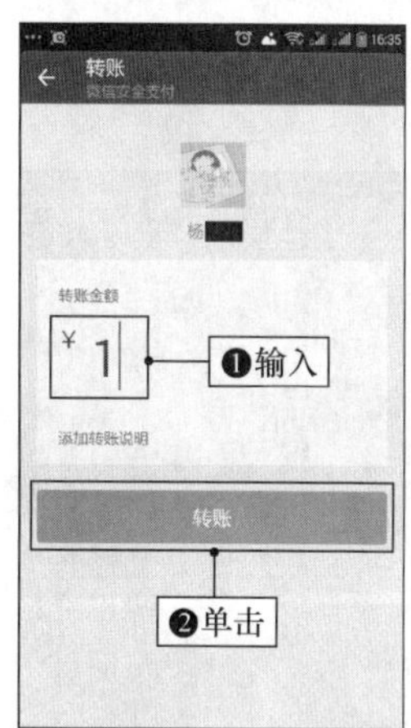

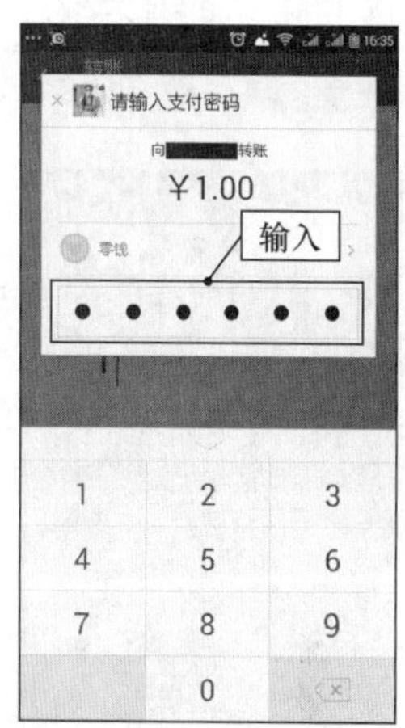

图12-97

图12-98

第5步 转账成功后，单击“完成”按钮，如图12-99所示。

图12-99

12.4.3 微信红包：小额转账与活跃气氛的利器

微信红包有两种：一种是普通红包，也就是固定金额的红包；另一种是拼手气群红包，也就是随机金额的红包，两种红包有不同的用途。

1. 用普通微信红包转账

普通红包既可以发送到群里，也可以发给私

人，发给私人实际上就是转账。由于微信规定每个红包最多只能包200元，因此普通红包适合于小额度的转账。

第1步 进入“我的钱包”页面，单击“微信红包”按钮，如图12-100所示。

第2步 单击“普通红包”，如图12-101所示。

图12-100

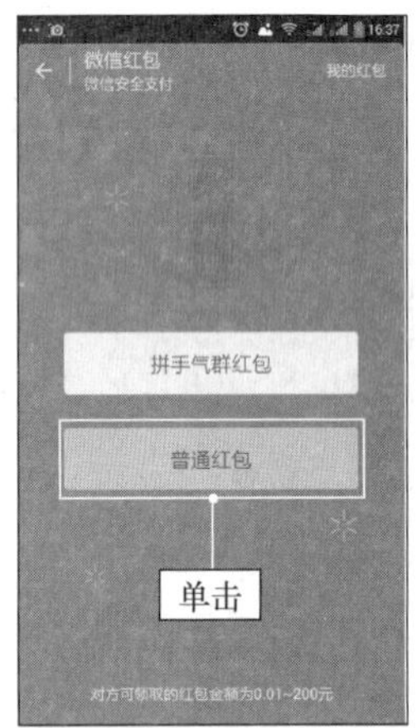

图12-101

第3步 ❶输入红包个数与金额；❷单击“塞钱进红包”按钮，如图12-102所示。

第4步 输入支付密码，系统自动跳转到下一个页面，如图12-103所示。

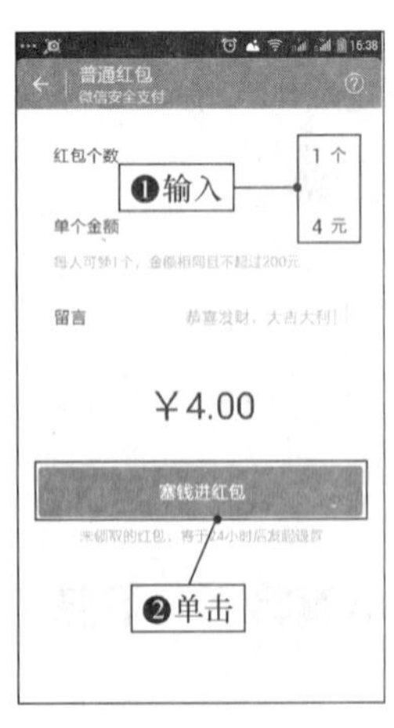

图12-102

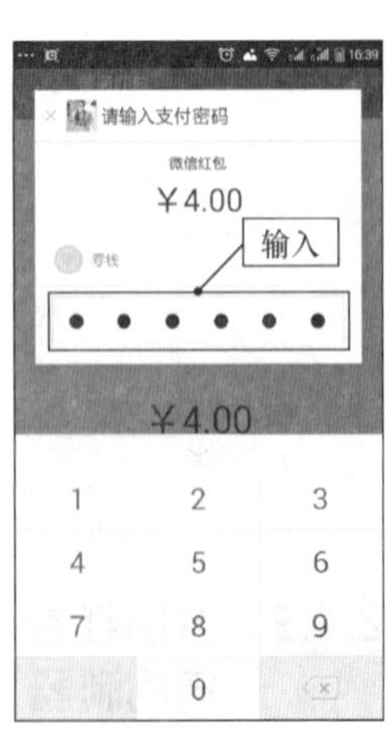

图12-103

第5步 单击“发红包”按钮，如图12-104所示。

第6步 ❶在查找框内输入对方的ID；❷在下方显示的查找结果中单击对方的头像，如图12-105所示。

第7步 单击“发送”按钮，即可将红包发送出去，如图12-106所示。

图12-104

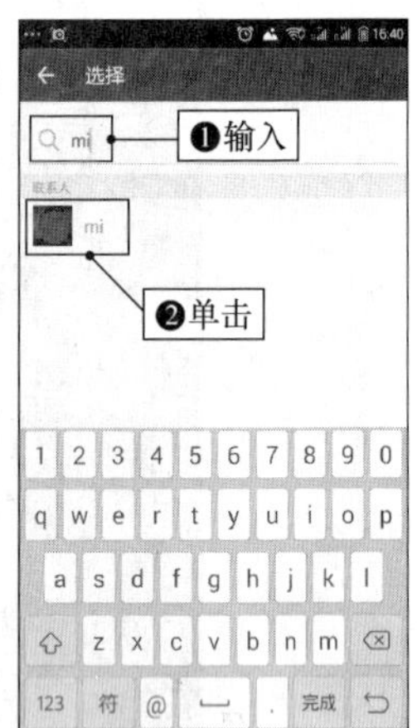

图12-105

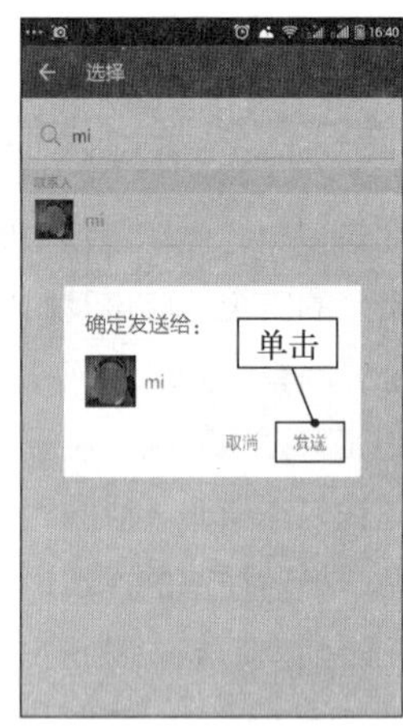

图12-106

2. 用拼手气群红包活跃群内气氛

拼手气群红包只能在微信群里发放，不能发给个人。群员抢到红包后，会发现包内金额是大小不等的（但总数不超过200元）。很多人在微信群中发红包供群员哄抢，这是因为拼手气群红包比普通红包更有意思，抢到红包的群员可以相互比较红包大小，这样就能较快地活跃群里的气氛，因此拼手气群红包也成了一种微信群营销的利器。

发拼手气群红包的方法与发普通红包一样，只不过在选择红包类型时，单击“拼手气群红包”按钮即可。

专家提点　发拼手气群红包的一些技巧

拼手气群红包通常用于活跃群内气氛，因此发红包时可以附带一些留言，如“祝大家新年快乐手气旺！”或“散财童子求支持”等。作为微店店主，应该有自己的买家群，在需要活跃气氛时，也应该发一些红包，几元到几十元不等，充分调动群内积极分子的参与，从而让整个群充满生机。不过，群红包也不宜发送太频繁，太频繁会让其效果下降，也不能太有规律，有时没按规律发，群员会失望，反而不好。

12.5 利用微店营销功能提升店铺销量

在前面的章节里已经简单介绍过，微店APP的“推广”模块中带了一些常用的营销功能，比如满就减、店铺优惠券、限时折扣等。充分利用这些功能，可以为店铺吸引买家，提高销量。下面介绍其中最常用的一些功能。

12.5.1　怎样做满就减活动

扫码看视频

满就减活动是微店APP“推广”模块中最常用的功能。店主可以用该功能设置当买家购买商品总金额到达一定数量时（比如55元），则自动减免一定金额（如5元）作为优惠。

第1步 在微店APP第二页单击“推广”模块，进入“推广”页面，单击“满减”按钮，进入满减优惠页面，如图12-107所示。

第2步 单击“创建”按钮，如图12-108所示。

图12-107

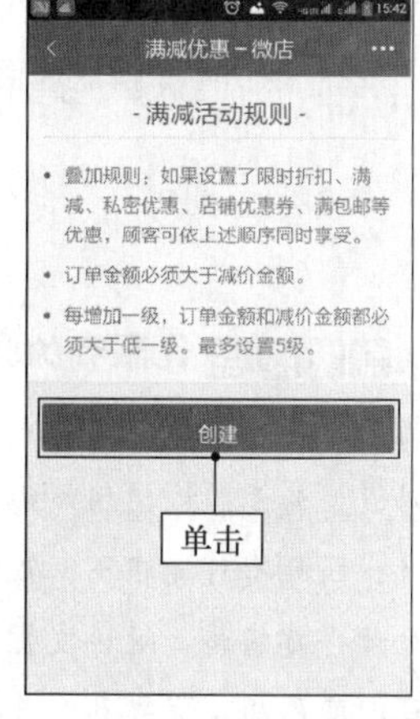

图12-108

第3步 ❶设置活动名称、开始与结束时间，并设置第一级满减金额；❷单击“添加下一级”按钮，如图12-109所示。

第4步 ❶设置多级减免；❷单击“完成”按钮，如图12-110所示。

图12-109

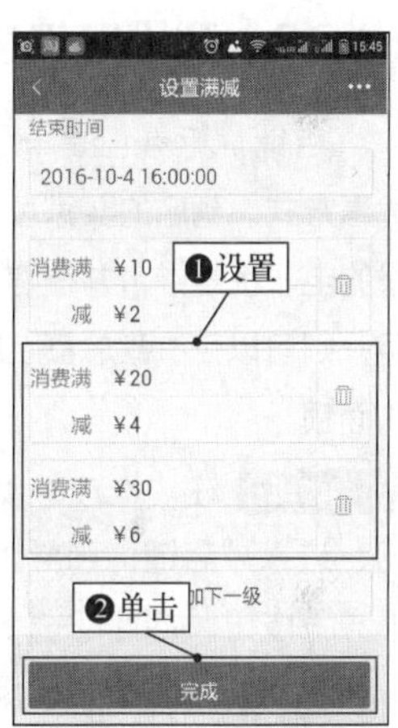

图12-110

返回上一页后，可以看到新创建的满就减活动，如图12-111所示。在微店首页，也可以看到相应的提示内容，如图12-112所示。

图12-111

图12-112

专家提点 满就减活动要经过仔细计算

很多店主可能觉得满就减活动很简单，随意设置几个金额等级，随意减个几元钱，就可以了，其实这样做并不能将利益最大化。一个好的满就减活动，需要将店铺里各买家的历史记录研究透彻，在最常见的几个购买组合上，略微添加几元钱，形成等级，这样很多买家会发现刚好差一点就能凑齐满就减的金额等级，于是会再多买一件商品，这就增加了店铺销量。这只是一种最常见的计算法，还有很多更适合自己小店的计算法，需要店主们自行摸索。

12.5.2 利用店铺优惠券吸引买家

店铺优惠券也是一种很常见的优惠方式。到店的买家可以领取一定量的电子优惠券，并在购买商品时使用，则可以在货款总额上减去优惠券的面额。

扫码看视频

第1步 在“推广”页面单击“店铺优惠券”按钮，进入“店铺优惠券”页面，单击“添加店铺优惠券”按钮，如图12-113所示。

第2步 设置优惠券的面额、订单下限、是否公开等信息，如图12-114所示。

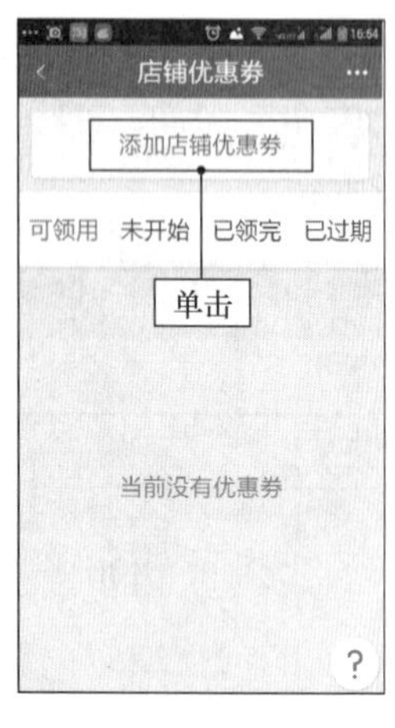

图12-113

图12-114

第3步 设置完毕后，单击“完成”按钮，如图12-115所示。

第4步 单击“确定”按钮，如图12-116所示。

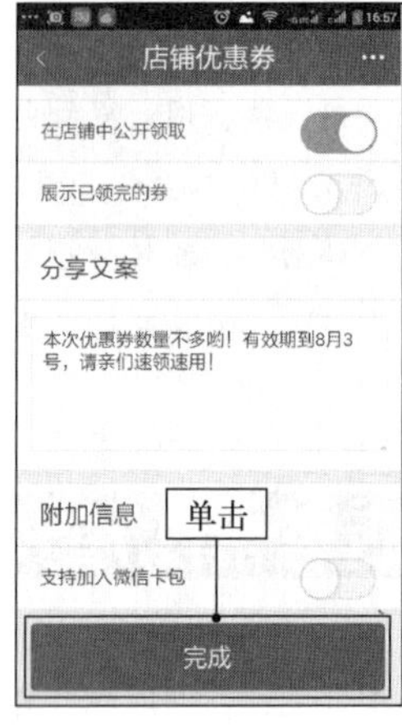

图12-115

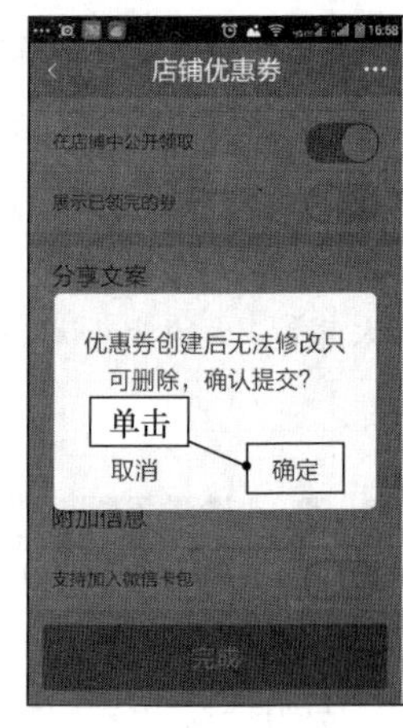

图12-116

返回“店铺优惠券”页面，可以在这里看到新设置的优惠券（在“未开始”一栏中），如图12-117所示。在“已领用”“已领完”和“已过期”三栏中还可以见到相应的优惠券。买家在微店首页也可以看到优惠券，只需单击即可获取，如图12-118所示。

图12-117

图12-118

专家提点 优惠券的奥秘

优惠券其实本质与满就减差不多，只不过优惠券可以设置为无门槛使用。由于满就减不能限制使用人数，因此有可能在买家较多时反而出现亏损，或者导致存货售罄，延误发货。如果有这样的顾虑，则可以使用店铺优惠券，并控制优惠券的发放数量，这样一般就不会出现各种意外了。而且不像满就减活动，优惠券的优惠总额也是可以明确计算出来的，店主可以根据自己经济实力进行设置。

12.5.3 利用限时折扣提高销量

扫码看视频

就像商场不时来一场“全场大减价”进行促销一样，微店也可以对商品实行打折出售，并对打折时间设置期限，到期恢复原价。这样可以促使很多原本收藏了某款商品，但又犹豫着一直没有购买的买家下决心进行购买。

第1步 在“推广”页面单击“限时折扣”按钮，进入“限制折扣”页面，单击“添加”按钮，如图12-119所示。

第2步 单击要设置折扣的商品，如图12-120所示。

图12-119

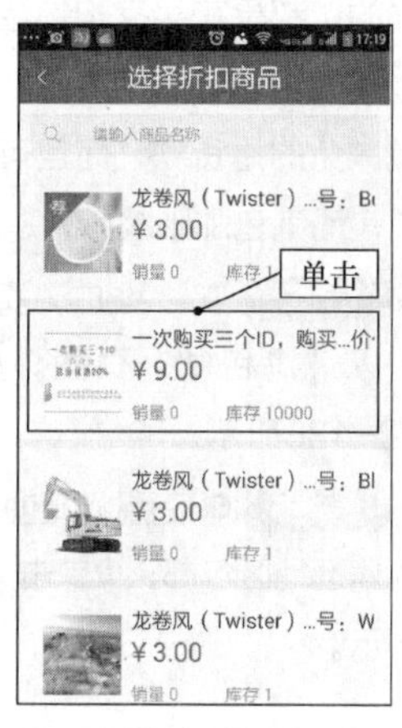

图12-120

第3步 ❶设置折扣价格以及开始、结束时间等；❷单击“完成”按钮，如图12-121所示。

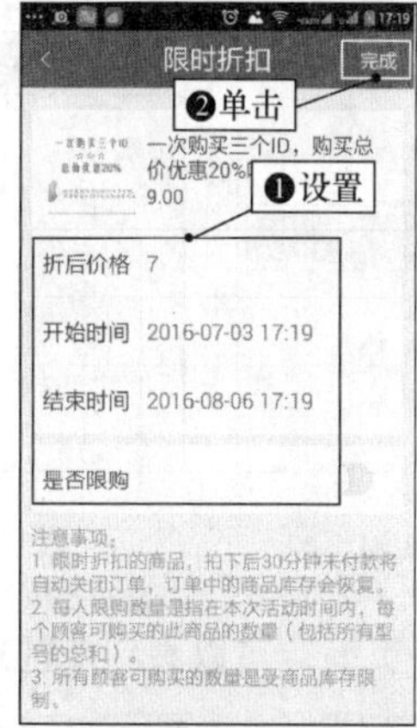

图12-121

返回上一页，可以看到新设置的折扣商品，在此可以设置多个折扣商品，如图12-122所示。买家在店铺首页，也可以看到新增加折扣商品，在商品图标右下角有一个关于打折的标签，上面标着打折的百分比，如图12-123所示。

图12-122

图12-123

专家提点 限时折扣的技巧

店主在进行限时折扣时，如果把时间设置得太长，未免有种“假折扣”的感觉，如果设置得太短，又会让很多买家因为不知道而错过。其实，限时折扣活动之前，最好先进行一段时间的预热宣传，然后再开始进行折扣活动。活动时限一般设置为3～30天即可，太短或太长都会让折扣失去意义。

12.5.4 私密优惠给买家VIP待遇

扫码看视频

私密优惠是指小范围甚至一对一的优惠，需要店主将优惠链接发送到微信朋友圈，或者直接发送给买家。买家通过私密优惠链接访问店铺时，店铺中所有的商品都会按照优惠价格打折，而其他不知道私密优惠的买家访问则无法享受打折。

第1步 在“推广”页面单击“私密优惠”按钮，进入“私密优惠”页面，单击“添加”按钮，如图12-124所示。

第2步 ❶设置折扣及开始、结束时间；❷单击“完成”按钮，如图12-125所示。

第3步 返回上一个页面，单击“完成”按钮（也可以在此通过各种分享渠道将优惠发送给买家），如图12-126所示。

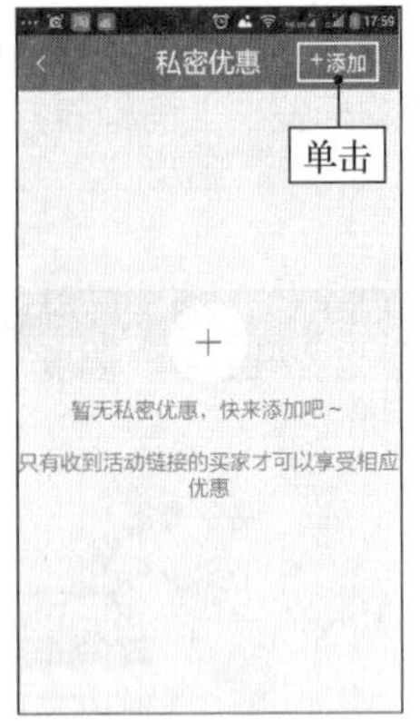

图12-124

图12-125

第4步 如果要将已存在的优惠发送给买家，可在“私密优惠”页面单击该优惠，如图12-127所示。

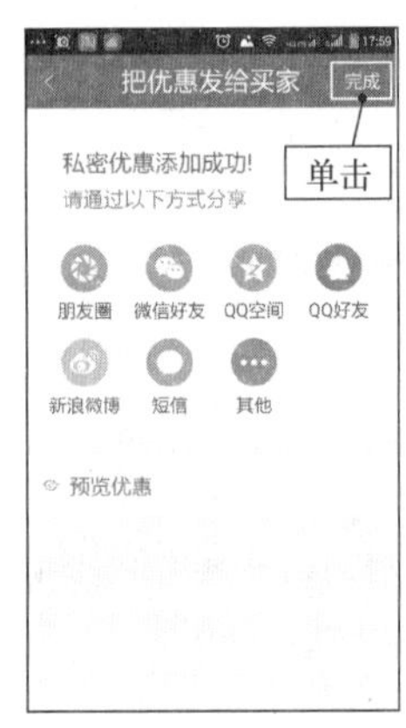

图12-126

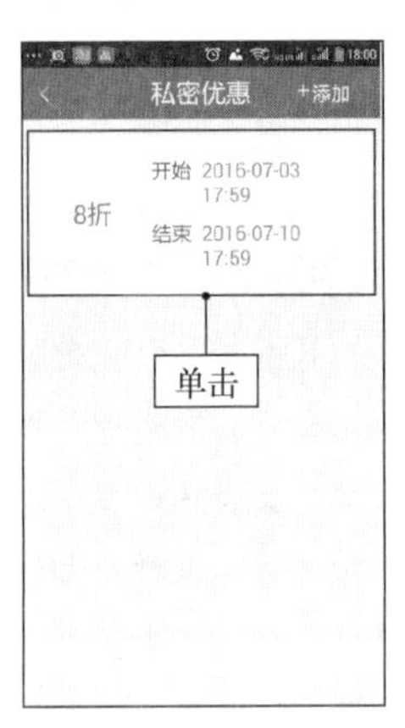

图12-127

第5步 单击社交软件按钮分享私密优惠链接，如图12-128所示。

当买家使用私密优惠链接进入微店时，会看到相应的提示，如图12-129所示。该提示不会在正常访问时显示。

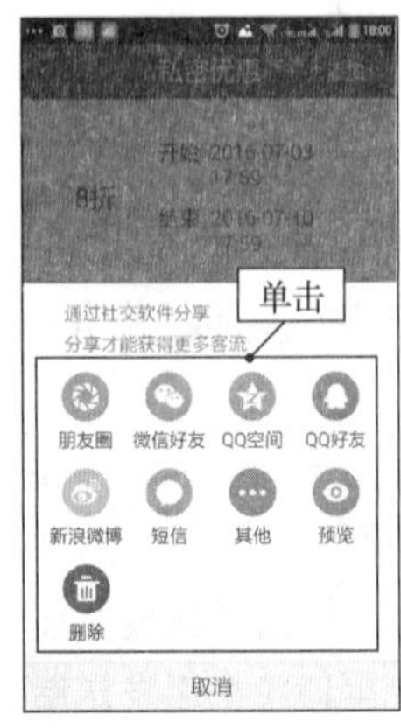

图12-128

龙卷风Twister帐号...

感谢一直对小店的关注，本店正在8折限时优惠，有效期:2016/07/03 17:59至2016/07/10 17:59

龙卷风Twister帐号联络购买

图12-129

> **专家提点 私密优惠的本质**
>
> 私密优惠的本质就是人为制造等级观念，让买家觉得自己“高人（普通买家）一等”，觉得自己是VIP客户，很受店主的重视，从而在心理上得到满足，对店铺以及店主产生好感。其实私密优惠的力度也未必就比满就减、限时折扣等大，其吸引人之处就在于“私密”。店主理解了私密优惠的本质，就能够更好地利用私密优惠来吸引买家了。

12.5.5 为商品设置满包邮

扫码看视频

满包邮的本质和满就减其实是一样的，都是在买家购物金额达到一定数量时，对其进行减免，只不过满就减减免的是货款，而且可以分等级减免；而满包邮则减免的是邮费。

第1步 在“推广”页面单击“满包邮”按钮，进入“满包邮”页面，单击“创建”按钮，如图12-130所示。

第2步 ❶设置达到包邮条件的消费金额，以及是否为偏远地区包邮；❷单击“确定”按钮，如图12-131所示。

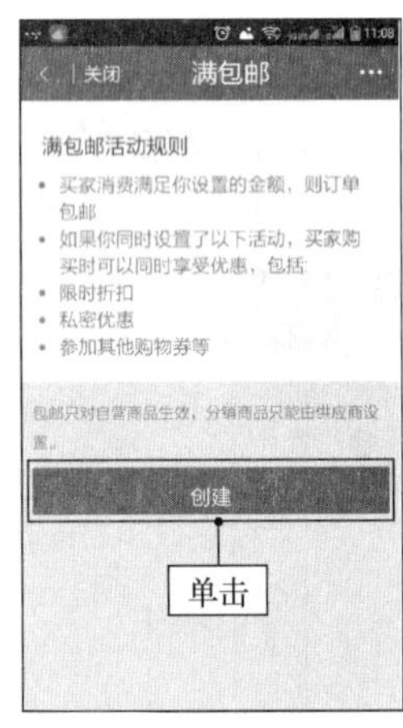

图12-130

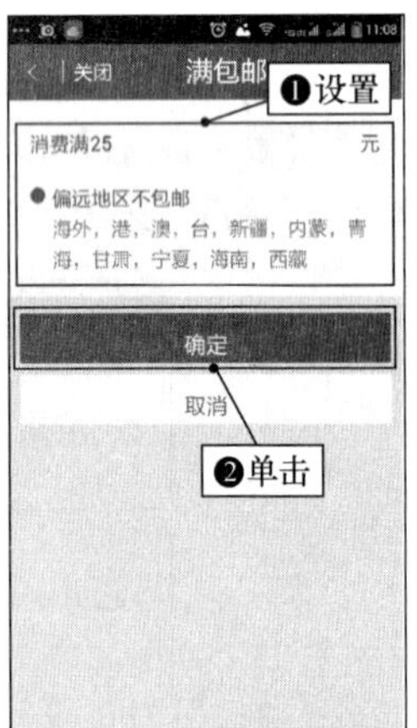

图12-131

返回上一页面，可以看到新创建的满包邮活动，如图12-132所示。买家在微店的首页也可以看到相应的提示，如图12-133所示。

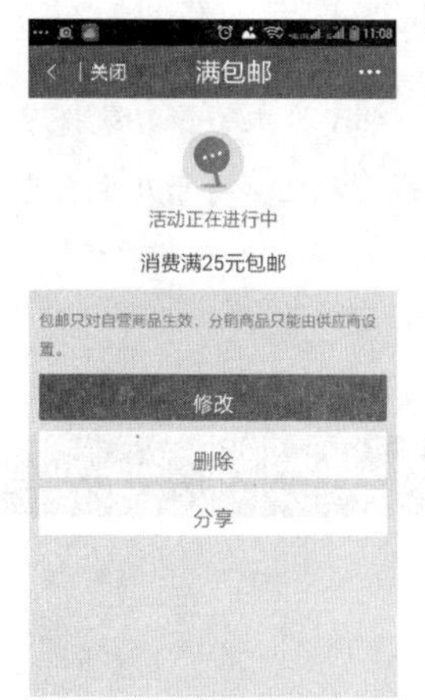

图12-132

图12-133

图12-134

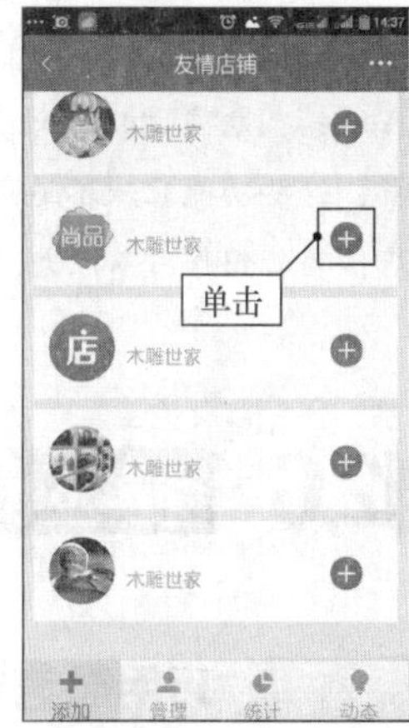

图12-135

专家提点　注意满包邮与其他活动的重叠性

满包邮是可以与限时折扣、私密优惠重叠生效的，因此店主最好在开展满包邮活动之前，先综合计算一下，看是否会亏本，如果把亏损部分当作宣传费用，那么其损失金额是否在能承受的范围之内。还需要注意的是，满包邮只能应用于店主的自营产品，不能应用于分销的产品。

12.5.6　为店铺设置友情链接

微店与微店之间可以相互设置友情链接。比如A店铺设置一个链接指向B店铺，买家单击该链接即可跳转到B店铺；同时B店铺也设置一个指向A店铺的链接。这样两个的店铺的买家可以在一定程度上实现流动，这就比单打独斗获得的买家数量要多一些。因此这种友情链接是网店中最常用的互助手段之一。

第1步 在“推广”页面单击“友情店铺”按钮，进入“友情店铺”页面，❶输入友情店铺的名字（也可以输入店主账号或店铺网址）；❷单击“确定”按钮，如图12-134所示。

第2步 找到要添加的友情店铺，单击右边的添加符号⊕，如图12-135所示。

等待对方验证，如图12-136所示。待对方验证通过后，即可单击“管理”选项卡，看到新添加的友情店铺，如图12-137所示。

当买家进入店铺后，可在店铺最下方看到该友情链接，如图12-138所示。

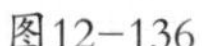

图12-136

图12-137

如果有人向自己发送了加友情店铺的申请，则可在友情店铺的“动态”选项卡中看到，单击“接受”按钮，即可同意对方的申请，如图12-139所示。通过申请后双方都会自动将对方列为友情店铺，不存在单方面添加的情况。同样，任意一方删除了友情店铺之后，双方的友情店铺都会从同时消失。

图12-138

图12-139

专家提点 关于营销模块中的其他营销功能

在营销模块页面中，还有一些其他营销功能，如微客多、分享赚钱、活动报名、分成推广等，经笔者了解，这些功能比较不适用，有些是付费打广告，有些是靠推广别人的产品赚一点钱，总之，对于店主自己店铺的营销作用不很大，因此在这里就不一一介绍了。

12.6 秘技一点通

技巧1 巧用微信红包吸引粉丝

微信红包不仅能进行转账和活跃气氛，还能用来吸引关注者（粉丝），这些关注者可能会成为自己店铺的买家，是潜在的“购买力”，其数量当然是多多益善。下面就介绍一个花费不多但效果不错的红包吸粉法。

制作一个带有自己微信二维码的图片，图片下面包含一行文字“把下面二维码和这段文字转发到你朋友圈，截图给我，我就连发两个红包，绝对不骗人”，如图12-140所示。然后建一个微信群，用常规方法拉几十个好友，将这个图片发到群里。

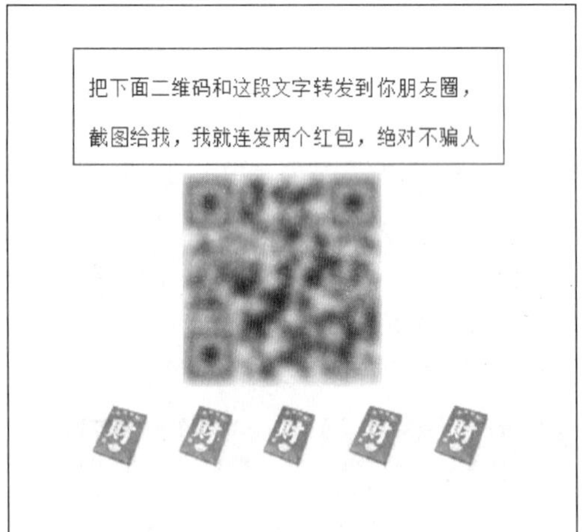

图12-140

一开始可能大家都在观望，但会有人忍不住尝试，按照图片中的要求发到朋友圈，然后回来领红包。在发微信红包的时候，一般发个1元钱就可以了，分两次发，这是为了避免有领取红包后就删除信息的情况发生，间隔一定时间发一批红包，如30分钟发一次。相信30分钟一条朋友信息能够被不少人看到。

如果有人看到了这条消息，也转发了朋友圈，他要领红包就必须扫描二维码加自己为好友，这样就新增了粉丝，这样就形成了裂变效应。不过规模要控制好，一旦超出资金预算，就要告诉新增加的粉丝：“对不起，本活动已经结束了，下一次活动正在筹备中，敬请期待！”这样最后一波粉丝虽然没有拿到红包，但仍然会有一部分人抱有希望，不会马上删除好友。

技巧2 如何做好搭配套餐促销

如何才能做好搭配套餐，让买家倾向于购买套餐，而不是单一的商品呢?

（1）先排序商品销量，从商品销量最好的开始设置搭配套餐。这个最关键，选择什么样的商品进行搭配，关系到店里所有商品的整体销售，要让销量好的商品带动其他滞销的商品销售，还要让销量好的商品搭配新品推广。

（2）要选择有关联性的产品，来做搭配套餐的活动，这样才能达到事半功倍的效果，比如选择衣服+裤子、打印机+油墨等，相互搭配关联性强的产品。

（3）选择多少商品搭配也很重要，一般情况下搭配一两个，也可多搭配一些。如选择一个热卖商品并搭配些不好卖的商品可以增加后者的流量。

（4）合理设置搭配套餐的价格，让买家产生购物冲击力，关于这点大家可以根据自己的商品利润来看，原则是搭得多优惠多。让买家感觉到实惠和实用，遵循这两个原则很重要。

技巧3 如何避免促销雷区

促销无疑是吸引顾客、增加店铺销量的重要手段，但是在进行促销时，店主还应该尽量避免哪些雷区呢?

虽说促销能够为店铺带来销量，但是仍有很多店主不知道合理促销的原则，一味促销降价，最终不但不能增加销售量，反而步入促销的误区。

1. 一味打折降价

毫无疑问，现在低价促销成了促销活动的主要内容，很多企业觉得用价格当作促销工具，将降价当作促销活动，战无不胜。但大家都知道这是一把“双刃剑”，刺伤了别人，同时也刺伤了自己，是必将被抛弃的一种促销手段。促销创新如果能让价格不受促销活动的影响而下跌，继续保持稳定且又能让促销效果良好，这将是促销创新的极大突破。

促销活动与降价活动本是应该尽量避免同时使用的两个营销因素，首先促销活动的开展与价格的降低都会消耗掉店铺的资源和削减商家的利润；其次促销本身的意义就是在不调整价格的前提下，通过一些更新而不是传统的价格变动来吸引消费者。

2. “一锤子”买卖

“促销”不是眼前的“一锤子”买卖，而是提供优质的产品和长期的服务。每当重大节、庆日，商家一般都会发起轰轰烈烈的产品促销活动，但我们在这热热闹闹的活动中，一定要警惕和提防产生“一锤子”买卖的行为，售后服务不愿做或长期服务跟不上，形成活动之时客户是上帝，活动过后客户是奴隶的局面。这样做的后果是，促销活动激励的效能会随着活动的终止而销声匿迹，浪费促销带来的人气。

3. 促销手段单一

供应商在促销的形式上时常表现得较为单一，特价、捆绑买赠是比较常见的促销形式。其实促销有很多种，关键是怎么整合运用，不同的组合就会产生不同的效果。促销策划是一个系统工程，一个有销售力的促销是在深挖消费者需求的基础上策划出来的，同时还要兼顾产品的特性及竞争对手的信息，根据市场的不同情况策划不同的促销。

开店小故事

空少手机开店赚大钱

85后男生钱安平，做着许多年轻人心中最向往的职业——空少。穿着笔挺的制服，在世界各国飞来飞去，这就是他日常的工作。

“做空少其实也有不少麻烦，最大的麻烦是亲朋好友经常要我帮忙从国外带东西回国，像我表姐刚生孩子那会，经常托我带奶粉，姑妈也经常托我带化妆品，这还算好的，有人甚至托我带电饭煲、空气炸锅之类的电器，分量可不轻。”钱安平笑着说。

有一次，表姐无意中说起，她托钱安平带回来的一款化妆品不太适合她的肤质，但那款化妆品一共有3瓶，于是她把没有开封的两瓶化妆品放到网上卖掉了。由于化妆品带有国外发票，买家很放心，爽快地付了款。说者无意听者有心，钱安平心想，自己为什么不购买一些国外的好商品，回国卖掉呢？这样既方便了国内买家们买到货真价实的商品，自己也赚了钱，真是一举两得。

钱安平在淘宝网上做了一番调查，发现做国外代购的人还真不少，竞争激烈。但他很有信心，因为他的商品有两大优势，一是货真价实，二是没有邮费。前者可以为他的店铺赚来信誉，后者可以让他的商品具有一定的价格优势。

“因为我经常飞来飞去，带电脑肯定不方便，即使笔记本电脑也不行，因此只有在手机上想办法，毕竟手机是随身携带的。经过一番调查，我找到了微店APP，申请了一个账号，上传了20来个商品就开张了。”

微店的好处就是操作简单，上手快，整个店铺的经营在APP里就能完成。钱安平每次回到国内，就利用休假时间宣传自己的微店，在国外时，则打开手机处理订单。对钱安平来说，最大的不方便是在飞行途中无法使用手机，不过影响也不大，因为他把自己的情况都写到微店首页上，顾客们都表示理解，觉得买起来更加放心。

微店开张一年多，钱安平就赚了10多万，虽然相对他的工资而言并不算特别多，但比较轻松，钱安平打算以后即使不做空少了，也可以利用在航空公司的人脉关系继续经营代购微店。

采访的最后，钱安平表示，如果要做代购这一行，一定要记得为商品交税，不要为了贪图短期利益而触犯法律。

第13章 微店装修快速上手

本章导言

由于微店是运行在手机上的APP，而手机屏幕要比电脑屏幕小很多，因此，微店的店铺页面能容纳的内容比电脑端的淘宝店少得多，其装修也要简单得多。不过这并不是说微店的装修可以应付了事，对于微店装修的风格、色调、店名及店标等，都要精心选择与设计，才能让买家感觉到店主对经营的用心，从而提升店铺的亲和力，吸引更多的买家。

学习要点

- 做好装修前的准备工作，包括确定风格、设计店标店招等
- 掌握店标与店招、店铺公告、封面的上传方法
- 掌握编辑商品列表样式的方法
- 掌握为店铺首页添加新模块的方法
- 掌握应用装修更改的方法

13.1 做好装修前的准备工作

要做好微店的装修，需要店主从自己的经营类型出发，选择适当的装修风格与色调，再收集相应的素材，为店铺起名，设计店招等，这些都是装修前的准备工作。

13.1.1 根据经营类型定位装修风格

店铺风格的选择，关系到店铺经营的走向，关系到买家对店铺的第一印象，是一个很重要的装修因素，在前面淘宝店的装修中已经讲解过相关的内容，下面来看看在微店中，装修风格的整体效果是怎样的。

图13-1所示为经营电子数码产品的微店，采用蓝、黑、白为主的风格，体现出店铺的科技感与时尚潮流感，吸引目标顾客购买。

图13-2所示为经营母婴用品的微店，采用粉红、粉蓝等温馨风格，触动母亲们的柔软内心，吸引她们购买产品。

图13-1　　　图13-2

假如倒过来，数码店采用粉红风格，母婴店采用蓝黑风格，其效果恐怕大家不用试都知道，是极其糟糕的。因此选好装修风格对经营很重要，店主要多看看其他人的店铺装修，从中汲取经验。

13.1.2 为装修收集素材

如何搜集装修素材，在之前淘宝店的装修中已经讲解过了。这里要强调的是，微店的装修素材与淘宝店有一定的区别。这是因为微店运行在手机上，手机屏幕不仅较小，而且是竖屏，因此所需的素材图片要注意以下几点。

- 背景图等图片应该多使用竖屏图片，也就是高大于宽的图片。
- 素材的图案、文字等不要太繁复，因为手机屏幕小，店标更小，太繁复的图案和文字买家看不清，反而导致不好的视觉体验。

13.1.3 为微店设计有特色的店标与店招

一个好的店标设计，除了传达明确的信息外，还在方寸之间表现出深刻的精神内涵和艺术感染力，让买家觉得有意思、有趣，给买家留下深刻的印象。要做到这一点，在设计店标时需要遵循一定的设计原则和要求。

- 选择合适的店标图片素材：店标图片素材通常可以从网上或者素材光盘上进行收集，通过搜索网站输入关键字可以很快找到很多相关的图片素材。用户也可以登录设计资源网站，找到更多精美、专业的图片。用户在选择图片素材时，要尽量选择尺寸大一些的，清晰度好的，没有版权问题的，并适合自己店铺的图片素材。
- 突出店铺的独特性质：店标是用来表达店铺的独特性质的，要让买家认清店铺的独特品质、风格和情感，要特别注意避免与其他网站的Logo雷同。因此，店标在设计上需要讲究个性化，让店标与众不同、别出心裁，图13-3所示是一些个性的店标设计作品。

图13-3

- 要让自己的店标令人过目不忘：设计一个好的店标要从颜色、图案、字体、动画等几方面下手。在符合店铺类型的基础上，使用醒目的颜色、独特的图案、精心挑选的字体，以及强烈的动画效果都可以给人留下深刻的印象。
- 统一性：店标的外观和基本色调要根据页面的整体版面设计来确定，而且要考虑到在其他印刷、制作过程中进行放缩等处理时的效果变化，以便能在各种媒体上保持相对稳定。

下面就以图13-3中的“尚品”店标为例，讲解使用Photoshop设计店标的方法。

第1步 启动Photoshop，❶单击“文件”菜单；❷单击“新建”命令，如图13-4所示。

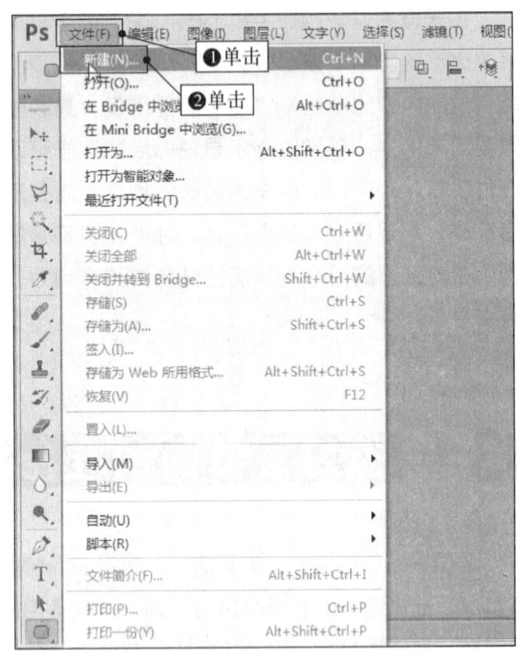

图13-4

第2步 ❶将“宽度”设置为300，“高度”设置为300；❷单击“确定”按钮，新建一个空白文档，如图13-5所示。

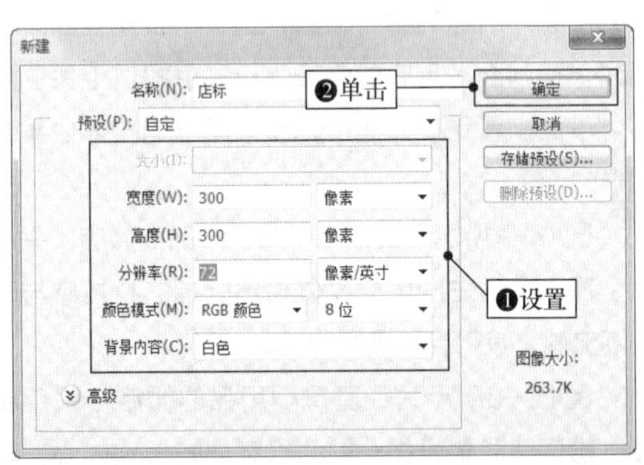

图13-5

第3步 在“图层”面板中单击“新建图层”按钮新建一个空白图层，❶在工具箱中选择“圆角矩形”工具；❷在工具属性栏中的下拉列表中选择“路径”选项；❸在图像区域按住Shift键，拖曳鼠标绘制一个圆角矩形；❹在工具属性栏中单击“选区”按钮，如图13-6所示。

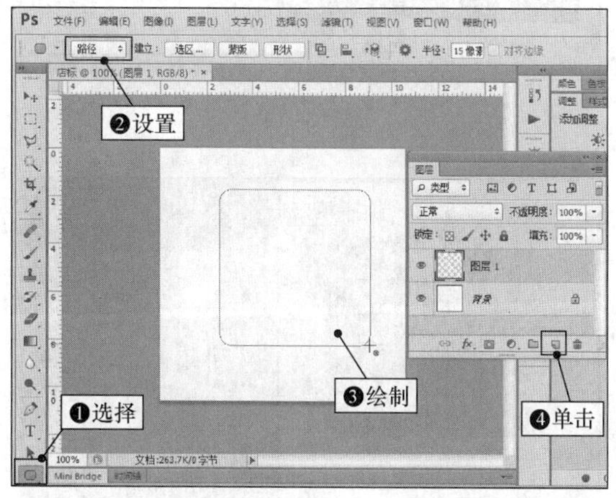

图13-6

第4步 打开“建立选区”对话框，单击“确定”按钮，将路径转换为选区，如图13-7所示。

图13-7

第5步 ❶在工具箱中选择“渐变填充”工具；❷在工具属性栏中单击“渐变编辑器”按钮，如图13-8所示。

第6步 打开“渐变编辑器”对话框，双击左下角色标，如图13-9所示。

第7步 打开“拾色器”对话框，❶在其中设置颜色；❷完成后单击“确定”按钮，如图13-10所示。

第8步 返回“渐变编辑器”对话框，双击右下侧的色标，打开“拾色器”对话框，❶在其中设置颜色；❷单击“确定”按钮，如图13-11所示。

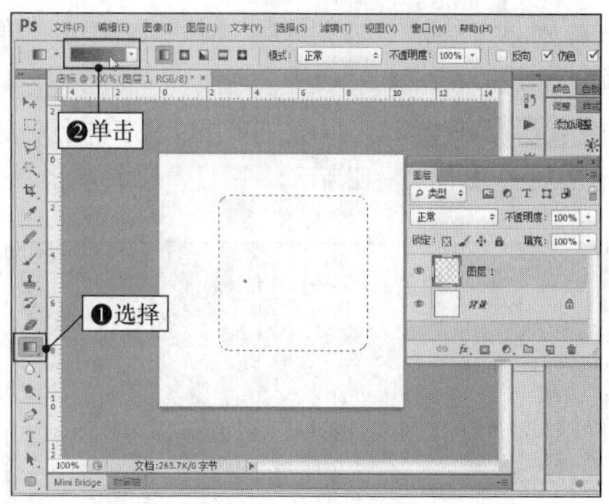

图13-8

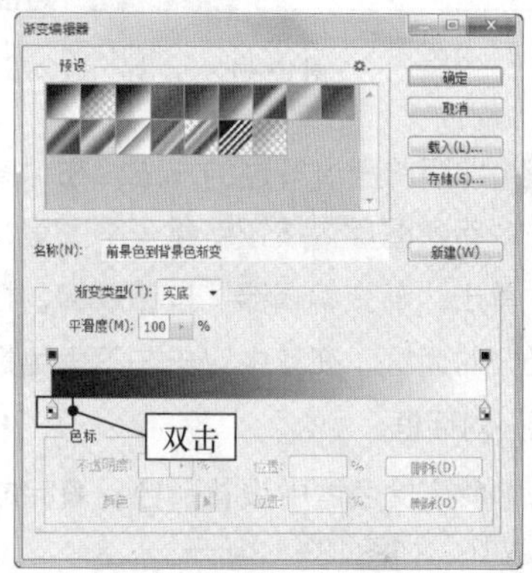

图13-9

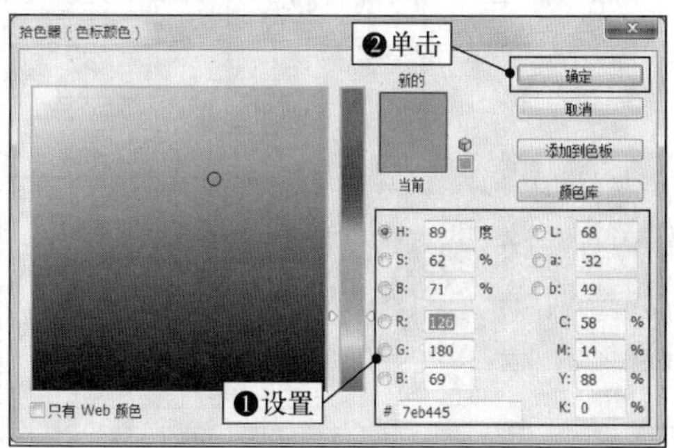

图13-10

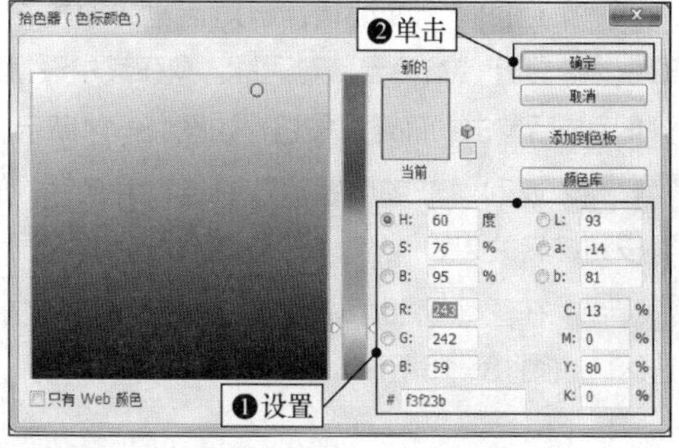

图13-11

第9步 返回“渐变编辑器”对话框并单击“确定”按钮将其关闭。

第10步 在图像窗口中，拖曳鼠标从下向上渐变填充选区，如图13-12所示。

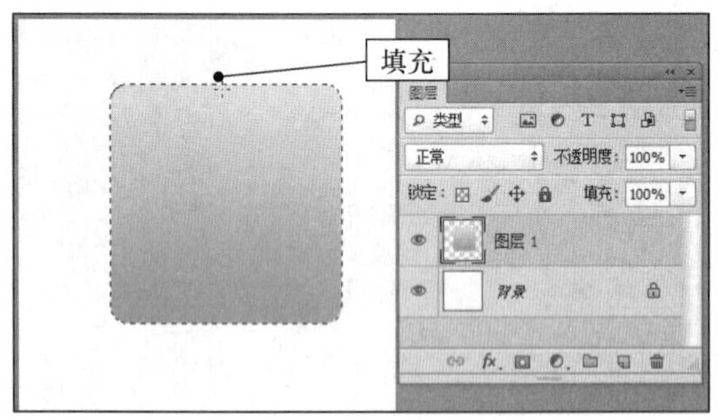

图13-12

第11步 按照前面讲解过的方法，在“图层”面板中单击“新建图层”按钮新建一个图层，在工具属性栏中单击“渐变编辑器”按钮，打开“渐变编辑器”对话框，在其中双击左下角色标，打开“拾色器”对话框。

第12步 ❶在拾色器中设置颜色；❷完成后单击“确定”按钮，如图13-13所示。

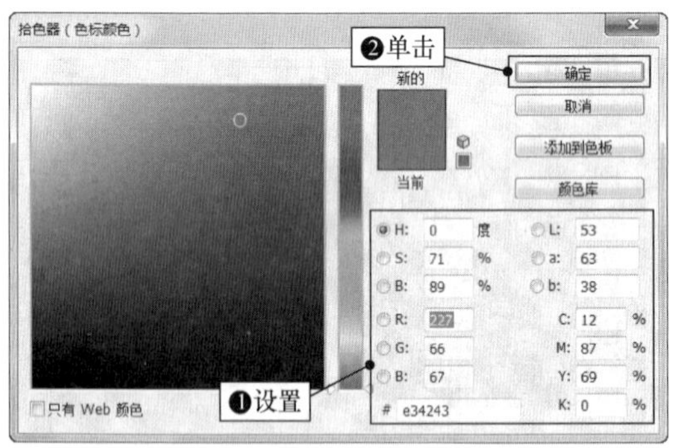

图13-13

第13步 返回“渐变编辑器”对话框，双击右下侧的色标，打开“拾色器”对话框，❶在其中设置颜色；❷完成后单击“确定”按钮，如图13-14所示。

第14步 返回“渐变编辑器”对话框并单击“确定”按钮将其关闭。

第15步 在图像窗口中拖曳鼠标从下向上渐变填充选区，如图13-15所示。

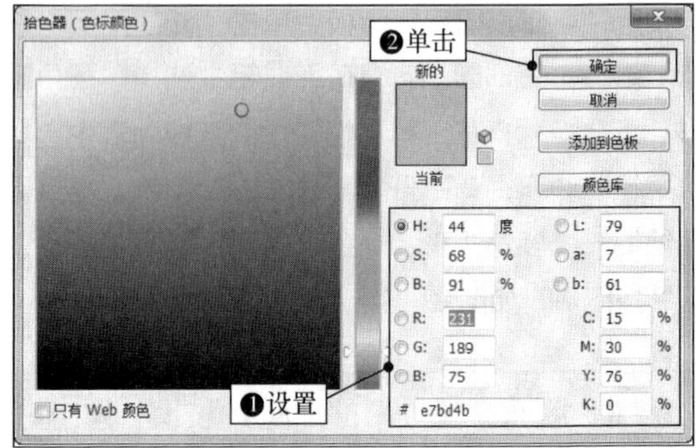

图13-14

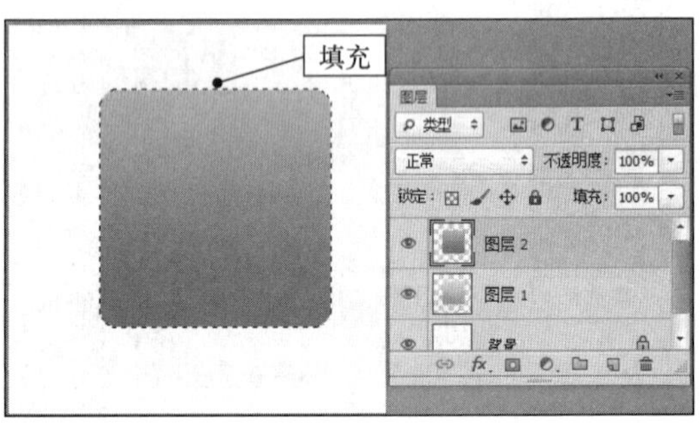

图13-15

第16步 使用相同的方法，新建一个图层，然后分别设置渐变色，如图13-16所示。

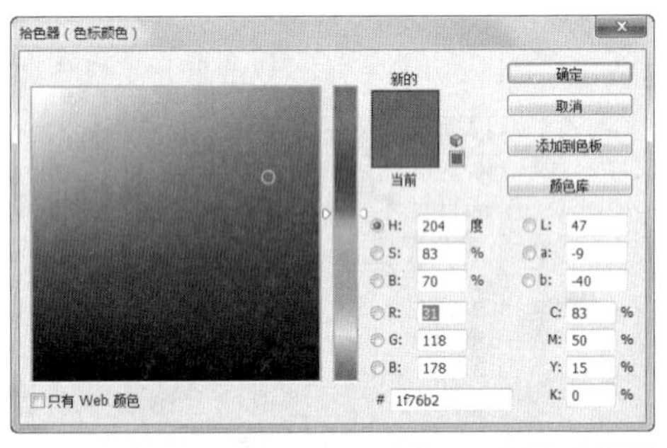

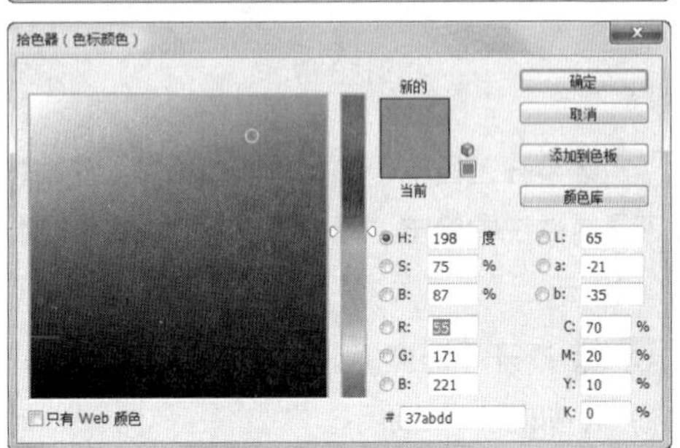

图13-16

第17步 拖曳鼠标指针从下向上渐变填充选区，按“Ctrl+D”组合键取消选区，其效果如图13-17所示。

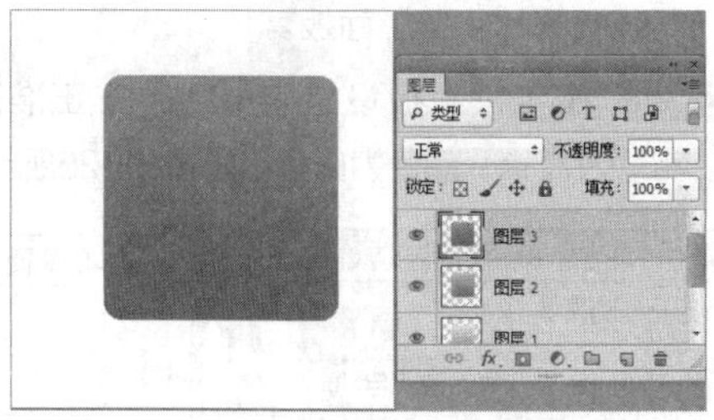

图13-17

第18步 ❶选择“图层”菜单；❷在打开的子菜单中选择“图层样式”选项；❸在子菜单中选择“描边”命令，如图13-18所示。

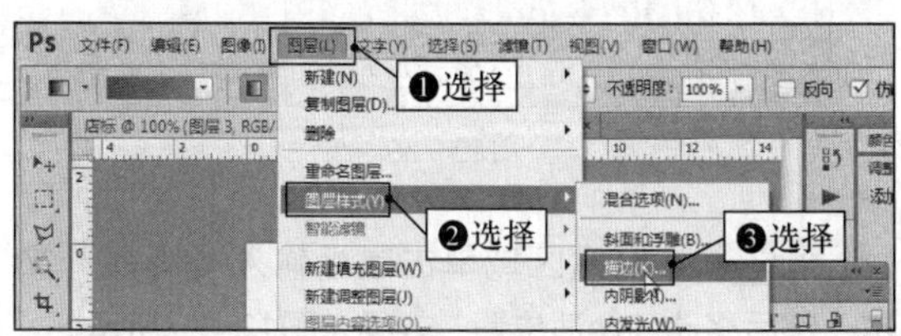

图13-18

第19步 打开“图层样式”对话框的“描边”选项卡，单击“颜色”色块。

第20步 在打开的“拾色器”对话框中，❶设置颜色；❷单击“确定”按钮，如图13-19所示。

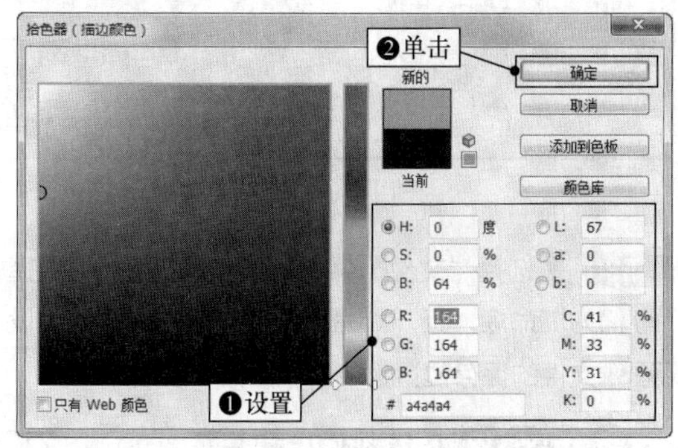

图13-19

第21步 返回“图层样式”对话框，设置“大小”值为1，如图13-20所示。

第22步 ❶单击“斜面和浮雕”选项；❷设置“大小”为2，“软化”为16；❸单击“确定”按钮，如图13-21所示。

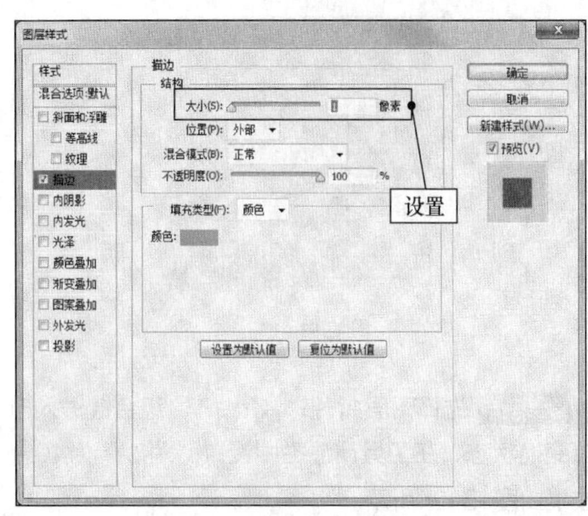

图13-20

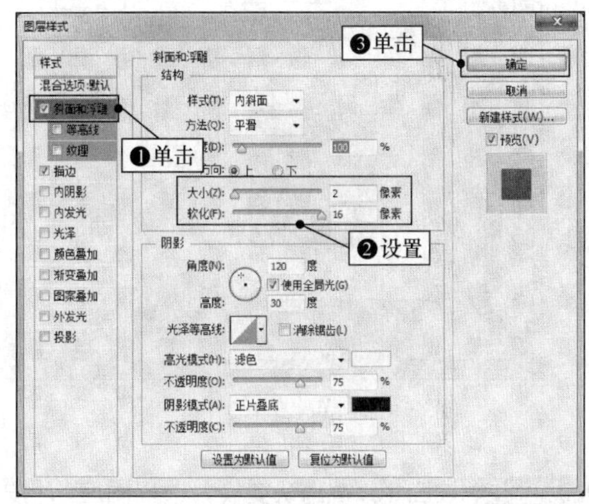

图13-21

第23步 将鼠标指针移动到图层面板中的图层样式图标上，按住Alt键的同时，向下拖曳图层样式到图层2上，如图13-22所示。

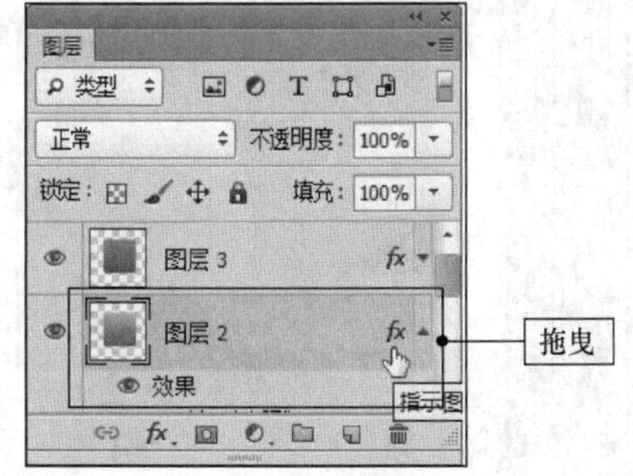

图13-22

第24步 使用相同的方法为图层1添加相同的图层样式，效果如图13-23所示。

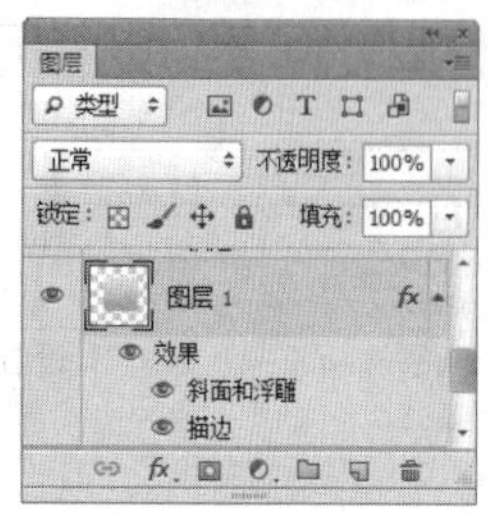

图13-23

第25步 选择图层1，按“Ctrl+T”组合键进入自由变换状态，在工具属性栏中设置“角度”为40，效果如图13-24所示。

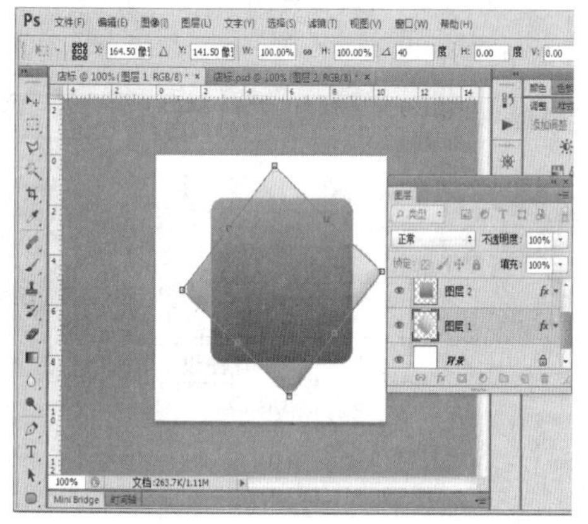

图13-24

第26步 按Enter键确认变换，选择图层2，按“Ctrl+T”组合键进入自由变换状态，在工具属性栏中设置“角度”为20，效果如图13-25所示。

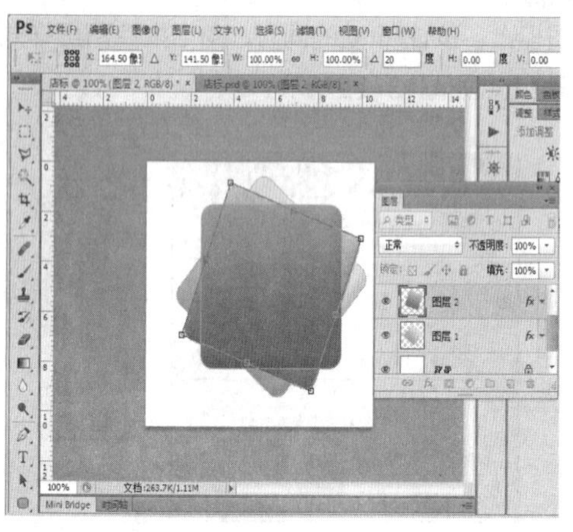

图13-25

第27步 按Enter键确认变换，在工具箱中选择文字工具，在工具属性栏中单击“切换字符和段落面板”按钮，打开“字符”面板。

第28步 在字符面板设置字体为“方正准圆简体”，字号为72点，颜色为白色，如图13-26所示。

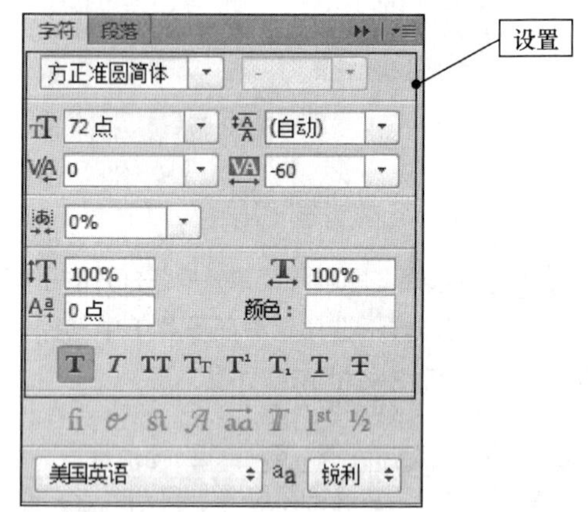

图13-26

第29步 在图像区域单击鼠标输入“尚品”文本，然后移动到合适位置，效果如图13-27所示。

图13-27

第30步 选择“文件”菜单，在打开的菜单中选择“存储为”命令，打开“另存为”对话框，在其中设置图像文件的保存位置，单击“保存”按钮即可。

高手支招 在线制作店标

如果店主不太会制作店标，或者没有时间制作店标，可以到网上的在线店标制作网站去做一个店标，只需选择一个模板，输入必要文字信息即可生成店标，非常方便。“三角梨”是一个比较好用的在线店标制作网站。

店招的设计与店标差不多，需要使用简洁鲜明的图片来传达店主的意图。微店的店招可以有两种比例：一种是宽高比2:1；一种是宽高比8:5。后者能容纳更多的信息。店招的宽度最好设置在1024像素左右，这样能让绝大多数手机显示清楚。

13.1.4　撰写明明白白的店铺公告

店铺公告虽然不是必须撰写的，但店铺公告其实是展示店铺信息的重点所在，还是要认真对待。一般来说，店铺公告应以亲切简洁的语言，将店铺特色表达出来，如果店主不知道写什么，可以从以下常见的公告内容中选取。

（1）店铺宣传广告。在微店中，店铺公告处于一个很显眼的位置，利用这个宝贵的广告位进行宣传推广，无疑会给店铺带来人气，如图13-28所示。

（2）店家温馨提示。以贴心温暖的语言，给买家关怀备至的感觉，会很快赢得买家的心，并且为店铺营造一种温馨的氛围，如图13-29所示。

图13-28　　图13-29

（3）店铺优惠活动。店主可以将店铺近期的商品优惠活动显示在公告中，以吸引更多的买家购买，如图13-30所示。

图13-30

高手支招　店铺公告不要一成不变

店铺公告最好隔一段时间更新一下内容，让老顾客有一种新鲜感，也让他们感到店主在用心经营。不过，公告中有一些部分是不必经常更新的，比如营业时间、包邮规则、售后微信号与电话号码等。

13.2　店铺装修实战

微店APP为店主们提供了装修功能，可以让店主们上传自己的店标、店招、封面等图片，还能对一些元素的排列进行简单的调整，让店铺页面变得更加独特，更加具有辨识度，能够在买家心中留下深刻的印象。

13.2.1　上传店标图片/店长头像图片

店主刚开通微店时，其默认店标是一个“店”字，如图13-31所示。要让自己的小店与众不同，显然要将这个默认的店标更换为自己亲手制作的店标。

扫码看视频

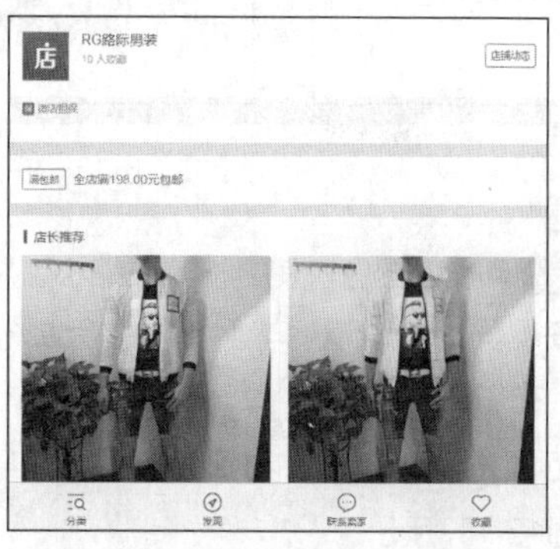

图13-31

在手机微店APP中更换店标的方法如下。

第1步 打开微店APP后，单击店标，如图13-32所示。

第2步 进入“微店管理”页面，单击微店默认店标，如图13-33所示。

图13-32

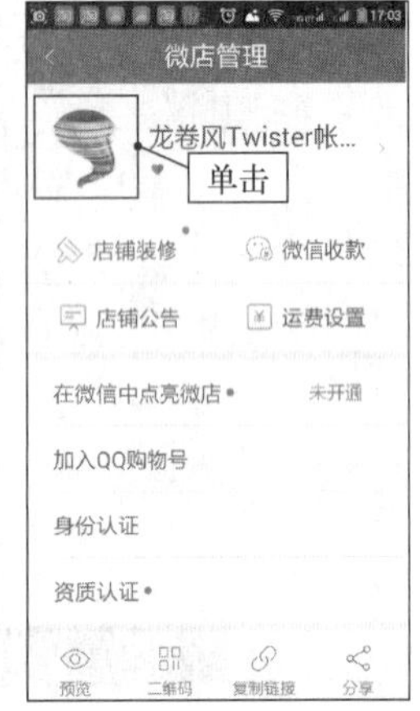

图13-33

第3步 进入“微店信息”页面，单击“微店”默认店标，如图13-34所示。

第4步 进入新页面，单击要上传的店标（请事先将店标图片复制到手机内存中），如图13-35所示。

图13-34

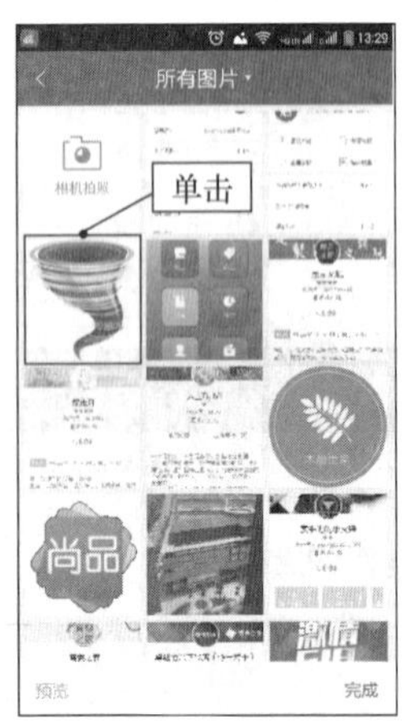

图13-35

第5步 ❶按住图像，使之扩大或缩小，将需要的部分留在框里；❷设置完毕后单击“完成”按钮，如图13-36所示。

返回上一页面，可以看到网店图标已经更换成功，如图13-37所示。

图13-36

图13-37

店长头像的上传方法也是一样的，这里就不再赘述了。需要提醒大家的是，店长头像最好使用真人头像，这样会比较容易获得买家的信任。

13.2.2 调整店标与店名的位置关系

在微店APP中，可以对店标与店名的位置进行调整，一共有3种位置关系，店主可以选择自己喜欢的一种来应用到自己的小店中。

扫码看视频

第1步 进入“微店管理”页面，单击“店铺装修”按钮，如图13-38所示。

第2步 进入“店铺装修”页面后，❶单击“我的”选项卡；❷单击默认模板右边的“编辑”按钮，如图13-39所示。

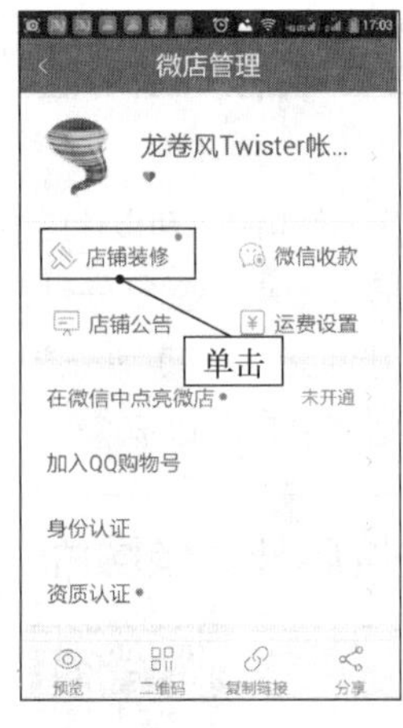

图13-38

图13-39

第3步 进入“自定义装修”页面，单击“店铺动态”下的“编辑”按钮，如图13-40所示。

第4步 ❶选择一个位置关系；❷单击“完成”按钮，如图13-41所示。

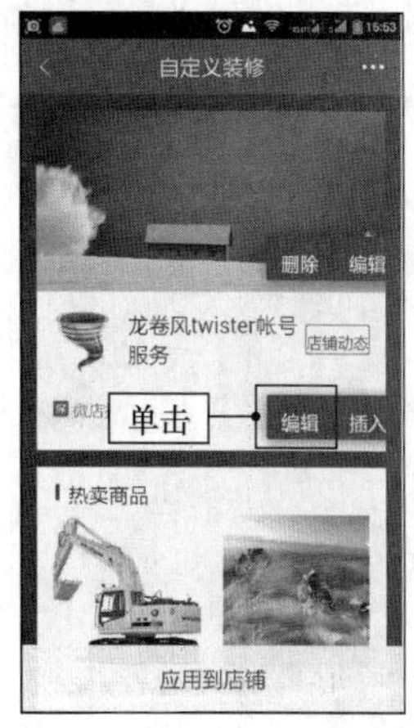

图13-40

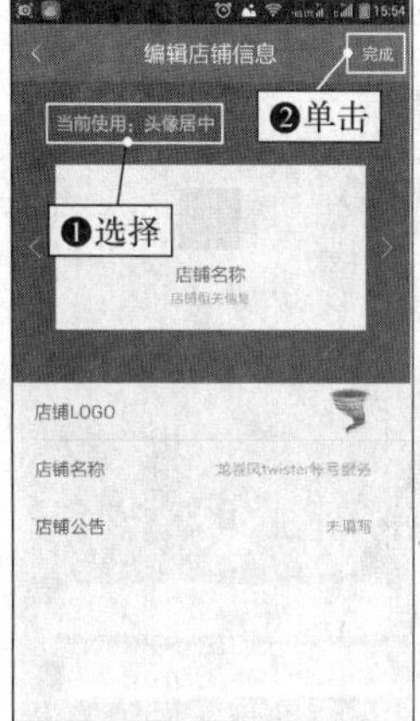

图13-41

返回上一页面后，可以看到店标与店名的位置关系已经改变了，如图13-42所示。

图13-42

专家提点　关于选择位置关系

在选择3种位置关系时，要单击位置关系图片左右两边的箭头来进行切换，由于印刷精度的原因，可能在书上的图中看不清左右箭头，但是在手机上操作时是能看到的。

13.2.3　上传店铺招牌图片

扫码看视频

微店店主刚注册开店时，其默认的招牌是一张简单的蓝天、白云、黄土地、红房子的图片，不具备任何宣传功能。为了让小店更具特色，也为了让买家看见自己在用心经营，店主应该将此默认图片替换为能够宣传自己小店，给人留下深刻印象的图片。

如果店主已经使用Photoshop等软件设计出了招牌图片，或者找到了现成的图片，可以事先将之复制到手机上，然后按照下面的方法上传到店铺中。

第1步 进入“自定义装修”页面，单击店招图片上的“编辑”按钮，如图13-43所示。

第2步 ❶选择店招比例；❷单击“更换店招图片”按钮，如图13-44所示。

图13-43

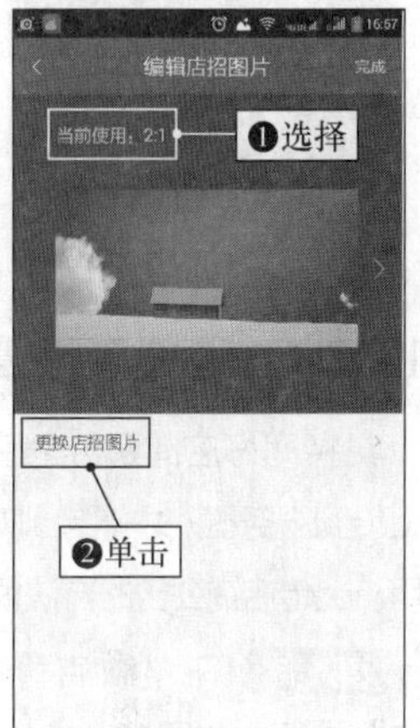

图13-44

第3步 单击要上传的店招图片，如图13-45所示。

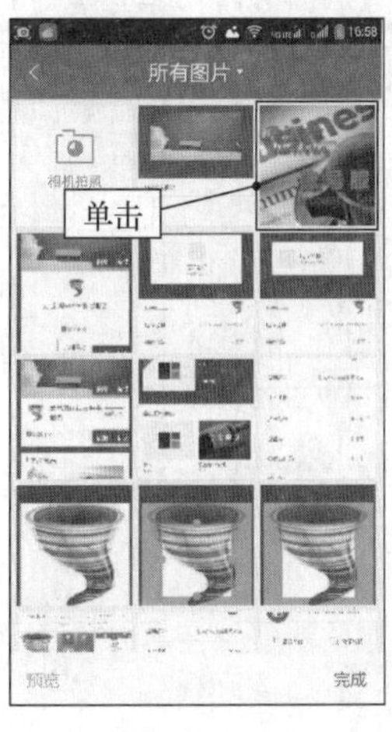

图13-45

第4步 ❶使用方框设置图片中需要显示的部分（也可进行扩大操作，选取图片中的一部分来进行显示）；❷设置完毕后单击“完成”按钮，如图13-46所示。

返回上一个页面后，即可看到店招已经更换成功，如图13-47所示。

图13-46

图13-47

13.2.4 上传店铺公告

扫码看视频

撰写好店铺公告之后，还要将之上传到服务器，才能起到对外宣传的作用。上传店铺公告的方法很简单。

第1步 在“微店管理”页面，单击“店铺公告”按钮，如图13-48所示。

第2步 ❶输入公告；❷单击“完成”按钮即可，如图13-49所示。

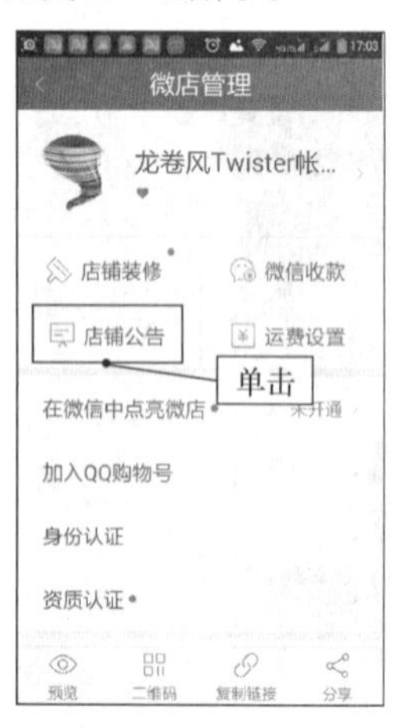

图13-48

图13-49

13.2.5 设置店铺封面

扫码看视频

店铺封面就是在访问店铺首页之前显示的一个页面，该页面上可以使用自定义的背景图进行宣传，还能显示最多达8个分类，如图13-50所示，单击分类按钮可以直接进入店铺内的相应分类，浏览该分类下的商品，如图13-51所示。

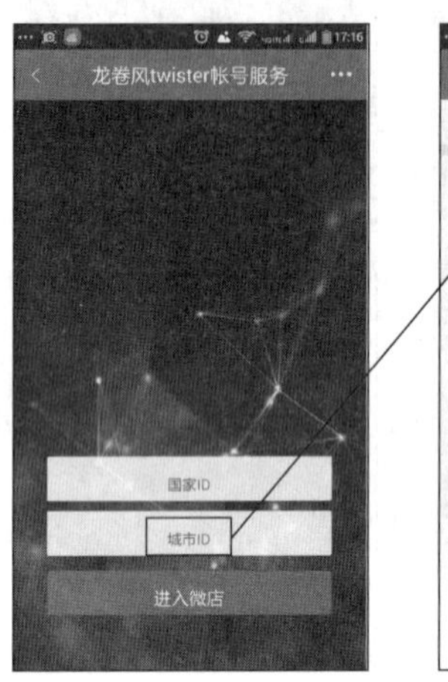

图13-50

图13-51

店铺封面并不是必须设置的。有的店主觉得不用封面，让买家直接进入店铺比较好，有的店主则认为店铺封面也是一个重要的宣传渠道，应该使用封面。封面的使用与否，在此并没有一个确定的结论，店主们可以根据自己的需要决定是否使用。

下面就以使用自定义图片作为封面，并选择不同商品分类格式的操作为例进行讲解。

第1步 进入“自定义装修”页面，❶单击页面右上角上的省略号按钮 ···；❷在弹出的菜单中单击“封面”选项，如图13-52所示。

第2步 单击需要的封面，如图13-53所示。

图13-52

图13-53

第3步 单击“更改背景图”按钮，如图13-54所示。

第4步 这里可以选择微店内置的背景图，也可以上传手机中的背景图，单击“上传图片”按钮，如图13-55所示。

图13-54

图13-55

第5步 单击要上传的店招图片，如图13-56所示。

第6步 ❶移动或放大缩小图片，设置需要显示的部分；❷设置完毕后，单击“完成”按钮，如图13-57所示。

图13-56

图13-57

第7步 返回上一页面查看效果，单击“完成”按钮，如图13-58所示。

图13-58

专家提点　关于封面的分类类型

封面可以设置两种分类：一种是单列分类，最多只能显示4个分类；另一种是双列分类，最多可以显示8个分类。当然也可以选择没有分类的封面，店主可自行决定。

13.2.6　编辑商品列表样式

扫码看视频

微店APP为店铺提供了3种商品列表方式：两列式（图13-59）、大图样式（图13-60）、详细列表（图13-61）。其中两列式是默认的列表样式。店主可根据需要选择相应的样式。

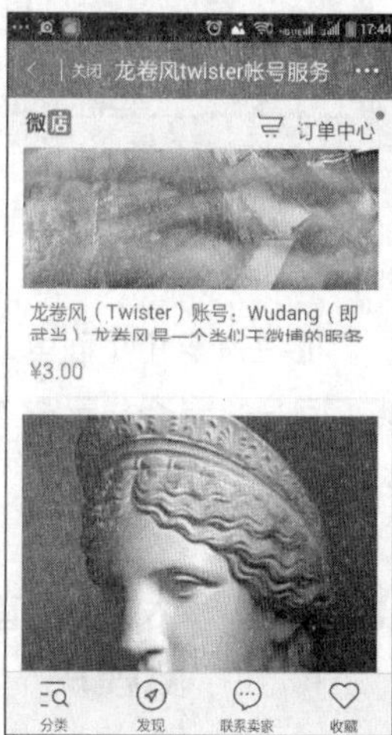

图13-59　　图13-60

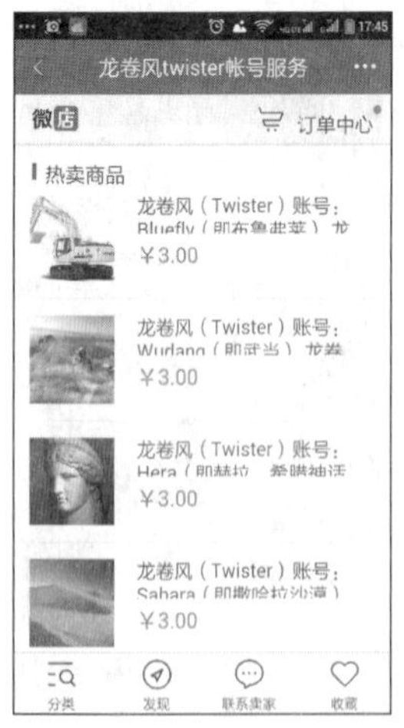

图13-61

选择商品列表样式的方法如下。

第1步 进入“自定义装修”页面并将画面拖曳到最下方，单击商品列表下方的“编辑”按钮，如图13-62所示。

第2步 ❶选择需要的样式；❷单击“完成”按钮，如图13-63所示。

图13-62

图13-63

店主在这个页面里，还可以选择是否显示默认商品列表、是否显示购物车按钮等，店主可以根据实际需要进行微调。

13.2.7 为店铺首页添加新模块

扫码看视频

店主在微店APP的装修界面中，还可以为小店添加其他模块。包括：“店铺形象”模块、“导航”模块、“广告”模块、“推荐商品”模块与“店长笔记”模块。下面就以为店铺添加“广告”模块为例进行讲解。

第1步 进入“自定义装修”页面，单击店名一栏的“插入”按钮，如图13-64所示。

第2步 ❶选择要插入的模块，这里单击“广告”模块；❷选择广告格式，这里单击“大图广告”格式，如图13-65所示。

图13-64

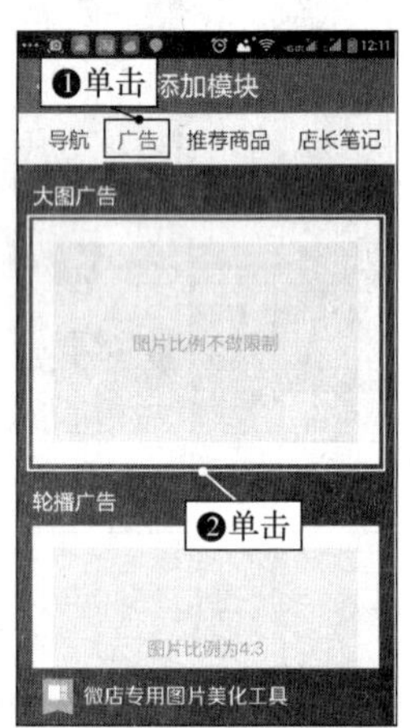

图13-65

第3步 单击“广告1”中间的加号，如图13-66所示。

第4步 单击要插入的广告图片，如图13-67所示。

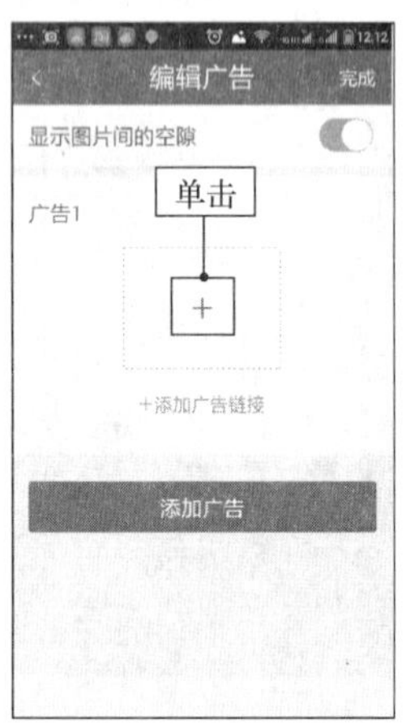

图13-66

图13-67

第5步 返回上一页面，单击“+添加广告链接”文字，如图13-68所示。

第6步 选择要插入的链接类型，这里单击“商品链接”文字，如图13-69所示。

图13-68

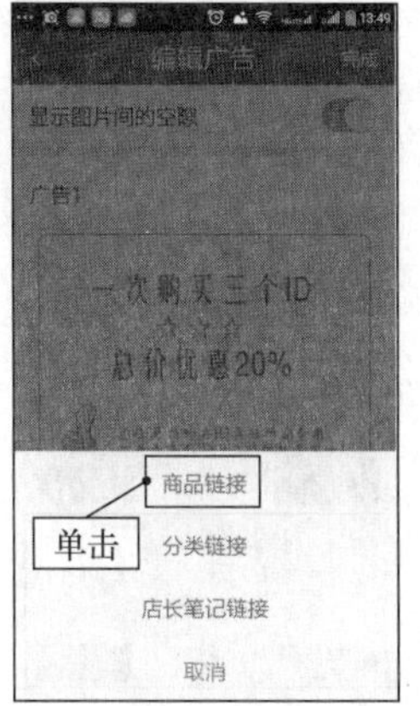

图13-69

第7步 单击要添加进广告的商品，如图13-70所示。

第8步 返回上一个页面（如果要添加第二个广告，可单击“添加广告”按钮，重复第3~7步），单击“完成”按钮，如图13-71所示。

图13-70

图13-71

添加成功后，可看到店铺首页多了一个广告，如图13-72所示。

图13-72

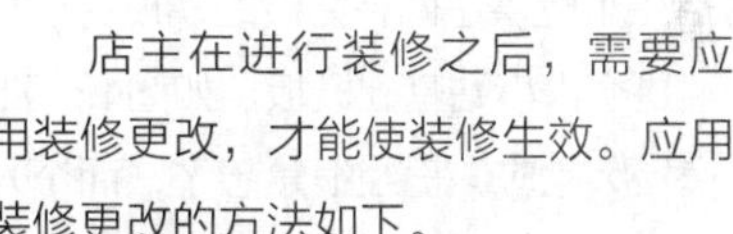

店招下不要添加太多模块

一般来说，店招下最多添加一个模块即可，如添加太多模块，买家要滑动页面好几次才能看到商品列表，一些性急的买家可能直接就关闭页面不浏览了，这样不利于销售。也可以在商品列表之后添加模块，这样对浏览的影响较小，但该模块又不容易被买家看到，这就要看店主如何取舍了。在商品列表之后添加模块，具体做法是在装修页面向下滑动到底，在商品模块右下角可以看到“插入”按钮，单击该按钮即可插入其他模块。

13.2.8 应用装修更改

扫码看视频

店主在进行装修之后，需要应用装修更改，才能使装修生效。应用装修更改的方法如下。

第1步 单击装修页面最下方的“应用到店铺”按钮，如图13-73所示。

第2步 单击“完成”按钮，如图13-74所示。

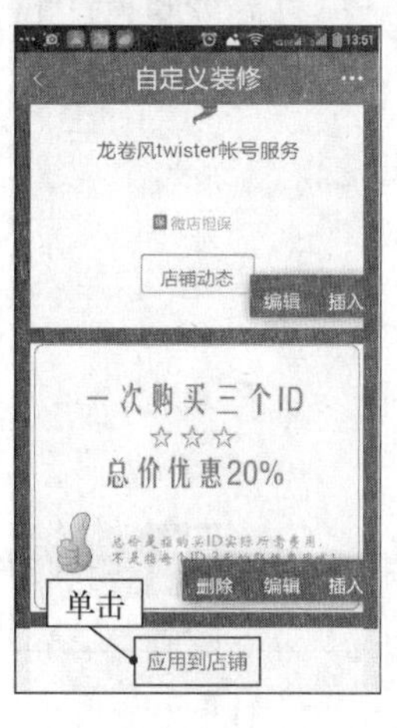

图13-73

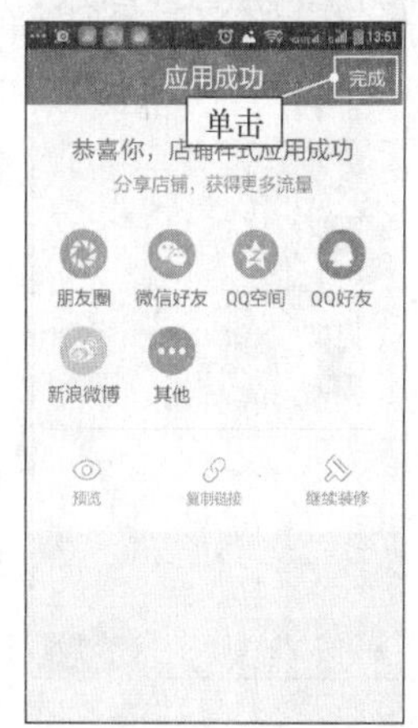

图13-74

如果对装修效果不满意，不想应用，直接按手机的“返回”键，或单击装修页面左上方的“返回”按钮<，返回上一级页面，此时会弹出对话框询问用户是否应用本次修改，单击“不应用”按钮即可。

高手支招 购买收费模板让店铺更有特色

上面讲解的是微店默认的店铺模板，也是绝大多数店主使用的模板。微店官方同时也提供了收费模板，如果想让自己的小店与众不同，可以考虑购买收费模板。购买很简单，在微店APP的“选择模板”页面，单击要购买的模板，按照提示进行付费购买即可。目前微店只提供了“黑金奢华”和“春日”两个模板，价格均为18元，终身使用。估计今后微店还会提供更多的模板供用户购买。

13.2.9 设置免费模板、收费模板、装修素材与底部菜单

微店平台为店主们提供了两种免费的模板：一种是默认模板；一种是个人小站基础模板，如图13-75所示。其中默认模板大家应该已经很熟悉了，而个人小站模板实际上就是在默认模板上增加了店长作品与笔记两个展示窗口，如图13-76所示。店主可以根据自己的需要进行选择。

图13-75

图13-76

另外微店平台还提供收费模板与收费的装修素材。在“店铺装修”页面单击“推荐”选项卡，即可看到相应的模板与素材，如图13-77所示。单击相应的模板或素材即可看到详细介绍，并可以按照价格进行购买，如图13-78所示。

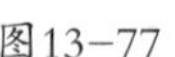

图13-77

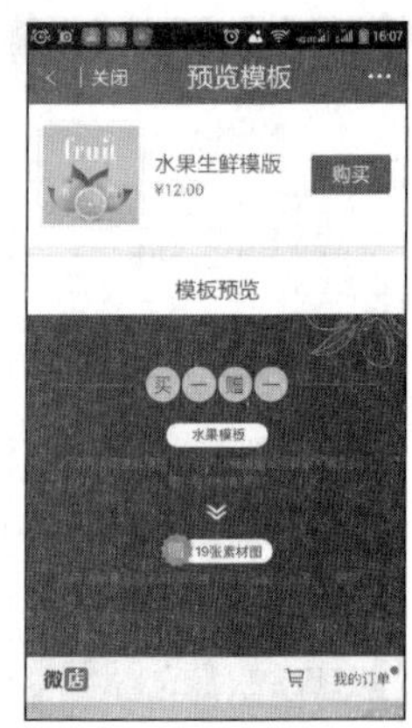

图13-78

收费模板比起免费模板来，自然是精美多了，价格也不贵，十几元到二十几元一套，不想自己装修的店主不妨试试。收费的装修素材可以用在任意模板中，如临近新年可以使用新年素材包，临近双11可以使用双11素材包等。使用素材包不会改变网店的装修结构，而模板则是从结构到素材都进行了彻底的改变。

另外微店平台还提供了底部自定义菜单的收费服务。微店默认的底部菜单是统一的，不过店主也可以付费开通底部自定义菜单，只需在收费模板页面上单击“开通底部自定义菜单”按钮，如图13-79所示，即可看到相关的说明与购买渠道，如图13-80所示。比如服装微店可以在底部菜单中添加各种服装分类，如图13-81所示，这样方便买家直接进入相应分类进行浏览。当然，底部菜单还有更多的用法，店主们可以自行发掘。

图13-79

图13-80

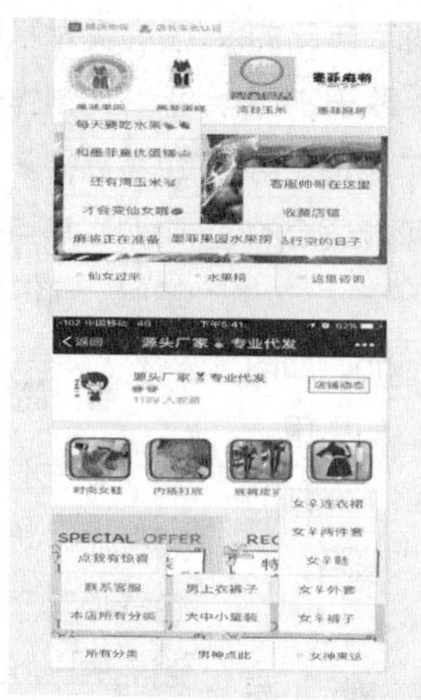

图13-81

13.3 秘技一点通

技巧1 又好看又没版权问题的图片素材哪里找

网店的图片素材通常可以从网站上直接找到。在百度中输入关键字“素材”并查找，可以找到很多相关的图片素材，也可以去设计资源网站，找到更多精美、专业的图片。但这些国内的素材下载站通常存在两个问题：一是素材素质良莠不齐，不少素材达不到精度要求；二是绝大部分素材都没有版权描述，这样会让用户不知道是否可以免费使用这些素材，贸然使用这些素材会不会给自己带来巨大的经济损失。

有鉴于此，笔者在网上大海捞针，找出几个素材站。这些素材站明确申明该站素材没有版权，任何人都可以使用，应用于个人用途还是商业用途皆可，而且这些素材站的素材都非常精美，用来装修网店，其视觉效果不是一般的好。

Pixabay是一间超高质量无版权限制的图片贮藏室。不论数字或者印刷格式，个人或者商业用途，都可以免费使用它的任何图像，并且无原作者署名要求。

gratisography是一个私人创办的素材站，里面的图片不仅没有版权，而且每周都会更新，内容多为时尚流行类的照片，适合用在平面设计项目上。

picjumbo提供免费的、供个人和商业使用的无版权图像和照片，质量很不错，非常适合用在界面设计或其他项目上。

lifeofpix提供免费高清图像素材，无版权限制，不过图片多为欧洲景观，有一定的局限性。

publicdomainarchive目前有50000余张高清图片可供下载，适合用在创意类的项目上，没有版权限制。

snapographic提供分类的无版权素材图片，具有很高的解析度。网站甚至提供图片打包下载，用户可以省去逐张下载的麻烦。

技巧2 不懂美术，如何设计好店标

店标关系到访客对本店的认知度。好的店标应该能给访客留下强烈的印象，达到“过目不忘”的程度就成功了。店标是网店的无形资产，好看又好记的店标能使这笔资产增值。

网店的店主们大多数都没有学习过美术方面的知识，对于如何设计好看又好记的店标可能没有什么把握。其实，只要掌握几个小诀窍，就算是没有美术基础也能设计出不错的店标来。

要让店标和店招被人轻易记住，设计思路是关键。总的来说有3个技巧要记住。

1. 要敢于创新

创作少不了借鉴，欣赏他人的作品是为了激发自己的灵感，但不要让别人的设计禁锢了自己的创造。那么，怎样才能做到敢于创新、敢于不同呢？很简单，那就是打破常规，想人所不能想。努力地尝试不同的风格，然后选择一个尽可能适合的作品。

一个很典型的例子就是苹果公司的Logo，如图13-82所示，它是一个咬了一口的苹果。如果用一个完整的苹果来做Logo，相信很难给人留下深刻的印象，而咬了一口的苹果，呈现出一种“缺陷”，反倒是让人一见难忘。

另一个典型的例子就是有关“食物体验”写作的Logo，如图13-83所示，该Logo使用黑白二色，巧妙地将钢笔和勺子组合在一起，令人一看就知道是有关食物和写作的Logo。

图13-82

图13-83

对于没有美术基础的店主而言，反而没有什么条条框框在脑袋中束缚着自己，可以大胆发挥想象力，创造出符合自己店铺风格的店标来。

2. 遵循K.I.S.S.原则

所谓K.I.S.S.，就是“Keep it Simple, Stupid”，意即让作品足够简单、够傻瓜，这样它的辨识度才高，才能让人一眼看出这Logo是哪家的。

一个典型的例子就是耐克公司的Logo，很简单的一个勾，可是全世界的人都认识它，如图13-84所示。

而百事可乐的商标也相当简单，是一个由红、蓝、白三色组成的圆球。这个圆球的色彩和造型都让人印象深刻，一见难忘，如图13-85所示。

图13-84

图13-85

这里并不是说复杂的图形就不好，而是说对于没有美术基础的店主而言，选取简单的图形作为店标，比创作一个复杂的店标的效果要好得多，而且也容易得多。因为复杂的图形牵涉到大小、方向、比例、焦点等方面的因素，没有美术基础的人难以掌握，强行创作很可能会弄巧成拙。

3. 简单的色彩更适合新手

店主们都是设计新手，对于色彩学可能完全没有概念，更谈不上在店标设计中用上对比、互补等色彩原理了。其实，从苹果、“食物体验”写作和耐克的Logo中可以看出，即使只使用黑白二色甚至单色，也能创作出效果很好的作品来。所以建议店主们在色彩方面藏拙，不要设计多色彩图形店标，可以从简单的单色图形方面入手进行设计。

专家提点 注意微店店标的形状

微店的店标就是微店头像，由于微店APP设置了一个圆形的外框，因此在设计微店店标的时候，需要注意只能把店标设计为圆形或类似圆形的图案，如苹果或百事的店标。但像耐克商标那样的形状，放在圆形中则显得太小，不能起到店标的作用。

技巧3 用好“排版君”，轻松制作店标与广告

细心的店主可能会注意到，在“服务”模块中有个“排版君”按钮，如图13-86所示。单击该按钮可以进入“排版君”页面，如图13-87所示。

图13-86

图13-87

“排版君”实际上是一个模板集成工具，通过内置的各种模板，用户可以通过简单地修改图片与文字，就能生成漂亮的图片，并将该图片用于商品详情、二维码海报、店铺Logo、店铺招牌以及轮播广告。下面就以生成店铺Logo为例进行讲解。

第1步 进入“排版君”页面，单击“店铺logo”按钮，如图13-88所示。

第2步 进入“筛选模板”页面，单击喜欢的模板，如图13-89所示。

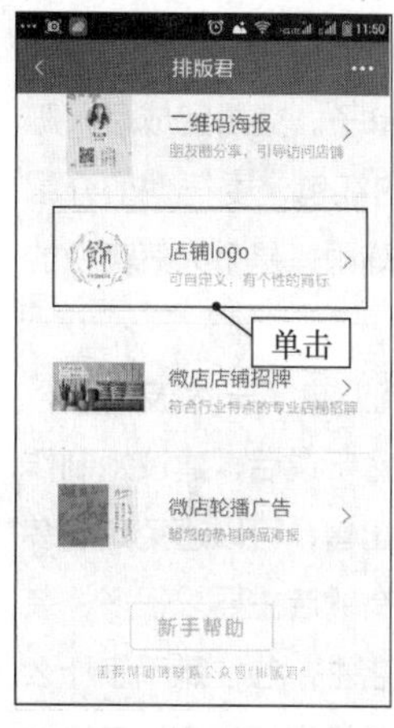

图13-88

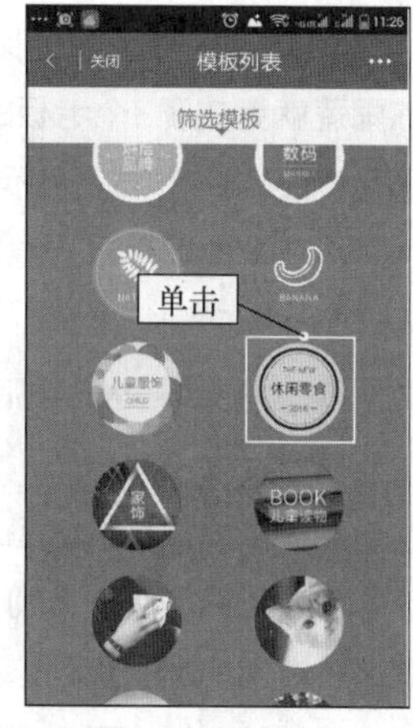

图13-89

第3步 ❶修改原有的文字为自己店铺Logo文字；❷单击第一行文字上的“编辑样式”按钮，如图13-90所示。

第4步 ❶设置文字的颜色、大小以及是否加粗、加下划线或倾斜；❷设置完毕后，单击“完成”按钮，如图13-91所示。

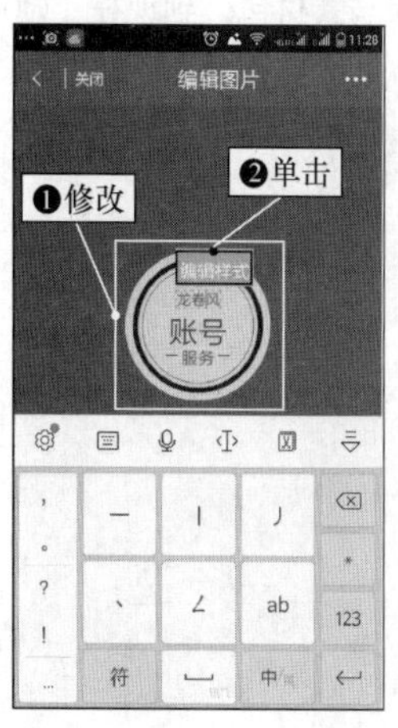

图13-90

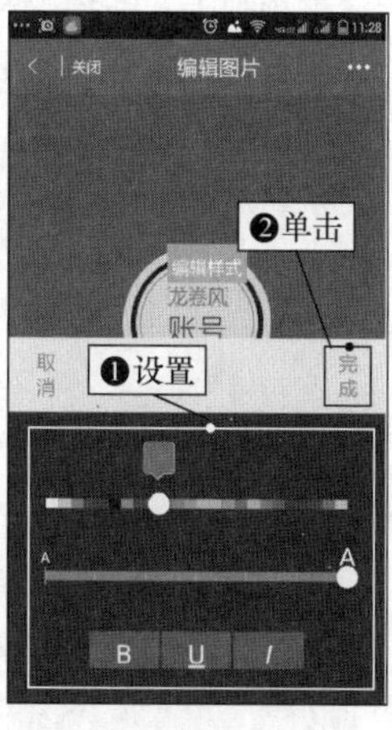

图13-91

第5步 单击“去保存”按钮，如图13-92所示。

第6步 根据提示长按图标不放，如图13-93所示。

图13-92

图13-93

第7步 单击“保存到手机”按钮，如图13-94所示。

第8步 提示图片已保存，并给出保存位置，如图13-95所示。

图13-94

图13-95

保存到手机后，即可通过前面讲解过的方法上传到微店中，作为店标使用了。其他广告、轮播图片等图片的制作方法也与之相差不大，店主们可以自行研究。

开店小故事

装修模板也能赚钱

陈雨莲也是微店淘金大军中的一员，不过她并没有售卖实体商品，而是独辟蹊径，专门制作装修模板与素材包，出售给其他微店老板，很是赚了一笔。

陈雨莲是郑州一家培训学校的平面设计教师。有一天她的闺蜜从微信上发来消息，邀请她去自己的微店里逛逛。陈雨莲进去看了看，对闺蜜说，你的店配色不怎么合理，店招好像也没设置，给人感觉不怎么用心啊，这样真的不要紧吗？闺蜜听了，笑眯眯地说，既然你都看出来了，那就帮我解决了呗，我的大设计师！陈雨莲一边苦笑说上当了，一边为闺蜜设计了店招、封面、活动广告页和详情页面。

这是一件很小的事，陈雨莲也没有放在心上。谁知道过了不久，闺蜜又找到她，高兴地说她设计的装修被很多微店同行夸奖了，现在有3个微店老板发来消息，想请闺蜜转告陈雨莲帮忙设计微店装修，并愿意出100～200元不等的酬金。闺蜜想到陈雨莲反正也不怎么忙，也许愿意接下这几单活呢，于是跑来询问她的意见。

陈雨莲想了下，说干脆我也申请个微店，让他们直接到店里拍下装修服务，这样双方都方便些。于是她注册了自己的微店，并花心思为微店做了一套漂漂亮亮的模板，最后把装修服务作为一件商品上了架，并让闺蜜通知了那3个微店老板。当天晚上，那3个老板就到陈雨莲的店里下了订单，并通过微信发送了具体的装修要求。

由于微店的装修远比淘宝店简单，因此很快陈雨莲就完成了3个老板的单子。交易完成后，陈雨莲向三人分别发了30元的红包，委托他们介绍生意。三人都很高兴，觉得陈雨莲是个大气爽快的人，都答应向同行推荐。

不久，陈雨莲的微店就迎来了一大波生意，她开始有点忙不过来了，闺蜜听说后，建议她制作现成的装修模板和素材包来出售，可以避免定制装修时间过长的问题，特别是有的店主要求很多，装修起来非常麻烦，遇到这种店主，往往赚不了什么钱还生一肚子气。而现成的装修模板和素材包虽然单笔收益较小，但可以重复出售，又省下了和店主们扯皮的时间，其实算一算还是很划得来的。

从善如流的陈雨莲抓紧时间制作了20多款装修模板与素材包，涵盖了大部分热门行业，上架后销量还挺不错。另外，她又提高了定制装修的价格，过滤掉了一些低端客户，同时也让自己同样的装修时间变得更加有价值。在没有定制装修的时间里，她就制作了更多的模板与素材包，到现在，她的店里已经挂上了40多款，看上去很是壮观，购买客户也是络绎不绝。

第4部分

店铺经营管理

无论是淘宝店还是微店，都要精心地经营管理才能让生意红火。网店的经营管理包括网络推广、商品图片拍摄与美化、商品包装与寄送、做好售前售后工作，以及培养专业客服人员等方面。这些工作其实就是网店的根基，做好了这些工作，才能吸引顾客，留住顾客，促进顾客购买，并将顾客转化为回头客，让生意越来越好。

开店很轻松，

赚钱很简单！

第14章 利用网上社交平台进行营销

本章导言

营销是促进店铺交易量的手段。淘宝店、微店在做好品控、物流与客服等方面的工作后，就要依靠营销手段来推广店铺与商品。目前，网络上的社交平台是最好也是最廉价的营销“圣地”，因为这些平台上聚集着数以亿计的活跃用户，只要能够得到其中哪怕极小部分用户的认可，对店铺的生意就有相当大的帮助。因此，在社交平台上进行营销是目前大多数网店店主推广的最佳选择。

学习要点

- 了解网店营销常用的网上社交平台的种类和特点
- 掌握微信平台的营销推广方法
- 掌握微博平台的营销推广方法
- 掌握直播平台中推广引流方法

14.1 网店营销常用的网上社交平台

社交是人类的基本社会活动，人与人之间的交往形成社交。在互联网时代，社交变得更加容易，因为人们可以足不出户就与成千上万的陌生人接触交流。在互联网上也纷纷涌现出各种类型的社交平台，为人们提供交流场所。这些平台用户动辄数以亿计，在上面进行营销花费较少，效果巨大。淘宝店、微店店主都应该努力学习网络营销技术，尽量不用或少用宣传资金，而达到扩大店铺知名度的效果。

14.1.1 常见的社交平台分类

互联网上的社交平台很多，在（互联网的）远古时期有BBS、IRC，现在已经几乎没有用户了；之后有QQ、论坛，曾经红极一时；近两年兴起的有博客、微博和微信等，用户均以千万、亿计，尤其是微信，数亿用户让它成为社交圈的宠儿。

不同类型的社交平台，其运作机制也是不同的。比如论坛这种平台是基于各种话题的，在论坛上营销要找准群体，找准话题；而QQ这种平台是基于人际关系的，在QQ中营销要先建立人缘，再慢慢展开营销。

店主们要在社交平台上进行营销，应先对各种平台的类型有一定的了解，之后才能把营销活动做好。下面就介绍常见的几种社交平台类型。

14.1.2 基于话题的社交平台

在现实生活中，很多人都喜欢聚在一起谈天说地，聊自己感兴趣的话题，比如新妈妈们喜欢聚在一起聊育婴，足球迷们喜欢聚在一起侃足球。在互联网上也有这样的平台，供大家讨论各种话题。

这种基于话题的平台一般叫作“论坛”，如著名的天涯论坛，如图14-1所示。

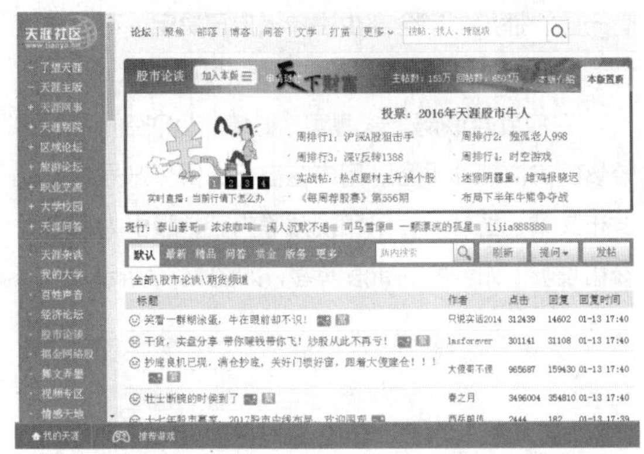

图14-1

专家提点 论坛中营销要注意版规

一般来说，论坛都是禁止做广告的，但是仍然存在着各种比较巧妙的营销推广方法，这需要店主深入各个论坛进行调研学习，看他人是怎么做广告而不触犯规定的。

除了论坛外，百度贴吧也是一个基于话题的平台，如图14-2所示。百度贴吧与论坛的不同之处在于，任何人都可以新建属于自己的“贴吧”，相当于论坛的“板块”，贴吧的建立人可以对该吧进行管理。这样更加方便营销，比如店主可以建立自己的贴吧，在吸引了众多网友后，即可在贴吧中开展销售活动，对于唱反调的帖子也可以方便地进行删除，消除不良影响。

图14-2

14.1.3 基于人际关系的社交平台

我们常说的“关系网”，其实是一个很形象的说法，因为如果把人与人之间的关系用线来表达的话，可以看到整个社会形成一张无比复杂的关系之网。在互联网上，也有基于人际关系的社交平台，这些平台把熟人或陌生人聚集在一起，形成的关系网比传统关系网更加密集。

早期的基于人际关系的社交平台，最热门的应该说是QQ和MSN，不过MSN最后被微软关闭，只剩QQ一家独大，如图14-3所示。之后微信异军突起，借助QQ的用户基础迅速发展壮大（二者都是腾讯公司的产品），成为目前最火的人际关系型社交平台，如图14-4所示。

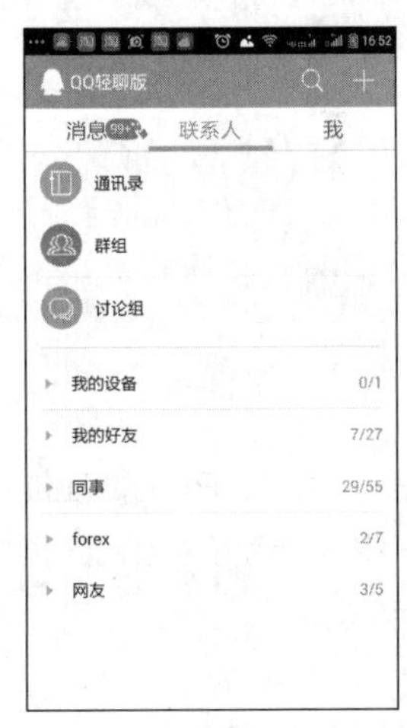

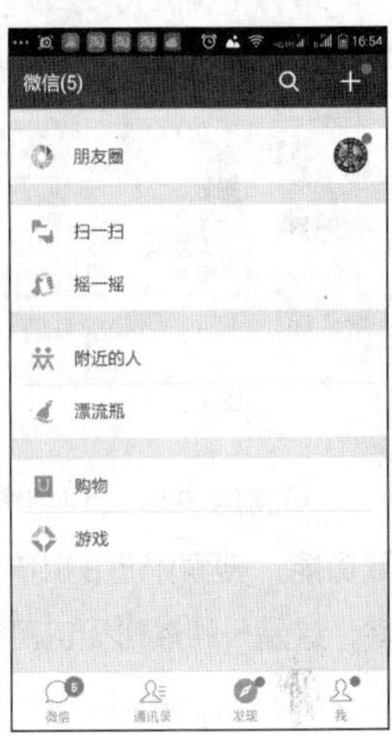

图14-3　　图14-4

QQ和微信与论坛不同之处在于，QQ、微信的使用者有一个联系人列表，通过这个列表，使用者可以和建立起联系的人（不管认不认识）进行联系；QQ、微信还可以建立起群组，群组中的人不一定都互相认识，他们只是因为某种原因或主动或被动地加入了群，在群中大家可以进行交谈，这就为网店店主营销提供了良好的机会。

14.1.4 基于地理位置的社交平台

由于现在的智能手机基本都具备GPS功能，也就是能够判断手机所在地点。于是有人想到，如果把某个地方的人都同时显示在地图上，这样他们就能够因为地理位置相近而愿意相互交流，于是基于地理位置的社交平台就诞生了，如著名的“街旁”“四方”等APP。

在四方APP中，可以在地图上显示所有正在使用该APP的人的位置，如图14-5所示。不过这种纯粹以地理位置为卖点的APP在热门一段时间之后就归于沉寂，因为其他APP也在自身主要功能不变的情况下，开发了基于地理位置的功能，如微信中，用户可以使用“附近的人”功能看到周围的微信用户，如图14-6所示。在QQ中其实也有类似的功能。

图14-5

图14-6

网店店主可以利用微信、QQ等APP的地理位置功能，搜索附近的用户，将他们诱导为自己的顾客，这是一种最常见的营销手法。

14.1.5 基于自媒体的社交平台

所谓自媒体，就是个人维护的媒体平台，比如国外的私人广播电台，就是一种自媒体，它的主持人只有一位，播出内容全部由主持人自己决定，可以是原创的，也可以是他人的，收听对象也不确定。

对应到互联网上，博客、微博、QQ空间就是比较热门的自媒体平台。用户在自己的博客账号中可以发布文章、图片、音乐和视频等内容，吸引大家来观看和收听，如著名的新浪博客，如图14-7所示。

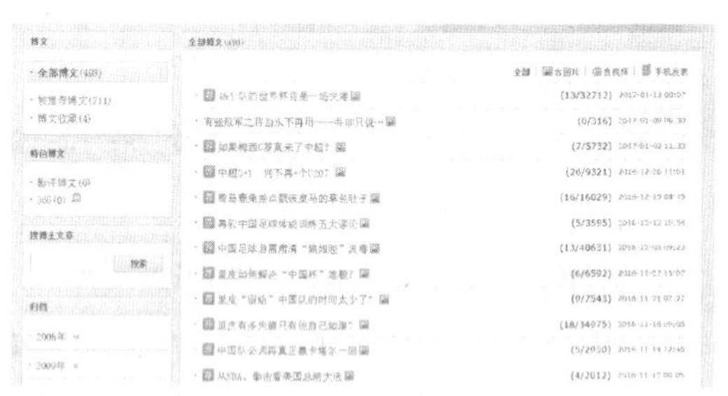

图14-7

QQ空间也是博客，不过功能相对来说要丰富得多，凡是拥有QQ账号，都可以开设自己的QQ空间，在空间中撰写博客文章。而微博则是“微型博客”的简称，它允许用户发表不超过140字的短文。这种短文表面上看比博客承载的信息量少，但实际上推出后大受欢迎，这是因为短文撰写简单，用户可以高频率地撰写发布，吸引大家关注。

自媒体最重要的就是吸引关注者。只要有了关注者，就可能在他们之间推广自己的产品，这就是所谓的“关注经济”，也是网店店主们营销的方向。

14.2 微信平台常用推广法

微信是目前最火的社交平台。它构造了一个基于人际关系的“圈子”，对熟人、老顾客进行反复营销非常方便，有利于提高店铺在顾客心中的存在感，进而提高店铺的销量；此外，也可以通过各种方法增加微信好友（即“吸粉”），如朋友圈、公众账号等，让增加的好友成为新的“熟人”，便于营销。因此可以说，在微信平台上吸粉与推广是同等重要的。

14.2.1 导入手机通讯录中的朋友来增加微信好友

一般来讲，大家的手机通讯录中都有数十个到数百个联系人号码。这些联系人当中有不少人都在使用微信，把他们加入自己的微信号中，可以轻松增加不少好友。添加方法也很简单，❶在微信的主界面单击右上角的“+”按钮；❷在下拉菜单中单击“添加朋友”选项，如图14-8所示；❸单击“手机联系人”选项，按照提示进行添加即可。

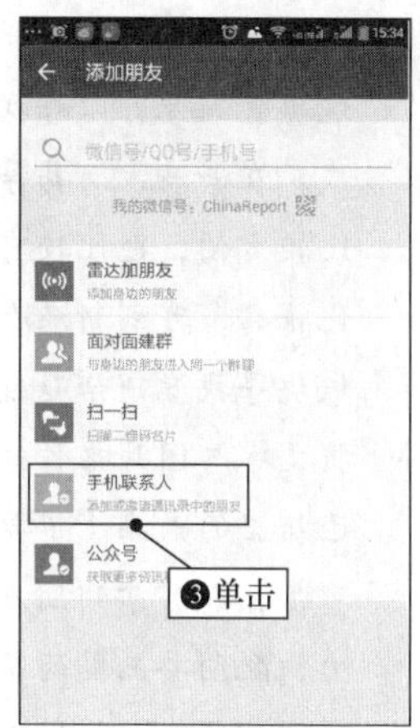

图14-8

14.2.2 用“附近的人”功能来增加微信好友

微信的“发现”标签里有一个“附近的人”功能插件，如图14-9所示。用户可以使用该功能查找自己所在地理位置附近的其他微信用户，除了显示附近用户的姓名等基本信息外，还会显示用户签名档的内容，如图14-10所示。

图14-9　　图14-10

单击任意一个账号即可查看其详细信息，并发送添加好友申请。当然，对方不一定会通过申请，所以自己的微信账号名与头像要精心设置，能够给人好感，尽量提高通过率。

高手支招　利用APP虚拟地理位置，多处添加好友

网上有一些可以虚拟手机地理位置的APP，在手机上安装好以后，可以随意设置自己的地理位置，这样可以不必亲自拿着手机到达该位置，就能添加该位置周围的好友。这种APP对添加好友是非常有帮助的，大家不妨在网络上搜索并试用。

14.2.3 使用微信导航平台增加微信好友

所谓的微信导航平台，就是将比较有名的微信公众号码、微信群等信息集中在一个网站上，分门别类地推荐给微信用户。微信用户既可以在平台上寻找自己感兴趣的公众号或微信群进行添加，也可以将自己的公众号或微信群提交给平台，让平台帮忙推荐。对于想要做营销推广的微信用户来说，初期自己的微信好友不多，就应该多加入一些火爆的微信群，然后向群友逐一发送添加好友的申请。

比较热门的微信导航平台有“微信聚”以及“聚微信”等。在聚微信的主页中，单击“微信群”链接，可以看到热门的微信群，加入与自己经营方向相近的群，将群添加为好友。用户也可以提交自己的微信群，供别人加入。

14.2.4 利用朋友圈进行营销

在微信各功能服务模块中，朋友圈高居第一。据调查，76.4%的用户会使用朋友圈来查看朋友动态或进行分享。也就是说，朋友圈已经成为大家接受信息和情感分享的重要平台，同时也成为微商展示商品、吸引顾客的工具。

在朋友圈中只能依靠优质内容来吸引朋友们的关注，只靠人情是不长久的。优质内容来源有两种：一是原创内容；二是转载内容。

1. 如何撰写优质原创内容

在微信朋友圈里，有一些文章已经被大量的人分享并收藏，有些文章已经被分享上万次，有的甚至已经达到几十万次。这种“病毒式”传播的文章，会为作者带来巨量的粉丝。那么，如何才能写出这样的高质量文章呢?

- 专业性很强。普通人大多数都只精通自己工作或兴趣爱好所涉及的专业，这个面是很窄的，对于大量的其他专业一般人都不太明白。因此，当出现一篇专业性很强，又与读者生活密切相关的文章时，自然这篇文章就会得到极大的关注。
- 内容实用，有价值。任何内容都是有一定意义、价值的，不然胡乱编几段文字凑在一块，不仅不能给读者带来价值，还让读者对微信号产生不良印象。那些被分享上万次的文章，基本都是很实用的生活小技巧，如老中医祖传秘方、10个不为人知的理财方法、9个实用快速减肥方法等。这些内容都是一些具体的方法和技巧，是读者生活中真正需要的。务虚的文章、讲大道理的文章，在微信上基本是没有市场的。
- 观点与众不同。文章“千人一面”是大忌，如何让自己的文章别开生面呢？可以从文笔与观点两方面下手。不过，要写出文笔优美的文章难度较高，需要深厚的文学素养，相对而言，以与众不同的观点来吸引读者的眼球，则要容易得多（当然文笔也不能太差，至少行文要有条理）。
- 热点时事话题。当一件事情成为热点，将会获得成千上万的人关注，与此相关的文章就会获得大量的注意力。比如临近春节时，支付宝2016春晚咻红包，在事前就做足了宣传，此时写一篇关于如何抢红包的文章，肯定能吸引大量读者的分享。

2. 转载优质文章

不少微信营销号都是靠着原创内容+转载内容来吸引粉丝，最根本的原因是撰写原创内容对人员要求高，耗费时间较长，因此不得不适当搭配转载内容。一般来说，转载内容的来源有以下几种。

- 微信朋友圈/公众号。微信朋友圈与关注的公众号自然是最方便的转载内容来源。当在朋友圈或公众号中发现精彩的内容时，单击该内容右上角的⋮按钮，在下拉菜单中单击“分享到朋友圈”选项，即可将该内容方便地转发到自己的朋友圈中。
- 寻找行业内容进行转载。不少微信营销号是涉及各种行业产品的，如护肤品、母婴用品等。这类营销号可以寻找比较好的行业内容进行转载。在新浪、网易等专版寻找热门话题是一个比较方便，也比较有效的方法，比如店主经营化妆品，可到新浪女性频道中的护肤、彩妆等板块寻找置顶话题或热门话题。找到文章后，将文字与图片略作修改，把一些产品替换为自己店里的产品（不要替换太多，替换一两处即可），即可拿到朋友圈中发布。标题要有吸引力，配图要三美两萌：“美女、美景、美食、萌妹、萌宠”，尽一切可能吸引读者。
- 转载网上信息平台的精彩内容。如今网上有一些专门的手机信息收集平台，集中收录了大量适合转载的内容。这些内容都是经过筛选的，质量比较高，转载后吸引粉丝的效果也比较好。比如“微头条”就是这样的平台，店主们可以适量取材进行转载。

14.2.5 二维码的获取与营销

二维码就是将文字信息图形化之后形成的图片，可以招贴在任何允许发布的地方。具有解码功能的软件可以将二维码中的文字还原出来。

微信也有二维码扫描功能，因此通过二维码可以实现推广营销。用户使用微信扫描二维码图案后，可立即查看到商家的推广活动等信息，从而刺激他们进行购买。

二维码营销最大的特色就是可以更加方便快捷地将营销信息精准推送给用户（因为只有对产品或品牌感兴趣的用户才会去扫描二维码）。正是因为认识到二维码营销的方便和快捷，现在绝大多数商家均在自己的线下门店设置了二维码扫描的营销方式，比如结账台、服务区、DM单等处。

商家也可以将自己需要传播的营销内容以视频、文字、图片、促销活动、链接等植入在一个二维码内，然后再选择投放到宣传单、公交站牌、地铁、公交车身等处；感兴趣的用户只要拿出手机一扫即可快速完成一次二维码营销。

无论是使用个人微信账号，还是公众账号，都可以通过二维码进行简单的扫码推广。个人微信号的二维码获取很简单，只需进入“我”页面，单击微信头像右侧的二维码按钮，即可看到自己的微信账号二维码，然后截屏并保存为图片，上传到电脑即可进行编辑，如图14-11所示。

图14-11

微信公众账号二维码的获取要登录进入公众平台，在“公众号设置”选项卡中即可看到二维码，如图14-12所示。如果对尺寸有要求，还可以单击右边的“下载更多尺寸”超级链接，即可获取不同尺寸的二维码，比如大海报上就需要一些高精度的二维码图片，即可在这里获取。

图14-12

很明显，二维码的营销成本是非常低的。目标用户只要扫描二维码，成功关注商家的微信公众号后，便能不定期地收到商家提供的宣传、优惠等内容；同时商家也能更好地通过微信丰富的表达方式来增加客户黏性。

14.2.6　微信公众号如何吸引粉丝

微信公众账号是在微信的基础上新增的功能模块，通过这一平台，个人和企业都可以打造一个微信的公众号，可以群发文字、图片、语音、视频、图文消息5个类别的内容，是网店店主营销的有力工具。店主不仅能通过公众账号发送有意思的文章吸引粉丝，也能够发送软文推广自己的店铺、商品或活动。

那么，如何通过公众账号撰写好看的文章呢？只要做到以下几点就可以。

- 话题要接地气。由于人们大多数都是在上下班途中使用微信，或者就餐前后、如厕时，或睡觉前，其特点是上网时间不长，网民们更倾向于看较短的内容，而不是严肃的长篇大论，因此可以将话题集中在笑话、健康、美容、数码设备、生活技巧、房产、育儿、理财、鸡汤或哲理、民生新闻等接地气的方面。这些话题与普通人的生活息息相关，在手机端非常受欢迎。
- 娱乐性要充足。精彩的文章如果再带点娱乐性，则更能吸引读者。即使是纯粹的娱乐性文章，只要能博人一笑，也会受到欢迎。
- 语言紧跟网络潮流。在网络潮流中，很多全新词汇和句式层出不穷地被创造出来，流行一时。年轻的手机端的网民对于网络语言是最敏感、接受度最高的人群。一旦有新词或新句式出现，马上就会在朋友圈疯狂转发，聊天时也会带上新词新句，不如此就显得落伍。如果在文章中紧跟网络流行语，那么被网民接受和转发的程度就要高很多。
- 内容多媒体化。微信文章不能只是文字，还要适当结合图片、视频、音频等元素，甚至在部分自媒体文章中，图片、视频才是主角，文字只起到补充说明的作用。特别是带有营销目的的软文，为了先吸引受众看自己，为了能在娱乐化中营销受众，为了不让受众第一眼就看出这是一篇不折不扣的软文，更是有意把文章图片化、视频化。

专家提点　全部原创不可取

微信公众号的文章如果全部是原创会耗费很多人力和财力。如果是由个人维护的公众号，可以考虑三分原创，五分转载，剩下两分留给自己的店铺做推广。

14.3 微博平台常用推广法

微博是一种“迷你”型的日志，一条微博不超过140字。这种短小精悍的内容发布平台受到了全世界网民的追捧。微博的种类繁多，有新浪微博、网易微博、腾讯微博等，其中新浪微博是最火热的。卖家可以在微博中获取粉丝，加大互动，将他们转化为买家。

14.3.1 用优质微博内容吸引粉丝

一个微博账号如果不是靠博主本人名气带来的粉丝（如明星），那么一定是用优质的微博内容吸引并留住了访客，使其成为自己的粉丝。那么，如何写好微博的内容吸粉呢?

1. 紧跟时事热点吸引访客

微博的内容应尽量包含当下热门话题的关键词，这样会非常利于微博搜索时得到曝光的机会。当然，最好是结合热点又能融入自己的商品进行营销，既能引发用户的兴趣，又能趁机推广商品，这比单纯发布热点内容更有价值。

2. 利用标签增加曝光率

标签是一种简单的词语，用来标注一条微博的特点。比如发表了一条关于穿搭的微博，则可以在微博中带上“穿搭”的标签；或者发表了一条关于美妆的微博，则可以带上“美妆”的标签。其他人在搜索标签“穿搭”或“美妆”标签时，带有相应标签的微博会被集中起来呈现给用户。

在新浪微博中规定，凡是夹在两个“#”号之间的内容均会被识别为标签，如图14-13所示。

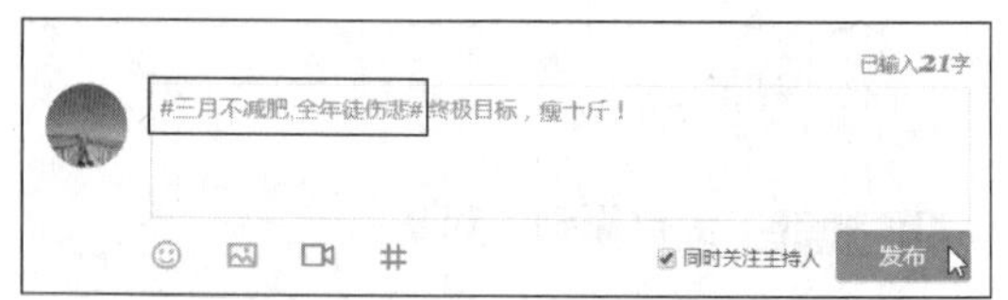

图14-13

带标签的微博发表后，即可在自己的微博首页看到。其中标签呈现出不一样的颜色，并且可以被单击，当单击标签时，系统就会跳转到相关的话题页面，该页面显示的全部是带有同一标签的话题。这样，本来不太可能看到自己微博的用户，因为在其他微博中单击了该标签，并跳转到此页面，就有可能看到自己的微博，这就扩大了自己微博的接触面，受到关注的可能性也增大了。

> **高手支招 如何合理使用标签**
>
> 一条添加了热门话题的微博被标签后，被看到的可能性会增大。用户可以为一条微博添加多个标签，标签和标签之间最好使用空格进行间隔。不过，一条微博附带的标签不宜过多，一般1～3个即可，否则会让该条微博显得标签太多，影响阅读。

3. 有价值的微博内容更受欢迎

任何微博内容都要有价值，如果读者认为某个微博账号发送的内容大部分都很有价值，自然而然就会成为该微博账号的粉丝。

卖家考虑价值因素的时候，不要只想到活动信息能为读者带来价值，价值的含义是广泛的，不仅仅包括知识、经验的传授，还包括能够带给人放松、愉悦、惊奇、愤怒等体验，总之，一切能够满足人类需求的内容，都是有价值的。能为粉丝带来价值的微博，才有长久的生命力。

4. 保持微博的新鲜感

新鲜感很重要，粉丝不喜欢看到千篇一律的微博。其实，微博可以用文字、图片+文字和视频等多样化的方式展现，以保持形式上的新鲜感。当然，内容上也要新鲜，这是不用多说的。

14.3.2 通过“发现”功能找粉丝

卖家除了通过发布优质的微博内容，以及与粉丝进行互动外，还可以主动出击，发现并关注粉丝。俗话说“礼尚往来”，粉丝看到卖家都主动关注自己了，极有可能反过来关注卖家账号。

如图14-14所示，在新浪微博中，❶单击“发现”选项卡；❷单击“更多”按钮；❸在弹出的文本框中单击“找人”超级链接，系统即可跳转相关的找人页面。卖家可对找人进行条件筛选，比如“24H热门”“推荐关注”等。

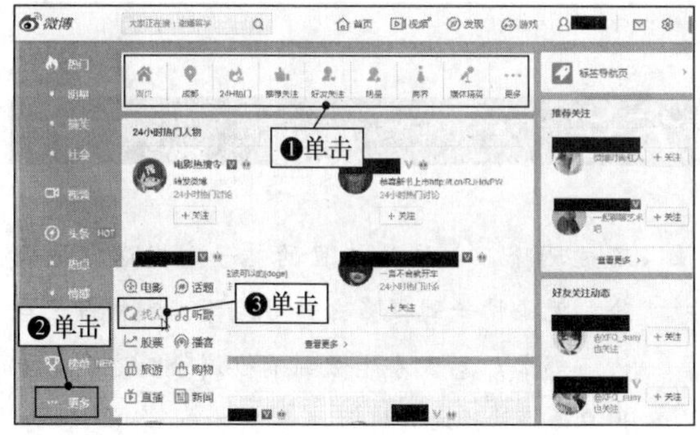

图14-14

关于主动发现粉丝，有很多需要卖家掌握的要点，下面两点需要重点掌握。

- 卖家应尽量在与经营商品有关联的行业中寻找粉丝。比如一个以经营服装为主的卖家，找粉丝应该先从“穿搭”这个板块着手，这样对方反过来关注卖家的可能性也大一些。
- 应主动关注当下的热门人物，也就是关注当前名人，能有更多借势传播的机会，传播效率也会显著提高。

高手支招 注意关注人数上限

新浪微博关注人数有上限（最多2000），在主动加粉的过程中，应当有所节制，不要在短时间之内达到关注人数上限。增加粉丝数量是一个漫长的过程，需要循序渐进，应当做到：每天都关注，每次少关注，这样远比短时间集中关注的效果要好。

14.3.3 通过转发和评论与粉丝互动

卖家主动去关注对方的微博，但对方不一定就会关注卖家的主播。此时，卖家也可以通过转发评论的方式引起对方的注意，最终让对方成为自己的粉丝。

转发他人的微博，可以大大增加对方的好感度；而认真评论他人微博，同样可以增加互动，吸引更多人来关注正在推广活动的微博。

- 转发行业相关的热门微博。推广微博，每天要做的一件事就是有节奏地更新微博内容，但是每天的微博内容不可能都由自己逐条编写，有时也可以从其他微博中转发一些过来。一方面可以丰富自己的微博内容；另一方面也会大大增加对方的好感，对方也可能会主动转发自己的微博内容，这样可以增加互动的机会和曝光度。
- 评论的同时别忘了点赞。给自己的评论点赞，其实是一种评论的技巧，可以提升评论的排名名次。抓住眼下热门的微博事件进行评论（评论的内容不一定非要加入商品信息），只要言语犀利一点就可能被大家关注；评论完了再为自己点一下赞，提升名次让更多人看到，这是成为热门微博中热门评论的一种有效方式。

14.3.4 利用互粉增加关注

“粉”是“粉丝”的简称，但同时“粉”也表示关注他人微博账号的动作，互相关注则叫“互粉”。“互粉”是增长微博粉丝的重要方法，如何才能在短时间里获得更快的粉丝量增长？卖家其实可以利用新浪微博的插件工具，“互粉小助手”就是其中之一，其使用的原理就是通过“关注得金币”的激励机制，来促使更多的微博用户关注。

互粉小助手可在微博应用市场中打开，如图14-15所示，打开微博应用市场，❶在搜索栏中输入“互粉小助手”；❷单击“搜索”按钮；❸单击搜索结果中“互粉小助手”下方的“立即使用”按钮，即可开通该功能。

图14-15

高手支招 怎样赚取金币来发布关注任务

对个人微博而言，可以用“互粉小助手”去关注其他微博账号赚取金币，当赚取到一定数量的金币后，就可以创建一些关注任务，这样其他微博账号在关注自己微博的同时也能获得金币。正是通过这种互惠互利的方式，利用“互粉小助手”可以在小范围内很快让自己的微博人气得到提升。当然，如果卖家手里有充裕的资金，也可以直接购买金币来获取关注，效率要高得多。

14.4 其他社交平台的推广方法

在前面我们了解了各种类型的社交平台，那么，具体到各个平台上，又应该如何进行营销推广呢？下面就介绍当前国内最热门的几个社交平台的营销推广方法。

14.4.1 在论坛中推广

通俗点说，论坛推广就是利用论坛这个平台，企业或个人通过文字、图片、视频等方式将产品和服务的信息传递给更多的人。这种宣传方式可以在帮助企业培育客户忠诚度的同时，也能进行双向信息沟通。

除了前面提到的天涯论坛外，还有很多其他论坛，如网易论坛、新浪论坛、凤凰论坛、腾讯论坛等，这些论坛都是营销的好场所。而贴吧目前只有百度贴吧一家，提到贴吧，就一定是指百度贴吧。

无论是哪一个论坛，里面都分为各种小的板块。如图14-16中的新浪论坛分有：历史、女性、体育、数码、健康、军事、娱乐、汽车和房产等板块。有着不同兴趣爱好的人会选择进入不同的板块，因此，在进行论坛推广前，卖家除了要对自己的商品十分了解外，还需要琢磨透彻自己的商品应该去什么板块展开推广。

图14-16

用户要在论坛中成功地发布营销帖子，必须要做到以下几点。

- 不被删除。如果论坛里的帖子刚发送就被删除，无论帖子写得多么精妙绝伦，都相当于空谈。那么，怎么才能做到不被删除？这就需要用户遵循该论坛的规则。
- 吸引眼球。无论展现内容是以文字、图片或视频的方式，都需要有吸引人眼球的内容。否则，虽然帖子没有被删除，但是内容不够丰满，没有吸引到读者，还是在做无用功。
- 触动用户。推广的目的在于影响买家的选择和行为。如果用户阅读帖子之后只是像看一个笑话一样，笑一笑就过了，不能触动神经，这样的帖子也是失败的。
- 让帖子火起来。无论是什么论坛，都需要有人互动才能让帖子保持热度。内容再好的帖子，虽然很能触动大家，但就是没有人回帖也是失败的。因为帖子没有得到展示的机会，能够影响的人群很有限。
- 被加精或转载。如果帖子有幸被加精了，毋庸置疑，这篇帖子将会被更多人看到而且有相应的影响；如果还有人将帖子分享或转载出去，相当于帖子里的信息在无形中又被宣传了一次。

14.4.2 在贴吧中推广

贴吧和论坛有一定的相似性，在贴吧中，板块是以“吧”的形式存在的，比如小米吧就是专门讨论小米手机的板块。当然，有些吧发展了多年，讨论的主题已经与吧名不相关了，比如“李毅吧”最初是讨论球员李毅的，但现在已经发展成为一个制造潮流，无话不谈的人气板块了。由于贴吧与论坛很相似，因此前面提到的论坛中发帖推广的要点，在贴吧中同样适用。

贴吧的独特之处在于，任何人都可以申请开通属于自己的贴吧，开通后自己就成为该吧的管理员。在自己管理的贴吧中，可以方便地进行各种营销活动，如发起抢楼、抽奖活动，以此来增加吧友，推广店铺或产品。这一点比起论坛来是比较有优势的。

14.4.3 将店铺登录到导航网站

和搜索引擎网站不同，导航网站将收集到的网址分门别类，形成一种“树”状结构后，呈现给用户，用户在使用导航网站时，通过一次又一次地选择类别以及子类别来找到导航网站推荐的网址。

现在国内有大量的网址导航类站点，如hao123等。在这些网址导航类站点做上链接，也能带来大量的流量，不过现在将店铺登录上像hao123这种流量特别大的站点并不是件容易的事，图14-17所示为将店铺登录在网址之家hao123上。

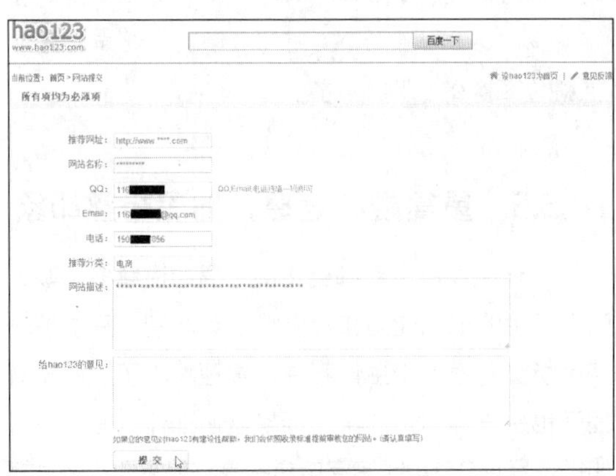

图14-17

14.4.4 通过QQ签名进行宣传

经常上网的人对QQ肯定不会陌生，QQ是一个很好的宣传途径，因为QQ上加了好多的同学朋友，在聊天的同时宣传一下网店，既增进了感情，又宣传了网店，一举两得。另外，还可以多加几个QQ群，群里的人气可是很旺的，在群里聊天的同时介绍一下网店，会大大提高网店的浏览量。

除此之外，充分利用QQ空间，先好好地装扮一下自己的QQ空间，把商品图片传到QQ相册里面，这样当别人访问自己的QQ空间的时候，看到QQ相册里有那么好看的东西，就会对卖家的商品感兴趣。另外制作一个包含有网店商品的动态签名档，传到QQ相册里，把这个签名档设置为QQ空间的签名档，这样当卖家在别人的QQ空间留言或回复留言的时候，别人就会第一眼看到该签名档，同时也看到小店的宝贝了，图14-18所示为利用QQ签名推广最新旅游信息。

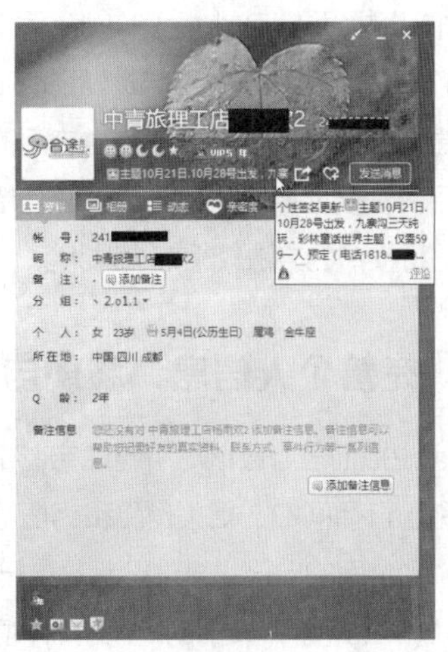

图14-18

14.4.5 在QQ空间中推广

QQ空间是QQ用户撰写日志的地方。在QQ空间中，不仅可以输入文字，还可以嵌入图片和音乐，于是有人想到，在QQ空间中放上自己网店中的产品，这样也可以成为一个宣传的窗口，来访问QQ空间的用户有可能会对商品感兴趣，从而到网店中进行购买，图14-19所示就是一个利用QQ空间进行产品推广的例子。

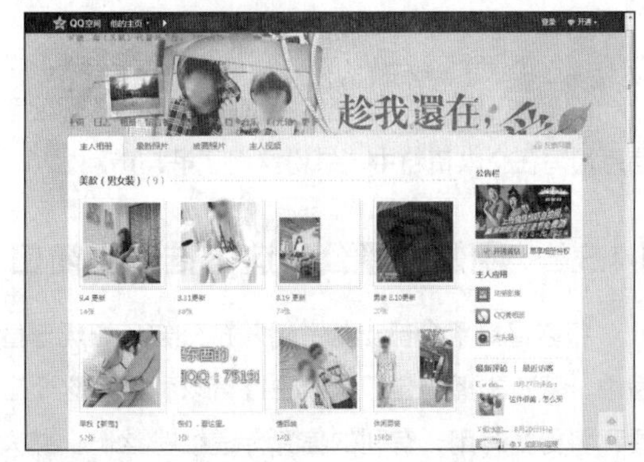

图14-19

14.5 在直播平台引流

前面讲到卖家可以在淘宝平台中做直播营销，推广自己的商品，只要善于直播，就能为自己带来巨大的收益。同样，卖家还可以将淘宝以外的直播平台引流到自己的店铺，或者为自己的微信、微博吸粉，增加潜在客户的数量。

常见的直播平台有斗鱼TV、全民TV、虎牙TV、熊猫TV、YY直播、龙珠TV、战旗TV、映客直播和花椒直播等，卖家可以选择较为热门的斗鱼、虎牙或熊猫平台来推广自己的产品。下面介绍一些在直播平台中进行推广的方法，相信会对大家有所帮助。

14.5.1 完善个人信息，展现自我

对卖家主播而言，应该尽可能地完善个人信息，如主播名称、直播间ID、相关作品和相册等信息，才能让粉丝看到全面的自己，增进粉丝对自己的了解。

如图14-20所示，天佑的YY资料详情页中就详细地列出了名称、所在地、标签、粉丝、上次直播时间和下侧的主页、直播、作品、相册、关注和资料等信息。

图14-20

卖家主播可以将自己的店铺主营业务及网址等信息填写在个人资料中，供粉丝们了解与访问。

14.5.2 用好主播公告这个推广小窗口

很多直播平台都支持主播发布公告。如虎牙直播中，就有主播公告板块。主播可以利用好这个工具，将更多有用、有利的信息传递给粉丝们，最大限度地宣传直播以及网店，如图14-21所示。

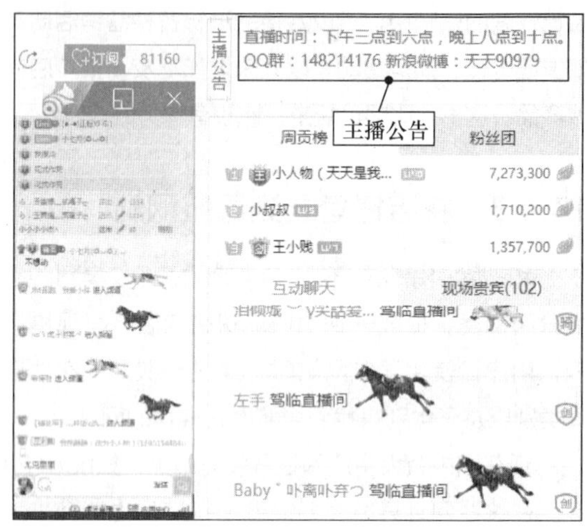

图14-21

专家提点 公告要注意字数限制

需要注意的是，公告的字数并不是越多越好，贵精不贵多。而且一般的公告有字数限制，例如，虎牙直播的主播公告限制60字。

14.5.3 重复推广信息，加深粉丝印象

为什么课堂上老师会将同一道题讲解多遍呢？因为学生的记忆能力和接受能力有区别，只讲解一遍可能会有很多学生记不住，或理解不了。对于直播间也是一样的，如果想要粉丝们记住一些信息，如微信号、QQ号或淘宝店铺名等，就需要卖家主播进行反复提醒。

在主播做完某个才艺表演或气氛正热烈时，可以将推广信息进行重复。比如，主播在直播时就可以适当将这段信息进行重复："欢迎大家在淘宝搜索××××旗舰店，向客服说明来自××直播，会有惊喜哦！"粉丝们多听几遍，网店名就被潜移默化地记住了。

14.5.4 从互动中完成宣传

在主播和粉丝们的互动中，一般是可以通过公屏打字的方式。通常主播在表演才艺时都会给粉丝们提示，认为主播还行的请在公屏上打

“66”，或有人发问主播的身高时，主播为加大互动会说“你们猜猜”，粉丝们会在公屏上打“158”“160”“165”等数据。

其实这种互动也可以用来宣传自己的直播间。主播在和粉丝互动时，可以问大家：“我们的网店名称是？”粉丝们自然也会在公屏上打出网店名称，这对新进直播间的观众起到一个提醒作用，也能加深老粉丝们对网店名称的印象。

专家提点 互动要注意频率

当然，主播在和粉丝们互动时推广直播间，需要注意频率。比如直播时间为3小时，通过和粉丝互动推广直播间的频率应控制在6次以内，太多会招人厌烦，适得其反。

14.5.5　将有效信息整合成字幕公布在直播中

卖家在直播画面上添加水印或字幕，也可以进行营销推广。如图14-22所示，左上角有“虎牙直播”的水印，是虎牙直播平台自带的。但是在本图的右上角有“一组30赞播歌”和QQ粉丝群等内容的字幕；在直播页面最下面印有“有咱家徽章或者改好咱家马甲格式的宝贝可以免费点歌”等字幕信息。

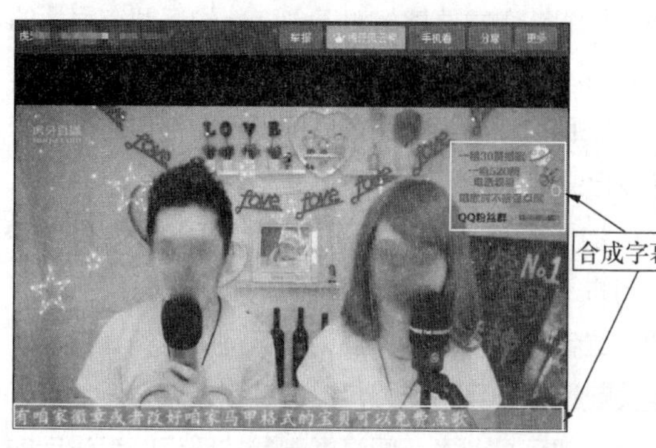

图14-22

这样的水印和字幕能起到宣传和推广的作用，这是一种十分有效的宣传方式。

字幕制作也十分简单，很多软件都可完成。图14-23所示的YY伴侣就是其中一个支持字幕的软件，❶单击页面中右侧的“字幕”选项卡；❷对字幕内容、字体、大小、颜色及滚动方向进行设置；❸勾选上方“开启字幕”复选框，即可完成字幕的设置。

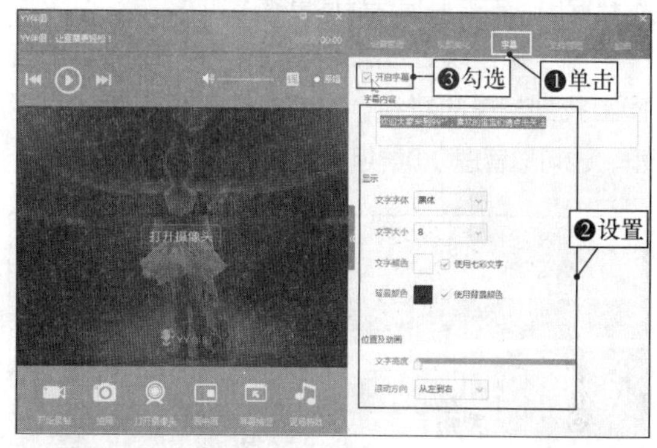

图14-23

14.5.6　背景装饰中的宣传技巧

主播在直播时，需要一个干净利落的背景来衬托氛围。而在这个背景中，如何才能将推广信息加入其中，显得不刻意又容易引起注意呢？方法其实是有很多的，比如将直播间二维码或直播间名称打印在镜头前的摆件上。不用主播的刻意提醒就能被粉丝们注意到。

图14-24中的YY女主播将自己的新浪微博名称信息公开在身后的小黑板上。对主播稍有兴趣的粉丝即可在微博中搜索到该主播的更多信息，这样就能增加自己的微博粉丝数量，同样的方法也可以用于微信号、QQ号上。

图14-24

14.6 秘技一点通

技巧1　寻找优质QQ群做营销推广

QQ群是多人交流、互动及时和低成本操作的营销推广方式，对于淘宝卖家来说并不陌生。很多卖家每天加很多群，打完广告被踢，又加很多群，乐此不疲。如果一开始进入的群组就不适合营销，后续再多的交流技巧也是无济于事。这里告诉大家几个寻找优质QQ群的技巧。

查找QQ群最常见的方法是通过QQ面板里的查找功能来找目标群，这个方法的好处是可以根据卖家的产品来找。假如商品是减肥方面的，可在搜索栏里输入“减肥”，关于减肥二字的群组就一一呈现在眼前，卖家再根据群信息考虑加入。

除了通过以上方法找群，还可以在QQ群的官网上找到相关的群组。这个方法不仅可查找目标群，也可以管理QQ群组，如图14-25所示。

图14-25

查找QQ群的方法还包括在论坛、贴吧或是行业性的网站查找。这些地方一般会有相关的QQ群，在此查找不失为一个好方法。

直接在搜索引擎上查找，通过对关键词的搜索也可以找到目标群。

目标群组找到后，卖家可能会发现，相同行业的群有成百上千个，那么，采取什么样的方法才能更好地判断这个群是否适合加入呢？

同样行业的群组，有的是2000名满员，已经有了1783名成员；另一个群同样是2000名满员，可是只有300多名成员。应该选择哪个呢？毋庸置疑，肯定选择成员多的那一个，更多的成员才能给卖家带来更多的信息。

还有一个重点是群的活跃度。成员人数相差不大的群，有的一分钟能刷上几十条消息，也有的半天时间无人冒泡，这就体现了群的活跃度。建议卖家尽量把时间花在活跃度较高的群里，活跃度较低说明很多人已经屏蔽了群消息，也没有足够的凝聚力。

技巧2 巧寻日志/博客的话题

日志/博客一般发表在QQ空间或者新浪、搜狐的博客空间上，热门的日志/博客的日浏览量可上千，名人的日浏览量更是可以上十万、百万，因此日志/博客是很多网店店主喜欢的营销工具之一，因为有意思的日志和博客文章能够为网店带来难以估量的访问量和购买率。

不过，很多网店店主准备动笔时，却发现无话可说，不知道写什么好。有的店主就干脆转载他人的热门日志或博客，这样也能带来一些人气，但效果比起原创来差得很远。因为热门的日志/博客的原作者的网址总是排在搜索引擎的前面，而转载的排在后面。一个不出名的博客的转载地址，更是排在三五页之后去了，很难被搜索者看到。

因此，只有原创的话题，才能在被搜索到相关关键词时，占据搜索结果的靠前位置，被人点击的概率才会大。能够促进网店产品销售的话题，一般来说无非就是3类：自己或身边人的故事；公司的创业、经营故事，或办公室日常故事；产品动态和信息。

但是很多店主在写了一段时间后，又发现了新的问题：自己的故事也好，身边人的故事也好，公司的故事也好，产品动态也好，通通写了个遍，已经写无可写了，再也想不出新话题了，怎么办？

其实要找话题并不难，只是店主们缺乏一种发散性的提示。如果能够随时查看最新的网络新闻，就能够激发灵感，对于创造新的话题有很大的帮助。

在百度新闻订阅页面，即可订阅与自己网店产品或行业相关的新闻。

访问百度新闻订阅页面后，可以看见有两种订阅方式：一种是关键词订阅；一种是分类新闻订阅。二者的区别是，关键词订阅是由订阅者自己设定关键词，一旦有新闻包含关键词，就会发送到订阅者的邮箱；分类新闻订阅则是按照订阅者设定的类型，将相关的新闻按时发送到订阅者的邮箱。

用户在订阅关键词新闻时，首先输入与行业或产品相关的关键词，把关键词位置设置“新闻全文”，而不是“新闻标题”，因为新闻标题中包含的关键词有限；然后再设置邮箱地址和发送时间等进行订阅，如图14-26所示。用户在订阅分类新闻时，首先设置好新闻类型，然后再设置好其他信息即可进行订阅，如图14-27所示。

图14-26

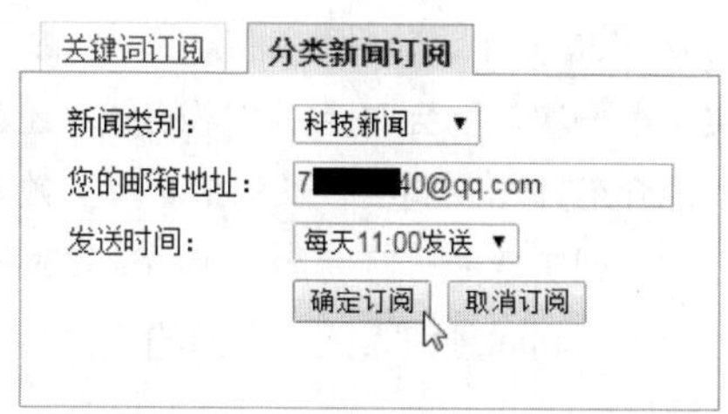

图14-27

店主要每天坚持阅读订阅的新闻，在新闻中收集素材，再结合行业、公司和产品进行再原创，就相对比较容易了。比如出售瓷器的店主，在订阅的新闻中看到关于刀具的新闻，也许会灵机一动，联想到高科技的“陶瓷刀”，就可以写出一篇关于陶瓷前沿科技在生活中应用的原创日志或博客来。

如果一篇原创博客文章，只发布在一个博客网站，其利用率未免太小。店主应该在多个博客网站分别注册，同时发布一样的博客文章，这样才能更容易被搜索引擎搜索到，从而被更多的人看到。下面就列出一些比较热门的博客网站。

新浪博客

腾讯博客

网易博客

搜狐博客

和讯博客

博客中国

阿里巴巴网商博客

天涯博客

技巧3 微博推广网店的几个实用技巧

微博是一个不错的产品、店铺推广平台，只要关注者（俗称“粉丝”）够多，再加上经营得当，就能够给自己的网店或产品带来惊人的流量和销量。

不过，一个新手的微博是没有什么人关注的，自然也谈不上什么推广了。那么，怎样快速增加自己的“粉丝”，又该发布什么微博内容来做广告才合适呢？

① 把微博的头像设置成漂亮女性，性别也设置为女，在不用发博的情况下就可以获得粉丝，但是，只使用这个方法，粉丝增加的速度会比较缓慢。

② 互粉。主动去关注别人，那么别人看到一个美女关注自己，很多情况下也会礼貌性地关注回去。这样就增加了自己的粉丝。

③ 在微博内容上下功夫，发一些语录、笑话等来获得大家的青睐，如果有原创的幽默内容最好。大家都喜欢幽默的人，原创的幽默文会被很多人转发，自己的粉丝也会因此而疯长。

④ 加一些微博QQ群，大家通过QQ群的交流，然后推广自己的微博，起到增加粉丝的效果。

⑤ 拥有了一定数量的粉丝之后，就可以通过微博来推广自己的网店和商品了。营销和推广的时候一定要注意的是：灵活地发布自己的广告，不要全部发广告，要站在用户的角度考虑、分析，然后发一些幽默搞笑的视频和图片文章，会吸引更多粉丝来围观。

开店小故事

“一割大王”的成功微博营销

“一割大王”的名字看着挺吓人，其实它的主人是一位漂亮的女生。大王在一个偶然的机会认识了一位渠道商，可以拿到某名牌手机的翻新机。这种手机在国内比较有市场，因为它价格比相应的国行机便宜不少，而手机本身也没有问题，很受学生以及刚工作的白领的欢迎。

大王在网上申请了一个店铺，店名和她的网名一样有个性，叫“马上倒闭科技”。店铺开张后，生意一般般，因此大王对自己的产品与销售对象进行了仔细的调研。经她研究发现，在非官方渠道购买官翻机对一般人来说是要下较大决心的，并不会因价格便宜而冲动下单。原因主要是这种手机虽然便宜，但售后全靠店铺保障，没办法去官方维修点维修，顾客对店铺的依赖性很大。如果顾客相信店铺，则购买不成问题，反之则不会购买。

那么，如何让顾客对自己产生信任感呢？大王认为，只有通过互相交流，在交流中增加了解，才能建立起信任感。在网络上，与陌生人互动交流的最好方法莫过于微博，利用零碎时间发布一些有趣的微博段子，即可吸引到关注者。当关注者回复微博后，再与他们互动聊天，慢慢就会建立起信任感。

虽然这是一种比较耗时的方法，但顾客一旦购买了第一次，就会对店主非常信任，还会自动自发地介绍好友来购买，长期来看其实效率很高，特别是到了后期，顾客数量犹如滚雪球一样增加，带来的利润是惊人的，前期的努力会得到高额的回报。

确定营销路线之后，大王开通了自己的微博，在微博上发布有趣的博文，包括自己的日常生活感想、见闻、吐槽、照片，以及适量的店铺宣传。每当有网友回复时，大王就以她搞怪的风格进行互动，有时也会走一走卖萌路线，很是受人欢迎。慢慢地，大王的关注者越来越多，不少关注者尝试着在她的店里购买手机。由于大王对售后问题处理得非常好，慢慢地口碑就传开了，大王的生意也越来越好。

第15章 有图有真相——商品图片的获取及处理

本章导言

在商品的详情页面中，最具有视觉效果，最能直接打动买家的，无疑是商品的展示图片。即使一件普通的商品，在配上色彩鲜明、光线充足的照片后，也会变得更加有吸引力，更加能让买家产生下单购买的欲望。本章就专门讲解选择摄影器材、常见拍摄方法以及图片后期处理方法等内容，让读者也能打造精美的商品展示图片。

学习要点

- 选择适合的摄影器材
- 掌握网店商品拍摄的一般规则
- 掌握使用手机拍摄网店商品的方法
- 掌握使用Photoshop处理和美化照片的方法

15.1 拍摄器材的选择

对于网店，买家主要是通过店里的展示照片来了解商品的，所以网店里的每一件商品，都需要配以多张图片，从不同的角度对商品进行细节展示和说明。要为商品拍出漂亮、悦目的图片，就需要准备好合适的拍摄器材。

15.1.1 根据预算资金选择相机

一款合适的相机，能够极大地帮助网店店主拍好展示图片。目前，市面上比较流行的相机大致可分成3种：普通数码相机、单反相机和微单/单电相机。

- 普通数码相机。普通数码相机的特点是价格低廉，这类相机适合于拍摄家人、朋友、宠物或旅行照的相片。在普通相机中，很多产品比较轻薄，便于携带，因此这种薄型相机又叫作“卡片机”，是普通数码相机中的主流产品，价格集中在800～3000元之间，当然也有特别便宜和特别贵的。普通相机的像素一般在2000万左右，拍出来的照片效果相当不错，对于拍摄网店商品图片来说，已经足够了。图15-1所示为佳能（Canon）IXUS 285 HS 数码相机，2020万有效像素，3英寸液晶显示屏，12倍光学变焦，25mm超广角，支持Wi-Fi和NFC，时价为1500元左右，比较超值。
- 单反相机。现在一提到专业拍照，似乎都要说到“单反相机”。单反相机效果确实比较好，但价格也相对较高，一般都在数千元以上。单反相机的镜头和机身一般都可以分离，一个机身上可以安装不同的镜头。如果店主希望完美展示自己商品的细节，不妨购买一台单反相机来进行摄影。图15-2所示为佳能（Canon）EOS 700D 单反套机，含EF-S 18-55mm f/3.5-15.6 IS STM 镜头，时价为4000元左右，是一款入门级单反相机，购买者较多。

图15-1

图15-2

- 微单/单电相机。由于单反相机是采用了单镜头加反光板的取景结构，故名“单反”，但也因为这个结构，导致单反相机体积庞大，机身沉重。为了克服这个缺点，相机生产厂商又研发出单镜头加数码取景结构的相机，取消了反光板，导致其体积大大减小，摄影效果上只是略差于单反相机，但价格相对单反来说有大幅度减少，主要集中在2500～5000元之间。这种相机被称为“单电相机”或“微单相机”。对于一个追求较好拍摄效果，但资金预算又有限制的店主来说，单电相机是一个不错的选择。图15-3所示为索尼（SONY）ILCE-6000L APS-C微单单镜套机，时价在4000元左右，从其较好的销售情况来看，比较受用户的欢迎。

图15-3

高手支招 自己动手丰衣足食

一些高档手机配备的摄像头效果也是比较不错的，用于拍摄商品照片绰绰有余，比如苹果六七代手机，三星galaxy系列手机的高端型号等。如果店主已经有了这样的手机，就可以省下购买相机的资金了。

有的店主可能认为，要拍摄出最好效果的商品图片，就必须买一个非常高档的相机，比如单反相机。其实，这是一种错误的理念。要知道在网店里展示的图片，受网页大小以及网速的限制，一般分辨率都并不是很大，据笔者的经验来看，1024×768像素分辨率的照片已经足够了。拍摄这样的照片完全用不着单反相机出马，使用普通卡片相机，配上简单的摄影设备，如三脚架、反光板等，再加上后期电脑处理，完全可以拍出同样效果的照片。

在选购数码相机时，要量力而为，不要一律以价高为好。其实，没有最好的相机，只有最适合自己的相机，根据自己的需要来选购才是最适合的。选购时通常要注意的要点有以下几个。

- 品牌。影响相机的成像效果除了像素、镜头等因素外，主要的因素还是厂家在成像质量方面的整体技术水平，像佳能、尼康、索尼、三星等厂家在相机整体成像技术上做得就比较专业。因此，建议购买那些在市场上推出时间较长的成熟机型，不要购买那些刚推出的小厂家的新品，因为新的机型价格较高，降价空间大，而且成像技术水平也难以保证。
- 像素。现在主流的数码相机都是上千万的像素。像素越高，照片质量会越好，但是网络图片适用800万像素相机就足够用了。当然，如果店主平时外出游玩时还要使用该相机的话，倒也不妨选择高像素的型号。
- 实际拍摄效果。在选购数码相机时，购买者一般都会随便拍几张，然后在数码相机的液晶屏上看过后觉得效果可以就行了，其实这种做法是不正确的，因为数码相机的液晶屏很小，效果好坏并不能看出来。正确的做法是拍出来后要在电脑屏幕上确认一下，并注意看照片里有没有偏色。因此，建议到配备电脑终端的经销商处购买，以便在电脑上查看拍摄效果。
- 画质。数码相机镜头往往比像素和CCD更加重要，尽量选择名牌的，比如佳能、尼康、索尼以及奥林巴斯等。如今的数码相机的光学变焦倍数大多在10倍，有些定焦的效果可能更好，因为镜头变焦越大，镜头镜片数量就会更多，镜片数量多，就会影响画质，甚至造成更大的眩光、噪点、丢失暗部细节，以及影响整个变焦范围的画质等问题。
- 微距拍摄。如果要拍摄商品的细节，就需要用到相机的微距拍摄功能。所谓微距拍摄，就是在极近距离（如4厘米）内拍摄物体的功能。微距拍摄功能越好，成像就越清晰，拍摄出的商品细节的效果越好。

■ 防抖。现在的主流机型都配备了光学防抖的功能，而不防抖的机型已经相当少见了。如果万一买到不防抖的机型，也不要紧，再购买一个三脚架，将相机放置在三脚架上进行拍摄，也可以解决抖动的问题。

另外，购买的时候，还要注意商家是否是正规经销商，商品是否是正品行货，是否全国联保等，因为这关系到售后服务问题。

15.1.2　选择三脚架让相机拍摄更稳定

虽然现在的中高档相机都有防抖功能，但在拍摄商品的时候，有的人手抖得比较厉害，仍然会拍出一些模糊的照片。这个时候就需要使用三脚架，将相机放在三脚架上，拍出的照片将会非常清晰；有时候需要在光线不好的地方，或者在夜晚进行拍摄，就要进行长时间曝光，而人手不可能长时间保持静止不动，手拿相机进行长时间曝光会造成图像模糊，此时就必须使用三脚架辅助拍摄；另外有的店主自己做模特，没有人帮忙拍摄，这个时候也需要使用三脚架架好相机，设置延时拍摄进行自拍。

三脚架一般有三只支撑脚，每只脚是由三节可伸缩调节的金属管组成。支撑脚上面还有可调节高度的中轴，中轴上面还有可以调节仰角和方向的云台。三脚架在收起来时如图15-4所示（不带云台），展开并安装好云台以及相机时如图15-5所示。

图15-4　　图15-5

三脚架的各个调节螺杆都非常明显和直观，只需按照说明书操作，即可轻松将三脚架展开，将相机安装到云台上。

三脚架的档次有高有低，低的很便宜，四五十元就可以买到，高的要上千元。作为网店店主，一般只需购买一个百元左右的带有云台的三脚架就可以了。国产的名牌三脚架有百诺、思锐、捷宝和富图宝等，均能满足这样的功能需要。

专家提点　三脚架与相机的配合

在选购三脚架时，要注意好相机重量与三脚架重量的配合。三脚架越重，其稳定性越好，但如果相机很轻，则没有必要配很重的三脚架。一般来说，相机的重量主要集中在镜头上，像那些比较重的三脚架适合400毫米的镜头，而中型三脚架则适合100~300毫米的镜头，小型三脚架则配合广角镜头使用。

15.1.3　选择灯光器材进行补光

拍摄商品照片时，光线很重要，太亮、太暗、反光等都会使照片质量不佳。要获得曝光正确的照片，就要用到灯光器材，并且使用摄影棚、反光伞等辅助拍摄。

1. 利用简易摄影棚调节光线

如果拍摄的商品对颜色要求很高，那就一定要使用摄影棚。摄影棚是室内拍摄商品时使用的最主要的工具之一。在淘宝拍摄器材店中，摄影棚的售价不高，如果商品不是很大，可以买一个现成的简易摄影棚。图15-6所示为淘宝上卖的简易摄影棚，价格并不昂贵。图15-7是某个简易摄影棚的构造细节，其实心灵手巧的店主完全可以使用白卡纸自己制作一个。

图15-6

图15-7

2. 利用反光伞/反光板调节曝光

反光伞通常是配合闪光灯使用的，它的作用是可以把闪光灯闪出的硬光变成柔和的漫射光。如果没有反光伞的话，也可以使用反光板。反光板在室外拍摄时很有用，因为很多时候外景都是逆光拍的，但逆光拍摄时，模特正面会有很暗的阴影，这时候用反光板补光可以减少阴影。

反光伞外形和雨伞差不多，不过伞的内面贴的是高度反光的材料，其价格在几十元到200元不等，如图15-8所示。反光板通常是一块轻巧的圆形或长方形的平板，一面贴有高度反光材料，其价格在20元到80元不等，如图15-9所示。

图15-8

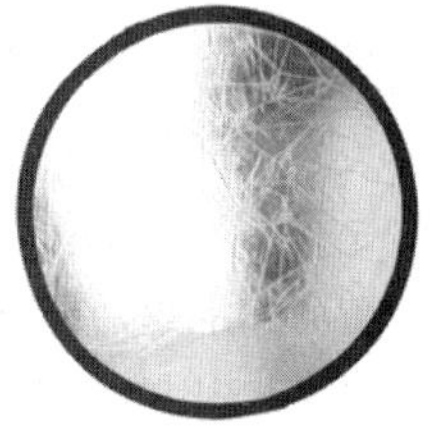

图15-9

高手支招 自己动手丰衣足食

动手能力强的店主，可以自行购买锡箔贴在旧雨伞的内面，做成一把反光伞，其效果并不比买的反光伞差多少。

另外，还有一些辅助拍摄器材，如独立闪光灯、摄影台等，但使用得不多，这里就不详细介绍了。

15.2 商品拍摄入门

很多新手店主在拍摄商品照片时，没有什么经验，也没有过多的想法，拿起相机就拍，拍完就放到网店里。其实，各种商品的拍摄都是有一定规律的，掌握这些规律能够快速拍出好看又有说服力的商品照片。

15.2.1 商品照片四大特点

网店商品照片与平时的风景摄影、人像摄影是有区别的。作为要出售的商品，网店商品的照片应该尽量真实可信地描述商品本身的特点和质地，在此基础上，还应该尽量美观，能够给买家以良好的印象，吸引买家购买。具体来说包括以下几点。

1. 主体突出

突出商品主体是网店商品照片的一项重要要求，比较理想的情况是在没有任何文字说明的情况下，买家能通过照片直接了解商品的基本情况。因此在构图和搭配的时候，就要考虑使商品突出的问题。通常在拍摄单一的静物商品时，使用简单的背景就能让商品变得很突出。而在拍摄一些复杂商品的时候，就要考虑到各种附属道具的配合，比如就服装来说，可能会需要与模特、道具进行搭配拍摄，那么这个时候就要注意与商品搭配的人物、道具等不要喧宾夺主。

如图15-10所示，这本来是一张展示帽子穿戴效果的照片，但因为模特的眼镜太大，反而成为照片的焦点，让帽子这个主体显得不那么突出了，这就是一个典型的喧宾夺主的例子。

图15-10

2. 色彩准确

网店商品照片的色彩也是描述商品的重要因素，买家通过照片了解到的色彩与商品的实际情况要一致，不然容易引起纠纷，以及退换货等麻烦。

关于色彩的准确表现，其中比较关键的一点是白平衡的设置，以拍摄服装为例，如果白平衡设置不当，导致服装色彩偏暖或偏冷，那么将会引起买家对服装色彩的误解。当发现照片中商品与实物不一致时，可以用光影魔术手等软件的“自动白平衡”功能将其纠正，对于Photoshop比较熟悉的店主，也可以用这个专业软件来进行更加详细的调色。

不过大家应该知道的是，就算在店主的电脑或手机上，商品照片中的色彩基本还原了，但在买家的手机或电脑上，商品照片的颜色可能还是会与其真实颜色有一定差距，这是由于手机屏幕、电脑显示器的个体差异造成的。另外，每个人设置显示器亮度、色彩饱和度与对比度可能都不一样，这些都造成了颜色差异。作为店主，只要尽量保证在自己电脑上色彩还原就行了。

3. 注重细节

网店商品的细节主要包含商品的材质，以及做工方面的细节。以一款手提包为例，可以通过近距离拍摄的手法来展现手提包使用了什么材质，通过什么方法缝制等细节。另一方面是设计、功能方面的细节，还是以手提包为例，可以打开手提包拍摄，展现内部的口袋、拉链等细节。注重细节并不是说只拍摄商品的细节，即细节越多就越好，而是要适当地拍摄整体情况，并与细节照片结合起来。

以图15-11所示的亚麻衬衣为例，不仅要给出衣服的全景图，还要给出细节图（这里只给出了纽扣的细节图，实际上还应该有锁边、袖口、衣领等，这里就不一一列举了），细节图越多，越能够增进买家对商品的了解，越能促成交易。

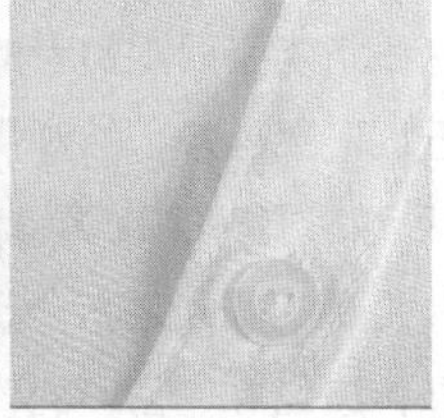

图15-11

4. 照片质量高

网店商品的拍摄对于照片的质量要求是比较高的，高质量的照片不但可以清晰地展现商品，还能满足一些买家放大照片的需要，在放大商品照片后，让买家也能看到清晰的细节，如图15-12所示，上衣的图片放大后可以很清楚地看到花纹与质地的细节。

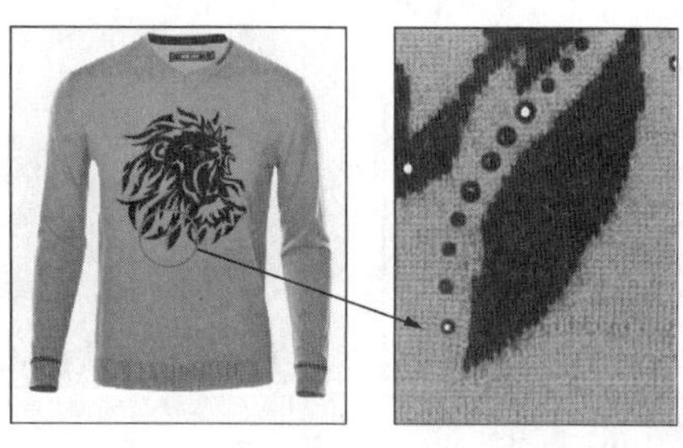

图15-12

这里并不是建议大家使用高质量的图片来代替细节图片，细节图片是不可少的，毕竟很多细节是无法从商品外部照片中得知的，仍然需要专门为之拍摄照片；另外，有些细节可能买家并不清楚，也需要店主专门放出细节照片来提醒买家。

要提高照片质量，首先应将相机的拍摄模式设置为画质较高的形式；其次是拍摄时照片应曝光准确、色彩还原准确，以便减少后期调整幅度；最后是后期处理的时候，照片要以低压缩格式保存，因为压缩率越低，画质损失越小。

15.2.2　商品照片常用的构图法

很多店主可能不了解，为什么拍摄商品照片还要讲究构图？直接把商品拍在图片中间不就好了吗？其实，这只是一种常用的构图方法而已，还有其他构图方法，不仅可以突出商品本身，还能够呈现出一定的美感，让买家看了更加喜欢。

1. 黄金分割法

黄金分割法，就是把一条直线段分成两部分，其中较长的一部分占全部线段的61.8%。这是由古希腊人发现的一种比例，这种比例也称黄金律。他们认为这种比例最能体现和谐与美感。事实上也确实如此，将黄金分割法应用到摄影中，能够拍摄出具有奇妙美感的照片来。

在摄影构图中，常使用简单的方法来实现黄金分割：在画面上横、竖各画两条与边平行、等分的直线，将画面分成9个相等的方块，直线和横线相交的4个点，称黄金分割点，如图15-13所示。

在拍照时，将主体安排在黄金分割点附近，即可达到突出主体，又具有美感的效果，如图15-14所示，照片中的面包就安排在黄金分割点上，既显眼又和谐。

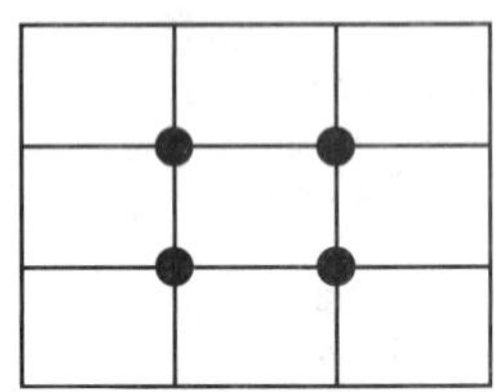

图15-13

图15-14

专家提点 井字形构图

其实上面讲解的方法并非精确的黄金分割构图，而是一种“井字形”构图，这种构图的效果与黄金分割构图是很接近的，但又要比黄金分割构图简便易用，因此在实践中常用于替代黄金分割构图。

2. 三分构图法

三分构图是黄金分割法的另一种应用方法。当要突出的主体比较长时（如人体、地平线等），将主体安排在图片的三分之一处，则整个画面显得生动、和谐，主体突出。三分法构图的4种形式如图15-15所示。

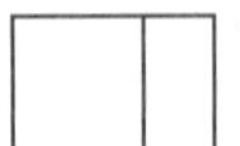
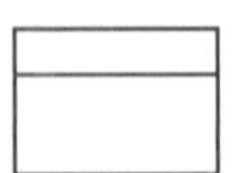
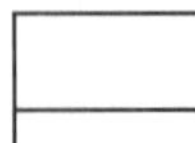

图15-15

在服装拍摄中，经常要用到模特，由于人体呈长条形，因此常常被放在画面的三分之一处进行突出，如图15-16所示。当要拍摄的商品占主体画面较多时，可以考虑将其一部分安排在画面三分之一处，也能达到比较好的效果，如图15-17所示，图中的茶叶盒一边颜色较深，将之安排在三分之一处，整个画面显得具有美感。

图15-16

图15-17

3. 对角线构图法

对角线构图法是指将主体安排在画面的对角线上，可以使拍出的画面得到很好的纵深效果与立体效果，画面中的斜向线条还可以吸引观众的视线，让画面看起来更有活力，达到突出主体的效果，如图15-18所示。

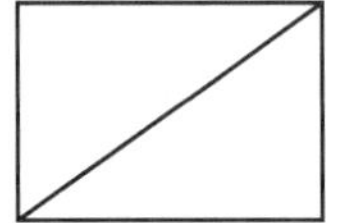
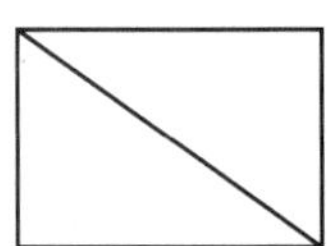

图15-18

在拍摄长条形主体时，可将之斜向摆放，形成对角线构图，如图15-19所示。

图15-19

4. 汇聚线构图

汇聚线构图就是指在画面中出现一些线条元素，向画面相同的方向汇聚延伸，最终汇聚到画面中的某一位置，利用这种线条的汇聚现象来进行拍摄的方式，就是汇聚线构图。通常出现在画面中的线条数量在两条以上，才可以产生这种汇聚效果，这些线条能引导观赏者的视线，沿纵向的方向由远到近地汇聚延伸，给观赏者带来强烈的空间感与纵深感，如图15-20所示。

汇聚的线条越多、越集中，透视的纵深感就越强烈，这也会使普通的二维平面照片呈现出三维立体空间的效果，因此用这种构图方式拍摄的画面也极具吸引力和艺术魅力。在网店商品拍摄中，也可以使用这种构图法进行拍摄，如图15-21所示。

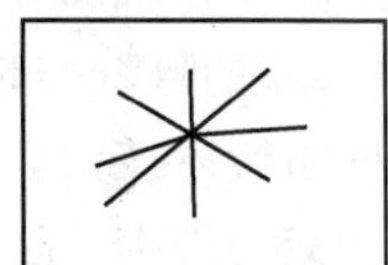
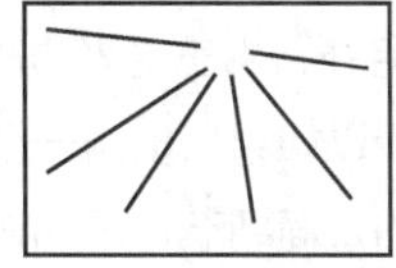

图15-20

图15-21

5. 对称式构图

对称式构图是指利用主体所拥有的对称关系来构建画面的拍摄方法。对称的事物往往会给观众带来稳定、正式、均衡的感觉，所以利用这种对称关系进行构图可达到上述效果，如图15-22所示。

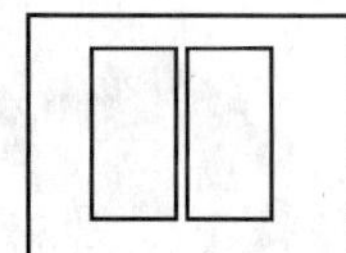
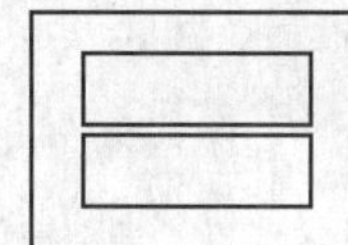

图15-22

在拍摄这种对称照片时，既可将主体摆放为左右对称，也可以上下对称，如图15-23所示。

图15-23

专家提点　关于其他构图

其实常用的构图方法还有一些，如曲线构图、框架式构图、开放式构图等，由于网店商品的拍摄一般用不上这些构图方法，所以这里就不进行讲解了。当然，最简单的构图是将主体放在画面中心的构图方式，人人都会，这里也就不多加解释了。

15.2.3 利用不同的光线拍摄网店商品

1. 光源

在拍摄商品的时候，主要用到3种不同的光源。

- 自然光。它来自于日光，由大气层、云层等进行过滤与反射后照射到地面。
- 人造光。凡是来自人造光源的光均可称为人造光，在拍摄中，人造光常常需要拍摄者自己购买灯光设备进行布置，也可以利用城市中的公共照明光线进行拍摄。
- 反射光。这种光源自身不发光，但是可以反射其他光源产生的光线。

（1）自然光。

自然光主要是指太阳光，在服装商品的拍摄中常常使用自然光。它的优点是亮度充足，照射范围广泛。不过它的缺点也很突出，首先，它受制于天气，在严重的阴天以及雨天的时候，往往只能取消拍摄，这使得完全依赖自然光的拍摄计划常常被打乱；其次，自然光有一定的时间限制，如夏天中午光线太强，不适合拍摄，而到了晚上，没有太阳光也无法继续拍摄。

（2）人造光 。

人造光主要包括两类：一类是城市中的一些公共光源，如路灯；另一类是摄影专用的灯光，如闪光灯、影室灯等。第一类人造光的运用有些类似于自然光，拍摄者需要对它们的规律有一定的了解，不过这类光线被运用到商品拍摄中的例子较少，一般都是用于人像拍摄、街景拍摄或艺术摄影等。对于网店商品而言，则基本使用第二类人造光进行拍摄，也就是一些摄影专用的人造光。

使用这些人造灯光的时候，拍摄者可以非常精确地控制灯光的各种属性，例如光线的色彩、亮度、照射角度等。与自然光单一光源的情况不同，在使用这些人造灯光的时候，拍摄者还可以组合多个灯光，形成更加丰富的光线照明效果。除了拍摄外景类的服装外，大多数网店商品摄影都是采用这种人造灯光来完成照明的。

（3）反射光。

反射光可以说是无处不在的，但不加控制的反射光往往对于商品摄影来说是有害的。比如在户外的草地上拍摄服装的时候，由于青草会反射出绿色的光线，会导致服装照片产生色彩偏差，此时就需要使用专用附件来控制这些反射光。另外在使用摄影棚的时候，也要考虑到摄影棚产生的反射光，并利用好这些光线。

2. 拍摄方法

（1）如何用顺光来拍摄。

当光线从不同角度照射到拍摄主体上时，会产生不同的效果。充分利用光线的射入角度，可以对商品进行不同的诠释。

顺光，顾名思义，是指光线照射的方向与拍摄的方向一致，光线顺着拍摄方向照射。通常情况下，顺光的光源位于拍摄者的后方，或是与拍摄者并排。当商品处于顺光照射的时候，商品的正面布满了光线，因此色彩、细节都可以得到充分的展示，而由光线产生的阴影则出现在商品背面，不会在画面中明显呈现，如图15-24所示。

顺光是拍摄商品时常用的一种光线，通常拍摄者布光的时候都会考虑采用一个光源来构成顺光，再搭配其他光源。顺光的主要缺点是光线太过于平顺，这会导致商品缺少明暗对比，并且立体感也难以通过阴影来展现。

（2）如何用侧光来拍摄。

当光线从侧面照射到商品上，叫作侧光，侧光可以营造一种很强的立体感，对材质的表现也较好。在拍摄商品时，侧光一般不作为主要照明光使用，通常是配合顺光，从两个方向上对商品进行照明，侧光的亮度一般要小于顺光，如图15-25所示。

图15-24

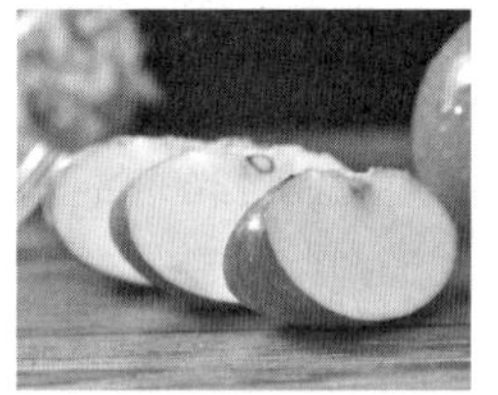

图15-25

（3）如何用逆光来拍摄。

如果光源放置在拍摄主体的后方，就形成了逆光。由于光线来自于商品的后面，所以商品的轮廓线条会被光线勾勒出来，产生一条“亮边”，如图15-26所示。由于这条轮廓线条是明亮的，因此需要搭配深色的背景才能有明显的画面效果，而采用浅色背景的时候，逆光勾勒的轮廓的效果就很弱了。

另外，由于逆光的时候，商品的阴影全部在正面，所以如果只使用一个光源的话，将无法呈现出商品的正面细节，只能得到一张剪影照片。因此通常还会使用一个顺光光源，这样一前一后的两个光源既可以展现出足够的商品细节，也可以产生漂亮的轮廓线条。

（4）如何用顶光来拍摄。

顶光就是从拍摄主体顶部向下照射的光。顶光不是一种非常理想的光线，比如正午时分的阳光会形成顶光，这时通常不宜外出拍摄服装。不过，对于一些小商品来说，由于商品远小于灯光的体积，各种光线作用到它们身上的效果不是太明显，这时直接采用顶光，反而简便易行，如图15-27所示。

图15-26

图15-27

高手支招 柔和的顶光比较好

顶光的主要缺点是会在商品的下方产生浓重的阴影，如果商品表面凹凸起伏的话，也可能会产生各种不太美观的阴影，所以最好使用光质柔和的光源用作顶光，让阴影轮廓模糊一点，这样更加美观。

15.2.4 多角度展示网店商品的概况及细节

取景角度的变化，也会对拍摄出来的商品照片造成很大的影响。在商品拍摄中，取景角度通常分为正面、侧面、背面、顶部、底部等几个角度，而在对任意一面进行拍摄时，也可以分为平拍、仰拍和俯拍3种角度。

（1）正面取景是指从商品的正面拍摄，这种方式简单直接，让买家一目了然。侧面取景是指从商品的侧面拍摄，这种方式可以较好地展现商品的轮廓线条。背面取景同样很重要，从背面拍摄可以更全方位地展现商品细节。顶部取景是指从高处来拍摄，可以在一张照片中很好地展现出商品的整体面貌。底部取景则较少被运用，因为大部分商品的底部没有太多值得展示的东西，如有的话，则应进行底部取景。

（2）在对任意一面进行拍摄时，可以分为平拍、仰拍和俯拍3种角度。其中平拍是最常见的，主要原因在于，平角度拍摄可以真实还原商品的大小比例关系，不易产生变形，因此，为了让消费者看到的照片尽量与买到的实物感觉一致，多数时候会采用平拍。仰角度拍摄的作用主要是可以让被拍摄主体显得高大瘦长，通常在拍摄服装的时候被运用，如图15-28所示。而俯角度对于商品拍摄来说，更多的作用是展现出平角度所没有的一种立体感，如图15-29所示。

图15-28

图15-29

15.3 利用手机拍摄商品

随着手机镜头技术的发展，手机的拍摄效果越来越好，精度也越来越高，用中高档手机拍出来的照片，其画质已经不输于一般的数码相机了。利用手机来拍摄网店商品，可以为店主省下购买相机的费用。

15.3.1 手机拍照有哪些特点

虽然手机像素已达千万级别，但它毕竟不是专门的拍摄设备，功能上有一些简化，可操作性也没有数码相机、单反相机那么强。因此，要掌握好手机拍摄，必须先对手机的特点有所了解，这样才能在拍摄时扬长避短，拍出好看的商品照片来。

1. 手机聚焦

手机的镜头是自动聚焦的，手机的判断不一定准确，有时候会把焦点集中在拍摄主体之外，造成主体模糊。如图15-30所示，拍摄主体本应为前面的花朵，但因对焦错误，焦点集中到了后面的花朵上，造成拍摄主体模糊；而在正确的对焦时，主体应该是清晰的，如图15-31所示。

图15-30

图15-31

以上情况在拍摄主体离手机较近时才会发生，如果拍摄主体离手机较远，则不会产生这样的情况，主体和背景拍出来会一样清晰。至于多远才会让主体和背景一样清晰，这要根据具体的手机摄像头参数而定，店主可以对自己的手机进行测试，以便做到心中有数。

2. 手机测光

手机的测光也是自动进行的，如同对焦一样，手机也会时常出现错误的判断。这种情况经常发生在拍摄主体与环境光线对比强烈的时候，比如逆光拍摄时，由于背景光线强烈，手机自动降低曝光量，结果造成拍摄主体偏黑，细节无法呈现，如图15-32所示；又如在室内拍摄平板电脑时，由于电脑屏幕自带光线的原因，让手机自动降低曝光量，造成平板电脑边框偏黑，背景也成为一团漆黑，如图15-33所示。

图15-32

图15-33

3. 手机闪光灯

一般手机都自带闪光灯，不过其亮度有限，无法与相机闪光灯相比，因此使用手机拍摄商品时，最好还是布置好充足的光源，尽量不要使用闪光灯补光。使用手机闪光灯拍摄出来的商品照片，大多数都有反光强、光线分布不均、拍摄主体与环境的光线强度相差大等缺点，不适宜用于展示商品。

15.3.2 手机拍摄时如何进行正确测光与对焦

当使用手机拍摄商品时，应根据预先设定的程序，对画面进行对焦与测光。此时手机屏幕上会显示一个对焦框，如图15-34所示。如果手机错误地将对焦框对准拍摄主体之外的场景，那么焦距与曝光量都会产生错误，此时用户要用手指单击拍摄主体，让对焦框框住主体后，再进行拍摄，才能得到正确的焦距与曝光量。

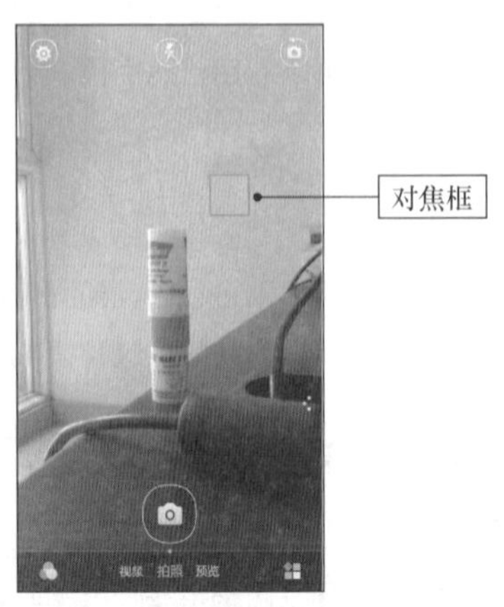

图15-34

15.3.3 如何利用手机进行逆光拍摄

有些时候光源是无法控制的，比如在进行外景拍摄的时候，背景光线可能会比较强烈，如果按照背景光线的强度来拍，拍出来的模特会显得比较黑，无法展示服装细节；如果按照模特身上的光线强度来拍，天空以及远处的背景会曝光过度，显得太亮，整张图片失去美感。在这种时候，可以利用手机的HDR功能，拍出模特与背景的曝光量都正常的照片来。

HDR（High Dynamic Range）是高动态范围的英文简称。一般在光线明暗度相差较大的环境下拍摄的时候，如果照顾高光区域的曝光，就容易丢失暗部细节，而照顾了暗部细节，高光部分就会曝光过度，整个画面的高光和暗部细节不能同时得到保留。因此可以使用不同的曝光量，拍摄多张照片，然后经过处理，保留各自曝光合适的部分，合成一张亮部、暗部细节都能清晰呈现的照片。

图15-35是一张没有使用HDR功能拍摄出来的照片，可以看到暗部细节几乎看不清楚；而图15-36则是使用HDR功能的照片，可以看到暗部显示了很多细节，而亮部的曝光仍然是正常的。

图15-35

图15-36

那么，如何打开手机的HDR功能进行拍照呢？这里以酷派手机的系统为例进行讲解。

第1步 打开手机摄像头之后，❶单击屏幕右下角的功能按钮；❷在弹出的选项中单击“HDR（逆光拍照）”按钮，如图15-37所示。

第2步 在屏幕右下角显示出“HDR（逆光拍照）”按钮后，单击“拍照”按钮，如图15-38所示。

图15-37

图15-38

15.3.4 手机滤镜创造特殊效果

使用智能手机拍照时，可以利用内置的滤镜来创造特殊的视觉效果。比如在拍摄一些较有气氛的商品图片时，可以使用黑白滤镜，营造出一种静谧、怀旧的氛围，如图15-39所示。

图15-39

如何打开手机的滤镜功能进行拍照呢？这里仍然以酷派手机的系统为例进行讲解。

第1步 打开手机摄像头之后，单击屏幕左下角的滤镜按钮，如图15-40所示。

第2步 ❶在弹出的选项中单击需要的滤镜；❷单击拍照按钮，如图15-41所示。

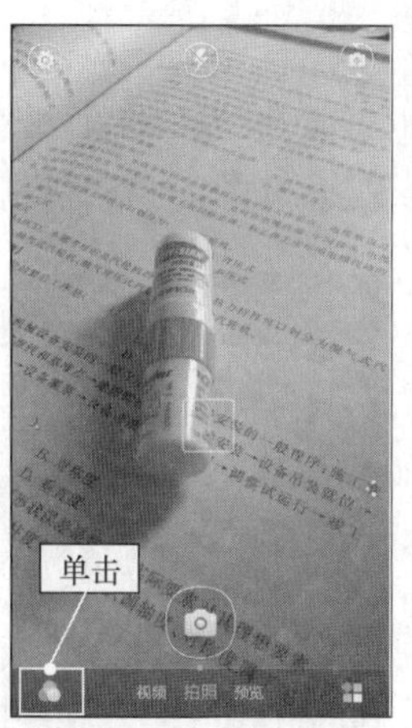

图15-40

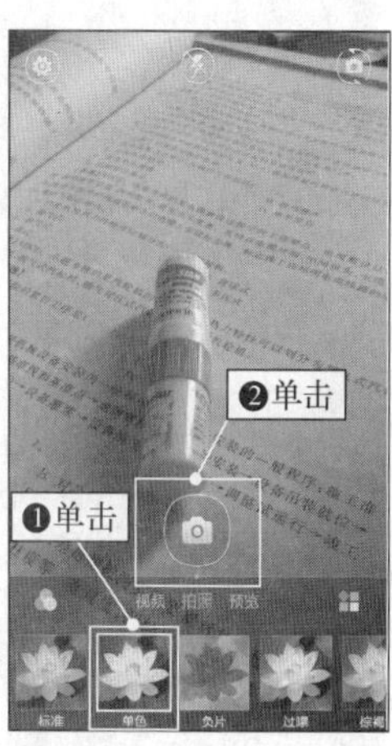

图15-41

15.3.5 利用手机内置软件简单编辑照片

智能手机绝大多数都内置了图片编辑软件，可以对手机里的照片与图片进行简单的编辑，如增加艺术特效，调节曝光度与对比度，增加相框，以及修改图片尺寸等，功能丰富，操作简单，深受用户喜爱。很多使用手机拍摄的商品照片，可以直接在手机上进行编辑，无须打开Photoshop等专业软件来编辑，为店主创造了快拍、快编、快上传的条件。

以酷派手机的系统为例，使用手机内置编辑软件增强照片曝光量的方法如下。

第1步 打开手机相册后，选择一张照片进行浏览，❶单击照片任意位置；❷在下方弹出的菜单中单击“编辑”按钮，如图15-42所示。

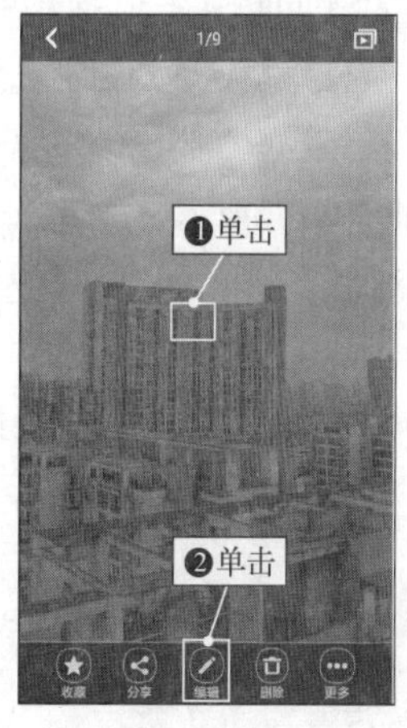

图15-42

第2步 ❶单击“增强”选项卡；❷单击“曝光”

按钮，如图15-43所示。

第3步 ❶将调解滑块向右拖动到合适的位置，增强曝光量；❷单击“完成”按钮，如图15-44所示。

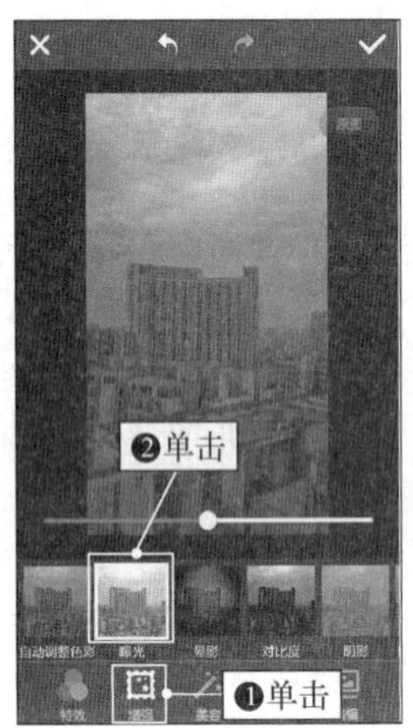

图15-43

图15-44

虽然各厂家的手机内置的编辑软件功能各有区别，但基本的使用方法大同小异，只要稍微钻研一下，就可以用得得心应手。

15.3.6 为图片做文字标记与图像标记

有时候买家会询问店主一些商品的使用问题，比如瓶盖如何打开、部件如何组合等，此时店主可以用手机对商品进行拍照，并在照片上勾画需要操作的部分，然后发送给买家，解决对方的问题。在手机上对照片进行勾画的方法如下。

第1步 打开手机相册后，选择一张照片进行浏览，单击照片任意位置，❶在下方弹出的菜单中单击“更多”按钮；❷在弹出的子菜单中单击“涂鸦”选项，如图15-45所示。

第2步 ❶单击“颜色”按钮；❷选择画笔颜色，如图15-46所示。

第3步 ❶单击“画笔”按钮；❷拖动滑块选择画笔粗细（粗细值一般设置为10~15即可），如图15-47所示。

第4步 ❶在图片上进行勾画标注；❷单击“完成”按钮，如图15-48所示。

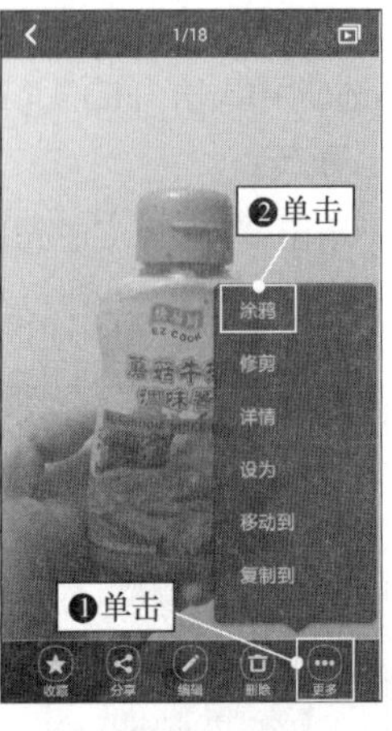

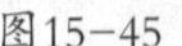

图15-45

图15-46

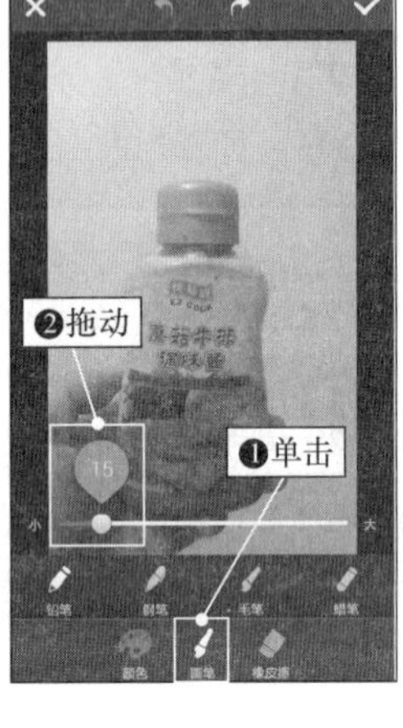

图15-47

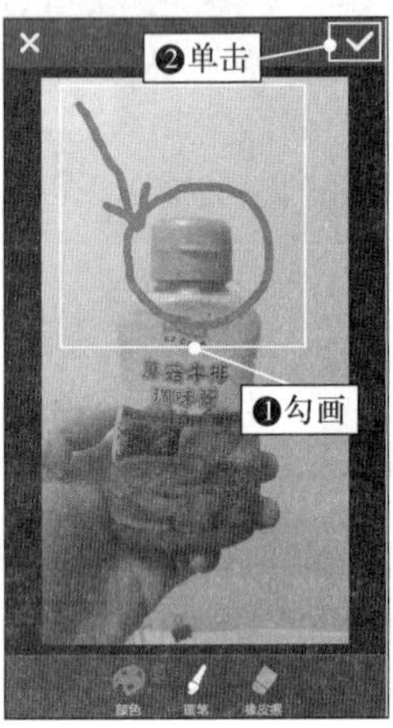

图15-48

图片会被保存为新的文件，不会覆盖原来的文件。如果想撤销某一笔勾画，可以单击“返回”按钮撤销，也可以单击“橡皮擦”按钮，将画笔切换为橡皮擦，然后将不满意的勾画擦掉。橡皮擦不会擦掉图片原本的颜色。

高手支招 利用涂鸦功能遮盖重要信息

如果照片中有重要信息要遮盖，如电话号码、身份证号码、家庭住址以及人像面部等，也可以利用涂鸦功能来进行遮盖。将画笔粗细调节到30左右，颜色选择黑色，然后涂抹要遮盖的信息即可。

15.3.7 手机屏幕截图技巧

手机屏幕截图是一个经常性的操作，比如保存屏幕上的二维码图片，或者保存对话记录等，都可以直接截屏，将屏幕画面保存为图片。下面就介绍一些常见的截图技巧。

- iPhone手机、iPad等苹果产品截屏，其操作很简单，同时按住Home键和电源键，扬声器发出“咔嚓”一声截屏就成功了，然后到相册中即可找到截屏图片。
- 大部分安卓手机也可以按住电源键不放，在弹出的菜单中选择“截屏”选项进行屏幕截取，如图15-49所示。

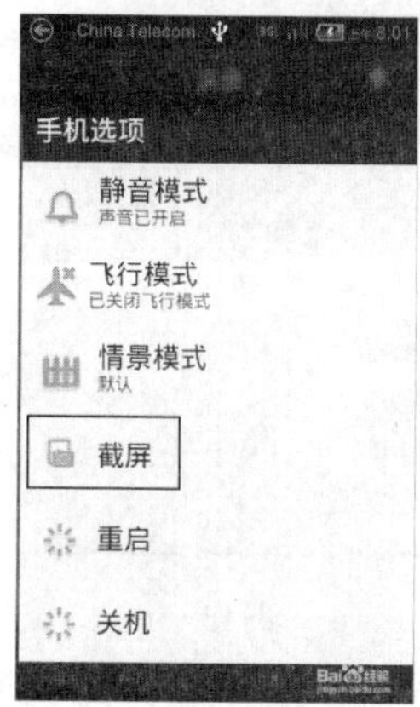

图15-49

- 三星Galaxy系列手机有两种截图方法：一是使用三星的手势操作，手掌并拢侧面立起，从手机屏幕由右向左滑动或者从左向右滑动也可以，屏幕闪动并且有一道亮光就可以了。另外一种就是长按屏幕下方的Home键不松手，然后按电源键。
- HTC手机截屏使用电源键与Home键。
- 华为手机截屏：同时按下音量键与关机键3秒，听到“咔嚓”一声，截屏就成功了。
- 魅族手机截屏：Flyme1.0的截图方法为同时按下电源键+Home键；Flyme2.0的截图方法为同时按下电源键与音量键。

但也有部分安卓手机没有这些功能，必须安装截屏软件才能截图。首先用手机访问百度搜索引擎www.baidu.com，搜索关键词“No Root Screenshot It”，并单击第一个搜索结果里的“进入下载”按钮，进行下载并安装。

安装好之后，单击No Root Screenshot It图标，打开设置界面，将屏幕截图延迟设置为“2秒”，如图15-50所示，然后将保存目录设置好，如图15-51所示，最后回到图15-50所示设置界面顶部，单击“Hide screenshot button”命令，返回桌面，可以看到桌面多了一个机器人图标，这个图标可以随便移动，如图15-52所示。

图15-50 图15-51

图15-52

这个机器人图标始终都会出现在屏幕上（即使在运行其他程序）。只要单击这个图标，2秒后就可以听到“咔嚓”一声，弹出处理选项，单击“保存”按钮，就可以将图片保存到预设的目录中，如图15-53所示。

如果觉得这个机器人图标不好看，可以将其隐藏起来，而采用摇动截屏的方法来保存屏幕图片。进入No Root Screenshot It的设置界面，单击“晃动来截取屏幕”复选框，如图15-54所示，然后在“摇晃强度”下拉菜单中选择强度，如图15-55所示。强度小，则轻轻摇晃就能触发截屏，强度大，则需要使劲摇晃手机。

图15-53

图15-54

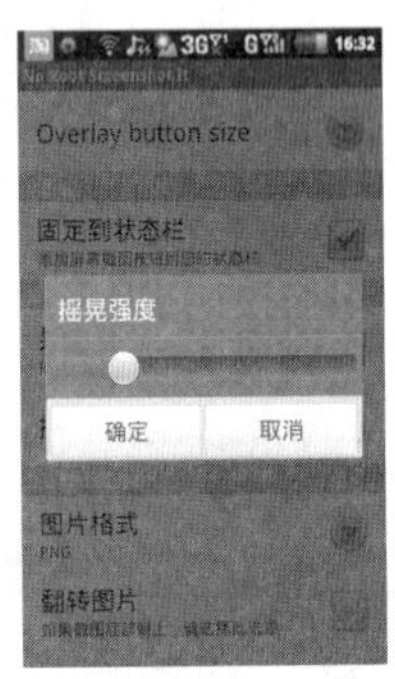

图15-55

有的人可能会问，为什么要设置屏幕截图延时为2秒呢？这是因为有些屏幕图像必须要经过操作才能出现，而且稍纵即逝，要抓到这样的屏幕界面，就要预先设置好延迟时间，当截图开始后，马上进行操作，在延时时间内到达需要的界面，然后自动开始截屏。当然也可以设置更长的延时，以便进行更复杂的操作。

高手支招 安卓版手机QQ也有截屏功能

安卓版的手机QQ也有截屏功能，在其“设置”→“辅助功能”菜单里，有一个“摇晃手机截屏”的开关，只要打开该开关，就能对手机进行截屏，截屏时猛摇手机即可。但QQ截屏是有局限性的，它只能对QQ内的界面进行截屏，要对QQ外的界面截屏，必须对手机进行Root操作，并对QQ赋予Root权限。对手机进行Root操作是通过技术手段取得系统的底层权限，有了这个权限后可以进行很多原本限制的操作，但同时也减少了系统的安全性。除此之外，Root操作本身也可能失败，造成手机系统损坏，因此这里不建议大家Root手机。

15.3.8 通过数据线将手机照片上传到电脑

使用数据线连接手机与电脑，在两者之间互相传输文件，是一种很常见的操作。手机上的照片，也可以通过数据线传输到电脑上，进行备份，或者使用Photoshop之类的专业图像软件进行编辑修改。

第1步 双击桌面的“计算机”图标，打开“计算机”窗口，如图15-56所示。

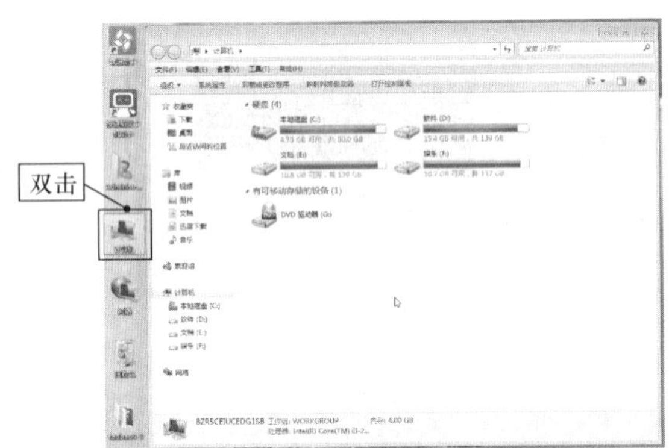

图15-56

第2步 用数据线将手机和电脑连接起来，可在“计算机”窗口中看到新出现的图标，双击该图标，如图15-57所示。

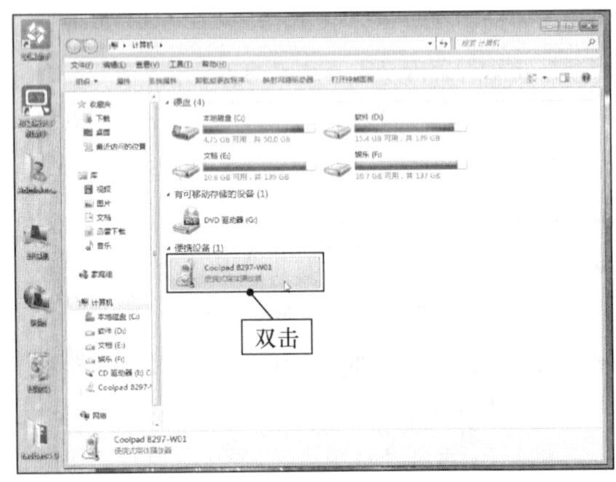

图15-57

第3步 出现两个驱动器图标，其中“SD卡”是插入安卓手机的存储卡，“内存设备”则是安卓手机的机身内存（如果是苹果手机的话，这里会只显示一个图标，双击进入可看到照片），一般情况下，手机照片都在内存设备中，因此，双击“内存设备”图标，如图15-58所示。

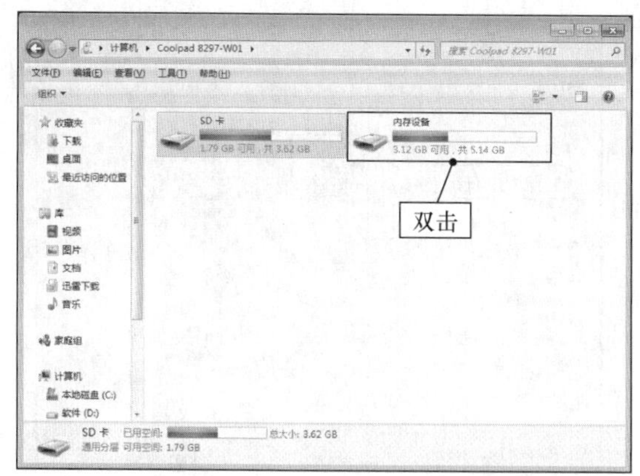

图15-58

第4步 打开“内存设备”，进入“DCIM”目录，可看到手机里的照片，选中要复制的照片进行复制，如图15-59所示。

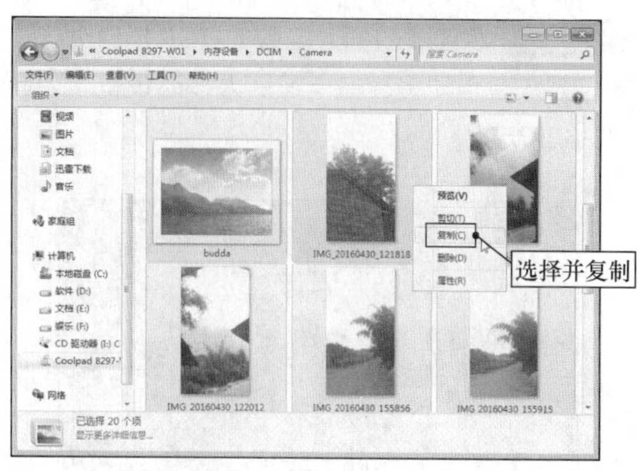

图15-59

如果不清楚自己的手机相片是放在哪个文件夹下，可以到百度上搜索关于自己手机的信息。一般来说，常见的手机型号都能找到。

15.4 照片的处理和美化

商品照片一般都需要经过后期处理，比如调整大小、改善曝光或添加水印等，之后才能变成一张合格的，适合在网店中浏览的漂亮图片。

处理照片的软件很多，有Photoshop、光影魔术手、美图秀秀等。其中光影魔术手功能较为齐全，启动快速，简单易用，每个新手用户都能用它制作出精美的相框、艺术照以及各种专业胶片效果，而且完全免费，比起专业的大型图片处理软件来，更加易于掌握，使用上也更方便，因此这里将向大家重点介绍使用光影魔术手来处理商品照片的方法。

15.4.1 将相机里的照片上传到电脑中

使用数码相机拍摄好商品照片之后，接下来就需要将照片复制到电脑中，进而对照片进行修饰与美化，以及将照片上传到店铺中。

目前的数码相机多数都是通过存储卡来进行数码相片的存储，而用户日常拍摄的照片都保存在这里。要读取内容，最为简单的方法就是直接将存储卡通过读卡器接入电脑。

第1步 取出数码相机底部的存储卡，如图15-60所示。

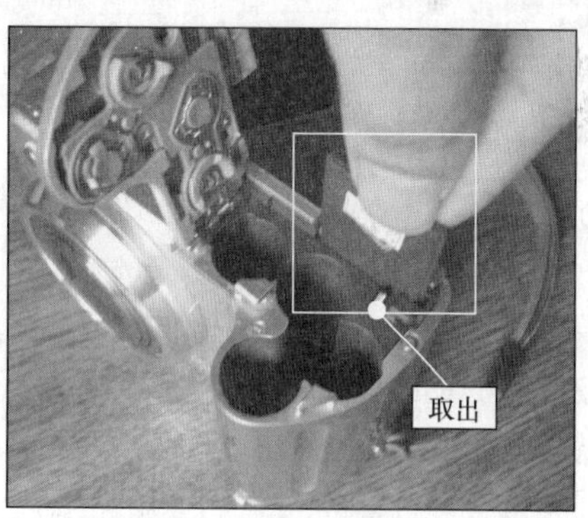

图15-60

第2步 将存储卡插入专用的读卡器设备，如图15-61所示。

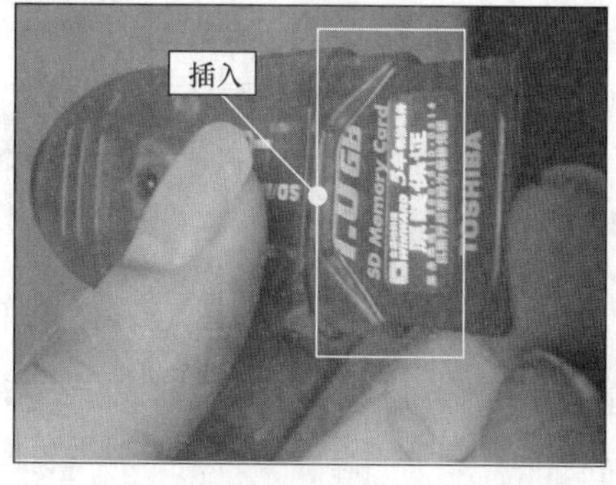

图15-61

第3步 将读卡器插入电脑的USB接口进行连接，系统会自动将存储卡识别为移动设备，如图15-62所示。

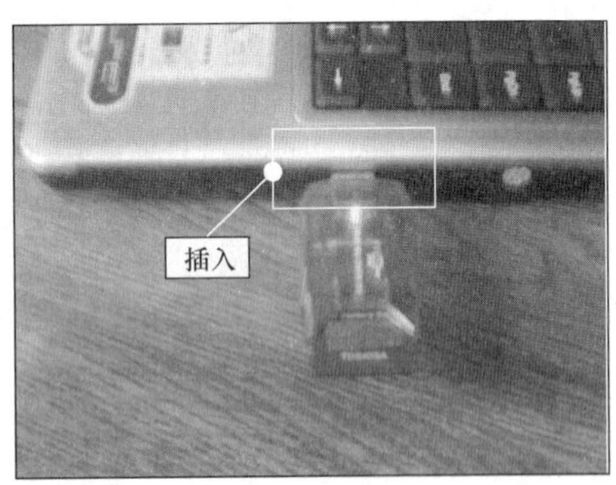

图15-62

第4步 存储卡通过读卡器连接笔记本电脑以后，会在“我的电脑”中显示为一个可移动磁盘，双击打开该磁盘，如图15-63所示。

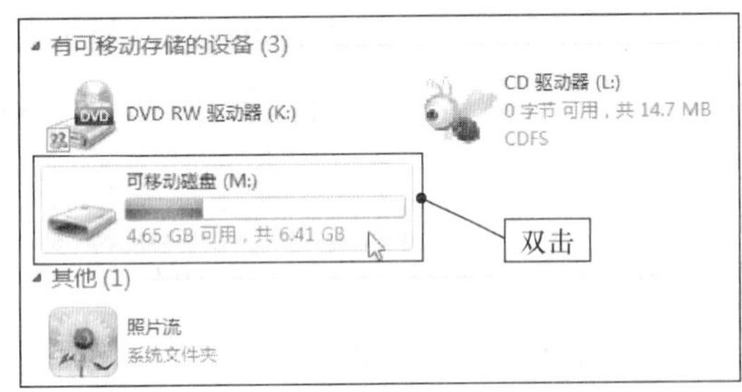

图15-63

第5步 打开磁盘中存放照片的图像文件夹，❶选择要进行传送的图像文件并用鼠标右键单击；❷选择“复制”命令，如图15-64所示。

专家提点 存放照片的文件夹的名称

不同品牌的相机，在存储卡中放置照片的文件夹的名称有所不同。比如佳能相机的文件夹是以“100CANON”“101CANON”这样的顺序命名，每个文件夹中存放100张照片；而卡西欧相机则以“101CASIO”“102CASIO”这样的顺序命名，其他品牌的相机各有不同的命名方法。

第6步 打开电脑上存放照片的文件夹，在空白处单击鼠标右键并单击“粘贴”命令，即可将照片文件复制到电脑，如图15-65所示。

图15-64

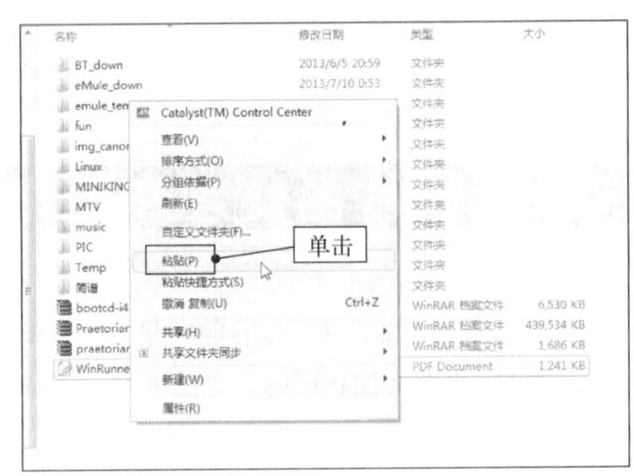

图15-65

15.4.2 调整曝光失误的照片，让商品图片更亮

扫码看视频

在拍摄照片时，如果曝光不足，则拍出来的照片整体偏暗，很多细节无法清晰地看到；如果曝光过度，则照片显得太亮，同样也无法看清楚细节。当出现这两种曝光问题时，可以使用Photoshop 软件进行处理。

下面就以为曝光不足的照片补光为例进行讲解。在本例中，一个毛绒玩具的效果图（如图15-66所示）因为曝光不足，导致画面偏暗，看上去效果不好，不太能吸引访客，这里就要把它的曝光度调亮，使之看上去明亮饱满，更能吸引人购买。

第1步 在Photoshop CC中打开要调整的照片，❶单击“图像”菜单；❷单击“调整”下拉菜单命令；❸单击“阴影/高光”命令，如图15-67所示。

图15-66

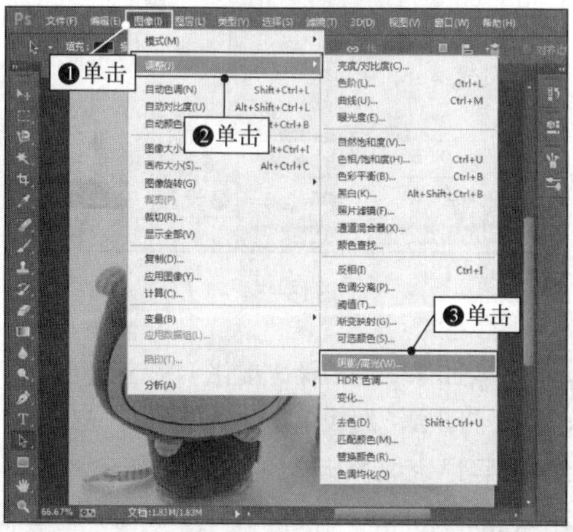

图15-67

第2步 打开“阴影/高光”对话框，❶设置“阴影”数量为35；❷单击“确定”按钮，如图15-68所示。

第3步 设置后的图像效果如图15-69所示。

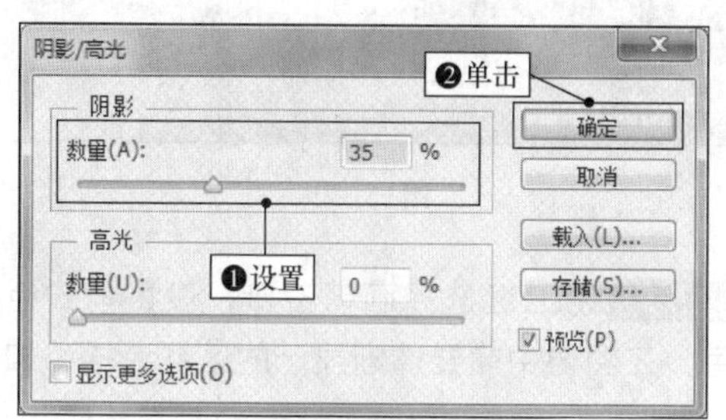

图15-68

图15-69

第4步 ❶曝光调整合适后，单击“文件”菜单；❷单击“存储为”命令，如图15-70所示。

第5步 ❶设置图片的保存位置和文件名；❷单击“保存”按钮，如图15-71所示。

图15-70

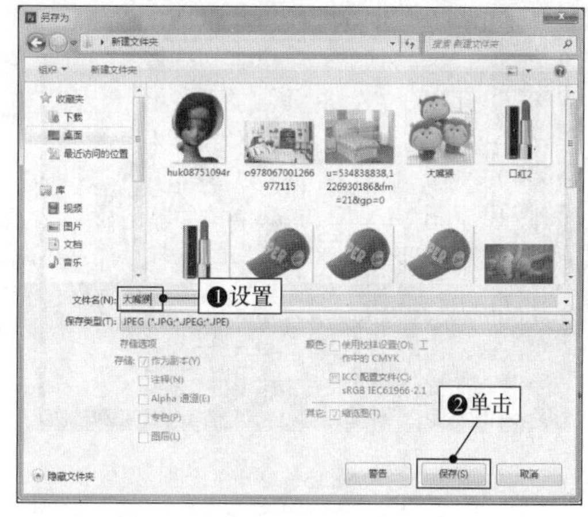

图15-71

如果照片曝光过度，则可以设置“阴影/高光”对话框的“高光”数量来降低曝光度。

用户也可以单击“保存”按钮来保存图片，不过这样一来，就覆盖了原始图片，万一以后要再次使用原始图片，就不方便了，因此这里建议使用“另存”按钮来把修改后的图片保存到其他地方（或者另命名保存）。

15.4.3　制作背景虚化照片效果，突出商品主要特点

传说断臂维纳斯像是因为手臂做得太美丽，影响了主题，所以作者索性砍去维纳斯像的双臂，从而凸显

扫码看视频

出整个雕像的特点。这说明有时候无关的细节会影响作品要表达的主题思想。

在商品照片的拍摄中，有时候也会遇到这样的情况，背景过于精致美丽，夺去了买家的眼球，让商品显得可有可无。对于这样的照片，就需要对商品之外的部分进行虚化处理，让买家的注意力只集中在商品本身。

图15-72中，店主本来想突出鞋本身的效果，但由于照片清晰度很高，作为背景衬托的人物，很大程度上夺去了观众的注意力，导致鞋本身的视觉效果下降，因此这里要把鞋以外的部分虚化，让其变得模糊，丢失细节，从而保证鞋能够获得视觉焦点，显示出本身的特色。

第1步 打开要修改的照片后，按“Ctrl+J”组合键创建新图层，如图15-72所示。

图15-72

第2步 ❶单击“滤镜”菜单；❷单击“模糊”下拉命令；❸单击“高斯模糊”命令，如图15-73所示。

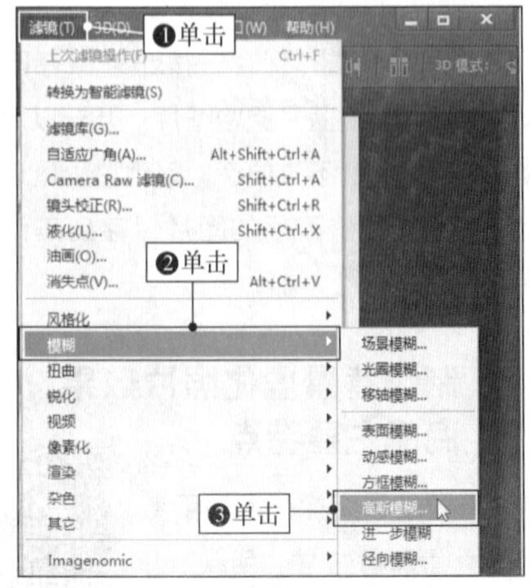

图15-73

第3步 打开“高斯模糊”对话框，❶设置“半径”为3；❷调节完毕后单击“确定”按钮，如图15-74所示。

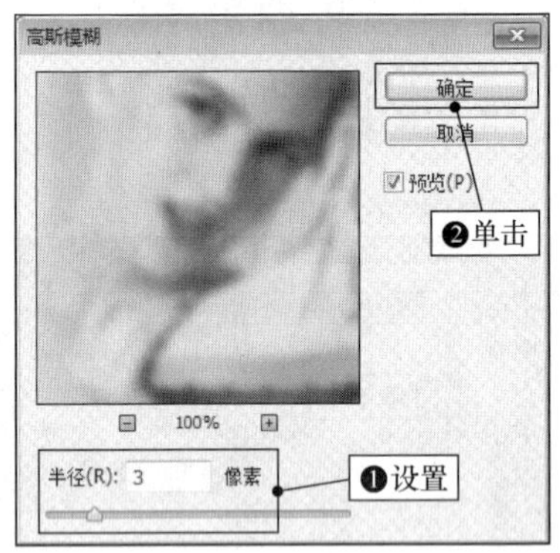

图15-74

第4步 图像变得模糊（虚化），这是可以调节的，❶在“图层”面板单击“添加蒙版”按钮；❷给“图层1”添加蒙版，如图15-75所示。

图15-75

第5步 按B键选择画笔工具，设置前景色为黑色，在图像中需要清晰显示的区域涂抹，如图15-76所示。

图15-76

高手支招 处理模糊照片

为了避免处理过程复杂，可以将原图层复制一层，将其图层属性改为柔光，然后调整透明度即可。

15.4.4 添加图片防盗水印，让图片无法被他人使用

自己辛苦拍摄的商品照片，却被一些不劳而获的网店店主盗用，这种事情很是让人气愤。为自己店里的商品图片加上LOGO水印，即可避免出现这样的情况。另外，制作精美的LOGO水印也能起到宣传店铺的作用。

扫码看视频

需要注意的是，LOGO图片最好不要放在商品的中心，以免影响顾客查看商品的细节，但也不要放在空白处，否则很容易被擦除后盗用。

在本例中，将要为首饰加上店铺LOGO，由于不能挡住首饰主体，因此把LOGO放在首饰的链子上。

第1步 打开要添加LOGO的照片后，❶单击“文件”菜单；❷单击“打开”命令，如图15-77所示。

图15-77

第2步 ❶选择LOGO图片；❷单击“打开”按钮，如图15-78所示。

第3步 ❶设置LOGO图片的位置、倾斜度以及大小；❷设置LOGO图片的透明度；❸单击“文件”菜单；❹单击“存储为”命令进行保存，如图15-79所示。

需要注意的是，LOGO图片最好不要放在商品的中心，以免影响顾客查看商品的细节，但也不要放在空白处，否则很容易被擦除后盗用。

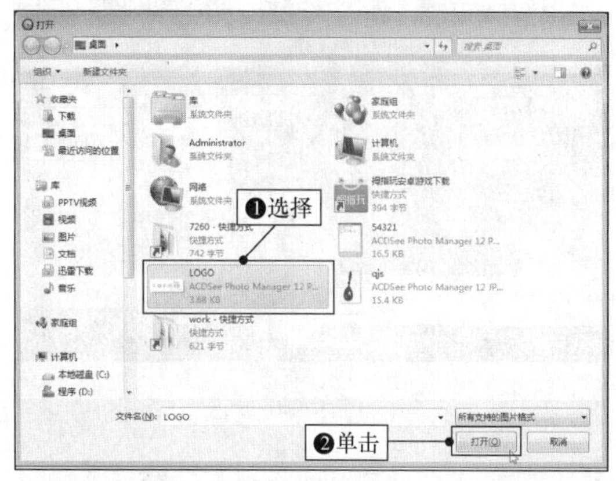

图15-78

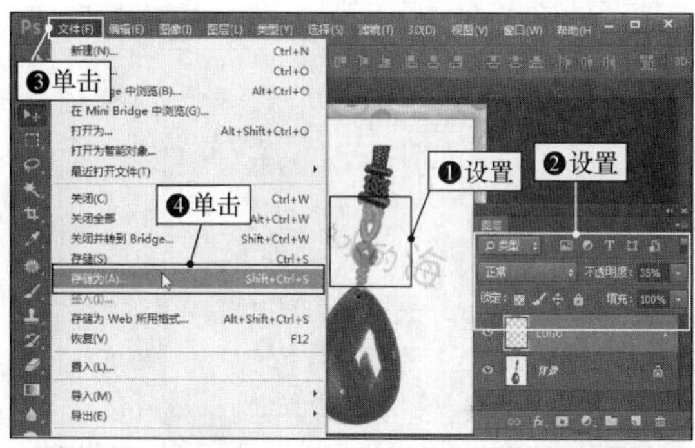

图15-79

15.4.5 给图片添加文字说明与修饰边框，提高商品吸引力

淘宝店铺上的商品图片，大多都被添加了一些文字说明，配上了好看的边框，显得更加雅致，更加有情趣，对于买家来说特别具有吸引力。下面就以为装饰品照片添加文字与边框为例进行讲解。

第1步 打开要修改的照片后，按“Ctrl+J”组合键创建新图层，❶在“图层”面板单击“图层样式”按钮fx；❷在下拉菜单中单击“描边”选项，如图15-80所示。

第2步 打开“图层样式”对话框，❶设置大小为“80”，位置为“居中”，填充类型为“图案”；❷单击“图案”后的下拉按钮；❸单击“设置”下拉按钮；❹在下拉菜单中单击“自然图案”命令，如图15-81所示。

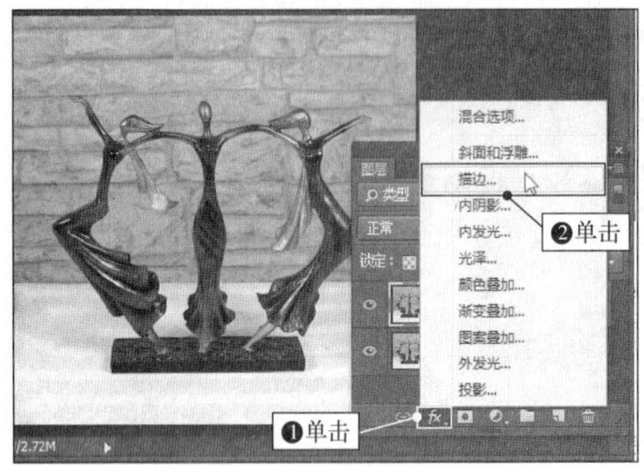

图15-80

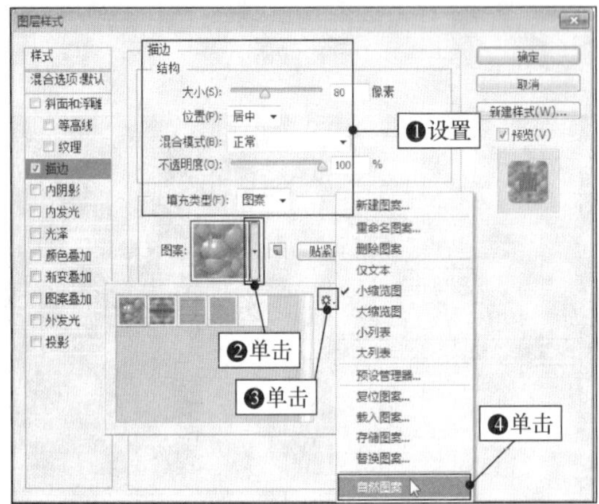

图15-81

第3步 在提示框中单击“追加”按钮；❶单击“叶子”选项；❷单击“确定”按钮，如图15-82所示。

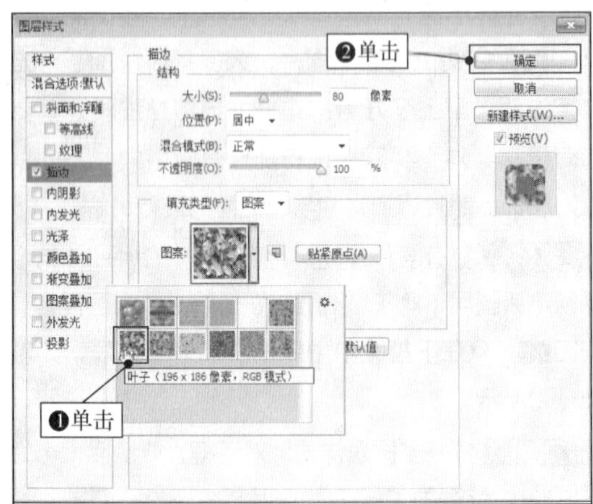

图15-82

第4步 按T键激活文字命令，❶设置字体为隶书，字号为30，颜色为黄色；❷单击指定文字位置并输入文字内容（输入的是店名“诺爱一生”），如图15-83所示。

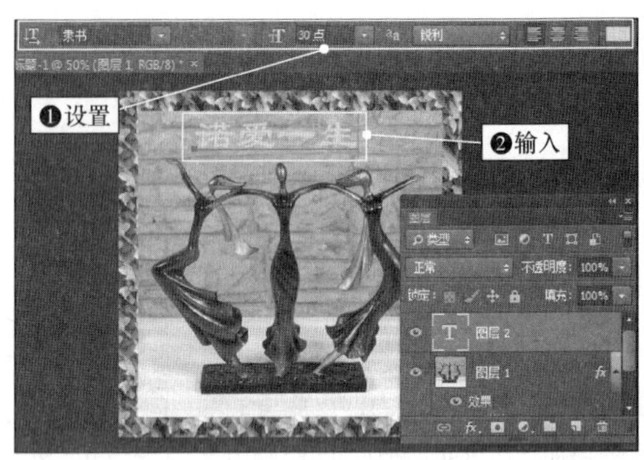

图15-83

第5步 单击“另存”按钮，将修改结果保存下来即可。

15.4.6 抠取商品主体，更换合适的背景以增加吸引力

对于背景过于复杂或过于单调的图片来说，可以把主体“抠”出来，把背景替换掉，换上其他合适的背景。

扫码看视频

比如，很多玩具照片，背景可能不够富有感染力，就可以把玩具的图像“抠”出来，再放到其他更好看的真实的背景中，增加真实感。

第1步 打开要修改的照片后，❶单击选择“魔棒工具”；❷按住Shift键单击多次选择图像背景，如图15-84所示。

图15-84

第2步 按“Ctrl+Shift+I”组合键反向选择图像，❶按“Ctrl+J”组合键复制选区创建新图层；❷单击隐藏背景图层，如图15-85所示。

图15-85

第3步 打开背景图片，❶选择背景图片；❷单击“打开”按钮，如图15-86所示。

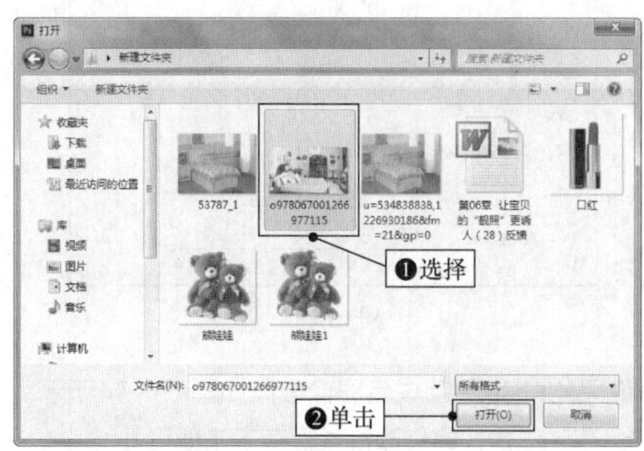

图15-86

第4步 将新打开的图片拖曳到“熊娃娃”窗口，调整图层位置，❶将“图层2”拖曳到“图层1”下方；❷调整“熊娃娃”在背景中的位置和大小，如图15-87所示。

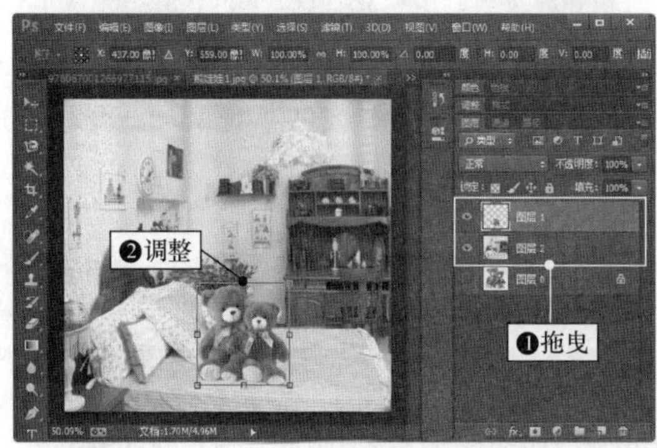

图15-87

第5步 单击“另存”按钮，将修改结果保存下来即可。

15.4.7 调整偏色的商品效果，以免引起买家误会

扫码看视频

如果拍摄的时候光线条件特殊，或者相机的白平衡没有设置准确，拍出来的照片就有可能偏色。使用Photoshop软件可以将偏色的照片纠正过来。

在本例中，口红照片的颜色比较偏暗红，不能正确反映口红的颜色（大红色），可能会引起买家的误会，因此需要先纠正偏色，再发送到网店中。

第1步 打开要修改的照片后，按“Ctrl+J”组合键复制背景图层创建新图层，如图15-88所示。

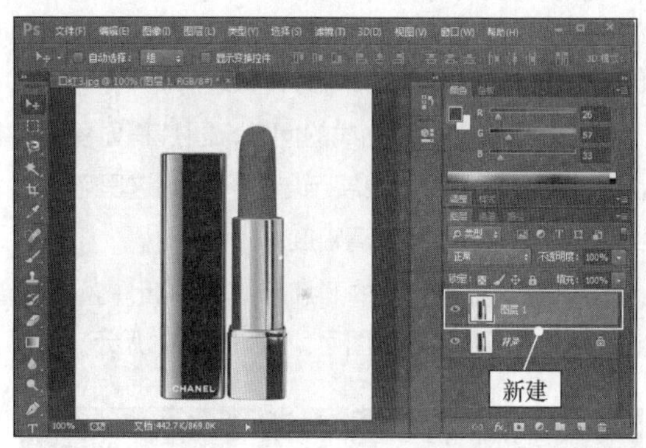

图15-88

第2步 ❶按“Ctrl+B”组合键打开“色彩平衡”对话框，设置色阶参数；❷如果满意，则可以单击“确定”按钮返回主页面，如图15-89所示。

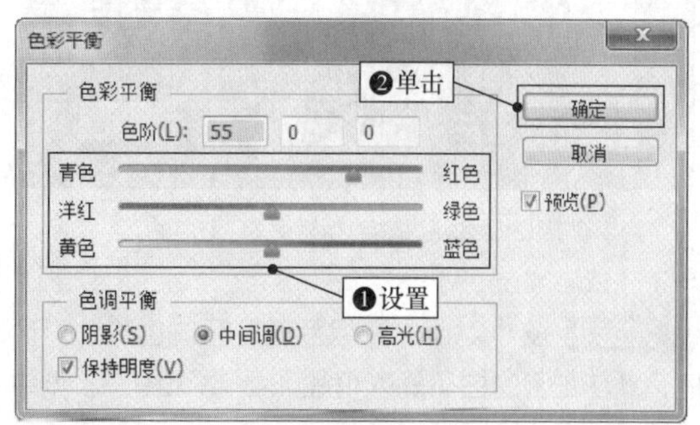

图15-89

第3步 设置完成后效果如图15-90所示。“另存”图像，将修改结果保存下来即可。

图15-90

15.4.8 锐化商品图片，让商品图片更清晰醒目

Photoshop CC也可以将轻微模糊的图片变得略微清晰一点。必须要说明的是，这种消除模糊的方法对于严重模糊的图片没有太好的效果，因为将过度模糊的照片变清晰，将造成图片失真，因此在拍摄时就把照片拍清晰才是最好的。

扫码看视频

在本例中，因为光线的问题，图片稍显模糊，衣服的细节不能很好地展示出来，因此这里可以适当使用锐化功能，提高清晰度。

第1步 打开要修改的照片后，按“Ctrl+J”组合键复制背景图层创建新图层，如图15-91所示。

图15-91

第2步 按“Ctrl+L”组合键打开“色阶”对话框，❶在左侧的白阶输入框输入参数“20”；❷单击“确定”按钮，如图15-92所示。

第3步 按“Ctrl+M”组合键打开“曲线”对话框，❶设置“预设”为“中对比度”；❷单击“确定”按钮，如图15-93所示。

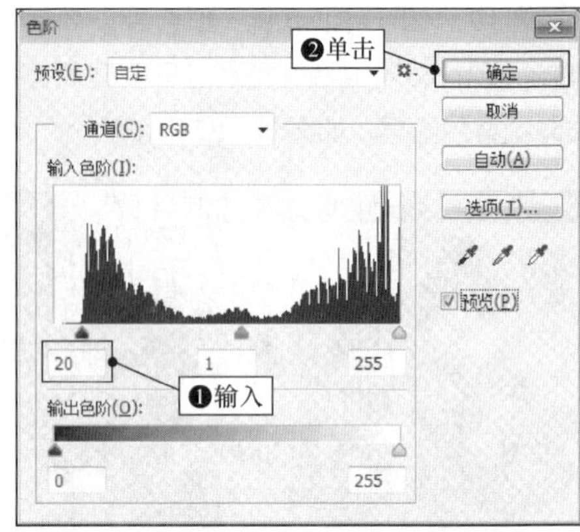

图15-92

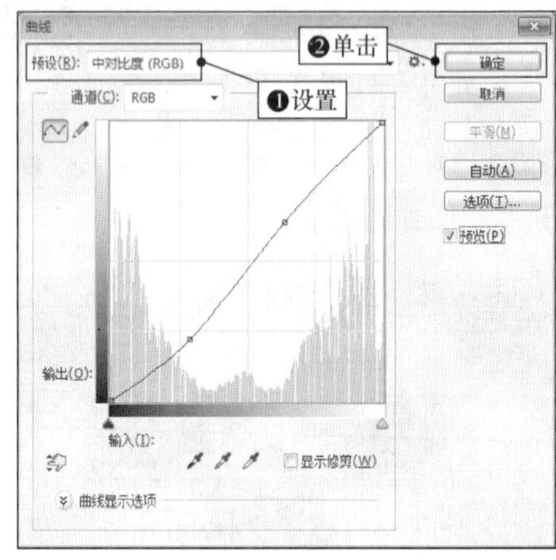

图15-93

第4步 设置完成后图像效果如图15-94所示。“另存”图像，将修改结果保存下来即可。

图15-94

15.4.9 轻松批量处理产品图片，省去逐个手工操作的麻烦

扫码看视频

有时候需要对一批图片做同样的操作，比如将几十张产品图片同时缩小尺寸以便上传到网店中，或

者为它们加上一样的水印以防盗版等。这样的批量操作也可以通过Photoshop CC来完成，过程非常简单。下面就以批量为图片添加文字为例进行讲解。

第1步 在Photoshop CC中打开一张图片，❶在动作面板单击“创建新组”按钮；❷在“新建组”对话框输入新的组名“组1”；❸单击“确定”按钮，如图15-95所示。

图15-95

第2步 ❶在动作面板单击“创建新动作”按钮；❷在“新建动作”对话框中输入设置内容；❸单击“记录”按钮，如图15-96所示。

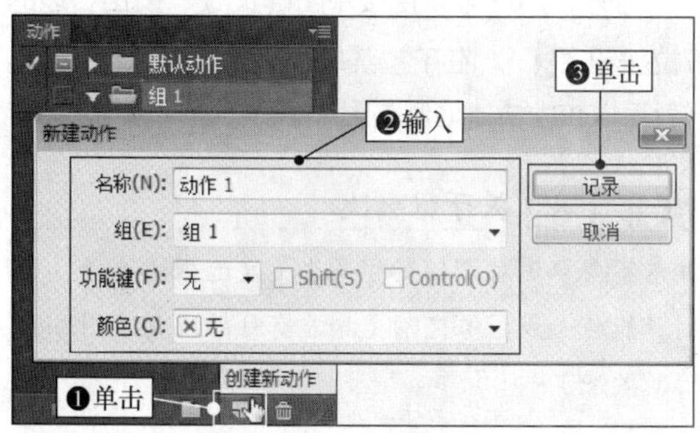

图15-96

第3步 新建文字内容并调整，打开“另存为”对话框，❶指定存储位置；❷设置文件名及保存类型；❸单击“保存”按钮，如图15-97所示。

第4步 在“JPEG选项”对话框单击“确定”按钮，如图15-98所示。

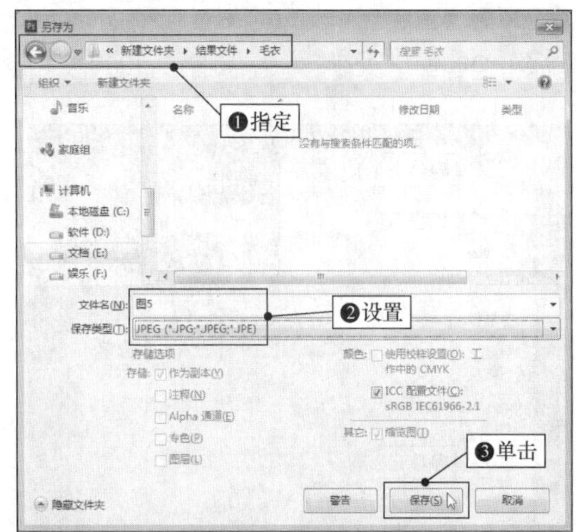

图15-97

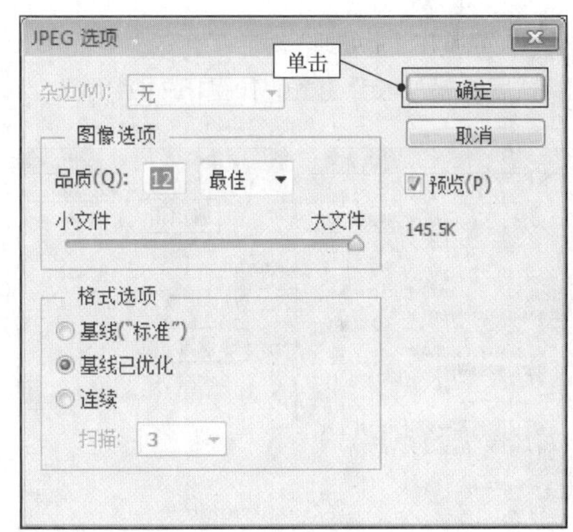

图15-98

第5步 设置完成后在“动作”面板中单击“停止播放/记录”按钮，如图15-99所示。

图15-99

第6步 ❶单击“文件”菜单；❷单击“自动”下拉菜单命令；❸单击“批处理”命令，如图15-100所示。

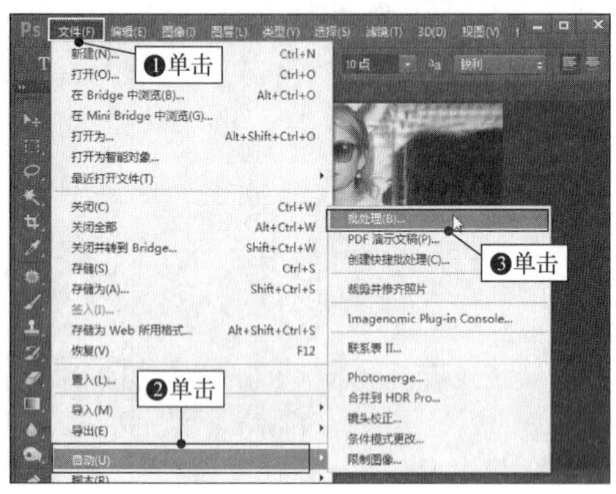

图15-100

第7步 ❶在“批处理”对话框中设置内容；❷设置完成后单击“确定”按钮，如图15-101所示。

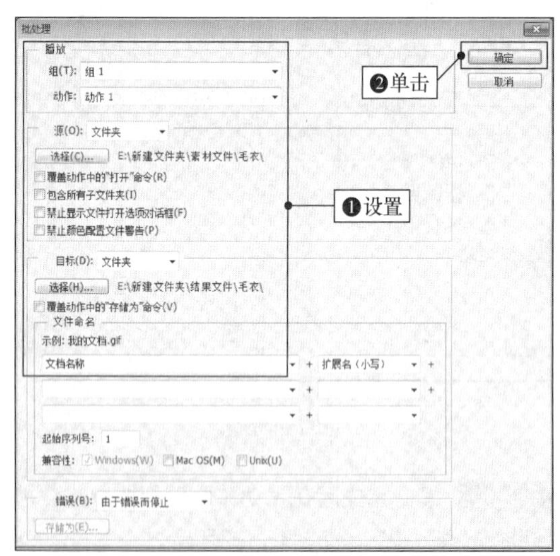

图15-101

15.4.10 调整图片的尺寸与容量

手机淘宝与微店针对的是手机用户，在手机上展示的商品图片，要符合手机的浏览特点。首先图片尺寸无须太大，因为手机屏幕通常在4 ~5.5英寸之间，若商品照片太大，也只能缩小到4 ~5.5英寸进行显示，不如直接把图片的尺寸缩小到适合5.5英寸左右的手机浏览（通常为宽度700像素左右），再上传到网店后台。这样做的好处是：减小用户手机加载的时间，能比大尺寸的图片更快显示在用户手机上，用户体验就会变好。

扫码看视频

专家提点 手机图片上的文字大小

当需要在手机图片上添加文字时，中文字体最好大于或等于30号字，英文和阿拉伯数字最好大于或等于20号字，不然字体太小，难以在手机上看清。

下面就来讲解一下如何把图片尺寸缩放到指定大小。

打开图片，❶单击工具栏中的“尺寸”按钮；❷设置宽度与高度；❸单击“确定”按钮，如图15-102所示。

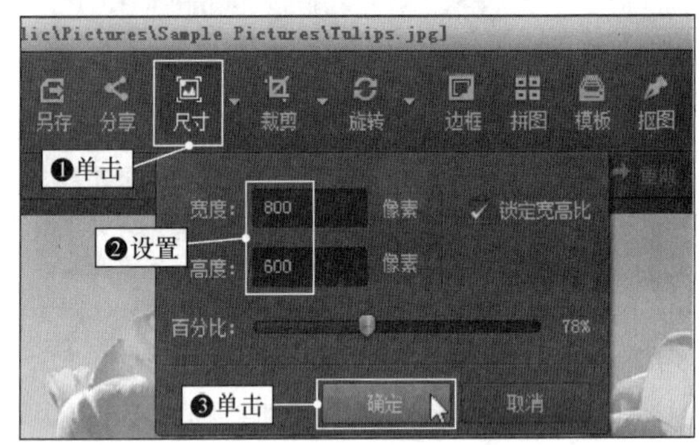

图15-102

另外，用户可以直接单击“尺寸”按钮右边的下拉按钮“▼”，在下拉菜单中选择常用的尺寸，这样就可以较为快捷地调整图片了。

专家提点 关于宽高比

注意不要取消对“锁定宽高比”复选框的选择，否则可能会造成图像变形（除非有目的地制造图片变形的效果）。

调整尺寸后，文件的容量（指文件在电脑中占用的存储空间的大小）可能还是比较大，这时需要进一步缩小文件的容量。

用户在保存图片的时候就可以调整其大小，操作方法如下。

单击“另存”按钮，弹出“另存为”对话框，❶单击“修改大小”按钮；❷拖曳滑块调整图片文件的大小；❸单击“保存”按钮，如图15-103所示。

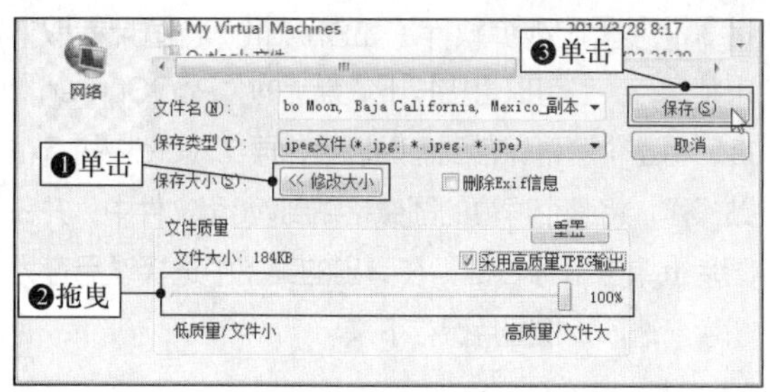

图15-103

专家提点　关于图片质量与容量

图片的质量与容量是成正比关系的，也就是说，当图片的画质越高时，图片的容量就越大。因此要降低图片的容量，通常要牺牲一定的质量。但由于当今的压缩算法比较先进，通常只需要降低10%~20%的图片质量，就可以让图片的容量减小50%甚至更多。而图片质量下降10%~20%，对浏览基本没有什么影响，有时甚至看不出来区别。

15.5 秘技一点通

技巧1　独立完成自拍，节省模特费用

不少店主为了节省模特费用，都是亲自上阵充当模特。在没有人帮忙拍摄的情况下，就必须使用相机延时拍摄功能进行自拍。不过相机自拍一般只有2秒和10秒两档等待时间，使用时常常出现一个很麻烦的情况：2秒延迟时间不够，往往还没有摆好姿势，自拍就启动了；而10秒延迟时间又太长，姿势和表情都僵化了，自拍才启动，这两种情况都会让拍出来的照片效果不好。

其实，现在不少相机都支持红外遥控功能，只要购买一个红外遥控器，就能从容地进行自拍。红外遥控器可以控制相机的快门，店主在摆好姿势后，按下遥控器就能让相机拍照。

红外遥控器价格都比较便宜，一般在10元左右，图15-104所示为一款Sony专用的红外遥控器。

有的相机没有红外遥控功能，但是可以连接快门线，这样可以购买另外一种遥控器，将接收端接在快门线上，用发射端进行遥控，如图15-105所示。由于增加了接收端，所以这种遥控器要贵一些，价格大约在几十元到上百元。

图15-104

图15-105

如果使用手机自拍，则可以购买蓝牙拍照遥控器，一般都支持苹果系统和安卓系统，只需进行简单的配对就能实现遥控拍照，如图15-106所示。注意在使用手机自拍时，不要使用前置摄像头，因为前置摄像头的效果一般都是很差的。

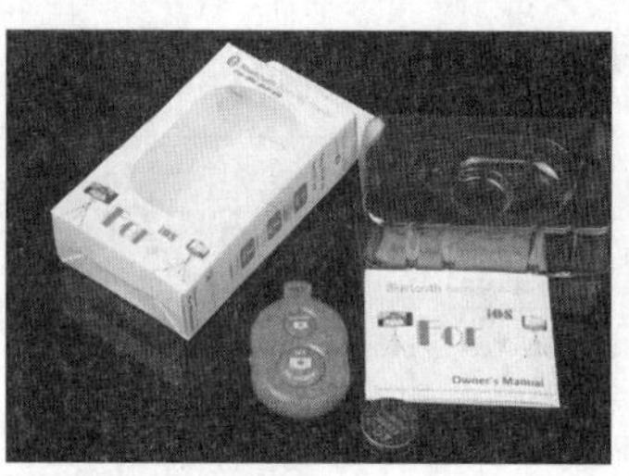

图15-106

专家提点　关于自拍杆

一些店主可能想到用最近比较流行的自拍杆来进行自拍。其实自拍杆有很大的局限性，首先，自拍杆基本都是为手机设计的，大部分相机没法使用；其次，自拍杆拍照容易因抖动造成成像模糊；最后，自拍杆一般只能拍到上半身，对于全身自拍则无能为力。因此，最好还是使用三脚架配合自拍遥控器来进行自拍。

技巧2　巧用Word 2010把图片背景设置为透明

有时候，需要将两张照片重叠在一起进行展示，上面那张图片的空白部分（通常是背景）会把

下面的图遮住，看上去是一个正方形，很不美观，如图15-107所示。

其实，可以把上面图片的空白部分设置为透明，这样下面的图片就可以很自然地显示出来，效果如图15-108所示。

图15-107

图15-108

要把图片的背景设置为透明，在Photoshop中就可以办到。但Photoshop启动和运行都很慢，这种小型操作不必劳动它的“大驾”，可以使用常用的Word 2010软件来实现。

第1步 ❶双击要设置成透明背景的图片；❷单击“颜色”按钮；❸单击“设置透明色”命令，如图15-109所示。

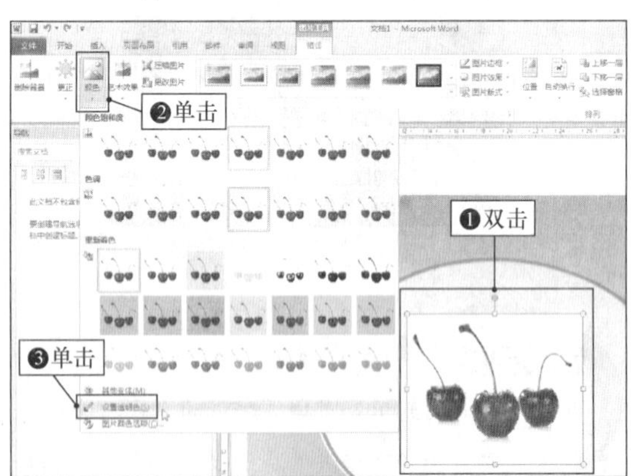

图15-109

第2步 此时鼠标指针变成一个笔的形状，用“笔”单击背景，将背景变为透明，如图15-110所示。

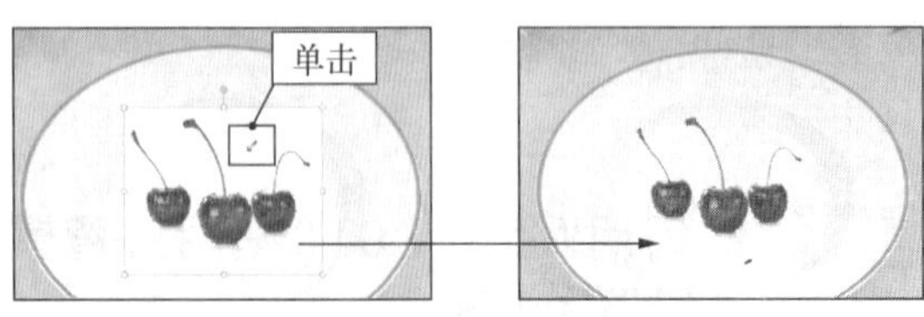

图15-110

第3步 用截屏软件（如SnagIt）将图片截取下来并保存，也可以直接按下键盘上的“PrintScreen”键，将整个屏幕保存到剪贴板中，再在Word中执行粘贴操作，将整个屏幕的图像粘贴到Word文件中，并在图片上单击鼠标右键，在弹出的菜单中选择“另存为图片”选项，将图片保存下来。

专家提点 什么格式的图片才能将背景设置为透明

并非所有格式的图片都可以将背景设置为透明色，常见的格式中，只有PNG和GIF这两种格式的图片才可以设置透明色，而某些GIF格式的图片设置透明色后，图像质量会下降，因此PNG格式的图片是最适合设置透明色的。

技巧3 用微信功能将手机照片快速上传到电脑

有时候没有数据线，但又需要将手机里的照片上传到电脑，该怎么办呢？其实方法很多，不过最方便的是利用手机微信与电脑微信之间的“文件传输助手”功能，将照片方便地传送到电脑上。

电脑版微信可以到微信网站去下载，单击“微信Windows版”进入相关页面下载并安装，安装好之后按照提示登录。注意电脑版微信与手机版微信要使用同一个账号登录。

第1步 打开手机微信后，❶单击“通讯录”按钮；❷单击“文件传输助手”按钮，如图15-111所示。

第2步 单击“发消息”按钮，如图15-112所示。

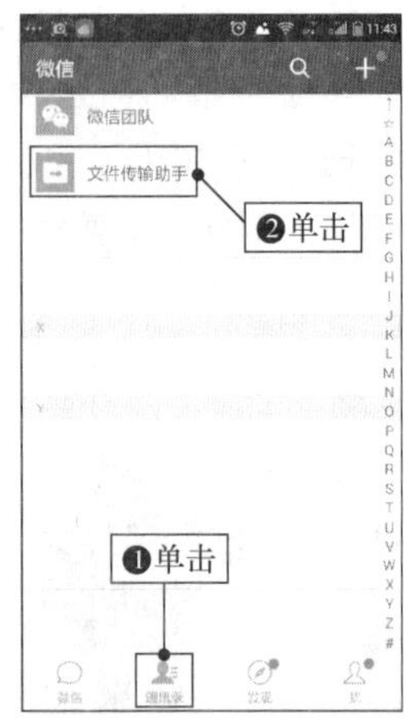

图15-111

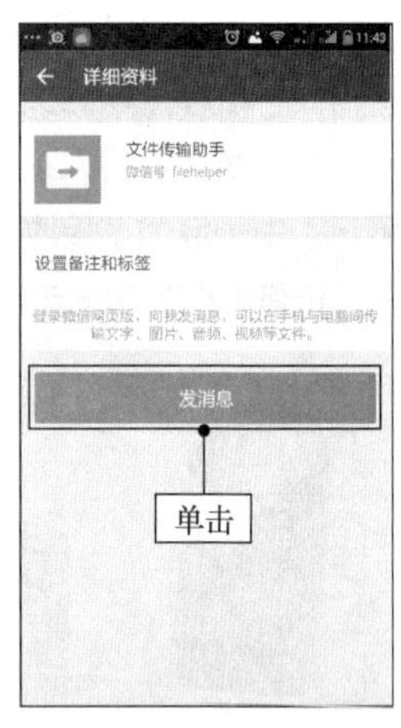

图15-112

第3步 ❶单击“+”按钮；❷单击“图片”按钮，如图15-113所示。

第4步 ❶选择要发送的图片（最多9张）；❷单击“发送”按钮，如图15-114所示。

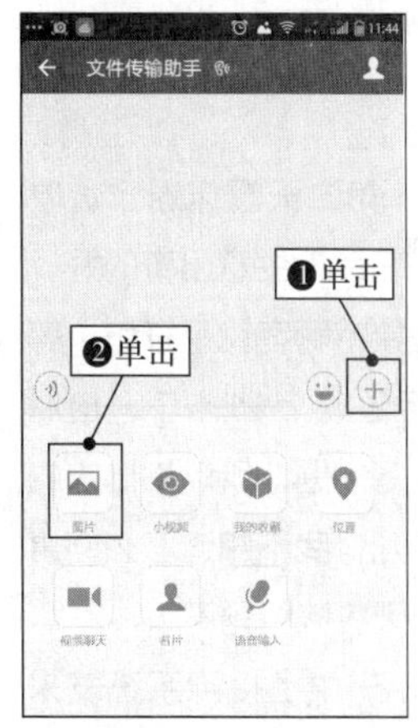

图15-113

图15-114

第5步 打开电脑上的微信，❶单击“文件传输助手”选项，即可在右边窗格中看到从手机上发送过来的图片；❷在图片上单击鼠标右键；❸在弹出的菜单中单击“复制”选项，将图片复制到剪贴板中，如图15-115所示。

第6步 打开要保存照片的文件夹，❶在空白处单击鼠标右键；❷在弹出的菜单中单击“粘贴”按钮，将图片复制到剪贴板中，如图15-116所示。

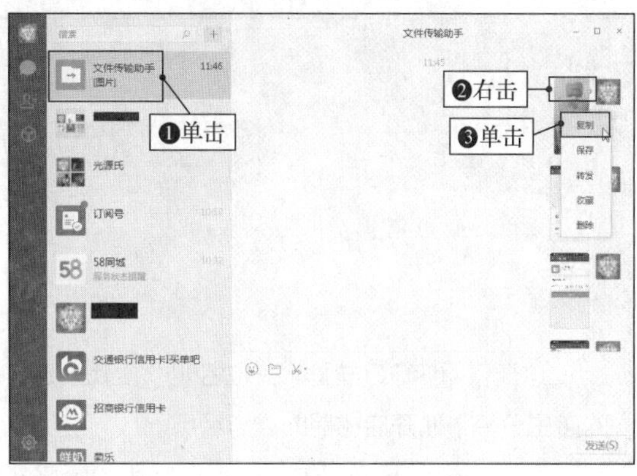

图15-115

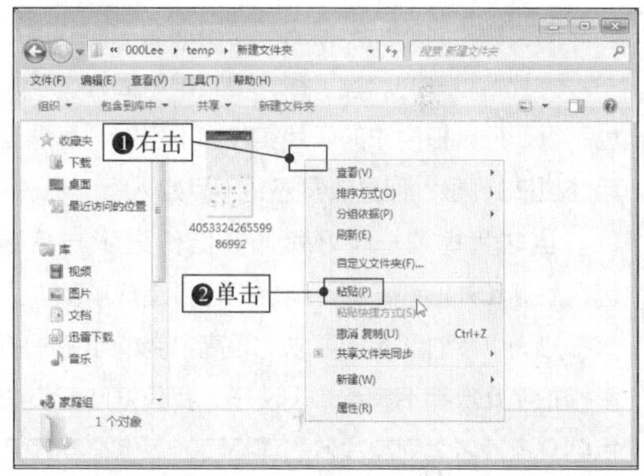

图15-116

专家提点 微信只适合小批量传送

由于微信一次只能传送9张图片，而且每张图片还要分别进行复制、粘贴操作，比较麻烦，因此不太适合几十甚至上百张图片的大批量传输。

开店小故事

前辈总结：切勿盗图

这天在网店QQ群里，有位名叫“爱我别走”的店主分享了他开店初期的难忘经历。

我本来打算开个实体店，但最终因为经济紧张所以选择了开网店，毕竟实体店的房租、转让费什么的还是要好几万，能省就省了。那时候没钱买相机，只好凑合用手机拍照，摄影棚也是自己做的，摄影棚里面的反光锡箔纸是用烟盒里面的锡纸一片一片贴起来的。省了钱，但效果不太好，手机也不行，所以拍出来的照片实在惨不忍睹，虽然后期经过PS调整，但是效果还是不尽如人意。

当时我找到一个好货源，低价进了一款钱包，质量和外形都不错，我想把它打造成爆款。大家都知道爆款对照片的要求比较高，我的手机+摄影棚拍了几次都不满意。没法子，我只好昧着良心找到几家网店里同款钱包的详情页，每家盗用了几张图，PS掉水印，用在自己的详情页上。

为了把这款钱包培养成店铺里的爆款，我几乎把在论坛里学习过的所有方法都用上了，包括限时秒杀、亏本促销、猛砸直通车、高佣金雇淘宝客等手段。经过半个多月的投入，这款宝贝的成交笔数达到了180，30天销售件数达到了230。也许对于大卖家而言，这点交易量不算什么，但是，对于像我这种才起步的新手卖家而言，这款宝贝已经是当之无愧的镇店之宝了。

就在一切看起来都很顺利的时候，晴天霹雳扑面而来——网店被投诉了。一天晚上，千牛里弹出了一则系统消息，说接到举报，我的店铺存在图片发布侵权行为，让我于24小时内更换图片或下架商品。

由于当时睡得比较晚，第二天起床迟了，吃过饭便准备为商品拍照。正巧那天生意出奇的好，下午和晚上一直在忙，不是接待顾客就是打包，等我把一切都搞定的时候已经过晚上11点了，这时才有点时间拍照，但限于设备问题，所以拍出来的照片效果很差。折腾了一会儿，我不知道怎么回事就睡着了，睡前还想着拖一天应该问题不大。

谁知道次日早上醒来，千牛上接到系统发来的信息：“您发布的某件商品因涉嫌图片发布侵权，已被淘宝网工作人员删除。”我马上打开店铺一看，果然，辛辛苦苦培养起的爆款钱包已经消失得无影无踪，不仅如此，店铺由于侵犯了知识产权，属于B类严重违规，被扣了4分，随后几天下来，店铺的流量下降了一半还多，以前的每天10单左右的交易量变成了可怜的一单。

我心里那个痛啊，又痛又后悔，还非常恨检举我的卖家小题大做，也恨淘宝平台心狠手辣。那几天吃不下、睡不着，感觉就像天塌下来一样。等心情慢慢平静一点了，我认识到其实这事谁也怪不着，盗用别人的图，是我犯错在先，淘宝也是为了维护秩序才处罚我。反过来想，如果淘宝今天不处理我盗用他人图片，那么明天我的图片被他人盗用淘宝也不会管，这是很公平的。

最后，我收拾起心情，对自己说：从头开始吧，我既然能打造出一个镇店之宝，就能打造出第二个、第三个镇店之宝，只要我不再犯错，辉煌还可以重现，一切都不晚。当然，我还给自己定了个小目标：赚到钱以后马上去买好点的相机和摄影棚，既是方便为商品拍照，也是为了让自己不再产生盗图的冲动。

第16章 包装与快递大有学问

本章导言

当有人购买网店的实体商品后，店主要将商品包装好，再通过邮寄的方式将其送到买家手中，因此，包装和邮寄是将商品送达买家手里的重要环节。作为一个合格的网店店主，应详细了解各种包装、邮寄的方式，才能经济、快速、稳妥地将商品邮寄给买家。

学习要点

- 掌握包装商品的方法
- 了解常见的发货方式
- 选择适合自己的物流
- 掌握跟踪物流进度的方法

16.1 常用的商品包装法

商品的包装是很重要的，毕竟谁也不希望商品因为包装不好而损坏或遗失，那样会凭空增加很多损失。

包装说起来好像很简单，其实里面还是大有学问的，如何包装才结实，如何包装才省钱，都要一一去了解。

16.1.1 包装商品的一般性原则

在包装商品时，要注意哪些地方呢？一般来说，都要兼顾包装的健壮性和美观性。健壮性是为了让商品安全无损地送达，减少店主的损失；美观性是为了让买家体会到店主的专业精神，从而对微店和店主充满好感，这样买家成为回头客的可能性就会更大一些。

1. 包装的健壮性

所谓健壮性，就是商品经过良好的包装，在长途跋涉后，最后送至顾客手中时，包装仍然保持完整不变形（软包装可不考虑变形问题），没有任何开口裂缝，商品没有任何损坏，数量上没有任何缺失，如图16-1所示。

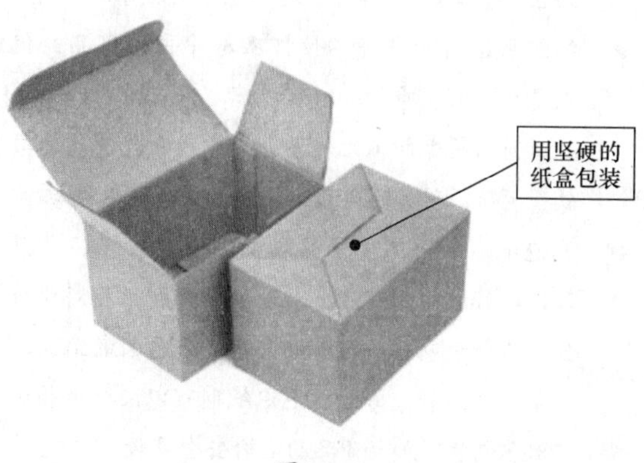

图16-1

2. 包装的美观性

包装的美观性主要体现在内包装上。当用户打开外包装时，发现自己的商品居然是随便用塑料袋或报纸等东西包起来的，可能会有很不好的感受，觉得店主不用心包装而造成负面的评价。反过来说，内包装精巧的商品必然能博得买家的喜爱，从而感受到店主在经营上的用心，如图16-2所示。

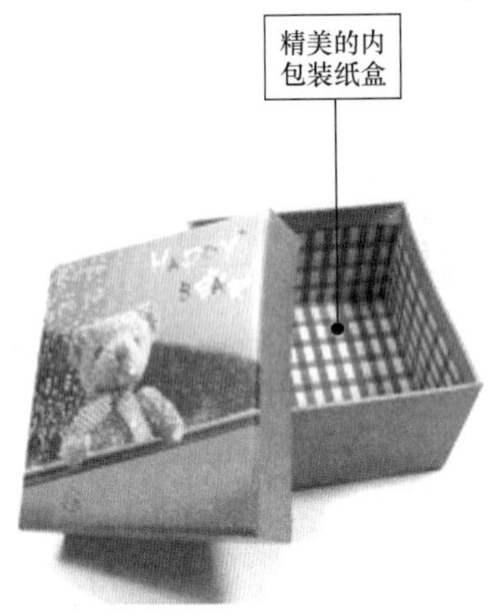

图16-2

16.1.2 常用的包装材料有哪些

常用的包装材料主要有纸箱、编织袋、泡泡纸、牛皮纸以及内部的填充物等，各有特点，其用途如下。

- 纸箱是使用比较普遍的包装材料，其优点是安全性强，可以有效地保护物品，而且可以适当添加填充物，对运输过程中的外部冲击产生缓冲作用，缺点是增加了货物重量，运费也会相应增加。
- 编织袋适用于各种不怕挤压与冲击的商品，优点是成本低、重量轻，可以节省一点运费，缺点是对商品的保护性比较差，只能用来包装质地柔软、耐压、耐摔的商品，比如抱枕、毛毯等。
- 泡泡纸（袋）不但价格较低、重量较轻，还可以比较好地防止挤压，对商品的保护性相对比较强。适用于包装一些本身具有硬盒包装的商品，如数码产品等。另外，泡泡纸也可以配合纸箱进行双重包装，加大商品的运输安全系数。
- 牛皮纸多用于包装书籍等本身不容易被挤压或摔坏的商品，可以有效防止商品在运输过程中的磨损。

图16-3所示为几种不同的包装材料。

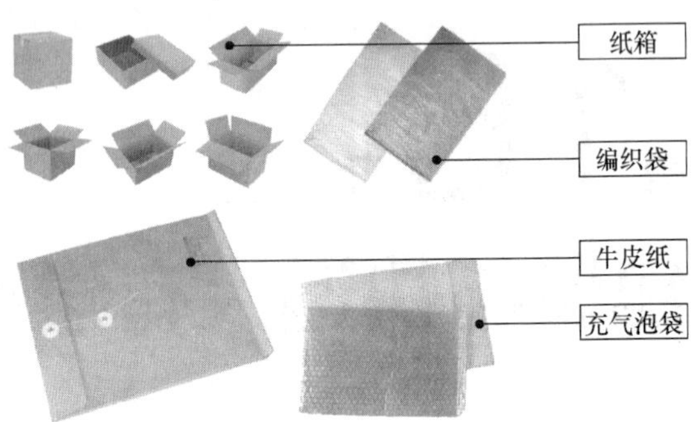

图16-3

使用纸箱包装时，一般内部会添加填充物，以缓解运输过程中的挤压或冲击，填充物可以因地制宜来选择，常用的填充物主要有泡沫、泡泡纸等。另外，对于一些商品，如服饰、数码产品、未密封的食品等，在包装时需要考虑防水与防潮因素，这类商品在包装后，可以采用胶带对包装口进行密封。

16.1.3 不同商品采用不同的包装方式

当买家拿到商品时，最先看到的是包装，所以要给买家留下好印象，减少他们挑毛病的机会，首先就要在包装上下功夫。厚实稳妥、细致入微的包装不但能够保护商品安全到达，而且能够赢得买家的信任，进而赢得买家的心。下面介绍一下常见商品的包装方法。

1. 礼品饰品类

礼品饰品类商品一定要用包装盒、包装袋或纸箱来包装。可以去当地的包装盒、包装袋批发市场看看，也可以在网上批发。使用纸箱包装时，一定要有填充物，这样才能把礼品固定在纸箱里。还可以附上一些祝福形式的小卡片，有时还可以写一些关于此饰品的说明和传说，让一个小小的饰品显得更有故事和内涵，如图16-4所示。

2. 衣服、床上用品等纺织类

如果是衣服，就可以用布袋或无纺布包装。淘宝上有专卖布袋的店，大小不一，价格也不一，如果家里有废弃的布料，也可以自己制作布袋。在包装的时候，一定要在布袋里再包一层塑料袋，因为布袋容易进水和损坏，弄脏商品。卖家还可以使用快递专用的加厚塑料袋，这个可以在网上买，价格不贵，普通大小的一个0.3～0.7元不等，特点是防水，强度高，用来邮寄纺织品确实是个不错的选择，经济实惠，方便安全，如图16-5所示。

图16-4

图16-5

3. 电子产品类

电子产品是价值较高的商品，如果汁机、吸尘器等，因此包装很讲究。在货物比较轻的情况下可以用纸箱，但纸箱的质量一定要好。包装时一定要用充气泡袋包裹结实，再在外面多套几层纸箱或包装盒，多放填充物。

店主应当事先通知买家，在收到快递后，务必当面检查确定完好后再签收，因为电子产品的价格一般比较高，如果出现差错是比较麻烦的事。图16-6所示为采用纸箱包装的电子类产品，正准备用透明胶带进行密封。

4. 易碎品类

易碎品包装一直是一个难点。易碎品包括瓷器、玻璃饰品、CD、茶具、字画、工艺笔等。易碎品外包装应具有一定的抗压强度和抗戳穿强度，可以保护易碎品在正常的运输条件下完好无损。

对于这类产品，包装时要多用报纸、泡沫塑料或者泡绵、泡沫网，这些东西重量轻，而且可以缓和撞击。另外，一般易碎怕压的东西四周都应用泡沫类填充物充分地填充，如果有易碎物品标签就贴上，箱子四周写上“易碎物品勿压、勿摔”字样，提醒在装卸货过程中避免损坏，图16-7所示为易碎物品标签。

图16-6

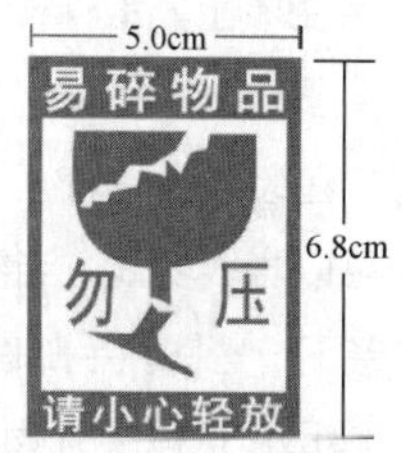

图16-7

高手支招 多给一元快递费免压

顺丰快递提供这样一种服务：多给一元快递费，则可打上“免压”的记号，让快递包裹始终放在顶层，免去受压后损坏商品的危险。对于价值高又易碎的商品，可以采用这种方法进行运输。

5. 书刊类

书刊类商品包括图书、报纸、杂志、文件、资料等，因都是纸质品，所以一定程度上不怕压，但需要注意防水、防潮以及防脏。其具体包装过程可以这样进行。

- 用塑料袋套好，以免理货或者包装的时候弄脏，同时也能起到防潮的作用。
- 用较厚的铜版纸（如楼盘广告纸）做第二层包装，以避免书籍在运输过程中被损坏。
- 如外层用牛皮纸进行包装，则要用胶带进行捆扎，如图16-8所示。
- 如打算用印刷品方式邮寄，用胶带封好边与角后，要在包装上留出贴邮票、盖章的空间；包裹邮寄方式则要用胶带全部封好，不留一丝缝隙。

6. 数码类

数码类商品更加“娇贵”，这类产品需要多层“严密保护”。包装时一定要用泡膜包裹结实，再在外面多套几层纸箱或包装盒，多放填充物，如图16-9所示。同电子类商品一样，店主要提示买家，收到后要当面检查，确定完好再签收，因为快递业败类不少，快递员偷换快递物品是常见的事，如果没检查就签收了，发现不对时已经没有办法向快递公司追责了。

图16-8

图16-9

7. 食品类

易碎食品、罐装食物宜用纸盒或纸箱包装。在邮寄食品之前，一定要确认买家的具体位置、联系方式，了解运送到达所需的时间，这是因为食品有保质期，而且还与温度和包装等因素有关，为防止食品运送时间过长导致变质，所以一般来说，发送保质期不长的食品最好使用快递，而不要使用铁路托运。

专家提点 怎样发送生鲜食品

发送生鲜食品，如生鱼片、鲜牡蛎等，应该用泡沫塑料箱子运送，使用冰袋垫底，中间放上包裹在塑料袋中的食品，上面再压上冰袋。一般选择“次日达”航空快递，有时买家收到快递时，冰还没有化完，食品依旧很新鲜。不过，次日达快递相对来说运费就比较贵了，好在能购买生鲜食品的买家大概也不会在乎多付一点邮费。

8. 香水等液体类

香水、化妆品大部分是霜状、乳状、水质，多为玻璃瓶包装，因为玻璃的稳定性比塑料好，化妆品不易变质。但这类货物一直是查得最严的，所以除了包装结实，确保不易破碎外，防止渗漏也是很重要的。最好是先找一些棉花来把瓶口处包严，用胶带扎紧，用泡膜将瓶子的全身包起来，防止洒漏。最后再包一层塑料袋，即使漏出来也会被棉花吸住，并有塑料袋作最后的保障，不会污染别人的包裹。

专家提点 液体类产品多数无法发空运

出于航空安全考虑，液体类、电池类物品无法走空运，只能走陆运，因此运输速度比较慢一些，这一点要和买家说清楚。

9. 偏重、偏大及贵重物品类

偏重、偏大或价值高的物品，如钢琴、工艺品等，多采用木箱包装。美国、加拿大、澳大利亚、新西兰等国，对未经过加工的原木包装有严格的规定，必须在原出口国进行熏蒸，并出示承认的熏蒸证，进口国方可接受货物进口。否则，会被罚款或货物会被退回原出口国。这是为了防止从原出口国带来进口国没有的动植物病菌，从而造成严重的生态灾难。

按上述方法，要针对不同的商品，采用不同的包装，这样既能保证商品在包装运输途中的安全，也能尽量减少在商品包装中的支出。

16.2 国内外主要发货方式

卖方包装好商品之后，就可以发货了。发货的方式有好几种，各有其特点。对于店主来说，要了解它们的优缺点，才能在实际使用中扬长避短。

国内物流大体可分为邮政、快递公司、物流托运3种，国外物流，发出国主要通过国际快递，发回国的话，如果有亲朋帮忙，可以使用国际快递，但如果是在B2C网站代购商品发货回国，则只能通过转运公司发回来。下面将详细进行讲解。

16.2.1 覆盖面最广的邮政快递

几乎每个店主都有使用邮局发货的经历，有的店主认为邮局平邮价格一点也不便宜，有的店主就认为邮局平邮真的非常便宜，而且商品的安全指数也高，这种认识差异是从哪来的呢？事实上，在邮局发货有很多小窍门，如果店主掌握了，那么就可以省下不少钱，如果没有学会，那可能真的比快递还贵。下面介绍几种常见的邮政业务。

1. 平邮

平邮是比较常见的一种邮寄方式。平邮的速度很慢，但价格非常便宜，所以一般不急需、追求经济实惠的店主都会选择它。

平邮不上门取件，需要去邮局发，发的时候要向邮局买张绿色的平邮单，填写好以后贴在包裹上即可。邮局的包装材料比较好，但是价格比较贵，如果卖的东西可以赚很多钱，当然无所谓，否则也可以自备包装，省下一些钱。平邮首重是500克，超过就续费。

邮资包括以下几项。

（1）挂号费。3元，全国统一，一定收取。

（2）保价费。可以选择不保价，不保价的包裹不收取保价费。

（3）回执费。可以不要回执服务，不用回执的包裹不收取回执费。

（4）资费。视距离远近每千克资费不同。商品包装的包裹纸箱、布袋、包装胶带等，邮局的纸箱、布袋等是要收费的。也可以自己找纸箱，缝制布袋进行包装，但是必须符合规定。

每个包裹都有单号，可根据单号查询投递状况。如果邮寄时进行保价，在包裹丢失后可以按保价金额进行赔偿；如果邮寄时没有进行保价，在包裹丢失后，最高不超过邮费的两倍进行赔偿。

2. 快递包裹

快递包裹是中国邮政为适应社会经济发展，满足用户需求，于2001年8月1日在全国范围内开办的一项业务，它以快于普通包裹的速度、低于特快专递包裹的资费，为物品运输提供了一种全新的选择。但用户们在使用后，普遍反映最好少用快递包裹，速度并不比平邮快，价格很可能比快递贵。

3. EMS

EMS就是邮政特快专递服务，是中国邮政的一个服务产品，主要采取空运方式+快递速度。一般来说，根据地区远近，1～4天到达。安全可靠，送货上门，寄达时间比前两种方式都要快，运费也是这3种方式里最高的，比较适合顾客对于收到商品有较高的时间要求或是国际商务的派送。

EMS业务在海关、航空等部门均享有优先处理权，它以高速度、高质量为用户传递国际、国内紧急信函、文件资料、金融票据、商品货样等各类文件资料和物品。

EMS适用范围为中国大陆地区，按中国邮政EMS快递标准执行，即包裹重量在500克以内收20元，超过部分每递增500克按所在地区的不同收费标准而有所不同。

优点：时间快，可以上网查询，送货上门，安全有保障。

缺点：收费贵，部分地区邮局人员派送物件前不会先打电话联系收件人，有可能导致收件人不在指定地点而耽误时间。

4. E邮宝

“E邮宝”是中国速递服务公司与支付宝最新打造的一款国内经济型速递业务，专为中国个人电子商务所设计，采用全程陆运模式，其价格较普通EMS有大幅度下降，大致为EMS的一半，但其享有的中转环境和服务与EMS几乎完全相同，而且一些空运中的禁运品将可能被E邮宝接受。“E邮宝”的发货地目前已开通九大省市，送达区域覆盖全国，2009年已经采用全程空运模式了，液体、膏状物体等才采用陆运模式。

优点：便宜，到达国内任何范围，运输时间快，只比EMS慢1天左右，可以邮寄航空禁寄品，派送上门，网上下订单，有邮局工作人员上门取件。

缺点：部分地区还没有开通此项目。

如果目的地是别的快递公司到不了的地区，强烈推荐使用E邮宝。

16.2.2 方便经济的快递公司

快递是目前网购市场的主流运输服务。比较知名的快递公司有顺丰快递、宅急送、圆通快递、申通快递、全一快递、中通快递等。

其中，顺丰快递是龙头企业，服务多，质量上乘，速度快，送达区域广，不过价格也比较贵。比如顺丰的跨省价格一般在20元左右，而其余快递一般在10～12元，另外，顺丰的服务也是有口皆碑的。

其他几家快递，总体来说区别不大，在价格、速度、服务和送达区域上，没有本质上的区别。不过，即使是同一家快递公司，在不同地区的表现也是不一样的，这和具体的业务人员的素质有很大关系，因此可能存在甲地的A公司好、B公司差，而乙地B公司好、A公司差的情况。

那么，面对这么多快递公司，该怎样选择呢？下面有几项是需要店主注意的。

- 安全度：无论用什么运输方式，都要考虑安全方面的问题。因为不管是买方或是卖方，都希望通过一种很安全的运输方式把货送到对方手上。如果安全性不能保障的话，那么一连串的问题都将困扰用户，所以在选择快递公司的时候，一定要选择一个安全性较高的公司并与之合作。

- 诚信度：选择诚信度高的快递公司，能够让店主更有安全的保障，能让买卖双方都放心使用。选择快递公司的时候，首先可以在网上看看当地网民的评价。
- 价格：对于店主来说，找到一家合适的快递公司也不容易。价格如果比较便宜的话，将省下一笔不小的开支，特别是对新开店的店主而言，可以有效缓解资金紧张。但不要一味地追求价格低廉的快递公司，至少要在保证安全和诚信的基础之上才能进行考虑。如果前面两点都无法保障的话，将会为自己带来无数的麻烦，仅仅贪图价格便宜是得不偿失的。

所以大家一定要多试用几家快递公司，多打几次交道，才能看出来到底哪家的服务好，价格更便宜，这样才能让店铺的利润更为可观。

专家提点 快递公司与邮局对比

可供选择的普通快递公司多达数十家，最常用的有顺丰、申通、圆通、中通、韵达、天天、宅急送、百世汇通等。下面介绍快递公司和邮局对比的优势。

- 上门取货随叫随到，而且比邮局下班晚。
- 速度一般都和EMS差不多，甚至比EMS快。
- 一般是1KG起步，而不是EMS的500G。
- 快递对物品检查比较松，一般不需要检查。
- 寄的量越多就越能砍价。
- 服务态度比邮局好，业务员和公司都能提供比较好的服务。
- 单子、包装不用钱。

16.2.3 适合大型商品的托运公司

如果店主们要发出的商品数量比较多，重量比较大，平邮或特快专递会非常贵，这时不妨考虑使用客车运输商品。买家如果离得不远，可以使用短途客车托运货物，但是这种客车一般会要求寄送方先付运费。店主一定要及时通知收货方收货，并且在货物上写好电话和姓名。大件物品可使用铁路托运。

1. 汽车托运

运费可以到付，也可以现付。货物到了之后，可能会再向收货方收1～2元的卸货费。一般的汽车托运不需要保价，当然，有条件的话最好是保价，一般是千分之四的保价费。收货人的电话最好能写两个：一个是手机，一个是固定电话，确保能接到电话通知。

2. 铁路托运

铁路托运一般价格比较便宜，速度相对快递来说要慢一些，只要通火车的地方都可以送达。托运费用可在火车站托运部门的价格表上查到。包装好之后，一般不会打开检查，但会提醒用户，不允许寄送液体之类的东西，万一被发现会拒送。运费需要现付，对于店主来说不太方便，因为无法事先和买家确定运费的金额。

3. 物流公司

物流公司如佳吉、华宇等，他们的发货方式是和其他托运站不太一样的，托运站一般是点对点的；但物流公司不同，一般只转运到一个城市中的几个固定地点，客户需要上门去自提，如果要求送货上门，则还要收取不菲的上门费。物流速度很慢，中转次数很多，因此货物必须包装得很牢固，常用的方式是打木箱。

16.2.4 如何选择三种货运方式

对于一个微店店主而言，该如何选择适合自己的送货方式呢？一般来说有以下几个方面需要考虑。

- 包裹大小。对于普通店主而言，包裹一般都不太大，也不太重，因此快递是最好的选择，价格适中，速度也快；对于大型货物，如钢琴、摩托车等，则要考虑使用物流，运费较便宜；对于较重但体积不是很大的包裹，则应考虑汽车托运或铁路托运。
- 送达时限：对于某些对送达时间有严格要求的货物，如海鲜等，则应使用顺丰等快递的“当天件”服务，能在24小时内到达，但收费相对略贵。
- 送达地区：快递并非覆盖全国，有的偏远地区快递到达不了。店主在检查收货目的地时，如果看到不熟悉的地名，或者经济不发达的地区时，有必要事先查询快递是否到达该地。如不能到达，则应选择EMS或平邮。

微店网购绝大部分商品邮寄方式是快递，EMS和平邮占一小部分，物流最少。

16.2.5 使用国际快递发货到国外

当店主的商品被境外买家购买时，就需要发送国际快递了。现在发国际快递的方式主要有DHL、UPS、TNT、FedEx、EMS、国际专线等几种。各种国际快递各有其优缺点，比如有的价格低，有的适合某个地区，有的清关速度快。下面就具体来看看。

1. EMS国际快递

EMS国际快递是中国邮政推出的全球特快专递服务。其优点是折扣低、价廉物美，任何体积的货物都按照重量计算，对于出售体积大、重量轻的商品来说是个很不错的选择。EMS与四大国际快递相比，有一定的价格优势。清关能力强，对货物的出口限制较少。其他公司限制运行的物品都能运送，如食品、保健品、化妆品、名牌的仿包箱、服装、鞋子以及各种特殊商品等。

EMS还有一个非常好的好处是免费提供退件服务，当货物被当地海关退回时，免收退件费。

不过，EMS的缺点也很明显，除了美国、日本、澳大利亚、韩国、中国香港外，其他国家或地区的快递速度都不是很快，查询网站更新信息也很滞后。笔者曾经从中国国内发送一封文件到日内瓦，竟然花了整整20天，实在是够慢。

2. 国际四大快递公司——DHL/UPS/FEDEX/TNT

选择国际四大快递的一般都是价值高、要求也高的货物。

适合北美地区，时效好的是UPS/FEDEX；适合欧洲的是DHL；TNT的强势地区是西欧国家。这些大公司在当地都是由自己的公司来派送，不仅安全，而且可以保证时间。

专家提点 偏远地区附加费

各位店主在选择这些国际快递公司时，有一个费用要特别注意——偏远地区附加费。如果你的买家在一个很偏僻的地方，譬如乡下等，需要的偏远附加费就很高了。所以店主寄东西前，最好根据买家的邮编，查询下是否是偏远地区，如果是，及时与买家联系，说明情况，要么由买家支付附加费，要么换其他物流方式。

国际快递对于散客来说基本上没有什么折扣，如果店主发得不多的话，邮费会很贵。店主可以找到当地的国际快递代理公司，通过代理公司发件，这样就会便宜不少。因为代理公司的走货量大，并且通常代理公司会与国际快递公司签订折扣协议。

3. 其他专线快递——中美快递、中澳快递、中东快递、中欧专线

除了以上的知名快递公司，也有不少快递公司结合当地的物流供应商，推出专线，例如中美快递、中澳快递、中东快递、中欧专线等。以三态速递的中美专线为例，它就是先把邮件快递到美国，然后利用当地的邮政局来派送。

这些专线的最大优势是，有些地区快递费用会比那些国际快递巨头便宜，但是在时效性及安全方面就差些。

16.2.6 使用转运公司从国外发货到国内

有的店主在国外有亲朋，可以方便地从海外购买商品回国内，因此在国内开设了海外代购店，为国内买家代购一些质量不错、价格优惠的商品。这类店主的货物可以让亲朋通过国际快递发回国。

但另一种代购，是店主在国外B2C网站上为客户购物，比如在亚马逊美国或者乐天购物，再发回给国内客户，店主赚一些手续费。做这种代购的店主，本人很可能不在国外，则需要在国外的转运公司帮忙接收B2C网站上的货物，然后转运回中国。这是因为国外的B2C网站一般只提供该国国内的快递，不提供跨国快递，不能直接发送到中国，比如亚马逊就只发美国国内的快递，不提供到中国的快递。

因此做海外代购的店主，需要先预定一家或几家转运公司，在进行代购时，将海外商品发送到在该国有收货地址的转运公司，由转运公司发回中国国内，再通过中国国内快递发送到指定收货人手里。在这个过程中，转运公司负责国外收货、跨国运输和国内发货，其服务质量占据重要的地位。

大家最常用的转运公司有不少，特点也有所不同，比如有的公司运费低，有的公司在免税州有收货地址，有的公司清关快等，下面就一起来了解。

表16-1列出了几个转运公司的主要优缺点。

表16-1

公司名称	优点	缺点
同舟快递	① 自动入仓，不需要用户提交网络表单进行提醒 ② 价格中等 ③ 合箱和分箱免费	① 只有CA和OR两个仓库 ② 汇率较高
天翼快递	① 自动入仓 ② 价格中等 ③ 有CA、OR、DE 3个仓库 ④ 合箱和分箱免费	汇率偏高
百通物流	① 自动入仓 ② 价格合理中等，汇率便宜 ③ 提供的两个仓库都在美国东部，如果所购物品网站的发货仓库在东部，可以走百通的东部仓 ④ 合箱免费	① 只有NJ和DE两个仓库 ② 只能从天津清关
GELS	① 提供澳洲、韩国、美国4个州的转运地址 ② 全自助操作安全放心，掉件/掉包极少发生	费用昂贵，白金会员押金要1000美元
Soondaa	① 价格便宜 ② 分箱和合箱免费 ③ NY在东部，如果买米糊或者GYM的衣服可以选择Soondaa的地址	只有NY地址供参考，NY地址对很多电商网站都收税。对新手不友好，需要用户自己提交到货预警。不接受Abercrombie&Fitch及旗下子公司的转运订单
贝海国际速递	① 价格便宜 ② 加固免费	没有合箱服务，只有原箱转运和随机拆箱两种服务

其实转运公司有很多，这里提到的只是一些较常用的转运公司，开设海外代购店的店主可以参考。

16.3 物流公司的选择与交涉技巧

生意好的店主，除开销售额不算，单一个月的邮费，保守估计都得花上两三千，相当于某些城市一个实体店铺门面的月租了。因此选择合适的送货方式非常重要，可以为店主省下不少资金。

16.3.1 选择好的快递公司

选择好的快递公司才能保证自己日常的经营活动更顺畅，因为如果只图费用低而选择一些不负责的小公司的话，那么商品在运输途中出问题的可能性就会很大，最终造成买家不满意而流失，因此，选择一两家好的快递公司非常重要。选择的原则大致包括以下几个方面。

1. 看评价

选择快递公司的时候，首先可以在网上先看看其他网友的评价，对选择有基本的帮助。网上有各种各样的针对快递服务的调查，如阿里巴巴物流论坛就提供了一个国内快递公司评价板块，用户可以在这里查看各地快递的用户反映情况。

2. 看规模

在查看快递公司信誉的时候，大家应该选择至少两家以上的快递物流公司来进行比较，看其在全国的网点规模覆盖率如何，因为这直接影响到我们的营业范围。而如果是同城则建议找一些本地的快递公司，优点就是同城速度极快，而且价格有很大的下降空间。

3. 看特点

依照快递公司的特性来选择，例如申通快递走江、浙、沪效率很好，如果自己的商品都是发到那个范围就可以考虑。DHL则有“限时特派”这样的紧急快递业务；中国邮政EMS则具有最大的地域送达优势。

专家提点 快递的地域性

有的店主反映说某些快递不如网上说得那么好，其实这要看具体情况。一个快递公司的网点遍布全国，可以说素质参差不齐，在某些地区表现好，在另一些地区表现不一定就好。因此，最好的方法是在找到固定的快递物流公司以后，与负责自己区域的业务人员搞好关系，这样可以在发货和收货时，得到更好的服务。

16.3.2 如何节省商品物流费用

如何最大限度地节省快递费用，相信是每一位微店店主都在随时考虑的问题。的确，网店利润的增长和物流费用的降低是息息相关的。不过这其实不难，大家可以从如下几个方向来考虑开源节流。

1. 网购邮政快递单

中国邮政绿色的国内普通包裹单，邮局价格为0.5元/张，而如果通过淘宝网购买则便宜一些，长期下来能节约不少成本，如图16-10所示。

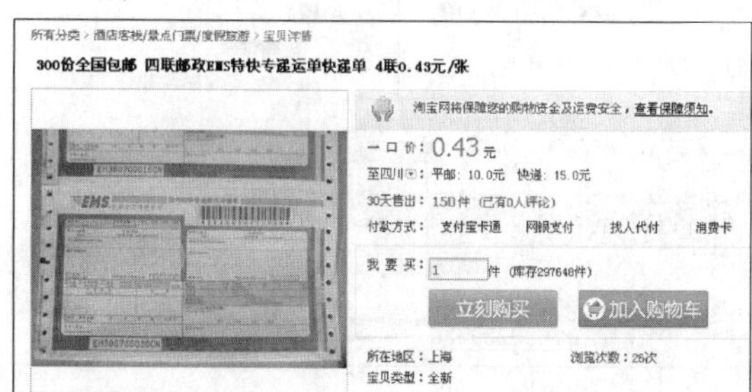

图16-10

2. 多联系几家快递公司

不同快递公司的资费标准各不相同，一般来说，收费越高的快递公司，货物运输速度也就越快。很多店主在选择快递公司发货时，往往习惯选择一个快递公司，这样不但无法了解到其他快递公司价格进行参照与对比，而且由于所选快递不存在竞争，在运费上也不会让步太多。

选择多家快递公司还有一个好处就是，在发货时可以同时联系多家快递业务员上门取件，故意让快递业务员知道存在竞争，有些情况下，快递业务员之间的价格竞争，最终受益的就是发货人。

3. 不要贪图便宜选小快递公司

有些小的快递公司收费确实便宜，甚至听说过到达江浙沪只收6元。但这样的公司肯定是联盟性质的小公司，寄送时间慢、包裹丢失、晚到等情况时有发生，有时还查询不到快递信息。所以，还是在各大快递公司中选择价格方面最有优势的一家比较好。

4. 大宗物品采用火车托运

火车托运价格很低，而且速度也较快。全国范围内根据到站不同价格也不同，从1～3元/千克都有，最低收费1元，可以去火车站买一份火车托运价格表来具体查询。

16.3.3 与快递公司签订优惠合同

与快递公司签订优惠合同，能够省下不少邮费。快递公司对于大客户的折扣还是比较宽松的，当有网店店主要求签订优惠合同时，一般都会同意。

快递公司的优惠合同一般都是月结协议，也就是一个月结算一次，量大从优。优惠合同既可以同快递公司正式签订，也可以和负责自己片区的快递员协商。快递员主要靠接快递业务赚钱（送快递一般收入为1元钱一件，是他们工资的小头，而接一单快递一般有3～8元收入），因此，快递员对于发送大量快递的客户是相当渴求的，店主不必担心快递员不遵守协议。

16.3.4 办理快递退赔

在通过快递公司发货过程中，有时候可能会遇到运输时丢失或损坏货物，这种情况一般不多见，但如果店主一旦遇到，那么就应该联系快递公司协商赔偿或解决方案，同时也应当给买家一个良好的解决方式（比如立即重发或退款等），不能因为快递的原因而延误买家的交易。

快递退赔一般有两种情况。

1. 运输过程中货物损坏

通常来说，如果快递公司在运输过程中损坏商品，那么买家是无论如何也不可以签收的，因为一旦买家签收，就意味着快递公司已经完成本次运输，不再负担任何责任，因此对于易碎类商品，店主在销售前有必要告知买家要先验货，如损坏拒绝签收，这样就可以与快递公司协商赔偿问题。

视不同情况，与快递协商赔偿是件非常费时费力的事情，如果发货方没有对商品进行保价的话，那么最终争取到的赔付金额也不会太多，通常对于没有保价的商品，赔付是根据运费的倍数来赔偿的，而这个赔偿数额可能远远低于商品价值。由于快递公司丢失或损坏货物的概率非常低，因而多数店主在发货时，一般没有必要对商品进行保价，而一旦出现货物损坏情况，也只能尽力与快递公司周旋，争取到尽可能多的赔付金额。

快递或物流公司对运输过程中的有些商品损坏是不予赔偿的，如玻璃制品等，这时店主在发货时就需要进行加固包装，在最大限度上防止运输过程中出现商品损坏。而对于一些价值较高的贵重易碎物品，通常建议对商品进行保价。

2. 运输过程中货物丢失

运输过程中丢失货物的情况也比较少见，一旦丢失货物，那么买家也就无法收到货物，这时店主一方面需要与快递公司协商解决；另一方面需要为买家补货或者以其他方式处理。

货物丢失的赔偿，也根据是否保价而决定，如果没有保价的话，那么快递公司的赔偿方法有两种，一种是按照运费倍率赔偿，另一种是根据商品来酌情赔偿，但是最终不论采取哪种赔偿方式，可能也不足以抵付商品的价值，而且快递公司的赔付流程相当烦琐，也会耽搁店主的更多精力。一般来说，如果商品价值本身不是太高，不值得花费太多精力用于赔付时，只要快递公司能给一个合理的赔付就可以考虑解决；但如果商品价值较高，而且快递公司赔付太低的话，就可以考虑通过法律等手段来解决。

总之，为了避免商品在运输过程中出现不可预料的问题，店主在选择快递公司时，应该选择规模较大、口碑较好的快递公司，而不能为了贪图低价选择小快递公司来发货，否则一旦出现损坏或丢失等情况，就会因小失大。

16.4 随时跟踪物流进度

通过任意一种物流发货后，都会留下一份发货单，在买家收到货物并确认之前，店主必须将发货单保存好，以便于处理发货后期出现的纠纷。而且一般发货后，买家都会关心发货进度，在买家不方便查看时，店主就可以通过发货单号来跟踪货物的运输进度并告知买家。

16.4.1 在线跟踪快递物流进度

目前基本所有物流都提供了在线跟踪运输进度服务，当用户通过快递公司发货后，可以登录快递公司网站，方便地跟踪货物运输进度。

通过快递公司发货后，可以从发货单中获取到货单号，不同快递公司单号位置可能略有不同，但一般都位于快递单上方的条码位置或快递单下方突出位置，图16-11所示为申通快递单的样式。

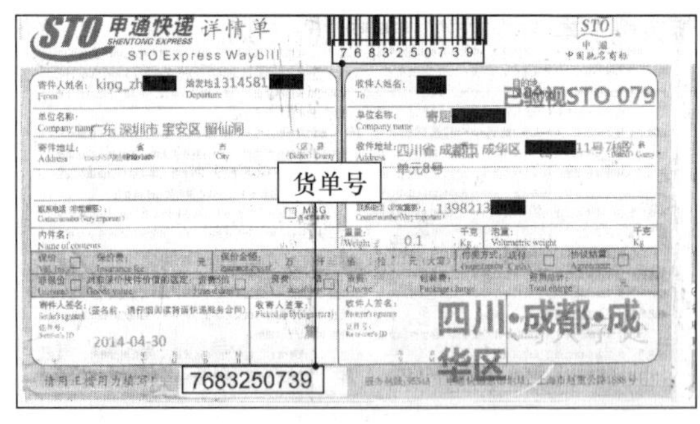

图16-11

有了快递单以后，就可以登录对应的网站中跟踪运输进度，下面以在线跟踪圆通快递单为例，其具体操作方法如下。

第1步 登录圆通快递网站，❶在“快件追踪”文本框中输入货单号；❷单击“追踪”按钮，如图16-12所示。

图16-12

第2步 弹出新页面，显示出该快递的详细进度，如图16-13所示。

图16-13

对于国际快递进度的查询，可能很多店主都不熟悉，也许会认为自己不懂英文，发送和查询都会有困难。其实在全球一体化的今天，这些都不成问题。国际快递都有相应的中文网站，登录上去后，在查询文本框中输入快递单号，即可查询，不存在任何语言上的障碍，如图16-14所示。

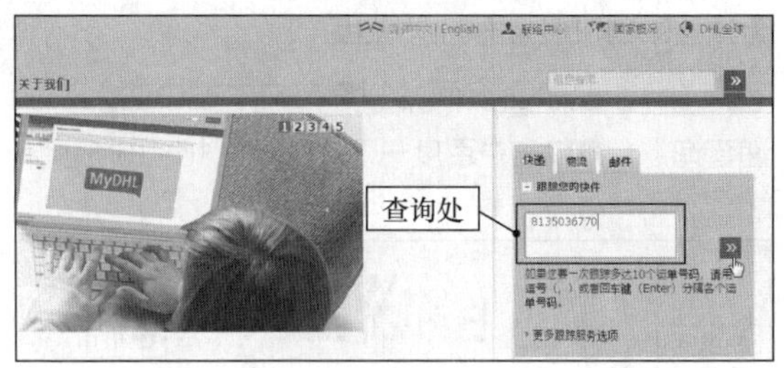

图16-14

而查询结果反馈得也很快，如图16-15所示。

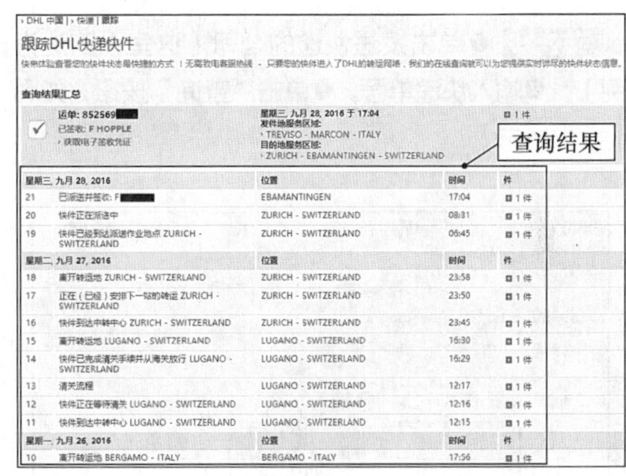

图16-15

从图16-15中可以看到，快递的位置信息是英文的，不过这无关紧要，只要能看到签收信息，就知道快递已经被妥投了。如果店主确实很想知道这些英文地名，可以将之复制下来，到谷歌的翻译网站将之翻译为中文即可。

专家提点　原单号与转单号

通过国际快递的代理公司发货的话，代理会给客户一个快递单号，这个单号称为“原单号”，不过包裹在运送途中，运单的号码会改变，新的单号称为“转单号”，这个转单号也会由代理公司告知给客户，以供客户查询进度。其实大部分快递使用原单号也可以查询，不过转单号的信息要比原单号提前一些，也有部分必须使用转单号查询。

16.4.2　通过百度秒查各家物流进度

百度网站提供了很多有用的服务，其中一项是可以在其页面上直接查询各家快递的物流进度，而无须登录到快递公司的网站上。

第1步 登录百度网站，❶在文本框中输入“快递查询”；❷单击“百度一下”，如图16-16所示。

图16-16

第2步 ❶单击发送快递的公司（这里以韵达为例）；❷输入快递单号；❸单击“查询”按钮，如图16-17所示。

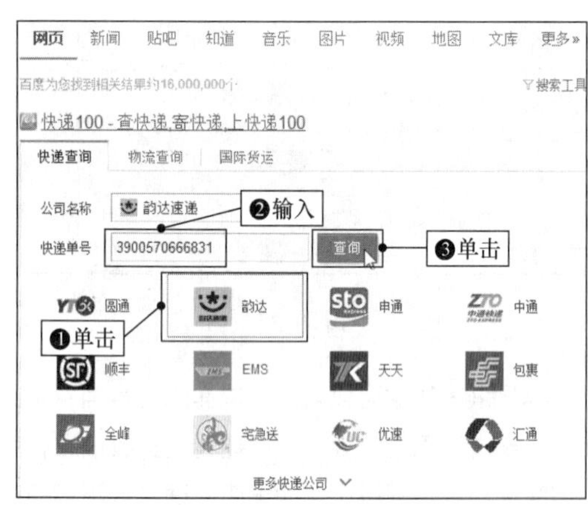

图16-17

第3步 立刻就可以看到查询结果，如图16-18所示。

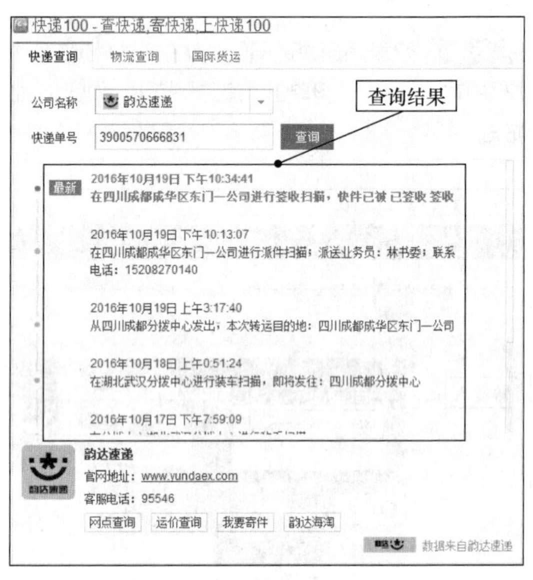

图16-18

在百度的这个网页上，不仅能搜索国内快递，还可以搜索大宗物流以及国际快递，只需单击图16-18中的“物流查询”或“国际货运”选项卡即可进入相应页面进行查询。

16.5 秘技一点通

技巧1 与快递公司讲价，降低快递成本

目前基本上所有的快递公司都是可以灵活讲价的，不过要想成功降低快递费用，还需要了解与快递公司讲价的一些技巧，下面介绍常用的一些讲价方法，店主可根据实际情况参考。

（1）直接找快递业务员讲价，而不要找快递公司客服或前台人员讲价。

（2）在讲价过程中，适当夸张自己的发货量，因为如果发货量较大的话，业务员为了稳定业务，一般会在价格上有一定的让步。

（3）用其他快递公司的价格进行对比，在讲价时可以和业务员谈及其他快递公司要低多少，即使是虚构，也要表现出很真实的样子，一般还是可以讲下一定价格的。

（4）掌握讲价幅度，如同日常购物砍价，假如25元的快递费用，想讲到16元，那么要先砍到10元，这样即使对方不愿意，但最终可能就会以16元的折中价成交。

跟快递业务员砍价，要装得老成一点，要让他以为自己是个经常寄东西的人。软磨硬泡，再加上一点儿前景预测（如以后自己生意会更好之类），

业务员自然要考虑报个低价，以便长期接下自己的业务。

下面是一段经典砍价的对话：

店主："你们发快递多少钱？"

业务员："15块上门拿件。"

店主："我是搞网店的，最低多少钱？"

业务员："搞网店的啊？你现在一天几个件？"

店主："大概三四个吧，我现在是跟申通做的。"（其实根本就没有所谓的三四个）

业务员："那给你14块吧！"（一听到开网店多少肯定会给你便宜点的）

店主："不是吧，这么贵啊？"

业务员："那他们给你多少？"

店主："8块。"

业务员："那你全走我的我也能发这个价钱。"

店主："对嘛，一般都是这个价钱的，我现在暂时还发他们的，我先发几个看看你们速度怎么样，可以的话我以后全部都走你们。"

业务员："好，以后有件给我打电话吧。"

这样就可以了，砍价其实就是这么简单。当然砍价切记要合理，不然业务员即使答应了，也不会好好服务的。

技巧2　贵重商品怎样寄才安全

如果店主的网店是经营珠宝、数码产品等贵重商品的，那么发送快递时就要特别小心。这是因为快递人员的素质良莠不齐，有的快递人员擅自盗取、更换快递包裹内的贵重商品，最终让店主有苦说不出来，因为一般情况下快递公司是不会全额赔付的。

那么，在发送贵重物品时，怎样才更安全呢？

（1）挑选信誉比较好的、规模比较大的公司。注意不要使用那些所谓的代理公司。用EMS就是EMS，不要用那些EMS的代理（国际快递除外）。

（2）运单填写时，千万不要写货物名称，比如是手机的话，则不要写"手机"，写"设备"即可。

（3）如果包装盒有空间的话，一定要填实，不要让物品在盒内晃动，以免被有经验的快递人员听出来里面是什么。同时要用封箱带将纸箱缝隙封死，防盗又防水。

（4）一定要保价。保价时问清楚保费是多少，用的是哪家保险公司等。如果不保价一般不会得到满意的赔偿。

（5）通知买家一定要开箱检查后再签字确认。如果签了字再检查，那就算是去打官司也输定了。如果对方以公司规定为理由，不肯开箱，那么就让买家挑包装的毛病，这里瘪了，那里胶带松开了，然后要求开箱检查。

技巧3　往国外发货，这样更省钱

往国外发货的方式主要包括中国邮政的EMS、国际快递公司、国际空运。下面介绍国际快递的省钱秘诀。

（1）EMS国际快递给代理公司的折扣一般在年初会比较低，而到了年末会比较高。在同一时间不同城市的折扣可能不一样。如北京的EMS能打5折。有些懂行的EMS代理公司会把货物拉到另外一个城市去发，虽然时间会延迟两三天，但价格却优惠不少。

（2）EMS国际快递并不一定要收首重。在有的城市，只要单件货物超过10千克，就不需要收取首重。甚至单件货物没有超过10千克，只要总的货物超过10千克，有时也能享受这种优惠。这一点非常重要，可以大大减少快递费用。

（3）EMS国际快递是按照货物实重来收费的，而DHL、TNT、UPS和联邦等国际四大快递公司是将实重与体积重量（1立方米＝200千克）相比较，哪个大就按哪个来收费，也就是说，假如某货物体积为2立方米，其重量超过400千克，则按实际重量收费，如重量低于400千克，则按400千克收费。如果快递非常重而体积又小的货物，建议用DHL、UPS等发货；如果是非常轻的而体积又大的货物，用EMS发货。

（4）发货不能直接找国际快递公司，要找它们的代理发。可以在淘宝上找代理，在淘宝上的代理一般都可以用支付宝交易，比较有保障。

（5）发EMS国际快递可以用自己的纸箱。如果货物多的话，一定要使用大的纸箱，最好一个箱子能装完。如果用的箱子小，导致货物要装很多箱的话，就要被多收几次首重，因为一般每一个箱子是要算一次首重的，除非能找到不需要首重的EMS代理或货物达到一定的量。

（6）发国际快递不能一次发太多货，否则很容易被目的地国的海关认为是商品，从而征收关税。如果要发的货确实很多，可以让买家想办法多找几个到达城市的市内地址来发货，店主分别发到同一个城市的不同地址，这样被征税的可能性就小多了。店主还可以把货物分几天发，一天发一些。

（7）国际货运包括快递、空运和海运。价格方面，一般来说海运是最便宜的，快递是最贵的。空运是不送货上门的，快递是送货上门的。

（8）货物分为普货和外国名牌货物。普货是指产地在中国的普通牌子货物，普货的国际快递运费一般要比外国名牌货物的国际快递运费便宜不少。另外，普货被外国海关查收关税的概率也要比外国名牌货物被查收关税的概率小很多。

（9）国际四大快递各有各的优势。有些是寄到西欧的价格有优势，有些是寄到东欧的价格有优势，有些是寄到东南亚的价格有优势，有些是清关有优势，有些是速度有保证。在发货之前，一定要了解清楚。

开店小故事

快递也要打批发

“快递也要打批发才能省钱啊！”一位自称“宅神”的店主告诉记者。

宅神当初开网店其实是抱着一种玩耍的心理，因为他本来就有份清闲的工作。开店几个月，每隔几天才有一单，宅神下班回到家打包发货，轻轻松松就搞定，就这么过了一年。没想到顾客里有位小有名气的“网红”，对宅神的服务态度和商品感到很满意，就在她的博客上对宅神的产品做了点宣传，宅神的店铺一下子就在小范围内火了起来，生意陡然增多，每天都有二三十单，宅神忙不过来，干脆辞了职专门打理网店。

由于快递人员天天都要上门来取件，宅神很快就和快递人员熟悉了。快递人员告诉宅神，像他这样每天发几十个快递的，最好是和公司签约，不仅单价便宜，还可以月底结账，省钱又方便。

宅神听在耳里，记在心里，悄悄调查了他家周围五六个不同的快递公司，摸了一下价格。各个公司给出的优惠大同小异，一般来说签约快递要比单发快递便宜1～3元，而长期签约价则是单发价格的六到七折，而且是每月一结，非常方便。宅神综合考虑了一下，选择了一个风评较好，折扣也还可以的快递公司，与其签订了合同。

宅神粗略算了一下，签约后每发一个快递节省2.5元，每月按600个快递算，就节省了1500元，一年下来可以节省将近2万元，如果生意变好，快递增多，节省的钱就更多了。“以前只知道买东西要去批发市场才省钱，没想到发快递批发也能省这么多钱。”宅神美滋滋地说。

第17章 精心做好售后与客服

本章导言

售后服务是整个商品销售过程的重点之一。好的售后服务会带给买家舒适的购物体验，可能使这些买家成为忠实客户，以后经常购买自己店铺内的商品。客服是售后服务的实施者，客服质量的高低直接影响售后的效果。本章将详细讲解售后服务与客服工作的内容，提升店铺的“软”实力。

学习要点

- 加入常见保障服务
- 掌握售前售后的工作内容
- 客服需要了解哪些知识
- 掌握客服与买家顺畅沟通的方法
- 妥善处理中差评

17.1 各种保障服务让买家更放心

从2011年1月1日开始，淘宝规定所有卖家必须签署“消费者保障服务协议”，这样既能保障商品和服务质量、提高信誉，也能促进销售量。在日常网购中，7天无理由退换服务已经相当普及，运费险也被买卖双方逐步采用，这些都是让买家放心消费的有力保障。

17.1.1 了解并加入“消费者保障服务”

“消费者保障服务”（以下简称消保）是淘宝网针对买家所提供的一项购物保障服务。淘宝网中的卖家可根据个人意愿来加入消保，为买家提供由淘宝网公证与保障的售后服务。

扫码看视频

根据商品类型的不同，消保又分为多种情况，分别是以下这些。

- 商品如实描述：指卖家所在店铺中商品的描述信息是与商品本身所相符的，没有不符合商品实际或言过其实的描述。如果卖家未能履行该项承诺，则淘宝网有权对由于卖家违反该项承诺而导致利益受损的买家进行先行赔付。
- 7天无理由退换服务：指卖家能够针对销售出的商品为买家提供7天内无理由退换货服务。加入该服务后，当买家购买了支持“7天无理由退换货”的商品，在签收货物后7天内，若因买家主观原因不愿完成本次交易，卖家有义务向买家提供退换货服务，如果卖家拒绝提供，那么买家可以向淘宝网投诉卖家并获得相应的赔偿。
- 假一赔三：加入该服务后，如果卖家销售给买家的商品与描述严重不符，或者销售假冒伪劣商品，那么买家可以在认定商品为假货的前提下，要求卖家3倍赔偿。
- 虚拟物品闪电发货：该服务仅针对虚拟类商品，如充值卡、虚拟充值货币等，加入该服务的卖家，必须迅速发货，如果在交易过程中没有及时发货，那么买家就可以对其投诉并获得相应的赔偿。
- 数码与家电30天维修服务：该服务仅针对经营数码电器类的卖家，当买家购买商品后30天内，卖家应向买家无条件提供免费维修服务，否则买家有权向淘宝网投诉，淘宝网将根据情况来使用卖家的保证金对买家进行赔偿。

- 正品保障服务：该服务针对所有销售品牌商品的卖家，确保买家所购买的商品为品牌正品，如果交易后的商品不是正品，那么买家可以向淘宝网投诉并获得相应的赔偿。

加入消保都需要交纳一定的保障金。根据商品种类的不同，在加入消保时需要支付的保障金也会有所差别，大部分商品保证金为1000元，但也有部分商品高于或低于1000元，具体的金额淘宝会不时进行调整。表17-1所示为部分保证金大于与小于1000元的商品类别。

表17-1 元

店铺类目	保证金额	店铺类目	保证金额
品牌手表/流行手表	2000	数码相机/摄像机/图形冲印	2000
床上用品/靠垫/窗帘/布艺	500	手机	2000
家用电器/保健器械	2000	彩妆/香水/护肤/美体	2000
居家日用/厨房餐饮/装饰/工艺品	500	笔记本电脑	2000
家具/家具定制/宜家代购	2000	汽车/配件/改装/摩托车/自行车	2000
玩具/动漫/模型/卡通	500	饰品/流行首饰/时尚饰品	500
珠宝/钻石/翡翠/黄金	2000	书籍/杂志/报纸	300
电玩/配件/游戏/攻略	2000	MP3\MP4\iPod\录音笔	2000

加入消保虽然要付出金钱，但是也有好处。

- 在商品上加上特殊标记，并有独立的筛选功能，让商品可以马上被买家找到。
- 拥有相关服务标记的商品，可信度高，买家更容易接受。
- 为提高交易质量，淘宝网单品单店推荐活动只针对消保卖家开放。
- 淘宝网橱窗推荐位规则针对消保卖家有更多奖励。
- 淘宝网抵价券促销活动只针对消保卖家开放。
- 淘宝网其他服务优惠活动会优先针对消保卖家开放。

专家提点 关于消保的保证金

消保的保证金冻结在支付宝里面，以后退出消保或者关闭店铺时，还可以将这笔保证金解冻收回。

用户在初次申请店铺的时候，填写并签署了“消费者保障服务”协议，因此默认开通了“消费者保障服务”。但要进行正常使用，还需要向淘宝支付押金，其具体操作步骤如下。

第1步 在“卖家中心”选项卡中单击“消费者保障服务”超级链接，如图17-1所示。

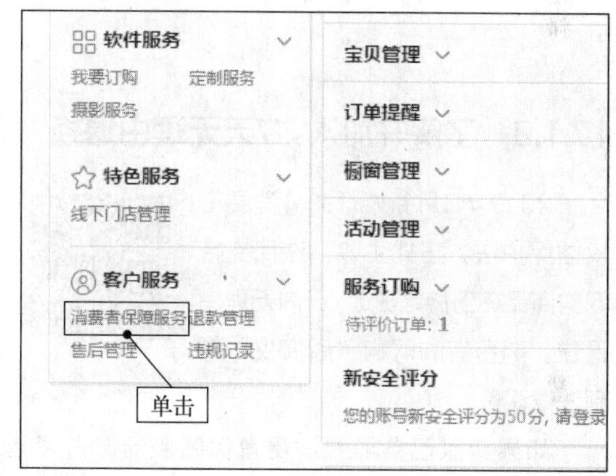

图17-1

第2步 单击保证金页面的“缴纳”按钮，如图17-2所示。

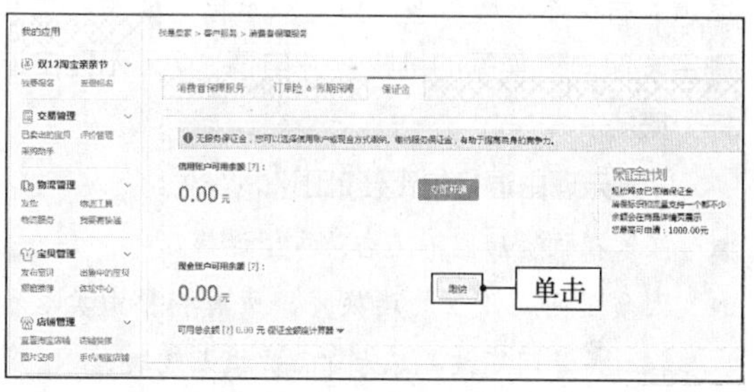

图17-2

第3步 打开新页面，❶输入支付宝支付密码；❷单击“确定”按钮，就成功加入了消费者保障服务，如图17-3所示。

图17-3

专家提点 注意支付宝里的余额

提交保证金时，必须保证支付宝中有足够的余额。支付成功以后，大家就可以在消费者保障服务栏目下，申请各种特色服务，只要符合要求即可成功开通。

17.1.2 了解并加入“7天无理由退换”

2017年3月新修订的《消费者权益保护法》正式生效，法律支持网购商品在到货之日起7日内无理由退货。消费者的网购“后悔权”得到法律认可。

扫码看视频

如果卖家已参加“消费者保障服务”并承诺提供“7 天无理由退换货”服务。在商品完好的前提下，淘宝网允许买家按规定对其已购买的特定商品进行退换。在货物签收的7天内，若因买家主观原因不愿完成本次交易，卖家有义务向买家提供退货。若卖家未履行该义务，买家有权按照规定向淘宝发起对该卖家的维权，并申请“7天无理由退换”服务。

7天无理由退换的责任范围：

- 买家在收货后因不满意而希望退换。
- 因质量问题产生的退换货，所有邮费由卖家承担。质量问题被界定为货品破损或残缺。
- 非商品质量问题的退换货，包邮商品需要买家承担退货邮费，非包邮商品需要买家承担发货和退货邮费。
- 退换货要求商品具备收到时完整的外包装，相关附（配）件齐全，（若有）要求吊牌完整等；购买物品被洗过、穿过、人为破坏或标牌拆卸的不与退换；所有预定或订制特殊尺码的不与退换。

专家提点 7天时间的界定

如果有准确的签收时间，以该时间以后的168小时为7天；如果签收时间仅有日期，以该日期后的第二天零时起计算，满168小时为7天。对于退换货商品,买家应在规定的时间内发回（以物流签收运单显示时间为准），否则需要买家与卖家协商处理办法。

卖家发布的商品属于支持“7天无理由退货”服务的范围内，就必须提供售后服务。若买家向卖家提出“7天无理由退货”，卖家需积极响应，并主动协商，经双方自愿友好地达成退货退款协议。如果卖家违反承诺，淘宝的处置权包括以下几方面。

- 当淘宝判定卖家未履行其“7天无理由退货”服务，即视为卖家违规，淘宝有权给予卖家相应处罚。
- 如买家提出“7天无理由退货”的申请时，交易尚未成功，卖家必须做好售后服务工作；在卖家拒绝履行“7天无理由退货”承诺的情况下，淘宝有完全的权利按照协议约定和淘宝规则进行处理。
- 如买家提出“7天无理由退货”的申请发生于买家已单击“确认收货”,交易成功付款完毕后，或发生于货款因支付宝服务付款流程中的到期强制打款规定而被强制打款后，在卖家拒绝履行“7天无理由退货”的承诺的情况下，淘宝有完全的权利依其独立判断使用保证金强制卖家履行其承诺。
- 卖家需在收到买家退回商品之日起7日内退款给买家，未按时退款的，淘宝有权直接操作退款给买家。

“7天无理由退换”服务商品品类划分如表17-2所示。

表17-2

分类	类型	商品举例
默认不支持“7天无理由退换”	① 消费者定做的、定制类商品	个性定制、设计服务(要求属性为：定制)
	② 鲜活易腐类商品	鲜花绿植、水产肉类、新鲜蔬果、宠物
	③ 在线下载或者消费者拆封的音像制品、计算机软件等数字化商品	网游、话费、数字阅读、网络服务
	④ 交付的报纸、期刊、图书	订阅的报纸、期刊、图书
	⑤ 服务性质的商品	本地生活、服务市场等，如家政服务、翻译服务等
	⑥ 个人闲置类商品	一级类目为：自用闲置转让
可选支持“7天无理由退换”	① 非生活消费品，如商业用途类商品	房产、新车、网络服务器、商用物品等
	② 代购服务商品	采购地为海外及中国港澳台，库存类型为海外代购（无现货，需采购）
	③ 二手类商品	宝贝类型为：二手
	④ 成人用品，除有包装的保险套外	成人用品
	⑤ 贴身衣物	内裤、内衣、泳衣、袜子、打底裤等
	⑥ 古董孤品类	古董、邮币、字画、收藏类等
	⑦ 食品保健品类	食品（含婴幼儿食品、零食、冲饮、酒类、粮油米面、干货、调味品）、保健品（含中药、膳食营养补充剂）、宠物医疗用品等
	⑧ 贵重珠宝饰品类	珠宝、钻石、翡翠、黄金等
	⑨ 家具、家电类商品	家具、大家电（电视、空调、冰箱）等
必须支持“7天无理由退换”	除以上15类商品外的所有品类,均须支持“7天无理由退换”	服装服饰、数码产品及配件、家纺居家日用、化妆品、婴童用品（除食品）等

只要加入退换服务，在商品发布时，系统会根据商品品类和属性自动打标签并显示，如图17-4所示。

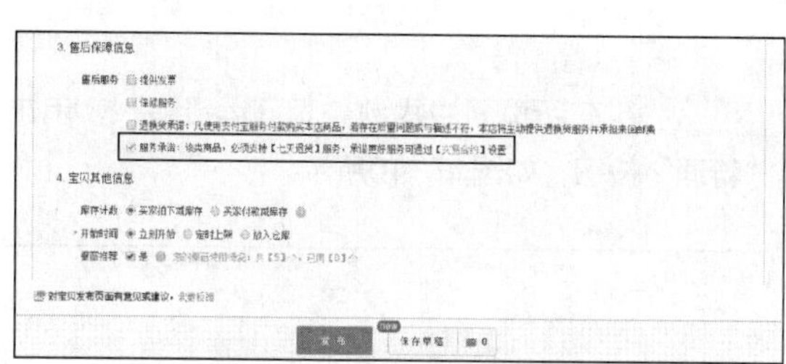

图17-4

加入“7天无理由退货”较为简便，卖家只需要在消费者保障服务列表中单击“加入”按钮即可，如图17-5所示。

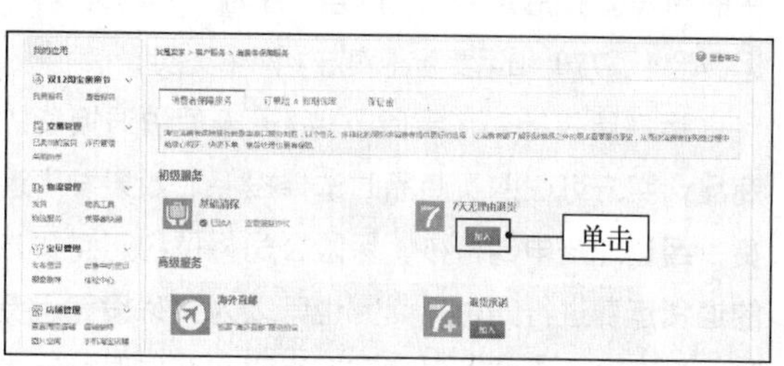

图17-5

对于必须支持“7天无理由退货”服务的商品，在宝贝详情页，搜索结果页、LIST页面统一浮现7天退货标识，便于买家者辨识。支持7天退货服务的标识如图17-6所示。“退货承诺”是高于“7天无理由退货”的服务，卖家可以通过交易合约自行设置8天（含）以上服务，其标识如图17-7所示。

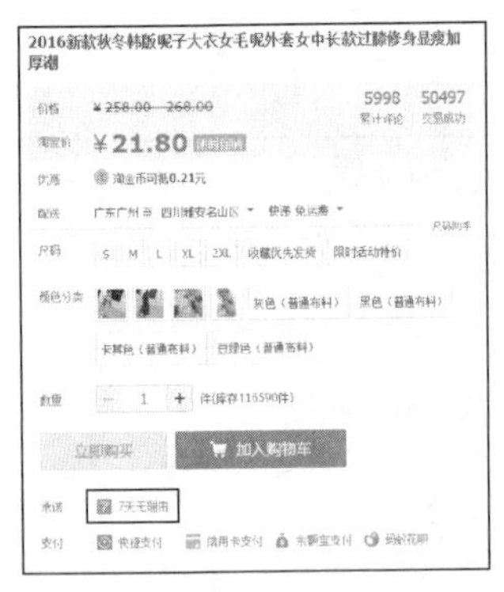

图17-6

图17-7

如果商品性质不支持“7天无理由退货”，在买家下单页面会有提醒，如图17-8所示。

图17-8

17.1.3 了解并加入“运费险”

扫码看视频

运费险也称为退货运费险，是网购买卖双方在交易未结束前，买家发起退货请求时，由保险公司对退货产生的单程运费提供保险的服务。分为运费险（买方）和运费险（卖方）两个类别。

运费险仅针对淘宝网支持7天无理由退换货的商品，买方可在购买商品时选择投保。如果发生退货，经过理赔申请审核，保险公司将按约定对买方的退货运费进行赔付；卖家也可以为买家投保运费险。运费险（卖方）是指在买卖双方产生退货请求时，保险公司对由于退货产生的单程运费提供保险的服务。由于快递公司造成的商品损坏进而发生的退货，不在运费险的承保范围内。

运费险的保费较低，买家支付一般不超过1.2元，且投保十分便捷，只需要在购物时勾选运费险选项，就可与货款一同支付。理赔时，根据买家收货与卖家的退货地之间的距离，最高可获得17元的赔付。理赔无须举证，只要买卖双方同意退货，卖家在线确认收到货后72小时内，保险公司按约定理赔到买家的支付宝账户。

对淘宝卖家而言，购买该保险可以增强购买方的信心，提升服务品质并促使交易达成。卖家不能进行选择性投保。加入运费险后，每笔交易都会扣除相应的保费。在卖家填写物流单号发货时，系统会自动从支付宝账户扣除费用。保费的数额根据以往的风险率确定，风险率越高，收取的保费越高。

专家提点 风险率

保险公司根据卖家以往3个月的交易及退货情况厘定风险率。在风险率与保费价格的阶梯排列中，当风险率低于1%时，保费不超过0.3元；风险为8%时，保费为1元；风险为16%时，保费为2元，依次递增。如果卖家的风险率超过保险公司厘定的风险临界点，投保协议将暂停。

卖家加入运费险的步骤如下。

第1步 在卖家中心的“客户服务”选项中单击“消费者保障服务”超级链接，如图17-9所示。

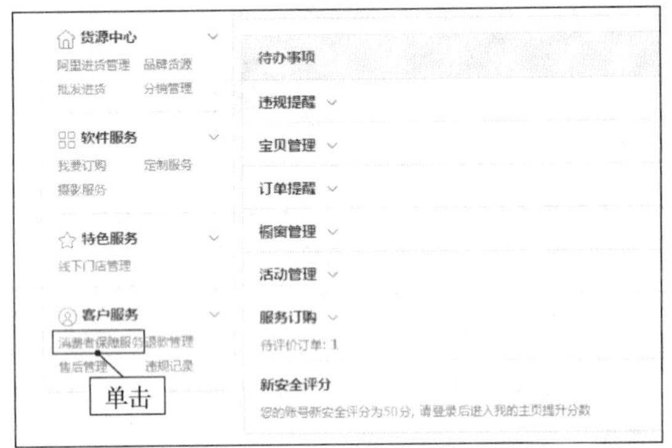

图17-9

第2步 在新页面中找到“卖家运费险”，单击“管理”按钮，如图17-10所示。

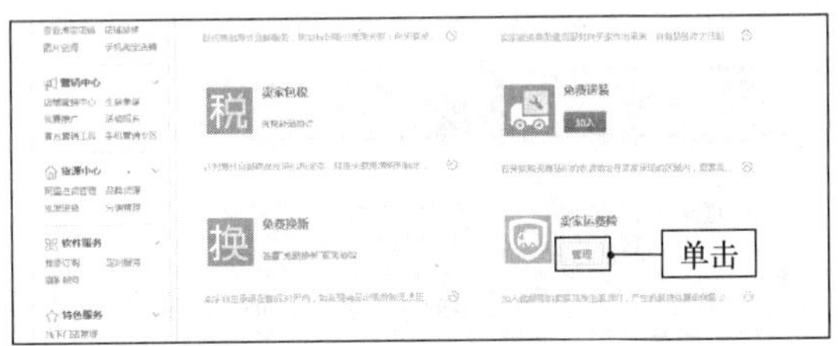

图17-10

第3步 在新页面中单击“我要加入”按钮，如图17-11所示。

图17-11

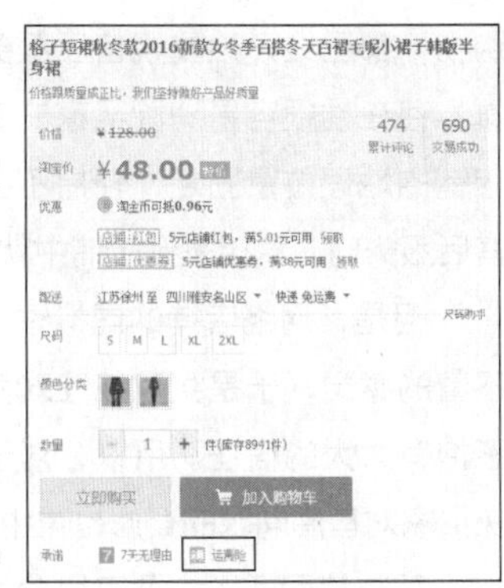

图17-12　　图17-13

加入运费险后，在商品展示页面会增加相关标识，如图17-12、图17-13所示。

17.2 售前售后赢取买家的心

网络上的商品不像现实中的商品，虽然看得见，但摸不着，没有办法获得直观的感受，所以买家往往在下单之前，都会犹豫、考虑一下，有的还会进一步与卖家沟通，获得更详细的信息，再决定购买与否。

而售后服务，也是卖家体现自己店铺优良品质的一个方面。有了良好的售后服务，买家才没有后顾之忧，能放心大胆地下单购买。

作为卖家，在售前、售后两个环节都要做好，打消买家的疑虑，促进买家购买，这就需要用到下面讲解的一些方法。

17.2.1 售前介绍商品要客观

在介绍商品的时候，必须针对商品本身的特点及商品的缺点，客观地向买家解释并做推荐。所以，要让买家了解商品的缺点，并努力让买家知道商品的优点。

怎样得知商品的优点与问题呢？以下是一些信息来源的渠道，要随时记得掌握。

- 向本店的资深人员询问。
- 向厂商、批发商的营业人员询问。
- 阅读报纸、专业杂志。
- 参观展示会、工厂。
- 利用电视、杂志等媒体收集资料信息。
- 亲自试穿、试吃、试用看一看。

卖家在介绍商品的时候，虽然商品缺点本来是应该尽量避免触及的，但如果因此而造成事后买家抱怨，反而会失去信用，得到差评也就在所难免了。在淘宝里也有卖家因为商品质量问题得到差评，有些是特价商品造成的。所以，在卖这类商品时，首先要坦诚地让买家了解到商品的缺点，努力让买家知道商品的其他优点，先说缺点再说优点，这样会更容易被买家接受。

卖家在介绍商品时，切莫夸大其词，如介绍与事实不符，最后会失去信用，也会失去买家。介绍自己的商品时，可以强调一下“东西虽然是次了些，但是功能齐全，拥有其他产品没有的特色”等，这样介绍收到的效果是完全不相同的。

17.2.2 售前要打消买家心中的顾虑

网络购物的缺点也就是买家所疑虑的方面，如针对交易网站的疑虑、针对卖家信用的疑虑、针对商品质量的疑虑、针对货币支付的疑虑、针对物流运输的疑虑、针对售后服务的疑虑等，其实，只要卖家在上架商品时，多写上一两句话，就可以打消大部分疑虑。还有些疑虑是需要在经营店铺的其他工作中解决的，比如针对商品质量的疑虑，这就需要使用商品的细节图片。

1. 打消买家对售后的疑虑

在市场越来越激烈的今天，随着买家消费观念的变化，买家不管是在实体店中购物还是在网店中购物，都已经开始重视售后服务。但是实体店铺的真实存在性很容易消除买家的这个疑虑，因为实体店铺的地理位置固定，轻易不会搬家，当买家需要售后服务时，直接来到店铺中就可以了。

但是，网络店铺的虚拟性导致买家有看不见摸不着的感觉，于是买家往往对卖家做出的售后承诺不抱有太大的信任。所以，对于网店卖家来说，解决买家对售后问题的疑虑是重中之重。

解决售后问题主要可以分为两个阶段：第一阶段就是售前将售后信息告知买家，增强其购买的信心；第二阶段是产生了售后问题的处理，避免产生纠纷，并利用好的售后手段提升买家的黏度。

售前将信息告知买家的方式主要有两种：

第一种售前信息告知方式就是在商品描述页面中或店铺其他地方将售后信息公布出来，如可以加入7天无理由退货或者写一个买家须知，站在买家的角度，把所有问题都写上去并赋予答案，让买家产生信任感。如图17-14所示，店铺的商品描述页面中有售后问题的信息，这是一个更直观的使用漫画的形式告诉买家15天无理由退换货，买家看到这样的信息，自然就打消疑虑了。

图17-14

第二种售前信息告知方式就是在沟通的时候将售后信息直接告知买家，大部分买家在决定购买一件商品前总会有一些疑虑，一般会通过旺旺向卖家咨询。在这个过程中，要向买家传达店铺的售后信息，买家会更容易接受。比如下面的沟通就比较好。

“亲，您放心好了，如果您收到货有问题的话，就及时联系我们，本店的宝贝都是包退包换的，如果是质量问题，来回的运费我们出，有任何问题都可以解决的”。

2. 打消买家对包装的疑虑

在实体店铺和网络店铺购物的体验是完全不同的，体验形式的不同导致买家满意度的差异非常大。

网络店铺和实体店铺的不同点有很多，但是，买家在网络店铺中购物时，会遇到一个在实体店铺购物时从未遇到的大问题，那就是物流问题，买家在实体店铺中购物时，可以一手交钱一手取货，而在网络店铺中则不行，需要通过一定时间的物流运输，买家才能最终拿到商品，而在这一段时间内，商品损坏和丢失的风险是很大的，所以会有很多的买家对这一环节极不放心。

有鉴于此，一些聪明的卖家就在商品描述页面中加入关于包装的说明，如图17-15所示。卖家清楚地告知了商品的包装过程和防压抗震包装设计，有了这幅图片，相信可以打消很多买家关于挤压变形方面的疑问。

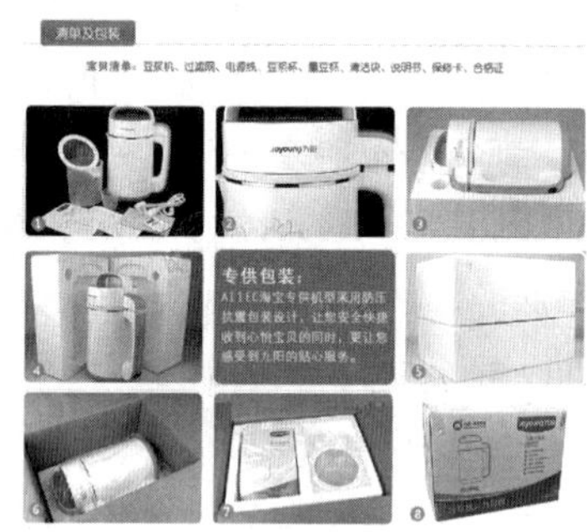

图17-15

产品包装得好，能给客户带来良好的购物体验，对网店的生意是有百利而无一害的。在淘宝论坛有这么一则帖子，讲一个买家在淘宝金冠店购买了一大堆的婴儿用品和洗衣液，由于金冠店包装简陋，导致洗衣液泄漏，污染了全部的婴儿用品，价值400多元的奶粉、玻璃奶瓶等物品全部不能使用。

这个帖子引来了众多淘宝网友的热议，有人甚至怀疑这家金冠店是刷出来的。这家店的信誉达到了金冠，是名副其实的大卖家，包装却不细心，也难怪别人会有怀疑这家店铺刷信用的想法。金冠信誉虽很牛，但如果用户体验做不好，生意照样难长久。

经营一个网店，需要做的细节有很多，虽然不可能每一件都做到并做好，但是，为了自己的生意还是要努力。也许这些细节的工作产生的效果并不明显，但是，相信当把越来越多的细节工作坚持第一做到，生意也就会在不知不觉中好起来。

有些卖家也困惑，觉得自己的店铺跟其他的店铺没什么区别，图片也不差，服务态度也很好，直通车也一直在做，但是生意却又很大的差别，可能原因就出在很多细节工作并没有做到位。

3. 打消买家对物流的疑虑

选择一家可以令买家和自己都放心的物流公司，既可以选择卖家所在地口碑和服务最好的物流公司，也可以直接使用淘宝网推荐的物流公司。

目前国内各物流公司的服务质量参差不齐，在全国范围内很难说到底哪家公司更好。选择一家可以合作的物流公司最简单也是最有保障的方法有两个：一个是以快递公司为出发点去寻找，也就是在当地选择口碑最好的一家来进行合作，我们可以通过身边的朋友、同城的卖家、淘宝社区得到物流公司的口碑信息；如果对口碑信息把握不准，我们也可以以收件员为出发点去寻找，也就是通过对比收件员的服务质量来寻找更加合适的物流公司，具体方法就是可以多联系几家物流公司的收件员，在他们当中选择一个沟通得最好的进行合作，目前国内物流公司的网店数量、运输时间、费用、丢损概率都差不多，所以以收件员的服务质量作为选择依据也不失为一个好办法。

淘宝网推荐的物流也可以成为大家的首选，目前与淘宝网签约的合作物流有几十家，包括中国邮政、中通速递、宅急送、圆通快递、韵达快运、联邦快运、天天快递、汇通快运、顺风速运、申通E物流、港中能达等。使用推荐物流的好处大概有以下几种。

- 网上直连物流公司。不用打电话也可快速联系物流公司，是真正的网上操作。
- 价格更优惠。可以使用协议最低价和物流公司进行结算。
- 赔付条件更优惠。淘宝与物流公司协议签订了非常优惠的赔付条款。
- 赔付处理更及时。淘宝会监控并督促物流公司对投诉和索赔的处理。
- 订单跟踪更快捷。使用推荐物流网上下单，您的商品跟踪信息链接会放在您的物流订单详情页面，买家和卖家都可以方便地查看。
- 可享受批量发货功能。可以一次性将多条物流订单发送给物流公司，让卖家下单更快捷。
- 可享受批量处理功能。使用推荐物流发货的交易，可以一次性地将多笔交易确认为“卖家已发货”状态。
- 可享受旺旺在线客服的尊贵服务。物流公司在线客服，即时回复卖家的咨询，解答卖家的疑惑。
- 日发货量超百票，特别的定制服务。

高手支招　如何选择淘宝网推荐的物流

在卖家决定使用淘宝网推荐的物流时，建议选择规模较大、管理正规的公司。比如最老牌的中国邮政，网络购物采用的服务大致有平邮包裹、快递包裹、E邮宝、EMS特快专递等。经过市场化竞争，顺丰、申通、韵达、圆通、中通等物流企业迅速成长壮大，其价格可以根据包裹量的增加而得到优惠，服务水平也有了很大的提升。

卖家在商品描述页面，不妨加入关于运费信息的公告，如图17-16所示，这是用图表的形式公告的运费信息，看起来更直观，能更好地把这些信息传达给买家，这张表里明确写明了4个信息：运送方式、配送范围、首重费用和续重费用。这样的信息公示的优点就在于信息的传达很准确，买家也就更容易接受，从而消除疑虑。

邮费表（EMS首重和续重为0.5kg）

快递	中通		圆通		韵达		申通		EMS		顺丰	
到达地区	首重	续重	首重	续重	首重	续重	首重	续重	首重	续重	首重	续重
广东省内	7	2	9	2	8	2	9	2	17	5	13	4
江苏 浙江 上海	8	5	9	5	9	5	9	5	17	9	22	13
安徽 福建 广西 江西 湖南 湖北	8	5	10	5	10	5	10	5	17	9		12
北京 天津 河南 山东 河北	9	7	12	8	11	7	12	8	17	11		14
海南 四川 重庆 云南 贵州 陕西 山西	10	7	12	8	11	7	13	8	17	12		12
黑龙江 内蒙古 吉林 辽宁	14	9	15	9	15	9	16	9	17	12	24	20
青海 宁夏 甘肃	16	13	19	12	16	11	18	12	17	12		
新疆 西藏	18	17	20	10	18	15	19	18	17	12	26	24

图17-16

卖家也可以把与寄送时间、物流公司等相关的信息放入商品描述页面里，告知买家，典型的做法如图17-17所示。

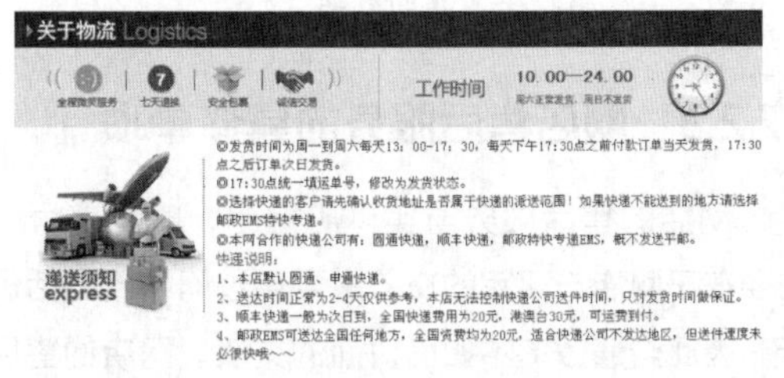

图17-17

有时即使卖家做得再好，也避免不了出现物流纠纷。那么物流出现问题后，卖家应该怎样与各方面沟通，才能得到一个较好的结果呢?

- 第一要注意心态问题，经常发货，物流出现问题在所难免，要有这个心理准备。出现问题也没什么大不了的，与快递公司联系解决问题就可以了。好多卖家不能以一个平和的心态来对待问题，总觉得物流公司矮自己一等，用盛气凌人的态度来对待快递人员，这会有什么好结果呢？也许快递人员不敢得罪卖家，但难免会产生消极不合作的情绪，最终损失的还是卖家的利益。
- 第二要注意买家方面。一般买家都会问几天能收到货，现在的快递基本上全国范围内是2～4天到货，偏远一点的要4～5天，同城的是今天发明天到。面对买家的询问，可以这样回答：一般是3～5个工作日收到，因为快递周末派件都不是很积极，给自己留有最大的余地，不要把自己逼得一点点意外的时间都没有，那就太被动了，要知道快递晚点的可能性是很大的，时间说长点，一是给买家一个心理准备，二是晚到的话自己也不至于太被动，三是提前到的话买家会很高兴。
- 第三要注意物流方面，与物流方面谈好出现问题后怎么解决，遵循平等合作和谐的原则。如晚到的情况怎么解决，磕碰碎裂的情况怎么解决，态度不好怎么解决，达成文字协议更好，这样出现问题都按协议来。
- 第四要让快递人员帮忙。因为快递人员比较熟悉快递公司具体运作，而且他们自己的公司到底哪个方面出问题，他们也比较容易知道内情，方便追回货物。所以说要把心态放平，才能得到快递人员的帮助。
- 最后建议向买家提供两种以上解决方案（退款或重寄等）供选择，这样可以有效改善买家的感受，提高解决问题的效率。

17.2.3 网店售后服务的具体事项

网店的售后服务与实体店相比，略有差异，主要在于网店与买家的交流主要通过网络或电话进行，因此沟通效率不如面对面的交谈。网店的售后服务主要包括以下内容。

1. 树立售后服务的观念

售后服务是整个商品销售过程的重点之一。好的售后服务会给买家带来非常好的购物体验，可能使这些买家成为店铺的忠实用户，以后经常购买店铺内的商品。

做好售后服务，首先要树立正确的售后服务观念。服务观念是长期培养的一种个人（或者店铺）的魅力，卖家都应该建立一种“真诚为客户服务”的观念。

服务有时很难做到让所有买家百分之百满意。但只要在“真诚为客户服务”的指导下，问心无愧地做好售后服务工作，相信一定会得到回报的。

卖家应该重视和充分把握与买家交流的每一次机会。因为每一次交流都是一次难得的建立感情，增进了解，增强信任的机会。买家也会把他们认为很好的店铺推荐给更多的朋友。

2. 交易后及时沟通

所谓交易后沟通，是指客人在付款之后所进行的沟通，主要通过旺旺、电话、站内信等方式进行沟通，也可以通过电子邮件、手机短信等方式进行沟通。主动进行售后沟通，是提升客户购物体验，提升客户满意度和忠诚度的法宝。砍掉主动售后沟通，就等于砍掉了老买家，砍掉了卖家可持续增长的利润来源。当买家因为不满意而找上门来的时候，沟通变得很被动，沟通成功的概率也会大大降低，即使通过沟通解决了评价问题，但客户的购物体验很难变好。

3. 发货后告知买家已发货

买家付完款，货没到手，心里难免有牵挂，什么时候能发货？什么时候能收到？对一些新买家而言，难免会担心，会不会被忽悠？发货后卖家可以把发货日期、快递公司、快递单号、预计到达时间、签收注意事项等告知买家，让买家放心的同时，也体现了卖家的专业。可以参考如下的实例。

您好：

感谢您购买了本店的×××商品，×××型号，希望您能够喜欢，如果有任何问题可以和我联系。我的旺旺号××××××，电话号码×××××××××××。

本商品已经在××××时间发货，运单号是

××××，请注意查收。

谢谢您购买小店的商品，期待您的下次惠顾！

店家：××××日期：××××/××/××

4. 随时跟踪物流信息

跟踪物流信息包括：预计到货时间，主动和买家进行沟通，体现卖家的责任心和专业度，出现状况及时解释、处理，消除买家疑虑，避免之后因问题给店铺中差评。买家付款后要尽快发货并通知买家，商品寄出后要随时跟踪包裹去向，如有意外要尽快查明原因，并向买家解释说明。

5. 买家签收主动回访

买家签收后，第一时间主动进行回访，主动收集客户意见，遇到客户不满的情况及时道歉、及时解释、及时处理，把危机化解在问题爆发前，进一步提升客户的购物体验，提升客户的满意度和忠诚度。

6. 交易结束如实评价

评价是买卖双方对于一笔交易最终的看法，也是以后可能想要购买的潜在买家作为参考的一个重要因素。好的信用会让买家放心购买，差的评价往往让买家望而却步。交易结束要及时做出评价，信用至关重要，不论买家还是卖家都很在意自己的信用度，及时在完成交易后做出评价，会让其他买家看到自己信用度的变化。

评价还有一个很重要的解释功能，如果买家对商品做出了错误的不公正的评价，卖家可以在评价下面及时做出正确合理的解释，防止其他买家因为错误的评价产生错误的理解。

7. 处理退换货要认真快捷

商品寄出前最好认真检查一遍，千万不要发出残次品，也不要发错货。如果因运输而造成商品损坏或其他确实是商品本身问题导致买家要求退换货时，也应痛快的答应买家要求，说不定这个买家以后会成为店铺的忠实客户。

买家要求退换货的情况大致分为4种，处理方式各有不同，因篇幅较长，将在下一小节里专门进行讲解。

8. 妥善处理买家的投诉

有时即使卖家做得再好，也难免会出现疏漏，出现客户不满而导致买家投诉甚至出现交易纠纷。

买家的投诉是五花八门、千奇百怪的，有时候其理由甚至很牵强，这就需要卖家有一根粗大的神经和一个宽广的胸怀，来面对这些投诉。

如果交易中需要退换货，但买卖双方协商没有解决，那么任意一方都可以向淘宝网投诉对方，之后淘宝网工作人员将介入并与双方协调解决。

一般来说，在交易过程中以买家投诉卖家居多，而买家多是在双方协商未果的情况下才会向淘宝网投诉卖家，首先买家会发出投诉请求，并提供相应的证据，如商品图片、旺旺聊天记录等，而淘宝网客服在接受投诉后，一般会通过邮件方式来联系卖家。

卖家在收到投诉通知后，就需要根据实际情况来进行处理了，如果确实属于自己的退换货范围，那么应当积极退换货并联系买家撤诉，因为如果自己强行不予退换的话，那么淘宝工作人员会根据情况来处理强制退款或予以卖家不同程度的处分，对于网店卖家来说，因为一次交易而换取一定的处分，是非常不值得的。

当然，如果确实属于买家责任，那么卖家可以向淘宝工作人员提供有力的证据，来证明自己不予退换的理由，只要证据充分，工作人员也会秉公处理的。

在与买家交涉的过程中，还有很多需要注意的地方，将在后面一节的内容中进行详细的讲解。

9. 管理买家资料

随着信誉的增长，买家越来越多，那么管理买家资料也是很重要的。卖家们应该好好地总结买家群体的特征，因为只有全面了解到买家情况，才能确保进的货正好是买家喜欢的商品，店铺才能更好地发展。建立买家的资料库，要及时记录每个成交交易的买家的各种联系方式。

10. 定期联系买家，并发展潜在的忠实买家

交易接受后，要定期给买家发送有针对性、买家感兴趣的电子邮件和旺旺消息，把忠实买家设定为VIP客户，在店铺内制定出相应的优惠政策。定期回访买家，用打电话、旺旺或者电子邮件的方式关

心客户，与客户建立起良好的客户关系，同时也可以从客户那里得到很好的意见和建议。

17.2.4 认真对待退换货

卖家网上开店，所出售的商品都是经过自己精心挑选的，为了生存和发展当然不会在商品质量上马虎。不过实际经营过程中，也会时常碰到因为物流或其他问题带来的退换货问题。如何处理将直接关系到网店声誉。下面根据不同的退货现象加以说明。

1. 质量问题

质量出现问题，对于店主们来说就是“硬伤”，无话可说，当然都是无条件退货。不仅如此，由于质量问题还给买家制造了来回运输货物的麻烦，可能还会导致买家赔偿。

所以，在实际经营过程中，一定要严格把好商品质量关，不能厚此薄彼。但是有时也可能是因为运输途中的损坏，那么在销售这类比较“脆弱”的商品时，一定要在商品资料里详细写清楚，注明有可能的情况，不至于遇到问题才措手不及，如图17-18所示。

•售后服务•

1.因运输原因造成的货物损坏，我们负责重发或是退款(可能需要你提供破损图片，并且有快递公司或是货运公司作证）
2.确系货物的质量问题，我方负责退换，并承担相关的费用。
3.客户主观的觉得质量不好或是其他原因想退货的，来回的运费客户自行承担。
4.退货的客户要对退回来货品的运输安全负责（发过去时我们也是要负责的，是吧）
5.关于收货：收货时请尽量先检查才签收，不行的话可签字后请快递员稍等，您当面查下货有问题的话请马上联系我们。

图17-18

2. 规格问题

所谓规格，也就是俗称的大小和尺寸问题，尤其像出售衣服、鞋子等商品时，常常会遇到买家收到货物后抱怨尺寸有偏差，长短有出入等情况，如果买家因为此类问题要求退货，也在情理之中。因此，为避免此类问题，一定要在商品介绍中详细标注出相关的尺寸大小，如图17-19所示。

注：衬衫领带为搭配拍摄 喜欢可到店里选购

面料	进口高档纯棉	里料	聚酯纤维

尺寸参考

基本号型（身高）	尺码	胸围	袖长	肩宽	衣长
170/88A	M	116	62	48.5	62
175/92A	L	121	63	51	65
180/96A	XL	126	64	53	67
185/100A	XXL	131	66	55	68

图17-19

专家提点 关于详细商品信息

详细的商品信息不仅包括尺寸、重量和功能等，还要包括各种细节。比如对于服饰类商品而言，诸如衣长是多少，其中是否包括领口长度，胸围及腰围又是多少，帽子是否可脱卸等参数，最好都能明示出来。这样可以尽量减少买家以“没有具体说明”的借口来退换商品。

3. 喜好问题

买家因为不喜欢商品而要求退货也是一个常见的情况。喜好问题存在很大的主观色彩，很难用一定的规则来界定。但是无论是什么原因，事先和买家朋友们积极沟通都是非常重要的，尽可能达到全面的互相理解，不至于出现误解而导致的退货问题。

一般情况下，在商品描述页面都要注明，如果由于个人喜好问题，比如觉得这件衣服不好而不是质量等原因而要求退货的，一概不予接受（也可以是让买家承担邮费的情况下退货）。

高手支招 不退货，买家给差评怎么办

如果在商品信息中已经注明了这种情况不予退货，那么当卖家恶意给差评的时候，卖家可以向淘宝小二提供证据，只要能够证明，即可撤销当前恶意差评。

4. 实物与照片的分歧

一般商品都会通过一些后期处理软件进行效果处理，这的确能让自己的宝贝看上去清新靓丽，比较起来更能吸引买家的眼球；但卖家同时也要考虑到，过度的使用后期处理方法，比如像曝光过度等，就必然会出现照片与实物相差较大的问题。

这种情况下，当买家拿到货物以后，会觉得受到欺骗而要求退货，甚至会给出差评，对卖家来说得不偿失。因此在处理商品效果时，要注意把握一个尺度，不能将商品原来的面貌都掩盖掉了。

17.2.5 用平和心态处理买家投诉

任何卖家都不可能让买家100% 满意，都会发生买家投诉的问题。处理客户投诉是倾听他们的不满，不断纠正卖家自己的失误，维护卖家信誉的补救方法。通常情况下，当出现被投诉的情况时，可以按照下面的方法来处理。

- 保持服务的热情：凡买家出现投诉情况，多数态度不友善，但不管买家态度多么不好，作为卖家来说，都应该热情周到，以礼相待。这样就可以舒缓买家的愤怒情绪，减轻双方的对立态度。
- 认真倾听：面对买家的投诉，卖家首先要以谦卑的态度认真倾听，并翔实记录。买家言谈间更不要插话，要让买家把想说的一口气说出，买家把想说的说出来了，买家内心的火气也就消了一半，这样就便于下一步解决具体问题。
- 和颜道歉：听完买家的倾诉，要真诚地向买家道歉，道歉要恰当、合适，不是无原则的道歉。道歉的目的：一则为了承担责任；二则为了消除买家的"火气"。
- 分析投诉：根据买家的叙述分析其投诉属于哪一方面，比如是质量问题、服务问题、使用问题；还是价格问题等，更要从买家口述中分析买家投诉的要求，同时分析买家的要求是否合理。
- 解决投诉：根据买家的投诉内容和投诉分析，依据自己网店事先公布的售后服务内容，以及和买家在达成交易前的沟通，来决定选择经济赔偿、以旧换新、产品赔偿等。
- 跟踪服务：根据调查显示，90%的买家会因为上次的不满意而不再购买本公司的产品，而且还会将上次的事件传出去，这样就导致很多其他买家将不会光顾。但如果做好了跟踪服务，那么买家会感觉这家网店还不错，可能会成为回头客。

无论责任在哪方，只要能通过买卖双方交流与协商解决的问题，尽量不必向淘宝网申诉，申诉的结果一般都以责任方妥协告终，但需要卖家耗费大量的时间和精力。

面对不满甚至是愤怒的买家，卖家要把握以下几点，以消除买家的不满，化解交易纠纷。

- 换位思考。如"我们很理解您的心情"。
- 真诚道歉。如"给您造成这种情况，我们真的很抱歉"。
- 安抚买家。如"请放心，我们会尽快处理的"。
- 合理解释。如"事情是这样的……"。
- 提出方案。如"我们为您提供如下解决方案……"。
- 争取谅解。如"给您带来麻烦还请您多多体谅"。

大卖家总在抱怨，客户爆满的时候，根本没有人力提供售后沟通。事实上，解决方法有两种：一是在装修店铺方面下功夫，让店铺和产品页面具有很强的"沟通功能"，引导更多买家自助购物，减少售前和售中沟通，让更多客服资源转移到售后沟通；二是增加客服人员或者应用先进的呼叫中心，提升客户接待能力。

17.2.6 将老买家转化为回头客

一门生意的好坏主要取决于新买家的消费和老买家的重复消费。据统计，开发一个新买家的成本要比留住一个老买家的成本高4倍。可见，老买家的数量在一定程度上决定了生意的好坏，决定了生意的稳定性。所以要想留住回头客，就要采取各种办法。

1. 建立会员制度

为了吸引新客户，并留住老客户，开通店铺的VIP会员制度是一个很好的方式，卖家能够提高交易转化率带来更多生意，老买家还能享受折扣优惠，可谓是双方受益。

对于网店来说，会员制度的建立是非常有必要的，能够帮助卖家更好地牵制住买家，为防止买家流失做出有效的预防。但是，不同网店有不同的情况，一般在会员制的消费额度上根据网店里的商品价格而定。会员制度出台前，掌柜要仔细衡量，在抓住买家的同时，也要考虑经济上的收益。如图17-20所示，某店将会员分为高级VIP、金牌VIP和至尊VIP 3个档次，既能获得利润保证，又能针对不同的消费能力的买家给予相应的优惠。

图17-20

会员档次分得越多、越细，买家得到优惠的幅度就会越大。在吸引回头客的同时，也是激励买家网购的方法。会员细则的说明以简单为好，毕竟买家的时间有限，过于复杂的条款会让买家产生厌烦情绪。一般情况下，会员制越早建立越好，即便是刚刚开店，让买家感受到卖家的用心、恒心和长远规划，有助于树立卖家的诚信形象。有些卖家对于会员制比较“粗线条”，来者皆是客，只要买过就是会员，一律打折，这样也是一种方法。不管会员制是划分层次还是“一刀切”，都是由网店的商品特点所决定的，也和卖家的销售策略有一定联系。

2. 定期举办优惠活动

不管是实体店还是网点，定期举办优惠活动是必不可少的。哪怕是一本时尚美容杂志，都会有较为固定的节奏。网点的优惠活动也会受到实体店的影响，有浓重的节日情结。一年的头尾是春节和元旦，年中有五一、十一、中秋，另外再加上一些国外的节日，几乎每月卖家都会有特价优惠活动的借口。没有节日就以店庆为由头，总之，网店定期筹办优惠活动还是很有吸引力的。

- 时间上要富余，定出提前的时间段，因为节日前的快递总是很紧张，卖家要极力将活动提前，并将快递紧张的情况告知买家，让买家提前下单。
- 有时间段，不能长时间都在优惠，会让买家有倦怠感，对于打折没有感觉，长期下去买家会认为打折是理所当然的。一旦没有优惠就会认为卖家涨价了。
- 优惠活动要应景，根据网店具体商品有原则的挑选特价商品，畅销和滞销的商品要混搭，不要一味推出滞销商品搞特价优惠。

3. 给老买家设置不同的折扣

网店要生存和发展，必须创造利润，而网店的利润来自买家的消费。网店的利润来源主要有两部分：一类是新客户；另一类是网店原有的买家，即已经购买过网店的产品，使用后感到满意，愿意连续购买产品的买家。

据统计，很多皇冠店铺回头客超过60%。越来越多的卖家在留住回头客上下功夫，并取得了不俗的成绩。设置买家级别的好处类似于会员卡，买家在逛店铺时，在店铺首页会显示相应的折扣，并享有卖家“参与折扣”的商品的折扣优惠。

卖家可以使用“会员管理”功能，使用该功能可以设置会员级别，为老买家设置折扣价，使用起来非常方便。

专家提点 轻松打开“会员管理”功能

卖家要打开“会员管理”功能，首先要在淘宝首页单击“卖家中心”超级链接，然后用鼠标指向“全部卖家服务”下拉菜单，在菜单中指向的“客户关系管理”选项，再在弹出的菜单中单击“会员管理”选项，即可使用。

17.3 客服需要掌握的相关知识

一个好的客服必然非常了解本店的产品，不仅如此，还应该了解网购各方面的知识，这样才能解答好买家的疑问。

17.3.1 商品专业知识

商品专业知识是一个客服应该具备的最基本的知识。如果连卖的商品有什么特点都不清楚，买家的疑问得不到解答，他/她是不会下单进行购买的。

客服需要了解的商品专业知识不仅包括商品本身，还应该包括商品周边的一些知识。

- 商品知识：客服应当对商品的种类、材质、尺寸、用途、注意事项等都有所了解，最好还应当了解行业的有关知识、商品的使用方法、修理方法等。
- 商品周边知识：商品可能会适合部分人群，但不一定适合所有的人。如衣服，不同的年龄、生活习惯以及不同的需要，适合于不同的衣服款式；比如有些玩具不适合太小的婴儿。这些情况都需要客服人员有基本的了解。

17.3.2 网站交易规则

网站的交易规则也是客服需要重点掌握的技能，

不然既无法自行操作交易，也无法指导淘宝新买家。

- 淘宝交易规则：客服应该把自己放在一个买家的角度来了解交易规则，以便更好地把握自己的交易尺度。有的买家可能第一次在淘宝交易，不知道该如何操作，这时客服除了要指点买家去查看淘宝的交易规则，有些细节上还需要指导买家如何操作。此外，客服人员还要学会查看交易详情，了解如何付款、修改价格、关闭交易、申请退款等。
- 支付宝的流程和规则：了解支付宝交易的原则和时间规则，可以指导买家通过支付宝完成交易、查看支付宝交易的状况、更改现在的交易状况等。

17.3.3 付款知识

现在网上交易一般通过支付宝和银行付款方式进行。银行付款一般建议同银行转账，可以在网上银行付款、柜台汇款，同城可以通过ATM机完成汇款。

客服应该建议买家尽量采用支付宝方式完成交易，如果买家因为各种原因拒绝使用支付宝交易，需要判断买家确实是不方便还是有其他考虑，如果买家有其他考虑，应该尽可能打消买家的顾虑，促成用支付宝完成交易。

17.3.4 物流知识

一个好的客服应该对商品的物流状况了如指掌，才能够回答买家关于运费、速度等问题，并且还能自行处理如查询、索赔等状况，这就需要掌握以下一些物流知识。

- 了解不同物流方式的价格。比如如何计价、价格的还价余地等。
- 了解不同物流方式的速度。
- 了解不同物流方式的联系方式，在手边准备一份各个物流公司的电话，同时了解如何查询各个物流方式的网点情况。
- 了解不同物流方式应如何办理查询。
- 了解不同物流方式的包裹撤回、地址更改、状态查询、保价、问题件退回、代收货款、索赔的处理等。

17.3.5 与网购相关的电脑网络知识

客服还需要一定的电脑知识与网络知识。一个仅仅只会用电脑的客服，还说不上完全称职，这是因为很多新手买家不仅对网购不熟悉，对电脑与网络也不熟，老买家虽然对网购熟悉，但可能不熟悉电脑与网络，这些买家在购买、付款时，如果遇到了网购、电脑与网络的问题，还需要客服远程指导他们进行解决。

客服并不需要很高深的电脑与网络知识，但对于常见的浏览器、插件、阿里旺旺、支付宝等相关的问题要熟悉。除此之外，还要熟练掌握一种输入法、会使用Word和Excel软件、会发送电子邮件、会使用搜索引擎以及熟悉Windows，如果商品中包含大量英文单词（如海外代购的商品），还要求客服有一定的英语基础。

17.4 客服与买家沟通的方法

沟通与交流是一种社会行为，是每时每刻发生在人们生活和工作中的事情。客户服务是一种沟通性很强的工作，作为网店的客服人员，更是需要掌握并不断完善与客户沟通的方法。

17.4.1 使用礼貌有活力的沟通语言

态度是个非常有力的武器，当客服人员真诚地把买家的最佳利益放在心上时，买家自然会以积极的购买决定来回应。而良好的沟通能力是非常重要的，沟通过程中客服人员怎样回答是很关键的。

看看下面的例子，来感受一下不同说法的效果：

“您”和“MM您”比较，前者正规客气，后者比较亲切。

“不行”和“真的不好意思哦”；“嗯”和“好的没问题”。都是前者生硬，后者比较有人情味。

“不接受见面交易”和“不好意思我平时很忙，可能没有时间和你见面交易，请你理解”，相信大家都会以为后一种语气更能让人接受。

高手支招 "亲"

在淘宝上，很多卖家都称呼买家为"亲"，已经形成一种风潮了。称呼买家"亲"，可以迅速拉近双方的心理距离，营造更温馨和谐的谈话气氛。需要注意的是，年纪大的买家可能对"亲"不太适应，如果已经确知对方是中老年人，应谨慎使用这个称呼。

17.4.2 遇到问题多检讨自己少责怪对方

遇到问题的时候，先想想自己有什么做的不到的地方，诚恳地向买家检讨自己的不足，不要上来先指责买家。如有些内容明明写了，可是买家没有看到，这时不要光指责买家不好好看商品说明，而是应该反省没有及时提醒买家。

当遇到不理解买家想法的时候，应该多站在对方的立场上考虑，换位思考永远是一个合格的客服应该做到的。要知道绝大多数买家并不是无理取闹，他/她确实是遇到了某个问题才会找卖家要求解释，客服要在理解这一点的基础上与买家沟通，才能获得较好的效果。

17.4.3 表达不同意见时尊重对方立场

当遇到不理解买家想法的时候，不妨多问问买家是怎么想的，然后把自己放在买家的角度去体会对方的心境。

如果不同意买家的意见时，也不要生硬地表示否定，而要巧妙地以"您说得很有道理，不过有时候还会有这样的情况出现……"，或者"确实有您说的那样的情况，只是非常罕见，一般来说……"这样的表达法来进行否定，才不会让买家产生反感。

专家提点 任何人都不喜欢被否定

一个人提出看法时，不仅仅是表达看法本身，而且还是他自我人格的一种外在表现。所以，如果看法遭到否定时，意味着他的自我遭到了或轻或重的损害，而任何人都不喜欢这种损害。所以客服不要生硬地否定买家的看法，否则买家会感到不快。

17.4.4 认真倾听，再做判断和推荐

有时买家常常会用一个没头没尾的问题来开头，如"我送朋友送哪个好"，或者"这个好不好"，不要着急去回复他的问题，而是先问问买家是什么情况，需要什么样的东西。

这样的顾客一般已经在网店里研究了半天，进入了某种状态之后，才会以这样的问题来开头，客服可以耐心请他/她说出原委，再帮忙进行参考。

17.4.5 保持相同的谈话方式

对于不同的买家，应该尽量用和他们相同的谈话方式来交谈。如果对方是个年轻的妈妈给孩子选商品，应该表现站在母亲的立场，考虑孩子的需要，用比较成熟的语气来表述，这样更能得到买家的信赖；如果买家是个比较追求潮流的青年，可以用"亲"这样的称呼来称呼他/她；如果买家急于询问商品信息，就应该以简短的语言进行介绍。买家遇上与自己说话风格相似的客服，就能够一下拉近双方的距离，从而增加购买商品的可能性。

17.4.6 经常对买家表示感谢

当买家及时完成付款，或者很痛快地达成交易，客服人员都应该对买家表示衷心感谢，感谢他/她为自己节约了时间，感谢他/她给自己一个愉快的交易过程。

感谢不要太少，但也不要太滥，太滥容易让人觉得这样的感谢流于形式。感谢时最好说明感谢的原因，这样的效果要比单纯地说"谢谢"要好得多，因为这样可以让买家明白卖家究竟在感谢他/她的什么行为，比如"谢谢您，这么爽快就付款了！"或者"多谢，您真是通情达理！"

专家提点 用感谢来强化买家的行为

感谢买家的具体行为，可以强化买家使用这种行为的习惯，让买家下次保持同样的行为。比如这次因为爽快付款而被感谢的买家，下次就很可能又会表现出爽快付款的行为，这样其实是有利于卖家的。

17.5 秘技一点通

技巧1 各类型买家的应对之道

网上开店做生意，必须要先了解买家，才能更好地服务买家，买家受性别、年龄、性格等因素的影响，对相同的商品的反应也不相同。因此，店主应该因人而异地对待买家。

1. 如何应对外向型的买家

外向型买家一般做事情都很有自信，凡事亲力亲为，不喜欢他人干涉。如果他意识到做某件事是正确的，那他就会比较积极爽快地去做。遇到果断型的买家，对待性格外向的买家要赞成其想法和意见，不要争论，要善于运用诱导法将其说服。在向他们推荐商品或服务时，要让他们有时间讲话，研究他们的目标与需要，注意倾听他们的心声。

2. 如何应对随和型的买家

这一类买家总体来看性格开朗，容易相处，内心防线较弱。他们容易被说服，这类买家表面上是不喜欢拒绝别人的，所以要耐心地和他们交流。

3. 如何应对优柔寡断型的买家

有的买家在店主解释说明后，仍然优柔寡断，迟迟不能做出购买决定。对于这一类买家，店主要极具耐心并多角度地强调商品的特征。在说服过程中，店主要做到有根有据、有说服力。

4. 如何应对精打细算型的买家

喜欢精打细算是这类型买家最大的特征。买东西老嫌贵，还特别喜欢砍价。应对这种买家，跟他套交情是最佳做法：首先应该热情地向他打招呼，赞美他，并且要提醒他已经占到了便宜，适当时候还可以倒一下苦水，让他不好意思再开口要折扣。

5. 如何应对稳重的买家

个性稳重的买家是比较精明的。他们注意细节，思考缜密，决定迟缓并且个性沉稳不急躁。对于这种类型的买家，无论如何一定要想法让他自己说服自己，否则他便不会做出购买决定。不过，一旦赢得了他们的信任，他们又会非常坦诚。

6. 如何应对心直口快的买家

有的买家或直接拒绝，或直接要某个商品，一旦做出购买决定，绝不拖泥带水。对待这种买家，店主要以亲切的态度，顺着买家的话去说服。答复速度尽量快些，介绍商品时，只需说明重点，不必详细说明每个细节。

7. 如何应对慢性子的买家

这种买家正好与“急性子”相反。如果碰到“慢性子”的买家，千万不能心急，只有耐心回答他的问题才能赢得赞赏。

8. 如何应对待挑剔型的买家

喜欢挑剔的买家，往往对于店主介绍的真实情况，认为是言过其实，总是持不信任的态度。对待这种买家，店主不应该反感，更不能带“气”来反驳买家，而要耐心地倾听，这是最佳的办法。

而对于难缠的客户，并不是要“对抗”，而是消除、解决和合作，并将最难缠的客户转换为最忠实的客户。客户的难缠，不管有没有道理，若能从难缠中仔细深入检讨，通常可发现一些不足之处。客户在难缠过程中所提出来的建议，也许可直接采用，也许需经修改或转化才可采用，但也能对网店的销售和提升有益。

对待不同性格的买家，应采取不同的接待和应对方法，只有这样，才能博得买家的信赖。

技巧2 制作有诚意的售后服务卡

在产品包装中放上售后服务卡，可以为买家带来不错的体验，因为售后服务卡中一般包含两大部分：一是退换货表；二是店铺宣传内容。在退换货表中，包含退换货原因、换货尺码、退换地址等。在店铺宣传内容中，可以敦请买家及早确认收货并好评，也可以讲解一下店铺的经营精神等，还可以搞“打好评，返现金”的活动等。下面就给出两张售后服务卡的范例。

图17-21为某服装网店售后服务卡的一面，内容为退换货表。

GILE售后服务卡 | 淘宝商城官方网店
保留此卡14天无理由退换货保障 | GILE.TMALL.COM / JINSHENGKE.TMALL.COM

亲爱的买家：

GILE男装/Jinshengke男装励志成为年轻人向往的流行标志，产品以独特时装风格，不断改进的穿着体验，征服了年轻一族。当您打开包裹时，希望您能感受到我们的真诚和用心，或许有些意外的原因造成您的困扰和不满，对此我们深表歉意。同时您也不要着急，放松心情，所有的问题都是可以解决的。

退货☐ 换货☐

淘宝账户(必填)：________ 购买日期(必填)：________ 收货人姓名(必填)：________

旺旺ID(必填)：________ 订单编号：________

联系电话(必填)：________ 收货地址(换货必填)：________

退换货原因：☐尺码不合适 ☐颜色不对 ☐款式不喜欢

☐质量问题(请说明)：________

☐其它：________

退换货要求：

1. 若商品有质量问题，请在72小时内拍照后发给客服，将给您一个满意的处理结果。
2. 关于退换货快递费，我们遵从责任方承担运费的原则。质量问题请先垫付一下邮费，拒签到付以及平邮件。
3. 请保持商品完好无损，不影响二次销售。填写登记表，退换货时随商品一起寄回，否则将影响退换货效率。

收货人:张钟英 电话:1311097████ 地址:福建省石狮市灵狮开发区████

图17-21

图17-22为该服务卡的另一面，内容为写评价，中大奖，买家看了这页内容，大多数都会及时按照要求进行评价，以期得奖。

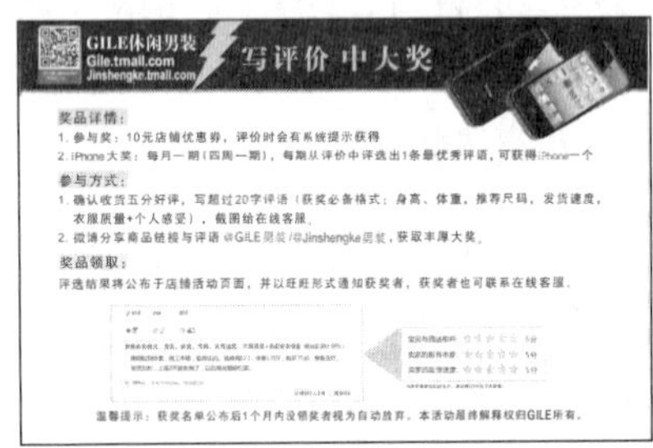

GILE休闲男装
Gile.tmall.com
Jinshengke.tmall.com
写评价 中大奖

奖品详情：

1. 参与奖：10元店铺优惠券，评价时会有系统提示获得
2. iPhone大奖：每月一期（四周一期），每期从评价中评选出1条最优秀评语，可获得iPhone一个

参与方式：

1. 确认收货五分好评，写超过20字评语（获奖必备格式：身高、体重，推荐尺码，发货速度，衣服质量+个人感受），截图给在线客服。
2. 微博分享商品链接与评语 @GILE男装/@Jinshengke男装，获取丰厚大奖。

奖品领取：

评选结果将公布于店铺活动页面，并以旺旺形式通知获奖者，获奖者也可联系在线客服。

温馨提示：获奖名单公布后1个月内没领奖者视为自动放弃。本活动最终解释权归GILE所有。

图17-22

图17-23为某皮制品网店的售后服务卡的一面，内容为退换货表。

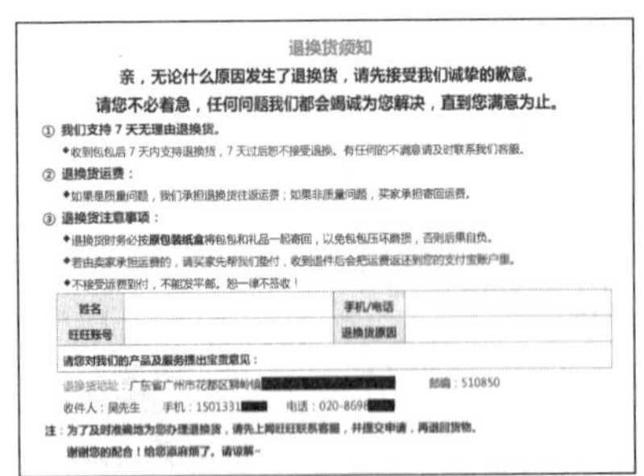

退换货须知

亲，无论什么原因发生了退换货，请先接受我们诚挚的歉意。

请您不必着急，任何问题我们都会竭诚为您解决，直到您满意为止。

① 我们支持7天无理由退换货。
- 收到包包后7天内支持退换货，7天过后恕不接受退换。有任何的不满意请及时联系我们客服。

② 退换货运费：
- 如果是质量问题，我们承担退换货往返运费；如果非质量问题，买家承担寄回运费。

③ 退换货注意事项：
- 退换货时务必按**原包装纸盒**将包包和礼品一起寄回，以免包包压坏磨损，否则后果自负。
- 若由卖家承担运费的，请买家先帮我们垫付，收到退件后会把运费返还到您的支付宝账户里。
- 不接受运费到付，不能发平邮。恕一律不签收！

姓名		手机/电话	
旺旺账号		退换货原因	
请您对我们的产品及服务提出宝贵意见：			

退换货地址：广东省广州市花都区狮岭镇████ 邮编：510850

收件人：吴先生 手机：1501331████ 电话：020-8698████

注：为了及时准确地为您办理退换货，请先上网旺旺联系客服，并提交申请，再退回货物。
谢谢您的配合！给您添麻烦了，请谅解~

图17-23

图17-24为皮制品网店的售后服务卡的另一面，内容为发货单，供买家核对货物与清单是否相符。

发货单　　855646314605683

收件人：████ 昵称：████ 联系方式：1398████ 地址：四川省成都市成华区████

买家留言：请包装好一点

序号	商品名称(销售属性)	商品简称	单价(元)	数量	优惠	金额(元)
1	方月包包2016新款斜挎包真皮女包牛皮女式包包斜跨包单肩包女小包(颜色分类:深紫色)		598.00	1件	430.00	168.00
总计				1件		168.00
促销折扣：系统优惠：430.00卖家优惠：0.00元 运费：0.00元 实付款：168.00元						

发件人：吴先生 联系方式：020-8698████,1501331████ 地址：广东省广州市花都区狮岭镇████

卖家备注：1.3918深紫色 送真皮手包 中通

打印时间：2016-11-21 16:48:16

图17-24

技巧3 四招培训新手客服

网店客服是网店交易中的重要角色，如何帮助这些职场新兵迅速进入角色，让他们为网店创造更大的价值至关重要。那么怎样培训新员工的呢？有如下几点需要注意。

1. 制定标准化制度

样板即根据各项标准要求所做出来的模板，是员工日常工作的参照物。店主可以按各种工作标准做出样子来，如每一步流程怎么走，工作中所遵循的规则有哪些等。以最直观的方式让客服新手明白什么是正确的，如何去操作。

在标准化的制度下，只要店主依规定执行，不放任，客服们便会自觉地在为他们划定的圈子内施展所长。

2. 协助带领员工一起做

协同即带领、陪同员工完成各项工作。店主按工作标准做出样板后，要亲自和被培训者按样板要求共同完成各项工作，包括如何与客户沟通、如何收款、如何发货等。这样一方面使客服人员更理解制度标准中的内容；另一方面可以帮助新手解决初次工作遇到的困难和心理障碍。

3. 工作流程中跟踪指点

观察即通过对其工作的全过程进行观察，以了解客服在工作中的优缺点。经过前两个步骤，被培训者已具备一定的操作技能，这时应该让客服独立完成每一项流程。这时，店长也应当站在客服旁边，进行观察记录，对做得不足的地方及时指出来，做得好的地方要进行肯定和表扬。

4. 强化记忆，打造凝聚力

强化即按照样板标准坚持做下去，最终形成习惯。强化是一个长期的过程，必须逼迫客服不断坚持去做，而且要根据样板标准做出考核指标，对没达到标准的要进行处罚。久而久之，客服就养成了谨慎细致的态度。

开店小故事

老客户是宝，一定要抓牢

30多岁的王晓利10年前从老家来到省城，经过几年打拼，在一个电脑城拥有了自己的柜台，专营电脑配件，生意还不错。没想到几年后电商兴起，很多人都在网上买电脑和配件，导致电脑城生意一落千丈，王晓利的柜台生意也跟着差得不行。

王晓利很善于跟随潮流，他果断卖掉柜台，在电脑城旁边租了一套房间，开设了自己的淘宝店，利用自己在电脑城的关系，采购一些新奇特的电子产品在网上出售，如星空投影灯等。由于这些新奇特的产品比较受欢迎，附加值也高，因此很快生意就火爆了起来。

现在，有8个员工在为王晓利的网上小店而忙碌着：2个人负责发货，2个人负责采购，3个人做客服工作，此外还有一个管理财务。每天，王晓利和他的员工都会认真研究竞争伙伴的动向，包括他们何时登录、何时下线、所进新货、价格变化等，然后及时调整自己的经营策略。

“生意人都知道，老客户是很重要的，老客户往往能够多次为你带来新客户，老客户本人也会重复购买。”王晓利说，“为了让客户满意，我们可以说方方面面都考虑到了，比如对一些产品，我们店铺提供30天内无理由退货，很多卖家都做不到这一点，这就是我们的优势。”

王晓利举了一个例子。去年，一个客户购买了一个电子钟，用了30多天，突然联系客服要退货。尽管已经超过了承诺的无理由退货期限，王晓利还是二话不说答应了退货。没想到，这个客户隔了半年多竟然又拍下了160个电子钟的大单。客户说，他相信王晓利的店铺是讲信用的店铺，完全可以放心购物。

在王晓利的电脑里，保存着所有客户的资料，包括他们的年龄、性别、购物时间、消费习惯，乃至生日。王晓利笑称：“老客户是个宝，五到六成的网上销售额是由回头客贡献的。要捡到这个宝，从品控、客服、物流等方面都要做好才行。”

第18章 各类型网店如何进行财务管理

本章导言

网店的经营中，会涉及对网店资金、货物的各种管理，只有把店铺的资金账目、货物账目管理得井井有条，才能清晰地掌握网店的利润、开支以及销售状况，从而为店铺经营定制出合理的规划。大中型网店的财务管理涉及各种财务流程以及库房管理制度，小型网店的财务管理主要涉及现金、银行与货物的记账，这些内容将在本章进行详细的讲解。

学习要点

- 了解大中小型网店财务管理的特点
- 掌握大中型网店财务管理的要点
- 掌握小型网店记账的方法

18.1 财务不理清，亏赚糊涂账

有很多店主表示，一年做下来，单子不少，但盈利却不如想象中的那么多，有的甚至出现了亏损，那么，赚的钱到底跑到什么地方去了呢？其实，出现这种现象的原因很简单，多半是因为网店的财务没有理清，没有对每一笔收支进行记录，一些支出没有计算在内，结果年底结算才发现对不上号。因此，做淘宝店也好，做微店也好，财务一定要管理清楚。

18.1.1 为什么要对店铺进行财务管理

有很多小网店的店主可能从来不记账，在他们的心里，可能认为自己这么小一个店，有什么财务好管理的，等做大之后再来管理财务。这种想法可以理解，但不值得提倡，因为店铺做到什么程度才算大？月交易额5万元算大？那做到4万元、3万元的时候就不用管理财务？大小其实并没有一个严格的分界，晚做不如早做，在店小的时候就做好并熟悉财务管理，总比在店铺发展后再着手要好得多，出错的可能性也更小。

店铺财务管理对于店铺健康发展有很大的好处，因为通过财务管理，店主可以清楚了解店铺的各项支出并进行控制，也可以对热销、畅销商品做到心里有数。具体来说，财务管理有如下作用。

- 通过财务管理积极筹集资金，广辟财源，增加资金积累，并对资金进行合理分配和灵活调剂，保证店铺经营活动的顺利进行。
- 通过财务管理节省开支，降低经营成本，提高经济效益。
- 通过财务管理实行严格的财务监督，对费用开支认真审查是否合理、合法，对浪费现象及时采取措施加以堵塞，对收益分配、工资以及福利加以正确处理。

18.1.2 大中型店铺与小型店铺财务管理的区别

大中型店铺与小型店铺的经营的确有一些不同

之处，比如大中型店铺往往有几个雇员，有单独的办公场所和仓库，而小型店铺则往往是店主一个人在家“看店”，商品也堆放在家里。从二者的区别中可以看到，大中型店铺的财务管理要涉及的部分更多，如工资、房租等，商品还存在进出库方面的管理，小型店铺则基本上只需要做好日常开支记录就可以了。

由于小型店铺缺乏比较正规的财务管理，因此与大中型店铺相比，小店铺的资金周转率较低，难以实现严密的资金使用计划，也难以根据财务报表应用科学有效的分析工具。不过，只要店主认真规范自己的财务管理，也能够慢慢变得正规起来。

18.2 如何管理大中型店铺的财务

大中型店铺的财务管理相对来说要正规、复杂一些，涉及方方面面的问题，因此对于大中型店铺来说，请专门的财务人员和会计人员还是有必要的，另外，对于成本核算与控制也容易做好，能有效降低损耗，间接提高盈利。

18.2.1 大中型店铺的财务流程是怎样的

财务流程是指财务部门为实现财务会计目标而进行的一系列活动，包含数据的采集、加工、存储和输出，是连接业务流程和管理流程的桥梁。以上是财务流程的一种常见定义。对于网店而言，财务流程具体来说包括以下几个方面：

（1）财务核算系统流程；

（2）成本核算流程；

（3）采购流程及报账流程；

（4）物资进出库流程；

（5）仓库盘点流程；

（6）资金支付流程；

（7）费用报账流程；

（8）工资薪金支付流程；

（9）软件及固定资产购置报账流程；

（10）其他专项支出报销流程；

（11）财务报表流程。

比如，当费用报账发生时，流程一般为：检查报账单据并督促领款人签名→根据记账凭证金额付款→在原始凭证上加盖“现金付讫”图章→登记现金流水账。其他流程也都是有大概标准的，成熟的财务人员应该对此都很了解，执行起来也不会有太大困难。

18.2.2 库房管理制度要落实好

库房是存放商品的地方，除了按照商品存放要求进行定期检查外，还要注意防火、防盗、防鼠、防虫，人员进出库、物品进出库都要有专门的制度进行管理，一般来说包括以下3个方面。

1. 入库制度

（1）严格遵循“先申请、后采购、再入库”原则。

（2）“先检后入”，拒绝不合格或手续不齐全的物品入库。

（3）不见物资不登账，严禁单据空搁。

2. 出库制度

（1）坚持“先进先出”“先零后整”“按计划出库”“超定额补单”“退库必检”的原则。

（2）严禁手续不全办理出库或外借，依据审批齐全的单据出库。

（3）定时出库，专人领用，库房重地，闲人免进。

3. 库存管理制度

（1）定期对库存物资盘点，做到账、表、卡、物、单相符。

（2）对存在质量或长期滞库不动的物资定期汇总上报，减少物资闲置率，提高库房空间利用率。

（3）库房卫生要常抓不懈，做到定点定位。

18.2.3 使用Excel处理商品进销存数据

当网店经营达到一定规模后，每天的商品管理、财务状态统计等工作就逐渐多起来。如果手工进行数据查找、登记、计算、汇总工作，将非常麻烦。而利用Excel创建一份网店进销存管理表，则可以十分方便且轻松地完成这个事情。它可以在我们输入进货业务或销售业务数据时，自动计算出每一种商品的当前总进货量、当前总销售量和当前库存量。

1. 创建需要的表格数据

扫码看视频

“进货”工作表、“销售”工作表和“进销存自动统计”工作表均创建在一个工作簿内，并根据当前的销售状态输入相应的表格数据，再以“进销存自动统计系统”文件名称将此工作簿保存起来。相关操作步骤如下。

第1步 新建一张空工作簿，双击修改3张工作表的名称，如图18-1所示。

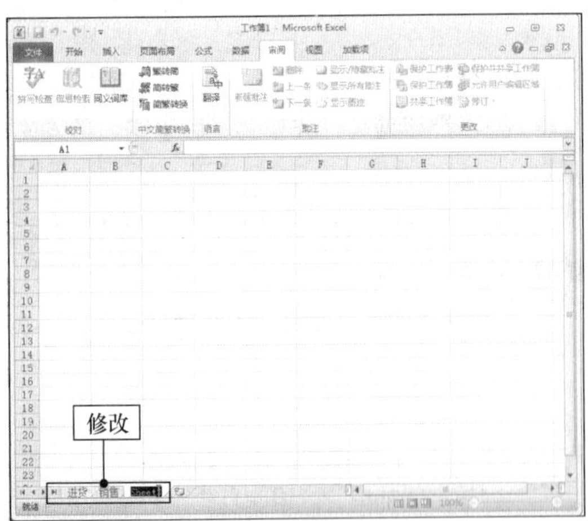

图18-1

第2步 ❶单击“文件”选项卡；❷单击“保存”命令，如图18-2所示。

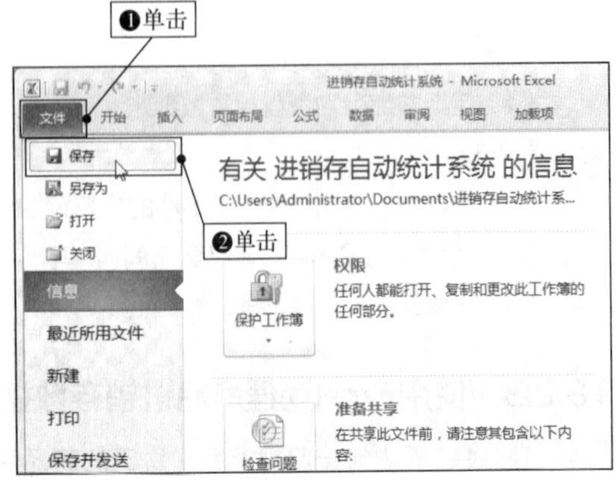

图18-2

第3步 ❶选择存储路径；❷输入保存名称；❸单击“保存”按钮，如图18-3所示。

第4步 ❶单击“进货”工作表；❷输入表格数据，如图18-4所示。

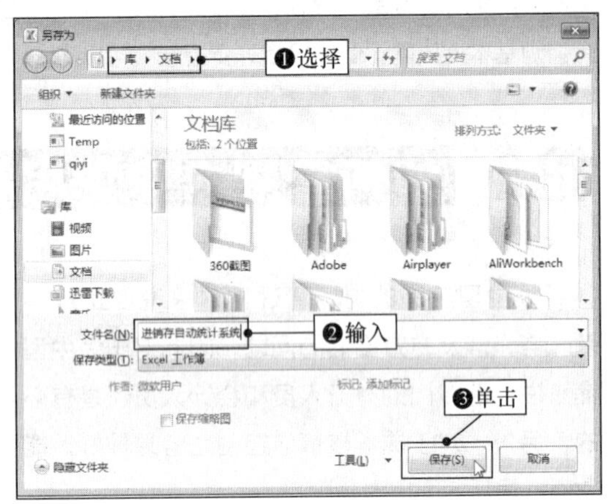

图18-3

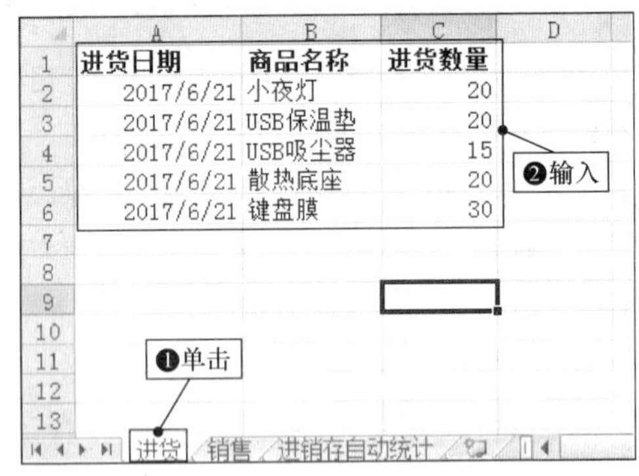

进货日期	商品名称	进货数量
2017/6/21	小夜灯	20
2017/6/21	USB保温垫	20
2017/6/21	USB吸尘器	15
2017/6/21	散热底座	20
2017/6/21	键盘膜	30

图18-4

第5步 ❶单击选择“销售”工作表；❷输入表格数据，如图18-5所示。

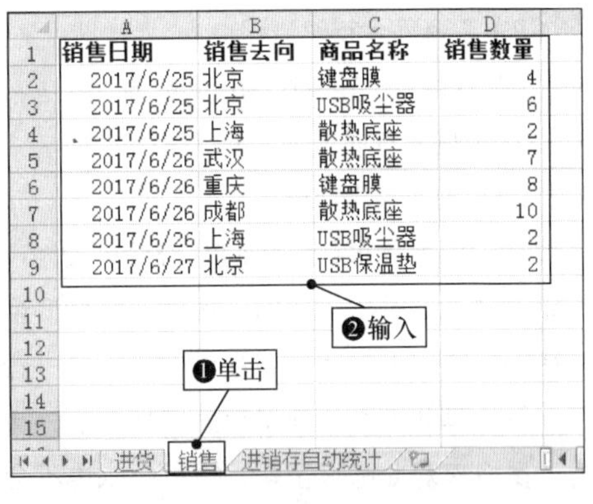

销售日期	销售去向	商品名称	销售数量
2017/6/25	北京	键盘膜	4
2017/6/25	北京	USB吸尘器	6
2017/6/25	上海	散热底座	2
2017/6/25	武汉	散热底座	7
2017/6/26	重庆	键盘膜	8
2017/6/26	成都	散热底座	10
2017/6/26	上海	USB吸尘器	2
2017/6/27	北京	USB保温垫	2

图18-5

第6步 ❶单击选择“进货存自动统计”工作表；❷输入要统计的表头（数据标题），如图18-6所示。

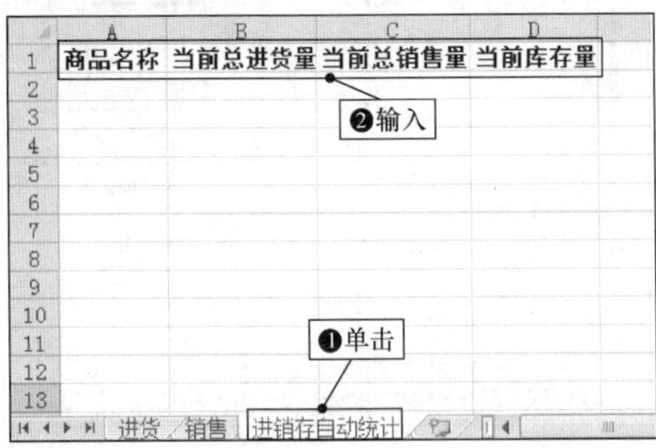

图18-6

2. 定义统计公式

有了表格的原始数据后，接下来的工作就是在自动统计工作表中定义出统计公式，让各个表格的数据变化能够联动起来，实现自动统计功能。相关操作步骤如下。

扫码看视频

第1步 ❶单击选择B2单元格；❷输入如图18-7所示公式，按下回车键。注意输入时要切换到英文输入法，除中文外，其余字符全部使用纯英文字符，下同。

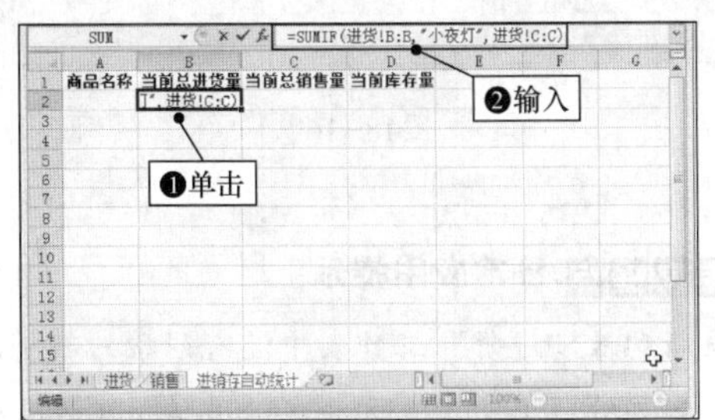

图18-7

第2步 向下拖曳B2单元格右下方的黑点至B6单元格，复制公式，如图18-8所示。

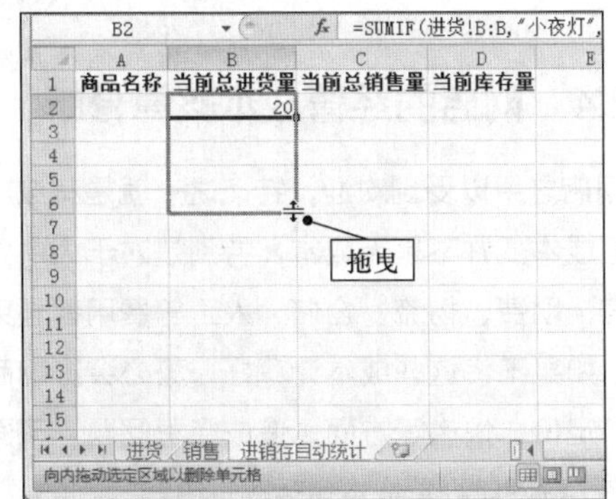

图18-8

第3步 ❶单击选择B3单元格；❷修改“小夜灯”为“USB保温垫”，如图18-9所示。

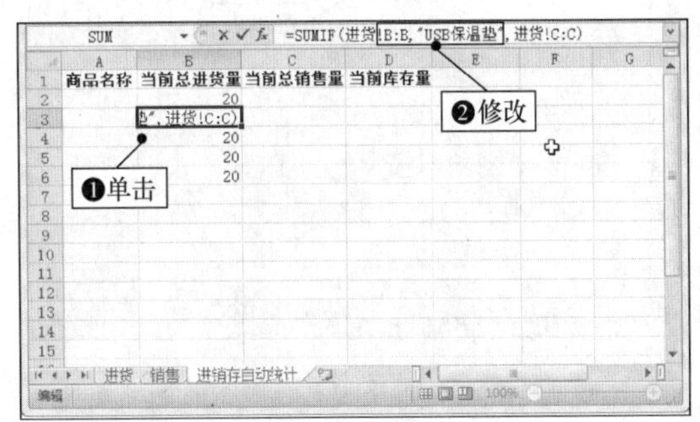

图18-9

第4步 用同样方法修改B4～B6单元格，修改依据为“进货”工作表商品名称，如图18-10所示。

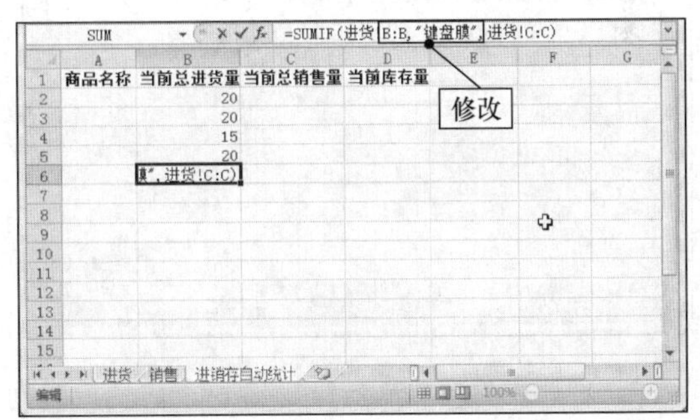

图18-10

第5步 ❶选中B2~B6单元格；❷向右拖曳B6单元格右下方的黑点至C列，如图18-11所示。

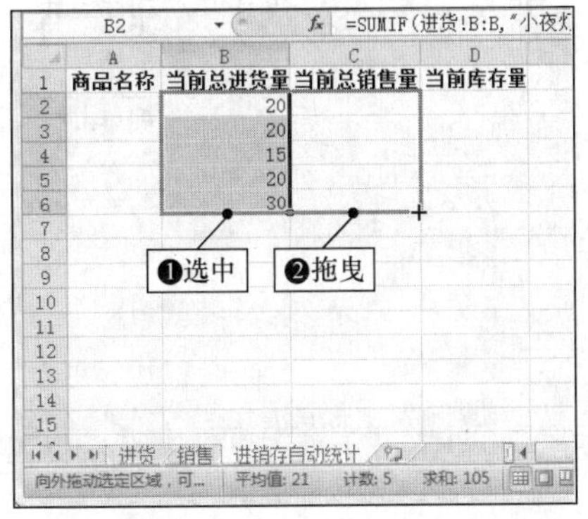

图18-11

第6步 ❶单击选择C2单元格；❷将公式中的两处“进货”均修改为“销售”，如图18-12所示。

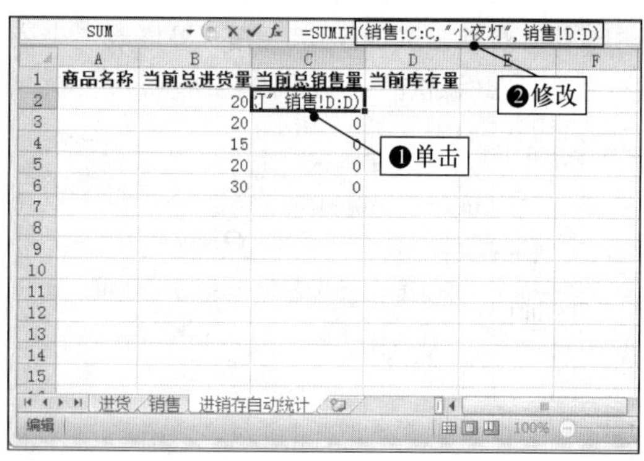

图18-12

第7步 用同样方法依次修改C3~C6单元格公式中的相应数据，如图18-13所示。

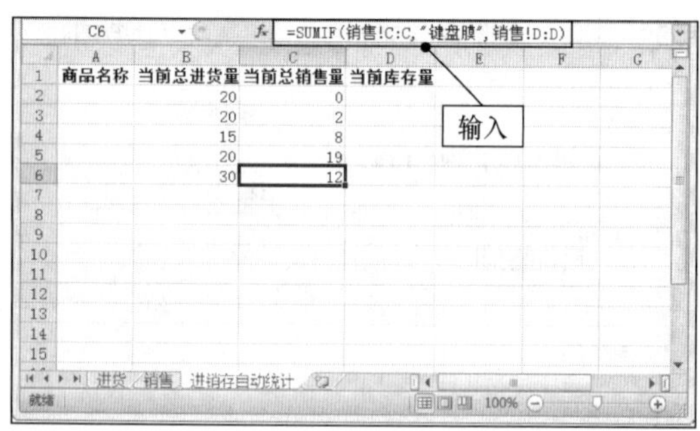

图18-13

第8步 ❶单击选择D2单元格；❷输入公式“=B2-C2”，按回车键，如图18-14所示。

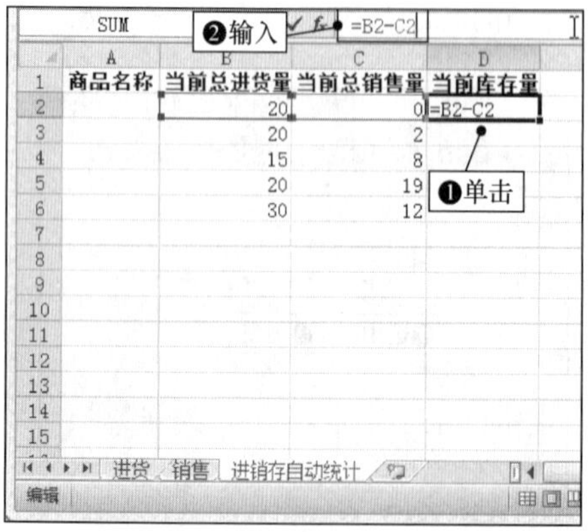

图18-14

第9步 向下拖曳D2单元格右下方的黑点至D6单元格，复制公式，如图18-15所示。

第10步 根据进货工作表完善自动统计表的商品名称项，如图18-16所示。

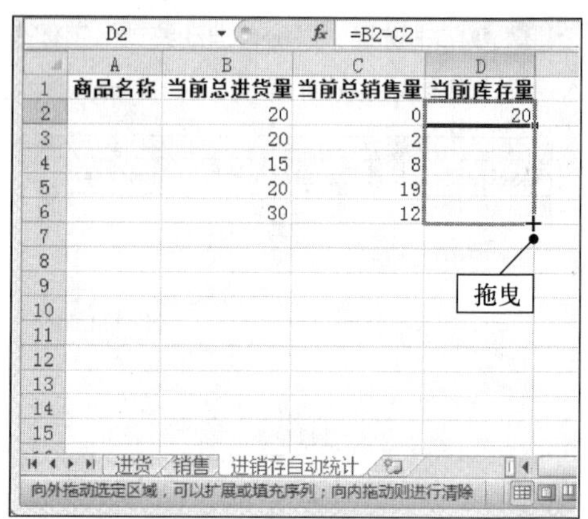

图18-15

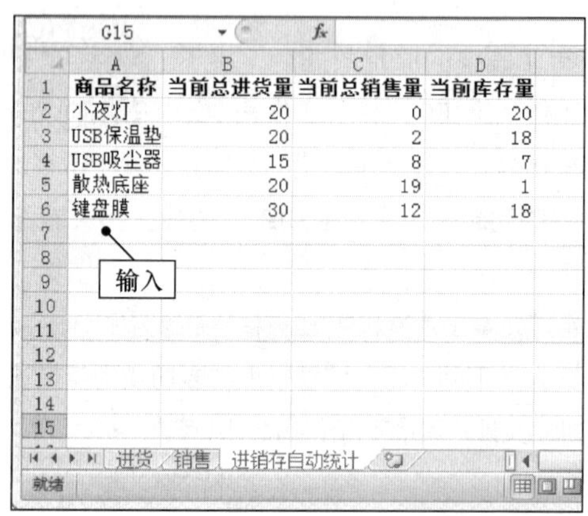

图18-16

专家提点 日常应用提示

如果新购入“进货”工作表中没有列举的新货品时，需要按照上面所述方法在“进货”工作表和“进销存自动统计”工作表中增设相应的商品名称及其取数公式，公式设置还是按照前面所描述的方法，采取复制+修改的方法最快捷。

18.2.4 网店的经营成本核算分析

网店之所以受到欢迎，特点之一就是其成本较低。但成本低并不是无成本，特别是对于大中型网店而言，网费、物流、仓储、人工等费用都是免不了的，如果不将这些成本计算好，势必会影响商品选择、定价、快递等方面，造成经营问题。下面就一起来了解网店经营成本包括哪些内容。

1. 产品购入成本

产品本身的成本是网店最大的成本费用，也是最基本的费用，且其费用的多少，一般取决于网店所卖的东西。如袜子、面膜等这样的小件商品，成本价格就比较便宜，比如在阿里巴巴网上进货，一双鞋垫1.5元，进货量为500双的话，其产品本身的购入成本只有750元。但是，如果想要进一台1500元的跑步机的话，成本就较高，如果店主打算进购10台，其成本就需要15000元，比起500双鞋垫的成本价高了很多。对于一些小店主来说，就是相当大的一笔费用了（还不考虑仓储费用）。所以，在进货时要核算好成本费用，以免发生资金周转不灵的现象。

2. 进货运费

店主在进货时，除了自己上门取货外，必然会产生相应的运费，可能是快递运费，也可能是物流运费，价格各有不同。虽然有些时候，有些产品的订单金额在达到一定量时，批发商可能会免去快递运费，但大多数产品批发进货时，运费都是由店主自己承担的。

在网上进货时，要注意有的店有满包邮，可以考虑是否购买到包邮的数量；有的商品邮费比进价还贵，一定要看清楚再下单。

3. 仓储费用

一般情况下，初开的网店存货不多，或者可能产品属于化妆品等小物件，占地面积不会很大，店主在家里就可以堆放，因此基本没有仓储费用。但如果经营的是大型商品，如有机粮食、运动器械之类的，占地就较大；或者经营热门商品，如鞋子、儿童玩具等，存货量比较大的话，就需要不少空间存放货物，必须租房进行仓储，这就会产生仓储成本。如果存储的商品需要特殊的温度或湿度，还需要为之安装温度、湿度控制器，这也是仓储成本。

4. 网费、电费

有店主曾计算过自己网店所用的网费和电费：一个月的网费为80元（宽带与手机流量费），一年就要960元。电脑一天差不多消耗6度电，一天电费约3.2元，一个月96元，一年就要1152元。所以，开店的网费和电费一个月就需要差不多180元，一年就要2000元出头。对于开网店的中小店主而言，这也是一笔不小的负担，因此电费和网费就必须核算进成本费用中。

5. 硬件成本

为了给货物拍照，大部分店主都购买了相机，一般来说得花1000多元。另外，不少店主还购买了摄影棚和反光伞等，价格大概一般在200~500元。除此之外，还可能需要一些拍摄时所用的三脚架、背景、插线板等，又要花上几百元。这些都是摄影所需的硬件费用。

除此之外，有的店主新购买了手机、电脑、打印机、三轮车等，又要花上数千元。假如总共花费了6000元，按6年折旧计算，也就是说，每年在硬件成本上就要花1000元。所以，硬件成本费用也必须核算进网店的成本费用中。

6. 店铺管理费用

开网店虽然说是免费的，还需要对店铺进行装修，很多装修模板并不是免费的，而是按月收费，另外，网店平台提供的一些服务也要收费，如数据统计服务等，这些收费虽然不多，但也应该计入成本。此外，商品折旧费也应计算在内。

7. 快递费

店主把商品邮递到买家手中，必然要产生快递费。现在不少网店都采用了包邮的方式，那么邮费就要计入成本。不包邮的商品，其邮费是由买家支付，可以不计入成本。

8. 包装费

有的商品自带包装，店主发送时，在快递公司找个纸箱或快递塑料袋包装一下即可。但是有的商品，例如精致礼品，就需要店主进行包装了，礼盒、内衬、缎带等都会产生费用，店主要计算好商品价格，将包装费用包括进商品的售价里。

虽然包装要花费一定的金钱，但是，精美的包装会提升网店的格调，能给予买家愉悦的购买体验，还能够大大增加买家的回头率，所以总的来说，在允许的情况下，尽量包装好一些，对生意有很多好处。

9. 员工工资

对于只有店主一人经营的小网店来说，是没有员工工资费用这一块的；但是，对于经营规模大，或生意特别好的网店，肯定会雇佣专门的客服、后勤等人员，这样就产生了员工工资的开销，数量根据员工多少而定，每月从数千元到数万元不等。

有员工的网店必须将员工工资计入成本费用中。但是，由于工作职责、时间段不同，员工工资也会有所不同。所以，店主必须根据自己网店的实际情况，核算员工的工资费用。

10. 营销推广费用

营销推广的费用是指网店店主做活动、打广告、请人炒作宣传等花费的费用。这笔费用并不是每个网店都会有，但如果产生了，则应计入成本。

在控制网店经营成本时，需要从这10个方面进行逐项核算，将其中不合理的损耗找出来并加以控制，才能将整个网店的经营成本降下来。

18.3 怎样管理小型店铺的财务

小型店铺一般是店主身兼数职，一个人做完全部的工作，人事上很简单，也不需要严格的仓库进出管理制度，因此，一般来说，其财务管理要轻松得多。不过，虽然轻松，但还是应该仔细做好。

18.3.1 10分钟学会小型店铺记账

小型店铺的财务重点集中在收支上面，如每月能源费用、房租、网费等需要逐月记账，去进货时，不仅要记录商品进货费用，还要记录车费、住宿费、餐费等各类开销，当然每月的销售收入、退货支出等也都是要详细记录在案的。

对于小店来说，最好弄3个账本，即现金日记账、银行日记账、存货账。现金日记账和银行日记账按照流水账记载，存货账可以按照货品种类、出入库时间与数量等几项来记载，只要能反映出大概情况就可以了。

- 每卖出一件商品，现金日记账中要有相应的收入，存货账中对应的商品数量要减一。
- 当将销售收入从支付宝转移到银行卡中时，从现金日记账中体现为支出；银行日记账中体现为收入。
- 当从银行提款用于进货时，从银行日记账中体现为支出；存货账中要加入进货商品的数量。

3个账本的账目要能够互相对应，如果出现差错，要检查问题之所在。

18.3.2 采用现成Excel模板快速记账

记账最方便的工具就是Excel。对于小店铺来说，要记的账都很简单，下面就以店铺开支账为例进行讲解。

第1步 打开Excel，用鼠标单击第一个方格，并输入“月份”，如图18-17所示。

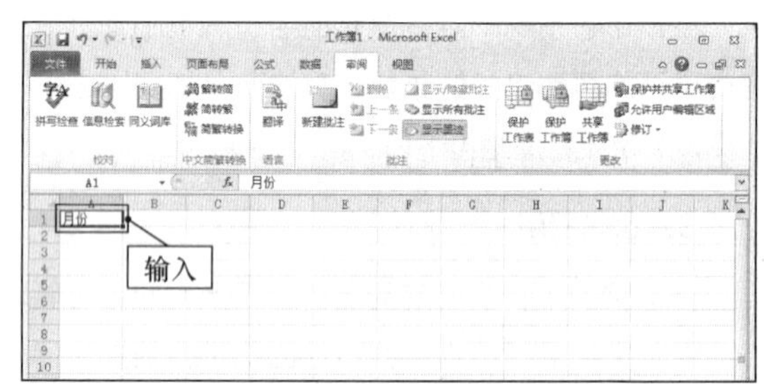

图18-17

第2步 依次输入“能源费”“网费”“工资”“房租”和“杂项”（此处开支项目为示例，具体有哪些开支项目要根据实际情况调整），如图18-18所示。

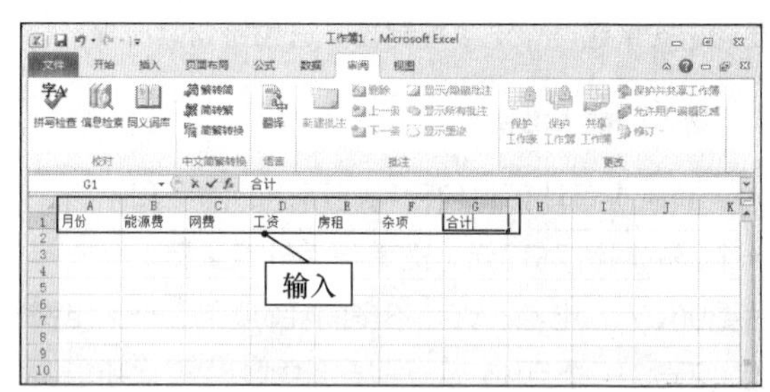

图18-18

第3步 ❶在“月份”下方输入“1月”；❷用鼠标单击“1月”所在的方框的右下角并按住鼠标左键不放，如图18-19所示。

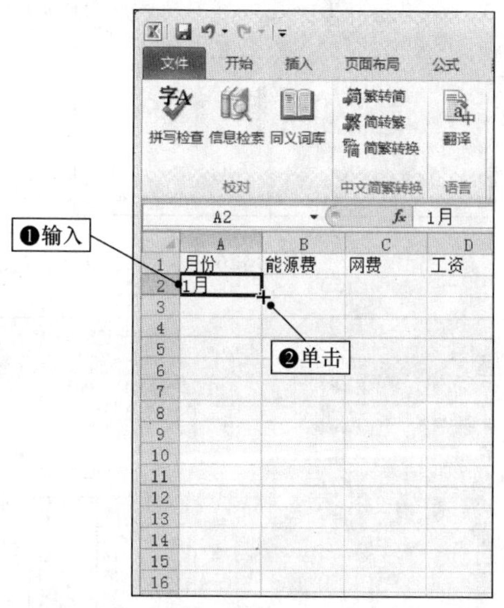

图18-19

第4步 向下拖曳鼠标，直到显示出“12月”字样再放开鼠标左键，如图18-20所示。

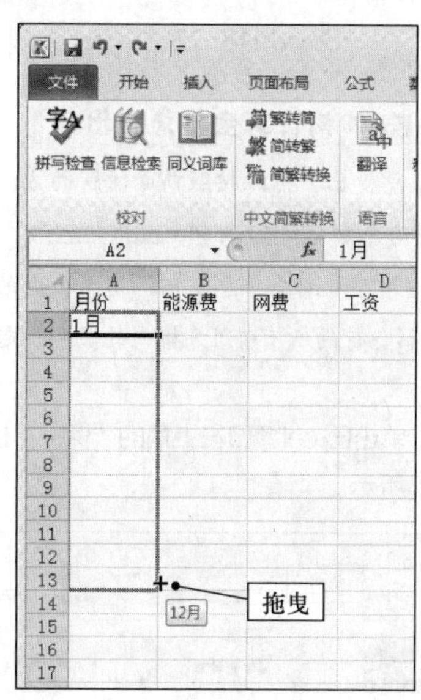

图18-20

第5步 ❶用鼠标单击“合计”下的方框，并输入“=sum(”；❷用鼠标单击“能源费”下方的方框，并按住鼠标左键不放，如图18-21所示。注意：输入时要切换到英文输入法，输入纯英文字符。

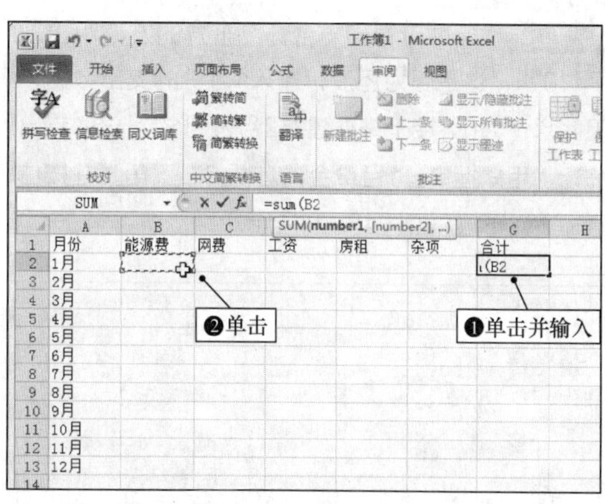

图18-21

第6步 将鼠标拖曳到“杂项”下的方框处，再松开鼠标左键，如图18-22所示。

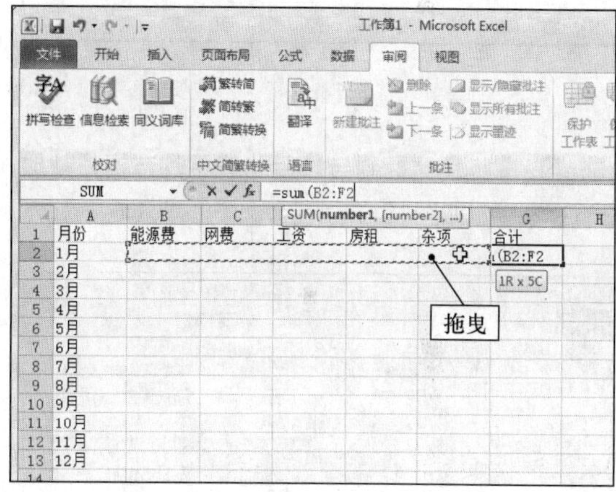

图18-22

第7步 输入“)”符号，如图18-23所示。这两步操作是为了统计1月份总支出。

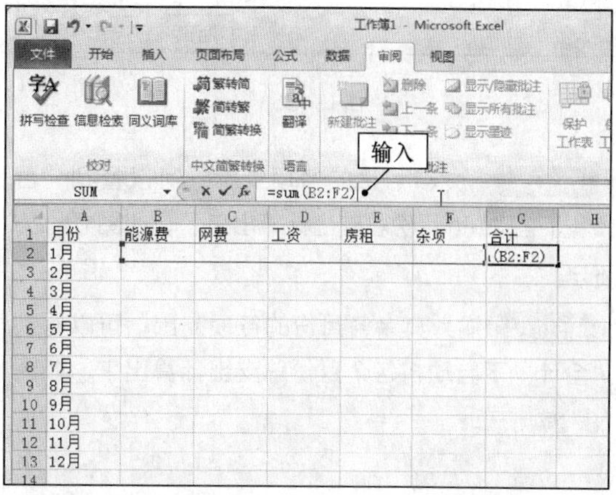

图18-23

第8步 用户可看到“合计”下方的方框中出现了“0”，这是因为还没有输入1月份的支出数据，因此合计为0。接下来要建立2月份到12月份的支出统计，用鼠标单击1月份合计方框的右下角，并按住鼠标左键不放，如图18-24所示。

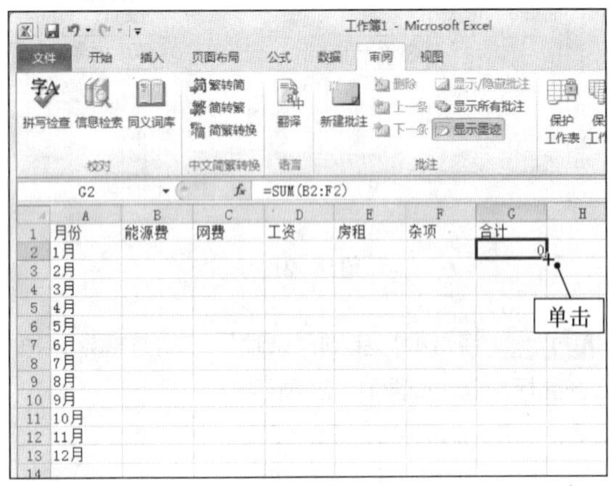

图18-24

第9步 拖曳鼠标到与12月份齐平的方框，并放开鼠标左键，如图18-25所示。

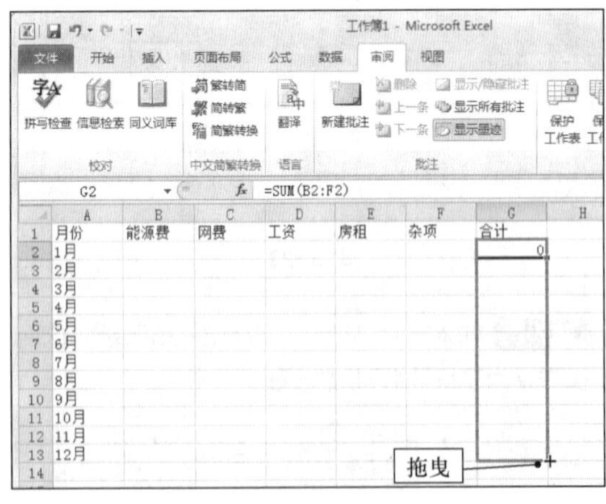

图18-25

第10步 输入1月份的各项支出，可以看到“合计”下自动将1月份总支出计算出来了，如图18-26所示。

第11步 输入其余各月份的各项支出，可以看到“合计”下自动将各个月份总支出计算出来，如图18-27所示。

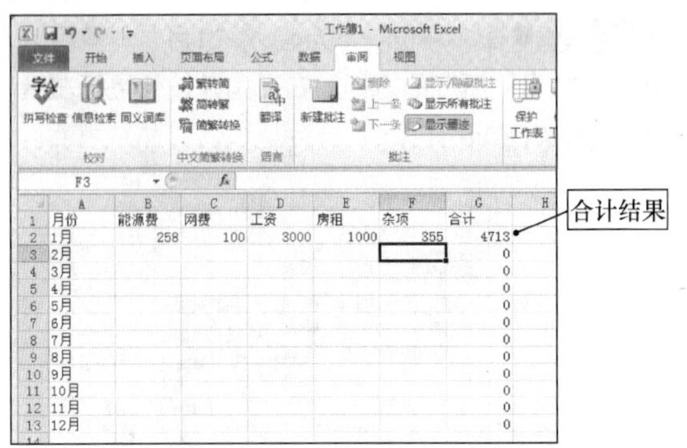

月份	能源费	网费	工资	房租	杂项	合计
1月	258	100	3000	1000	355	4713
2月						0
3月						0
4月						0
5月						0
6月						0
7月						0
8月						0
9月						0
10月						0
11月						0
12月						0

图18-26

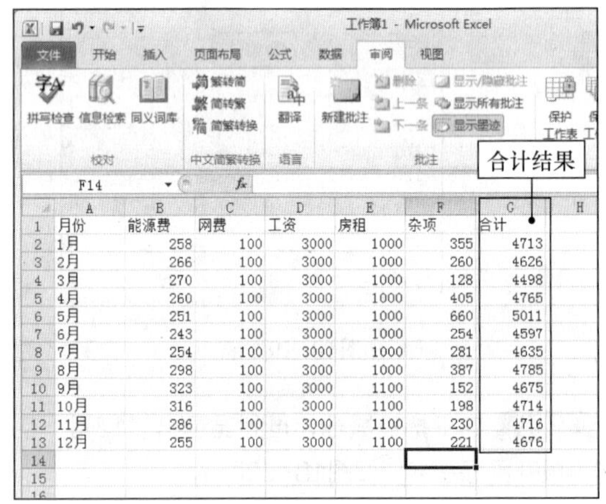

月份	能源费	网费	工资	房租	杂项	合计
1月	258	100	3000	1000	355	4713
2月	266	100	3000	1000	260	4626
3月	270	100	3000	1000	128	4498
4月	260	100	3000	1000	405	4765
5月	251	100	3000	1000	660	5011
6月	243	100	3000	1000	254	4597
7月	254	100	3000	1000	281	4635
8月	298	100	3000	1000	387	4785
9月	323	100	3000	1100	152	4675
10月	316	100	3000	1100	198	4714
11月	286	100	3000	1100	230	4716
12月	255	100	3000	1100	221	4676

图18-27

专家提点 如何计算全年总支出

要计算全年总支出，可以按照前面讲解的方法，在第14行的G列这个方框处输入“=sum(G2:G13)”，然后按回车键，即可看到全年总支出。这个公式的含义是将从第2到第13行的所有G列方格内的数字加起来。

第12步 单击Excel窗口左上角的“保存”按钮，如图18-28所示。

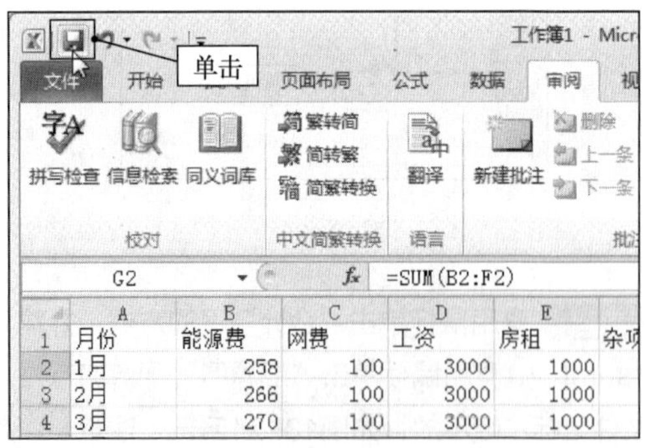

图18-28

第13步 ❶输入保存文件名；❷单击“保存”按钮，如图18-29所示。

以后要再次输入日常开支，可直接双击保存的表格文件，即可将之打开进行编辑。

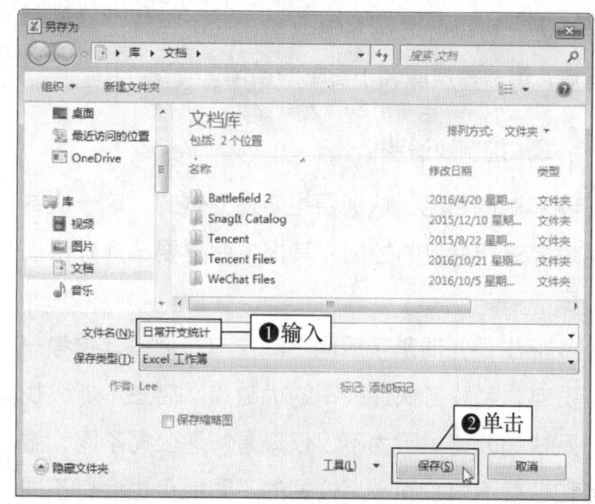

图18-29

18.4 秘技一点通

技巧1 必须掌握的网店成本控制技巧

了解网店成本的构成后，就比较容易有针对性地进行控制了。其中，进货成本相对于其他成本是最主要的控制成本，此外，快递费和包装费也是能够有效控制的成本费用，而网费、电费、仓储费等硬性费用则较难缩减。

1. 控制进货成本

控制进货成本主要靠以下3个方面。

（1）直接从批发市场或厂家进货。

一般来说，要想获取低价的货源，最好从批发市场或者厂家进货。因为如果从网上进货或者从代理商处进货，拿到的货物成本会较高。从批发市场进货还有以下几个优点。

- 商品数量都比较充足，有很大的挑选余地，可以货比三家。
- 批发市场很适合兼职的或者小店主，因为进货时间和进货量都比较自由。
- 批发市场的价格相对较低，这是最大的优点。

（2）一次进大量货。

一般来说，批发时，进货量越大，商品的单价就会越低。如在阿里巴巴上进某款商品时，如果进货量在50~499个，单个的价格为1.3元；如果进货量在500~4999个，每个瓷碗的价格为1元；如果进货量大于4999个，其单价为0.8元。所以，进货量越大，其单价就会越低。

但同一件商品的进货量也并非是越多越好，应根据具体的销售情况来定，比如滞销产品就不要进多了。另外，如果在同一家批发商处拿货，即使每种商品的进货量不多，但是，如果拿的品种多的话，也是可以按照量大的价格来批发的。

（3）把握住厂家清仓处理或者是促销活动的机会。

有时候，一些厂家会因为各种原因清仓，如换季、限时活动、库存处理等，如果这个时候店主刚巧赶上了，就可以乘此机会多进一些好销售的货物，但这种机会是可遇而不可求的，只有平时多留心了。

2. 控制进货运费

在网上进货时，必然会发生交通运输费或者是快递费。而且这个费用还不低。商品大批量运送时，采用公路物流、铁路托运的运费是远低于快递和邮政的。所以，想要省钱的店主就一定会选择公路物流、铁路托运。但是这两种方式的速度是比较慢的，如果店主的商品快要售完，甚至已经售罄，再使用这两种方式就不合适了。所以，店主要时常注意库存量，对每种货物的销售速度要有记录，打好提前量，算好时间进货，那样就可以采用便宜的运输方式，节约很大的一笔运费。

对于在本地批发市场进货的店主来说，如果路途不远，可以考虑购买电瓶车、三轮车等工具自行运输，省去每次雇佣小货车的费用。

3. 控制快递费

包邮的商品，快递费是店主支付的，这一块费用也要进行有效的控制，其根本就是要选择好快递公司。

店主要先清楚了解网上的快递有哪些，参考一些资料，了解各快递公司的优缺点。店主不能只找一家快递公司，因为不仅仅只是快递公司不同，服务和速度不同，同一家公司的不同地点也会有不同的服务品质和速度。最后，选定好快递公司以后，最好长期合作，签下合同，并和快递收货员搞好关系，可以享受一些特殊待遇。

最后，店主就要根据自己的地点和产品类型，看哪家快递公司最合适了。因为没有最好的快递公司，只有最适合的快递公司。最好是能够长期合作，以便能够讲价，降低物流费用，从而控制网店的成本费用。

控制快递费用的方法在第16章中已经讲解得比较清楚了，这里就不再展开讲解了。

4. 控制包装费

某店主曾粗略估算了一下包装费所需的费用：商品的包装包括胶布、包装盒、填充物、剪刀、笔、气泡袋、色带（打印快递单用）等，1件商品所需的包装费大概要1元钱。假设该店主网店产品的销售量一个月大概500件，那么所需的包装费就要500元。所以，如果能够在此费用上控制的话，也将节约很大一笔成本费。

控制包装费用一般从盒子与填充物两方面进行。

- 控制外包装盒费用。一般来说，不推荐大家使用邮政专用的盒子。因为这种盒子一般比较长，相对来说也比较重，而且价格也不菲。店主可以自己收集盒子，现在的纸箱到处都是，如电脑城、大超市、批发市场等，这里面废旧盒子的价格肯定比买新的要便宜。当然买的时候不要拿到脏的、破的盒子。
- 控制填充物的购买费用。填充物的作用是：为了防止产品被挤压，对产品进行保护。填充物一般有泡沫块、海绵、泡泡袋、牛皮纸、旧报纸或者书籍等。对于价格低廉的商品，可以使用废报纸等材料做填充物，但如果是电子产品、首饰、化妆品、零食等比较贵重、易碎的商品，就必须花钱买一些好的填充物来填充。

总的来说，店主应该根据自己所卖的产品来选择合适的内外包装和填充物，即可减少包装费用，降低这方面的成本。

技巧2 如何通过盘库来减少商品损失

小型网店货物进出量不是很大，一般不用盘库，也不会有太大的问题。但中大型网店则因为货物有专门的仓库，进出量较大，容易产生丢失、破损、报废等损耗，因此必须要定期盘库，才能减少损失，改善管理。

盘点方式有多种，而且不同的盘点方式可以组合运用，网店可以根据自身的情况加以选择。常见的盘点方式有定期盘点（年终盘点、年中盘点、季度盘点、月度盘点）和不定期盘点（如为特定目的对特定商品进行的临时盘点），动态盘点（盘点过程中同时发生商品的出入库行为）和静态盘点，全面盘点和抽样盘点（抽样盘点可针对仓库、商品属性、仓管员等不同方向进行）。另外，还有一种常用的盘点方式为循环盘点，即按循环盘点计划对某些物料进行周期性、不间断的盘点。对于网店来说，将定期盘点和不定期盘点结合起来，能够起到较好的盘点作用。

盘点准备主要是成立盘点工作组，制定盘点方案，确定盘点范围、盘点方式、盘点日程表等工作安排。实施时，最好一人盘点，一人核点，并且“盘点统计表”每小段应核对一次，无误者于该表上互相签名确认。若有出入者，必须重新盘点。

盘点后，将盘点结果统计并制作电子表格，由指定人员将数据汇总，完成账存数与实存数的对应，生成盘点盈亏报表，并填列差异原因及处理意见后上报给网店管理层。管理层对盘点后发现的差额、错误、呆滞、盈亏、损耗等情况，应分别予以处理。

技巧3 为Excel文档加上密码，防止他人打开偷看

为Excel文档加上密码，可以防止账本资料被

其他人偷窥，即使被窃取了文档，对方也会束手无策，因为没有密码无法打开文件。

第1步 ❶在Excel中单击“文件”菜单；❷单击“信息”选项；❸单击“保护工作簿”下拉菜单；❹单击“用密码进行加密”选项，如图18-30所示。

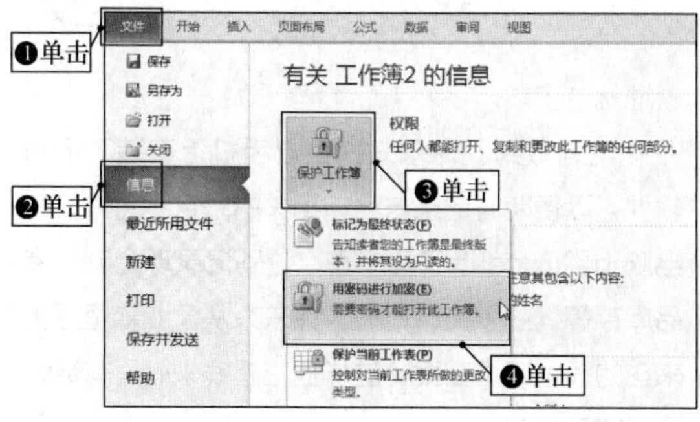

图18-30

第2步 ❶输入密码；❷单击“确定”按钮，如图18-31所示。

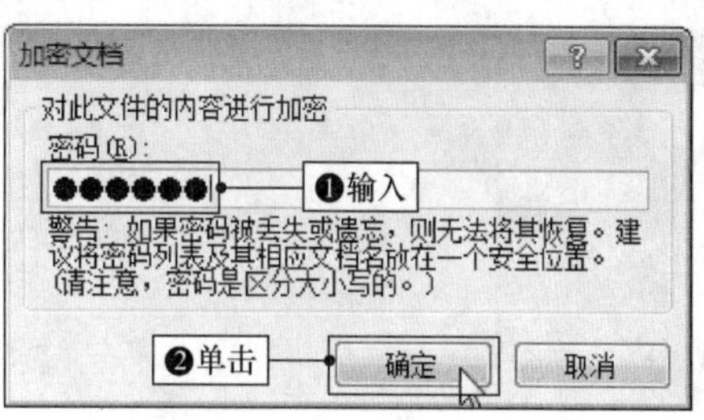

图18-31

第3步 ❶再次输入密码；❷单击“确定”按钮，如图18-32所示。

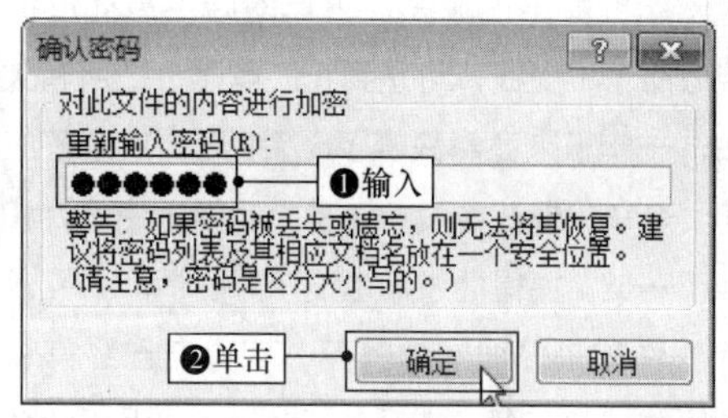

图18-32

这样，在打开这个加密的Excel文档之前，就必须要输入正确的密码，否则就无法打开它。

开店小故事

不记账的烦恼

2015年春节，许东来过得很烦恼。他也不知道问题究竟出在哪里。去年网店生意还过得去，貌似赚了不少钱，可是到年底盘账，把所有欠款付清，一年下来竟然只赚了6万余元。本来答应给老婆买个车，现在也没办法了，老婆一生气，和他大吵了一架，搞得他过年也没了好心情。

许东来仔细回想了下，貌似自己经常从营业款里提钱买东西，单反、iPhone、手表什么的，林林总总也没记过账，现在再算明细，肯定是算不清的了。他懊恼不已，暗暗下定决心，2015年网店的钱款出入一定要记账，不能像去年那样不明不白地就过了。

说到做到。许东来在自己手机上安装了记账软件，以便随时记录与网店相关的账目；另外又在电脑上用Excel造了几个表，分别记录现金流、商品库存等。由于随时记账，许东来从营业款里提出来花的钱也记录在案，这样他花起钱来心里有数，也就有了节制。

到了2015年年底，许东来不用盘账也知道网店的盈利情况：21.58万元。给老婆买了她心仪已久的MPV，给女儿买了新手机，一家人高高兴兴地过了个祥和年。

第5部分

店铺与资金的安全防范

在网络时代，骗子和小偷也进化了，他们想出各种方法欺骗或偷盗网民，从网民的网银、支付宝、微信等涉及支付的账号中窃取不法利益，尤其是网店店主更是他们中意的目标。其实，只要做好电脑、手机的安全防护措施，并了解常见的网络骗局，就不太容易上当或被盗了。

开店很轻松，
赚钱很简单！

第19章 保护电脑与手机的信息安全

本章导言

电脑和手机是网店常用的对外交流渠道，同时又存储了很多重要信息，因此成为网络小偷们最常用的突破点，经常有关于手机或电脑信息泄露，导致经济损失的报道出现在网上。因此，要捍卫自己的信息安全与资金安全，就要掌握电脑与手机的安全使用方法。

学习要点

- 了解电脑与手机上的各种恶意程序
- 掌握保护手机信息安全的方法
- 掌握保护电脑信息安全的方法

19.1 电脑与手机上的恶意程序

对电脑和手机造成威胁的恶意程序主要包括：病毒、木马和恶意软件。这3类程序虽然作用不同，但都会通过存活、潜伏或传播的方式，来达到扩散自身与窃取用户信息的目的，对用户的财产安全造成很大的威胁。

19.1.1 专门搞破坏的病毒

病毒实际上就是一组程序或指令集合，可以寄生和隐藏在电脑和手机系统中，并能进行自我复制传播。当病毒发作时，会造成电脑和手机变慢、死机、无法正常工作或根本无法使用。病毒主要体现在以下几个方面。

- 隐蔽性：病毒的存在、传染和发作过程不易被发现。
- 寄生性：病毒通常并不作为单独的文件而存在，而是插入其他文件中。
- 传染性：病毒能对其他文件进行感染，并使之成为一个新的传染源。
- 触发性：病毒的发作一般都需要触发条件，条件可以是日期、时间、特定操作等。
- 破坏性：病毒在发作时，对电脑和手机上的文件进行破坏。
- 不可预见性：病毒相对于杀毒软件永远是超前的，目前没有任何杀毒软件预防所有的病毒。

19.1.2 潜伏的内贼：木马

木马全称特洛伊木马，出自于希腊故事《木马记》，讲述希腊战士藏在巨大的木马中，被特洛伊人抬回城后，晚上从木马中出来攻下特洛伊城的故事。木马也是一种程序，其目的是远程控制受害电脑和手机，并进行非法操作，盗取信息，其机制是先潜伏进入目标电脑或手机，然后伺机盗窃信息，与特洛伊木马类似，故此得名。

早期的木马不具有传染性，需要采用欺骗的手段在目标手机或电脑上运行，现在的木马加入了传播模块，可以像病毒一样自动传播。根据木马的攻击类型，可分为以下几类。

- 网络游戏木马：针对网络游戏而设计，盗取用户账号或虚拟装备。
- 网络银行木马：针对网络银行系统，盗取账号和密码，窃取资金。
- 即时通信木马：利用即时通信软件进行传播，盗取账户和密码，或代替用户向好友和群发送广告信息。
- 僵尸网络木马：用木马控制电脑，然后受控电脑当作中转站，去攻击别的目标。由受控电脑组成的网络称为僵尸网络。受控电脑也称为“肉鸡”，意即任人操纵和宰割。目前手机上还未出现此类木马，主要是因为手机性能不如电脑，作为中转站并不十分合适的缘故。

19.1.3 死皮赖脸的恶意软件

恶意软件是近年来发展的一种不法程序，一旦用户电脑和手机运行它之后，它就会采用各种方式强迫用户浏览广告，如强行弹出网页窗口，定时自动访问广告网站，甚至后台自动访问广告站等。恶意软件为了避免被删除，往往采用多种方法“扎根”于用户手机或电脑，十分难以删除，因此又被称为“流氓软件”或“广告软件”。

近年来，恶意软件也吸收了病毒的特点，会自动传染，令人十分头痛。而且恶意软件又出现新的变种——勒索软件。勒索软件像病毒一样传染，然后将受害者电脑或手机里的数据全部加密，导致受害者无法使用自己的数据，并向受害者勒索电子货币，收到电子货币后才将解密密钥交给受害者。电子货币具有无法追踪的特点，因此勒索者可以安全收到货币而不必担心被发现。

19.1.4 预防病毒等威胁的方法

病毒、木马和恶意软件带来的危害是非常大的，严重者可致电脑和手机储存的珍贵资料受到破坏或丢失，以及网银资金被盗等。要绝对防止病毒、木马和恶意软件似乎是一件不可能的事情，但是采取以下方法，即可减少电脑和手机感染病毒、木马和恶意软件的机会。

- 电脑和手机应及时安装操作系统的补丁程序，补上漏洞。
- 不要随便访问黑客或色情网站。
- 在网络中下载软件时最好到官方网站或专门的软件下载站点下载，并在下载后对其进行查毒，确认安全后再使用。
- 打开邮件的附件时，不论是来自好友还是陌生人，最好在查阅邮件或下载邮件附件之前，先通过邮件服务器提供的在线杀毒功能对其进行杀毒。
- 不要轻易打开不明来历的短信中的网址。由于伪基站的存在，即使是来自于10086或者10010等移动、联通官方的短信中的网址，也不要轻易打开，最好先打电话到人工服务台进行询问。
- 安装好防病毒软件，如360杀毒、卡巴斯基、诺顿、江民杀毒、瑞星等，并定期升级病毒库，保证处于最新的版本。
- 不要使用来历不明的移动磁盘，插入移动磁盘时，一定要先杀毒；不要轻易打开U盘等移动存储设备中的文件。
- 手机不要接受来历不明的蓝牙连接，以免出现信息泄露。
- 重要数据要定期进行备份。除在本机上进行备份外，还可以专门使用其他磁盘（如移动硬盘、U盘、光盘）来备份数据。

专家提点 什么是伪基站

伪基站就是一种非法的广播设备，它可以发送任意号码、任意内容的短信给移动用户。很多骗子利用伪基站发送欺骗信息，其号码很具有迷惑性，不是联通、移动或电信的官方短信号，就是工农建等大银行的服务短信号，内容或恐吓，或引诱，无非是要收信人点击短信中的网址，进入仿冒网站中，输入自己的账号密码，这样收信人卡上的钱瞬间就会被转走。

19.2 保护手机信息安全

微店、微信、支付宝等APP都是安装在手机上的，如果手机不幸感染上了木马，就会导致信息泄露，从而引发更严重的后果，因此保护手机信息安全对网店店主，甚至普通手机用户来说都是非常重要的。

19.2.1 从安全渠道下载APP

不少手机的信息泄露都是因为下载并运行了不良APP。这些不良APP带有各种“后门”，在不让用户知情的情况下向网上的服务器传输用户的信息。要避免下载到这种不良APP，就要尽量从正规渠道下载APP。

1. 苹果手机的安全下载渠道

目前苹果手机的官方下载渠道是APP Store，也就是“苹果商店”。在第11章中曾经讲解过在苹果商店下载并安装APP的操作，相信读者已经通过商店安装了微店的APP，对此印象会比较深刻。

在苹果手机的桌面上可以看到图标，下面说明文字为“App Store”，即为苹果商店的入口。点击即可进入苹果商店，如图19-1所示。APP要在苹果商店上架，审核是非常严格的，要向苹果官方提供源代码，审核通过以后才能上架，这就保证了苹果商店的APP基本上没有木马（目前仅出现过一次）。

图19-1

有的苹果手机用户喜欢越狱，因为越狱之后可以免费使用一些原本要收费的APP。越狱后下载APP不是从苹果商店下载的，而是从一些网上的“数据源”（可以理解成非官方的苹果商店）进行下载的，上面的APP基本上无人审核，很多不良APP趁机就在这种地方进行散布。因此，最好不要在苹果商店以外的途径去下载安装APP，基本上就可以保证不会被不良APP所困扰。

2. 安卓手机的安全下载渠道

安卓手机的官方下载渠道本来应该是谷歌商店，但目前无法正常访问。国内较大的下载平台有豌豆荚、应用汇、安卓市场、安智市场、机锋市场等，另外一些网站也提供安卓APP下载，如太平洋、ZOL的手机软件下载板块等，这些平台里的APP相对要规范一些，但也只是相对而言，比苹果商店相差甚远。

19.2.2 安装手机杀毒软件

苹果手机因为其商店对APP的审核较严格，因此目前基本上没有发现病毒，对于苹果手机用户来说，无须安装杀毒软件。这也是苹果手机较贵的原因：这些审核耗费了苹果公司浩大的人力资源，让用户获得了较好的使用体验，但用户也要为此付出高昂的购机款。

由于安卓手机开放性较高，用户可以随意安装APP，因此病毒、木马也是相对比较泛滥。在这样的环境下，安卓版手机杀毒软件也纷纷面世，用户的选择比较多。目前有360手机卫士、腾讯手机管家、百度手机卫士、猎豹安全大师、LBE、瑞星手机安全助手等。

- 360手机卫士
- 腾讯手机管家
- 百度手机卫士
- 瑞星手机安全助手

前面已经讲解过下载并安装微店APP的方法，以上安全APP的下载安装方法也与之类似。首先访问安全APP的主页，如图19-2所示，单击“立即下载”按钮将安装文件下载到手机，安装完成后运行APP，手机即处于被保护状态中。用户也可以单击菜单，来运行一些功能，如SD卡扫描等，对手机进行查毒，如图19-3所示。

图19-2

图19-3

19.2.3 为APP设置权限

手机APP要实现一个功能，需要有相应的权限。如地图APP需要得知手机所处地理位置，就要有“获得手机GPS信息”的权限，自拍APP则需要有开启摄像头的权限，通讯录管理APP需要有读写通讯录的权限……

用户可以在一个APP安装时，就能看到它需要用到的权限。有些权限对某个APP来说是不必要的，如一个看小说的APP，竟然要求获得GPS信息，以及要求读写手机通讯录的权限，完全不符合常理。出现这种情况，通常是因为这个APP需要收集用户的信息，上传回服务器。至于该APP为何要收集这些信息，以及拿这些信息来做什么，则用户无法知道。用户唯一可做的就是，尽量不要让APP获得不必要的权限，阻止信息泄漏。

很多安卓手机出厂时都装有安全管理功能，可以对权限进行管理，例如酷派手机出厂时就带有“酷管家”，下面就以在酷管家中关闭某APP的“发送短信”权限为例进行讲解。

第1步 在手机桌面单击“酷管家”图标，如图19-4所示。

第2步 单击“隐私安全”按钮，如图19-5所示。

图19-4

图19-5

第3步 单击“权限控制”按钮，如图19-6所示。

第4步 进入权限列表，单击“发送短信”选项，如图19-7所示。

图19-6

图19-7

第5步 单击要修改权限的APP的名字，展开其权限菜单，如图19-8所示。

第6步 单击“禁止”权限，可看到其权限描述变为红色的“已禁止”，如图19-9所示。

图19-8

图19-9

之后直接按手机的返回键，退出酷管家即可生效。其他品牌的安卓手机，改变权限的操作也与之类似，这里就不一一说明了。

19.2.4 为手机设置锁屏密码

手机虽说是个随身携带的工具，但有时候难免会被别人接触到。为防止信息泄漏，可为手机设置锁屏密码。不知道锁屏密码的人无法进入手机桌面。这在一定程度上保护了手机的信息安全。例如，工作时临时离开办公室，忘记携带手机，因为锁屏密码的保护，同事即使拿到手机也无法查看里面的内容。

1. 安卓手机设置锁屏密码

安卓手机（以酷派手机为例）设置锁屏密码的方法如下。

第1步 用手指在手机桌面上方往下拉，出现设置页面，单击右上角的“设置”图标，如图19-10所示。

第2步 单击“屏幕安全保护”按钮，如图19-11所示。

第3步 单击“屏幕锁定”按钮，如图19-12所示。

第4步 单击“图案”按钮，如图19-13所示。

第5步 ❶画出屏保图案；❷单击“继续”按钮，如图19-14所示。

第6步 ❶再次画出相同的屏保图案；❷单击“确认”按钮，如图19-15所示。

图19-10

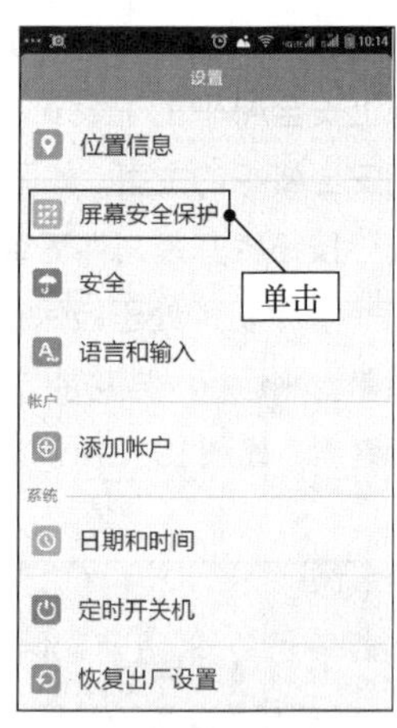

图19-11

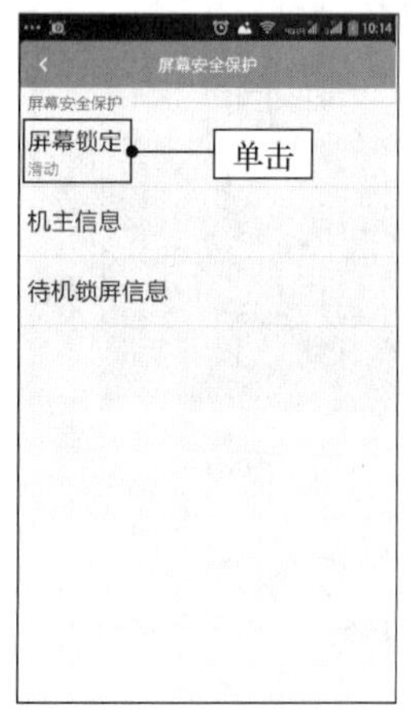

图19-12

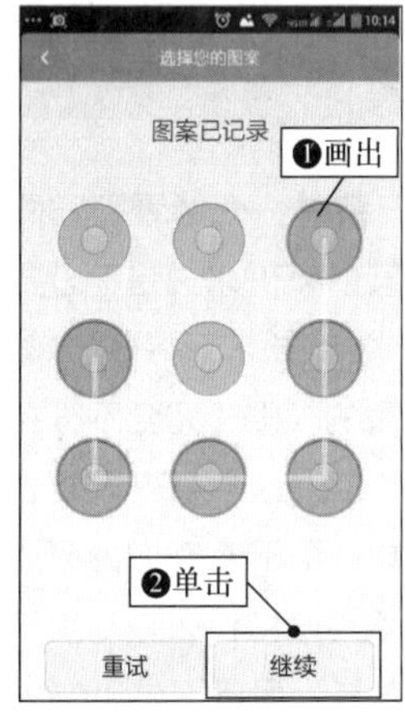

图19-14

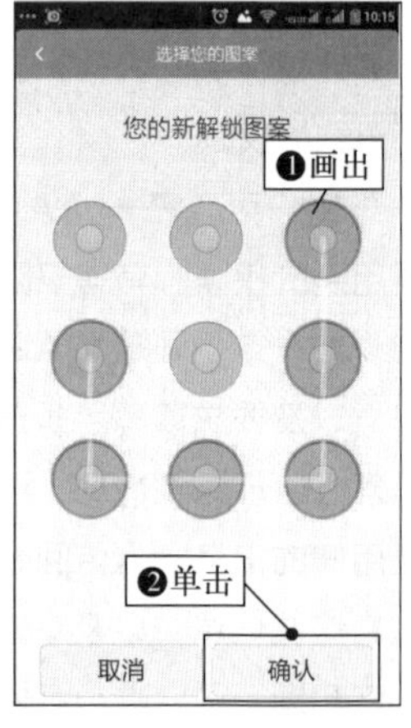

图19-15

设置完毕后，按返回键退出即可。当手机从休眠状态返回桌面时，会出现输入密码的页面，在此输入相同的图案即可解锁，如图19-16所示。

图19-16

2. 苹果手机设置锁屏密码

苹果手机设置锁屏密码的方法如下。

第1步 单击手机桌面的“设置”图标，如图19-17所示。

第2步 单击“通用”按钮，如图19-18所示。

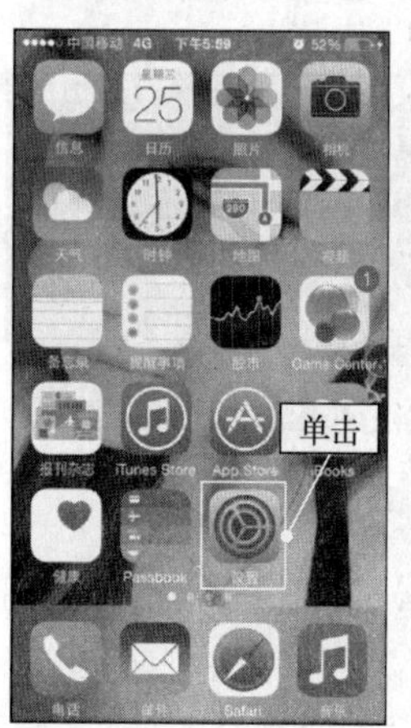

图19-17

图19-18

第3步 单击“密码锁定”按钮，如图19-19所示。

第4步 单击“打开密码”按钮，如图19-20所示。

第5步 输入密码，如图19-21所示。

第6步 再次输入同一密码，如图19-22所示。

输入完毕后，锁屏密码就设置成功了。当手机从休眠状态返回桌面时，会出现输入密码的页面，在此输入锁屏密码即可解锁，如图19-23所示。

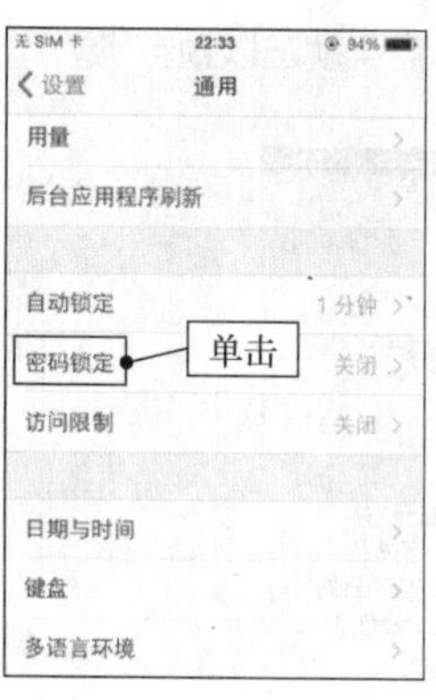

图19-19

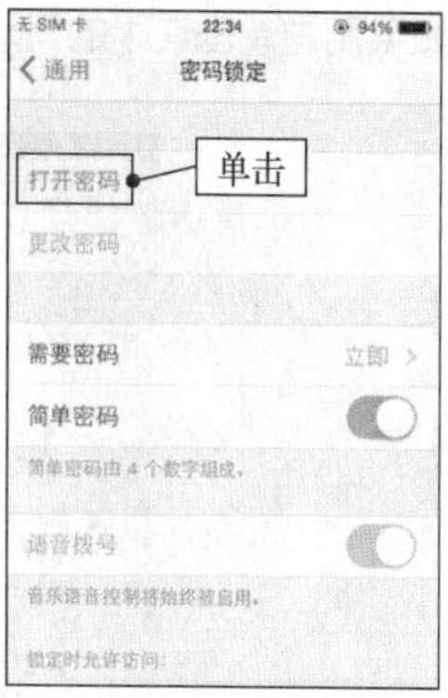

图19-20

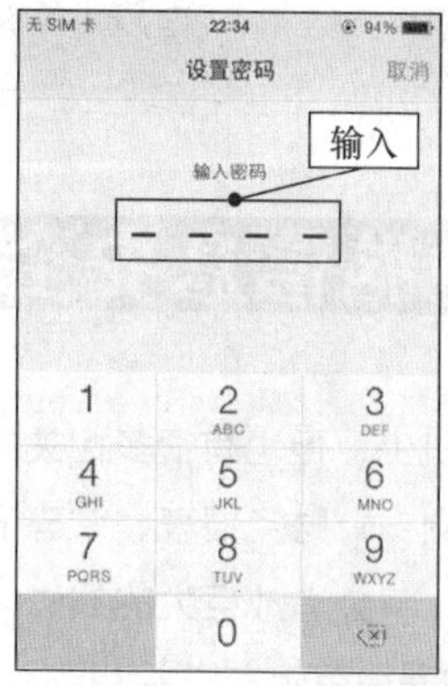

图19-21

图19-22

图19-23

19.2.5　不要轻易单击短信内的超级链接

前面提到过，不法分子利用伪基站向手机用户发送诈骗信息，诱骗用户点击短信中的超级链接，然后以仿冒的官方网站骗取用户信息，最后利用这些信息偷盗用户资金，或者诈骗用户的亲朋好友。

如图19-24所示的短信，就是伪基站发送的，如果用户单击其中的网址，后果就难以预料了。

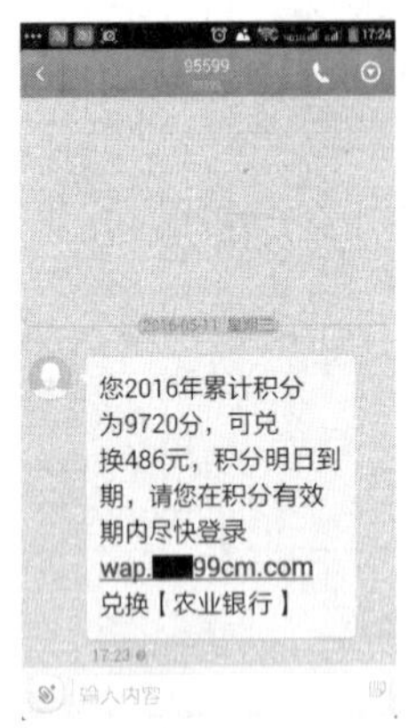

图19-24

更具有迷惑性的是骗子们冒充移动、联通、电信以及各大银行服务号发来的短信，很多用户习惯性地以为服务号就是官方发来的，其实未必，因为现在骗子们具有使用任意号码发送短信的技术。因此对于任何短信中的网址，最好的办法就是：不贪便宜，不加理会。如果觉得确实像是官方发来的短信，可以先直接拨打官方服务号进行查询，如移动服务号为10086，联通服务号为10010，招商银行信用卡服务号为4008195555等，均可从网上查到。

19.3 保护电脑信息安全

微店虽然是开设在手机上，但也有很多相关的事务要在电脑上处理，如网银、财务报表、密码记录等。如果这些信息泄露，将会造成巨大的损失。因此保护电脑信息的安全也是微店店主的必修课。

19.3.1 为电脑安装杀毒软件

杀毒软件是一台电脑必不可少的安全工具。依靠杀毒软件来预防、查杀病毒、木马与恶意软件是最有效率的安全防护手段。

国内外的杀毒软件很多，国内的有金山毒霸、360安全软件、腾讯电脑管家等，国外的有卡巴斯基、小红伞、Avast、AVG、ESET NOD32、微软MSE等。国内杀毒软件主要走“免费多功能”路线，除了杀毒外，还具有多种管理电脑的功能（与安全无关），如清理垃圾、管理软件、电脑加速等，而且基本都是免费使用；国外杀毒软件主要走“收费专而精”路线，功能上不是很丰富，但在防毒、杀毒的效率上要略胜一筹，且要收费才能升级到高级版（基本版免费使用，基本版一般只有单纯的防杀毒功能，而高级版可能还有其他安全功能）。

下面就以在Chrome浏览器中下载、安装最常见的金山毒霸为例，讲解一下如何为自己的电脑安装杀毒软件。

第1步 在Chrome浏览器中访问金山毒霸的网站，单击“立即下载”按钮，如图19-25所示。

图19-25

第2步 在浏览器左下角会出现下载进度框，如图19-26所示。

第3步 下载完毕后，单击该进度框，以运行金山毒霸安装文件，如图19-27所示。

图19-26

第4步 单击“运行”按钮，如图19-28所示。

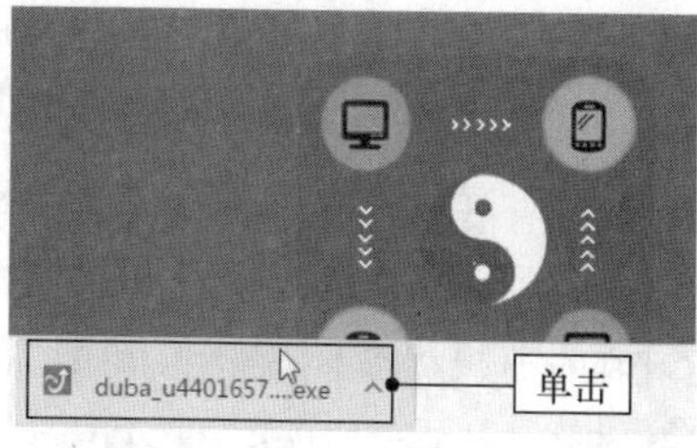

图19-27

图19-28

之后金山毒霸会自动进行安装，片刻后桌面会出现金山毒霸的快捷方式，屏幕右下角系统托盘处也会出现金山毒霸的小图标，如图19-29所示。

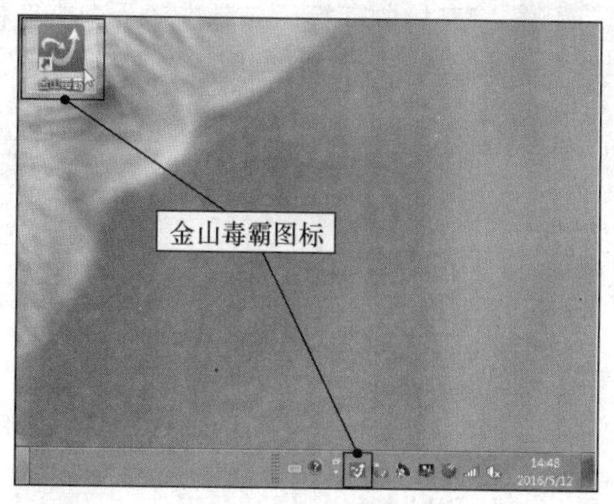

图19-29

只要双击桌面的金山毒霸快捷方式，即可打开金山毒霸窗口，进行功能操作。其他杀毒软件的安装方式也与之类似，这里就不重复讲解了。

专家提点　一台电脑上只装一个杀毒软件

有的用户可能认为电脑上多装几个杀毒软件，效果会比较好，其实这种想法是错误的。因为杀毒软件随时都在检测电脑内的病毒，需要占用一定的电脑资源，如果装了多个杀毒软件，电脑的运行速度将会变得非常慢。因此一台电脑上最多只装一个杀毒软件即可。

19.3.2　使用杀毒软件查杀病毒、木马和恶意软件

安装了杀毒软件之后，电脑就获得了预防病毒、木马与恶意程序的能力。不过还是需要定时对系统进行扫描，看系统中是否存在漏网之鱼；有时候需要对特定的文件夹或文件进行扫描，查看其是否含毒，比如对于陌生人发来的文件，最好就先进行病毒扫描，确认安全后再打开。

这里仍然以金山毒霸为例进行讲解。

1. 进行全面查杀

用金山毒霸执行系统全面查杀非常方便，号称只需一键即可完成，具体操作方法如下。

第1步 双击桌面的金山毒霸图标，打开金山毒霸窗口，单击“一键云查杀”按钮，如图19-30所示。

图19-30

第2步 等待金山毒霸扫描系统，发现问题，如图19-31所示。

图19-31

第3步 扫描完毕后，单击“立即处理”按钮，如图19-32所示。

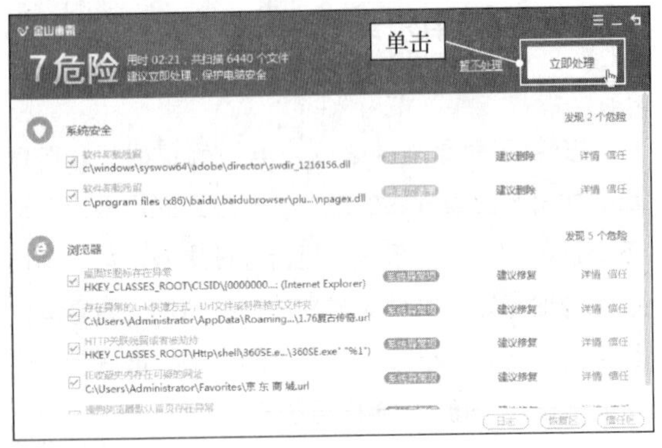

图19-32

2. 查杀指定文件或文件夹

查杀指定文件或文件夹的方式是一样的，即使用鼠标右键菜单调出金山毒霸进行检查，具体操作方法如下。

第1步 ❶在要检测的文件或文件夹上单击鼠标右键；❷在弹出的菜单中单击“使用金山毒霸进行扫描”选项，如图19-33所示。

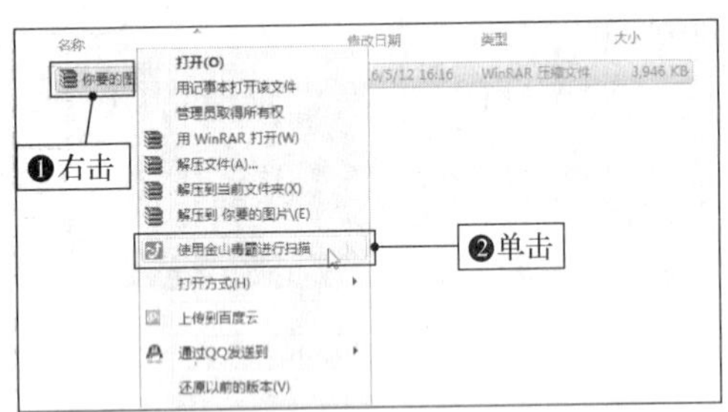

图19-33

第2步 发现病毒后单击“立即处理”按钮即可，如图19-34所示。

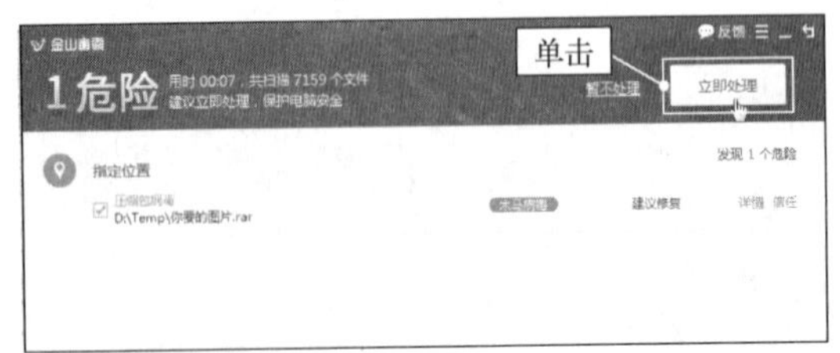

图19-34

19.3.3 设置用户登录密码

扫码看视频

有时候正在使用电脑时，需要临时离开一下，为了防止别人趁自己不在时偷偷使用自己的电脑，在电脑中安装什么木马程序，以盗取自己的各种信息，有必要对电脑设置登录密码，保证在锁屏的状态下，没有密码无法进入桌面，这样就杜绝了电脑在开机状态下被盗用的可能。

第1步 ❶单击“开始”按钮；❷单击“控制面板”选项，如图19-35所示。

图19-35

第2步 打开控制面板后，单击“用户帐户和家庭安全”超级链接，如图19-36所示。

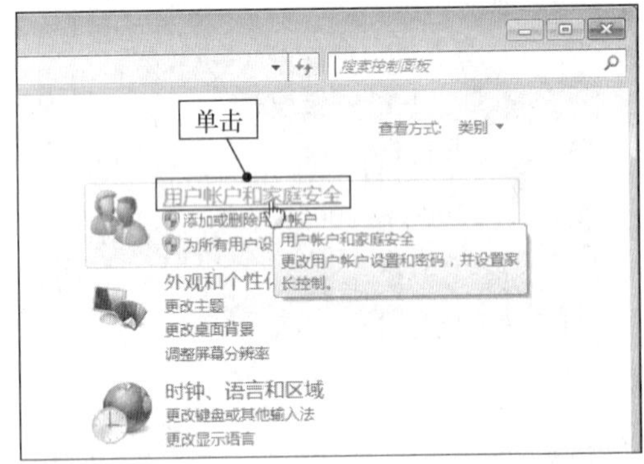

图19-36

第3步 单击“更改Windows密码”超级链接，如图19-37所示。

第4步 单击“为您的帐户创建密码”超级链接，如图19-38所示。

第5步 ❶输入密码；❷单击“创建密码”按钮，如图19-39所示。

创建成功后，每当开机时就会出现如图19-40所示的页面，要求输入密码才能进入操作系统的桌面。

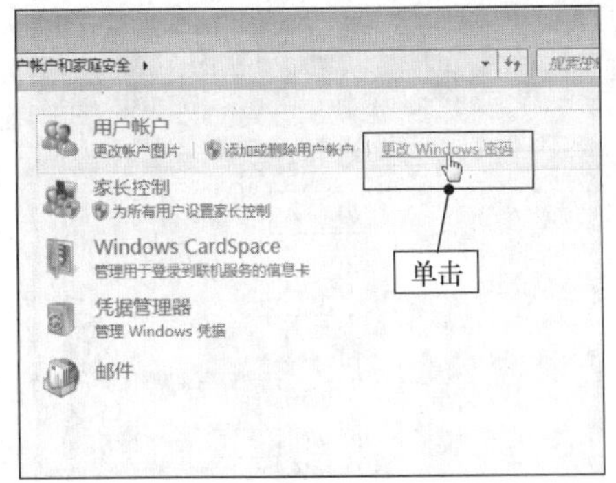

图19-37

图19-38

当用户开着电脑，但又要暂时离开时，可以按下“Win+L”组合键（Win键就是键盘最底层那一行印着小窗口的两个按键，一般情况下其位置是在Ctrl键和Alt键的中间，两个Win键的作用是一样的，无论用哪个都可以），进行锁屏后再离开。在锁屏状态下，也必须输入密码才能进入系统桌面，这样别人也就无法趁机使用电脑了。

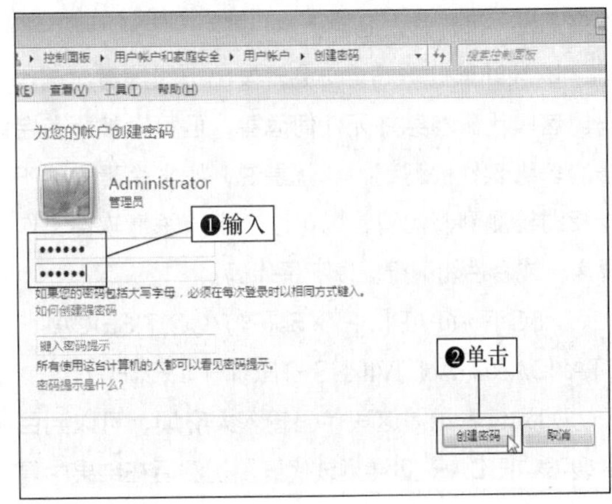

图19-39

图19-40

19.4 秘技一点通

技巧1 密码安全使用六招

密码被盗有很多种原因。有的是电脑中了木马病毒被盗，有的是因为密码被人猜出来，或者穷举出来了……不管原因有多少，只需要按照下面几个规则来使用电脑，就会大大减少密码被盗的可能性。

（1）设置安全密码，尽量设置长密码。设置便于记忆的长密码，可以使用完整的短语，而非单个的单词或数字作为密码，因为密码越长，则被破解的可能性就越小。

（2）输入密码时，建议用“复制＋粘贴”的方式，这样可以防止被记键木马程序跟踪。

（3）建议定期更改密码，并做好书面记录，以免自己忘记。

（4）不同账户设置不同的密码，以免一个账户被盗，造成其他账户同时被盗。

（5）不要轻易将身份证、营业执照及其复印件、公章等相关证明材料提供给他人，以免被利用去骗取密码。

（6）通过软键盘输入密码。软键盘也叫虚拟键盘，用户在输入密码时，先打开软键盘，然后用鼠标选择相应的字母输入，这样就可以避免某些木马通过记录击键来获取密码。

技巧2 杀毒软件究竟有没有在工作

安装了杀毒软件之后，如何才能知道该软件究竟有无效果呢？总不能真的去下载一个带病毒的文件来测试，那样就太危险了。

欧洲计算机防病毒协会开发出一段病毒测试代码。这段代码本身并无任何危害，但可以被所有合格的杀毒软件检测到，也就是说，如果杀毒软件不能及时检测到该代码，则可以断定该杀毒软件工作异常，或者性能不行。以下是代码：

X5O!P%@AP[4\PZX54(P^)7CC)7}$EICAR-STANDARD-ANTIVIRUS-TEST-FILE!$H+H*

如果读者觉得这段代码输入太麻烦，可以到百度搜索“EICAR 病毒测试代码”，然后在结果中复制代码进行测试。

第1步 ❶在桌面空白处右击鼠标；❷单击“新建”命令；❸单击“文本文档”命令，如图19-41所示。

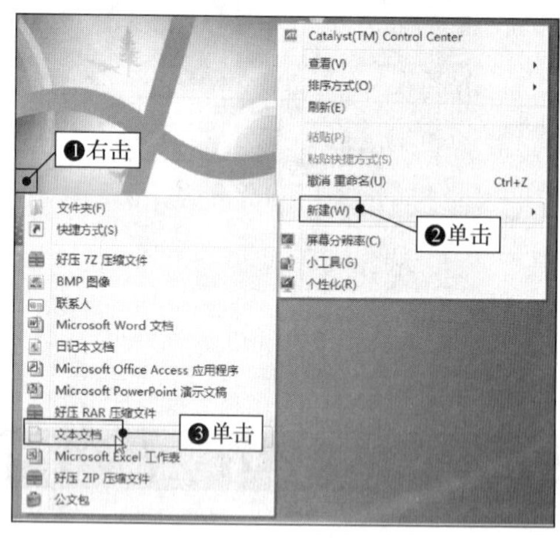

图19-41

第2步 ❶双击桌面上的“新建文本文档”图标；❷输入测试代码；❸单击“关闭”按钮；❹单击“保存”按钮，如图19-42所示。

第3步 ❶右击该文本文档；❷单击“使用360杀毒 扫描”命令，如图19-43所示。

第4步 ❶查看检测结果；❷单击“开始处理”按钮进行处理，如图19-44所示。

灵敏的杀毒软件，在用户刚刚把文本文件保存好时，就会提示发现病毒，而不需要经过第3、4步。

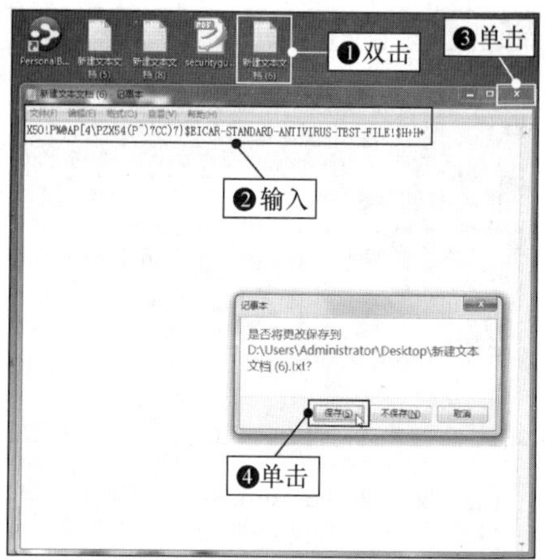

图19-42

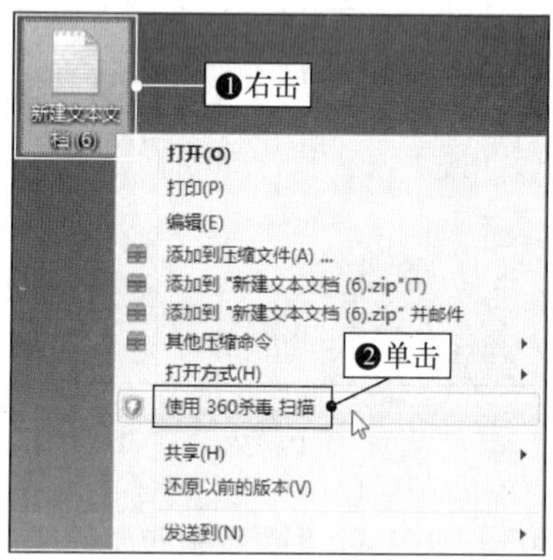

图19-43

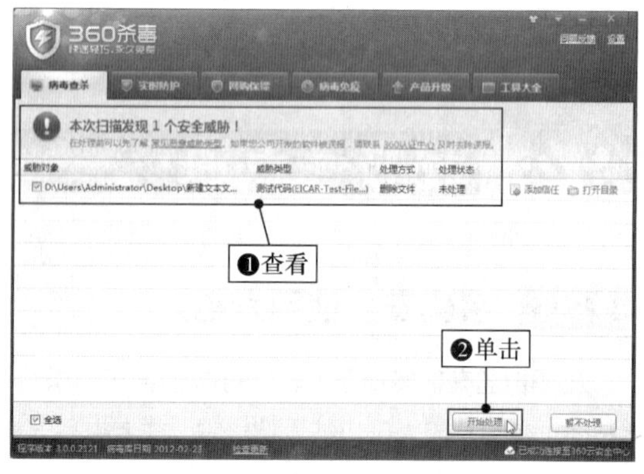

图19-44

如果经过第3步、第4步杀毒软件仍然没有检查出任何安全威胁，说明此软件无效，就要考虑重新安装或者是更换其他种类的杀毒软件了。

技巧3 多引擎全方位查杀病毒

卖家在经营网店时，虽然说尽量不要接收陌

生人传来的文件，但对于朋友、同事等人传来的文件，却是一定要接收的，但这些文件均应先经过杀毒软件查杀病毒后再打开。考虑到电脑上只能安装一个杀毒软件，有时会出现漏杀的情况，此时可利用网络上的在线查杀网站提供的数十个杀毒引擎，来检测文件是否带毒。

通过浏览器访问VirSCAN.org”网站，然后在线提交需要检测的文件，即可利用数十款杀毒引擎以及最新病毒库来检测。

第1步 打开网站首页，单击“选择文件”按钮，如图19-45所示。

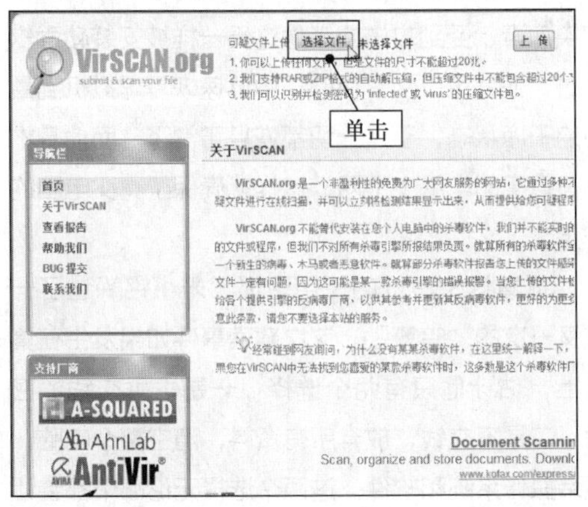

图19-45

第2步 ❶选择要检测的文件；❷单击“打开”按钮，如图19-46所示。

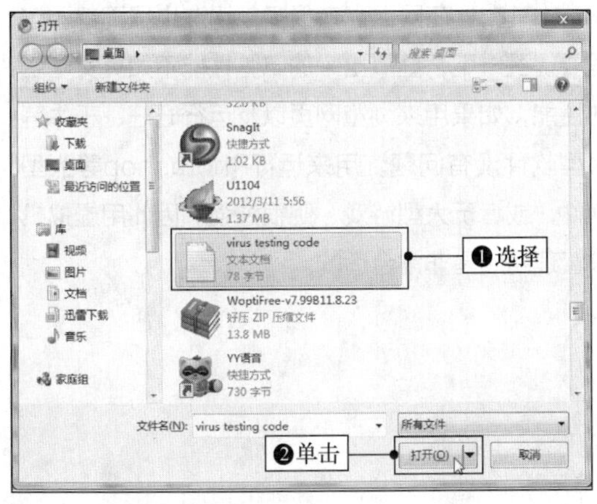

图19-46

第3步 单击“上传”按钮，如图19-47所示。

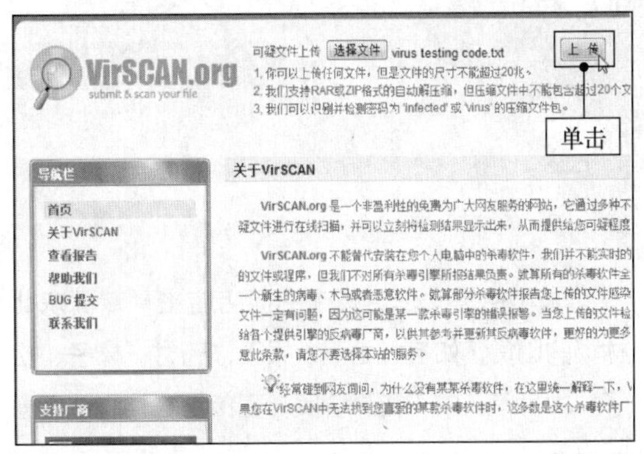

图19-47

第4步 查杀完毕后，查看查杀结果，如图19-48所示。

图19-48

如果有多个文件（不多于19个）要检测，用户可以将这些文件压缩成一个RAR文件，一次性上传进行检测。

开店小故事

网店店主遭遇勒索软件

米小铭是一位吉林市的网店店主，专营东北林场的山货，如各种菌干、果干、药材、榛子、松子、木耳等。由于货真价实，宣传得法，店铺生意一直不错。

就在前几天，米小铭遇上了一位顾客，声称要大批量采购山货，种类繁多，希望通过QQ给他发送一份采购清单。米小铭也没多想，打开QQ接了对方发来的一张图片。刚接到图片打开看了一下，对方突然就下线了，米小铭以为是顾客的网断了，等了一会儿不见动静，于是开始处理起店铺的事情来，忙了一会儿就把这事忘在了脑后。

第二天，米小铭照常打开电脑时，熟悉的登录界面并没有出现，而是弹出一个大大的窗口，提示："你的电脑内所有资料都被加密，如果想获取解密密码，请向如下账号存入1000元"。米小铭第一反应就是：昨天那个顾客发送的图片有问题！

不过米小铭作为一个资深店主，早就对这些网络攻击有了预防方法。他与顾客聊天的电脑其实并不是一台真的电脑，而是一台"虚拟机"，也就是用软件在真实电脑中模拟出来的电脑，这台模拟出来的电脑和真实电脑功能几乎一样，可以运行各种软件，浏览网页，但它与真实电脑之间是隔绝的，除非使用者自己操作，不然两台电脑完全处于互不相知的状态。

米小铭以前遭遇过各种病毒、木马的攻击，烦不胜烦，直到他知道有虚拟机这样的软件存在后，他的烦恼马上就解决了。他在自己的真实电脑上建立了一台虚拟机，专门用来登录淘宝、旺旺等。在虚拟机安装好各种软件之后，还没有正式投入使用之前，他为虚拟机做了一个"快照"，将此时干净的虚拟机状态存储下来。当虚拟机在使用中感染病毒、受到攻击或者像这天一样被安装勒索软件时，他就可以从"快照"中迅速恢复虚拟机到最初的干净状态，于是一切都恢复正常了。而他基本不在真实的电脑上上网，这样就确保了真实电脑的安全。

靠着这个良好的使用习惯，米小铭躲过了一次又一次的"暗算"。这次勒索事件如果发生在真机上，估计他只有两个选择：一是乖乖交钱买密码；二是不交钱，放弃所有资料，清空整个电脑，重装操作系统和软件。这两个选择无论哪个都会让人很痛苦。而有了虚拟机，米小铭则不用面对这个两难选择，只需轻点鼠标，就能够让时光倒流，一切恢复正常。

常用的虚拟机软件有VMware和Virtual Box，其教程在网上也有很多，用法也很简单。这里要提醒一下，虚拟出来的电脑性能不如真实电脑的性能，如果用来浏览网页以及运行旺旺、千牛等小型软件没有问题，用来运行Photoshop等大型软件，或者玩大型游戏，则很勉强。因此用虚拟机来管理网店是非常合适的。

第20章 常见骗局的提防与处理

本章导言

骗子的自我更新能力很强，从古至今各种骗术层出不穷。到了互联网时代，网上也出现了很多骗子，其中一部分专门针对网店店主，设计了很多网络骗局，一度让不少新手卖家损失惨重。其实，要避免被骗很简单，看完本章的内容，再加上一点点的谨慎，相信没有什么骗局能骗到本书的读者了。

学习要点

- 了解骗术能得逞的原因
- 了解常见的网上骗术
- 掌握各种账号被盗后的处理手段

20.1 常见的网上骗术

随着网络信息技术的发展和电子商务的普及，网上购物与销售给我们带来了实实在在的方便。无论在家里、办公室，还是在旅途中，只要能够上网，我们就可以销售商品或购买宝贝，但是随之而来的诈骗、诚信问题已经成为网上购物发展的一个阻碍。那么，如何保证网上交易的安全呢？这是越来越多的人关心的问题，其实只要知道一些基本技巧，有足够的安全防范意识，就不用再为安全问题而担心了。

20.1.1 为什么骗局能得逞

骗子固然可恶，但被骗的人也有一定的问题，不然骗子就不会得逞。骗子设计的骗局，一般来说都有以下一些共性，利用普通人心理的弱点进行欺骗。

- 贪婪。骗子往往利用人类心理中的贪婪来设计骗局，比如在QQ中向店主透露：这批货价格超低，质量很好，卖完就没有了！贪便宜的店主往往会上当。
- 轻信。骗子冒充银行工作人员、冒充淘宝支付宝微店官方工作人员，甚至冒充店主的亲朋好友，如果不轻信，是不会上当的。
- 急躁。几个骗子一起唱双簧，催促店主，导致店主忙中出错，踏入他们预设的陷阱。这是针对急躁这个弱点设计的骗局。
- 恐惧。骗子编造各种借口恐吓店主，如保证金将被冻结、店铺被投诉将被封等，让店主在惶恐中上当。
- 阅历不够。阅历不够，对各种知识缺乏了解，就容易上当。阅历和年龄无关，老年人上当的也比比皆是，比如曾经出现的“××军阀的花旗银行存款”骗局，就有不少老年人上当。

现实中的骗局往往是复合型的，利用了多种心理弱点进行欺骗。作为店主，既要端正心态，又要对各种骗局有所了解，才能有效地防范被骗。

20.1.2 警惕传销式分销

传销的危害说了这么多年了，相信只要稍微关心社会的人都清楚。那么，究竟什么是传销呢？传销是这么定义的：传销是指组织者或者经营者发展人员，通过对被发展人员以其直接或者间接发展的人员数量或者销售业绩为依据计算和给付报酬，或者要求被发展人员以交纳一定费用为条件取得加入资格等方式。

这段话读起来有点绕口，说简单点就是靠发展下线来赚钱，或者缴费才能取得发展下线的资格。不管怎么说，着眼点都在“下线”上。最近在微店中，也出现了一批专门鼓吹发展下线赚大钱的“微商”，美其名曰“分销”，宣传语中常见“三级分销模式”“引爆社交关系链”“市场倍增”以及“快速裂变发展”等诱人的概念和字眼，但这些东西分析到底不过就是“发展下线”4个字而已。

事实证明，能在分销模式中赚钱的只有金字塔顶的极少数几个人，处于下面的塔身和塔基的人群都是被欺骗的对象，他们不仅损失钱财，还在发展下线的过程中透支了自己的信用，亲朋好友都不会再信任他，最后下场往往很凄惨。因此，不论微店店主多么着急发财，都不要加入传销的队伍，要擦亮眼睛，看见“发展下线”的微商，一定要绕着走。

20.1.3 邮件短信钓鱼

骗子留言给卖家，说要买某件宝贝，但自己没有支付宝，希望卖家把银行汇款账号连同宝贝的链接发到他的邮箱里。如果卖家发送了邮件，一天或者两天后，卖家邮箱里便多了这样一封信，标题是：“有一笔跨行支付等待您收款”。信件里会有一个链接，表示是某银行的网站。如果点击链接过去，看到的也许就是与各大银行网银几乎一模一样的页面。陷阱在哪里呢？就在要激活所谓银联功能的地方，包括开卡地选择、卡号、密码、用户名、身份证号码，一旦输入了这些信息，不用说账户里的资金肯定会被席卷一空。

识破骗局关键点：第一，发来这封邮件的地址一般是普通注册邮箱，也许是163的，也许是126的，而真正的银行邮件是不会采用这些公众邮箱的，一般都是独有的邮件地址；第二，假冒网站里若干安全链接是无效的。因为假冒的网站是不能使用该行的https的。卖家遇上这样的情况要多观察，才能识破骗局。

20.1.4 刷信誉被骗

新卖家最发愁的就是店铺没有什么信誉，没信誉则买家不容易下单，而单子少则信誉积累得很慢，导致很长时间生意清淡。于是，骗子们针对卖家急于提高信誉的心理，设计了“刷信誉”的骗局，骗取卖家的金钱。

骗子通常通过淘宝旺旺联系卖家，说可以帮助店主快速提高信誉，如果此时新手卖家一不留神，求生意心切，就容易陷入骗子的陷阱。一般骗子都会说让卖家通过QQ和他进行联系（因为在旺旺上交谈会留下诈骗证据，而在QQ上的谈话记录是不被淘宝官方认可为证据的），之后是热情的服务，说会请会员充当您的买家帮您做真实的交易，和淘宝购物一模一样的购物流程来帮您提升信誉，100%实物交易记录，而且每条评语都不一样！卖家一般都以为，还有支付宝这道屏障，是不会出问题的。

卖家按照骗子的要求，预先给骗子的支付宝支付了200元，骗子如约拍下了卖家店里一件价值200元的商品。很快，骗子确认收货，等于将支付宝中的金额还给了卖家，还给出了好评，一笔虚拟交易就这样完成了。

看到店铺的信誉度就这样得到了提高，卖家会觉得这种方式挺不错。没想到，第二天，卖家就接到淘宝网客服的电话，才知道骗子投诉了自己，说没有发货。由于手中没有发货单，无法提供发货单号，卖家无法为自己辩解。而且由于做贼心虚，不敢跟客服说实情，只能推说正在准备发货，最后损失了200元的货物才了结此事。

还有所谓的“互刷信誉”平台，也就是让卖家们在平台里存上一定的钱，然后互相发布刷信誉的任务。最开始卖家小心翼翼地存上一点点钱到平台里，然后发布一两个小额任务来试试，这个时候一切正常，过了一段时间，卖家就放开胆子，存入更多的钱，希望尽快把信誉刷上去。

如果卖家因为什么原因需要把平台里的资金提取出来，这个时候平台就以“恶意提款”为借口，直接把卖家的账号给封了，卖家联系客服，客服也不理，这笔不大不小的钱就石沉大海了，即使报警也没有用，因为老手骗子一般不会骗取超过2000元人民币的钱款，而少于2000元又无法立案侦查。话说回来，即使立案侦查了，也很少有能破案的，所以最好的方法就是不上当。

专家提点 淘宝严禁刷信誉

刷信誉本质上是一种作弊行为，淘宝严厉禁止刷信誉，一旦被发现，会给予相应的惩罚，并且因为刷信誉被骗，淘宝也不会进行调查，一切苦果只能由卖家来承受。

20.1.5 防三方诈骗

自动发货的商品的确方便了买卖双方，但俗话说凡事有利必有弊，自动发货的买家自助操作和买卖双方无沟通的特点给了第三方骗子可乘之机。

很多人（包括很多已经被第三方诈骗的买家）就想不通了，这支付宝交易关第三方什么事呢？我们先来看一下第三方诈骗的步骤。

第1步 引诱买家。骗子可以通过多种渠道（比如在游戏里发布公告、在QQ群里发消息、旺旺群发甚至直接在淘宝上开一个超低价商品等）发布超低价信息，说有便宜点卡或有活动送点数等（比如移动话费充90送50等），总之是相当诱人的优惠，有时还会加上一些时间限制，比如今天是最后一天等，必然会吸引一些想得到优惠的买家。

第2步 瞒天过海。当骗子吸引到买家后，会千方百计引诱买家去拍某一件自动发货的商品（该商品和店铺与骗子完全无关），并说明要按他说的方法操作而不是正常的按商品描述里的使用方法操作，其理由也是层出不穷。比如买家买QQ点，如果按照骗子的要求输入骗子的QQ号，而不是按照页面上的说明输入自己的QQ号，那就等于是把QQ点冲给骗子了。也有的骗子明明在广告里卖游戏点卡，却给买家一个话费充值商品的链接，并以各种理由欺骗买家拍下。

第3步 偷梁换柱。买家买下商品后，骗子会给出与商品描述中不符的使用方法，比如买游戏卡却指引对方到中移动的网页上去充值，这当然是不成的，于是骗子就有借口要去买家的卡号和密码，说是帮忙核实，而一旦拿到卡号和密码，骗子就得逞了。也有的骗子告诉买家，必须到某网站去充值才能获得优惠，其实该网站是个钓鱼网站，目的就是为了获得买家的卡号和密码。

接下来不用说，得到卡密的骗子马上就人间蒸发了，买家再也找不到他们。于是愤怒的买家就向卖家申请退款，莫名其妙的卖家当然不肯退款，于是买家们就向淘宝告状说卖家和骗子是一伙的，要求淘宝惩处卖家。其实整个过程里卖家是最不知情的一个，他的虚拟宝贝被骗子利用了，而他从头到尾一点都不清楚。

面对气势汹汹的买家，卖家几乎是有口难辩，说不清楚自己是不是骗子的同党。虽然最后淘宝肯定会判定卖家是无辜的，但毕竟这样的事情会占用卖家大量的精力，甚至会招来不明真相的买家的恶意攻击（比如买宝贝给差评）。

这样的第三方诈骗，卖家只能反复在宝贝页面以大红字体进行提醒，告知买家正确的使用方法以及常见的第三方诈骗术，如果这样买家都还要上当，那就不是卖家的责任了。

20.1.6 防双号诈骗

骗子利用两个相似的账号进行诈骗，比如用账号为lucky108，拍下商品并用支付宝付款，然后用另一个叫lucky1o8（注意中间那个是字母o不是数字0）的买家会用旺旺给卖家留言：“已经付款，请把货发到某地址处。”卖家一看的确已经付款，就按照旺旺留言的地址发货。几天以后原买家lucky108告诉卖家说还没有收到货，卖家仔细检查并查询邮局才发现，lucky108和lucky1o8的地址并不一样，是两个完全不同的账号，尽管账号名称很像，但按照淘宝规定，卖家只得再次发货，或者给骗子退款。

这个骗局的另外一种方式是：一个骗子在店铺里放了一件和某卖家店铺里一样的一些商品，有人找骗子买东西，骗子就发卖家的链接叫买家拍，结果买家也不知道这件商品是另外一个店铺的，直接就拍下付款，这个时候骗子马上注册一个与该买家名字很接近的账号来找上卖家，叫卖家把商品发到骗子自己的地址，如果卖家没发觉账号的差异，按照骗子的提示发了货，就被骗了。

应对这类骗术的方法是：卖家在发货之前，一定要核对付款人在淘宝里的地址，发现不符要及时联系买家，而且不能直接在旺旺里联系，要从交易单上单击买家的账号，打开旺旺窗口进行联系，这样才能保证是在和真正的买家交流。

20.1.7 防说丢货少货

丢货少货是一个很常见的诈骗方法，也很容易得手。骗子通常是在卖家店里买上几样不同的东西（这样如果打差评的话就是几个差评，对卖家威胁很大），收到货物之后，告诉卖家少发了一件衣服之类，要求卖家重发或退钱。

很多卖家因为每天要发很多货，难以记住特定的包裹情况，拿不准是不是真的少发了货物，又担心买家给几个差评，再加上损失也就几十元，于是只好自认倒霉，补发商品或者给卖家退款。如此一来，骗子就得逞了。

其实，只要平时做好记录工作，就可以防范这样的诈骗。所谓的记录工作，也就是每件商品的重量、包装盒的重量、整个包裹的重量、快递公司的称重记录等，有的公司还会对整个出库过程进行录像。如果买家说少发了货，那么可以把几件货物的重量以及包装的重量相加，并与快递公司的称重记录相比较，如果相差很少（如几克十几克），则可认为自己并没有少发货，可以把这些证据发给买家看，有出库录像的话就更好，如果对方还是坚持说少发了货，那么就让他给差评，卖家去向平台官方申诉，只要证据充足，一般来说还是能够取消差评的。

20.1.8 骗局的“广谱”预防法

前面仅仅是列举了一些常见的网络骗局，更多的骗局还是需要大家平时多留心网络、电视中的消息，才能了解并做好预防工作。不过，只要做到以下几点，就算再新鲜，再巧妙的骗局，自己也不会上当。

- 明理。明理不仅是指明白事理，还要明白世情，如此才能知道哪些东西是可能的，哪些东西是不太可能甚至不可能的，哪些东西是可能却不符合社会道理的。对于不合情理的“好事”，坚决拒绝，不给骗子任何机会，就能抵挡绝大多数的骗局。
- 随时保持警惕之心。很多被骗的人都说自己当时“脑子一热”就掏钱了，或者“当时也没想那么多”就打款了，其实这就是丧失了警惕之心。不管是作为一个网店店主，还是没有开店的普通人，只要随时保持清明在躬的状态，一颗心朗然而照，想被骗都很难。但要做到随时保持警惕还是比较困难的，退而求其次，在涉及往外掏钱的事情上，马上提起警觉，反复验证，反复思考，应该还是不难的。
- 开阔眼界。见多识广的人难骗，为什么？因为见得多了，自然能识破骗局。学历高低与眼界开阔并没有什么必然联系，高学历书呆子被骗的也不在少数。因此切不可以学历自傲，而要随时关注社会，对于各种新型骗局，尤其是金融骗局、网店骗局和电信诈骗，要了如指掌，这样自然不会上当。

20.2 账号被盗后的处理

网店店主使用的各种账号都存在泄露或被盗的可能性，这些账号或多或少都牵涉到钱财，需要及时处理，才不会让损失进一步扩大。不同的账号有不同的处理方法，下面就一起来看看。

20.2.1 淘宝、QQ、微信等平台账号被盗后如何处理

淘宝、QQ、微信等平台是用于通信、社交

的，虽然账号被盗不会直接损失钱财，但盗号者拿到账号后，一定会向所有好友发消息，冒充本人来骗钱，或者根据被盗账号的密码，去试试相应的支付宝、邮箱等账号的密码，万一相同，就能有更多的机会窃取失主的钱财。

- 一旦发现淘宝、QQ、微信等平台账号被盗后，应立即根据官方公布的申诉流程进行申诉，争取第一时间找回密码。
- 同时要以其他方式通知亲朋好友，告知他们自己的账号被盗，如出现任何涉及钱的信息都不能相信。
- 在找回账号后，要马上在签名档中写上诸如“账号被盗，刚找回”之类的提示语，不然万一有人被骗了钱财，还要算在自己头上。

20.2.2 支付宝账号被盗后如何处理

支付宝账号被盗有两种情况：一种是登录密码被盗，但支付密码还安全；另一种是登录与支付密码都被盗了。针对这两种情况，可做以下紧急处理。

- 仅登录密码被盗时，不会有实际损失，但应立即申诉找回并修改支付宝登录密码，并更改绑定邮箱，暂时将所有的银行卡解绑，将支付宝冷却一段时间再使用。
- 登录密码与支付密码都被盗时，多半会有经济损失了，通过申诉找回登录密码，并重设支付密码后，将支付宝被盗后的购买、转款等活动记录下来作为证据，向公安机关报案。当然也要暂时将银行卡解绑，并去柜台修改网银密码。

除此之外，还要立即停止使用现有的手机和电脑，仔细追查密码泄露的原因。如无法查出，则应重置手机、电脑全盘杀毒，彻底消除隐患。

高手支招 重置手机会抹去所有数据

重置手机的操作会导致手机上的数据全部被抹去，因此操作之前要备份好数据。如果自己不会，可以请他人帮忙重置。

20.2.3 网银账号被盗后怎样处理

网银与支付宝不同，网银直接关联着用户的储蓄卡、信用卡。通常在受害者发现网银被盗时，账户里的钱已经被席卷一空了。不要着急抱怨后悔，先要做好下面几件事。

- 报警。不管数额多少，先去报警。虽然不一定能立案，更不一定能追回损失，但如果人人被盗后都报警，相信坏人的犯罪成本就会高很多，以后犯罪率也会有所降低。假如都抱着“报警也没有用”或“报警太麻烦”的想法而不去报警的话，只会让坏人越来越猖狂，网店的大环境也会越来越坏。况且万一破了案，能追回来一部分钱财也不无小补。
- 去柜台修改网银密码。一定要及时去银行柜台修改网银密码，因为自己的电脑已经中了木马病毒，在上面修改密码是没有任何作用的，对方立刻就能知道新的密码。
- 为电脑彻底杀毒。用最新病毒库的杀毒软件将电脑彻底杀毒，根据具体情况的不同，耗时可能有所区别，有的甚至可能要花十几个小时来杀毒。不要因为不耐烦就终止杀毒，否则下次受损的还是自己。最好的方法是彻底格式化系统分区，重装操作系统和杀毒软件，然后再全盘杀毒。注意在重装系统和杀毒软件之前，一定不要打开其他分区进行浏览，因为很多病毒只要打开感染分区就会自动执行，而此时没有安装杀毒软件，系统又会再次感染上病毒。

20.2.4 手机丢失后应该立即做什么

手机如今已经成了大家存储重要信息的设备。手机上除了有通讯录以外，还有淘宝、支付宝、网银等涉及资金的APP，因此丢失之后要及时处理。在确认手机找不回来之后，要马上采取以下措施。

- 打电话给家人、好友和同事，告诉对方自己手机丢失，从现在开始提高警惕，严防骗子，尤其是对QQ、微信等手机通讯APP上发来的信息要警惕。
- 带上身份证去最近的营业厅补办手机卡，这样原来的手机卡就作废了，不能再打电话与收发短信，危险性进一步降低。
- 借信得过的人的手机登录QQ与微信以及其他通讯APP，把丢失的手机上的QQ与微信“顶”下线，之后立即修改密码。

- 修改淘宝、京东、折800等购物网站的密码，以及支付宝、网银APP的登录密码，这样丢失手机上的相应APP会自动注销登录。

以上几个操作不分先后，可以同时进行。

如果丢失的是苹果手机，可以通过苹果iCloud的官网将手机信息抹掉，并留下电话号码，让对方与自己联系。其操作方法很简单：用自己的苹果商店账号登录iCloud的官网，单击“查找我的iPhone”按钮，并选择自己丢失的手机，然后单击“抹掉”按钮，如图20-1所示。

之后根据提示进行操作即可。该苹果设备抹掉后，上面的所有信息都会被清除，而且设备会被锁定，无法使用，并且在屏幕上显示出机主的手机号码，供捡到的人联系。

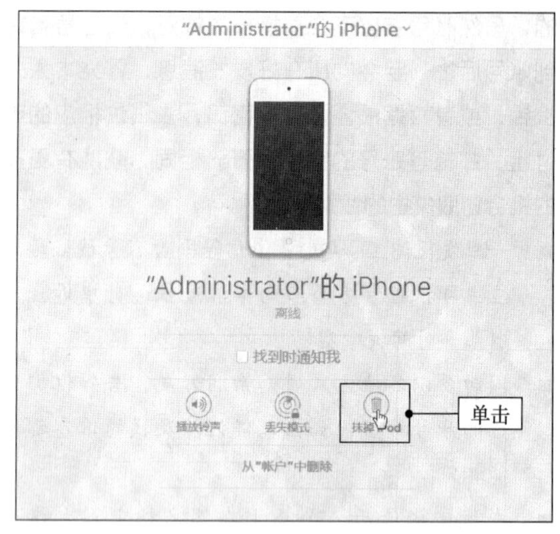

图20-1

20.3 秘技一点通

技巧1 网上批发进货防骗ABC

对经营实物而言，到厂家或是批发市场实地拿货是最好的方式了，价格优惠不说，还能看到样品，也几乎没有受骗之虞。但毕竟淘宝上大多数的卖家，所在地区不满足这种条件，于是网上进货就成了他们自然的选择。

网上进货只要做好了保障工作，同样能做出极好的利润。阿里巴巴网站给了淘宝卖家最好的进货平台，但也成了骗子狩猎的场地。到阿里巴巴进货，尤其是到“小额批发市场进货”，如何才能避免受骗，请注意以下几条。

1. 尽量找诚信通会员交易

阿里巴巴上的诚信通是要收取一定费用的，一般正规的大商家，诚心要做网上交易的话，通常都会申请。申请后，阿里巴巴会进行核实，如果已核实，在该公司或个人的供应图片介绍后会出现“已核实”的标志，也就是阿里巴巴证明了这个商家的存在，至少在一定程度上是一种保障。

诚信通指数的作用就相当于淘宝上的“好评”，所以在可能的情况下，挑选诚信通指数高的会员也是不错的选择。但请相信：“诚信通”只是大家相信这家公司的必要条件，绝非“充分条件”。淘宝上炒作信誉升上去的假钻石、假皇冠很是不少，诚信通的指数也并非就绝对干净。当然，不能认为所有没有诚信通的会员都是骗子，毕竟不刷信誉的还是占大多数。只是，同非诚信通会员交易，一定要更小心。

2. 务必使用支付宝交易

阿里巴巴是绝对支持“支付宝”的，因此在阿里巴巴进货时，务必使用“支付宝”交易，而且必须是“货到付款”。批发商通常都特别能忽悠，作为进货的买家，必须坚定自己的立场，无论怎么说都不能答应直接汇款。供货方不愿意使用支付宝，有这两种情况：一是对方肯定有问题；二是对方不愿意分担交易风险。可能他没有骗卖家，但如果发货过程中出了点意外，那么主动权可就不在买家这里了，因为钱已经落到供货方手里，拿不拿出来赔偿只能看他良心。

3. 一定要看样

这点同样非常重要，不要太相信网络和漂亮图片。只要看看淘宝帖子“图片是天使、实物是垃圾”，相信卖家们对漂亮图片的兴趣一定大减。

关于有些批发商不同意看货，存在这么几种可能性。

- 对方一定是骗人的，所以不敢让人看样。
- 对方可能不是骗子，但是他的生意很大，不在乎这个小小的订单。既然不在乎，进货者又能指望他提供什么样的好服务呢？

其实就大多数正规批发商来看，他们对于生意是非常看重的，只要是有意向合作，不是明显来捣乱，都会非常配合。看样是非常正常的，不会有批发商觉得奇怪，合作多年的伙伴拿到新货时都必须看样，何况是网络这种虚拟的、不能见到实物的交易？

但是也请理解：有的批发商在对方提出要少量看样时，一般会提高价格，这个是合理的，这部分多出的款项，通常在大量补货时，也会退还。

4．无论合作第几次，请都不要一次批太多货

“一回好、二回差、三回不见人”这样的例子在现实社会中都在不断上演，在网络上就更容易出现了。所以，为了保险起见，请不要一次性批太大款项的货。对于小卖家来说，几百块的损失已经很心疼，几千元甚至上万元的损失则是不能接受的。

5．在批货补货前，先问清货物具体情况（型号、尺寸、颜色等），越详细越好

在补货时，不要以为是原款，就可以偷懒，偷懒就是对自己的钱包不负责。一定要在付款前，把货物的详情都问清楚。事前麻烦总好过事后后悔。

6．请务必与批发商沟通后，再下单

在决定下单前，务必与批发商沟通，要多联系，多问问题。如果怕问的不对路，不如直接说“我是新手”，然后什么都问，对方也会理解的。

技巧2 网上代销行骗如何识别

最近发现，有不少骗子用品牌商品和低价商品为诱饵，免费招代理，等卖家上架他的产品后，他们用马甲账号轮番到卖家网店里拍下商品。

卖家一看有生意了，自然要去骗子那里下单付款，让他们发货。结果骗子用假发货、假快递单号来蒙骗卖家。新手店主们还暗暗高兴一开店生意就这么好，几天下来就卖掉几千元。

还没高兴过，“顾客”一个个说没收到货，要退款，卖家一调查才发现快递单是假的。而进货那边，骗子要求卖家直接打款，没通过淘宝，钱款肯定是退不回来的。

对于这样的骗局，简单来说，防范方法就是：不走淘宝支付宝渠道的，一律不考虑。除此之外，骗子的网站上也还是有迹可循的，例如：

（1）骗子的网站上，全是一大堆各种大品牌，而且都申明是正品，这就一定要注意，肯定有问题。大品牌管理都很严格，一个商家不可能同时代理这么多品牌。如果是大品牌，然后价格又低得惊人，就更有问题了。

（2）一开店就涌来很多生意，一定要小心。没那么好做的生意，小心是供货方的马甲，企图欺骗自己多进货。其实只要想想，如果一开店就有这么好的生意，那大家都发财了，这是不可能的，如此一来就不会被蒙蔽。

（3）首次交易，一定要供货方提供一个他们的淘宝店，需要什么货，要能到他们店里拍，走淘宝交易流程。等自己的客户收到货了，才给他最终确认。如果对方没有淘宝店，至少要能使用“支付宝担保交易”。不明白什么是支付宝担保交易的，请在百度搜索一下。切记不要给对方直接打款，不然出了问题是拿不回钱的。对方如果执意要直接打款，那可以说几乎百分之百是骗子。

（4）骗子基本上都是玩“空手道”的，手上一般都没有货。所以，卖家可以先自己买一件回来看看。一来可以试一下对方，二来可以看一下质量如何。千万不要舍不得这点小钱，不然被骗了后悔就晚了。

技巧3 打款后必须要做的几件事

做电商有时候难免要打款。打款后最好立即确认这几件事，可以避免遭受损失。

（1）将打款时间、地点、对象、金额、原因等记录下来备用。单据也要收好。

（2）扪心自问，这次打款存不存在各种潜在的风险？问自己这个问题，可以在上当后及时发现。

（3）如果发现问题，可在24小时内去柜台申请退回打的款，超过24小时，款就到对方账上，很难退回了。

（4）如果发现上当，则应去报警。但要注意，金额少于2000元人民币，警方一般不会受理。

开店小故事

新手开店遇诈骗风波

童筱是江苏河海大学的一名学生。大二伊始，同寝室的学友们纷纷购买了电脑，童筱也随大流购买了一台。不过他并不是很喜欢玩游戏，而是对互联网和电子商务产生了兴趣，进而有了开一个网上商店的念头。2016年3月份，他的软件充值专营店在网上开了张，店里主要销售话费充值软件，也做话费充值。

俗话说“万事开头难”，童筱的店铺开张之后不久，满怀期待地迎来了第一笔交易，结果就遇到了骗子。“由于接触网络比较晚，开网店也是零基础，对流程也不是很熟悉，而且又是第一笔生意，当时自己心里只剩下激动了，也没有察觉出对方是骗子。”童筱说，当时对方要在自己的店里充值Q币，一下子就要充800个，这就需要将近800元，自己一下子也拿不出这么多钱，所以先用自己手头上的钱给对方充了100个，但是对方通过阿里旺旺和邮箱一直提醒买家已付款，不停地催自己给充上。自己在慌乱中就打算去借同学的钱先给买家充上。幸亏同学是个网购老手，及时识破了骗子的计谋，自己才没有蒙受更大的经济损失。

有了这次教训，童筱学会了小心谨慎，“网络骗子一般是对新开的店铺下手，因为新店铺店家没有经验，所以容易上钩。”童筱告诉记者，为了让网店新手不上当，童筱还专门写了“防骗锦囊”发布到自己的博客上，获得了不少好评。